甘肃调查年鉴—2013

国家统计局甘肃调查总队

图书在版编目（C I P）数据

甘肃调查年鉴. 2013 / 国家统计局甘肃调查总队编
-- 北京：中国统计出版社，2014.5
ISBN 978-7-5037-7084-5

Ⅰ. ①甘… Ⅱ. ①国… Ⅲ. ①统计资料-甘肃省-2013-年鉴 Ⅳ. ①C832.42-54

中国版本图书馆 CIP 数据核字(2014)第 095098 号

甘肃调查年鉴-2013

作　　者：国家统计局甘肃调查总队
责任编辑：佘竞雄　　李　冲
封面设计：张晓红
出版发行：中国统计出版社
通信地址：北京市西城区月坛南街 57 号　　邮政编码 100826
办公地址：北京市丰台区西三环南路甲 6 号　邮政编码 100073
电　　话：邮购(010)63376909　　书店(010)68783171
网　　址：http://csp.stats.gov.cn
印　　刷：甘肃兴方正彩色数码快印有限公司
经　　销：新华书店
开　　本：890mm×1240mm　　1/16
字　　数：800 千字
印　　张：27.75　　彩页 1
版　　别：2014 年 5 月第 1 版
版　　次：2014 年 5 月第 1 次印刷
定　　价：330.00 元

如有印装差错，由本社发行部调换。

《甘肃调查年鉴－2013》编辑委员会及编辑部

编辑委员会

编　辑　部

编 者 说 明

一、《甘肃调查年鉴 -2013》是国家统计局甘肃调查总队编辑出版的大型资料性年刊，本《年鉴》收录了2006—2012 年全省农村、城市和企业等方面的各项统计调查数据，以及全国重要年份和中国及世界部分国家和地区主要社会经济指标。

二、全书内容分为 5 个篇章，(一)文字综合篇，包括主要统计调查分析报告、综合指标情况；(二)数据篇，包括人民生活、价格调查、部分服务业企业调查、农业调查情况；(三)全国及分地区相关资料；(四)中国及世界主要国家和地区经济、社会统计指标；(五)指标解释及说明。

三、资料中所使用的度量衡单位均采用国际统一标准计量单位。

四、本《年鉴》总量指标计算所采用的价格均为现行价格。

五、本《年鉴》部分数据合计数或相对数由于单位取舍不同产生的计算误差均未作机械调整。

六、本《年鉴》中中国及世界部分国家和地区统计资料由国家统计局国际统计信息中心提供，甘肃调查总队进行编辑。（注：中国数据除国土面积外，均未包括中国台湾省、香港特别行政区和澳门特别行政区。）

七、资料中部分药品、化学、矿产品名称采用中文汉语拼音拼写。

八、符号使用说明：

“…”表示数据不足本表最小计量单位数；

“#”表示其中的主要项；

“—”表示没有、不详或未掌握该项数据；

“①”表示本表下有注解。

九、在本年鉴的编辑过程中，得到了许多单位和同志的大力支持，在此我们深表谢意。限于我们的水平，年鉴中的错误和不足之处在所难免，恳请广大读者给予批评指正。

编 者

2013 年 12 月

察志敏副总队长现场指导小麦实割实测

察志敏副总队长调研土豆产量情况

李强副总队长深入基层调研

李强副总队长调研基层记账户工作

鲜力群总队长到礼县调研双联帮扶工作

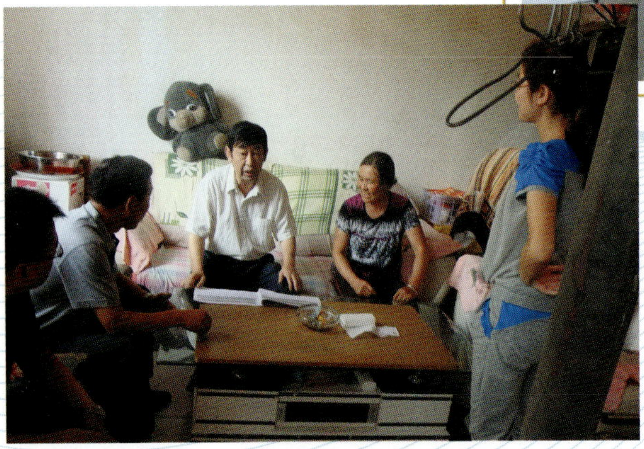

鲜力群总队长到基层征求群众意见并与记帐户交谈

孙德民巡视员在工厂调研

孙德民巡视员调研房地产市场情况

国家统计局甘肃调查总队党组书记、总队长鲜力群同志

国家统计局甘肃调查总队巡视员孙德民同志

国家统计局甘肃调查总队党组成员、副总队长察志敏同志

国家统计局甘肃调查总队党组成员、副总队长李强同志

国家统计局甘肃调查总队党组成员、纪检组长祁圣德同志

国家统计局甘肃调查总队党组成员、副总队长李瑞虎同志

国家统计局甘肃调查总队副巡视员李兰生同志

张广智副省长亲临甘肃统计调查工作会议现场并作重要讲话

张广智副省长与鲜力群总队长亲切交谈

祁圣德纪检组长参加礼县双联工作推进 会

祁圣德纪检组长　检查总队双联展板

李瑞虎副总队长调研居民收入情况

李瑞虎副总队长到基层调研工作

李兰生副巡视员到双联点慰问困难群众

李兰生副巡视员在联村联户点刘河村督导工作

办公室领导研究政务工作安排

综合处研讨修订分析研究管理和信息报送制度

法规制度处全体人员学习讨论新的统计执法规定

农业调查处深入玉米实割实测现场

居民收支调查处调研农村居民收入情况

住户专项调查处学习新的贫困监测报表制度

工业调查处到企业调研生产情况

服务业调查处检查基层基础工作

统计监测处组织全处人员学习新增业务

生产投资价格调查处到企业调研工业产品价格

消费价格调查处工作人员到市场调研物价

商业和投资建筑业调查处学习报表制度

人事教育处研究工作

财务管理处工作人员集中学习新财务制度

纪检监察室学习党风廉政条例

信息技术应用处测试总队系统网络运行

机关党委上网布置党务工作

2006-2012年甘肃粮食产量生产情况

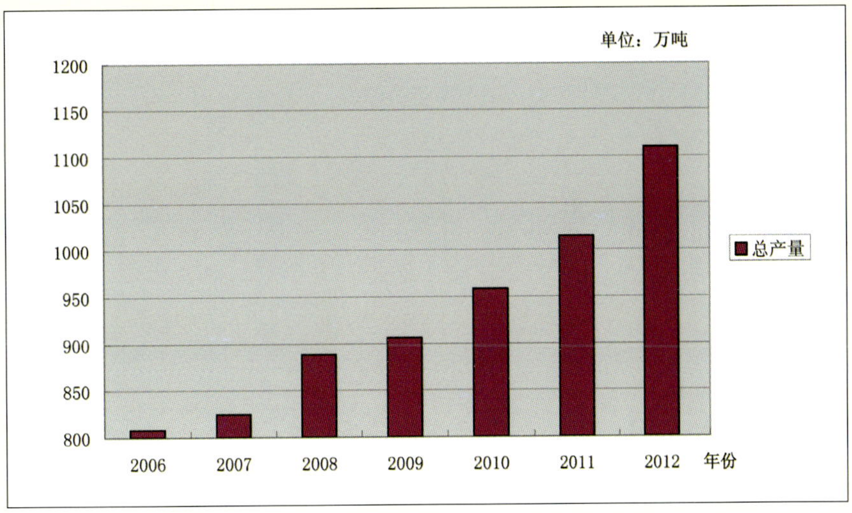

2008-2012年甘肃生猪生产情况

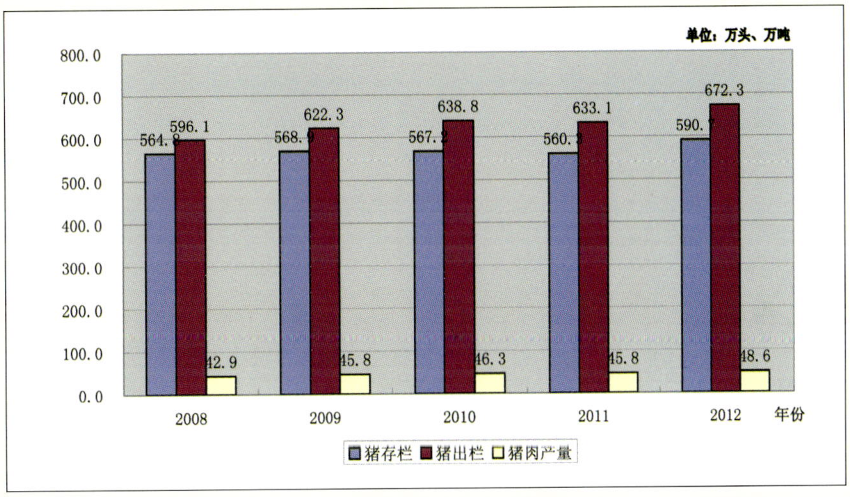

2008-2012年甘肃牛生产情况

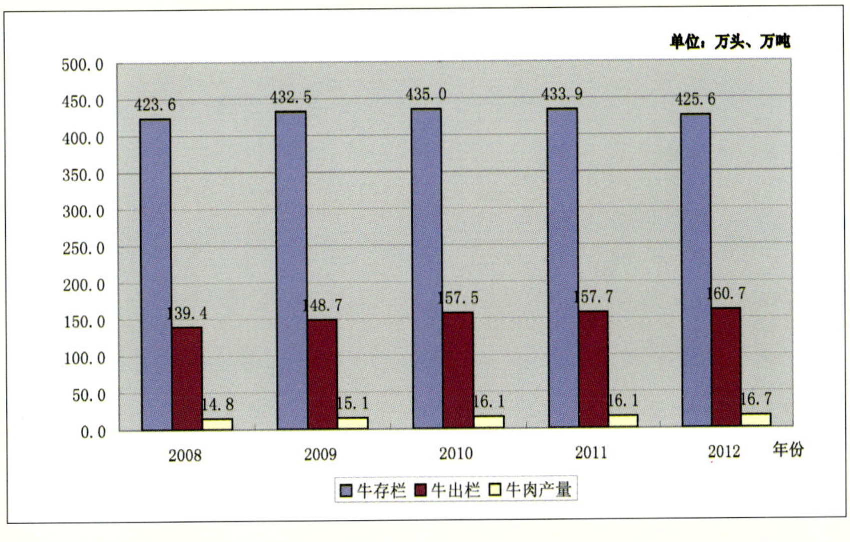

2008-2012年甘肃羊生产情况

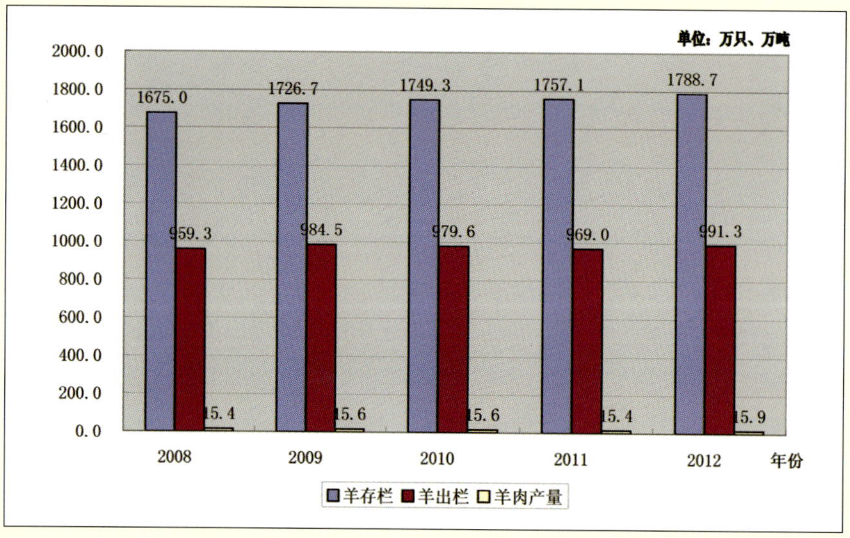

2008-2012年甘肃家禽生产情况

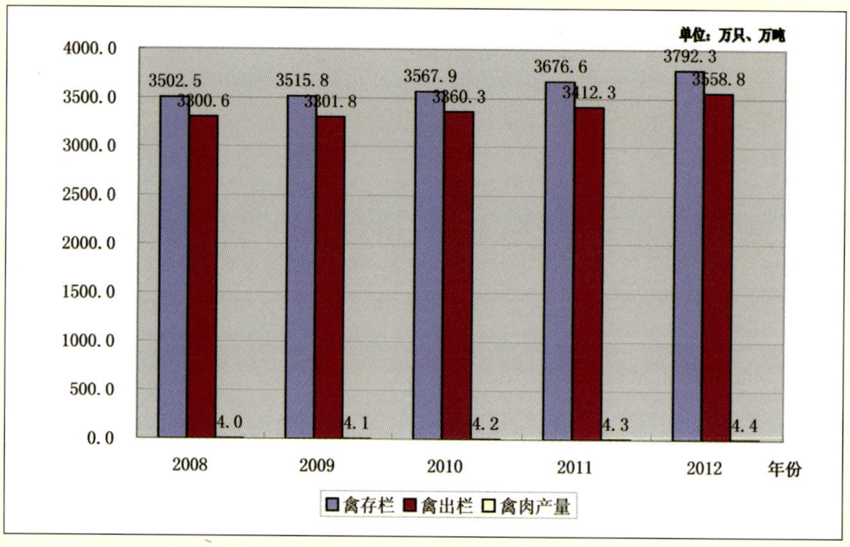

2008-2012年甘肃蛋奶生产情况

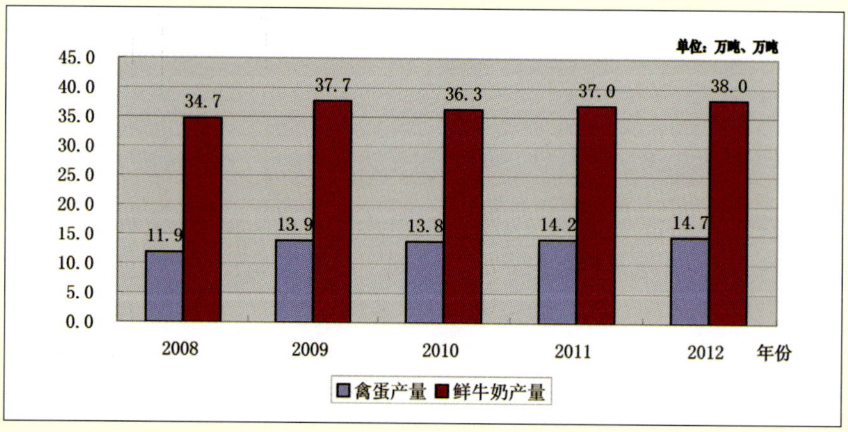

2012年甘肃工业生产者出厂价格指数

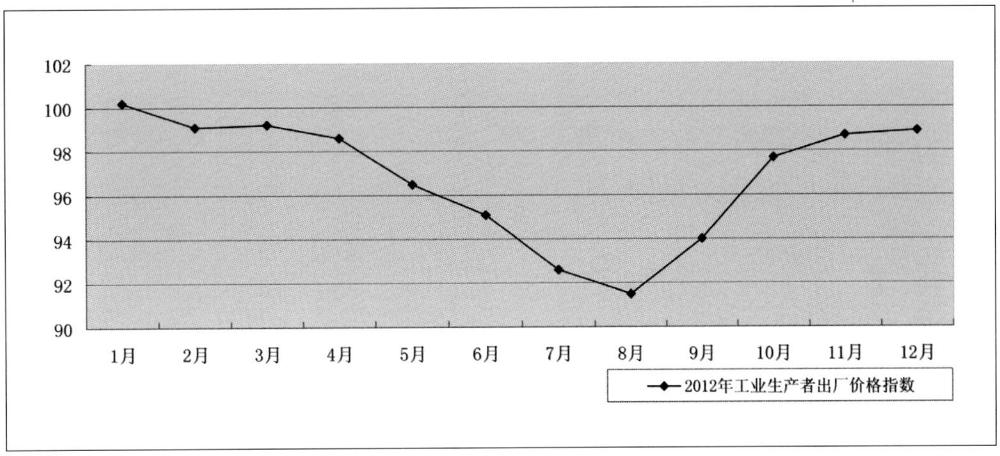

2012年甘肃工业生产者购进价格指数

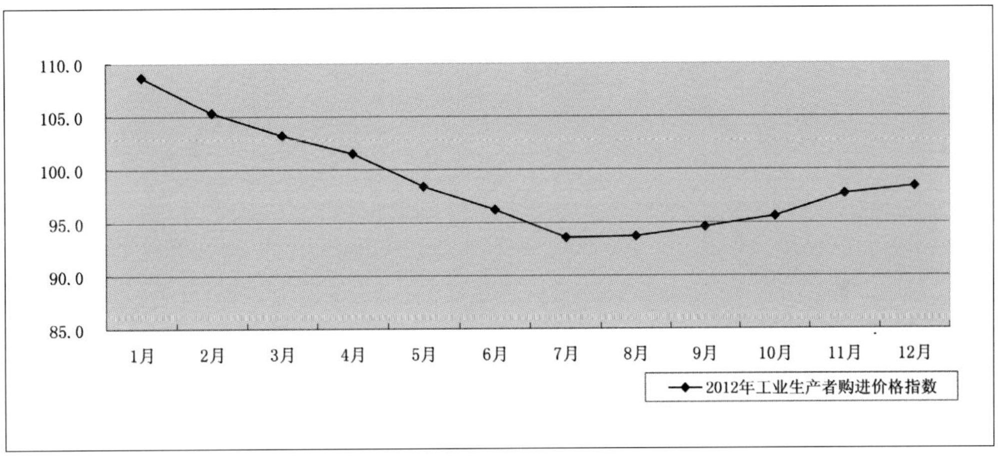

2006-2012年甘肃工业生产者出厂价格指数（上年=100）

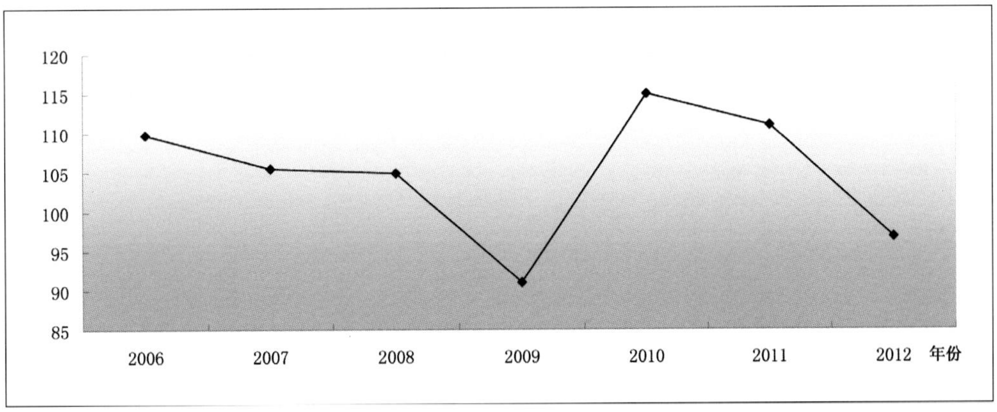

2006-2012年甘肃工业生产者购进价格指数（上年=100）

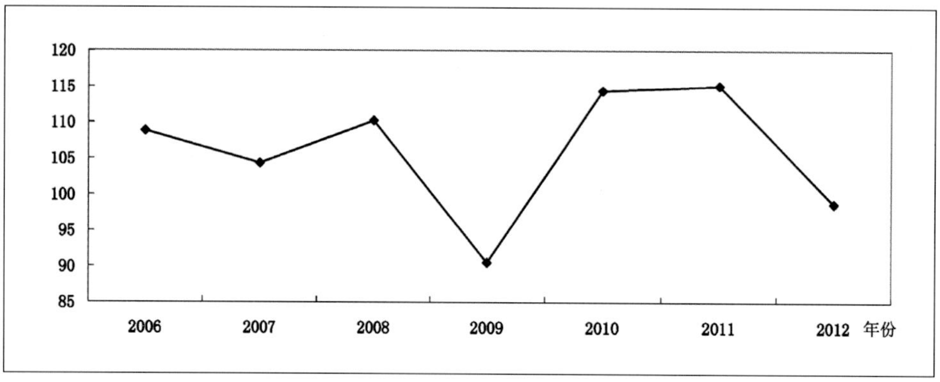

2006-2012年甘肃居民消费价格指数（上年=100）

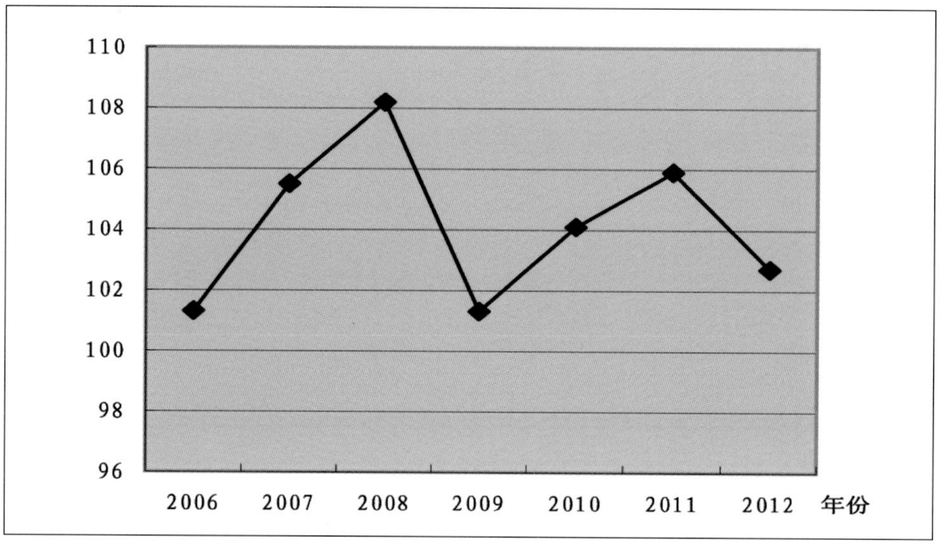

2006-2012年甘肃城市居民消费价格指数（上年=100）

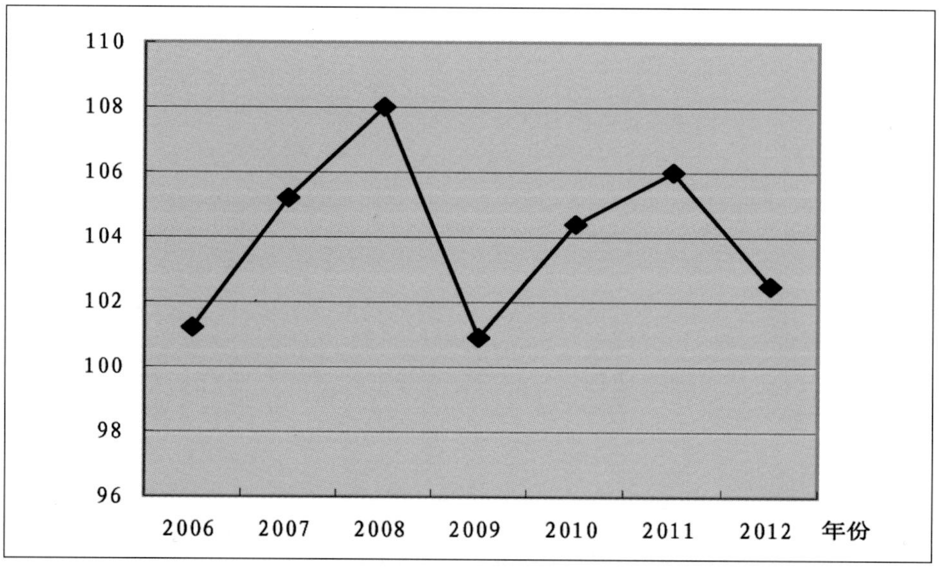

2006-2012年甘肃农村居民消费价格指数（上年=100）

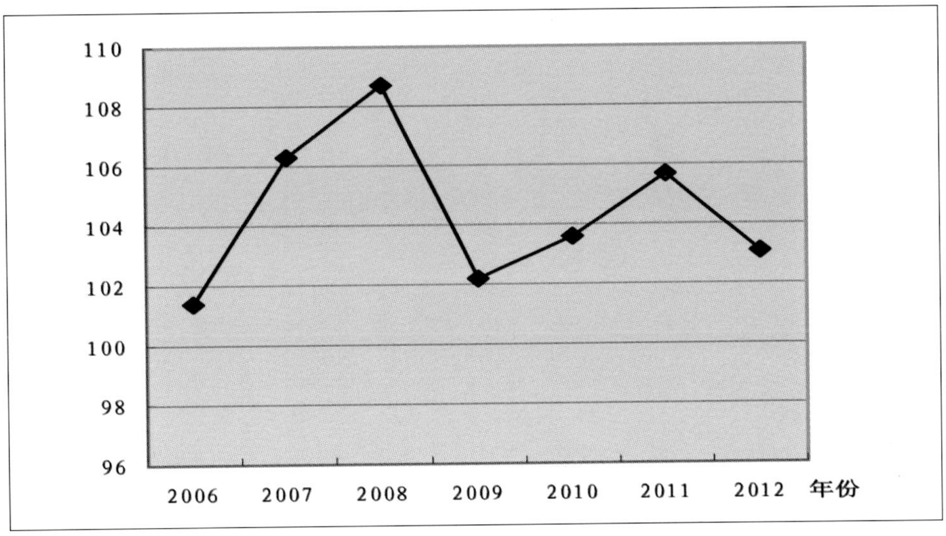

2006-2012年甘肃商品零售价格指数（上年=100）

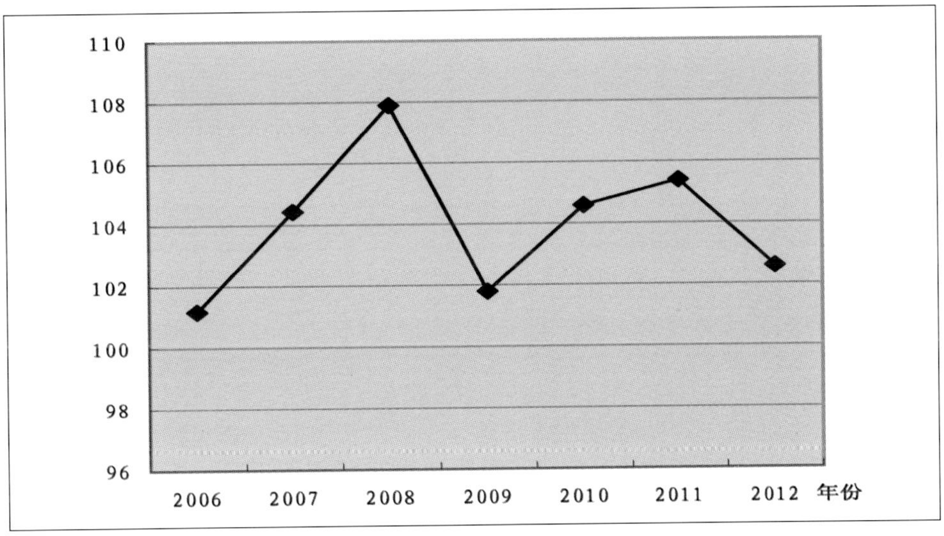

2006-2012年甘肃城市商品零售价格指数（上年=100）

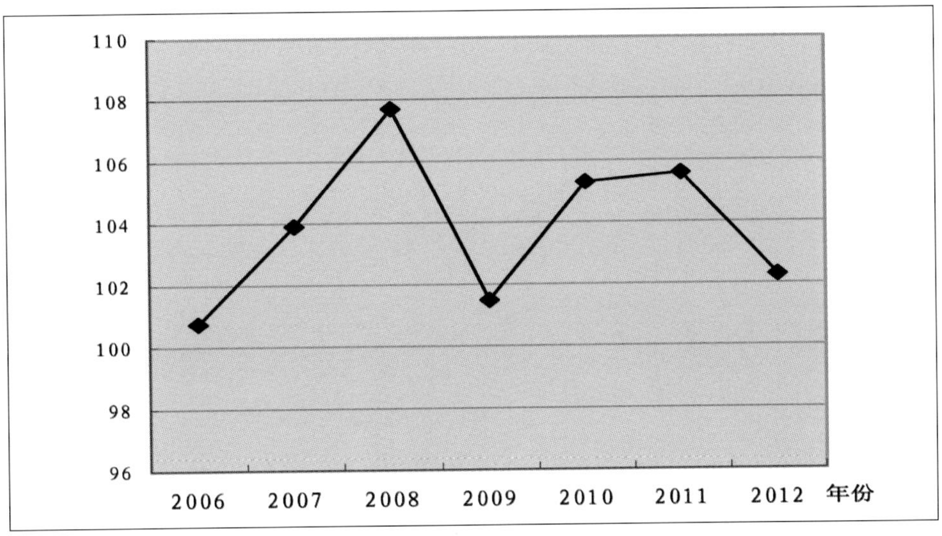

2006-2012年甘肃农村商品零售价格指数（上年=100）

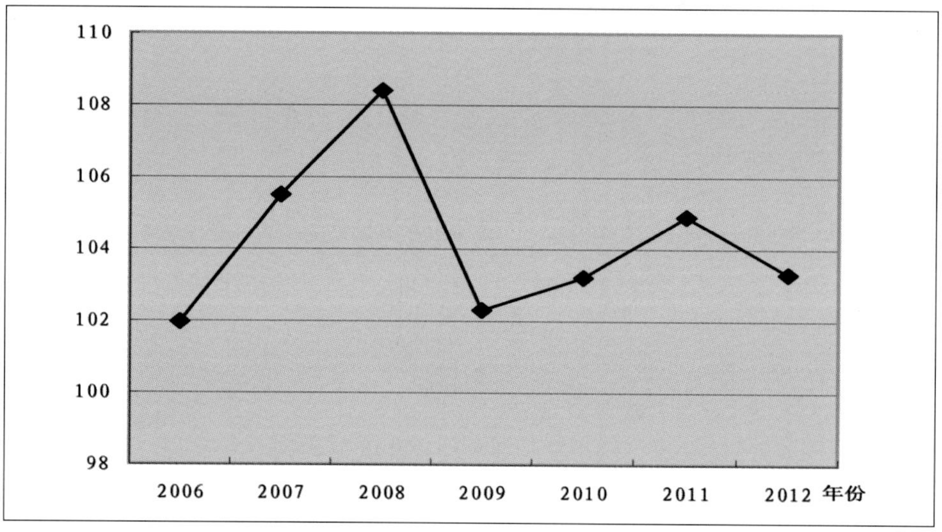

2006-2012年甘肃农业生产资料价格指数（上年=100）

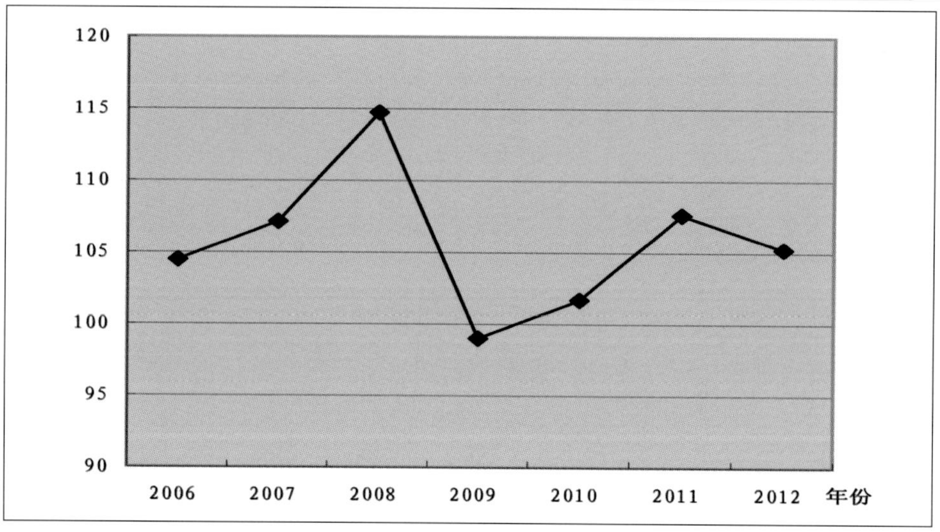

2012年甘肃固定资产投资价格指数

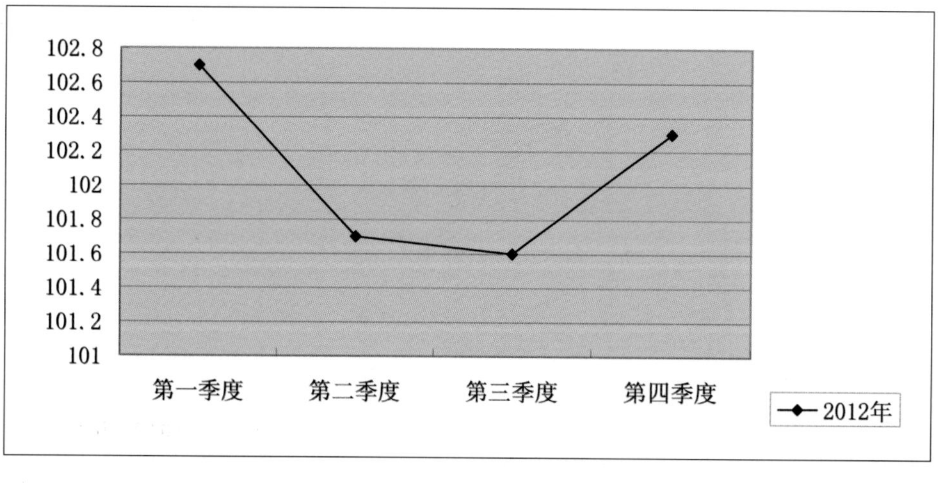

2006-2012年甘肃城镇居民人均可支配收入（元）

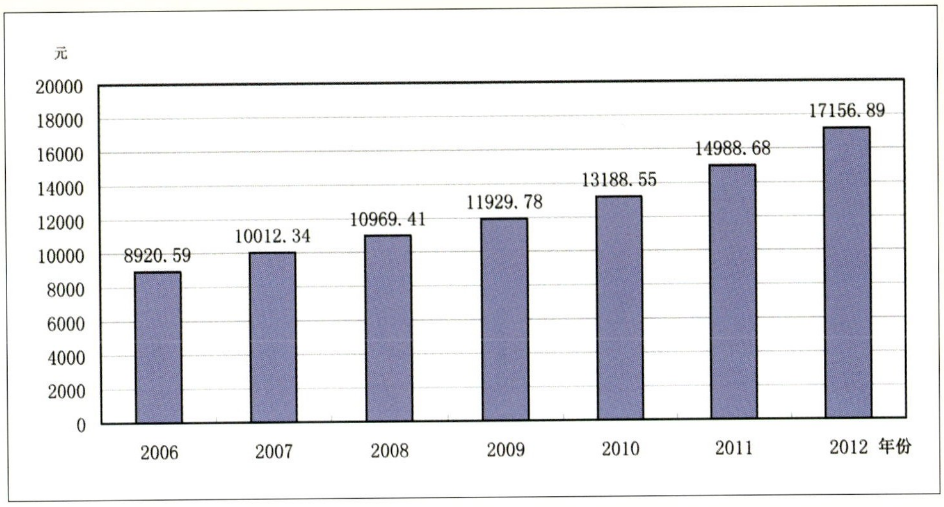

2006-2012年甘肃城镇居民人均消费支出（元）

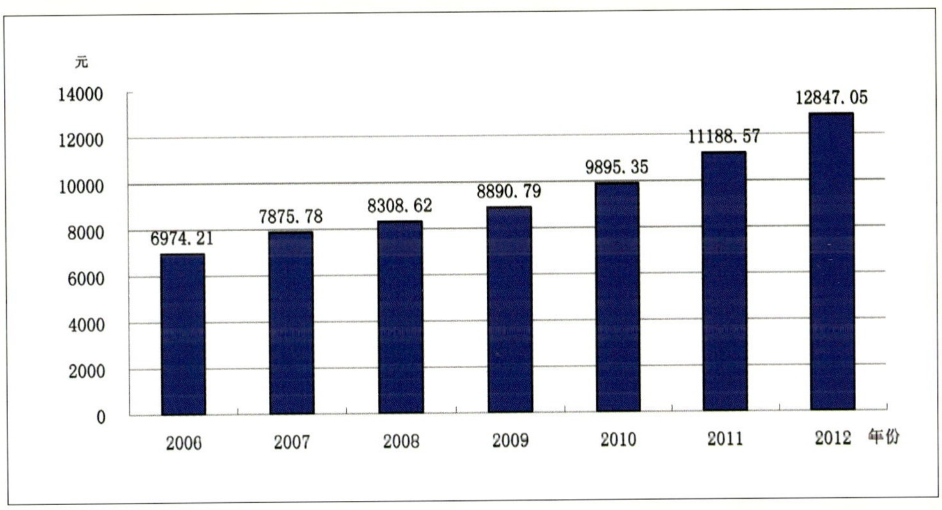

2008-2012年甘肃城镇居民家庭人均住房面积（平方米）

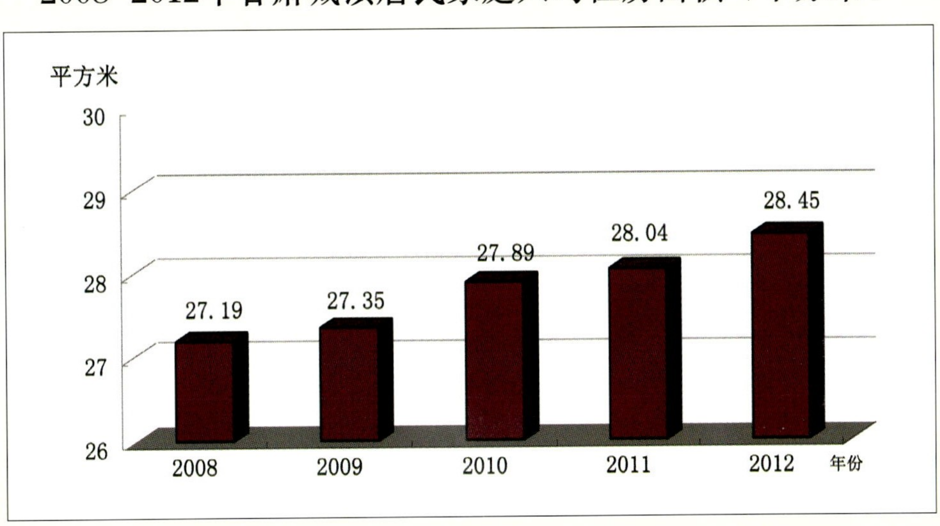

2006-2012年甘肃农民人均居住面积（平方米）

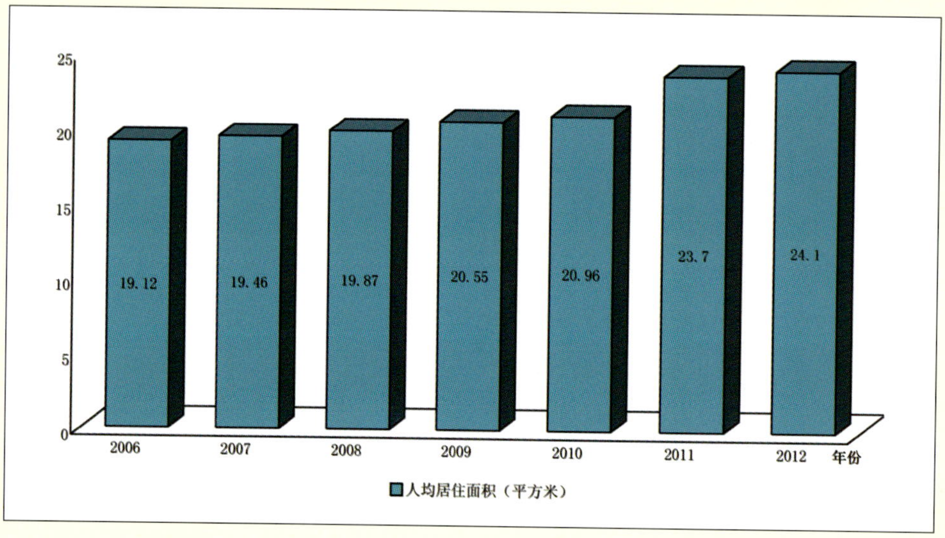

2006-2012年甘肃农民人均纯收入（元）

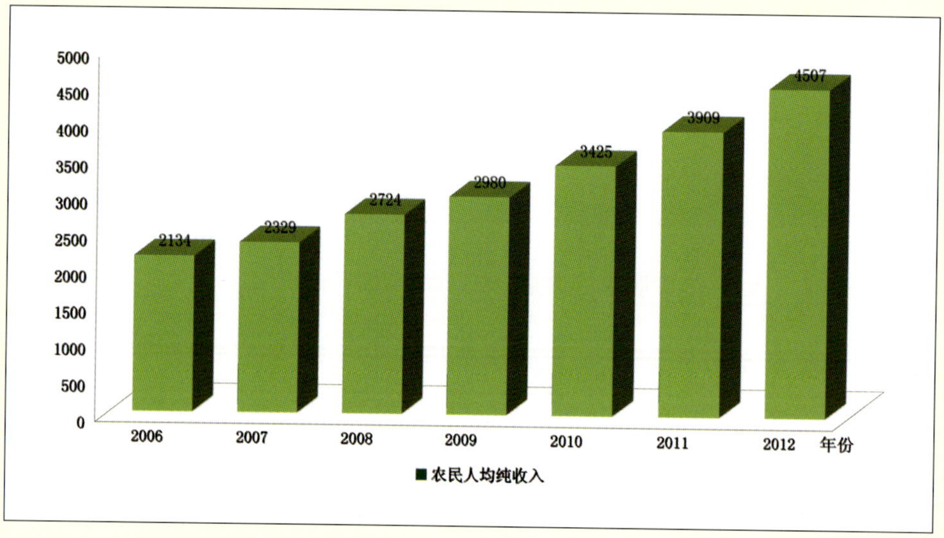

2006-2012年甘肃农民人均生活消费支出（元）

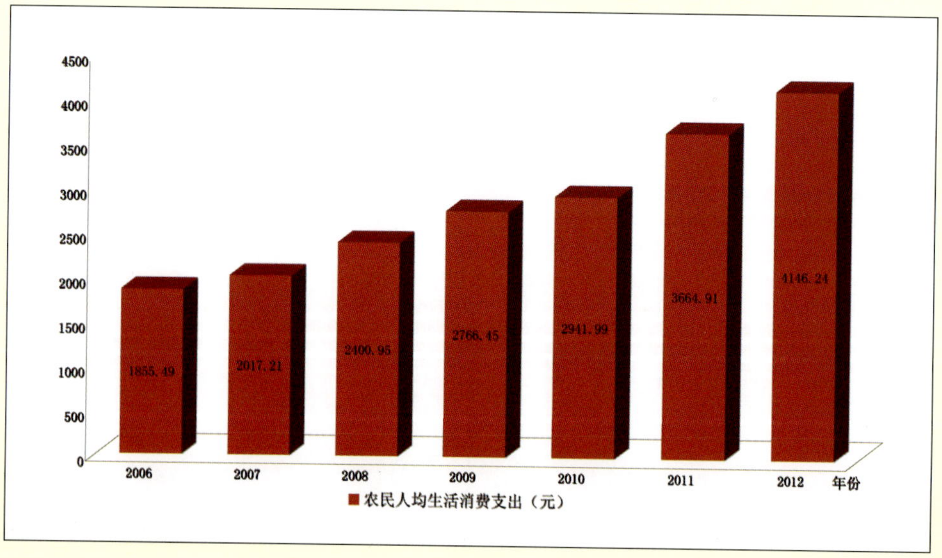

目　录

第一部分　文字综合篇

第二部分　数据篇

第三部分 全国及分地区相关资料

第四部分 中国及世界主要国家和地区经济、社会统计指标

第五部分 主要指标解释

第一部分

文字综合篇

增速加快　差距缩小

——2012 年城镇居民收支简析

2012 年，甘肃省严格贯彻国家政策方针，认真落实“十二五”规划，紧密联系甘肃经济特点，出台多项惠及全省的增收政策措施，使城镇居民收入增长明显加快，生活水平进一步提高。

一、收入增速加快，为近年最高

2012 年以来，甘肃城镇居民可支配收入继续稳定增长，各项收入增速不断提高，人均可支配收入达到 17156.89 元，增速为 14.47%，增长速度是过去 10 年来最快的。其中，工资性收入人均 12514.92 元，同比增长 11.79%；经营净收入人均 1125.68 元，同比增长 23.12%；财产性收入人均 259.63 元，同比增长 60.60%；转移性收入人均 4598.23 元，同比增长 15.07%。

甘肃省城镇居民收入对比表

单位：元

指　标	2012 年	2011 年	增速（%）	拉动可支配收入增长（%）
家庭总收入	18498.46	16267.37	13.72	
其中：可支配收入	17156.89	14988.68	14.47	
（一）工资性收入	12514.92	11195.26	11.79	8.80
（二）经营净收入	1125.68	914.3	23.12	1.41
（三）财产性收入	259.63	161.66	60.60	0.65
（四）转移性收入	4598.23	3996.15	15.07	4.02

（一）工资性收入受多项增资政策影响，成为拉动收入增长的主要因素

2012 年，甘肃省行政机关、企事业单位津补贴标准提高，困难生活补贴增加。部分大型企业及事业单位实行绩效工资改革，发放绩效奖、经济责任兑现奖，地区津贴和高龄补贴增加。机关事业单位发放科学发展业绩考核奖，陆续出台的促进就业的政策也使各级公共就业服务机构的帮扶措施收效显著，同时，甘肃省吸引高端产业入驻所带来的新增岗位解决了大批低收入群体的就业困难，增加了收入来源，也相对稳定了就业形势。这一系列政策措施为收入的增长注入了强劲动力。2012 年，甘肃省城镇居民工资性收入增长 11.79%，对可支配收入的拉动作用显著，拉动可支配收入增长了 8.8 个百分点，贡献率为 60.86%。

（二）对社会弱势群体保障力度进一步加大，居民转移性收入呈现较强增势

近年来，随着政府转移支付力度加大，甘肃社会保障体系也不断健全和规范。2012 年，甘肃省各级政府继续加大对社会弱势群体的转移支付力度，陆续出台提高基本养老金标准的政策措施，对离退休人员执行居家养老优惠政策，持续调高离退休金，扩大基本养老保险覆盖范围，继续提高低保标准和补助水平，使离退休人员、低收入者受益明显。

2012 年，甘肃城镇居民养老金或离退休金为人均 4055.81 元，同比增长 15.58%。人均最低生活保障收入为 170.22 元，同比增长 16.88%。人均转移性收入增速达到 15.07%，拉动可支配收入增长 4.02 个百分点。养老金或离退休金、最低生活保障收入占家庭总收入的比重由上年的 21.57% 和 0.89% 提高到 21.93% 和 0.92%。城镇居民转移性收入的增长，有效缓解了离退休人员和低收入人员生活压力。

（三）私营经济快速发展，经营净收入促进了居民收入多元化

2012 年，全省经济继续保持了快速增长的势头，带动了第三产业的快速崛起。省政府出台了《关于促进全省经济平稳较快发展的若干意见》，其中明确提出要制订全省百万人创业促进就业行动计划，

对高校毕业生、登记失业人员、退役士兵和残疾人设立50万元以下有限责任公司的，实行创业注册资本"零首付"，同时鼓励自主创业和自谋职业，让更多城乡居民能够就业，多渠道促进城乡居民增收。在物价较高的形势下，大部分市州对微利个体经营户继续实行减免税费政策，充分调动了居民自主创业积极性，促使城市个体和私营企业从业人员增多，使从业居民经营信心进一步增强。多项措施共同推动，使城镇居民经营净收入同比增长23.12%。

（四）财产性收入快速增长

随着各行业投资渠道的逐步拓宽和居民投资理财意识的增强，居民的财产性收入也不断增长。一方面随着甘肃经济快速发展，城镇居民家庭资产逐渐积累，另一方面随着城镇化加快，越来越多的乡镇居民涌入市区，推动了房屋租赁价格的不断攀升，加之商品房价格居高、出租房价上涨等因素，使房租收入增长较快，成为财产性收入的重要来源。2012年，甘肃省居民人均财产性收入为259.63元，比上年同期增长60.60%；其中出租房屋收入同比增长77.87%。

（五）低收入家庭就业人口增加，收入增长较快

2012年，部分市州出台新的就业措施，通过落实下岗失业人员免税、小额担保贷款，鼓励支持自主创业带动就业等政策拓宽就业渠道。随着经济的发展，企业、个体工商户等不断增加，被雇人员工资性收入较大幅度提高。据分组调查资料显示：2012年20%低收入组城镇居民家庭户均就业人口数为1.32人，比上年同期增长8.2%。低收入家庭人员的就业人口增加，使低收入人群的收入增长加快。2012年，20%低收入组城镇居民家庭可支配收入增长19.05%，高于全省平均水平4.58个百分点，工资性收入同比增长26.52%，高于全省平均水平14.73个百分点。低收入家庭可支配收入增长主要得益于就业人口的增长。

二、甘肃城镇居民消费总体水平提高

2012年以来，甘肃城镇居民消费呈现全面增长势头，人均消费支出为12847.05元，同比增长14.82%。从消费结构、消费内容看，八大项里家庭设备用品及服务、医疗保健、交通和通信、教育文化娱乐服务增速居于前列。

（一）食品、衣着、居住支出平稳增长

甘肃城镇居民家庭消费支出增长情况表

单位：元

指　标	2012年	2011年	增速(%)
消费支出	12847.05	11188.57	14.82
一、食品	4602.33	4182.47	10.04
二、衣着	1631.4	1470.26	10.96
三、居住	1287.93	1139.85	12.99
四、家庭设备用品及服务	833.15	660.48	26.14
五、医疗保健	1049.65	874.05	20.09
六、交通和通信	1575.67	1289.8	22.16
七、教育文化娱乐服务	1388.21	1158.3	19.85
八、其他商品和服务	478.72	413.37	15.81

城镇居民食品类支出人均为4602.33元，同比增长10.04%。快节奏的生活使越来越多的居民选择在外就餐，且就餐档次提升，2012年，甘肃省城镇居民在外用餐人均为12.74人次，同比增长4.08%；在外出用餐支出人均978.18元，同比增长9.84%。

甘肃服装市场品种丰富，随着居民生活水平的提高，购买能力也有所增强，人们的衣着消费趋向中高档，2012年，甘肃城镇居民人均衣着支出1631.4元，同比增长10.96%。

随着城市建设步伐进一步加快和收入增加，居民更注重提高居住质量及改善居住环境，2012年，甘肃城镇居民人均居住支出1287.93元，同比增长12.99%。维修用建筑材料支出继续大幅上升，人均96.81元，同比增长116.53%。

（二）家庭设备用品及服务呈现上升趋势

2012年，甘肃城镇居民人均家庭设备用品及服务支出833.15元，同比增长26.14%。家电以旧换新政策的实施，使城镇居民家庭设备用品中电冰箱、空

调器和淋浴热水器等设备更新换代。截止12月底，每百户居民家庭拥有电冰箱90.25台、空调器6.71台、淋浴热水器66.38台、钢琴2.19台、其他高中档乐器6.2台。

(三)医疗保健上涨迅速，同比增长20.09%

随着甘肃省城镇居民生活标准的不断提高，对健康的理解也不断产生新的认识，更加注重自我保健。2012年，城镇居民人均医疗保健支出为1049.65元，比上年增长20.09%，其中，药品费为520.88元，同比增长12.75%；医疗费为455.5元，同比增长35.56%；滋补保健品为人均46.85元，同比增长13.49%。主要原因：一是近年来居民对身体健康关注程度越来越高，就医、养生保健等意识明显增强。二是近年来医疗、药品费用一直相对较高。

(四)教育文化娱乐服务类、交通和通信类较快增长

由于消费观念的不断改变，居民外出休闲、出门旅游普遍成为人们享受生活的首选，2012年，教育文化娱乐服务为人均1388.21元，同比增长19.85%。

随着居民收入稳步增长，生活水平大幅提高，父母对于子女教育重视程度也不断提高，教育方面的投入力度不断加大。2012年甘肃城镇居民人均教育支出为517.32元，同比增长15.73%。越来越多的家长让自己的孩子参加各类业余爱好培训班，培训班人均支出164.2元，同比增长43.96%；托幼费人均支出44.4元，同比增长37.76%。

近年以来，交通和通信消费一直增长较快，交通和通信支出人均为1575.67元，同比增长22.16%。家用汽车、助力车、摩托车进一步普及，百户拥有量分别为达到9.75辆、13.35辆、11.17辆。人均通信支出为775.9元，比去年增长13.37%，其中电话机支出为831.54元，同比增长144.03%；移动电话支出为1089.3元，同比增长36.47%。每百户拥有移动电话为197.3部，每百户拥有计算机63.19台。居民通讯设备的不断增加使得相关费用也不断增长。2012年，居民通信服务费人均628.57元，同比增长5.42%。

(五)其他商品和服务同比增长15.81%

2012年，其他商品及服务消费不断增长，其他商品和服务人均支出478.72元，同比增长15.81%。金银珠宝饰品支出为人均124.79元，同比增长103.01%。

三、甘肃2012年城镇居民收入增长速度高于全国平均水平，收入差距呈现缩小趋势

近年来甘肃城镇居民可支配收入增速逐年加快，2012年甘肃城镇居民收入增长14.47%，增速在全国31个省区中居第2位，仅次于新疆，高于全国平均水平1.84个百分点，比2011年的第21位前移了19位。2012年甘肃城镇居民收入增长速度是过去10年最高的。

从绝对值看，甘肃与兄弟省特别是青海的差距正在逐年缩小，2012年，甘肃比青海低409.39元，差距比上年缩小205.24元；2011年低614.63元，比上年缩小51.81元；2010年低666.44元，比上年缩小95.63元。差距呈逐年增长态势，2012年缩小的幅度是近年来最大的。

按相对收入不等距五分组情况看，2012年，甘肃20%低收入城镇居民人均可支配收入为7737.4元，20%高收入城镇居民人均可支配收入为33190.42元，高低收入比由2011年的4.48:1缩小到2012年的4.29:1。

四、存在的主要问题

(一)城镇居民收入结构性问题突出

近年来，甘肃省委省政府在提高居民收入上大力贯彻落实国家政策，并且积极出台本省的相应措施及办法，但甘肃处于偏远落后地区的现实情况依然是制约经济发展和人民收入的长期因素，可支配收入的增长仍然非常依赖工资收入，其增长主要得益于行政机关、企事业单位的增资和津补贴的提高，缺乏有效的增长机制。2012年，城镇居民工资性收入占总收入的67.65%，而经营性净收入和财产性收入所占比重偏小，仅为6.09%和1.4%。在今后的时期内，如没有持续性的新的增资政策，城镇居民收入增长会受到较大制约和影响。

(二)过高的物价使城镇低收入群体生活负担加重

受国内大环境及我省实际地域范围影响，甘肃经济的增长相对发达城市局限性较大，发展空间还未充分开发，资源的缺乏、环境的制约一直导致收入过低、物价过高现象。近年甘肃本地肉、粮油和蔬菜等食品价格普遍上涨，与百姓生活密切相关的商品价格也出现明显上扬，2012年低收入组居民恩格尔系数为40.17%，高出全省平均指标4.35个百分点，使低收入群体的生活压力继续存在。

五、几点建议

(一)建立不同收入群体的工资自然增长机制，确保从业者工资的正常增加

继续提高社会各阶层工资收入。不断提高居民

工资收入是改善居民家庭生活质量的根本。近年来，工资性收入仍然是支撑和拉动可支配收入增长的重要因素。因此在经济增长的同时，要建立适应不同群体的工资增长机制。一是要鼓励和规范各类企业、用工单位建立完善的职工工资增长机制；二是要根据财政状况适时地调整和加快推进行政机关、事业单位工资改革，加快与全国平均水平接轨，确保工资收入水平持续增长。

（二）继续加大社会保障体系的建设力度

一是对低收入家庭出台配套的保护性政策，根据不同阶层的收支情况，适时适度地直接补贴或调高保障金，增强低收入群体对价格上涨、经营困难、收入渠道狭窄的承受能力，确保低收入群体的生活不因各类经济变动因素而受到大的影响。二是继续加强医疗救助，切实解决社会低收入群体及困难人群的就医难，看病贵的实际问题。不断出台更多医疗救助和费用减免措施，使更多的贫困家庭和弱势群体承担起高昂的医疗费用，得到治疗和康复。三是要使居民基本生活需求得到满足，还要狠抓社会保障资金的稳定增长，保证养老金、离退休金按时足额发放。四是根据我省实际情况，在财力和政策允许的范围内，对社会贫困群体除了城镇最低生活保障的救助外，更要加强教育、医疗、住房等方面的保障性建设，完善形成综合的社会帮扶救助网络体系。

（三）加快经济发展，进一步促进就业，出台更多鼓励创业的优惠政策

要提高城镇居民的收入水平，缩短贫富差距，重点就是要解决弱势群体就业难的问题。一方面，应为他们提供更多的适合工作岗位，增加免费的劳动技能培训机会。另一方面，继续大力出台自主创业的优惠政策，鼓励自主创业，创造更多的增收途径。

2012 年甘肃农村居民纯收入快速增长

2012 年，甘肃省委省政府在继续实施“六大工程”的同时，认真贯彻落实中央农村工作会议精神和国家各项惠农政策，不断加大城乡统筹力度和“三农”工作力度，坚持以实现农民增收致富为目标，创新思路，狠抓落实，全省农村经济保持了良好的发展态势。据全省 1800 户农村住户调查资料显示，2012 年，甘肃省农民人均纯收入 4506.7 元，比上年同期增加 597.3 元，增长 15.3%。

一、农村居民收入增长特点

（一）家庭经营纯收入稳定增长，是农民增收的主要因素

2012 年甘肃农村居民人均家庭经营纯收入 2114.8 元，同比增加 248.0 元，增长 13.3%，占纯收入的 46.9%。对纯收入增长的贡献率达到了 41.5%，是农民增收的主要因素。

1. 农业生产全面丰收，拉动一产纯收入增长一成多。2012 年农村居民人均第一产业经营纯收入为 1792.5 元，同比增加 228.7 元，增长 14.6%。其中：农业纯收入 1442.4 元，同比增加 194.5 元，增长 15.6%；牧业纯收入 272.9 元，同比增加 17.7 元，增长 7.0%；林业纯收入 77.2 元，同比增加 16.3 元，增长 26.8%。

2012 年是甘肃历史上少有的风调雨顺之年，由于降水充足，雨水合节，夏、秋作物长势良好，夏粮秋粮都取得了好收成，全年粮食产量增幅达到了 9.4%，为农民增收打下了坚实的基础。

2. 家庭生产经营非农产业稳定发展，为增收注入活力。2012 年农村居民家庭经营二、三产业纯收入为 322.3 元，同比增加 19.3 元，增长 6.4%。主要是批零贸易业饮食业收入人均增加 21.5 元，增长 16.7%;工业收入人均增加 8.9 元，增长 46.3%;社会服务业收入人均增加 5.1 元，增长 20.3%。

（二）工资水平提高，务工收入仍然是增收的重要来源

2012 年甘肃农村居民人均工资性收入 1787.7 元，同比增加 225.8 元，增长 14.5%，占纯收入的 39.7%，对纯收入增长的贡献率达到了 37.8%。

1. 农村劳动力就近就业增加，收入明显增长。2012 年农民在本乡地域内劳动得到收入人均 654.0 元，同比增加 115.2 元，增长 21.4%，占工资性收入的 36.6%，比重上升 2.1 个百分点。受用工工价提高、项目建设力度加大、本乡地域内就近就业渠道增多，就近打短工人数增加等因素影响，本乡地域劳动收入大幅增加。

2. 外出务工收入保持稳定增长。2012 年农民外出务工收入人均 956.1 元，同比增加 82.5 元，增长 9.4%，占工资性收入的 53.5%。随着宏观经济形势的好转，用工需求不断增加，农民工就业压力得到缓解。2012 年农民外出务工工资月平均水平为 2175 元，比去年同期增加 42 元，增长 19.7%。工资水平的提高，是拉动工资性收入增长的主要因素。

（三）强农惠农富农政策实施力度加大，转移性收入快速增长

2012 年甘肃农村居民人均转移性收入 492.1 元，同比增加 93.9 元，增长 23.6%，占农村居民纯收入的 10.9%，对纯收入增长的贡献率为 15.7%。近年来甘肃省在执行国家各项强农惠农政策的同时，根据本省的实际情况又增加了一系列强农惠农补贴。如：学校贫困寄宿生生活补助、农村特困家庭医疗救助、计划生育特困家庭救助等等，积极推进农村最低生活保障制度、农村新型医疗保险及农村社会养老保险制度，加大了对农村低收入户、贫困户等困难群体的扶持力度，直接增加了对农民的转移支付，拉动了转移性收入大幅增长。

（四）土地流转拉动财产性收入大幅增长

2012 年甘肃农村居民人均财产性收入 112.1 元，同比增加 29.6 元，增长 35.9%，占农村居民纯收入的 2.5%，对纯收入增长的贡献率为 5.0%。调查资料显示，土地流转主要以大户一次性租赁为主，每亩耕地面积每年租费 500-600 元，以现金方式一次性支付，土地的大量流转直接拉动了财产性收入的大幅增加。

二、生活消费水平提高

2012年甘肃农村居民生活消费支出人均4146.2元，同比增加481.3元，增长13.1%，农民消费结构呈现以下特点：

（一）货币性消费增长，农村消费市场趋旺

随着农村居民收入的不断增加和消费环境的改善，商品交换日趋活跃，农村消费品市场日趋旺盛。2012年甘肃农村居民生活消费中，现金消费支出额为3689.0元，同比增加537.9元，增长17.1%，现金消费支出占全部生活消费支出的比重为89.0%，比上年提高3.0个百分点。

（二）恩格尔系数下降，饮食结构继续改善

2012年甘肃农村居民食品消费人均支出1648.6元，同比增加100.4元，增长6.5%。农村居民的恩格尔系数由上年的42.2%下降至39.8%，下降了2.4个百分点。在食品消费品支出中，副食消费支出占72.7%，增幅为10.2%，所占份额比上年上升2.2个百分点，主食支出增速下降1.3%，食品消费结构继续改善。

（三）衣着消费显著增长，服装追求时尚化

2012年甘肃农村居民衣着消费支出人均为303.1元，同比增加56.5元，增长22.9%。其中服装消费人均为209.0元，增长23.8%，占衣着消费支出比重为68.9%；鞋类消费人均为70.6元，增长28.1%。随着收入水平的提高，农民衣着消费观念发生了变化，服装追求时尚化。

（四）住房条件进一步改善

2012年甘肃农村居民人均居住消费支出682.3元，同比增加85.7元，增长14.4%。随着新农村建设的扎实推进和农村小城镇建设步伐的进一步加快，农村居民的居住质量和居住环境明显改善。据调查，全省农村居民家庭人均居住面积由上年的23.7平方米增加到24.1平方米，增长 1.8%；其中楼房面积为1.8平方米，增长9.8%，钢筋混泥土结构住房面积达到4.4平方米，增长5.5%。

（五）中高档耐用家电消费档次提升

2012年甘肃农村居民人均家庭设备及用品消费支出250.4元，同比增加52.4元，增长26.4%。其中，购买机电设备人均支出65.4元，增长19.3%。到年末每百户农村居民拥有彩色电视机106.3台，增长1.8%；洗衣机79.7台，增长8.1%；电冰箱32.9台，增长24.1%；空调机0.3台，增长25%；热水器17.0台，增长34.8%；微波炉5.7台，增长61.0%；家用计算机11.4台，增长27.0%。在保证生产和基本生活的前提下，购买各种中高档家用电器成为农民生活水平提高的又一个重要标志。

（六）交通通讯成为消费的新亮点

2012年甘肃农村居民用于交通和通信的支出人均为436.0元，同比增加69.5元，增长19.0%。交通通讯快速增长的主要原因：一是追求出行便利舒适，新一代交通工具开始进入寻常百姓家。2012年交通工具支出112.9元，增长31.6%。到年末每百户农村居民家庭拥有汽车数量为2.8辆，摩托车数量由上年末的67.9辆增加到71.9辆。二是移动电话增加迅速。2012年通讯工具支出38.2元，增长42.0%。到年末每百户农村居民家庭拥有移动电话由上年末的177.4部增加到192.7部，接近户均两部的水平。

（七）注重文化生活，增加教育投资

2012年甘肃农村居民文教娱乐消费支出人均327.3元，同比增加34.6元，增长11.8%。其中购买文教娱乐用品支出人均44.4元，增长3.1%，主要是计算机等耐用品购买量增加；购买书报杂志支出人均14.0元，增长13.7%；教育服务消费支出人均224.2元，增长11.6%；技术培训费支出人均16.6元，增长60.9%。

（八）新型农村合作医疗制度惠及农户

随着新型农村合作医疗制度在全省的全面覆盖和平稳运行，使广大农民群众受益匪浅。2012年，农村居民人均医疗保健消费支出398.0元，同比增加58.7元，增长17.3%。其中医疗费支出244.3元，增长20.7%；药品支出147.9元，增长12.0%。以前"小病拖，大病扛，实在不行才往医院抬"的现象明显减少。

三、横向对比

2012年全国农村居民人均纯收入为7916.6元，同比增长13.5%。甘肃省农村居民人均纯收入为4506.7元，同比增长15.3%，绝对值位居倒数第一，为全国平均水平的56.9%，增速位居第四，高于全国平均水平1.8个百分点。在西部十二省中，从绝对值看，与最高的内蒙古相差3104.6元；与位居倒数第二的贵州相差246.3元。从增长速度看，最高的是新疆，增幅为17.5%，最低的是重庆，增幅为13.9%。

四、农民增收存在的主要问题

（一）农民增收渠道单一，制约农民增收

由于二、三产业发展不充分，农业在农民家庭整个经营收入中仍占主导地位，家庭经营收入仍然是农民收入的主体。特别是受农村科学技术水平、道路、水利等基础设施建设滞后以及资金、技能等条件的限制，甘肃农民增收渠道仍然不够多元化，收入来源仍然是以外出打工和出售农产品、经济作物和畜牧产品为主。2012 年，甘肃农村居民人均二产纯收入 36.4 元，仅占全部纯收入的 0.8%。

（二）农资价格继续上涨，生产成本增加

2012 年，全省农民人均购买农业生产资料 908.5 元，同比增长 11.0%；购买牧业生产资料 454.8 元，同比增长 18.0%。2012 年，农业生产资料价格指数为 105.2，化肥、农药等农业生产资料价格继续上涨，在一定程度上抵消了农产品价格上涨给农民带来的效益。

（三）农民发展现代农业的能力不强，组织化程度低，农业生产经营规模小，农业比较效益低

由于人均耕地面积小，种植分散，缺乏先进适用技术，农民发展现代农业的能力不强，组织化程度低，农业生产经营规模小，农业比较效益低，导致农业生产的科技含量低，农产品竞争力较弱。

（四）经济基础差，农业自然灾害频发，影响收入增加

近年来甘肃极端天气频发，2012 年上半年定西“5.10”特大冰雹山洪泥石流灾害，酒泉发生的沙尘暴等灾害，严重影响农业生产。此外，经济基础差，农业基础设施建设滞后，依然没有摆脱靠天吃饭的被动局面，也是影响农业综合生产能力，制约农民增收的重要因素。

五、几点建议

（一）加强农产品市场调控和监管，稳定农产品价格

一是规范和完善农产品市场体系，加快建立以农民专业合作组织为基础的农产品市场体系，鼓励农产品直接进入批发市场，鼓励发展“农产品—超市”对接等营销模式，减少中间环节，降低流通费用。二是完善农产品国家收储机制，充分运用中央储备和地方储备、政府储备与商业储备体系，通过重要商品储备、跨区调运和进出口调节等措施，稳定市场供求关系，确保农产品市场供应。三是完善农产品信息系统，及时掌握生产量、交易量、生产成本、流通环节加价、政府储备等具体信息，通过市场信息合理引导农民调整种植结构，进行合理种植、科学种植，避免产销信息不对称。

（二）加快发展农村二、三产业，拓宽农民增收渠道

主要以农产品为依托，利用当地特色，发展农副产品加工流通、交通运输、餐饮娱乐、“农家乐”为主的农村二、三产业，以此作为农民增收的重要补充。

（三）加大土地流转力度，提高土地规模经营收益

在耕地资源有限且难以大幅度增加的情况下，充分合理利用现有土地资源，加大土地流转力度，发展规模种植，进一步提高现有土地经营规模和产出效益，发展高效农业。

（四）加强农业自然灾害的防范

各级政府应积极适应气候变化的新趋势，加强灾情预警，适时发布预警信息，开展技术服务，指导农民科学抗灾，努力减轻灾害损失。同时，要继续加强农田水利基础设施建设，尤其是通过大规模开展旱涝保收高标准农田建设，增强抗灾能力。

2012 年甘肃居民消费价格运行解读

2012 年，甘肃居民消费价格平均上涨 2.7%,其中城市居民消费价格上涨 2.5%,农村居民消费价格上涨 3.1%;非食品价格上涨 2.0%;服务项目价格上涨 1.9%;工业品价格上涨 2.0%;扣除鲜菜鲜果总上涨 2.5%。

一、CPI 运行基本概况

从同比看,12 月份甘肃 CPI 总体上涨 3.1%,价格有所反弹。1 月份最高,上涨 3.0%,2 月份回落至 2.9%,3 月份有所反弹，升至 3.3%,4、5 月份均上涨 3.5%,6 月份涨幅为 2.7%,7 月份涨幅回落至 1.5%,为 30 多个月以来最低,8 月份涨幅为 1.8%,9 月份上涨 2.3%,10 月份上涨 2.4%,11 月份上涨 2.3%,12 月份上涨 3.1%。

从环比看,1、2 月份环比价格上涨，分别上涨 1.3%和 1.0%,3、4、5、6、7 月份价格一直处于下降状态,分别下降 0.1%、0.1%、0.4%、0.4%和 0.5%,8 月份开始价格由降而略有回升:8 月份上涨 0.3%,9 月份上涨 0.8%,10、11 月份均上涨 0.1%,12 月份上涨 0.9%。

从累计看,2012 年,甘肃 CPI 总体上涨 2.7%。

从类别看,2012 年，全省八大类消费价格全部上涨。其中:食品 4.1%、烟酒 3.0%、衣着 2.6%、家庭设备用品及维修服务 1.1%、医疗保健和个人服务 3.8%、交通和通信 0.4%、娱乐教育文化用品及服务 1.0%、居住 1.8%。

二、CPI 运行主要特征

(一)食品价格在高位,但涨幅明显缩小

1. 粮食价格稳中趋升。2012 年,甘肃粮食价格平均上涨 2.3%,其中大米涨 2.9%、面粉涨 1.3%、粮食制品涨 3.1%、其他粮食涨 1.9%。

2. 猪肉价格明显回落。经历了去年的快速上涨后，今年猪肉价格总体呈现回落态势。从累计价格看,2012 年猪肉价格下降 3.9%。

3. 牛羊肉价格逐月上涨。今年以来,牛羊肉价格逐月攀升,2012 年 1-12 月份，牛肉价格上涨 20%,羊肉价格上涨 13.7%。

4. 鲜蛋价格周期性波动。从各月价格看,1-4 月，鲜蛋价格环比逐月下降，跌幅分别为 1.1%、8.6%、2.4%和 1.7%,6 月份鲜蛋价格大幅反弹,环比上涨 10.6%,虽然 7 月有所下降,但 8、9 月份再度上涨,涨幅分别为 8.3%和 5.6%,10 月份下降 3.7%,11 月份下降 4.2%,12 月份鲜蛋价格上涨 3.6%。

5. 鲜菜价格涨跌不一。2012 年 1-12 月份,鲜菜价格平均上涨 10.7%。从各月环比价格看,1 月份价格涨幅最高,达 27.4%。4-7 月逐月回落,由 4 月份的跌幅为 5.6%,到 7 月份价格跌幅为 17.7%。8、9 月份开始上涨,分别上涨 8.9%和 11.2%。10、11 月份又重回下跌态势,分别下跌幅 1.5%和 0.2%,12 月份因气候因素影响,鲜菜价格上涨 16.2%。

6. 鲜瓜果价格小幅下跌。与去年不同,今年鲜瓜果价格走势低迷。1-6 月鲜瓜果同比价格均下跌,跌幅最大的为 4 月份,下跌 10.3%。7-9 月,鲜瓜果价格逐月上涨，涨幅分别为 1.5%、3.3%和 4.5%,11 月份同比下降 2.8%,12 月份上涨 0.5%,1-12 月份全省鲜瓜果价格平均下跌 3.5%。

(二)工业消费品价格小幅上涨

1. 服装价格高位运行。2012 年,服装价格同比上涨 2.8%。衣着材料价格上涨 1.2%,鞋袜帽平均上涨 1.7%。

2. 水电价格上涨。受阶梯电价改革影响,7 月份全省电价环比上涨 4.7%。2012 年,全省电价同比上涨 2.4%。

3. 汽柴油价格小幅上涨。2012 年,全省汽油价格平均上涨 3.0%,柴油价格平均上涨 2.6%。在国际原油价格的影响下,国内汽柴油价格呈波浪式走势。2-4 月,汽、柴油价格连续上调,4 月份汽油价格上涨 4.0%,柴油价格上涨 5.0%;5-7 月持续下调,最低降幅为 4.7%和 4.2%;8-10 月价格再度连续上调,最高涨幅分别达到 3.9%和 4.8%。

4. 部分工业消费品价格稳中趋升。受原材料及人工成本上涨拉动,部分工业品价格稳中趋升。其中衣着材料价格上涨 1.2%，教材及参考书价格上涨

0.3%，家庭日用杂品价格上涨1.7%，烟酒类价格上涨3.0%，耐用消费品价格上涨0.1%，建房及装修材料价格上涨1.4%。

（三）服务项目价格上涨

2012年，甘肃服务项目价格同比上涨1.9%。其中衣着加工服务费上涨6.1%，家庭服务及维修服务上涨5.5%，医疗保健服务上涨2.8%，城市间交通费上涨3.4%，教育服务上涨1.3%。

（四）涨幅与全国平均水平持平

2012年，甘肃居民消费价格同比上涨2.7%，涨幅高于全国0.1个百分点。在全国31个省（区、市）中位居第18位。在西北五省中位居第4位，低于新疆、青海和陕西，高于宁夏。

三、影响全年物价走势的因素

（一）全年存在成本推动价格上涨的压力。目前我国仍处于发展的较快阶段，对能源、资源等基础性原材料产品需求将继续旺盛。随着我国经济发展转型和结构调整的加快推动，劳动力、资源、能源等生产要素的低价供应格局将会被逐渐打破，其价格上涨将成为推动物价整体上行的重要因素。总体来看，未来物价面临生产要素成本长期上涨的压力。

（二）农产品价格涨幅低于前期。2011年下半年许多农产品价格持续创下历史新高后，如食用油、肉、禽、蛋价格涨幅在今年前期已出现逐月回落走势。

（三）出口、投资需求不旺抑制价格上扬。在当前国际经济普遍不景气背景下，今年出口形势不容乐观。在调结构保增长的大环境下，国家对房地产调控政策不放松，使出口、投资需求这两驾马车难有大起色，在一定程度上抑制价格上扬，因此，全年居民消费价格走势基本保持平稳态势。

四、明年价格形势仍面临不确定性

把握明年价格形势，既要积极看待有利因素，也应冷静分析风险因素。CPI温和爬升因素正在累积，明年价格形势仍面临不确定性。

从国内有利因素看。我国粮食连续9年丰收，多数行业产能释放尚不够充分，这就为价格总水平的平稳运行奠定了坚实基础。同时，随着生猪养殖规模化程度的不断提高，对CPI影响较大的“猪周期”价格起伏将越来越小，周期也会越来越短。特别是从宏观政策取向来看，在确保一定经济增长速度的同时更加注重经济增长的质量和效益，这有利于保持经济的平稳增长，从而有利于价格总体水平的温和可控。

从国外不利因素看。不应忽视外部因素的影响，尤其是美元剧烈波动所导致的输入型通胀冲击或输入型通缩风险。作为世界主要储备货币的美元，其汇率的剧烈波动都将给全球经济和价格形势带来巨大的冲击。当前，围绕着美国“财政悬崖”问题，国际市场暗流涌动，价格预期的博弈即将进入到高潮阶段，它将给全球经济、贸易、金融和价格形势乃至地缘政治带来什么样的影响，有待进一步观察。

2012 年甘肃工业生产者价格走势分析及 2013 年展望

内容提要：2012 年，甘肃工业生产者价格前跌后涨，经历了快速回落和明显回升两个阶段。全年工业生产者出厂价格同比累计指数为 96.8，工业生产者购进价格同比累计指数为 98.7。在工业生产者出厂价格总水平上升的因素中：新涨价因素影响总指数上升 0.2 个百分点。

一、全年工业生产者价格运行的基本态势

2012 年 1-8 月，甘肃工业生产者出厂价格在上年末回落的基础上继续下行，至 9 月份指数开始反弹回升。从同比来看，1-8 月全省工业生产者同比指数分别为 100.2、99.1、99.2、98.6、96.5、95.1、92.6、91.5，9-12 月，同比指数分别为 94.0、97.7、98.7、98.9，同期工业生产者购进价格变动趋势也大体一致，1-7 月同比指数分别为 108.7、105.3、103.2、101.5、98.4、96.2、93.6，8 月份指数有所回升，8-12 月同比指数分别为 93.7、94.6、95.6、97.7、98.4。从环比变化来看，工业生产者出厂价格自 9 月份以来由负转正，价格走势趋于平稳(见下图)。

2012年分月甘肃工业生产者价格指数走势图

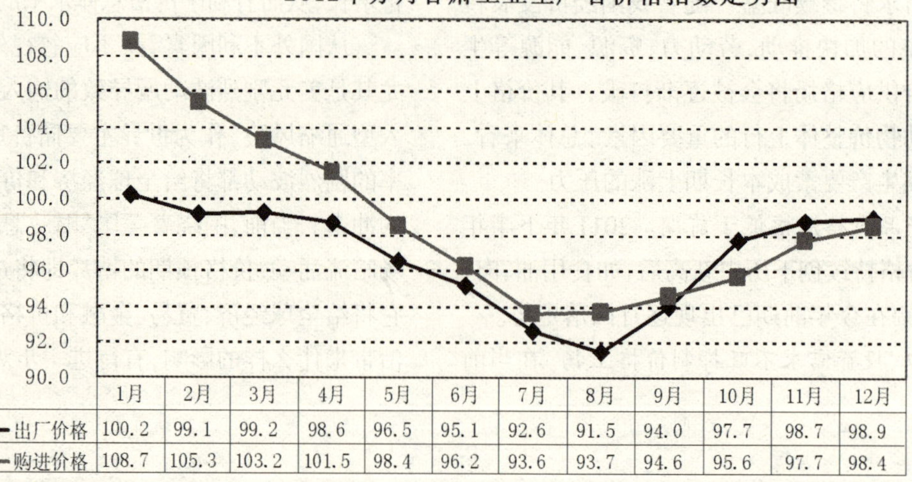

	1月	2月	3月	4月	5月	6月	7月	8月	9月	10月	11月	12月
出厂价格	100.2	99.1	99.2	98.6	96.5	95.1	92.6	91.5	94.0	97.7	98.7	98.9
购进价格	108.7	105.3	103.2	101.5	98.4	96.2	93.6	93.7	94.6	95.6	97.7	98.4

二、全年工业生产者价格走势特点

(一)上游产品依然主导着甘肃工业生产者价格走势

2012 年，甘肃生产资料出厂价格累计下降 3.8%，影响总指数下降 3.4 个百分点；生活资料出厂价格累计上涨 2.5%，影响总指数上升 0.2 个百分点。从出厂产品内部看，价格涨幅回落呈现“上游快于下游”的趋势。今年 1 月甘肃生产资料出厂价格同比指数为 102.2，而生活资料出厂价格同比指数为 103.4；12 月生产资料出厂价格同比指数为 98.6，而生活资料出厂价格同比指数为 101.5。可见，生产资料出厂价格同比回落速度明显快于生活资料出厂价格。另外，12 月份在生产资料中采掘类产品出厂价格同比指数比 1 月份低 20.2 个百分点，而处于下游的加工类产品出厂价格同比指数高于 1 月份 2.3 个百分点，这说明在生产资料内部也存在这种趋势。生产资料价格变动对出厂价格的影响显然远大于生活资料，以生产资料为主的上游产品价格变动依然主导着工业生产者价格整体走势。

(二)工业生产者出厂价格降幅高于购进价格降幅，四季度这种现象有所改变

2012 年，工业生产者出厂价格和工业生产者购进价格分别下降 3.2%和 1.3%，出厂价格降幅快于购进价格降幅 1.9 个百分点。从各月价格涨幅变动情况来看，5-9 月，出厂价格降幅分别高于购进价格降幅 1.9、1.0、1.1、2.2 和 0.6 个百分点。10-12 月，工业生产者出厂及购进价格下降幅逐月缩小，出厂价格降幅分别小于购进价格降幅 2.2、1.0、0.5 个百分点。工业生产者购销“剪刀差”由负转正，在一定程度

上反映企业生产经营的原材料成本在减少，企业消化成本的能力有所增强，工业企业的盈利空间呈扩大的趋势，企业生产经营正在出现积极变化。

（三）工业行业价格上涨面缩小，部分行业价格变动对工业生产者价格波动的影响较大

2012 年，在 35 个工业行业大类中，工业生产者出厂价格上涨的行业大类有 24 个，上涨面为 68.6%；上年出厂价格上涨的行业大类有 30 个，上涨面为 85.7%。2012 年上涨面较上年缩小 17.1 个百分点。

从对全省工业生产者价格上涨幅度较大的行业来看，以下五大行业是影响工业品出厂价格变动的主要因素：煤炭开采和洗选业、石油加工及炼焦业同比分别上涨 4.5%和 3.9%，分别拉动总指数上涨 0.2 和 0.9 个百分点；石油和天然气开采业、黑色金属冶炼及压延加工业、有色金属冶炼及压延加工业其价格同比分别下降 1.9%、11.9%、18.4%；分别影响总指数下降 1.9、1.5 和 3.4 个百分点。

（四）与全国水平比较，甘肃工业生产者出厂价格指数低于全国平均水平，在各省（区、市）中排位靠后

2012 年，我省工业生产者出厂价格指数累计指数为 96.8，全国为 98.3，低于全国平均水平 1.7 个百分点，在全国 31 个省（市、区）中列第 28 位、西北五省区末位。工业生产者购进价格指数累计指数为 98.7，全国为 98.2，高于全国平均水平 0.5 个百分点，

2012年甘肃及全国各省工业生产者价格指数图

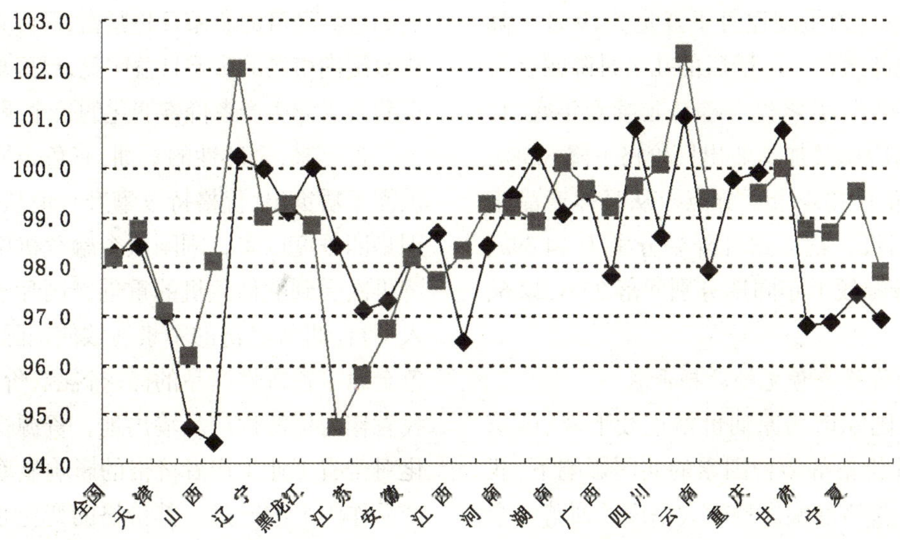

在全国 30 个省（市、区）（不包括西藏）中列第 19 位、列西北五省区第三位（见下图）。

三、甘肃省主要工业行业出厂价格变动情况

（一）煤炭价格涨幅回落

今年以来，受煤炭出口减少、国内煤炭市场需求疲软等诸多因素的影响，我省煤炭销量下降、价格逐月回落。2012 年，全省煤炭开采和洗选业产品出厂价格累计上涨 4.5%，涨幅比去年同期回落 16.4 个百分点。11 月份，煤炭开采和洗选业产品价格由 1 月份上涨 18.2%逆转为下降 2.4%，12 月份降幅为 0.7%，分产品看，烟煤同比上涨 3.1%，涨幅比去年同期回落 17.2 个百分点；无烟煤上涨 16.2%，涨幅比去年同期回落 23.6 个百分点；筛选煤上涨 6.4%，涨幅回落 4.9 个百分点。

（二）有色金属产品价格下降

去年下半年以来，受欧债危机的影响，国际经济形势持续低迷、国内经济增速放缓，市场对部分有色金属产品的需求减弱，抑制了有色金属产品价格的上涨势头。2012 年，全省有色金属矿采选业出厂价格累计上涨 0.8%，涨幅较上年回落 10.7 个百分点。从各月数据来看：1－5 月份全省有色金属矿采选业出厂价格持续上涨，涨幅分别为 0.8%、1.9%、3.3%、0.6%、2.7%，从 6 月份开始迅速回落，6－9 月降幅分别为 3.4%、5.2%、4.1%，10－12 月，有色金属矿采选业出厂价格迅速反弹，各月涨幅分别为 5.7%、6.8%和 2.8%。

2012 年，全省有色金属冶炼及压延加工业价格累计下降 18.4%，降幅较上年同期扩大 25.8 个百分点，从各月数据来看，前八个月同比降幅逐月扩大，降幅分别为 18.2%、18.7%、21.6%、22.3%、22.2%、

21.4%、23.5%、24.7%；9月份开始降幅逐月缩小，指数有所回升。9-12月份同比指数分别为83.1、91.7、88.6、93.2。从主要产品来看，铜、镍、铝产品价格累计分别下降14.2%、26.7%、5.5%，降幅较上年分别回落24.0、29.1、10.9个百分点。由于有色金属工业在全省工业经济中占的份量较重，这几类主要产品价格的下降，是影响全年工业生产者价格涨幅回落的主要原因。

（三）黑色金属产品价格降势趋缓

2012年，在国家一系列宏观调控政策，特别是房地产调控政策的影响下，市场对钢材的需求大幅下滑，以钢材为主的黑色金属产品价格持续走低。全省黑色金属冶炼及压延加工业出厂价格累计下降11.9%，降幅较上年同期扩大19.3个百分点。从各月情况来看，1-9月价格呈现逐月下降走势，9月下降21.9%，降幅为全年最低点。随后的几个月降幅逐月缩小，指数逐月回升，并将这一趋势延续到年底，12月份，黑色金属冶炼及加工业出厂价格下降8.5%，降幅较9月份缩小13.4个百分点。从具体产品来看，线材、厚钢板、钢筋累计降幅分别为14.3%、15.1%、14.0%，降幅较上年同期分别回落27.6、22.6、25.3个百分点。

（四）成品油价格走势先扬后抑再涨

2012年，在国际市场原油价格连续下降、国家多次调整成品油价格等多种因素的共同影响下，我省石油和成品油价格涨幅出现较大幅度的回落。全省石油和天然气开采业产品价格累计下降1.9%，比去年同期回落39.0个百分点。

2012年，我省成品油价格也经历了一个先扬后抑再涨的过程，石油加工、炼焦及核燃料加工业产品价格累计上涨3.9%，涨幅比去年同期回落12.3个百分点。分月看，1-6月涨幅分别为9.2%、8.4%、10.7%、10.2%、6.0%、0.6%，7-9月价格由升转降，同比分别下降4.9%、5.2%和0.6%，10-12月伴随着国内油价再次上调的影响，我省成品油价格再次回升，同比分别上涨4.7%、5.9%和3.3%。分产品看，汽油价格累计上涨3.6%，涨幅比去年同期回落12.5个百分点；煤油价格累计上涨4.4%，涨幅回落27.1个百分点；柴油价格累计上涨3.5%，涨幅回落14.0个百分点。

（五）化工产品价格明显回落

2012年，受原材料价格下降、市场需求减少等因素的影响，我省部分化工产品出厂价格明显下降，并带动全行业价格回落。全省化学原料及化学制品制造业产品出厂价格累计上涨4.0%，涨幅比去年同期回落12.2个百分点。其中，硫酸价格累计下降26.6%，比去年同期下降17.9个百分点；磷肥累计下降3.2%，降幅较上年同期扩大19.6个百分点；氮肥累计上涨10.5%，涨幅回落11.7个百分点。

四、影响我省工业生产者价格变动的主要因素

今年以来，在国际、国内经济环境的影响下，我国整体经济逐步减速，稳健货币政策的实施，以及我省自身产业结构的原因，导致我国乃至我省工业生产者价格呈逐月收紧的态势。

（一）国际经济形势的影响

随着全球经济一体化的不断深入，我国的经济发展和世界经济的联系日趋紧密，国际市场产品价格变化对国内市场的影响日益明显，已经成为影响我国乃至我省工业生产者价格变化的一个重要因素。

近年来，全球性的石油、有色金属等资源性产品供需矛盾突出，价格持续攀升。但从去年下半年，特别是四季度以来，刚刚从金融危机中复苏的世界经济再次受到欧债危机的重创，国际经济形势再次步入下行。世界经济的不景气致使国际市场对石油、有色金属等资源性产品的需求锐减，价格也随之下跌。我省作为资源性产品输出地，资源性产品价格的变化对全省工业生产者价格的影响显著。同时，资源性产品作为上游产品，其价格的变化必然带动相关下游行业产品价格的变化，其传导作用对工业生产者价格变动影响明显。

（二）国内经济形势的影响

一是在国际经济形势错综复杂的环境下，我国经济形势总体保持稳步推进的运行态势，但增速放缓，经济下行压力增大。同时，由于全球经济形势堪忧，国际市场对我国产品的需求减少，出口下滑，对我国经济产生了较大的影响。一些外向型企业开工不足，煤炭、电力的市场需求下降，加上人民币的不断升值，出口产品的价格优势也受到挑战，我国传统出口产品的市场占有份额下降，大量的出口产品转向国内市场，致使国内市场竞争加剧，价格下降。

二是2012年，随着国家新一轮宏观调控政策的逐步落实，一些发展势头过快的产业得到调整，资源的有效利用率进一步提高。特别是对稀土、煤炭和钢铁工业的整合力度空前，对于稀土和有色金属等战略性资源的出口管理和价格形成机制也进一步加强。对于我省来说，煤炭和有色金属在整个工业经济中所占比重很大，这些行业产品价格的回落势必对全省工业生产者价格的下行产生重要影响。

去年以来，国家加强对房地产市场的调控力度，房地产市场的投资增速回落明显，投资需求有所下降，钢材、水泥等建材产品需求不旺，价格回落。钢铁工业是我省的主要产业，在工业经济中所占比重较大，钢材价格的大幅下降对我省工业生产者价格走势的影响也不容忽视。

（三）工业产业的不均衡发展是甘肃工业生产者价格大幅波动的根本成因

从工业经济结构看，甘肃是以钢铁、有色金属、化工以及能源等基础原材料为主的重化工业结构，轻重工业结构不合理的问题长期存在。一方面我省资源性产业结构积重难返，2012 年我省采掘工业和原料工业产值占工业总产值的 75%。另一方面轻工业发展相对滞后，工业产值中有色、黑色以及石油加工业占到六成以上，轻工业所比重不足四成。工业总产值过于依重于能源原材料工业。一旦国际能源原材料商品价格大幅波动，我省工业产品价格随之变动。这种影响远甚于全国乃至各省，导致我省工业生产者价格围绕全国工业生产者价格剧烈波动。

五、2013 年甘肃工业生产者价格走势展望

2013 年，全球经济的缓慢复苏，美国 QE3 政策效果的进一步显现，以及十八大顺利召开对我国的产业政策做出的调整，增加了明年经济运行的不确定性。

（一）国内因素

一是今年 9 月份以来，我国在出口、消费、物价和就业方面均出现好转，国内外制造业订单均出现小幅增长，触底企稳的态势比较明显，为 2013 年经济增长回升奠定了基础。二是我国在“稳增长”方面的政策空间还比较大，特别是十八大报告提出的到 2020 年，实现国内生产总值和城乡居民人均收入比 2010 年翻一番。以及要深化国有企业改革，不断增强国有经济活力、控制力、影响力等一系列意见，将会带动我国投资及消费需求稳步增长，经济逐渐回暖。三是受投资建设的周期性影响，五年规划的第二、三年为投资加速年份，2013 年作为“十二五”规划的第三年，投资快速增长有利于我国经济总体回升，从而拉动工业生产者价格回升。

（二）国际因素

因长期外贸顺差多发的货币和 2009 年前后大量的贷款还需要较长时间进行消化，美国实行的 QE3 货币政策的影响尚未完全显现，但可能造成的全球性流动过剩会对我国产生一定的影响。与此同时，国际大宗商品价格上涨的不确定性增加了价格调控的难度，大宗商品价格走势分化，原油价格继续下跌，基本金属及 CBOT 农产品涨跌互现。国际市场短时间内会将会进入下有支撑、上有压力的区间震荡走势。这种情况将会加大工业生产者价格走势的不确定。

（三）省内因素

2012 年，国家出台的一系列稳增长、调结构、惠民生的宏观调控措施的作用日益显现，特别是国务院批准新设立兰州新区为国家级新区后，将在行政自主权、金融、土地、外经贸政策方面享受优惠政策，有利于周边地区能够实现合作发展，提升跨区域合作，对经济产生快速拉动效应。这些项目的实施将会对部分行业，如煤炭、钢材、水泥等产生积极的影响，推动其产品价格回升，而煤炭、钢材等作为甘肃工业行业的支柱产业，其价格的变动也会带动其相关行业产品价格以至全省工业生产者价格的上涨。

综上所述，从 2012 年甘肃工业生产者价格走势并结合当前国际、国内影响因素来看，预测甘肃 2013 年工业生产者价格将趋于稳定，降幅进一步收窄或略有增长。

六、稳定 2013 年生产投资价格的对策及建议

（一）加强重要产品价格监测

进一步加强对重要产品价格情况的监测，特别是加强对粮食、猪肉、石油、煤炭、钢铁等关系国计民生的重要产品市场价格的监测，防止重要商品价格的大幅度波动。同时紧盯国际大宗商品价格的变动，采取有力措施，防止重要商品价格任由国际市场支配出现大幅度波动。

（二）加强企业管理，挖掘内部潜力，消化成本压力

企业要切实加强内部管理，从管理创新上要效益，提高企业的应对能力。要充分利用高新技术改造传统产业，开发出具有高附加值的产品，不断提高企业的品牌价值和价格竞争力。

（三）进一步加快产能及结构调整

在经济增速回落时期，产能过剩问题更为突出。

相关部门应主动引导企业限产增效、减少浪费，抓住淘汰落后产能的好时机，通过积极调整产能，以存量减少、增量优化的方式来优化结构调整，努力实现生产资料市场与消费资料市场协调增长。

（四）进一步完善价格水平联动机制，避免价格水平过度波动

国内外价格接轨不宜简单化，应该综合考虑国内外经济发展水平和价格总水平之间的差异。对于国际上价格波动频繁的产品，进一步完善价格形成机制和调控手段，科学把握政策性调价项目的调价幅度和出台时机，适当缓冲国际价格波动对国内价格的影响，确保市场物价基本稳定。同时也可避免价格水平过度波动对我省工业生产的不利影响。

2012 年全省农村固定资产投资简析

2012 年甘肃省农户固定资产投资完成额 104.99 亿元,同比增加 9.28 亿元,增长 9.70%。其中:农户住宅投资为 72.10 亿元,同比增加 10.67 亿元,增长 17.38%。总体来看,今年我省农户固定资产投资呈增长态势。

一、农村固定资产投资的主要特点

(一)从投资主体看:农户建房投是主体。2012 年甘肃农户建房投资 93.12 亿元,占农村投资总额的 88.69%。农户建房投资中住宅投资仍是农户的投资主要方向。调查村农户建房情况看,住宅投资为 89.30 亿元,占农户建房投资总额的 95.89%,占农村投资总额的 85.05%。这说明农户建房投资仍是农村投资的主体,农民投资主要用于改善自已的居住条件。

(二)从投资来源看:以自筹资金为主。在农村固定资产投资中,自筹资金 98.02 亿元,占农村投资的 93.36%;其它资金 3.19 亿元,占农村投资总额的 3.04%;国内贷款 3.78 亿元,占农村投资的 3.6%。由于农业生产持续增长,农民收入增加,加上外出打工收入大幅提高,农民有了一定的财力投资,自筹资金仍然是农户投资的主力

(三)从投资构成看:投资主要投向农田水利和设备购置上。农田水利投资 194 万元,同比增长 52.76%,设备投资 11.85 亿元,同比增长 1.27%。农户设备投资主要用于购置生产性固定资产、农用车等交通运输工具等。

(四)从具体投资项目看:农户住宅投资的主要渠道。农户施工房层面积 1185 万平方米,其中:住宅面积 1102 万平方米,同比减少 8%;竣工房屋面积 1139 万平方米,同比增长 20%,其中:住宅 1058 万平方米,同比增长 33%。

二、农村投资总体显现增长趋势

全年农村投资表现出明显的趋势。第一、三产业投资稳步增长,第一产业投资为 18.70 亿元,同比增加 3.80 亿元,增长 27.17%。第三产业投资为 86.29 亿元,同比增加 5.80,增长 7.20%,第三产业仍然是重点。

三、农户投资增长的主要原因

一是随着农户收入提高,农民对衣食住行要求也在提升,体现在住房投资。二是农业生产设备向机械化发展,由以前的家畜、手工耕种,发展到小型旋耕机、脱粒机等小机械耕作。这两方面的投资拉动了投资的大幅度增长。

四、存在的主要问题

一是投资结构不尽合理,农户投资主要趋向于一,三产业,第二产业投资乏力。全年在第三产业中,建房投资占 58%,服务业、交通等产业所占份额较小,投资结构的不合理性,影响着我省农村投资的建康发展。

二是农户投资资金来源单一,农户投资中自筹资金占绝对比重,农户投融资渠道不畅,一放面有投资项目的农户融资困难,另一方面有闲置资金的农户没有投资项目或教好的投资渠道。

五、促进农户投资稳定增长的建议

(一)继续加大支农惠农力度,增加农民收入,促进农户投资。继续加大支农惠农力度,建立健全财政支农资金稳定增长机制,政府公共投资等要向农业农村倾斜,立足改善农村发展经济条件,提高农业生产效益,增加农民收入。

(二)制定和完善适应农户投资特点的贷款政策,加大对农户投资的金融支持力度。当前农户贷款担保门槛高,近两年的小额贷款需要县财政公务员工资担保,使得很多农户找不到担保人而无法贷款。农村投资信用担保政策需要向农民倾斜,降低贷款担保、抵押条件门槛,扩大贷款规模,使得越来越多的农民可以得到金融信贷扶持。

(三)加大对农村农业投资的扶持力度。第一产业投资比例低的深层次原因是由于农业生产周期长、投入见效慢、效益不高,市场风险和自然风险较大,多数农户投资能力和抗风险能力较弱。建议对农户在农业投资上增加政策扶持和鼓励,激发农民更大投资积极性,加大对农田水利基础设施建设的投入,进一步改善农田水利基础设施。各职能部门要根据自身的实际情况制定具体措施,加大对农村农业的投资扶持力度,不断改善农田水利基础设施,带动农业生产效益,确保农民投资农业的积极性。

2012 年甘肃规模以下工业经济运行调查报告

2012 年规模以下工业企业充分利用政府出台的各项优惠扶持措施，依托良好的政策环境，克服发展中的不利因素，保持了经济总量不断增长、呈现平稳发展良好的态势。

一、全年规模以下工业经济运行的主要特点

2012 年甘肃规模以下工业完成总产值 519.99 亿元。其中规模以下工业企业完成工业总产值 438.31 亿元；个体工业完成营业收入 81.68 亿元。全省规模以下工业实现工业增加值 142.84 亿元，按可比价计算同比增长 12.6%。

（一）规模以下工业生产稳步增长。在各级政府的高度重视下，甘肃规模以下工业生产保持了良好增长势头，全年生产经营状况呈平稳增长态势。1–3 月全省规模以下工业企业完成总产值 45.34 亿元；1–6 月，全省规模以下工业企业完成总产值 139.18 亿元；1–9 月全省规模以下工业企业完成总产值 253.41 亿元；1–12 月全省规模以下工业企业完成总产值 438.31 亿元。（见下图）

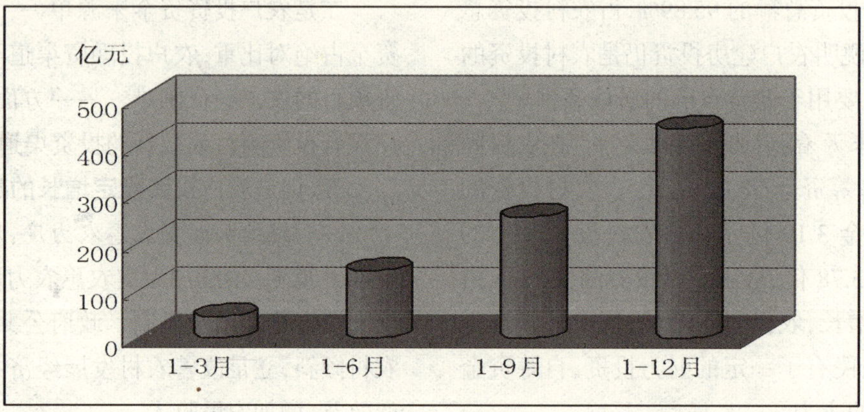

（二）全年发展速度呈现先高、中低、后升态势

2012 年甘肃规模以下工业经济呈现先高、中低、后升态势。1–3 月全省规模以下工业企业实现工业增加值 14.77 亿元，按可比价计算增长 16.4%；1–6 月，全省规模以下工业企业实现工业增加值 55.7 亿元，按可比价计算增长 13.2%；1–9 月全省规模以下工业企业实现工业增加值 101.5 亿元，按可比价计算增长 12.1%，1–12 月全省规模以下工业企业实现工业增加值 142.84 亿元，按可比价计算同比增长 12.6%。（见下图）

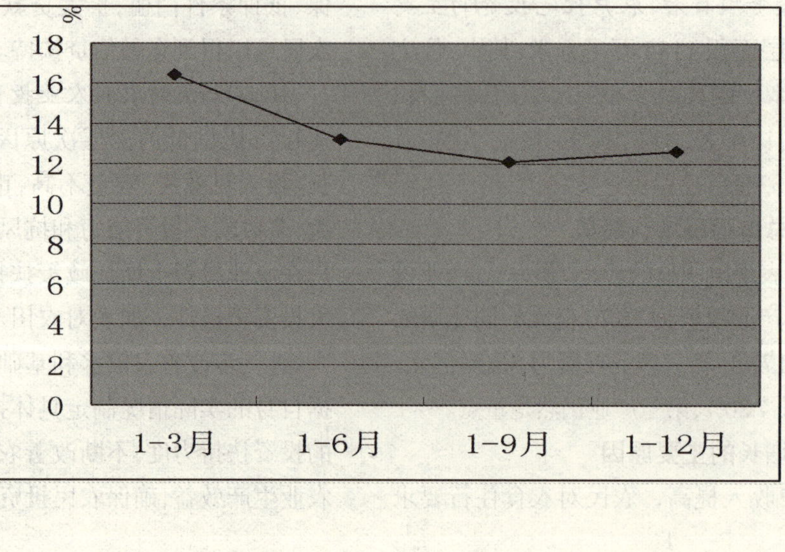

（三）、企业效益显著增长、营业利润有所提高。据调查资料显示：1–12 月，全省规模以下工业企业实现营业利润 25.12 元，同比增长 4.08%；税金总额 13.96 亿元，与去年同期的 12.75 亿元相比，同比增长 9.49%。工业企业主营业务收入为 352.29 亿元，与去年同期的 290.34 亿元，相比增长 21.34%。

（四）吸纳劳动力就业能力增强。全省规模以下工业绝大多数是劳动密集型的传统产业，因其投资小、成本低、经营灵活、对劳动者的技能要求不高等特点，从而吸收了大量农村剩余劳动力、城镇待业人员及下岗职工，为社会创造了大量就业机会，缓解了全省的就业压力。1–12 月份，全省规模以下工业企业从业人员 21.32 万人，比上年同期增长 2.22%；个体工业从业人员达 19 万人。

（五）从业人员收入逐步提高。近年来，各级政府着力改善民生，提高最低工资标准；2012 年省政府调整最低工资标准，劳动报酬平稳增长。规模以下工业企业用工工资普遍有所提高。1–12 月，全省规模以下样本单位企业应付职工薪酬 45.33 亿元，与上年同期相比增长 4.76%；个体工业从业人员应付职工薪酬为 19.3 亿元。

（六）企业生产能力有所提升、效益增加。2012 年，规模以下工业企业资产总计 390.99 亿元，比上年同期增长 5.04%，生产能力总收入 557.95 亿元，比上年同期增长 20.3%。

二、值得关注的几个问题

在调查企业中认为影响企业生产经营因素中，有 21.62%的企业认为招工难，19.36%的企业表示融资困难，30.45%的企业用工成本上升快，13.35%企业认为是原材料成本上涨影响，7.7%的企业认为是企业资金周转紧张影响，5.64%企业认为是市场需求不足。

（一）招工难，用工成本上升成为当前制约小微企业生产发展的突出问题。近年来，招工难问题是困扰小微企业发展的一个重大瓶颈，特别是随着招商引资力度的不断加大，用工规模也在日益扩大，加之政府近年来连续调整最低工资标准，企业用工成本也在上升，出现用工难，难以满足企业需求，严重制约企业扩大再生产。调查显示，21.61%的企业认为招工难。被调查企业中，有招工需求的企业占 49.44%，其中招到全部所需员工的占 8.84%，招到大部分所需员工占 11.28%，招到少部分所需员工占 14.66%，没能招到所需员工占 14.66%，无招工需求的企业占 5.56%。用工缺口较大的主要集中在黑色金属矿采选业、有色金属矿采选业等采选业、农副产品加工业、食品制造业、印刷和记录媒介复制业、文教工美体育和娱乐用品制造业、医药制造业等行业是用工需求量较大用工成本上升较大的行业。

（二）资金短缺、融资渠道狭窄依然困扰小微企业。近年来，虽然各级政府陆续出台了一系列扶持小微企业优惠政策，促进了小微企业发展，融资环境得到了一定的改善，但发展资金短缺仍然是制约大多数中小企业发展的因素之一。金融部门受信贷体制的困扰，规模以下工业资信状况很难达到银行的要求，又没有合格的抵押资产，因而对于规模小、资信低的企业来说贷款门槛太高。据调查了解，民间借贷的年利率由前几年的 10%–12%增长到现在的 20%以上，这样的融资成本和风险使企业生产经营利润很难得到保障。调查结果显示，超过一半的企业有借款需求。19.36%的企业表示融资困难，资金紧张，无力扩大经营。同时，由于小微企业财务、管理等大多不健全，抵押物不充裕，导致银行贷款困难，仅有 1.88%的企业今年从银行贷到了所需的款项，有借款需求大部分借到占 7.71%，有借款需求少部分借到占 8.27%，33.08%有借款需求没能从银行借到。流动资金不足，26.32%的企业认为流动资金很紧张，缺口达 20%以上，31.39 %企业认为流动资金紧张，缺口达 1—20%，42.29%企业认为流动资金基本正常，没有企业认为资金宽裕。

（三）原材料成本上升快是小微企业面临的主要问题。调查显示，13.35%企业认为原材料成本上涨对企业生产经营影响较大。原材料价格持续上涨，严重挤压了企业利润空间。近年来，农产品、原油、煤炭、铁矿石等大宗商品价格的持续上涨推动并传导了工业原材料价格的较快上涨。企业基本无法通过提高产品价格消化由于原材料价格上扬带来的成本压力，致使企业利润空间减少，经济效益下降。

（四）企业市场需求不足，订单量下降。调查数据显示，1–12 月企业期末剩余订单额 2.81 亿元，与去年同期 6.31 亿元相比下降 55.38%，订单不足反映当前企业产品需求不足。

三、对当前加快规模以下工业发展的几点建议

近年来，小微企业的发展受到社会各方的广泛关注，各级政府以及有关部门陆续出台了一系列扶持小微企业发展的政策措施，取得了一定成效。但当前甘肃规模以下工业企业仍面临成本压力过大转型缓慢等诸多困难，仍需加强扶持和服务力度。

（一）提高认识，认真落实各项优惠政策。小微企业是全省经济发展的重要组成部分，要认真落实国家对小微企业的支持政策，建立长期有效的督促机制，政府相关部门及金融机构要对出台的相关的政策、法规认真进行落实，增强金融政策的支持力度，利用财政、税收政策手段，为小微企业提供优质的服务，缓解规模以下工业小微企业在发展存在的融资难的问题。

（二）加强创新，促进企业转型升级。鼓励企业自主创新和节能减排，鼓励高附加值、高技术含量、低能耗产业的发展，对小微企业转型和产业结构升级上应出台优惠鼓励政策和措施，切实引导和支持小微企业增强自主创新能力和市场竞争能力。

（三）完善机制，着力解决企业用工难问题。要解决好企业用工难问题，需要政府、企业和社会共同努力，完善和落实好各项用工政策，建立和谐用工环境，形成长效用工机制，真正、彻底、有效的解决企业用工难题。一方面，企业要积极改进和优化用工条件；另一方面，政府积极做好用工需求的协调指导，这是解决用工短缺问题的重要保障。

四、企业对下季度生产状况的预期

在所调查的532户规模以下工业企业中，76户企业认为目前生产经营良好，占被调查企业的14.29%，282户企业选择了一般，占被调查企业的53%，174户企业认为生产经营状况不佳，占被调查企业的32.71%。67户企业预计下季度企业生产增速与本季度相比加快，占被调查企业的12.59%，293户企业选择了持平，占被调查企业的55.08%，172户企业认为生产经营将有所减缓，占被调查企业的32.33%。67.67%的企业预期2013年1季度生产增速会加快或者持平，32.33%的企业认为增速会减缓。显然，随着甘肃省促进中小企业和民营经济发展的各项政策措施的进一步落实，规模以下工业发展的外部政策环境总体向好。大多数企业对发展前景充满信心，对2013年开年生产前景预期也较为乐观。

2012年甘肃省全年粮食生产形势分析

2012年我省全年粮食生长期间农业气象条件总体较好，国家、省上惠农政策力度进一步加大，各项技术措施到位、田间管理水平提高，粮食生产有望获得好收成。据我们对国家30个调查县初步预计，如果粮食生产后期不发生大范围灾害天气，今年我省全年粮食生产在播种面积保持稳定的情况下，由于亩产提高，粮食总产将再创历史新高，实现九连增。再次突破1000万吨大关。

一、全年粮食生产情况

（一）夏粮增产。夏粮播种面积减少，但亩产提高，增产因素大于因面积减少带来的减产因素，总产增加。近年来，我省主动调减了陇南、天水小麦条锈病核心越夏区和浅山易旱区的小麦种植面积，扩大了玉米、马铃薯等高产作物的种植面积，使夏粮播种面积逐年减少。这样的种植结构调整虽然对夏粮增产不利，但由于增加了秋季高产作物播种面积，有利于全年粮食产量持续稳定增产。全省夏粮播种面积1448.0万亩，比上年减少100.4万亩，减幅6.5%，推算亩产223.6公斤，比上年增加19.6公斤，增幅8.6%；总产量323.8万吨，比去年增4.3万吨，增幅1.3%。其中：小麦播种面积1250.9万亩，比上年减少41.5万亩，减幅3.2%；推算亩产222.6公斤，比上年增加31.1公斤，增幅16.2%；总产278.5万吨，比上年增加31.0万吨，增幅12.5%。

（二）秋粮增产。今年我省秋粮播种基础好，面积增加，结构优化，科技推广措施落实到位，加之后期降水较多，对秋粮生产较为有利。全省秋粮生产呈现出面积增加、单产提高、总产增加的良好态势。今年我省秋粮播种面积继续大幅增加，达到2811.1万亩，比上年增加109.0万亩，增幅4.0%；推算亩产及总产分别较上年增8.7%和13.1%。其中：玉米播种面积1354.0万亩，比上年增加95.9万亩，增幅7.6%；推算亩产、总产量较上年分别增10.1%和18.4%；马铃薯播种面积1027.4万亩，比上年增加11.6万亩，增幅1.1%；推算亩产、总产量分别较上年增加3.5%和4.6%。

（三）全年增产。全年粮食播种面积为4259.1万亩，比上年增加8.6万亩，增幅0.2%；推算亩产、总产量分别较上年增9.1%和9.4%。全年粮食有望再上新台阶，突破1000万吨大关，连续9年粮食总产量保持在800万吨以上。

二、全年粮食增产因素分析

总结今年粮食生产，有以下几个方面的特点和有利因素：

（一）面积增加较多。今年，我省继续加大结构调整力度，压夏扩秋战略有力推进，中东部浅山易旱区和陇南、天水等条锈病核心越夏区的低产夏粮面积及河西春小麦面积进一步调减，秋粮面积大幅增加，特别是高产作物面积扩大。秋粮面积比上年增加近109万亩。其中玉米面积比上年增加95.9万亩；马铃薯面积比上年增加12万亩，且基本上实现了脱毒种薯全覆盖；全膜双垄沟播技术面积达到1200万亩，比上年增加200万亩。这为秋粮丰收奠定了坚实的基础。

（二）促进粮食增产的措施到位

1. 较好落实了惠农政策，投入力度加大。今年以来，各级政府及时兑现国家强农富农政策，粮食直补、农资综合补贴、良种补贴和农机具购置补贴等各项政策落实到位，充分调动了农民种粮的积极性，为全年粮食获得丰收提供了有力的保障。

2. 综合增产技术得到大面积应用，扎实推进旱作农业工程。秋播、春播期间，各地依托农作物良种补贴，大力推广优质专用品种，以点带面，提高了新品种的覆盖率；全面开展高产创建活动，全省粮棉油高产创建万亩示范片达117个；旱作农业技术（全膜覆土穴播小麦、全膜双垄沟播技术）、高效农田节水技术、测土配方施肥技术、病虫害综合防控技术、精量播种和机械化起垄覆膜等配套技术得到大力推广，提高了播种质量，促进苗情转化升级，今年我省安排2.8亿元专项资金，组织实施1200万亩旱作农业工程，其中玉米1000万亩，马铃薯200万亩。坚持全膜双垄沟播技术与产业结构调整相结合，分区域科学布局，同时，在有条件的地方，开展整村整乡乃至整县推进。进一步加强覆膜机具的研发和管理，加大对全膜双垄沟播技术的深度研发，集成创新技术，充分挖掘增产潜力，努力提升旱作农业发展水平，科技对促进粮食增产发挥了重要作用。

3. 抗灾减灾措施得力。今年入春以来，全省气温持续偏低，导致春小麦、玉米及油料等作物播种期推迟。入夏以来针对我省马铃薯晚疫病发病早、发生范围广、发生程度重的特点，在一些较大面积的马铃薯种植连片带上"统治防治"，有关部门通过组织各地农技人员深入田间地头现场指导农民开展科技防灾、抗灾，降低了灾害带来的损失。为全年粮食增产奠定了基础。

（三）气候条件总体较为有利

夏粮生产气象条件适宜，墒情总体好于往年同期，低海拔地区出现近年来最好的墒情。冬小麦秋播前，冬麦区大部分地方耕作层土壤墒情适宜，去年9、10月份出现了几次区域性连阴雨天气过程，冬小麦播种质量好、出苗齐全、无缺苗断垄现象；10月下旬～11月，冷空气势力较弱，降温幅度小，各地气温偏高，有利于形成壮苗和晚播麦促弱转壮。去年冬季降雪多，积雪覆盖较厚且覆盖时间较长，有利于冬小麦安全越冬。立春以后，全省大部分地区降水普遍偏多，陇东和陇中常年最干旱地区出现近年来最好的墒情，对冬小麦拔节孕穗和春小麦苗期生长非常有利。进入5月，我省降水较多，对春播作物和夏粮产量形成很有帮助，较好气象条件为夏粮丰收奠定了基础。入夏后，我省连续多次出现有效降雨，对玉米和马铃薯等大秋作物生产非常有利，同时也为抢墒抢时复种小秋作物及蔬菜创造了较为有利的条件。虽然进入6月份以来，我省马铃薯主产区定西阴雨天气比较多，大部分地方降水较往年偏多2–4成，造成马铃薯晚疫病重度发生。但因防治及时，措施得力，病情得到有效缓解和遏制，未对秋粮生产造成重大影响。

2012年1-11月甘肃部分服务业发展呈稳步增长之势

据国家统计局甘肃调查总队对甘肃省装卸搬运和其它运输服务业、仓储业、计算机服务业、软件业、租赁业、商务服务业、科技交流和推广服务业、居民服务业、其它服务业、体育业和娱乐业、房地产业等11个服务行业、2个行业中类1073家企业开展的抽样调查结果显示,2012年1—11月甘肃省部分服务业实现全部营业收入178.14亿元,同比增长13.15%;企业资产总计853.42亿元,同比增长82.04%。

一、企业营业收入保持平稳增长态势

据调查资料显示,2012年1—11月甘肃省部分服务业实现全部营业收入178.14亿元,同比增长13.15%,继续保持平稳增长态势;从分行业的调查情况来看,营业收入实现"9升3降",其中升幅排在前两位的是科技推广和应用服务业和娱乐业,营业收入同比增长分别为68.21%、51.62%。

二、企业资产规模大幅扩大

据调查资料显示,2012年1—11月甘肃省部分服务业企业资产总计为853.42亿元,同比增长82.04%,企业资产进一步大幅扩大;从分行业的调查情况来看,企业资产总计"10升2降",其中升幅排在前两位的是商务服务业、科技推广和应用服务业,资产总计同比增长分别为128.36%、58.34%。

三、企业员工收入持续增长

据调查资料显示,2012年1—11月甘肃省部分服务业企业应付工资总额为27.19亿元,同比增长10.17%;应付福利费总额为1.24亿元,同比增长19.57%;劳动、事业、养老、医疗保险费4.19亿元,同比增长29.86%;职工住房公积金和住房补贴1.00亿元,同比增长43.56%。

四、企业税收贡献继续增加

据调查资料显示,2012年1—11月全省部分服务业企业上缴营业税金及附加4.52亿元,同比增长14.83%,应交所得税为1.30亿元,同比增长31.43%,企业对国家的贡献继续增加。

五、企业成本涨幅趋缓

据调查资料显示,2012年1—11月全省部分服务业企业营业成本为117.57亿元,同比增长7.23%,呈现涨幅趋缓之势。

六、分行业营业收入特点情况

1. 装卸搬运和其他运输服务业营业收入继续保持较快增幅。据调查资料显示,2012年1-11月全省部分服务业中装卸搬运和其他运输服务业营业收入为27.52亿元,同比增长为25.78%。增幅高的主要原因是大型先进设备的应用,机械化程度提高,效益增加,企业经营状况较好。

2. 仓储业营业收入虽有增长,但涨幅不高。据调查资料显示,2012年1-11月全省部分服务业中仓储业营业收入为35.95亿元,同比增长5.51%,涨幅不高。究其原因仓储业样本中,大多数企业从事粮食储备业务,其中中央直属国家粮库采取保护价收购粮食,享受国家补贴,尽管企业营业收入增加,但因成本费用过大,企业呈亏损状态,依靠国家政策性补贴维持运营。地方粮食局下属粮库正面临改制,基本没有业务,处于停业状态,因此,仓储业营业收入增幅不高。

3. 软件和信息服务业营业收入基本与去年同期持平,略有增长。据调查资料显示,2012年1-11月全省部分服务业中软件和信息服务业营业收入为6.79亿元,同比增长0.78%。导致软件和信息服务业增长乏力的直接原因是行业经济不景气。

4. 房地产业发展受挫,营业收入呈现负增长。受房地产调控措施影响,房地产中介服务业和物业管理经营状况不容乐观,目前物业管理企业亏损严重,物业费的收入不能维持企业正常运转,房地产中介服务业受宏观调控政策影响,市场走势低迷,房地产业发展陷入发展颓势,据调查资料显示,2012年1-11月,全省部分服务业中房地产业营业收入为11.74亿元,同比下降0.62%。

5. 租赁业营业收入继续保持平稳增长之势。租赁业包括汽车、机械设备等租赁。受市场供求影响,目前这类企业发展平稳,据调查资料显示,2012年1-11月全省部分服务业中租赁业营业收入为2.48

亿元,同比增长 14.21%,继续保持平稳增长之势。

6. 商务服务业发展势头良好。商务服务业作为甘肃部分服务业的支柱行业,具有涉及服务行业多、数量多、收入比重大的特点。据调查资料显示,目前甘肃商务服务业企业数量已达 2959 家,占到部分服务业行业总量的 39.17%; 资产总计 587.88 亿元,同比增长 128.36%, 资产比重占部分服务业行业资产总计的 68.89%。按照市场对服务业需求的特点,企业积极开拓市场,收入稳步增长。据调查资料显示,2012 年 1—11 月全省部分服务业中商务服务业营业收入 69.01 亿元,同比增长 24.73%。

7. 科技推广和应用服务业营业收入大幅增长。据调查资料显示,2012 年 1-11 月,全省部分服务业中科技推广和应用服务业资产总计增长较快, 资产总计同比增长 58.34%, 在资产投资的大力拉动下,全省部分服务业中科技推广和应用服务业企业迅速扩大业务量, 营业收入实现 1.87 亿元, 同比增涨 68.21%。

8. 居民服务业呈现良好发展态势。随着全省居民收入的不断增长,居民生活水平明显提高,特别是城乡居民的消费结构逐渐趋向现代化、城市化,人们在婚姻服务、理发及美容保健服务、摄影扩印服务、洗染服务、家庭服务、洗浴服务等方面的消费意愿不断增长,带动了全省居民服务业的快速发展,因而营业收入呈良好增长态势, 据调查资料显示,2012 年 1-11 月全省部分服务业中居民服务业营业收入为 7.16 亿元,同比增长 35.20%。

9. 体育业发展势头给力。体育项目是满足现代人新的生活方式及需求的行业, 在高节奏的工作状态后,人们更愿意以健身的方式放松身心,因此体育业的快速发展是顺应潮流的。据调查资料显示,2012 年 1-11 月, 全省部分服务业中体育业营业收入为 0.20 亿元,同比增长 22.15%。

10. 机动车、电子产品和日用品修理业营业收入呈现负增长。据调查资料显示,2012 年 1—11 月甘肃部分服务业中机动车、电子产品和日用品修理业营业收入为 10.67 亿元,负增长 21.70%,同比呈负增长之势,造成负增长的原因是原材料价格持续上涨;技术人员和工人工资、福利上调;场地租用费用增大。

2011 年全年甘肃省企业景气概述

据甘肃省企业景气监测资料显示，2011 年全年四个季度全省企业家信心指数呈高开—稳步运行—回落—降低态势。企业家对宏观经济环境信心在 2011 年第三季度出现下降态势，第四季度全省企业家信心继续下降，选择宏观经济环境偏好的企业家比第三季度下降 8.4 个百分点，选择偏差的企业家比第三季度上升 5.1 个百分点，第四季度全省企业家信心指数为 111.4，比第三季度下降 11.5 点，同比下降 14 点。企业景气指数全年四个季度呈现开局较好—攀升—小幅回落—下降态势，指数在第三季度出现下滑，进入第四季度连续下降，第四季度企业景气指数为 115.9，比第三季度下降 14.3 点，同比下降 10.1 点。企业家信心、企业景气两个综合指数在年末降幅增大，反映企业生产经营各指标大多有所降低。企业生产经营中依然存在诸多困难及问题。

企业家信心和企业景气指数走势

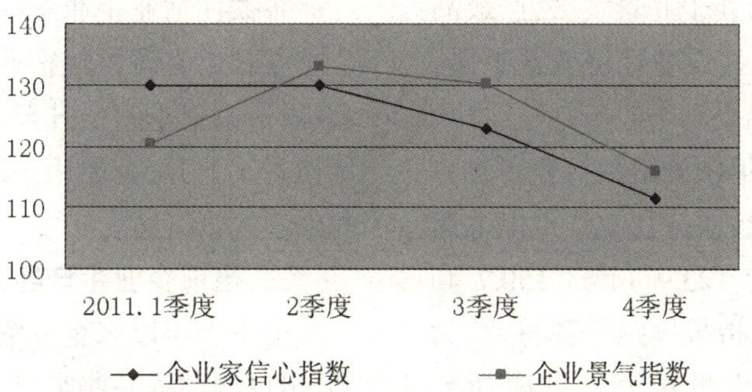

一、宏观经济环境趋紧，企业家信心指数逐季下滑

在国际国内经济大环境影响下，2011 年甘肃省企业家对宏观经济环境的感受变化较为明显，虽然企业家信心指数全年四个季度均在景气区间运行，但出现较为明显下降态势。主要反映出：

多数行业企业家信心指数在下半年出现下降态势。全年四个季度企业家信心指数较为平稳运行的是批零贸易业、信息传输计算机服务业、住宿餐饮业；工业、建筑业、交通运输仓储邮政业、房地产业企业家信心指数有不同幅度的下降。社会服务业全年四个季度均在景气临界点上下波动。

各注册登记类型企业家信心指数在岁末波动较大。各注册登记类型企业企业家信心年初呈现较好运行态势。国有企业指数全年四个季度均在景气区间运行，但第四季度指数比第三季度下降 10 点之多，第四季度只有股份合作企业家信心指数（114.3）有所回升，其它类型企业家信心均明显下降。

各规模企业家信心指数均在第四季度呈降低态势，大型企业家信心降至非景气区。甘肃省小型企业家信心指数全年四个季度运行较为平稳，指数始终在微景气区（110）徘徊。第四季度中型企业家信心指数（117.8）比第三季度下降 9.6 点，值得关注的是第四季度甘肃省大型企业家信心度（80.6）比第三季度下降 41.5 点，各规模企业家信心均有下降，尤其是大型企业家信心下降幅度大，指数创近年来的最低值。

二、企业景气指数全年运行在景气区，指数在下半年有所下降

2011 年全年四个季度甘肃省企业景气指数均运行于景气区间，年初开局较好，指数在 120 点运行，第二季度稳步上升至 132.9 点，第三季度有小幅回落，指数在第四季度出现明显下降趋势，下滑至 115.9 点。企业生产经营效益有所降低。与第三季度相比，第四季度甘肃省企业产品订货景气（90.6）下降，生产总量景气（105.7）下降，企业盈利景气（90.6）下滑至非景气区，企业用工需求景气（96.6）下降。企业固定资产投资景气（114.3）下降，企业货款拖欠、流动资金仍无大的改善。

各注册登记类型中国有企业景气全年运行态势

较好，年末有所下降。全年四个季度甘肃省国有企业、有限责任公司、股份有限公司企业景气均在景气区运行，但指数在第四季度均有所下降。

各规模企业景气差异较大。全年四个季度指数运行较为平稳的是小型企业景气指数，均围绕在景气临界值之上波动，中型企业呈现两头低，中间高态势，一、四季度低，二、三季度较高。大型企业景气前三个季度均在景气区高位运行，在第四季度出现跳水态势，指数大幅度下降50点之多，为近年来的最低值。

分行业情况看：

工业企业景气年初开局良好，岁末回落。2011年四个季度甘肃省工业企业景气均运行在景气区，前三个季度在120点以上稳步运行，第四季度回落幅度较为明显。其中产品订货景气(83.8)在第四季度降至非景气区，生产总量景气(103.6)在第四季度降至微景气区，生产成本(59)处于非景气区，产成品价格景气(81.8)处于非景气区，企业经济效益下滑，盈利景气(81.2)跌至非景气区。

建筑业企业景气指数全年领先于各行业。2011年甘肃省建筑业企业景气指数保持在120点以上运行。指数四个季度依次为123.9、145.3、150.7和136.8，全省建筑业企业景气指数领跑于各行业，为各行业之首。其中建筑工程量在第二季度达到167.4，创近年来的新高，建筑材料购进价格在第四季度有所降低，建筑材料购进价格景气指数第四季度为72.4，虽仍处于非景气区，但指数有较大幅度提升，企业盈利景气指数在第二季度进入景气区后持续保持。

交通运输仓储邮政业企业景气低开高走，第四季度回调。2011年全年四个季度甘肃省交通运输仓储邮政业企业景气保持在景气区运行，全年四个季度指数呈两头低，中间高态势。其中业务量景气全年四个季度保持在微景气区，第四季度有所上升，盈利景气在第四季度有所提升。

批零贸易业企业景气全年运行态势较好。2011年甘肃省批零贸易业企业景气全年运行在景气区，指数始终保持在130点左右。产品销售景气度保持景气，产品销售价格景气度高，企业经济效益较好，企业盈利景气保持较高水平。

房地产业企业景气年底进入非景气区。2011年前三个季度甘肃省房地产业企业景气保持在景气区运行，第四季度跌至非景气区(84.4)。其中商品房销售景气指数全年四个季度均在不景气区运行，商品房销售价格景气运行于非景气区，企业经济效益下滑，盈利景气在第四季度跌至非景气区。

社会服务业企业景气度较低。2011年全年四个季度甘肃省社会服务业企业景气度较低，只有第三季度在景气区运行，其它三个季度在非景气区徘徊。其中服务预订景气指数三个季度在不景气区，企业经济效益欠佳，盈利景气指数四个季度均在非景气区运行。

信息传输计算机服务业企业景气较为平稳。2011年全年四个季度甘肃省信息传输计算机服务业企业景气均在景气区运行，指数围绕在120点左右波动。产品(服务)销售景气在第四季度强劲上扬，销售价格在第四季度回升，企业经济效益好转，盈利景气在第二季度进入并保持在景气区运行。

餐饮住宿业企业景气稳步运行。2011年全年四个季度甘肃省餐饮住宿业企业景气保持在120点左右运行，第三季度上升至130点附近。其中业务收费价格景气上升，企业用工需求保持景气，但企业盈利尚未进入景气区。

三、当前企业生产经营中存在的困难与问题

由于今年以来企业资金紧张、成本上升、价格波动、出口制约等一些突出矛盾没有得到明显缓解，甘肃省企业生产经营依然面临诸多困难，存在较多问题。首先，成本上升是今年企业普遍遇到的问题，主要来自原材料价格、企业用工、能源资源价格以及企业融资成本上涨。其次是结构性问题，受国家宏观调控政策正面冲击的高耗能、高污染、建筑业、房地产业的中小企业经营更加困难。第三是一些新上项目后续资金需求难以满足。第四是中小企业市场竞争能力有待提高。今年以来由于国内外多重因素的影响，中小企业生产经营存在较大不确定性，小企业中高级管理人才缺乏，且产品同质化严重，科技含量不足，难以在市场上开展竞争。部分中小企业的利润空间收窄。第五是小企业资金紧张局面仍未得到有效缓解。

综上所述，2011年甘肃省企业经济总体处于较为平稳运行态势，企业家信心、企业景气指数全年保持在景气区。反映企业经营成果的各项指标在二、三季度处于较好水平。企业家信心、企业景气指数在第四季度有较为明显降低。企业经济发展中的一些苗头性问题在第三季度逐渐显现，值得关注。

1-1　行政区划(2012)

单位:个

地级区划名称	地级	县级					乡镇级				街道办事处
		合计	县	自治县	市	市辖区	合计	镇	乡	民族乡	
甘肃省	14	86	58	7	4	17	1228	471	723	34	116
兰州市	1	8	3			5	61	35	26		52
嘉峪关市	1						3	3			
金昌市	1	2	1			1	12	8	4		6
白银市	1	5	3			2	69	21	47	1	9
天水市	1	7	4	1		2	113	47	66		10
武威市	1	4	2	1		1	93	43	50		8
张掖市	1	6	4	1		1	60	30	26	4	5
平凉市	1	7	6			1	102	32	61	9	3
酒泉市	1	7	2	2	2	1	67	31	29	7	8
庆阳市	1	8	7			1	116	37	78	1	3
定西市	1	7	6			1	119	60	59		2
陇南市	1	9	8			1	195	62	129	4	
临夏州	1	8	5	2	1		123	46	73	4	6
甘南州	1	8	7		1		95	16	75	4	4

注:街道办事处不包括矿区街道。

1-2 历年生产总值

单位：亿元
本表按当年价格计算。

年份	生产总值	第一产业	第二产业			第三产业	人均生产总值（元）
				工业	建筑业		
1978	64.73	13.21	39.04	34.66	4.38	12.48	348
1979	67.51	12.89	40.98	36.90	4.08	13.64	359
1980	73.90	16.46	39.85	35.25	4.60	17.59	388
1981	70.89	17.63	35.30	31.33	3.97	17.96	367
1982	76.88	19.68	38.54	33.63	4.91	18.66	393
1983	91.50	27.65	42.92	37.52	5.40	20.93	462
1984	103.17	27.83	49.98	43.65	6.33	25.36	515
1985	123.39	33.08	58.81	50.54	8.27	31.50	608
1986	140.74	38.02	65.27	56.01	9.26	37.45	684
1987	159.52	45.27	68.40	58.26	10.14	45.85	764
1988	191.84	52.77	81.33	67.28	14.05	57.74	905
1989	216.84	59.01	91.79	77.62	14.17	66.04	1007
1990	242.80	64.06	98.33	83.93	14.40	80.41	1099
1991	271.39	66.55	111.91	97.19	14.72	92.93	1204
1992	317.79	74.20	128.66	110.21	18.45	114.93	1384
1993	372.24	87.43	159.96	136.74	23.22	124.85	1600
1994	453.61	103.87	198.67	174.56	24.11	151.07	1921
1995	557.76	110.65	256.83	226.29	30.54	190.28	2316
1996	722.52	188.12	311.98	276.37	35.61	222.42	2946
1997	793.57	190.21	337.79	286.70	51.09	265.58	3199
1998	887.67	202.76	373.43	311.25	62.17	311.48	3541
1999	956.32	191.84	410.07	326.99	83.08	354.42	3778
2000	1052.88	194.10	421.65	327.60	94.04	437.13	4129
2001	1125.37	207.96	458.08	355.51	102.56	459.34	4386
2002	1232.03	215.51	501.69	389.38	112.31	514.83	4768
2003	1399.83	237.91	572.02	448.23	123.78	589.91	5429
2004	1688.49	286.78	713.30	574.00	139.30	688.41	6566
2005	1933.98	308.06	838.56	685.80	152.76	787.36	7477
2006	2277.35	334.00	1043.19	868.13	175.06	900.16	8945
2007	2703.98	387.55	1279.32	1063.84	215.48	1037.11	10614
2008	3166.82	462.27	1470.34	1188.78	281.56	1234.21	12421
2009	3387.56	497.05	1527.24	1203.70	323.54	1363.27	13269
2010	4120.75	599.28	1984.97	1602.87	382.10	1536.50	16113
2011	5020.37	678.75	2377.83	1923.95	453.88	1963.79	19595
2012	5650.26	780.50	2600.09	2070.24	529.85	2269.61	21978

注：1.1994年起为经普调整数。

2.2003年及以前年份第一产业不包括农林牧渔服务业；交通运输仓储和邮政业包括电信业，不包括城市公共交通业；批发与零售业包括餐饮业(下表同)。

3.2006年、2007年根据农业普查结果进行了数据调整。

4.2008年、2009年根据第二次经济普查结果进行了数据调整。

1-3　历年生产总值构成

单位：亿元
本表按当年价格计算。

年　份	生产总值					
		第一产业	第二产业			第三产业
				工业	建筑业	
1978	100	20.41	60.31	53.55	6.77	19.28
1979	100	19.09	60.70	54.66	6.04	20.20
1980	100	22.27	53.92	47.70	6.22	23.80
1981	100	24.87	49.80	44.20	5.60	25.34
1982	100	25.60	50.13	43.74	6.39	24.27
1983	100	30.22	46.91	41.01	5.90	22.87
1984	100	26.97	48.44	42.31	6.14	24.58
1985	100	26.81	47.66	40.96	6.70	25.53
1986	100	27.01	46.38	39.80	6.58	26.61
1987	100	28.38	42.88	36.52	6.36	28.74
1988	100	27.51	42.39	35.07	7.32	30.10
1989	100	27.21	42.33	35.80	6.53	30.46
1990	100	26.38	40.50	34.57	5.93	33.12
1991	100	24.52	41.24	35.81	5.42	34.24
1992	100	23.35	40.49	34.68	5.81	36.17
1993	100	23.49	42.97	36.73	6.24	33.54
1994	100	22.90	43.80	38.48	5.31	33.31
1995	100	19.84	46.05	40.57	5.48	34.12
1996	100	26.04	43.18	38.25	4.93	30.78
1997	100	23.97	42.57	36.13	6.44	33.47
1998	100	22.84	42.07	35.06	7.00	35.09
1999	100	20.06	42.88	34.19	8.69	37.06
2000	100	18.44	40.05	31.11	8.93	41.52
2001	100	18.48	40.70	31.59	9.11	40.82
2002	100	17.49	40.72	31.60	9.12	41.79
2003	100	17.00	40.86	32.02	8.84	42.14
2004	100	16.99	42.24	33.99	8.25	40.77
2005	100	15.93	43.36	35.46	7.90	40.71
2006	100	14.67	45.81	38.12	7.69	39.53
2007	100	14.33	47.31	39.34	7.97	38.35
2008	100	14.60	46.43	37.54	8.89	38.97
2009	100	14.67	45.08	35.53	9.55	40.24
2010	100	14.54	48.17	38.90	9.27	37.29
2011	100	13.52	47.36	38.32	9.04	39.12
2012	100	13.81	46.02	36.64	9.38	40.17

1-4 人均国民经济主要指标

单位：亿元
本表按当年价格计算。

指　标	1995	2000	2005	2010	2011	2012
人均生产总值（元）	2316	4129	7477	16113	19595	21978
第一产业	459	768	1211	2343	2649	3036
第二产业	1065	1667	3297	7762	9281	10114
第三产业	789	1729	3096	6008	7665	8828
主要工农业产品产量						
粮食（千克）	260	280	329	375	396	431
棉花（千克）	1	2	4	3	3	3
油料（千克）	13	16	20	25	25	26
禽蛋（千克）	3	4	4	4	4	4
牛奶（千克）	4	5	12	17	18	19
粗钢（千克）	55	90	180	259	320	315
原煤（千克）	1111	640	1423	1778	1835	1897
发电量（千瓦小时）	987	1099	1990	3095	4012	4214
固定资产投资额（元）	807	1745	3439	13209	16316	23391
社会消费品零售总额（元）	997	1501	2509	5453	6432	7416
财政收入（元）	284	429	1001	2914	3644	4201
财政支出（元）	337	744	1688	5742	6991	8011
职工平均工资（元）	5493	7913	14172	28963	32906	38440
城镇居民人均可支配收入（元）	3153	4916	8087	13189	14989	17157
农民人均纯收入（元）	880	1429	1980	3425	3909	4507
城乡居民储蓄存款余额（元）	1579	3238	6239	14070	16515	19643

注：2011 年职工平均工资为在岗职工平均工资。

1-5 历年人口数及构成

单位：万人

年份	年末总人口	按性别分				按城乡分			
		男		女		城镇人口		乡村人口	
		人口数	比重（%）	人口数	比重（%）	人口数	比重(%)	人口数	比重（%）
1978	1870.05	965.88	51.65	904.17	48.35	269.44	14.41	1600.61	85.59
1979	1893.79	977.39	51.61	916.40	48.39	279.89	14.78	1613.90	85.22
1980	1918.43	989.72	51.59	928.71	48.41	290.65	15.15	1627.78	84.85
1981	1941.40	1004.29	51.73	937.11	48.27	304.72	15.70	1636.68	84.30
1982	1974.88	1021.41	51.72	953.47	48.28	305.83	15.49	1669.05	84.51
1983	1999.84	1034.52	51.73	965.32	48.27	324.91	16.25	1674.93	83.75
1984	2025.88	1047.58	51.71	978.30	48.29	345.18	17.04	1680.70	82.96
1985	2052.89	1063.19	51.79	989.70	48.21	366.71	17.86	1686.18	82.14
1986	2085.39	1078.36	51.71	1007.03	48.29	389.58	18.68	1695.81	81.32
1987	2115.73	1093.41	51.68	1022.32	48.32	413.88	19.56	1701.85	80.44
1988	2148.15	1110.38	51.69	1037.77	48.31	439.69	20.47	1708.46	79.53
1989	2184.86	1128.92	51.67	1055.94	48.33	467.12	21.38	1717.74	78.62
1990	2254.67	1151.95	51.09	1102.72	48.91	496.25	22.01	1758.42	77.99
1991	2284.92	1180.85	51.68	1104.07	48.32	508.76	22.27	1776.16	77.73
1992	2314.19	1197.59	51.75	1116.60	48.25	521.59	22.54	1792.60	77.46
1993	2345.23	1194.25	50.92	1150.98	49.08	534.75	22.80	1810.48	77.20
1994	2387.25	1222.27	51.20	1164.98	48.80	548.23	22.96	1839.02	77.04
1995	2437.95	1256.49	51.54	1181.46	48.46	562.06	23.05	1875.89	76.95
1996	2466.86	1276.67	51.75	1190.19	48.25	572.07	23.19	1894.79	76.81
1997	2494.20	1278.57	51.26	1215.63	48.74	582.26	23.34	1911.94	76.66
1998	2519.37	1289.16	51.17	1230.21	48.83	592.63	23.52	1926.74	76.48
1999	2542.58	1292.05	50.82	1250.53	49.18	603.18	23.72	1939.40	76.28
2000	2515.31	1303.69	51.83	1211.62	48.17	603.93	24.01	1911.38	75.99
2001	2523.35	1307.85	51.83	1215.50	48.17	618.47	24.51	1904.88	75.49
2002	2530.76	1311.95	51.84	1218.81	48.16	656.99	25.96	1873.77	74.04
2003	2537.19	1313.00	51.75	1224.19	48.25	694.68	27.38	1842.51	72.62
2004	2541.48	1314.45	51.72	1227.03	48.28	727.12	28.61	1814.36	71.39
2005	2545.10	1309.20	51.44	1235.90	48.56	764.04	30.02	1781.06	69.98
2006	2546.79	1308.54	51.38	1238.25	48.62	791.80	31.09	1754.99	68.91
2007	2548.19	1308.50	51.35	1239.69	48.65	804.97	31.59	1743.22	68.41
2008	2550.88	1309.11	51.32	1241.77	48.68	820.11	32.15	1730.77	67.85
2009	2554.91	1310.16	51.28	1244.75	48.72	834.18	32.65	1720.73	67.35
2010	2559.98	1307.64	51.08	1252.34	48.92	924.66	36.12	1635.32	63.88
2011	2564.19	1309.02	51.05	1255.17	48.95	952.60	37.15	1611.59	62.85
2012	2577.55	1316.87	51.09	1260.68	48.91	998.80	38.75	1578.75	61.25

注：1. 2001-2009 年数据根据 2010 年人口普查数据做了调整。

2. 2000 年及以后数据按常住人口口径统计。

第二部分

数 据 篇

2-1 城镇居民家庭人均收支及恩格尔系数(1980—2012年)

年 份	城镇居民家庭人均可支配收入		城镇居民家庭人均消费性支出		恩格尔系数（%）
	绝对数（元）	比上年±%	绝对数（元）	比上年±%	
1980	403.44	-3.5	399		53.10
1981	447.73	10.98	433.38	8.62	54.96
1982	473.52	5.76	447.4	3.24	56.41
1983	490.62	3.61	482.3	7.8	56.78
1984	571.89	16.56	552.16	14.48	56.22
1985	640.77	12.04	625.21	13.23	50.59
1986	776.76	21.22	737.11	17.9	50.96
1987	870.52	12.07	828.94	12.46	51.97
1988	978.92	12.45	1026.53	23.83	48.87
1989	1132.7	15.71	1065.36	3.78	55.05
1990	1196.72	5.65	1030.54	-3.27	54.02
1991	1368.8	14.38	1234.86	19.83	53.91
1992	1707.78	24.76	1457.4	18.02	52.51
1993	2002.56	17.26	1679.74	15.26	50.71
1994	2658.13	32.74	2209.08	31.51	50.57
1995	3152.52	18.6	2617.74	18.5	51.69
1996	3353.94	6.39	2838.52	8.43	50.84
1997	3592.43	7.11	2946.27	3.8	48.85
1998	4009.61	11.61	3099.36	5.2	46.23
1999	4475.23	11.61	3681.5	18.78	41.44
2000	4916.25	9.85	4126.47	12.09	37.63
2001	5382.91	9.49	4420.31	7.12	37.08
2002	6151.42	14.28	5064.22	14.57	35.40
2003	6657.24	8.22	5298.91	4.63	36.01
2004	7376.74	10.81	5937.3	12.05	37.12
2005	8086.82	9.63	6529.2	9.97	36.04
2006	8920.59	10.31	6974.21	6.82	34.53
2007	10012.34	12.24	7875.78	12.93	35.86
2008	10969.41	9.56	8308.62	5.5	38.32
2009	11929.78	8.75	8890.79	7.01	37.78
2010	13188.55	10.55	9895.35	11.3	37.41
2011	14988.68	13.65	11188.57	13.07	37.38
2012	17156.89	14.47	12847.05	14.82	35.82

注：1. 1992年前可支配收入为生活费收入。

2-2 城镇居民家庭基本情况(2012 年)

项　目	合　计	最低收入户（10%）	# 困难户（5%）	低收入户（10%）
调查户数（户）	880	88	44	88
家庭居住人口数（人/户）	2.83	3.43	3.43	3.07
现住房总建筑面积（平方米/人）	28.45	22.94	24.54	21.17
房屋产权（%）				
租赁公房	4.63	9.83	9.69	9.02
租赁私房	4.64	7.09	7.39	7.32
原有私房	3.43	9.57	15.7	1.37
房改私房	37.94	26.45	21.84	42.68
商品房	48.62	45.86	43.09	39.61
其他				
住宅建筑式样（%）				
单栋住宅	0.14	1.2		
四居室	9	2.82		3.1
三居室	24.56	25.39	27.86	15.45
二居室	54.32	42.29	28.48	59.75
一居室	5.18	9.99	14.81	10.85
普通楼房	3.54	5.2	7.67	4.14
平房及其他	3.26	13.12	21.18	6.72
建筑年份（户）	15.66	18.36	18.97	16.76
装修状况（%）				
有装修	59.69	34.79	31.39	43.1
# 最近一次装修花费（元/户）	15294.88	8701.54	8949.56	7753.29
未装修	40.31	65.21	68.61	56.9
现有住房按市场价估计值（元/户）	281183.13	217436.31	217901.73	210254.76
租赁房房租（元/户）	31.13	41.4	37.22	47.96
购房总金额（元/户）	86428.93	65090.02	61264.57	71160.72
购房实际支出金额（元/户）	83009.72	62698.47	60928.02	69611.55

按收入等级分					
中等偏下户（20%）	中等收入户（20%）	中等偏上户（20%）	高收入户（10%）	最高收入户（10%）	# 更高收入户（5%）
176	176	176	88	88	44
3.12	2.87	2.66	2.27	2.15	1.99
24.05	27.49	31.48	39.06	44.51	47.69
4.98	4.8	2.85		1.34	
2.71	3.94	3.56	1.36	9.36	8.1
3.7	2.78	4.08	1.36		
41.97	40.24	36.31	41.85	33.93	47.82
45.78	47.44	53.2	55.44	52.67	41.38
7.1	14.37	11.85	11.89	6.75	5.46
22.42	21.35	25.35	28.83	36.88	35.02
56.39	55.91	54.64	57.35	52.33	59.53
6.41	3.22	3.89	0.57	2.67	
4.44	4.16	3.74	1.36		
3.26	0.98	0.52		1.36	
16.65	14.95	14.94	13.98	14.11	12.4
53.76	61.41	65.25	82.86	78.48	80.7
11204.93	17085.92	16235.35	21611.69	26137.21	27477.84
46.24	38.59	34.75	17.14	21.52	19.3
252235.52	285336.54	321669.82	332321.63	341062.14	355957.77
18.46	30.56	26.88	6.79	58.96	43.2
74256.63	89021.8	96346.26	96544.58	114093.27	127055.35
72557.9	84042.56	94149.88	89301.94	109036.68	123531.14

2-2 续表 1

项 目	合 计	最低收入户（10%）	# 困难户（5%）	低收入户（10%）
饮水情况（%）				
自来水	99.84	100	100	100
矿泉水	0.16			
纯净水				
井、河水				
其他				
用水情况（%）				
独用自来水	98.46	93.94	90.04	94.83
公用自来水	1.54	6.06	9.96	5.17
井、河水				
其他				
卫生设备（%）				
无卫生设备	1.19	6.96	11.67	1.01
有厕所浴室	66.38	39.6	34.21	47.71
有厕所无浴室	30.09	47.17	44.41	41.41
公用	2.33	6.27	9.71	9.87
取暖设备（%）				
无取暖设备	2.39	3.5	5.06	6.15
空调设备				
暖气	91.96	81.38	73.2	86.64
其他	5.64	15.12	21.75	7.21
炊用燃料使用情况（%）				
煤炭	10.4	28.04	36.42	11.06
罐装液化石油气	31.99	34.55	35.94	38.83
管道液化石油气				
管道煤气	2.97	1.49	2.85	0.87
管道天然气	32.9	16.75	9.48	30.3

按收入等级分					
中等偏下户（20%）	中等收入户（20%）	中等偏上户（20%）	高收入户（10%）	最高收入户（10%）	# 更高收入户（5%）
100	100	100	100	98.44	96.86
				1.56	3.14
98.33	100	100	100	100	100
1.67					
0.74	0.69				
53.11	71.65	74.82	89.12	90.73	88.05
42.89	27.66	25.18	10.88	9.27	11.95
3.26					
2.76	2.78	0.52	0.57	1.34	
88.79	94.16	95.93	98.07	97.3	100
8.45	3.06	3.55	1.36	1.36	
7.28	7.37	11.07	4.48	5.65	
43.73	34.35	24.55	25.58	16.88	23.3
1.88	2.2	5.42	3.45	5.1	5.15
27.73	35.09	36.57	45.43	39.79	43.2

2-2 续表2

项 目	合 计	最低收入户（10%）	# 困难户（5%）	低收入户（10%）
柴油				
其他燃料	21.74	19.18	15.31	18.94
通信设备使用情况				
固定电话（部/百户）	53.29	40.13	44.97	42.49
移动电话（部/百户）	197.3	155.07	143.6	178.9
接入互联网的计算机（台/百户）	49.11	12.7	12.97	23.67
其它住房情况（套/户）	0.08	0.02	0.02	0.04
出租房（套/户）	0.06	0.02	0.02	0.04
建筑面积（平方米/户）	5.09	1.43	1.83	2.43
偶尔居住房（套/户）	0.01			
建筑面积（平方米/户）	1.24			
其它用途房（套/户）	0.01			
建筑面积（平方米/户）	1.04			
家庭人口数（人/户）	2.83	3.43	3.43	3.07
人口就业情况				
有收入者人数	1.92	1.52	1.44	1.73
就业人口数	1.39	1.21	1.19	1.46
国有经济单位职工人数	0.78	0.3	0.22	0.44
城镇集体经济单位职工人数	0.04	0.03	0.01	0.05
其他各种经济类型单位职工	0.05	0.06	0.07	0.08
城镇个体经营者人员数	0.13	0.21	0.2	0.19
城镇个体被雇人员数	0.28	0.29	0.35	0.51
离退休再就业人员数	0.01			
其他就业人员数	0.1	0.33	0.35	0.19
离退休人数	0.46	0.16	0.1	0.16
其他有收入者人数	0.07	0.15	0.15	0.12
无收入者人数	0.9	1.91	1.99	1.34

备注：1.“现住房屋总使用面积”数据原始表中没有；2.“其它住房情况（套/户）”在原始表中称为“除了现住房，还有几处其他住房”；3.“家庭类型”数据暂无。

按收入等级分					
中等偏下户（20%）	中等收入户（20%）	中等偏上户（20%）	高收入户（10%）	最高收入户（10%）	# 更高收入户（5%）
19.38	20.99	22.38	21.06	32.59	28.36
48.75	58.12	56.14	62.79	63	66.81
196.9	218.03	212.61	193.93	198.75	184.18
39.61	51.3	69.21	60.82	79.15	82
0.06	0.11	0.09	0.09	0.12	0.07
0.06	0.07	0.06	0.08	0.07	0.04
5.89	7.55	4.69	7.09	4.46	1.96
	0.02	0.01	0.01	0.03	0.03
0.28	2.29	1.1	1.53	3.52	2.7
	0.02	0.01		0.02	
	2.78	0.61		3.57	
3.12	2.87	2.65	2.27	2.14	1.99
1.97	2.03	2.09	1.95	1.95	1.9
1.45	1.48	1.52	1.12	1.31	1.49
0.62	0.94	1.03	0.94	1.03	1.14
0.03	0.04	0.07	0.01		
0.05	0.02	0.04	0.06	0.08	0.03
0.18	0.11	0.07	0.03	0.13	0.2
0.43	0.32	0.24	0.01	0.04	0.06
		0.01	0.04	0.01	0.03
0.12	0.05	0.05	0.04	0.01	0.03
0.44	0.48	0.53	0.8	0.63	0.39
0.08	0.07	0.04	0.03	0.01	0.02
1.15	0.84	0.56	0.32	0.19	0.08

2-3 城镇居民家庭人均收入与支出情况(2012 年)

单位:元

项　目	总平均	最低收入户（10%）	# 困难户（5%）	低收入户（10%）
家庭总收入	18498.46	7016.23	5883.29	9964.18
# 可支配收入	17156.89	6524.31	5585.7	9319.59
工资性收入	12514.92	4485.1	3703.48	7308.89
工资及补贴收入	12250.17	4138.7	3392.27	7047.38
其他劳动收入	264.76	346.4	311.21	261.5
经营性收入	1125.68	879.13	791.37	1041.21
财产性收入	259.63	38.08	26.19	79.23
利息收入	25.03	10.82	1.5	11.71
股息与红利收入	21.25			
保险收益	0.31			
其它投资收入	1.38			
出租房屋收入	209.28	22.49	24.68	67.51
知识产权收入				
其他财产性收入	2.39	4.77		
转移性收入	4598.23	1613.91	1362.25	1534.86
养老金或离退休金	4055.81	924.94	480.82	987.05
社会救济收入	187.8	526.85	667.72	293.83
辞退金				
赔偿收入	0.49			
保险收入	0.53			
# 失业保险金				
赡养收入	83.11	16.73	16.38	89.61
捐赠收入	164.59	79.85	126.64	83.62
提取住房公积金	6.51			
其他转移性收入	21.39			12.61
出售财物收入	2.14			
出售住房收入				

按收入等级分					
中等偏下户（20%）	中等收入户（20%）	中等偏上户（20%）	高收入户（10%）	最高收入户（10%）	# 更高收入户（5%）
13279.92	**18341.66**	**23667.1**	**29993.46**	**41845.87**	**48699.82**
12375.93	16954.18	21869.33	28093.36	38562.66	44718.29
8676.62	12887.31	17481.33	18195.62	26314.72	33493.98
8457.02	12651.02	17161.64	17927.96	26133.56	33194.79
219.6	236.3	319.7	267.66	181.16	299.18
997.7	1164.91	804.56	528.66	3323.23	5236.69
176.53	318.65	343.86	407.12	638.01	357.61
15.23	22.37	19.5	32.81	108	179.46
	33.67	62.32	14.15	25.66	
				3.99	
0.13				17.48	35.29
161.16	262.61	255.32	354.17	482.88	142.86
		6.72	5.99		
3429.08	3970.78	5037.35	10862.04	11569.92	9611.54
2934.56	3525.39	4676.22	9984.88	10851.27	8579
185.04	132.69	51.98	38.71	39.2	75.09
			5.99		
	2.64				
113.03	55.04	41.28	281.97	78.83	102.09
120	138.89	179.16	358.29	383.44	517
				84.24	185.26
8.73	41.78	1.88	93.77	23.36	30.55
0.87	9.13		0.09	1.41	3.09

2-3 续表 1

单位:元

项目	总平均	最低收入户（10%）	# 困难户（5%）	低收入户（10%）
出售其他物品收入	2.14			
借贷收入	**5482.63**	**1871.2**	**1171.18**	**2396.43**
提取储蓄存款	5025.52	1793.18	1086.96	2270.39
借入款	225.54	55.68	77.55	111.83
收回借出款	50.69			14.21
收回储蓄性保险本	9.37			
兑售有价证券				
收回投资本金	0.23			
住房贷款	97.54			
汽车贷款	27.38			
教育贷款	3.31	18.85		
其他贷款	42.44	3.49	6.67	
其他借贷收入	0.61			
家庭总支出	**16766.83**	**6969.59**	**5628.95**	**9654.42**
消费支出	12847.05	6069.45	5077.5	8396.77
# 服务性消费支出	3322.72	1353.11	942.93	1817.66
通过互联网购买商品或服务	51.98	12.27	3.42	5.32
食品	4602.33	2563.28	2309.68	3210.2
衣着	1631.4	701.25	576.87	941.46
居住	1287.93	778.09	672.3	932.46
家庭设备用品及服务	833.15	281.49	267.09	516.41
医疗保健	1049.65	510.74	300.24	677.89
交通和通信	1575.67	584.12	402.66	1306.62
教育文化娱乐服务	1388.21	490.89	404.88	596.46
杂项商品和服务	478.72	159.6	143.79	215.26
购房与建房支出	1003.52			
购房	1003.52			
建房				
转移性支出	1648.03	474.3	324.56	678.38
交纳的个人收入税	22.05	5.35		1.03

按收入等级分					
中等偏下户（20%）	中等收入户（20%）	中等偏上户（20%）	高收入户（10%）	最高收入户（10%）	# 更高收入户（5%）
0.87	9.13		0.09	1.41	3.09
3698.09	4357.91	5654.57	9476.24	19605.78	21587.07
3306.9	4080.59	5559.94	8895.04	16613.03	21295.83
366.22	8.45	48.65	223.4	1310.66	105.17
10.84	7.4	41.36	148.13	334.65	
11.77	2.04			84.61	186.08
		1.26			
				1262.84	
	63.13		179.72		
	3.05				
2.37	193.25		29.95		
		3.37			
12175.71	16627.27	20013.78	25813.33	40368.59	45998.45
9541.58	13239.49	16061.6	19970.78	24387.67	29298.59
2474.66	3533.76	4029.61	5335.58	7017.43	8500.24
4.56	67.46	58.45	86.92	225.34	199.42
3826.13	4714.1	5668.63	6479.72	7631.4	8606.21
1184.24	1656.47	2269.67	2473.41	3065.05	3375.27
903.02	1337.26	1552.09	2184.67	2064	2706.06
582.2	821.45	1103.13	1325.61	1846.4	2290.99
886.86	1126.86	1261.86	1657.87	1663.63	1766.91
882.97	1619.1	1901.98	2606.68	3667.2	5104.04
1019.05	1516.05	1719.04	2472.18	2896.4	3337.88
257.11	448.2	585.21	770.64	1553.6	2111.23
871.68	387.12	109.71	745.98	8612.46	7678.86
871.68	387.12	109.71	745.98	8612.46	7678.86
903.16	1671.82	2128.91	3304.76	4235.68	5287.97
2.56	26.77	18.9	20.84	130.98	239.43

2-3　续表 2

单位:元

项　目	总平均	最低收入户（10%）	# 困难户（5%）	低收入户（10%）
捐赠支出	1069.16	204.75	125.87	487.86
购买彩票	6.56	0.08	0.08	1.09
赡养支出	447.76	255.46	189.05	128.07
各种非储蓄性保险支出	63.98	2.04	1.63	29.51
其他转移性支出	38.52	6.63	7.92	30.81
财产性支出	26.71	4.8		3.83
非生产性利息支出	21.33	4.8		3.83
其他	5.38			
社会保障支出	1241.52	421.03	226.89	575.44
个人交纳的养老基金	437.53	223.61	155.38	303.19
个人交纳的住房公积金	577.72	103.69	16.82	154.35
个人交纳的医疗基金	174.15	63.95	51.21	84.92
个人交纳的失业基金	34.72	11.61	3.02	24.2
其他社会保障支出	17.41	18.17	0.46	8.78
借贷支出	6747.37	1562.74	1107.25	2213.49
存入储蓄款	6267.32	1396.93	1088.14	2025.88
借出款	35	15.57	4.15	48.44
归还借款	78.94	8.73		43.71
储蓄性保险支出	143.92	126.17	14.96	58.61
购买有价证券	2.36			
其它投资支出	2.18			
归还住房贷款	190.13	15.35		32.93
归还汽车贷款	13.03			
归还教育贷款				
归还其它贷款	5.43			3.35
其他借贷支出	9.07			0.56

备注:1.“交纳的个人收入税”在原始数据中称为“交纳所得税”

按收入等级分					
中等偏下户（20%）	中等收入户（20%）	中等偏上户（20%）	高收入户（10%）	最高收入户（10%）	# 更高收入户（5%）
675.88	1231.74	1291.43	2208.32	2388.94	2894.56
3.02	1.61	5.54	13.86	43.31	7.59
176.25	336.6	663.84	740.29	1453.74	1841.13
25.15	58.22	96.23	189.2	137.99	219.58
20.31	16.88	52.96	132.24	80.72	85.68
25.56	42.49	21.52	11	90.12	113.47
7.06	42.49	20.99	6.94	75.38	82.08
18.51		0.53	4.06	14.74	31.39
833.72	1286.35	1692.03	1780.81	3042.65	3619.56
349.67	501.81	538.98	442.11	845.72	1026.9
330.43	547.43	842.68	1065.66	1653.97	1961.72
128.42	186.67	238.25	220.64	393.52	442.86
23.15	35.51	45.11	38.73	92.47	107.78
2.05	14.93	27.02	13.67	56.98	80.29
4242.09	5496.37	9000.98	13252.16	20537.95	23597.4
4008.23	4777.94	8485.52	12562.17	19334.79	22358.75
15.27	1.53	52.65	136.73	43.24	95.1
35.2	101.57	117.3	240.75	55.27	88.22
109.2	239.51	157.13	130.56	123.19	73.58
		13.02			
			0.48	27.7	
67.26	302	157.2	166.46	872.88	850.64
	41.85	16.18		21.27	
	2.9	1.98		53.33	117.28
6.93	29.07		15.02	6.28	13.82

2-4 城镇居民家庭人均消费支出情况(2012年)

单位:元

项 目	总平均	最低收入户（10%）	# 困难户（5%）	低收入户（10%）
消费支出	12847.05	6069.45	5077.5	8396.77
# 服务性消费支出	3322.72	1353.11	942.93	1817.66
食品	4602.33	2563.28	2309.68	3210.2
粮油类	664.55	609.3	631.4	584.93
粮食	404.81	378.81	374.72	349
大米	111.39	86.43	85.99	109.57
面粉	119.35	145.52	150.69	103.19
其它粮食及制品	174.07	146.86	138.04	136.25
淀粉及薯类	48.52	43.42	43.4	42.83
干豆类及豆制品	49.6	40.89	38.21	45.25
油脂类	161.61	146.19	175.08	147.85
食用植物油	160.24	144.24	171.36	146.43
食用动物油	1.37	1.95	3.72	1.42
肉禽蛋水产品类	881.16	518.31	461.65	680.87
肉类	580.97	345.62	307.72	445.12
猪肉	335.19	217.99	207.21	282.03
牛肉	80.46	53.8	53.84	56.76
羊肉	56.37	22.89	10.47	33.91
其它肉及制品	108.96	50.94	36.21	72.42
禽类	124.08	73.24	60.23	93.91
鸡	71.76	50.37	47.09	65.28
鸭	2.94	1.87	0.97	2.09
其它禽类及制品	49.38	21	12.16	26.53
蛋类	87.86	67.06	63.16	75.73
鲜蛋	82.58	65.07	61.45	72.19
蛋制品	5.28	1.99	1.71	3.54
水产品类	88.24	32.39	30.54	66.11
鱼	60.08	23.39	24.15	49.46

按收入等级分					
中等偏下户（20%）	中等收入户（20%）	中等偏上户（20%）	高收入户（10%）	最高收入户（10%）	# 更高收入户（5%）
9541.58	13239.49	16061.6	19970.78	24387.67	29298.59
2474.66	3533.76	4029.61	5335.58	7017.43	8500.24
3826.13	4714.1	5668.63	6479.72	7631.4	8606.21
665.09	615.09	719.75	755.85	781.13	765.4
402.24	376.34	426.4	466.45	497.42	484.62
109.23	108.83	117.36	129.33	139.62	132.89
127.38	97.75	114.92	121.99	136.57	150.06
165.63	169.76	194.12	215.12	221.23	201.67
49.45	44.79	52.93	53.85	57.3	54.82
45.48	43.48	62.39	56.19	61.87	55.71
167.92	150.48	178.04	179.36	164.53	170.26
166.2	149.72	176.81	178.1	163.19	168.33
1.71	0.76	1.22	1.26	1.34	1.93
781.93	904.12	1002.75	1229.14	1386.79	1372.59
516.65	590.75	658.63	830.51	908.39	872.52
297.63	349.36	354.84	481.75	489.33	450.73
78.2	79.38	97.5	89.01	123.01	134.27
51.53	54.88	73.57	77.94	103.68	93
89.3	107.13	132.71	181.81	192.37	194.52
104.43	139.4	143.74	157.05	192.05	191.6
64.81	79.62	79.37	80.59	91.24	89.43
2.07	3.8	2.05	5.68	5.38	7
37.55	55.99	62.32	70.78	95.43	95.18
87.51	83.51	91.32	119.87	113.91	98.74
82.51	77.41	85.22	111.85	106.34	93.96
4.99	6.1	6.1	8.02	7.57	4.78
73.34	90.45	109.07	121.73	172.44	209.73
51.46	61.22	72.36	87.06	105.6	129.74

2-4 续表1

单位:元

项　目	总平均	最低收入户（10%）	# 困难户（5%）	低收入户（10%）
虾	14.59	4	2.77	9.7
其它水产品及制品	13.57	5	3.62	6.95
蔬菜类	509.66	330.95	318.18	429.98
鲜菜	484.27	317.52	306.71	412.14
干菜	16.63	8.49	7.85	12.71
菜制品	8.76	4.95	3.62	5.13
调味品	77.02	65.51	69.52	68.14
糖烟酒饮料类	579.76	210.37	191.01	318.69
糖类	36.77	24.04	24.14	25.5
烟草类	279.55	84.48	77.4	142.39
酒类	173.04	54.28	46.47	89.04
白酒	132.09	38.95	29.69	61.75
果酒	9.86	1.92	1.53	2.92
啤酒	22.78	11.9	14.15	19.79
其他酒	8.31	1.51	1.11	4.58
饮料	90.4	47.57	42.99	61.76
碳酸饮料	5.96	3.81	3.68	6.9
瓶装饮用水	5.38	2.76	2.88	2.81
茶叶	38.73	23.36	18.29	27.33
其他饮料	40.34	17.63	18.15	24.72
干鲜瓜果类	443.6	233.68	192.43	302.36
鲜果	253.42	132.69	114.09	171.87
鲜瓜	50.14	28.77	21.56	36.13
其它干鲜瓜果类及制品	140.05	72.22	56.79	94.36
糕点、奶及奶制品	295.63	146.59	124.22	192.32
糕点	74.23	40.35	32.98	45.01
奶及奶制品	221.4	106.24	91.24	147.3
鲜乳品	122.53	65.59	49.61	98.94

按收入等级分					
中等偏下户（20%）	中等收入户（20%）	中等偏上户（20%）	高收入户（10%）	最高收入户（10%）	# 更高收入户（5%）
11.69	16.7	18.27	18.77	30.27	32.74
10.19	12.53	18.43	15.89	36.56	47.25
464.55	528.72	588.32	649.86	690.27	712.05
444.27	503.11	552.19	615.18	654.08	669.07
13.42	16.77	23.11	23.43	22.98	27.46
6.86	8.84	13.02	11.25	13.21	15.52
73.29	75.38	86.14	88.79	91.25	85.49
469.23	624.5	755.46	816.09	1147.24	1416.25
35.8	35.99	44.66	46.51	52.04	51.1
233.35	287.3	371.89	379.66	614.43	731.19
127.51	205.62	209.12	281.87	347.96	496.62
95.67	162.25	166.71	203.44	265.37	389
2.66	9.68	13.39	33.27	21.01	16.04
18.94	27.33	19.33	30.25	45.65	72.5
10.24	6.36	9.69	14.91	15.94	19.07
72.58	95.59	129.79	108.05	132.82	137.34
7.4	4.05	6.3	6.38	8.45	5.88
4.38	6.39	8.04	4.08	9.01	7.93
31.18	40.89	59.83	41.41	45.29	47.61
29.62	44.25	55.63	56.18	70.08	75.93
346.22	483.45	557.78	633.96	717.74	825.2
197.53	280.65	314.08	353.32	421.76	490.84
42.5	55.8	58.51	69.8	74.58	80.75
106.19	146.99	185.19	210.84	221.4	253.6
233.88	288.56	414.15	448.46	460.64	452.75
57.39	82.62	97.26	101.52	118.22	129.84
176.49	205.94	316.89	346.94	342.42	322.91
108.83	126.32	139.07	188.22	179.57	204.41

2-4 续表 2

单位:元

项 目	总平均	最低收入户（10%）	# 困难户（5%）	低收入户（10%）
奶粉	46.4	17.39	24.37	19.14
酸奶	26.96	11.49	7.75	13.78
其他奶制品	25.52	11.78	9.51	15.44
其他食品	171.88	105.87	81.35	120.59
饮食服务	979.08	342.7	239.91	512.33
食品加工服务费	0.9	0.3	0.4	0.35
在外饮食	978.18	342.39	239.51	511.98
非食品类				
衣着	1631.4	701.25	576.87	941.46
服装	1165.08	469.96	378.77	628.8
衣着材料	12.51	8.92	8.67	8.03
鞋类	375.59	179.82	158.91	245.21
其他衣着用品	69.01	40.31	28.33	52.51
衣着加工服务费	9.22	2.23	2.19	6.92
家庭设备用品及服务	833.15	281.49	267.09	516.41
耐用消费品	356.06	58.94	57.11	222.82
家具	130.22	2.8	4.99	126.83
家庭设备	225.84	56.14	52.12	96
洗衣机	27.98	9.68		6.97
电冰箱	56.01	19.24	24.9	20.78
微波炉	7.21			6.95
空调器	12.83			1.38
淋浴热水器	22.25	2.26		14.76
消毒碗柜	1.36			
洗碗机	0.24			
其他	97.96	24.96	27.23	45.17
室内装饰品	26.9	6.49	10.57	8.32
床上用品	61.11	30.51	30.13	46.35

按收入等级分					
中等偏下户（20%）	中等收入户（20%）	中等偏上户（20%）	高收入户（10%）	最高收入户（10%）	# 更高收入户（5%）
21.66	35	116.1	46.12	70.74	32.47
24.36	27.28	33.93	38.66	51.62	52.11
21.64	17.33	27.79	73.94	40.49	33.91
155.15	184.59	194.94	233.75	258.38	314
636.79	1009.7	1349.32	1623.81	2097.96	2662.48
0.35	1.32	1.49	0.29	2.38	4.54
636.44	1008.37	1347.82	1623.53	2095.58	2657.94
1184.24	1656.47	2269.67	2473.41	3065.05	3375.27
829.76	1159.02	1643.27	1882.74	2237.62	2386.21
10.8	15.48	15.64	17.44	9.7	15.65
289.68	396.61	512.88	466.41	677.37	812.53
48.04	74.76	87.06	87.9	123.89	139.78
5.96	10.61	10.81	18.92	16.47	21.11
582.2	821.45	1103.13	1325.61	1846.4	2290.99
220.22	370.5	441	556.74	1006.61	1361.36
63.13	146.81	207.08	175.55	277.35	229.32
157.09	223.69	233.91	381.19	729.25	1132.04
30.39	30.54	27.34	52.85	53.71	98.77
37.68	71.95	56.01	60.69	176.02	294.92
1.8	8.63		22.09	32.85	5.91
16.68		17.51	4.06	74.19	163.16
6.42	18.31	28.29	50.41	78.45	106.88
				17.55	38.6
1.18					
62.92	94.27	104.76	191.08	296.48	423.78
4.58	40.56	31.99	63.33	64.37	41.93
46.46	50.63	85.93	96.09	109.73	96.04

2-4 续表3

单位:元

项　目	总平均	最低收入户（10%）	# 困难户（5%）	低收入户（10%）
家庭日用杂品	338.12	182.05	166.99	221.5
家具材料	13.55			
家庭服务	37.42	3.49	2.28	17.41
家政服务	18.99	1.44	0.82	9.67
加工维修服务费	18.42	2.05	1.46	7.73
医疗保健	1049.65	510.74	300.24	677.89
医疗器具	5.98	2.16	3.38	1.51
保健器具	10.86	0.26	0.5	5.32
药品费	520.88	319.45	207.31	387.43
滋补保健品	46.85	9.88	4.85	10.76
医疗费	455.5	176.48	81.88	264.71
其他	9.58	2.51	2.33	8.15
交通和通讯	1575.67	584.12	402.66	1306.62
交通	799.76	176.17	112.68	854.89
家庭交通工具	295.86	3.62	3.8	642.28
摩托车	11.27			2.09
助力车	15.78	1.64		2.83
家用汽车	253.9			634.21
其他交通工具	14.9	1.99	3.8	3.15
车辆用燃料及零配件	114.35	47.53	34.52	10.32
燃料	98.9	46.13	32.15	8.23
零配件	9.34	0.96	1.79	1.99
其他	6.1	0.45	0.58	0.1
交通工具服务支出	56.73	6.89	2.45	67.4
维修费	22.74	4.61	2.41	7.06
车辆使用税费	27.44	0.18		58.91
其它车辆使用费用	6.55	2.1	0.05	1.43
交通费	332.82	118.13	71.91	134.89

按收入等级分					
中等偏下户（20%）	中等收入户（20%）	中等偏上户（20%）	高收入户（10%）	最高收入户（10%）	# 更高收入户（5%）
272.91	320.08	460.11	509.28	545.31	607.9
2.65	15.2	22.04	61.87	11.6	0.11
35.39	24.47	62.07	38.3	108.79	183.65
8.32	6.28	45.11	20.85	62.99	127.82
27.08	18.19	16.96	17.45	45.81	55.83
886.86	**1126.86**	**1261.86**	**1657.87**	**1663.63**	**1766.91**
1.43	8.95	12.39	3.4	11.38	16.61
1.4	1.62	13.48	61.98	27.65	7.42
403.52	518.38	680	872.41	656.78	668.25
12.9	45.91	63.17	87.09	178.38	300.44
459.91	543.42	482.31	619.68	763.26	721.47
7.69	8.57	10.5	13.31	26.18	52.73
882.97	**1619.1**	**1901.98**	**2606.68**	**3667.2**	**5104.04**
309.22	794.9	819.74	1543.02	2363.38	3686.11
20.23	348.82	146.54	677.75	889.79	1668.05
	12.97	22.92		55.26	
5.85	10.45	34.01	17.42	56.05	60.64
	311.65	76.84	642.68	716.57	1471.26
14.38	13.75	12.77	17.65	61.91	136.16
37.26	95.3	229.14	166.45	315.66	541.62
31.59	72.77	204.58	135.41	285.69	501.36
4.91	19.92	14.43	7.43	9.44	17.1
0.75	2.62	10.13	23.61	20.52	23.16
23.5	29.54	61.13	183.27	149.63	302.06
14.82	20.13	21	33.03	99.62	205.09
4.94	5.08	27.33	130.12	43.7	83.77
3.74	4.33	12.8	20.12	6.32	13.2
228.24	321.25	382.93	515.54	1008.3	1174.38

2-4 续表 4

单位:元

项 目	总平均	最低收入户（10%）	# 困难户（5%）	低收入户（10%）
飞机	31.44	1.32		
火车	97.4	24.2	7.85	29.79
长途汽车	53.88	30.65	25.64	25.61
市内公共交通	82.76	41.72	22.37	50.25
出租汽车费	57.76	18.05	14.65	26.54
其他交通费	9.57	2.19	1.41	2.71
通信	775.9	407.94	289.98	451.74
通信工具	147.33	48.11	18.58	61.02
电话机	9.14	1.76		14.13
移动电话	137.3	46.05	18.51	45.69
其他通信工具	0.89	0.3	0.07	1.19
通信服务	628.57	359.83	271.4	390.72
电信费	622.28	356.1	269.84	387.37
邮费	3.02	2.61	0.53	1.56
其他	3.27	1.12	1.03	1.79
教育文化娱乐服务	1388.21	490.89	404.88	596.46
文化娱乐用品	386.78	92.54	82.01	140.17
彩色电视机	63.25			14.53
家用电脑	82.78	11.3	0.74	2.89
整机电脑	74.63	10.52		2.81
计算机外部设备	3.8	0.08		
各种零配件及耗材	4.36	0.7	0.74	0.08
组合音响	2.27			
摄像机	4.57			
照相机	17.97			
钢琴	35.13			18.57
其他中高档乐器	11.7	2.14	4.09	1.64
健身器材	2.37			

按收入等级分					
中等偏下户（20%）	中等收入户（20%）	中等偏上户（20%）	高收入户（10%）	最高收入户（10%）	# 更高收入户（5%）
6.88	16.09	19.13	101.38	192.45	281.32
52.09	92.48	127.75	133.19	352.92	344.08
31.16	54.44	51.79	91.28	161.46	150.16
84.42	90.02	107.11	96.9	109.07	128.15
41.67	63.14	70.92	80.38	149.42	197.02
12.03	5.07	6.22	12.42	42.97	73.65
573.75	824.2	1082.25	1063.66	1303.82	1417.93
86.89	153.37	257.26	179.16	306.22	309.27
13.7	15.45	7.45		0.63	1.39
72.44	137.16	248.25	178.34	304.81	306.51
0.75	0.76	1.55	0.82	0.77	1.38
486.86	670.83	824.99	884.51	997.61	1108.65
480.06	663.8	818.14	877.5	987.78	1098.13
1.36	3.27	3.95	4.24	6.17	7.91
5.44	3.75	2.89	2.76	3.65	2.61
1019.05	1516.05	1719.04	2472.18	2896.4	3337.88
251.23	414.69	527.72	684.4	922.77	1146.36
29.74	99.63	64.84	116.78	183.07	214.53
73.21	99.81	64.24	136.73	295.66	351
70.69	92.7	53.59	115.01	264.92	292.94
0.36	2.86	4.26	7.06	23.07	49.99
2.16	4.24	6.38	14.66	7.67	8.08
	1.63	1.17	13.78	7.91	
		14.94	22.76		
7.55	22.8	10.2	11.01	117.35	243.78
		120.36	138.21		
17.35		24.98	22.33	16.65	
	6.65	1.05	10.31		

2-4 续表 5

单位:元

项 目	总平均	最低收入户（10%）	# 困难户（5%）	低收入户（10%）
电子辞典	2.6			
音像制品及软件	4.2	0.8	0.34	5.72
体育用品	4.65	2.11	3.37	4.37
书报杂志	40.78	18.45	21	29.38
纸张文具	27.05	30.05	27.04	24.39
其他文娱用品	87.45	27.68	25.42	38.68
文化娱乐服务	484.11	77.89	61.03	119.27
参观游览	71.07	8.6	8.68	12.79
健身活动	2.76			
团体旅游	231.96	13.58		7.06
其它文娱活动	174.09	53.3	48.46	98.1
文娱用品修理服务费	4.24	2.41	3.88	1.33
教育	517.32	320.45	261.84	337.02
教材	35.94	37.94	29.15	28.75
课本及参考书	29.66	32.04	27.6	26.74
教育软件	0.65			0.28
其它教材	5.63	5.9	1.55	1.72
教育费用	481.38	282.51	232.69	308.27
非义务教育学杂费	140.55	100.42	107.89	77.24
义务教育学杂费	24.28	19.71	9.93	30.22
托幼费	44.4	33.15	24.66	59.81
成人教育费	47.6	22.55	0.51	22.41
家教费	30.08	21.66	15.98	23.33
培训班	164.2	72.39	69.76	78.01
学校住宿费	4.45	0.8	1.52	
其他	25.82	11.83	2.43	17.25

备注:1.“非食品”原始数据暂时没有;

按收入等级分					
中等偏下户（20%）	中等收入户（20%）	中等偏上户（20%）	高收入户（10%）	最高收入户（10%）	# 更高收入户（5%）
6.45	5.55			1.89	
3.91	1.53	7.07	6.12	7.33	10.5
0.43	3.07	6.48	12.49	12.6	2.1
28.99	44.53	52.28	54.47	78.39	98.29
22.19	29.36	30.82	27.95	22.36	13.88
61.4	100.13	129.27	111.46	179.55	212.28
290.98	575.86	538.21	1034.15	1319.07	1410.13
43.67	99.97	77.14	121.85	198.62	233.53
0.35	1.7	8.01	2.5	8.86	5.3
106.59	293.27	248.5	639.88	658.83	612.18
137.53	175.46	198.16	265.31	445.95	554.39
2.84	5.46	6.39	4.62	6.82	4.72
476.84	525.5	653.11	753.62	651.56	781.39
39.07	30.35	36.04	55.62	27.69	29.36
34.41	26.57	30.18	39.24	13.51	12.23
0.02		0.06	0.05	7.74	17.03
4.65	3.78	5.8	16.34	6.43	0.1
437.77	495.14	617.08	698	626.87	752.03
168.84	96.79	140.46	181.16	300.65	461.93
23.35	26.78	15.24	41.66	23.21	20.48
46.1	61.82	20.39	44.35	49.8	
13.26	56.88	110.89	57.91	37.15	53.83
30.12	19.65	40.76	44.71	41.85	59.38
110.28	207.25	255.63	288.47	141.12	101.31
7.63	7.1	4.96	1.51	3.99	
38.17	18.88	28.74	38.23	29.09	55.1

2-5 城镇居民家庭人均购买商品数量(2012 年)

项　目	总平均	最低收入户（10%）	# 困难户（5%）	低收入户（10%）
消费支出（元）	**12847.05**	**6069.45**	**5077.5**	**8396.77**
食品（元）	**4602.33**	**2563.28**	**2309.68**	**3210.2**
粮食（千克）	87.61	91.99	95.13	76.1
大米（千克）	18.46	14.6	15.2	18.22
面粉（千克）	34.65	44.03	45.78	30.22
其他粮食及制品（千克）	34.51	33.37	34.14	27.67
淀粉及薯类（千克）	11.92	10.45	10.18	9.45
干豆类及豆制品（元）	49.6	40.89	38.21	45.25
油脂类（千克）	10.25	9.52	11.33	9.82
食用植物油（千克）	10.17	9.4	11.1	9.74
肉类（千克）	19.24	12.15	11.5	15.02
猪肉（千克）	12.67	8.22	7.87	10.68
牛肉（千克）	2.01	1.38	1.46	1.41
羊肉（千克）	1.32	0.54	0.25	0.78
其他肉及制品（千克）	3.26	2.02	1.93	2.17
禽类（千克）	5.46	3.47	3.14	4.43
鸡（千克）	3.62	2.61	2.55	3.39
鸭（千克）	0.13	0.08	0.05	0.1
其他禽及制品（千克）	1.71	0.78	0.55	0.95
蛋类（千克）	9.47	7.46	7.09	8.21
鲜蛋（千克）	9.12	7.32	6.95	7.96
蛋制品（千克）	0.35	0.14	0.14	0.25
水产品类（元）	88.24	32.39	30.54	66.11
鱼（千克）	2.9	1.22	1.27	2.4
虾（千克）	0.37	0.12	0.09	0.29
其它水产品及制品（千克）	0.57	0.43	0.23	0.39
蔬菜类（元）	509.66	330.95	318.18	429.98
鲜菜（千克）	106.33	77.44	76.01	95.18
菜制品（千克）	8.76	4.95	3.62	5.13
调味品（元）	77.02	65.51	69.52	68.14
糖烟酒饮料类（元）	579.76	210.37	191.01	318.69
糖类（元）	36.77	24.04	24.14	25.5
烟草类（元）	279.55	84.48	77.4	142.39
酒类（千克）	4.99	2.26	2.19	4.31
白酒（千克）	1.16	0.58	0.46	0.77
果酒（千克）	0.17	0.05	0.03	0.12
啤酒（千克）	3.63	1.62	1.69	3.42

按收入等级分					
中等偏下户（20%）	中等收入户（20%）	中等偏上户（20%）	高收入户（10%）	最高收入户（10%）	# 更高收入户（5%）
9541.58	**13239.49**	**16061.6**	**19970.78**	**24387.67**	**29298.59**
3826.13	**4714.1**	**5668.63**	**6479.72**	**7631.4**	**8606.21**
88.47	79.08	88.87	96.38	103.68	102.31
18.41	17.88	19.53	21.24	22.19	21.74
37.15	27.82	32.87	34.65	38.95	41.83
32.91	33.38	36.48	40.5	42.55	38.75
12.07	11.02	13.09	13.78	15.38	14.86
45.48	43.48	62.39	56.19	61.87	55.71
10.82	9.68	11.06	10.54	10.01	10.25
10.72	9.62	10.98	10.46	9.91	10.12
17.35	19.47	21.32	27.19	29.55	28.55
11.49	13.26	13.39	17.86	18.16	16.72
1.97	2.03	2.43	2.11	3	3.19
1.22	1.27	1.76	1.87	2.36	2.19
2.69	2.93	3.76	5.39	6.07	6.47
4.67	5.89	6.24	6.41	8.69	9.6
3.33	4.01	4.03	3.88	4.35	4.57
0.09	0.15	0.1	0.23	0.22	0.31
1.25	1.74	2.12	2.31	4.12	4.73
9.47	8.9	9.8	12.69	12.31	11.02
9.18	8.51	9.38	12.21	11.69	10.54
0.29	0.39	0.42	0.48	0.63	0.49
73.34	90.45	109.07	121.73	172.44	209.73
2.52	2.98	3.46	4.12	4.91	6.07
0.32	0.41	0.44	0.47	0.67	0.59
0.5	0.49	0.7	0.64	1.03	0.95
464.55	528.72	588.32	649.86	690.27	712.05
103.23	109.89	115.62	123.04	135.03	138.02
6.86	8.84	13.02	11.25	13.21	15.52
73.29	75.38	86.14	88.79	91.25	85.49
469.23	624.5	755.46	816.09	1147.24	1416.25
35.8	35.99	44.66	46.51	52.04	51.1
233.35	287.3	371.89	379.66	614.43	731.19
4.33	5.52	4.34	6.93	10.92	18.61
1.18	1.27	1.25	1.48	1.94	2.88
0.09	0.21	0.18	0.34	0.39	0.54
3.04	4.03	2.91	4.87	8.58	15.2

2-5 续表 1

项目	总平均	最低收入户（10%）	# 困难户（5%）	低收入户（10%）
其他酒（千克）	0.02	0.01	0.01	
饮料（元）	90.4	47.57	42.99	61.76
碳酸饮料（千克）	0.84	0.56	0.55	1
瓶装饮用水（千克）	2.52	1.43	0.97	1.37
茶叶（千克）	0.36	0.32	0.27	0.33
其他饮料（元）	40.34	17.63	18.15	24.72
干鲜瓜果类（元）	443.6	233.68	192.43	302.36
鲜果（千克）	40.43	25.38	22.9	33.72
鲜瓜（千克）	20.84	11.55	8.7	15.33
其他干鲜瓜果类及制品（千克）	140.05	72.22	56.79	94.36
糕点、奶及奶制品（元）	295.63	146.59	124.22	192.32
糕点（千克）	3.89	2.44	2.21	2.55
奶及奶制品（元）	221.4	106.24	91.24	147.3
鲜乳品（千克）	17.76	10.48	8.79	14.62
奶粉（千克）	0.53	0.31	0.39	0.4
酸奶（千克）	3.52	1.72	1.3	1.94
其他奶制品（元）	25.52	11.78	9.51	15.44
其他食品（元）	171.88	105.87	81.35	120.59
饮食服务（元）	979.08	342.7	239.91	512.33
食品加工服务费（元）	0.9	0.3	0.4	0.35
在外饮食（元）	978.18	342.39	239.51	511.98
非食品类（元）				
衣着（元）	1631.4	701.25	576.87	941.46
服装（件）	7.75	4.48	3.59	6.21
衣着材料（元）	12.51	8.92	8.67	8.03
鞋类（双）	2.91	2.21	1.98	2.67
其他衣着用品（元）	69.01	40.31	28.33	52.51
衣着加工服务费（元）	9.22	2.23	2.19	6.92
家庭设备用品及服务（元）	833.15	281.49	267.09	516.41
耐用消费品（元）	356.06	58.94	57.11	222.82
家具（元）	130.22	2.8	4.99	126.83
家庭设备（元）	225.84	56.14	52.12	96
洗衣机（台/百户）	5.86	2.94		2.62
电冰箱（台/百户）	6.06	2.33	2.81	4.44
微波炉（台/百户）	2.21			2.99
空调器（台/百户）	0.76			1.01
淋浴热水器（台/百户）	3.75	1.17		3.33

按收入等级分					
中等偏下户（20%）	中等收入户（20%）	中等偏上户（20%）	高收入户（10%）	最高收入户（10%）	# 更高收入户（5%）
0.01			0.24		
72.58	95.59	129.79	108.05	132.82	137.34
1.05	0.61	0.81	0.81	1.24	0.87
1.43	2.7	4.78	1.1	4.84	4.78
0.36	0.38	0.39	0.4	0.32	0.27
29.62	44.25	55.63	56.18	70.08	75.93
346.22	483.45	557.78	633.96	717.74	825.2
33.14	42.84	47.72	52.23	61.33	67.55
18.7	23.25	23.26	28.56	31.35	34.02
106.19	146.99	185.19	210.84	221.4	253.6
233.88	288.56	414.15	448.46	460.64	452.75
3.09	4.09	5.01	5.52	5.69	5.7
176.49	205.94	316.89	346.94	342.42	322.91
17.19	18.19	19.45	24.89	24.51	29.34
0.29	0.41	0.89	1.04	0.69	0.32
3.16	3.39	4.75	4.48	6.5	7.64
21.64	17.33	27.79	73.94	40.49	33.91
155.15	184.59	194.94	233.75	258.38	314
636.79	1009.7	1349.32	1623.81	2097.96	2662.48
0.35	1.32	1.49	0.29	2.38	4.54
636.44	1008.37	1347.82	1623.53	2095.58	2657.94
1184.24	1656.47	2269.67	2473.41	3065.05	3375.27
6.38	7.95	9.76	10.91	10.99	10.43
10.8	15.48	15.64	17.44	9.7	15.65
2.56	3.08	3.46	3.21	3.43	3.72
48.04	74.76	87.06	87.9	123.89	139.78
5.96	10.61	10.81	18.92	16.47	21.11
582.2	821.45	1103.13	1325.61	1846.4	2290.99
220.22	370.5	441	556.74	1006.61	1361.36
63.13	146.81	207.08	175.55	277.35	229.32
157.09	223.69	233.91	381.19	729.25	1132.04
7.9	5.65	6.58	5.67	7.89	10.47
4.66	8.1	6.74	5.78	9.57	9.02
1.3	2.9		3.8	6.96	1.75
0.75		1.42	1.02	1.35	2.76
1.11	3.93	4.21	5.67	8.88	10.72

2-5 续表2

项 目	总平均	最低收入户（10%）	# 困难户（5%）	低收入户（10%）
消毒碗柜（台/百户）	0.14			
洗碗机（台/百户）	0.14			
其他（元）	97.96	24.96	27.23	45.17
室内装饰品（元）	26.9	6.49	10.57	8.32
床上用品（元）	61.11	30.51	30.13	46.35
家庭日用杂品（元）	338.12	182.05	166.99	221.5
家具材料（元）	13.55			
家庭服务（元）	37.42	3.49	2.28	17.41
家政服务（元）	18.99	1.44	0.82	9.67
加工维修服务费（元）	18.42	2.05	1.46	7.73
医疗保健（元）	1049.65	510.74	300.24	677.89
医疗器具（元）	5.98	2.16	3.38	1.51
保健器具（元）	10.86	0.26	0.5	5.32
药品费（元）	520.88	319.45	207.31	387.43
滋补保健品（元）	46.85	9.88	4.85	10.76
医疗费（元）	455.5	176.48	81.88	264.71
其他（元）	9.58	2.51	2.33	8.15
交通和通讯（元）	1575.67	584.12	402.66	1306.62
交通（元）	799.76	176.17	112.68	854.89
家庭交通工具（元）	295.86	3.62	3.8	642.28
摩托车（辆/百户）	0.69			1.37
助力车（辆/百户）	2.05	0.86		0.87
家用汽车（辆/百户）	2.03			2.96
其他交通工具（元）	14.9	1.99	3.8	3.15
车辆用燃料及零配件（元）	114.35	47.53	34.52	10.32
燃料（元）	98.9	46.13	32.15	8.23
零配件（元）	9.34	0.96	1.79	1.99
其他（元）	6.1	0.45	0.58	0.1
交通工具服务支出（元）	56.73	6.89	2.45	67.4
维修费（元）	22.74	4.61	2.41	7.06
车辆使用税费（元）	27.44	0.18		58.91
其它车辆使用费用（元）	6.55	2.1	0.05	1.43
交通费（元）	332.82	118.13	71.91	134.89
飞机（元）	31.44	1.32		
火车（元）	97.4	24.2	7.85	29.79
长途汽车（元）	53.88	30.65	25.64	25.61
市内公共交通（元）	82.76	41.72	22.37	50.25

按收入等级分					
中等偏下户（20%）	中等收入户（20%）	中等偏上户（20%）	高收入户（10%）	最高收入户（10%）	# 更高收入户（5%）
				1.35	2.76
0.74					
62.92	94.27	104.76	191.08	296.48	423.78
4.58	40.56	31.99	63.33	64.37	41.93
46.46	50.63	85.93	96.09	109.73	96.04
272.91	320.08	460.11	509.28	545.31	607.9
2.65	15.2	22.04	61.87	11.6	0.11
35.39	24.47	62.07	38.3	108.79	183.65
8.32	6.28	45.11	20.85	62.99	127.82
27.08	18.19	16.96	17.45	45.81	55.83
886.86	**1126.86**	**1261.86**	**1657.87**	**1663.63**	**1766.91**
1.43	8.95	12.39	3.4	11.38	16.61
1.4	1.62	13.48	61.98	27.65	7.42
403.52	518.38	680	872.41	656.78	668.25
12.9	45.91	63.17	87.09	178.38	300.44
459.91	543.42	482.31	619.68	763.26	721.47
7.69	8.57	10.5	13.31	26.18	52.73
882.97	**1619.1**	**1901.98**	**2606.68**	**3667.2**	**5104.04**
309.22	794.9	819.74	1543.02	2363.38	3686.11
20.23	348.82	146.54	677.75	889.79	1668.05
	0.82	1.01		1.88	
1.24	1.1	3.87	1.86	4.66	4.66
	4.75	0.71	3.41	3.02	4.08
14.38	13.75	12.77	17.65	61.91	136.16
37.26	95.3	229.14	166.45	315.66	541.62
31.59	72.77	204.58	135.41	285.69	501.36
4.91	19.92	14.43	7.43	9.44	17.1
0.75	2.62	10.13	23.61	20.52	23.16
23.5	29.54	61.13	183.27	149.63	302.06
14.82	20.13	21	33.03	99.62	205.09
4.94	5.08	27.33	130.12	43.7	83.77
3.74	4.33	12.8	20.12	6.32	13.2
228.24	321.25	382.93	515.54	1008.3	1174.38
6.88	16.09	19.13	101.38	192.45	281.32
52.09	92.48	127.75	133.19	352.92	344.08
31.16	54.44	51.79	91.28	161.46	150.16
84.42	90.02	107.11	96.9	109.07	128.15

2-5 续表3

项 目	总平均	最低收入户（10%）	# 困难户（5%）	低收入户（10%）
出租汽车费（元）	57.76	18.05	14.65	26.54
其他交通费（元）	9.57	2.19	1.41	2.71
通信（元）	775.9	407.94	289.98	451.74
通信工具（元）	147.33	48.11	18.58	61.02
电话机（部/百户）	3.11	1.72		5.79
移动电话（部/百户）	35.62	18.22	8.08	20.1
其他通信工具（元）	0.89	0.3	0.07	1.19
通信服务（元）	628.57	359.83	271.4	390.72
电信费（元）	622.28	356.1	269.84	387.37
邮费（元）	3.02	2.61	0.53	1.56
其他（元）	3.27	1.12	1.03	1.79
教育文化娱乐服务（元）	**1388.21**	**490.89**	**404.88**	**596.46**
文化娱乐用品（元）	386.78	92.54	82.01	140.17
彩色电视机（台/百户)	4.55			1.72
家用电脑	82.78	11.3	0.74	2.89
整机电脑（台/百户）	5.77	1.49		0.35
计算机外部设备	3.8	0.08		
各种零配件及耗材	4.36	0.7	0.74	0.08
组合音响（台/百户)	1.04			
摄像机（架/百户）	0.28			
照相机（架/百户）	1.73			
钢琴（架/百户）	0.62			0.69
其他中高档乐器（件/百户）	1.85	1.47	2.81	1.37
健身器材（件）	0.86			
电子辞典（部）	0.85			
音像制品及软件	4.2	0.8	0.34	5.72
体育用品	4.65	2.11	3.37	4.37
书报杂志	40.78	18.45	21	29.38
纸张文具	27.05	30.05	27.04	24.39

按收入等级分					
中等偏下户（20%）	中等收入户（20%）	中等偏上户（20%）	高收入户（10%）	最高收入户（10%）	# 更高收入户（5%）
41.67	63.14	70.92	80.38	149.42	197.02
12.03	5.07	6.22	12.42	42.97	73.65
573.75	824.2	1082.25	1063.66	1303.82	1417.93
86.89	153.37	257.26	179.16	306.22	309.27
4.17	5.18	2.67			
34.6	35.89	51.91	33.21	43.84	32.95
0.75	0.76	1.55	0.82	0.77	1.38
486.86	670.83	824.99	884.51	997.61	1108.65
480.06	663.8	818.14	877.5	987.78	1098.13
1.36	3.27	3.95	4.24	6.17	7.91
5.44	3.75	2.89	2.76	3.65	2.61
1019.05	1516.05	1719.04	2472.18	2896.4	3337.88
251.23	414.69	527.72	684.4	922.77	1146.36
2.88	8.4	4.27	6.01	7.22	10.19
73.21	99.81	64.24	136.73	295.66	351
7.26	7.35	4.19	6.1	12.91	11.65
0.36	2.86	4.26	7.06	23.07	49.99
2.16	4.24	6.38	14.66	7.67	8.08
	2.42	1.26	1.36	1.7	
		0.71	1.36		
0.86	3.1	1.33	1.39	5.45	9.34
		2.14	1.39		
3.81		2.56	2.22	1.02	
	2.41	0.71	2.38		
1.6	2.08			1.35	
3.91	1.53	7.07	6.12	7.33	10.5
0.43	3.07	6.48	12.49	12.6	2.1
28.99	44.53	52.28	54.47	78.39	98.29
22.19	29.36	30.82	27.95	22.36	13.88

2–5 续表 4

项 目	总平均			
		最低收入户（10%）	# 困难户（5%）	低收入户（10%）
其他文娱用品	87.45	27.68	25.42	38.68
文化娱乐服务（元）	484.11	77.89	61.03	119.27
参观游览（元）	71.07	8.6	8.68	12.79
健身活动（元）	2.76			
团体旅游（元）	231.96	13.58		7.06
其它文娱活动（元）	174.09	53.3	48.46	98.1
文娱用品修理服务费（元）	4.24	2.41	3.88	1.33
教育（元）	517.32	320.45	261.84	337.02
教材（元）	35.94	37.94	29.15	28.75
课本及参考书（元）	29.66	32.04	27.6	26.74
教育软件（元）	0.65			0.28
其它教材（元）	5.63	5.9	1.55	1.72
教育费用（元）	481.38	282.51	232.69	308.27
非义务教育学杂费（元）	140.55	100.42	107.89	77.24
义务教育学杂费（元）	24.28	19.71	9.93	30.22
托幼费（元）	44.4	33.15	24.66	59.81
成人教育费（元）	47.6	22.55	0.51	22.41
家教费（元）	30.08	21.66	15.98	23.33
培训班（元）	164.2	72.39	69.76	78.01
学校住宿费（元）	4.45	0.8	1.52	
其他（元）	25.82	11.83	2.43	17.25
居住（元）	1287.93	778.09	672.3	932.46
住房（元）	315.92	54.6	11.43	156.35
租赁房房租（元）	62.64	54.13	11.29	82.68
住房装潢支出（元）	142.59			51.96
维修用建筑材料（元）	96.81	0.42	0.13	13.85
其他（元）	13.88	0.04		7.86
水电燃料及其他（元）	868.67	665.16	610.24	675.89
水（吨）	29.74	26.43	26.54	25.27
电（度）	506.08	364.99	334.56	426.36

按收入等级分					
中等偏下户（20%）	中等收入户（20%）	中等偏上户（20%）	高收入户（10%）	最高收入户（10%）	# 更高收入户（5%）
61.4	100.13	129.27	111.46	179.55	212.28
290.98	575.86	538.21	1034.15	1319.07	1410.13
43.67	99.97	77.14	121.85	198.62	233.53
0.35	1.7	8.01	2.5	8.86	5.3
106.59	293.27	248.5	639.88	658.83	612.18
137.53	175.46	198.16	265.31	445.95	554.39
2.84	5.46	6.39	4.62	6.82	4.72
476.84	525.5	653.11	753.62	654.56	781.39
39.07	30.35	36.04	55.62	27.69	29.36
34.41	26.57	30.18	39.24	13.51	12.23
0.02		0.06	0.05	7.74	17.03
4.65	3.78	5.8	16.34	6.43	0.1
437.77	495.14	617.08	698	626.87	752.03
168.84	96.79	140.46	181.16	300.65	461.93
23.35	26.78	15.24	41.66	23.21	20.48
46.1	61.82	20.39	44.35	49.8	
13.26	56.88	110.89	57.91	37.15	53.83
30.12	19.65	40.76	44.71	41.85	59.38
110.28	207.25	255.63	288.47	141.12	101.31
7.63	7.1	4.96	1.51	3.99	
38.17	18.88	28.74	38.23	29.09	55.1
903.02	**1337.26**	**1552.09**	**2184.67**	**2064**	**2706.06**
99.18	360.35	441.71	870.15	606.34	1069.52
30.01	99.45	49.95		136.65	156.12
18.06	118.98	143.86	628.21	413.08	871.11
34.86	121.33	238.79	206.02	44.57	15.82
16.25	20.59	9.12	35.92	12.04	26.47
726.16	888.94	978.89	1185.9	1250.99	1387.96
26.54	29.35	32.59	33.25	41.27	49.67
401.21	515.99	584.26	702.93	741.94	775.52

2-5 续表5

项 目	总平均	最低收入户（10%）	# 困难户（5%）	低收入户（10%）
燃料（千克）	161.56	145.66	174.52	162.04
煤炭	40.74	68.24	103.27	45.72
罐装液化石油气	8.41	11.32	14.21	11.19
管道液化石油气	0.02			
管道煤气（立方米）	4.29	1.54	2.73	1.34
管道天然气	35.79	12.55	5.64	29.43
柴油				
其他燃料（元）	0.14	0.58	0.84	
其他	18.44	55.64	35.62	5.14
居住服务费（元）	103.34	58.33	50.63	100.23
物业管理费（元）	80.37	37.42	26.57	88.71
维修服务费（元）	11.59	3.38	0.04	9.03
其它	11.38	17.53	24.02	2.49
杂项商品和服务（元）	478.72	159.6	143.79	215.26
杂项商品（元）	354.76	117.92	108.77	167.22
金银珠宝饰品（元）	124.79	11.63	0.61	28.56
手表（只）	0.04	0.04	0.05	0.03
理发美容用具（元）	3.8	2.37	1.33	1.3
化妆品（元）	114.55	36.69	35.06	74.12
其他杂品（元）	105.71	65.87	70.14	61.91
服务（元）	123.96	41.68	35.02	48.04
旅馆住宿费（元）	31.02	3.86		3.52
理发洗澡费（元）	40.06	16.96	12.06	26.26
美容费（元）	16.48	4.87	4.12	10.04
其他服务（元）	36.4	15.99	18.84	8.22

备注：1.“杂项商品和服务”在原始数据中称为“其他商品和服务”；

按收入等级分					
中等偏下户（20%）	中等收入户（20%）	中等偏上户（20%）	高收入户（10%）	最高收入户（10%）	# 更高收入户（5%）
156.44	165.17	150.12	172.12	210.2	219.27
44.61	51.39	29.09	6.3	8.42	
9.32	6.32	6.15	8.31	7.56	7.6
	0.01			0.26	0.57
1.41	4.64	7.63	7.07	9.49	14.63
25.93	32.37	43.44	55.42	84.26	91.77
0.09	0.01	0.2			
5.69	11.07	13.62	22.36	29.05	63.11
77.68	87.96	131.48	128.61	206.66	248.58
63.2	70.8	97.61	106.17	151	192.51
9.16	5.79	19.58	9.37	35.57	36.48
5.32	11.38	14.29	13.08	20.1	19.59
257.11	448.2	585.21	770.64	1553.6	2111.23
184.54	326.07	449.49	619.36	1084.88	1371.13
32.96	52.47	168.63	298.45	617.85	858.53
0.04	0.02	0.02	0.1	0.06	0.09
1.5	4.76	5.59	5.37	7.69	11.1
82.43	131.56	146.83	182.67	209.11	190.79
66.14	131.28	122.62	104.37	241.6	292.61
72.57	122.13	135.72	151.28	468.72	740.11
8.89	21.09	36.35	49.08	173.48	239.1
28.35	46.74	50.63	50.92	79.73	111.41
8.22	10.81	24.74	33.17	46.91	43.23
27.1	43.49	24.01	18.1	168.59	346.37

2-6 城镇居民家庭平均每百户耐用消费品拥有量(2012 年)

项 目	总平均	最低收入户（10%）	# 困难户（5%）	低收入户（10%）
摩托车（辆）	11.17	10.79	9.48	11.28
助力车（辆）	13.35	10.08	12.07	8.93
家用汽车（辆）	9.75	6.61	7.83	1.59
洗衣机（台）	98.88	95.91	92.54	95.44
电冰箱（台）	90.25	63.96	56.74	75.81
彩色电视机（台）	108.22	102.83	105.42	103.31
家用电脑（台）	63.19	26.57	20.8	32.83
组合音响（套）	20.72	12.99	14.78	13.31
摄像机（架）	5.7	2.03	2.24	1.01
照相机（架）	27.44	8.7	9.95	9.65
钢琴（架）	2.19	1.17		
其他中高档乐器（件）	6.2	2.21	4.24	2.29
微波炉（台）	38.84	17.03	13.72	17.93
空调器（台）	6.71	2.06	2.24	1.01
淋浴热水器（台）	66.38	39.6	34.21	47.71
消毒碗柜（台）	1.7			
洗碗机（台）	0.54			
健身器材（套）	3.27			
普通电话（部）	53.29	40.13	44.97	42.49
移动电话（部）	197.3	155.07	143.6	178.9
接入有线电视电视机（台）	90.19	86.08	89.67	82.17
接入互连网计算机（台）	49.11	12.7	12.97	23.67
接入互连网移动电话（部）	19.37	6.19	9.64	7.66

按收入等级分					
中等偏下户（20%）	中等收入户（20%）	中等偏上户（20%）	高收入户（10%）	最高收入户（10%）	# 更高收入户（5%）
9.73	12.57	11.37	14.1	8.14	6.13
11.59	12.21	17.46	9.19	23.15	18.09
5.26	8.28	12.05	18.67	19.16	28.95
100.15	95.57	99.83	105.19	101.7	102.7
91.03	93.5	98.91	99.79	101.01	102.03
103.99	105.39	110.52	113.36	122.91	125.05
56.22	63.89	83.03	72.35	99.56	108.79
14.68	22.31	26.62	25.02	29.33	33.36
2.16	5.92	7.96	7.61	14.33	14.79
15.1	28.86	35.72	49.39	48.61	55.97
0.19	1.73	4.43	4.11	3.9	2.7
3.21	6.59	7.78	13.8	8.77	14.34
28.52	42.16	48.95	54.71	61.74	63.39
6.16	5.08	8.78	11.56	13.1	19.05
53.11	71.65	74.82	89.12	90.73	88.05
2.1	1	1.9	3.38	3.88	7.83
0.74	0.69	0.54		1.57	1.14
1.05	4.19	5.62	5.07	6.2	8.69
48.75	58.12	56.14	62.79	63	66.81
196.9	218.03	212.61	193.93	198.75	184.18
86.14	89.52	97.83	93.85	93.37	94.04
39.61	51.3	69.21	60.82	79.15	82
19.05	20.69	19.41	30.5	32.81	39.45

2-7 主要城市居民家庭人均收支情况

项 目	兰州市		嘉峪关市		金昌市	
	2011	2012	2011	2012	2011	2012
家庭总收入	17313.98	19823.45	21496.6	24985.72	24171.79	27351.29
# 可支配收入	15952.57	18442.76	18931.3	22005.87	20074.41	23295.1
工资性收入	11037.25	12457.39	15844.87	18441.2	18414.18	20753.89
工资及补贴收入	10432.66	12201.85	15604.96	18347.34	18385.91	20512.07
其他劳动收入	604.59	255.54	239.91	93.86	28.27	241.82
经营性收入	663.36	864.84	1460.14	1757.02	1260	1467.39
财产性收入	228.18	432.99	702.49	779.05	181.96	194.33
利息收入	17.56	28.27	96.05	51.94	92.1	55.51
股息与红利收入	0.2	0.21	433.47	526.67		56.28
保险收益	0.55					
其它投资收入				35.09		
出租房屋收入	194.24	400.23	143.24	165.35	89.86	82.55
知识产权收入	6.72					
其他财产性收入	8.91	4.29	29.73			
转移性收入	5385.19	6068.23	3489.1	4008.45	4315.64	4935.67
养老金或离退休金	4925.55	5473.51	3047.21	3603.54	3803.39	4564.17
社会救济收入	114.08	143.04	113.51	79.82	65.49	
辞退金						
赔偿收入		1.22				
保险收入	4.29		3.6		34.63	
# 失业保险金			3.6			
赡养收入	83.38	79.98	72.97	30.7		49.71
捐赠收入	177.02	253.39	122.07	124.56	168.09	223.25
提取住房公积金				43.86	80.09	
其他转移性收入	20.79	29.13	0.54		135.77	83.53
出售财物收入	23.35	0.16			10.81	46.9
出售住房收入						
出售其他物品收入	23.35	0.16			10.81	46.9
借贷收入	4189.45	7329.23	7101.12	8200.53	5142.4	10746.11
提取储蓄存款	4026.01	6399.28	5980.25	7930.9	4797	10727.35
借入款	71.7	478.32	837.84	87.72	262.09	
收回借出款	72.19	64.87	3.6	175.44	8.42	18.76
收回储蓄性保险本					74.88	
兑售有价证券			63.06			
收回投资本金			103.75	6.46		
住房贷款		244.79				
汽车贷款		36.72				
教育贷款						
其他贷款	6.11	105.26	99.1			
其他借贷收入	13.44		13.51			
家庭总支出	15882.49	19301.41	20163.31	22893.76	22865.17	25402.05

白银市		天水市		武威市		张掖市	
2011	2012	2011	2012	2011	2012	2011	2012
18053.4	20242.25	14040.63	16348.45	14210.35	16658.89	13307.99	15451.8
15959.94	18532.68	13051.05	15177.29	13261.04	15397.41	12399.6	14394.74
14056.54	15247.84	10144.67	11846.68	9259.28	10955.94	9694.7	11277.56
13054.13	15050.62	10144.67	11846.68	9225.89	10917.37	9569.92	11074.9
1002.4	197.22			33.39	38.57	124.78	202.67
601.38	1428.4	911.12	1133.75	1679.86	1933.86	1077.99	1336.23
89.27	89.44	46.48	84.32	60.53	68.87	110.16	138.71
27.55	17.65	11.45	35.28	28.04	24.69	31.27	35.42
	0.61	0.07	0.53		3.57	4.85	3.18
				1.81	8.93	0.76	1.78
					4	53.33	82.02
61.72	33.68	34.96	48.52	30.69	27.68	19.96	16.3
	37.5						
3306.22	3476.57	2938.36	3283.69	3210.68	3700.23	2425.14	2699.3
3164.66	3217.96	2722.58	3036.54	2843.65	3311.21	2177.36	2430.65
	46.98	159.54	171.90	95.11	100.84	38.44	69.08
	3.47			7.97			
	7.29					0.82	
9.14	40.63	33.48	9.40	188.49	159.46	65.28	106.73
76.55	52.08	22.23	65.74	41.88	91.61	136.81	62.5
	46.18			2.07	14.61	0.01	0.38
341.76				1.23			
248.28							
93.48				1.23			
4425.38	3070.07	1467.56	1077.17	1850.11	2028.57	2199.64	2180.12
3996.07	3046.88	1366.49	1076.46	1606.43	1851.79	2188.47	2121.11
232.76	17.36	83.33	0.71	163.18	169.64	9.26	49.94
27.59		17.73		80.51	7.14	0.34	
34.48						1.57	
6.9							
24.14							6.95
103.45	5.83						2.12
17155.65	17260.73	11712.99	12964.84	12632.6	14424.22	13073.81	15015.58

2-7 续表 1

项　目	平凉市		酒泉市		庆阳市	
	2011	2012	2011	2012	2011	2012
家庭总收入	13931.97	16722.15	19052.37	22198.78	15188.84	17436.08
# 可支配收入	13354.59	15505.8	17265.2	20062.05	14388.13	16661.53
工资性收入	9931.11	12667.14	12836.73	14714.87	11752.27	13152.35
工资及补贴收入	9814.73	12092.39	12093.55	13767.7	11618.94	13026.69
其他劳动收入	116.38	574.75	743.17	947.16	133.33	125.66
经营性收入	1159.71	1205.02	2964.03	3722.44	489.79	634.38
财产性收入	61.75	205.37	107.95	111.57	167.81	303.03
利息收入	16.03	13.24	32.13	32.17	8.55	
股息与红利收入		41.2		2.22		0.62
保险收益		20.62				
其它投资收入		8.12				
出租房屋收入	45.71	93.45	75.82	77.18	159.26	302.41
知识产权收入		0.22				
其他财产性收入		28.5				
转移性收入	2779.4	2644.62	3143.66	3649.9	2778.97	3346.31
养老金或离退休金	2340.38	2070.13	1958.02	2502.26	2183.16	2522.5
社会救济收入	224.44	262.45	124.07	199.07	242.79	251.06
辞退金						
赔偿收入		0.18				
保险收入	6.07	2.55				
# 失业保险金		0.48				
赡养收入	96.93	68.24	185.05	263.64	82.72	117.5
捐赠收入	26	106.34	780.49	555.24	146.54	345.05
提取住房公积金						
其他转移性收入	0.07	57.16	8.13	1.14	15.99	
出售财物收入	1.5	21.73	3.04	1.03	22.04	1.05
出售住房收入						
出售其他物品收入	1.5	21.73	3.04	1.03	22.04	1.05
借贷收入	1466.64	2692.55	5276.41	5493.96	2543.87	2136.38
提取储蓄存款	1345.21	1839.55	4402.5	5169.7	2135.55	1899.81
借入款	100.71	283.89	126.74	11.79	142.38	90.91
收回借出款	2.86	135.52	51.21		170.26	47
收回储蓄性保险本		10.64		80.2	37.04	59.08
兑售有价证券	17.86					
收回投资本金						
住房贷款		253.2	695.97			
汽车贷款		80.37		221.55		
教育贷款		20.05		10.72	37.04	33.4
其他贷款		53.14				6.18
其他借贷收入		15.92			21.6	
家庭总支出	10140.3	12581.18	18016.83	20314.09	12888.07	14905.41

定西市		陇南市		临夏州		甘南州	
2011	2012	2011	2012	2011	2012	2011	2012
13282.45	15429.01	13107.28	15040.32	9949.59	11634.96	13552.55	15442.34
12289.64	14280.84	12123.59	14076.7	9759.15	11428.39	11801.03	13670.61
9773.77	11352.38	10596.23	12385.3	6303.96	7443.56	12268.39	13891.33
9590.55	11024.19	9831.12	11547.5	5292.09	6328.38	11928.46	13441.33
183.22	328.19	765.11	837.8	1011.87	1115.18	339.94	450
315.41	359.09	726.4	855.23	1558.68	1837.22	638.51	759.61
24.70	34.70	0.74	8.59	4.46	4.91	0.82	1.14
1.60	3.75		0.33	0.77	0.64	0.82	1.1
		0.74	5.68				0.04
			2.57				
				3.69	4.27		
23.10	30.95						
3168.56	3682.84	1783.9	1791.21	2082.48	2349.27	644.82	790.27
2651.35	2937.38	1626.82	1627.51	1936.02	2196.63	375.49	515.98
252.40	377.69	29.71	82.39	100.8	118.52	224.19	236.79
0.27		7.71					
		7.71					
0.67	51.80	37.71		11.98			
164.79	177.84			0.74		45.14	37.5
60.01	60.83				0.05		
8.48	1.00						
8.48	1.00						
7119.24	9275.49	1778.34	1644.32	522.12	332.7	913.31	1390.5
6909.46	9095.84	1103.89	1570.45	457.37	332.7	913.31	1390.5
98.51	136.20		11.36	35.94			
48.14	36.80	103.03	28.41	28.8			
		571.43					
63.12			34.09				
	6.64						
11289.88	13770.45	11341.32	13075.47	7891.82	8956.25	11831.96	13050.52

2–7 续表 2

项 目	兰州市		嘉峪关市		金昌市	
	2011	2012	2011	2012	2011	2012
消费支出	12352.09	14167.9	12983.97	14761.68	16697.73	18754.27
# 服务性消费支出	3213.91	3739.78	3324.82	3966.42	4828.49	5598.97
通过互联网购买商品或服务						
食品	4714.47	5281.28	4511.63	5548.11	6046.77	6287.49
衣着	1518.37	1667.52	1577.75	1698.68	2193.72	2261.44
居住	1206.39	1496.1	1622.39	925.28	1327.11	1178.77
家庭设备用品及服务	758.1	996.33	1005.97	1203.99	1141.61	1147.42
医疗保健	986.29	1177.36	552.03	635.26	1070.65	1436.53
交通和通信	1455.82	1567	1564.1	2288.33	1672.39	2917.5
教育文化娱乐服务	1301.33	1485.87	1639.4	1876.47	2604.32	2860.58
杂项商品和服务	411.32	496.45	510.72	585.57	641.17	664.53
购房与建房支出	517.55	2063.35	2918.92	3122.67		56.28
购房	517.55	2063.35	2918.92	3122.67		56.28
建房						
转移性支出	1711.59	1802.72	1956.81	2055.04	2350.63	2557.71
交纳的个人收入税	30.58	38.55	170.18	44.23	273.95	85.41
捐赠支出	1214.44	1394.42	705.99	1164.46	1241.77	1314.88
购买彩票	5.05	4.65	3.12	1.7	9.84	9.63
赡养支出	324.36	264.35	821.64	619.88	458.08	391.1
各种非储蓄性保险支出	107.87	80.78	179.86	161.76	277.5	293.23
其他转移性支出	29.29	19.96	76.01	63.01	89.5	463.45
财产性支出	30.5	13.24	37.67	144.71	21.55	78.02
非生产性利息支出	12.73	8.38	37.67	142.75	21.55	41.43
其他	17.77	4.86		1.96		36.58
社会保障支出	1270.76	1254.19	2265.93	2809.65	3795.25	3955.77
个人交纳的养老基金	553.67	470.19	910.57	1171.43	1364.67	1231.98
个人交纳的住房公积金	519.64	562.48	728.67	1014.06	1859.04	2088
个人交纳的医疗基金	153.83	166.79	402.31	413.39	319.53	346.45
个人交纳的失业基金	32.07	34.74	124.67	117.14	134.69	147.53
其他社会保障支出	11.54	20	99.72	93.63	117.33	141.82
借贷支出	5155.83	7332.78	8462.86	10020.2	5712.7	13404.58
存入储蓄款	4802.51	6883.65	7155.78	8598.45	4614.23	12629.48
借出款	17.96	20.22	63.06	280.7	84.24	58.16
归还借款	35.48	35.8	374.19	717.54	315.73	40.8
储蓄性保险支出	205.48	223.94	556.19	257.18	167.79	185.59
购买有价证券			180.18			
其它投资支出			10.41	1.1		
归还住房贷款	71.57	151.24	123.05	132.53	449.3	471.79
归还汽车贷款	3.66	4.9		6.38	47.71	
归还教育贷款						
其他借贷支出	4.51	1.22		26.32	33.7	18.76

白银市		天水市		武威市		张掖市	
2011	2012	2011	2012	2011	2012	2011	2012
12523.62	13906.41	9279.69	10469.25	10101.26	11315.76	11024.09	12486.21
2732.81	3028.02	2621.78	2980.23	2478.46	2779.18	2571.86	2990.52
4337.56	4998.71	3503.28	3873.43	4129.81	4564.58	3527.04	4042.15
2220.61	2283.13	1223.79	1418.19	1401.55	1612.59	1908.09	2187.86
1218.56	1056.4	855.01	962.33	1279.28	1432.39	1250.18	1431.83
1063.54	940.86	415.02	465.18	469.55	530.76	775.16	853.69
470.25	560.89	605.01	685.80	683.37	755.57	928.78	1066.54
1440.93	2153.84	1307.87	1519.35	813.97	928.85	863.85	970.9
1248.98	1419.67	997.55	1116.75	1062.82	1206	1284.49	1378.37
523.19	492.91	372.16	428.22	260.91	285.02	486.51	554.89
963.77		127.16					
963.77		127.16					
1791.74	1704.75	1313.34	1310.74	1583.63	1778.01	1163.5	1511.11
166.84	3.77	6.00	1.48	5.86	0.12	17.55	10.25
1132.47	1155.57	882.70	916.26	957.92	1018.36	915.55	1229.04
2.23	1.69	5.07	6.82	2.5	5	0.55	0.66
381.63	338.19	383.51	330.79	571.88	706.06	174.92	238.94
53.48	54.15	18.19	23.91	26.13	24.17	7.69	13.88
55.1	151.37	17.87	31.49	19.34	24.3	47.25	18.33
5.75	5.32	9.74	15.27	35.78	91.57	1.78	1.41
5.75	5.32	9.74	15.27	3.29	36.2	1.78	1.41
				32.49	55.38		
1870.77	1644.26	983.05	1169.58	911.93	1238.87	884.44	1016.85
993.57	688.93	403.69	464.07	359.26	490.54	216.63	233.94
613.86	708.98	394.01	473.19	372.87	551.09	445.45	528.68
222.24	225.2	151.41	178.27	158.25	177.12	204.22	234.87
18.44	18.45	33.72	53.57	17.83	17.15	17.19	16.75
22.65	2.7	0.21	0.48	3.72	2.96	0.95	2.6
5248.38	6442.95	2728.70	2740.01	1366.25	2448.71	2408.13	2617.55
4622.57	6149.06	2190.70	2315.42	1190.39	2120.69	2293.54	2525.84
		99.82	5.68	36.1	55.42	0.19	
72.41	40.63	27.30	11.35	123.63	35	7.75	4.89
286.48	66.26	112.66	61.93	5.59	24.55	60.92	61.05
172.41	1.04					0.28	
0.09	76.11					0.17	
89.93	92.49	280.25	342.09	10.54	211.27	28.02	22.83
3.45		17.73					2.78
1.03		0.23			1.79	16.84	0.16

2-7 续表3

项 目	平凉市		酒泉市		庆阳市	
	2011	2012	2011	2012	2011	2012
消费支出	8408.06	10171.91	14237.47	16627.03	10681.44	12600.53
# 服务性消费支出	1896.94	2473.33	3594.59	3957.48	2774	2884.46
通过互联网购买商品或服务						
食品	3377.65	3310.48	4740.66	5408.79	3732.36	4210.65
衣着	1193.09	1476.18	1998.43	2191.8	1540.7	1758.8
居住	839.4	1065.66	1441.58	1203.88	964.68	1296.09
家庭设备用品及服务	445.94	666.16	723.07	778.11	601.55	782.34
医疗保健	707.09	986.51	1229.97	1565.93	1172.08	1143.67
交通和通信	873.68	1168.77	1920.56	3053.05	1192.41	1381.31
教育文化娱乐服务	648.98	1097.93	1418.22	1637.49	964.63	1390.39
杂项商品和服务	322.22	400.23	764.98	788	513.03	637.28
购房与建房支出		240.84	568.67			247.37
购房		239.71	568.67			247.37
建房		1.14				
转移性支出	1263.54	1434.37	1492.02	1675.9	1510.59	1388.23
交纳的个人收入税	33.86	8.32	20.48	9.75	17.88	0.76
捐赠支出	552.27	605.71	564.2	878.9	783.97	815.08
购买彩票	1.49	2.44	88.38	50.78	1.95	0.71
赡养支出	638.9	602.36	737.4	652.31	569.47	501.5
各种非储蓄性保险支出	20.38	14.42	68.17	65.03	89.95	52.52
其他转移性支出	16.65	201.13	13.39	19.14	47.37	17.67
财产性支出	10.68	17.65	39.89	12.72	20.99	5.69
非生产性利息支出	10.68	16.87	39.89	12.72	6.79	5.69
其他		0.77			14.2	
社会保障支出	458.02	716.4	1678.78	1998.43	675.06	663.59
个人交纳的养老基金	146.59	251.58	571.24	749.15	205.39	169.82
个人交纳的住房公积金	245.17	384.4	849.55	969.74	339.66	411.83
个人交纳的医疗基金	53.85	55.79	222.83	245.24	106.05	74.32
个人交纳的失业基金	8.02	14.67	35.16	34.3	23.95	7.62
其他社会保障支出	4.4	9.92				
借贷支出	4679.6	5380.71	6261.26	7424.04	4387.85	4872.39
存入储蓄款	4464.74	4618.69	5513.49	6667.96	3589.9	4458.39
借出款	16.43	32.34	52.38	19.4	68.48	6.18
归还借款	49.6	259.74	241.74	71.86	284.2	142.24
储蓄性保险支出	31.18	18.22	276.54	253.01	108.33	111.85
购买有价证券	0.71		76.56	41.09		
其它投资支出		26.05			2.16	
归还住房贷款	113.93	36.21	100.56	210.62	.277.57	127.14
归还汽车贷款				160.09		20.41
归还教育贷款					37.04	
其他借贷支出		20.56			7.83	6.18

定西市		陇南市		临夏州		甘南州	
2011	2012	2011	2012	2011	2012	2011	2012
8981.84	10428.77	8933.08	10152.31	6720.07	7560.12	9233.76	10357.49
2154.17	2581.37	1797.22	2067.81	1443.67	1674.3	1995.94	2431.24
3154.44	3438.18	4035.09	4241.51	3146.96	3480.07	3424.31	3826.77
1301.99	1458.47	1632.15	1894.87	933.45	1068.13	1659.16	1881.23
1342.85	1609.52	696.84	792.06	712.14	850.48	1066.1	1133.73
626.63	832.22	771.65	926.85	346.64	379.79	607.63	747.41
596.92	776.67	334.52	392.99	356.26	388.67	435.01	564.06
874.67	1009.69	724.26	908.9	588.07	642.37	905.55	961.26
840.09	1004.54	527.96	623.38	417.37	498.64	823.4	872.82
244.25	299.48	210.61	371.74	219.18	251.97	312.61	370.21
	531.27						12.5
	531.27						
							12.5
1360.00	1680.29	1531.49	2048.27	1013.44	1219.45	850.31	908
36.88	5.99	25	14.66	0.95		3.64	0.45
654.88	790.37	1240.81	1651.7	759.99	927.64	721.86	768.34
3.23	3.80	6.33	11.2	0.84	0.59	0.45	1.09
598.81	839.73	183.43	317.06	153.34	143.08	119.93	126.55
30.02	29.74	6.86	32.88		9.35		
36.17	10.68	69.07	20.77	98.32	138.8	4.43	11.56
31.20	65.24		6.02	1.77	4.19		1.25
31.20	65.24			1.76	4.19		1.25
			6.02	0.02			
916.84	1064.88	876.75	868.86	156.54	172.49	1747.89	1771.28
229.85	244.02	116.06	84.82	15.51	19.58	207.02	172.96
456.47	548.90	572.95	623.63	85.14	103.16	1527.86	1598.32
221.82	257.06	186.83	159.46	47.78	32.94	13.01	
6.58	11.26	0.91		0.89	0.74		
2.12	3.63		0.95	7.22	16.07		
9152.87	11002.37	1731.16	921.89	276.24	378	2695.36	3700.24
8525.41	10362.60	1250.04	340.91	184.33	236.97	2695.36	3700.24
31.96	66.41						
241.01	168.49	63.18	4.55		56.87		
115.93	58.17	64.22	52.22	5.21			
77.22	23.24		8.2				
114.23	250.40	336.03	516.02	85.18	84.16		
47.11	69.06	0.54		1.52			

2-8 主要城市居民家庭恩格尔系数(1980—2012年)

年份	全省	兰州市	嘉峪关市	金昌市	白银市	天水市	武威市	张掖市	平凉市	酒泉市	庆阳市	定西市	陇南市	临夏州	甘南州
2000	37.63	38.17	34.74	32.86	40.94	38.73	39.92	32.78	36.92	34.71	34.4	37.66	42.9	44.86	37.84
2001	37.08	38.26	32.45	31.81	45.25	38.27	36.93	40.16	37.28	32.23	34.7	39.33	41.1	41.84	32.02
2002	35.4	36.88	32.11	35.02	42.12	35.28	35.47	37.89	36.68	35.69	35.18	35.11	36.15	40.97	33.29
2003	36.01	38.31	30.89	35.68	38.91	36.68	38.00	36.61	38.46	37.86	34.81	36.28	36.48	41.42	33.02
2004	37.12	37.78	35.15	34.70	41.47	35.80	40.08	34.81	39.8	35.16	35.85	40.54	38.43	42.27	36.67
2005	36.04	35.79	33.79	32.98	38.93	36.60	38.39	35.95	38.28	35.36	34.59	39.14	37	42.96	33.56
2006	34.53	35.65	32.12	30.44	36.50	35.37	37.40	33.55	37.25	31.08	36.01	35.31	36.24	43.62	38.15
2007	35.86	37.44	31.16	30.21	36.74	38.18	39.58	31.89	39.21	32.4	35.24	38.74	35.1	45.6	37.65
2008	38.32	37.97	37.50	35.15	38.44	38.55	41.35	30.41	40.01	35.64	37.02	42.49	39.18	47.76	34.64
2009	37.78	38.29	34.98	36.35	34.39	37.23	40.16	29.03	39.77	33.84	36.22	39.28	37.96	47.34	35.16
2010	37.41	38.83	34.96	34.12	33.52	36.12	39.35	28.98	38.7	34.17	35.48	36.84	39.22	47.46	36.46
2011	37.38	38.17	34.75	36.21	34.64	37.75	40.88	31.99	40.17	33.3	34.94	35.12	45.17	46.83	37.08
2012	35.82	37.28	37.58	33.53	35.95	37.00	40.34	32.37	32.55	32.53	33.42	32.97	41.78	46.03	36.95

2-9 主要城市居民家庭人均可支配收入（1980—2012年）

单位：元

年份	全省	兰州市	嘉峪关市	金昌市	白银市	天水市	武威市	张掖市	平凉市	酒泉市	庆阳市	定西市	陇南市	临夏州	甘南州
2000	4916.25	5850.17	6749.84	6503.75	5289.91	4583.42	4739.03	4540.71	4400.45	5429.03	4198.88	4049.5	3964.58	3258.35	3221.8
2001	5382.91	6324.75	7466.63	8000.01	5605.09	4907.44	4972.86	5400.31	4760.82	6321.54	4588.94	4439.95	4324.68	3193.96	3511.84
2002	6151.42	6554.74	7577.24	8233.35	5902.25	5420.30	5122.75	5961.81	5467.52	6951.96	5124.41	5014.55	4770.80	3751.61	3754.67
2003	6657.24	7094.29	8399.02	8861.99	6525.68	5819.85	5530.00	6360.00	5920.40	7582.12	5598.92	5398.61	5013.34	4111.07	4083.76
2004	7376.74	7683.24	9380.44	9416.54	7254.25	6424.45	5995.02	6995.09	6485.19	8281.98	6251.68	5917.09	5630.05	4512.7	4651.93
2005	8086.82	8529.05	10653.86	10175.43	7927.89	6957.19	6606.00	7595.40	7134.24	9224.26	6882.8	6510.21	6303.99	4937.09	5181.66
2006	8920.59	9417.63	11815.16	11256.38	9043.27	7585.88	7464.96	7995.33	7850.12	10127.75	7590.6	7291.84	7073.08	5385.37	5971.27
2007	10012.34	10271.18	13442.43	13260.36	10860.24	8319.12	8546.89	8595.12	8788.20	11269.11	8395.98	8342.53	7653.11	5873.06	7019.28
2008	10969.41	11676.77	14510.59	15408.01	12158.21	9050.23	9489.79	9315.22	9700.79	12437.09	9938.72	9072.43	8660.95	6578.55	7995.12
2009	11929.78	12760.66	15123.13	16316.74	13134.83	9931.55	10446.58	10153.28	10678.30	13704.59	11130.01	9857.77	9477.31	7289.03	8756.31
2010	13188.55	14061.84	16741.65	17678.60	14213.19	11506.73	11550.78	10855.30	11765.62	15103.58	12452.8	10790.25	10622.73	8259.86	10149.1
2011	14988.68	15952.57	18931.3	20074.41	15959.94	13051.05	13261.04	12399.60	13354.59	17265.2	14388.13	12289.64	12123.59	9759.15	11801.03
2012	17156.89	18442.76	22005.87	23295.10	18532.68	15177.29	15397.41	14394.74	15505.80	20062.05	16661.53	14280.84	14076.70	11428.39	13670.61

2-10 主要城市居民家庭人均消费性支出(1980—2012)

单位:元

年份	全省	兰州市	嘉峪关市	金昌市	白银市	天水市	武威市	张掖市	平凉市	酒泉市	庆阳市	定西市	陇南市	临夏州	甘南州
2000	4126.47	5047.60	4919.37	5839.99	4558.64	3851.19	3907.08	3797.28	3579.02	4671.64	3640.42	3447.15	3219.25	2754.87	2969.48
2001	4420.31	5238.53	5835.09	6136.76	4009.42	4074.73	4154.18	4687.07	3477.14	5383.59	4172.7	3635.75	3381.77	2982.53	3387.58
2002	5064.22	5688.24	6160.23	6555.45	4456.77	4308.71	4184.63	5413.19	4060.89	5497.59	4271.77	3950.13	4278.12	3105.35	3556.39
2003	5298.91	5679.21	6685.05	7636.47	5135.29	4480.25	4361.9	5710.41	4279.58	5594.66	4483.55	4197.35	4472.13	3216.11	3910.09
2004	5937.30	6483.06	7688.40	8543.03	5376.64	5171.69	4781.66	5994.24	4789.07	6534.11	5151.87	4425.86	4883.3	3389.82	3914.1
2005	6529.20	7179.84	8492.02	9523.17	6323.89	5509.18	5306.32	6449.65	5114.47	7074.78	6042.22	5070.37	5300.23	3812.89	4535.19
2006	6974.21	7468.95	9015.51	10524.41	7698.09	5879.86	5679.47	7121.03	5263.20	8091.55	6295.86	5552.04	5834.07	4289.08	5122.26
2007	7875.78	8049.75	10376.27	11792.20	8794.91	6527.00	6726.51	8062.61	5764.35	9054.75	7118.54	6314.60	6414.7	4506.35	5790.92
2008	8308.62	9033.70	10688.62	13036.02	9670.57	6972.10	7578.74	8988.65	6366.85	9782.08	7821.06	7025.61	6902.28	4895.73	6903.03
2009	8890.79	9653.36	10852.50	13260.35	9616.86	7492.58	8217.05	9577.71	6641.36	10858.22	8934.96	7567.86	7637.67	5340.88	7390.57
2010	9895.35	10930.39	12075.76	14186.37	10627.83	8300.23	8941.99	10135.64	7499.16	12139.16	9692.82	8076.79	7714	5901.71	8105.01
2011	11188.57	12352.09	12983.97	16697.73	12523.62	9279.69	10101.26	11024.09	8408.06	14237.47	10681.44	8981.84	8933.08	6720.07	9233.76
2012	12847.05	14167.9	14761.68	18754.27	13906.41	10469.25	11315.76	12486.21	10171.91	16627.03	12600.53	10428.77	10152.31	7560.12	10357.49

2-11 城镇居民家庭基本情况

项 目	2006	2007	2008	2009	2010	2011	2012
调查户数（户）	880	880	880	880	880	880	880
可支配收入（元/人）	8920.59	10012.34	10969.41	11929.78	13188.55	14988.68	17156.89
家庭居住人口（人/户）	2.89	2.83	2.8	2.79	2.75	2.81	2.83
现住房总建筑面积（平方米/人）	25.60	27.04	27.19	27.35	27.89	28.04	28.45
家庭人口数（人/户）	2.90	2.83	2.8	2.79	2.76	2.81	2.83
有收入者人数（人/户）	2.00	1.95	1.87	1.88	1.89	1.87	1.92
就业人口数	1.51	1.51	1.4	1.40	1.37	1.36	1.39
国有经济单位职工人数	1.08	1.04	0.8	0.78	0.76	0.77	0.78
城镇集体经济单位职工人数	0.05	0.05	0.03	0.07	0.07	0.05	0.04
其他各种经济类型单位职工	0.12	0.11	0.14	0.12	0.12	0.06	0.05
城镇个体或私营企业主人数	0.10	0.12	0.1	0.11	0.1	0.12	0.13
城镇个体或私营企业被雇人数	0.08	0.13	0.26	0.24	0.24	0.27	0.28
离退休再就业人员数	0.01	0.01		0.01	0.01	0.01	0.01
其他就业人员数	0.07	0.05	0.07	0.07	0.08	0.09	0.1
离退休人数	0.40	0.39	0.41	0.41	0.44	0.43	0.46
其他有收入者人数	0.09	0.05	0.06	0.07	0.08	0.08	0.07
无收入者人数（人/户）	0.91	0.88	0.93	0.90	0.87	0.94	0.9

2-12 城镇居民家庭人均现金收支情况

单位:元

项 目	2006	2007	2008
期初手存现金	4974.15	258.06	262.49
家庭总收入	9586.46	10859.69	11669.33
# 可支配收入	8920.59	10012.34	10969.41
工资性收入	7008.40	8140.72	8354.63
工资及补贴收入	6749.55	7948.65	8064.15
其他劳动收入	258.85	192.08	290.48
经营净收入	403.57	494.06	638.76
财产性收入	32.14	71.36	65.33
利息收入	8.26	6.17	13.23
股息与红利收入	3.00	26.25	4.55
保险收益	0.00	2.35	0.03
其它投资收入	0.36	7.06	12.08
出租房屋收入	19.36	25.52	29.39
知识产权收入	0.94		
其他财产性收入	0.22	4.01	6.04
转移性收入	2142.35	2153.55	2610.61
养老金或离退休金	1731.46	1902.23	2269
社会救济收入	36.27	40.57	97.66
#其中：最低生活保障收入		16.16	64.64
辞退金	3.17		7.13
赔偿收入	0.22	3.74	4.56
保险收入	3.74	8.06	4.82
# 失业保险金	0.15	6.84	3.95
赡养收入	50.83	46.51	39.53
捐赠收入	219.67	89.65	119.32
提取住房公积金	31.77	0.21	12.07
记账补贴	35.11	41.12	49.37
其他转移性收入	25.43	21.46	7.15
出售财物收入	54.52	37.55	1.04
出售住房收入	54.02	36.73	0.01
出售其他物品收入	0.51	0.82	1.03
借贷收入	2693.15	3356.12	2636.46
提取储蓄存款	2045.61	2905.3	2294.47
借入款	228.07	280.43	145.73
收回借出款	73.20	31.55	49.24
收回储蓄性保险本	5.58	9.53	12.73
兑售有价证券	0.47	24.82	18.41
收回投资本金	0.38	31.71	7.27
住房贷款	130.74	54.77	98.39
汽车贷款	0.00	3.38	
教育贷款	143.77	2.63	
其他贷款	50.33	4.89	5.5
其他借贷收入	15.00	7.11	4.73
家庭总支出	9205.01	10558.06	10241.06

2009	2010	2011	2012
386.15	540.63	451.23	647.25
12918.04	14307.28	16267.37	18498.46
11929.78	13188.55	14988.68	17156.89
9182.24	9882.5	11195.26	12514.92
8861.48	9507.91	10857.87	12250.17
320.76	374.59	337.39	264.76
690.41	687.96	914.3	1125.68
59.49	72.23	161.66	259.63
24.27	23.42	21.34	25.03
7.78	10.74	15.07	21.25
0.47	1.19	0.28	0.31
6.59	6.49		1.38
17.42	30.39	117.66	209.28
		2.7	
2.96		4.6	2.39
2985.90	3664.59	3996.15	4598.23
2641.55	3208.63	3509.06	4055.81
134.72	157.23	157.39	187.8
110.38	131.41	145.64	170.22
0.16	9.98		
3.95	0.38	0.27	0.49
	1.18	4.21	0.53
	0.21	0.12	
51.91	52.39	78.54	83.11
	24.04	31.54	36.77
86.14	135.8	160.73	164.59
	81.15	106.18	87.07
	25.9	3.16	6.51
56.08	65.03	61.75	78
11.38	8.09	21.05	21.39
77.22	3.28	12.81	2.14
75.08			
2.14	3.28	12.81	2.14
2458.37	4350.25	3735.28	5482.63
2187.34	4140.46	3477.69	5025.52
146.62	44.74	125.94	225.54
38.78	11.58	55.54	50.69
8.23	1.12	5.96	9.37
16.17		5.03	
19.04		3.59	0.23
11.18	127.83	39.26	97.54
18.65			27.38
	3.48	8.78	3.31
2.36	17.42	5.88	42.44
10.01	3.62	7.61	0.61
11259.98	12551.98	14311.11	16766.83

2–12 续表 1

单位:元

项　目	2006	2007	2008
消费支出	6974.21	7875.78	8308.62
# 服务性消费支出	2027.36	2137.19	2110.66
食品	2408.37	2824.42	3183.79
衣着	854.00	939.89	1022.62
居住	716.35	768.28	846.26
家庭设备用品及服务	403.80	505.16	546.23
医疗保健	562.74	564.25	654.82
交通和通信	703.07	861.47	817.17
教育文化娱乐服务	1034.42	1058.66	936.33
杂项商品和服务	291.46	353.65	301.40
财产性支出	1.71	6.79	15.98
非生产性利息支出	1.10	6.06	2.93
其他	0.62	0.72	13.05
转移性支出	1119.55	1148.7	1095.47
交纳的个人收入税	19.64	25.44	41.76
捐赠支出	540.65	575.22	618.35
购买彩票	6.63	7	4.04
赡养支出	493.73	438.99	350.6
# 在外就学子女费用	382.65	307.13	215.37
各种非储蓄性保险支出	17.35	47.9	32.81
# 车辆保险支出	1.11	1.14	3.93
其他转移性支出	41.55	54.16	47.9
社会保障支出	611.12	780.79	608.8
个人交纳的养老基金	236.32	295.83	226.03
个人交纳的住房公积金	239.55	342.62	265.31
个人交纳的医疗基金	79.02	98.82	83.33
个人交纳的失业基金	25.69	32.91	22.07
其他社会保障支出	30.54	10.62	12.05
购房与建房支出	498.42	746.01	212.18
购房	498.41	746.01	212.18
建房	0.01		
借贷支出	2957.08	3429.98	3734.9
存入储蓄款	2395.02	2668.13	3075.99
借出款	107.30	40.95	62.8
归还借款	103.62	107.8	151.54
储蓄性保险支出	152.25	132.86	120.42
购买有价证券	0.13	115.18	78.53
其它投资支出	2.17	81.5	11.89
归还住房贷款	179.70	202.1	215.68
归还汽车贷款	0.98		
归还教育贷款	0.71	62.7	0.41
归还其他贷款	9.62	13.01	11.61
其他借贷支出	5.55	5.75	6.03

2009	2010	2011	2012
8890.79	9895.35	11188.57	12847.05
2225.35	2585.66	2874.59	3322.72
3359.30	3702.18	4182.47	4602.33
1169.70	1255.69	1470.26	1631.4
801.21	910.34	1139.85	1287.93
559.06	597.72	660.48	833.15
746.77	828.57	874.05	1049.65
894.35	1076.63	1289.8	1575.67
1025.47	1136.7	1158.3	1388.21
334.95	387.53	413.37	478.72
20.95	16.95	25.12	26.71
20.39	15.72	15.73	21.33
0.56	1.23	9.4	5.38
1221.90	1298.01	1568	1648.03
27.25	44.79	41.16	22.05
731.43	814.91	926.89	1069.16
5.09	4.29	8.8	6.56
340.26	364.13	479.84	447.76
205.51	218.18	320.4	253.38
41.75	35.24	80.34	63.98
9.07	5.9	16.62	30.14
76.11	34.64	30.96	38.52
904.93	1008.92	1175.79	1241.52
335.28	386.78	454.22	437.53
403.54	445.16	516.33	577.72
122.81	133.57	159.14	174.15
31.31	30.19	32.34	34.72
11.98	13.22	13.76	17.41
221.42	332.75	353.63	1003.52
221.42	332.75	353.63	1003.52
3949.71	5982.09	5169.12	6747.37
3475.83	5622.46	4679.93	6267.32
42.75	15.97	38.15	35
111.65	72.65	113.3	78.94
107.57	111.87	159.93	143.92
9.53	2.75	10.66	2.36
7.76	5.79	7.6	2.18
153.59	136.66	136.39	190.13
6.37		5.16	13.03
0.41		3	
32.49	8.8	6.88	5.43
1.75	5.11	8.11	9.07

2-13 城镇居民家庭平均每百户耐用消费品拥有量

项 目	2006	2007	2008	2009	2010	2011	2012
摩托车（辆）	13.95	11.1	6.12	7.14	7.75	10.19	11.17
助力车（辆）	8.12	7.83	6.05	7.77	8.21	11.14	13.35
家用汽车（辆）	0.67	1.35	2.15	2.53	3.53	7.33	9.75
洗衣机（台）	98.92	97.61	94.94	96.92	98.09	97.94	98.88
电冰箱（台）	82.84	87.07	82.48	85.11	85.84	87.8	90.25
彩色电视机（台）	114.96	113.72	107.39	108.85	109.99	106.66	108.22
家用电脑（台）	28.68	33.14	35.18	38.24	42.9	56.14	63.19
组合音响（套）	24.39	24.66	18.48	20.25	21.34	18.78	20.72
摄像机（架）	2.50	3.86	2.39	2.71	3.4	5.38	5.7
照相机（架）	39.12	32.67	21.9	24.27	26.49	23.99	27.44
钢琴（架）	1.53	1.99	1.14	1.33	1.48	1.2	2.19
其他中高档乐器（件）	8.24	6.97	2.18	2.85	3.38	3.77	6.2
微波炉（台）	33.00	34.91	31.34	35.01	36.18	36.23	38.84
空调器（台）	3.85	3.75	6.03	5.28	5.43	5.16	6.71
淋浴热水器（台）	58.90	62.32	57.38	61.41	62.34	64.61	66.38
消毒碗柜（台）	3.35	1.86	1.62	1.24	1.35	1.52	1.7
洗碗机（台）	0.47	0.21	0.16	0.16	0.3	0.37	0.54
健身器材（套）	2.09	1.24	1.62	1.9	2.34	2.17	3.27
普通电话（部）	71.92	69.06	59.3	60.82	61.3	55.28	53.29
移动电话（部）	143.18	145.52	146.04	152.87	159.58	186.54	197.3
接入有线电视电视机（台）	101.18	100.68	96.03	95.93	95.76	90.13	90.19
接入互连网计算机（台）	20.63	21.15	20.69	21.47	25.96	43.58	49.11
接入互连网移动电话（部）	1.21	0.66	3.6	5.47	7.51	15.82	19.37

2-14 农村居民家庭人均收支及恩格尔系数(1980—2012年)

年份	农村居民家庭人均纯收入（元）	比上年±%	农村居民家庭人均生活消费支出（元）	比上年±%	#食品消费支出（元）	比上年±%	恩格尔系数（%）
1980	153.40	37.50	125.54		65.98		52.56
1981	158.60	3.39	135.23	7.72	69.69	5.62	51.53
1982	174.20	9.84	141.05	4.30	81.35	16.73	57.67
1983	213.10	22.33	162.68	15.33	92.99	14.31	57.16
1984	221.10	3.75	178.39	9.66	95.65	2.86	53.62
1985	257.00	16.28	204.61	14.70	103.62	8.33	50.64
1986	282.90	10.08	232.79	13.77	113.01	9.06	48.55
1987	302.80	7.03	252.84	8.61	123.52	9.30	48.85
1988	345.10	13.97	276.98	9.55	137.84	11.59	49.77
1989	375.80	8.90	296.38	7.00	144.22	4.63	48.66
1990	431.00	14.69	339.25	14.46	152.24	5.56	44.88
1991	446.40	3.57	403.41	18.91	163.80	7.59	40.60
1992	489.50	9.66	419.68	4.03	205.21	25.28	48.90
1993	550.80	12.52	537.76	28.14	238.21	16.08	44.30
1994	723.70	31.39	674.16	25.36	247.76	4.01	36.75
1995	880.30	21.64	915.25	35.76	297.70	20.16	32.53
1996	1100.60	25.03	986.34	7.77	443.91	49.11	45.01
1997	1210.00	9.94	976.27	−1.02	649.29	46.27	66.51
1998	1393.10	15.13	939.55	−3.76	669.36	3.09	71.24
1999	1413.00	1.43	944.90	0.57	561.40	−16.13	59.41
2000	1428.70	1.11	1084.00	14.72	556.85	−0.81	51.37
2001	1508.60	5.59	1127.37	4.00	531.27	−4.59	47.12
2002	1590.30	5.42	1152.94	2.27	525.17	−1.15	45.55
2003	1673.00	5.20	1336.85	15.95	519.78	−1.03	38.88
2004	1852.20	10.71	1464.34	9.54	531.19	2.20	36.28
2005	1979.90	6.89	1819.58	24.26	586.38	10.39	32.23
2006	2134.10	7.79	1855.49	1.97	703.41	19.96	37.91
2007	2328.90	9.13	2017.21	8.72	858.89	22.10	42.58
2008	2723.80	16.96	2400.95	19.02	865.99	0.83	36.07
2009	2980.10	9.41	2766.45	15.22	1142.05	31.88	41.28
2010	3424.65	14.92	2941.99	6.35	1315.25	15.17	44.71
2011	3909.37	14.15	3664.91	24.57	1548.19	17.71	42.24
2012	4506.66	15.28	4146.24	13.13	1648.60	6.49	39.76

2-15 按收入五等份分农村居民家庭人均收入情况(2012年)

单位:元

项 目	低收入户	中 低 收入户	中 等 收入户	中 高 收入户	高收入户
总收入	**3257.0**	**4037.0**	**5699.0**	**8395.0**	**14953.0**
工资性收入	531.0	1198.0	1717.0	2426.0	3817.0
家庭经营收入	2343.0	2400.0	3356.0	5248.0	9793.0
农业	1484.0	1678.0	2253.0	3231.0	6547.0
林业	88.0	118.0	131.0	113.0	178.0
牧业	640.0	382.0	559.0	1148.0	1505.0
渔业					
工业	18.0	15.0	11.0	45.0	156.0
建筑业	8.0	10.0	12.0	13.0	38.0
交通、运输、邮电业	33.0	58.0	84.0	228.0	485.0
批发和零售贸易、餐饮业	37.0	74.0	239.0	329.0	643.0
社会服务业	14.0	22.0	37.0	72.0	87.0
文教卫生业	9.0	27.0	14.0	32.0	86.0
其他家庭经营					
财产性收入	39.0	31.0	71.0	114.0	395.0
转移性收入	361.0	409.0	555.0	608.0	930.0
纯收入	**1622.0**	**2692.0**	**4064.0**	**5862.0**	**10350.0**
工资性收入	531.0	1198.0	1717.0	2426.0	3817.0
家庭经营纯收入	733.0	1085.0	1787.0	2775.0	5288.0
农业	541.0	784.0	1244.0	1791.0	3578.0
林业	36.0	75.0	88.0	76.0	129.0
牧业	118.0	102.0	200.0	421.0	663.0
渔业					
工业	7.0	4.0	4.0	39.0	15.0
建筑业	-2.0	5.0	8.0	8.0	28.0
交通、运输、邮电业	-8.0	19.0	32.0	129.0	217.0
批发和零售贸易、餐饮业	20.0	57.0	165.0	207.0	384.0
社会服务业	10.0	11.0	27.0	46.0	75.0
文教卫生业	4.0	16.0	8.0	25.0	57.0
其他家庭经营					
财产性纯收入	39.0	31.0	71.0	114.0	395.0
转移性纯收入	319.0	379.0	488.0	548.0	850.0

2-16 农村居民家庭人均总收入及构成

项 目	2006	2007	2008	2009	2010	2011	2012
总收入（元）	3105.77	3340.94	3959.24	4291.10	4771.9	5878	6705
工资性收入	637.37	716.43	867.98	994.90	1199.5	1562	1787.7
家庭经营收入	2251.59	2429.38	2766.19	2878.60	3193.8	3778.5	4259.5
第一产业	1940.41	2145.78	2463.41	2532.96	2836.98	3275.22	3711.67
农业	1553.98	1661.31	1872.19	1958.26	2294.11	2491.23	2792.44
林业	35.39	68.62	82.41	84.93	41.98	90.26	121.78
牧业	349.18	413.74	462.09	486.90	499.62	693.47	797.44
渔业	1.87	2.11	1.32	2.84	1.27		
第二产业	70.00	62.35	64.62	63.98	74.56	55.47	56.7
工业	34.39	25.76	22.03	22.27	14.44	30.78	41.95
建筑业	35.61	36.59	42.59	52.29	49.55	24.69	14.75
第三产业	241.18	221.25	238.15	271.05	292.83	447.82	491.13
交通、运输、邮电业	95.99	98.64	104.84	111.02	114.21	140.49	155.71
批发和零售贸易、餐饮业	86.11	73.41	78.51	91.65	105.1	207.38	235.44
社会服务业	18.89	18.80	8.78	29.20	38.41	34.64	42.72
文教卫生业	11.23	9.27	12.62	12.45	12.81	30.48	30.31
其他行业	28.15	20.29	22.59	26.31	21.1	26.63	31.71
财产性收入	52.56	23.20	19.49	34.10	39.9	82.5	112.1
转移性收入	164.25	171.93	20..97	383.50	338.8	455	545.7
总收入构成（%）							
工资性收入	20.50	21.44	21.90	23.20	25.1	26.6	26.7
家庭经营收入	72.50	72.72	69.90	67.10	66.9	64.3	63.5
财产性收入	1.70	0.69	0.50	0.80	0.8	1.4	1.7
转移性收入	5.30	5.15	7.70	8.90	7.2	7.7	8.1

2-17 农村居民家庭人均纯收入及构成

项　目	2006	2007	2008	2009	2010	2011	2012
纯收入（元）	2134.00	2328.92	2723.79	2980.10	3424.7	3909.37	4506.66
工资性收入	637.37	716.43	867.98	994.94	1199.45	1561.97	1787.72
家庭经营纯收入	1292.00	1426.86	1543.24	1583.23	1855.99	1866.77	2114.75
第一产业	1073.00	1219.65	1321.84	1347.20	1583.23	1563.82	1792.47
农业	897.06	972.55	1089.06	1100.16	1376.6	1247.88	1442.37
林业	27.33	50.24	55.12	60.47	27.06	60.86	77.16
牧业	147.91	195.55	176.80	184.37	181.93	255.21	272.95
渔业	0.73	1.31	0.86	2.20	0.21	-0.14	-0.01
第二产业	47.12	52.38	52.02	54.28	52.01	34.85	36.35
工业	16.79	19.49	15.41	16.46	8.7	19.33	28.27
建筑业	30.33	32.88	36.61	37.82	43.32	15.52	8.08
第三产业	171.70	154.84	169.38	181.75	218.18	268.11	285.93
交通、运输、邮电业	63.57	67.00	74.74	75.14	72.13	67.8	66.77
批发和零售贸易、餐饮业	60.29	51.83	57.88	57.80	85.22	128.09	149.54
社会服务业	14.19	11.49	11.25	17.16	30.68	25.34	30.48
文教卫生业	9.75	8.41	10.21	11.44	11.67	20.54	19.5
其他行业	23.89	16.11	15.30	20.21	18.48	26.32	19.64
财产性收入	52.56	23.20	19.49	34.06	39.87	82.46	112.08
转移性收入	152.27	162.43	239.08	367.87	329.34	398.18	492.12
纯收入构成（%）	100.00	100.00	100.00	100.00	100	100	100
工资性收入	29.87	30.76	31.87	33.44	35	40	39.7
家庭经营收入	60.54	61.26	56.65	53.10	54.2	47.8	46.9
财产性收入	2.46	1.00	0.72	1.10	1.2	2.1	2.5
转移性收入	7.13	6.98	10.76	12.30	9.6	10.2	10.9

2-18 农村居民家庭人均现金收入及构成

项 目	2006	2007	2008	2009	2010	2011	2012
现金收入（元）	2402.00	2567.48	2986.30	3517.15	3856.01	4943.98	5668.42
工资性收入	637.34	714.77	866.48	1198.53	992.51	1558.41	1786.68
家庭经营现金收入	1551.00	1670.10	1806.83	2105.02	2290.52	2835.76	3241.59
第一产业	1240.00	1386.52	1504.10	1759.41	1933.7	2332.49	2696.85
农业	948.02	1012.19	1065.48	1271.04	1498.86	1667.2	1879.12
林业	34.47	65.10	78.77	79.99	41.4	86.43	116.24
牧业	255.92	307.12	358.53	393.22	405.53	579.85	701.47
渔业		2.11	1.32	2.84	1.22	0.01	0.01
第二产业	70.00	62.35	64.62	74.56	63.98	55.47	56.67
工业	34.39	25.76	22.03	22.27	14.44	30.78	41.95
建筑业	35.61	36.59	42.59	52.29	49.55	24.69	14.72
第二产业	241.15	221.23	238.12	271.05	292.83	447.8	488.08
交通、运输、邮电业	95.99	98.64	104.84	111.02	114.21	10.83	15.21
批发和零售贸易、餐饮业	86.11	73.41	78.51	91.65	105.1	207.38	235.44
社会服务业	18.89	18.80	18.78	29.20	38.41	34.64	42.72
文教卫生业	11.23	9.27	12.62	12.45	12.81	30.48	30.31
其他行业	28.12	20.27	22.55	26.31	21.1	31.7	23.57
财产性收入	52.56	12.98	19.49	31.91	38.55	71.36	106.53
转移性收入	160.59	169.63	20.97	381.07	335.05	448.45	533.61
现金收入构成（%）	100.00	100.00	100.00	100.00	100	100	100
工资性收入	26.53	27.80	28.90	34.08	25.74	31.52	31.52
家庭经营现金收入	64.57	65.04	60.50	59.90	59.4	57.36	57.19
财产性收入	2.18	0.51	0.65	0.91	1	1.44	1.88
转移性收入	6.72	6.65	9.95	5.11	13.86	9.68	9.41

2-19 按收入五等份分农村居民家庭人均支出情况(2012年)

单位:元

项 目	低收入户	中 低 收入户	中 等 收入户	中 高 收入户	高收入户
总支出	4372.0	4527.0	5773.0	7785.0	12937.0
家庭经营费用支出	1368.0	1128.0	1360.0	2160.0	3881.0
农业	788.0	754.0	868.0	1282.0	2706.0
林业	50.0	41.0	42.0	37.0	50.0
牧业	482.0	266.0	344.0	693.0	769.0
渔业					
工业	6.0	11.0	7.0	6.0	40.0
建筑业	10.0	4.0	3.0	6.0	10.0
交通、运输、邮电业	19.0	17.0	31.0	49.0	177.0
批发和零售贸易、餐饮业	5.0	13.0	54.0	65.0	88.0
社会服务业	4.0	9.0	5.0	17.0	6.0
文教卫生业	1.0	9.0	6.0	5.0	25.0
其他家庭经营	2.0	4.0	1.0	1.0	9.0
购置生产性固定资产支出	86.0	120.0	152.0	290.0	277.0
税费支出		2.0	1.0	3.0	6.0
财产性支出					
转移性支出	249.0	248.0	355.0	549.0	1202.0
生活消费支出	2667.0	3029.0	3905.0	4782.0	7509.0
食品	1241.0	1361.0	1568.0	1810.0	2583.0
衣着	167.0	218.0	274.0	378.0	576.0
居住	434.0	501.0	719.0	661.0	1301.0
家庭设备用品及服务	136.0	173.0	231.0	330.0	459.0
医疗保健	205.0	301.0	406.0	466.0	733.0
交通通讯	316.0	246.0	352.0	546.0	863.0
文教娱乐用品及服务	121.0	174.0	277.0	458.0	761.0
其他商品和服务	48.0	56.0	78.0	133.0	233.0

2-20　农村居民家庭人均总支出及构成

单位:元

项　目	2006	2007	2008	2009	2010	2011	2012
总支出	**2957.09**	**3162.94**	**3784.83**	**4255.00**	4528.50	5932.3	6657.4
家庭经营费用支出	848.95	884.45	1096.68	1164.50	1192.40	1625.9	1849.6
第一产业	772.46	825.53	1034.61	1075.37	1131.93	1524.03	1719.75
农业	574.03	602.65	738.18	764.11	817.02	1086.68	1184.31
林业	7.55	18.01	26.38	24.09	14.64	27.43	43.88
牧业	189.94	204.17	269.69	286.64	299.31	409.52	491.54
渔业	1.04	0.70	0.36	0.53	0.96	0.4	0.02
第二产业	21.04	8.66	10.32	18.13	7.67	16.01	18.6
工业	9.38	0.66	5.65	4.97	2.83	7.5	12.27
建筑业	4.77	3.24	4.67	13.17	4.83	8.51	6.33
第三产业	55.45	50.26	51.75	71.04	52.76	85.89	111.23
交通、运输、邮电业	23.67	21.24	20.14	24.70	27.90	34.49	50.77
批发和零售贸易、餐饮业	23.35	18.68	17.53	30.46	15.41	33.19	40.93
社会服务业	4.13	6.22	6.09	10.73	6.47	6	8.16
文教卫生业	0.78	0.20	1.80	0.41	0.45	7.5	8.22
其他行业	3.52	3.92	6.19	4.74	2.52	4.71	3.16
购置生产性固定资产支出	135.15	124.18	128.90	158.60	176.25	215.44	175.91
税费支出	3.97	2.79	4.64	1.41	4.36	3.91	2.08
生活消费支出	1855.49	2017.21	2400.95	2766.50	2942.00	3664.9	4146.2
食品	865.99	944.14	1132.53	1142.05	1315.25	1548.19	1648.6
衣着	97.23	112.20	134.66	157.29	184.23	246.67	303.14
居住	251.79	295.23	387.83	648.63	551.63	596.58	682.3
家庭设备、用品及服务	78.69	91.40	95.58	142.72	146.93	198.08	250.43
医疗保健	127.35	149.82	164.72	180.09	203.13	339.28	398.01
交通通讯	174.60	186.17	234.69	237.92	256.70	366.56	436.03
文化娱乐用品及服务	228.43	208.90	219.91	238.03	217.35	292.71	327.3
其他商品和服务	31.41	29.36	31.05	40.40	46.09	76.85	100.42
财产性支出	5.35	0.89	4.72	5.72	7.76	7.64	6.51
转移性支出	104.14	131.78	145.95	157.23	204.87	413.96	473.41

2-20 续表 1

单位:元

项 目	2006	2007	2008	2009	2010	2011	2012
总支出构成	100.00	100.00	100.00	100	100	100	100
家庭经营费用支出	28.71	27.96	28.98	27.37	26.33	27.41	27.78
第一产业	26.12	26.10	27.34	25.27	25.00	25.69	25.83
农业	19.41	19.05	19.50	17.96	18.04	18.32	17.79
林业	0.26	0.57	0.70	0.57	0.32	0.46	0.66
牧业	6.42	6.46	7.13	6.74	6.61	6.90	7.38
渔业	0.04	0.02	0.01	0.01	0.02	0.01	0.00
第二产业	0.71	0.27	0.27	0.43	0.17	0.27	0.28
工业	0.32	0.02	0.15	0.12	0.06	0.13	0.18
建筑业	0.16	0.10	0.12	0.31	0.11	0.14	0.10
第三产业	1.88	1.59	1.37	1.67	1.17	1.45	1.67
交通、运输、邮电业	0.80	0.67	0.53	0.58	0.62	0.58	0.76
批发和零售贸易、餐饮业	0.79	0.59	0.46	0.72	0.34	0.56	0.61
社会服务业	0.14	0.20	0.16	0.25	0.14	0.10	0.12
文教卫生业	0.03	0.01	0.05	0.01	0.01	0.13	0.12
其他行业	0.12	0.12	0.16	0.11	0.06	0.08	0.05
购置生产性固定资产支出	4.57	3.93	3.41	3.73	3.89	3.63	2.64
税费支出	0.13	0.09	0.12	0.03	0.10	0.07	0.03
生活消费支出	62.75	63.78	63.44	65.02	64.97	61.78	62.28
食品	29.29	29.85	29.92	26.84	29.04	26.10	24.76
衣着	3.29	3.55	3.56	3.70	4.07	4.16	4.55
居住	8.51	9.33	10.25	15.24	12.18	10.06	10.25
家庭设备、用品及服务	2.66	2.89	2.53	3.35	3.24	3.34	3.76
医疗保健	4.31	4.74	4.35	4.23	4.49	5.72	5.98
交通通讯	5.90	5.89	6.20	5.59	5.67	6.18	6.55
文化娱乐用品及服务	7.72	6.60	5.81	5.59	4.80	4.93	4.92
其他商品和服务	1.06	0.93	0.82	0.95	1.02	1.30	1.51
财产性支出	0.18	0.03	0.12	0.13	0.17	0.13	0.10
转移性支出	3.52	4.17	3.86	3.70	4.52	6.98	7.11

2-21 农村居民家庭人均现金支出及构成

项　目	2006	2007	2008	2009	2010	2011	2012
现金支出（元）	2327.04	2521.11	3003.40	3540.78	3734.48	5208.06	6056.44
生产费用现金支出	848.97	881.09	1032.57	1145.58	1189.71	1635.84	1890.95
家庭经营费用支出	709.79	755.28	900.69	985.90	1012.55	1419.9	1711.4
第一产业	633.31	696.36	838.64	896.73	952.24	1322.63	1582.44
农业	509.42	538.64	633.65	678.87	749.21	994.46	1128.59
林业	7.55	16.53	23.87	24.09	14.64	27.43	43.75
牧业	115.41	140.64	180.88	193.40	187.61	300.49	410.08
渔业	0.92	0.55	0.24	0.37	0.78	0.25	0.02
第二产业	21.04	8.66	10.32	18.13	7.67	14.98	18.6
工业	16.27	5.42	5.65	4.97	2.83	7.5	12.27
建筑业	4.77	3.24	4.67	13.17	4.83	7.48	6.33
第三产业	55.44	50.25	51.72	71.04	52.64	82.28	110.37
交通、运输、邮电业	23.67	21.23	20.14	24.70	27.9	33.31	50.77
批发和零售贸易、餐饮业	23.35	18.68	17.51	30.46	15.33	31.46	40.07
社会服务业	4.13	6.22	6.07	10.73	6.43	5.8	8.16
文教卫生业	0.78	0.20	1.80	0.41	0.45	7.5	8.22
其他行业	3.52	3.92	6.19	4.74	2.52	4.21	3.16
购置生产性固定资产支出	135.15	124.18	128.90	158.60	176.25	215.44	175.91
税费支出	3.97	2.70	4.57	1.25	4.36	3.91	2.08
生活消费支出	1365.33	1506.47	1816.27	2231.88	2329.36	3151.1	3689.03
财产性支出	5.35	0.89	4.72	5.72	7.76	7.64	6.51
转移性支出	103.41	129.97	145.27	156.36	203.29	409.57	467.87
现金支出构成（%）	100.00	100.00	100.00	100.00	100	100	100
生产费用现金支出	36.48	34.95	34.38	32.35	31.86	31.41	31.22
家庭经营费用支出	30.50	29.96	29.99	27.84	27.11	27.26	28.26
第一产业	27.22	27.62	27.92	25.33	25.50	25.40	26.13
农业	21.89	21.37	21.10	19.17	20.06	19.09	18.63
林业	0.32	0.66	0.79	0.68	0.39	0.53	0.72
牧业	4.96	5.58	6.02	5.46	5.02	5.77	6.77
渔业	0.04	0.02	0.01	0.01	0.02	0.00	0.00
第二产业	0.90	0.34	0.34	0.51	0.21	0.29	0.31
工业	0.70	0.21	0.19	0.14	0.08	0.14	0.20
建筑业	0.20	0.13	0.16	0.37	0.13	0.14	0.10
第三产业	2.38	1.99	1.72	2.01	1.41	1.58	1.82
交通、运输、邮电业	1.02	0.84	0.67	0.70	0.75	0.64	0.84
批发和零售贸易、餐饮业	1.00	0.74	0.58	0.86	0.41	0.60	0.66
社会服务业	0.18	0.25	0.20	0.30	0.17	0.11	0.13
文教卫生业	0.03	0.01	0.06	0.01	0.01	0.14	0.14
其他行业	0.15	0.16	0.21	0.13	0.07	0.08	0.05
购置生产性固定资产支出	5.81	4.93	4.29	4.48	4.72	4.14	2.90
税费支出	0.17	0.11	0.15	0.04	0.12	0.08	0.03
生活消费支出	58.67	59.75	60.47	63.03	62.37	60.50	60.91
财产性支出	0.23	0.04	0.16	0.16	0.21	0.15	0.11
转移性支出	4.44	5.16	4.84	4.42	5.44	7.86	7.73

2-22 按收入五等份分农村居民家庭基本情况(2012年)

项 目	低收入户	中低收入户	中等收入户	中高收入户	高收入户
家庭常住人口(人)	1834	1752	1620	1564	1209
劳动力(人)	1111	1117	1063	993	891
就业劳动力文化程度(人)					
文盲或半文盲	178	143	129	77	56
小学程度	347	343	275	233	190
初中程度	454	483	468	474	410
高中程度	73	87	123	129	149
中专程度	18	17	32	33	35
大专及以上	19	23	25	29	38
人均固定资产原值(元)	3631.10	2776.36	3116.80	4652.15	9287.67
人均年内新建房屋面积(平方米)	0.42	0.27	0.61	0.51	0.77
人均年内新建房屋价值(元)	466.26	196.95	578.33	394.44	571.13
人均年末住房面积(平方米)	18.75	20.71	23.42	25.73	35.82
人均年末经营耕地面积(平方米)	2.47	2.52	2.42	2.60	3.92
人均主要农产品消费量(公斤)					
粮食	174.12	191.16	192.09	185.35	209.86
蔬菜及制品	32.22	37.24	42.91	50.92	66.74
食用油	6.65	5.82	5.84	6.48	7.52
食糖	0.98	1.02	1.12	1.06	1.50
卷烟(盒)	20.72	23.59	26.13	30.71	44.88
水果	8.60	9.51	12.30	13.81	19.91
猪肉	8.96	10.10	10.65	11.69	14.11
牛羊肉	0.6	0.6	1.0	1.7	3.1
家禽	1.27	0.92	1.21	1.75	2.65
禽蛋及制品	3.93	3.43	3.64	3.89	5.12
水产品	0.33	0.29	0.48	0.73	1.05

2-23 农村居民家庭基本情况

项 目	2006	2007	2008	2009	2010	2011	2012
调查户数（户）	1800	1800	1800	1800	1800	1800	1800
调查户从业类型			3829	3886	3893	4036	3999
按总收入比重计算							
农业户			355	365	636	297	351
农业兼业户			877	805	806	818	754
非农业兼业户			552	609	606	637	640
非农业户			16	21	25	48	55
按从业劳动力比重计算			3146	3271	3500	3720	3689
农业户			983	926	771	709	714
农业兼业户			344	353	418	370	384
非农业兼业户			417	445	551	613	601
非农业户			56	76	60	108	101
户别			8398	8249	8224	8303	8281
个体工商户	49	42	40	38	60	83	81
干部户	103	116	127	183	168	113	120
个体工商和干部户	13	24	25	20	12	10	11
五保户	1	25	11	10	8	6	13
其他户			1597	1549	1552	1588	1575
家庭结构			7675	7691	7741	7784	7720
单身或夫妇	46	47	54	60	59	97	103
夫妇与一个孩子	209	210	222	212	218	184	194
夫妇与两个孩子	512	509	493	494	480	502	509
夫妇与三个以上孩子	280	268	255	248	230	173	161
单亲与孩子	23	50	45	54	56	25	25
三代同堂	659	650	664	661	693	737	723
其他	71	66	67	71	64	82	85
调查户常住人口（人）							
整半劳动力							
不识字或识字很少							
小学程度							
初中程度							
高中程度							
中专程度							
大专及以上							
外出从业劳动人数							
期末实际经营情况（人/亩）							
耕地	2.55	2.57		2.60	2.65	2.77	2.72
山地	0.62	0.73		0.74	0.77	0.64	0.59
园地	0.11	0.11		0.12	0.12	0.11	0.11
牧草地	0.14	0.15		0.16	0.16	0.11	0.07
养殖水面							

2–24 农村居民家庭建房和居住情况

项　目	2006	2007	2008	2009	2010	2011	2012
期末住房情况							
住房面积（平方米/人）	19.12	19.46			20.96	23.85	24.28
住房价值（元/人）	3516.56	3413.90			5361.26	12800.65	13271.13
住房类型（平方米/人）							
楼房面积	0.52	0.73			1.26	1.66	1.83
砖瓦平房面积	6.46	7.06			8.19	11.51	11.91
其他	11.79	11.68			11.51	10.48	10.35
住房结构（平方米/人）							
钢筋混泥土结构面积					2.84	4.12	4.35
砖木结构面积					6.97	9.3	9.67
其他					11.15	10.23	10.06
期内新建（购）住房情况							
新建（购）住房面积（平方米/人）	0.33			1.25	0.35	0.86	0.51
新建（购）住房价值（元/人）	121.09			898.76	231.77	701.97	487.09
新建（购）住房类型（平方米/人）							
楼房面积	0.05	0.09		0.15	0.14	0.18	0.07
砖瓦平房面积	0.20	0.20		0.78	0.18	0.52	0.39
其他	0.07	0.06		0.32	0.32	0.15	0.06
新建（购）住房结构（平方米/人）							
钢筋混泥土结构面积	0.08	0.15		0.89	0.2	0.34	0.22
砖木结构面积	0.19	0.15		0.32	0.13	0.42	0.29
其他	0.06	0.05		0.03	0.03	0.11	
期内房屋建设情况（平方米）							
期内施工房屋面积							
# 住宅面积							
期内竣工房屋面积							
# 住宅面积							

2-24 续表 1

项 目	2006	2007	2008	2009	2010	2011	2012
居住条件（户）							
住房卫生设备使用情况						3566	3576
使用水冲式厕所						55	54
使用旱厕	1789	1789				1724	1716
无厕所	11	11				21	30
取暖设备使用情况						6161	6191
使用空调							
使用暖气	30	47				31	32
使用火炕	1634	1639				1341	1365
无取暖设备	136	114				388	396
炊事使用的主要能源						16615	16556
使用液化气	13	16				40	50
使用煤炭	650	680				530	540
使用柴草	1119	946				1058	1037
使用电	4					125	124
使用沼气	13	16				27	15
饮用水来源情况						4573	4410
饮用自来水	615	628				939	993
饮用深井水	353	365				212	204
饮用浅井水	212	223				197	172
饮用江河湖泊水	73	43				38	38
饮用塘水	70	69				17	17
饮用其他水源	477	472				397	376
住宅外道路路面状况							
水泥或柏油路面						578	652
沙石或石板等硬质路面						322	295
其他路面						900	853

2-25 农村居民家庭平均每百户耐用消费品拥有量

项 目	2006	2007	2008	2009	2010	2011	2012
洗衣机（台）	41.89	47.56	52.11	56.78	60.06	73.72	79.67
电冰箱（台）	7.22	10.33	10.94	14.39	17.39	26.5	32.89
热水器（台）	2.33	2.22	3.05	5.50	8.3	12.61	17
自行车（辆）	100.89	100.00	99.56	100.44	71.56	71.11	73.94
摩托车（台）	42.78	47.33	51.30	53.94	55.22	67.94	71.94
黑白电视机（台）	13.94	10.61	9.83	7.39	6.44	1.83	1.5
彩色电视机（台）	89.44	97.22	99.89	103.72	104	104.44	106.28
影碟机（台）	32.39	33.00	34.40	35.44	37.94	29.56	27.83
照相机（架）	2.39	2.06	2.50	2.44	2.05	1.67	2.67
固定电话（部）				60.56	54.89	30.39	29
移动电话（部）	42.56	54.61	70.78	95.11	112.39	177.44	192.72
家用计算机（台）	0.44	1.11	1.94	2.72	4.42	9	11.39

2-26 农村居民家庭人均拥有生产性固定资产

项 目	2006	2007	2008	2009	2010	2011	2012
生产性固定资产原值（元）	1602.17	1729.20	1824.33	1940.93	2116.31	4228.52	4396.40
农业	1201.60	1257.01	1309.81	1391.62	1453.36	2311.05	2459.40
# 房屋及建筑物	366.33	362.35	378.42	405.90	418.63	737.65	790.16
役畜	239.65	250.59	254.34	267.45	265.94	350.91	375.48
大中型铁木农具	106.45	100.18	106.46	121.92	120.72	188.64	184.70
农业机械	450.53	486.14	523.19	556.63	586.17	979.07	1001.54
林业	6.91	5.25	5.35	5.33	3.99	29.20	11.14
# 房屋及建筑物	2.45	3.49	3.63	3.54	2.22	6.88	3.89
役畜						17.89	2.57
大中型铁木农具	0.88	0.34	0.41	0.41	0.22	1.44	1.44
林业机械	3.51	1.36	1.24	1.24	1.25	2.88	2.88
牧业	163.06	205.17	221.48	236.48	266.96	421.25	490.50
# 房屋及建筑物	52.35	67.74	66.13	80.64	81.43	162.58	203.55
产品畜	95.37	125.28	138.58	142.97	166.88	245.21	254.38
大中型铁木农具	4.71	5.05	4.71	4.85	6.01	2.90	2.73
牧业机械	5.72	5.04	6.60	6.81	9.16	10.34	10.74
渔业	1.56	1.56	1.57	1.57	1.58		
# 房屋及建筑物	1.20	1.20	1.21	1.21	1.22		
大中型铁木农具							
渔业机械	0.36	0.36	0.36	0.36	0.37		
采矿业						0.25	
制造业	17.43	11.96	12.98	11.96	43.57	58.89	21.12
# 房屋及建筑物	3.90	4.30	4.77	3.83	12.95	42.71	7.28
生产设备	12.73	6.86	7.16	6.68	28.07	13.90	13.81
电力煤气与水的生产及供应	1.20	0.62	0.63	0.63			
建筑业	7.62	6.99	19.59	19.65	20.98	9.95	5.08
交通运输业、仓储和邮政业	129.88	155.17	148.96	167.61	210.99	564.34	572.31
批发和零售贸易业	32.97	40.60	36.67	45.18	48.85	247.18	240.36
住宿和餐饮业	3.70	2.63	9.21	5.44	18.17	443.47	433.88
居民服务与其他服务业	8.44	16.17	21.70	19.67	18.56	49.43	61.26
教育	0.06						
卫生、社会保障和福利业	10.20	5.83	9.10	9.07	10.23	35.01	37.48
文化、体育和娱乐业	0.24	4.02				1.50	1.50
其他	17.31	16.20	27.30	26.70	19.07	57.00	62.37
主要生产性固定资产数量	6.96	6.90	7.34	7.32	7.28	5.48	6.46
房屋及建筑物（平方米）	0.00	0.00	0.00	0.00	0.00	0.01	0.01
汽车（辆）	0.01	0.01	0.01	0.01	0.01	0.01	0.01
大中型拖拉机（台）	0.08	0.07	0.07	0.07	0.07	0.06	0.07
小型和手扶拖拉机（台）		0.02	0.02	0.02	0.03	0.06	0.06
机动脱粒机（台）	0.01	0.01	0.01	0.01	0.01	0.03	0.03
收割机（台）	0.00	0.00	0.00	0.00	0.00	0.01	0.01
农用动力机械（台）	0.02	0.02	0.03	0.03	0.03	0.04	0.04
胶轮大车（架）	0.03	0.03	0.04	0.04	0.03	0.02	0.02
水泵（台）	0.01	0.02	0.02	0.02	0.03	0.02	0.04
役畜（头）	0.17	0.15	0.15	0.14	0.13	0.11	0.11
产品畜（头）	0.10	0.11	0.10	0.09	0.08	0.15	0.16

2-27 农村居民家庭人均粮食结存情况

单位:公斤

项 目	2006	2007	2008	2009	2010	2011	2012
期初粮食结存	567.84	588.82	631.24		688.06	486.61	443.52
期内粮食收入合计	626.77	617.64	659.93	621.31	596.95	632.47	746.18
家庭经营生产粮食	563.68	566.86	603.38	561.21	537.79	552.81	655.32
谷物	492.57	499.96	528.63	491.07	480.83	483.48	588.56
薯类	36.47	37.80	43.42	41.09	28.92	43.35	38.7
豆类	34.65	29.11	31.32	29.05	28.04	25.97	28.06
购入粮食	43.02	46.13	49.14	55.09	52.61	76.52	83.3
谷物	40.60	43.81	46.96	52.27	50.62	74.11	80.89
薯类	1.03	0.06	1.15	1.16	0.82	1.26	1.1
豆类	1.39	0.09	1.03	1.66	1.18	1.14	1.31
借入粮食	11.35	1.70	0.71	0.37	0.91	0.05	0.04
收回借出粮	8.51	0.50	3.71	4.35	5.01	2.89	6.12
其他粮食收入	0.21	0.26	2.99	0.29	0.63	0.21	1.4
期内粮食支出合计	582.08	257.67	562.26	591.69	563.82	578.42	582.3
主食用粮	264.79	240.45	248.49	233.91	229.03	192.02	189.12
谷物	243.97	200.61	228.67	215.63	212.02	182.28	179.53
薯类	13.79	0.14	14.76	13.46	12.54	7.93	7.87
豆类	7.02	0.95	5.06	4.82	4.48	1.81	1.73
其他生活用粮							
出售粮食	193.74	181.01	207.96	236.53	220.38	264.31	297.78
谷物	159.97	33.64	174.70	201.81	191.98	233.64	257.26
薯类	15.62	0.01	20.82	15.04	12.02	14.92	22.89
豆类	18.16	4.79	12.44	19.69	16.38	15.75	17.63
种籽用粮食	31.45	7.77	27.79	23.25	23.8	32.5	20.88
饲料用粮食	91.08	5.97	77.14	91.47	89.11	88.97	71.44
借出粮食	0.54	0.72	0.39	5.79	0.24		0.56
归还借粮	0.24	1.01	0.30	0.62	0.94	0.01	0.7
其他粮食支出	0.24	0.32	0.30	0.12	0.3	0.62	1.82
期末粮食结存	588.04	566.43				493.6	642.13
谷物	525.80	566.43	651.47	621.39	653.43	425.53	581.33
薯类	32.80	33.50	582.15	33.36	35.22	58.6	46.9
豆类	29.44	27.55	40.24	28.65	29.31	9.48	13.91
期末粮食结存用途							
# 计划用于口粮							
种子							
饲料							
其他用途							
期内生产加工用粮							
# 食品加工用粮							
饲料加工用粮							

2-28　农村居民家庭人均主要食品消费量

单位:公斤

项　目	2006	2007	2008	2009	2010	2011	2012
谷物消费量	243.97	240.45	228.67	215.63	212.02	182.28	179.53
# 稻谷	5.49	200.61	7.22	7.14	7.65	9.54	10.16
玉米	24.37	6.31	25.59	25.16	23.33	10.98	13.95
薯类消费量	13.79	13.55	14.76	13.46	12.54	7.93	7.87
# 红薯	0.08	0.14	0.04	0.14	0.10	0.06	0.06
马铃薯	13.37	12.93	14.09	12.88	12.01	7.58	7.49
豆类消费量	7.02	3.67	5.06	4.82	4.48	1.81	1.73
# 大豆	2.38	0.95	2.64	1.65	1.47	0.58	0.48
油脂类消费量	3.73	3.67	3.94	4.14	4.13	5.99	6.40
植物油	3.69	3.64	3.91	4.12	4.07	5.76	6.28
动物油	0.04	0.03	0.04	0.02	0.07	0.23	0.12
烟叶消费量	0.08	0.10	0.09	0.07	0.07	0.08	0.05
豆制品	0.64	0.66	0.71	0.78	0.67	1.33	1.32
蔬菜及菜制品消费量	39.10	38.86	42.37	39.06	43.14	49.43	44.39
# 叶菜类	18.01	15.61					
瓜菜类	1.60	1.77					
块根、块茎类	8.29	9.31					
茄果类	5.66	5.49					
瓜类	6.81	5.45	8.22	7.13	8.63	8.17	9.60
# 西瓜	6.14	4.95	7.05	6.64	7.87	7.74	9.10
水果类	6.84	6.26	8.60	9.47	7.76	10.80	12.29
消费茶叶	0.46	0.46	0.66	0.61	0.65	0.46	0.49
坚果消费量	0.57	0.61	0.83	0.90	0.75	1.67	1.34
肉禽及其制品	17.11	14.48	13.91	13.59	15.07	16.50	14.38
# 猪肉	14.10	12.46	11.56	11.17	12.30	12.71	10.87
牛肉	0.77	0.29	0.21	0.21	0.35	0.42	0.36
羊肉	1.26	0.79	0.74	0.87	0.80	1.27	0.91
家禽	0.86	0.75	1.15	1.04	1.29	1.41	1.48
蛋类及蛋制品	1.75	1.66	2.17	2.51	2.58	3.42	3.93
奶和奶制品	2.01	2.39	2.38	2.24	2.72	4.67	4.51
水产品	0.29	0.28	0.29	0.37	0.30	0.42	0.54
# 鱼类	0.26	0.27	0.26	0.35	0.28	0.38	0.48
虾、贝、蟹类	0.00	0.01	0.01	0.00	0.01	0.01	0.02
食糖	0.75	0.81	1.00	0.99	0.97	1.08	1.11
酒	5.27	5.89	6.66	7.29	7.28	8.24	8.86
# 白酒	1.61	1.63	1.76	1.63	1.44	1.97	2.47
啤酒	3.50	4.09	4.67	5.38	5.52	5.83	5.99

2-29 农村居民家庭人均出售农产品、畜禽和水产品情况

项　目	2006		2007		2008	
	数　量（公斤）	金　额（元）	数　量（公斤）	金　额（元）	数　量（公斤）	金　额（元）
农产品出售情况						
农业		897.48		976.60		1021.20
谷物	159.97	230.52	181.01	293.53	174.70	323.72
普通稻谷					0.21	0.31
优质稻谷						
普通玉米	68.89	85.99	55.06	79.36	124.30	232.99
优质玉米	11.59	15.20	11.09	15.31		
薯类	15.62	48.69	14.82	49.52	20.82	65.01
豆类	18.16	36.87	19.22	46.64	12.44	36.78
油料	5.74	15.72	10.32	36.87	12.85	60.41
麻类						
糖料	0.30	0.14			0.58	0.32
烟草	0.29	1.61	0.19	1.09	0.12	0.60
蔬菜	150.10	130.42	118.13	126.37	166.85	149.03
瓜类	30.15	18.94	27.25	22.81	28.02	25.11
西瓜	10.88	9.29	12.70	9.75	7.62	7.47
甜瓜	18.76	9.21	11.08	10.15	17.19	15.35
园林水果	52.49	78.87	60.42	107.21	55.32	99.59
柑桔类						
香蕉						
荔枝						
龙眼						
葡萄	0.09	0.15	2.47	4.32	0.41	1.17
茶叶						
香料	4.48	18.71	1.39	7.22	0.42	2.26
中药材	60.38		7.44	56.23	7.96	57.11
林业		31.09		62.92		77.70
油桐籽						
木材（立方米）	0.01	3.41	0.01	3.23	0.01	3.01
畜禽和水产品出售情况						
牧业		248.90		297.85		346.43
肉猪及猪肉	6.07	60.98	6.04	89.10	5.20	75.80
菜羊及羊肉	3.15	46.85	2.69	45.23	1.97	43.58
肉牛及牛肉	5.48	76.81	5.09	85.57	5.28	104.51
其他活家畜及自宰畜肉	0.36	4.21	0.36	4.01	0.42	6.05
家禽	0.77	4.72	0.49	4.93	0.24	2.54
活鸡	0.73	4.44	0.38	3.87	0.22	2.41
活鸭						
蛋类	1.85	10.38	1.15	7.63	1.00	6.54
仔猪（只）	0.17	15.12	0.22	26.39	0.24	54.89
架子猪（只）	0.01	3.27	0.01	2.87	0.01	10.14
蚕茧						
渔业		1.60		2.11		1.17
鱼类	0.19	1.58	0.23	2.04	0.12	1.17

2009		2010		2011		2012	
数　量（公斤）	金　额（元）	数　量（公斤）	金　额（元）	数　量（公斤）	金　额（元）	数　量（公斤）	金　额（元）
	1221.04		1446.81		1612.48		1788.64
201.81	337.59	191.98	369.91	233.64	489.60	257.26	549.16
						0.06	0.22
118.44	200.15	115.09	231.19	177.30	365.07	202.13	436.62
15.04	50.57	12.02	80.79	14.92	80.07	22.89	92.93
19.69	49.41	16.38	48.46	15.75	58.17	17.63	60.69
20.41	82.60	18.35	81.86	12.20	62.24	23.93	127.66
				0.02	0.06	0.05	0.21
1.06	0.34			0.19	0.05	0.24	0.11
0.14	0.68	0.02	0.17	0.04	0.28	0.05	0.52
189.85	230.50	248.14	321.70	273.15	264.05	192.28	301.99
35.33	33.28	36.63	37.95	6.98	9.69	2.60	5.81
10.71	12.91	11.63	13.01	2.82	3.88	1.93	2.11
20.33	17.07	16.31	17.93	3.81	4.40	0.22	0.75
74.23	128.89	72.09	194.37	54.85	176.95	67.29	198.75
0.27	0.76	0.05	0.14	6.81	23.16	3.73	14.55
1.16	6.17	0.91	8.80	1.09	9.61	0.66	9.71
10.30	60.96	7.12	64.31	8.60	89.48	15.52	141.41
	73.87		39.02		82.39		115.85
0.01	2.53	0.01	2.55	0.07	7.37	0.01	4.46
	394.32		378.51		575.07		692.21
7.97	106.07	8.53	120.90	11.39	185.94	10.33	207.14
3.32	66.08	2.62	62.91	3.24	98.02	4.34	148.99
5.79	107.02	3.93	80.63	4.10	104.92	5.08	146.86
0.00	0.48	0.00	0.41	0.61	11.19	0.30	7.65
0.96	7.65	0.45	5.76	0.71	8.00	1.13	13.76
0.67	6.15	0.34	4.84	0.70	7.86	0.61	6.44
1.08	6.96	1.86	12.83	7.07	48.17	6.04	43.82
0.23	48.48	0.15	25.25	0.12	37.23	0.07	24.67
0.00	4.35	0.01	6.73	0.01	11.54	0.00	4.66
						0.00	4.66
	2.54		1.16		0.01		
0.18	2.54	0.06	1.13				

2-30 农村居民家庭人均购买生活消费品情况

单位:公斤

项　目	2006	2007	2008	2009	2010	2011	2012
谷物	26.91	30.61	30.67	28.10	30.08	44.4	47.32
食用植物油	2.21	2.34	2.41	2.96	2.84	4.59	5.79
食用动物油	0.02	0.02	0.03	0.01	0.03	0.23	0.12
蔬菜	34.19	35.55	27.39	50.75	66.51	102.28	103.49
猪肉	2.80	2.49	2.54	3.28	4.07	3.55	4.34
牛肉	0.23	0.26	0.20	0.20	0.32	0.26	0.29
食糖	0.75	0.81	1.00	0.99	0.97	1.08	1.11
卷烟（盒）	22.86	23.98	26.97	144.66	155.44	26.95	28.07
酒	5.21	5.84	6.59	7.24	7.22	8.12	8.79
水果	4.45	3.92	4.09	5.23	4.94	7.3	9.72
服装（件）	1.57	1.57	2.02	1.96	2.15	3.07	2.92

2-31　农村居民家庭固定资产投资情况

单位:亿元

项　目	2006	2007	2008	2009	2010	2011	2012
新增固定资产原值	**55.57**	**56.33**	79.42	110.72	103.6	95.71	104.99
固定资产投资完成额	**55.57**	**56.33**	79.42	110.72	103.6	95.71	104.99
按投资来源分							
国内贷款	0.20	4.65	6.32	21.20	8.49	11.85	3.77
自筹资金	49.23	44.98	52.21	57.84	90.14	71.69	98.02
其他资金	4.01	6.69	20.87	31.68	4.96	12.15	3.18
按投资构成分							
建筑工程	27.45	29.46	60.96	90.20	77.23	69.69	76.93
安装工程	0.02	0.03		0.25	0.01	0.02	0.01
设备工、器具购置	20.08	18.60	12.54	11.61	17.69	17.55	18.08
其他	7.81	8.22	5.91	8.64	8.65	8.43	9.95
按投资方向分							
农业	20.16	15.04	10.56	16.36	13.32	14.7	18.7
采矿业				0.01			
制造业	2.42	0.08		0.02	0.36	0.29	0.07
电力、燃气及水的生产和供应业				0.01	0.32	0.21	
建筑业	20.63	3.11	0.21	1.05	3.75	40.9	2.5
交通运输、仓储和邮政业	0.39	7.51	4.62	2.98	5.73	5.38	4.74
信息传输、计算机服务和软件业	4.41	0.45	0.30	0.33	0.08	0.14	0.23
批发和零售业	0.47	0.01		0.08	0.01	0.03	0.01
住宿和餐饮业	0.14	0.27	0.07	0.14	0.08	0.11	0.26
金融业	0.38						
房地产业	2.49	26.09	59.82	81.14	76.15	60.93	73.95
租赁和商务服务业				0.15		0.71	
科学研究、技术服务和地质勘查业		0.02					
水利、环境和公共设施管理业	0.39	0.33	0.41		0.01	0.01	0.01
居民服务和其他服务业	3.04	4.13	3.07	8.07	3.4	8.77	4.2
教育	0.01	0.09					0.01
卫生、社会保障和社会福利业	0.14	0.31			0.02	0.03	
文化、体育和娱乐业	0.43		0.29	0.32	0.3	0.26	0.08
公共管理和社会组织							
国际组织							
按具体投资项目分							
房屋	25.20	28.45	60.02	88.60	77.03	68.24	76.93
道路		0.14	1.53	0.54	0.17	1.46	
桥梁							
设备	20.08	18.60	12.54	11.61	17.69	17.55	18.08
水利	0.38	0.31	0.41	1.58	0.01	0.01	0.01
其他	9.70	8.81	4.89	8.37	8.65	8.43	9.95
施工房屋面积（万平方米）	0.07	0.10	0.13	0.21	0.14	0.12	0.11
竣工房屋面积（万平方米）	0.07	0.10	0.34	0.45	0.13	0.09	0.11
竣工房屋投资完成额	24.94	28.45	60.02	88.60	69.34	59.14	93.12

2-32 居民消费、商品零售、农业生产资料价格总指数(1984—2012年)

(上年=100)

年 份	居民消费价格指数			商品零售价格指数			农业生产资料价格指数		
	全 省	城 市	农 村	全 省	城 市	农 村	全 省	城 市	农 村
1984	102.5	103.3	101.5	103.0	102.4	103.5	108.3		
1985	109.2	110.6	107.1	108.5	110.7	106.3	104.6		
1986	106.6	107.0	106.0	106.0	107.2	104.8	100.6		
1987	107.6	108.4	106.5	107.4	108.7	106.0	104.8		
1988	119.1	120.6	116.0	118.6	120.8	115.1	114.3		
1989	117.9	118.2	117.6	116.4	115.9	116.8	113.7		
1990	103.2	101.9	104.7	103.4	100.6	105.8	111.2		
1991	104.9	105.7	104.5	104.6	105.2	104.4	104.5		
1992	107.2	107.3	106.4	105.8	106.1	105.2	106.7		
1993	115.4	115.2	115.8	113.0	112.3	114.5	120.1		
1994	123.7	124.6	123.5	122.5	121.5	125.2	123.2		
1995	119.8	118.9	120.3	116.5	115.7	118.3	129.6		
1996	110.2	110.3	109.7	106.6	106.1	107.9	110.7		
1997	102.9	102.8	102.9	101.6	101.4	101.9	101.4		
1998	99.0	99.0	98.9	98.2	98.0	98.3	96.3		
1999	97.6	97.2	98.2	97.2	97.3	97.2	95.8		
2000	99.5	99.2	100.1	99.1	98.9	99.6	103.9		
2001	104.0	103.0	105.5	99.6	99.2	100.5	98.6		
2002	100.0	99.3	100.9	98.9	98.6	99.3	100.4		
2003	101.1	100.9	101.4	100.2	100.0	100.6	101.8		
2004	102.3	101.3	104.3	102.1	102.0	102.1	107.4		
2005	101.7	101.2	103.0	99.9	99.5	100.6	109.0		
2006	101.3	101.2	101.4	101.2	100.8	102.0	104.4		
2007	105.5	105.2	106.3	104.4	103.9	105.5	107.1		
2008	108.2	108.0	108.7	107.9	107.7	108.4	114.7		
2009	101.3	100.9	102.2	101.8	101.5	102.3	99.0		
2010	104.1	104.4	103.6	104.6	105.3	103.2	101.7		
2011	105.9	106.0	105.7	105.4	105.6	104.9	107.6		
2012	102.7	102.5	103.1	102.6	102.3	103.3	105.2		

2-33　居民消费价格分类指数(2012年)

(上年=100)

指　标	全　省	城　市	农　村
居民消费价格总指数	102.7	102.5	103.1
非食品价格指数	102.0	101.8	102.2
服务项目价格指数	101.9	101.9	101.8
工业品价格指数	102.0	101.8	102.4
扣除食品和能源价格指数	101.8	101.7	102.0
扣除鲜菜鲜果总指数	102.5	102.4	102.8
消费品价格指数	103.0	102.7	103.4
一、食品	104.1	103.8	104.7
1.粮食	102.3	102.3	102.3
大　米	102.9	102.2	104.0
面　粉	101.3	101.8	100.9
粮食制品	103.1	103.2	102.7
2.淀粉及制品	99.9	101.4	98.2
淀粉及制品	99.9	101.4	98.2
3.干豆类及豆制品	104.1	104.0	104.3
干　豆	92.6	90.8	94.8
豆 制 品	106.9	106.8	107.0
4.油脂	104.5	104.8	104.0
食用植物油	104.0	105.0	102.5
植物油制品	106.6	107.2	105.5
5.肉禽及其制品	104.2	103.3	105.7
(1)食用畜肉及副产品	103.2	103.0	103.6
猪　肉	96.1	96.3	95.4
牛　肉	120.0	119.1	122.4
羊　肉	113.7	113.7	113.7
畜肉副产品	108.1	110.3	106.0
(2)禽	101.4	101.2	101.7
鸡	101.8	101.6	101.9
鸭	101.3	103.0	100.4
(3)加工肉禽	109.6	106.5	112.2
畜肉制品	111.5	106.5	115.4
禽 制 品	105.9	106.4	105.5
6.蛋	97.4	96.1	100.3
鲜　蛋	96.6	95.8	98.6
蛋 制 品	104.8	101.3	107.1
7.水产品	105.2	104.5	107.5
(1)鱼	105.7	104.9	108.6
淡 水 鱼	105.4	104.9	106.9
海 水 鱼	106.9	104.6	112.7

2-33 续表1

（上年=100）

指　标	全　省	城　市	农　村
(2)其他水产品	103.5	103.6	103.1
虾蟹类	102.5	102.6	101.9
8.菜	108.5	108.1	109.5
鲜　菜	110.7	109.9	112.7
干菜及菜制品	100.7	99.3	101.7
薯　类	87.3	83.8	91.3
9.调味品	106.0	107.2	105.3
食用盐	108.3	114.3	105.1
酱　油	104.3	106.2	103.4
食　醋	105.5	103.5	107.1
味　精	105.7	102.5	107.5
10.糖	103.8	103.9	103.6
食　糖	104.2	102.4	106.0
糖　果	105.5	107.9	100.9
巧克力制品	101.3	101.8	100.3
糖类小食品	101.1	101.7	100.5
11.茶及饮料	102.3	103.6	100.7
(1)茶叶	101.1	101.9	100.2
(2)饮料	103.2	104.8	101.2
固体饮料	103.2	104.1	100.9
液体饮料	103.5	106.4	101.2
冷冻饮品	102.7	104.0	101.3
12.干鲜瓜果	98.0	95.4	103.8
鲜瓜果	96.5	93.1	103.8
干(坚)果	101.7	100.7	103.8
13.糕点饼干面包	102.8	102.6	103.2
糕　点	102.6	101.8	104.1
饼　干	103.4	103.4	103.5
面　包	102.5	103.4	101.3
14.液体乳及乳制品	103.0	102.0	105.6
巴氏杀菌乳或灭菌乳	103.6	102.2	108.0
酸牛乳	99.7	98.5	103.2
乳　粉	103.0	104.6	100.8
15.在外用膳食品	106.5	106.9	105.7
主　食	105.7	105.3	106.2
炒　菜	106.7	107.5	104.3
地方小吃	108.6	111.2	106.6
16.其他食品	103.0	104.1	100.1
二、烟酒	103.0	103.4	102.7

2-33 续表2

（上年＝100）

指 标	全 省	城 市	农 村
1.烟草	100.2	100.4	100.0
高档卷烟	99.5	99.3	100.0
中档卷烟	100.6	101.2	100.0
其 他	100.0	100.0	100.0
2.酒	108.0	108.0	107.9
白 酒	111.9	111.7	112.2
葡 萄 酒	101.2	100.7	101.6
啤 酒	103.7	101.8	105.5
其 他	104.6	115.2	100.7
三、衣着	102.6	102.3	103.1
1.服 装	102.8	102.5	103.4
(1)男式服装	102.4	102.8	101.3
大 衣	100.2	99.5	103.7
毛 线 衣	104.6	104.3	105.8
夹 克 衫	105.5	105.2	106.7
衬 衫	104.0	104.1	103.8
T 恤 衫	100.3	100.8	99.0
裤 子	103.6	105.0	99.2
西 服	103.3	104.7	100.2
运动衫裤	100.7	100.8	100.6
内 衣	101.2	101.0	102.1
羽 绒 衣	101.4	101.5	101.2
(2)女式服装	102.6	102.6	102.7
大 衣	104.3	100.3	109.7
毛 线 衣	103.3	102.6	105.0
羽 绒 衣	99.0	98.3	99.9
套 装	101.1	101.7	100.0
衬 衫	102.7	103.6	101.2
T 恤 衫	103.5	105.8	97.6
裙 子	104.2	104.0	104.6
裤 子	102.0	103.1	99.6
运动衫裤	102.6	102.9	101.3
内 衣	102.3	102.6	99.8
(3)儿童服装	104.1	100.7	106.2
上 衣	103.8	100.2	105.4
裤 子	106.1	100.8	109.9
裙 子	102.7	99.7	105.2
2.衣着材料	101.2	101.9	100.4
棉 布	101.5	102.0	100.6

2-33 续表3

(上年=100)

指　标	全　省	城　市	农　村
化纤布	101.8	102.6	100.5
毛　线	101.0	101.8	100.4
3.鞋袜帽	101.7	101.1	102.6
(1)鞋	101.8	101.2	102.9
男　鞋	102.9	100.9	106.5
女　鞋	101.9	101.5	102.9
童　鞋	99.9	99.9	100.0
(2)袜子	100.0	100.3	99.8
男　袜	100.6	101.0	100.4
女　袜	99.6	99.6	99.6
(3)帽子	99.6	98.9	100.3
男　帽	99.9	100.0	99.8
女　帽	99.5	98.3	101.0
4.衣着加工服务费	106.1	106.4	105.0
缝　纫	102.1	101.4	103.2
清　洗	110.4	110.4	110.6
四、家庭设备用品及维修服务	101.1	100.8	101.9
1.耐用消费品	100.1	100.0	100.3
(1)家　具	101.4	101.7	100.8
柜	99.6	99.7	99.6
床	99.6	99.0	100.2
桌	106.0	108.3	102.7
椅	104.0	105.4	101.0
沙　发	102.3	102.3	102.4
(2)家庭设备	99.1	98.8	99.9
洗衣机	98.8	98.1	99.9
电风扇	99.7	98.8	100.4
电冰箱(柜)	98.5	98.0	100.0
吸排油烟机	100.3	100.2	100.5
空调器	99.7	99.2	102.2
热水器	99.8	99.7	100.0
微波炉	98.5	98.3	99.1
2.室内装饰品	100.9	100.2	102.0
纺织装饰品	100.4	100.0	101.9
装饰灯具	101.8	100.8	102.3
3.床上用品	100.4	99.0	103.8
被　子	102.8	98.9	107.7
床上套件	99.4	98.5	101.3
4.家庭日用杂品	101.7	101.7	102.1

2-33 续表4

（上年＝100）

指 标	全 省	城 市	农 村
茶 具	101.9	100.5	106.5
餐 具	100.8	100.2	103.8
厨 具	99.8	99.6	100.1
家用手工工具	100.8	101.0	100.6
洗涤用品	104.0	104.0	103.6
5.家庭服务及加工维修服务	105.5	105.8	105.4
家庭服务	119.3	120.8	106.4
加工维修服务	104.1	99.5	105.3
五、医疗保健和个人用品	103.8	103.1	104.9
1.医疗保健	104.3	103.5	105.3
(1)医疗器具及用品	101.9	103.3	99.3
(2)中药材及中成药	108.6	107.6	109.8
中 药 材	109.6	110.3	108.8
中 成 药	106.7	103.5	112.3
(3)西药	102.5	102.7	102.2
抗菌素（抗感染药）	100.4	99.9	101.5
消化系统用药	102.7	104.1	99.7
呼吸系统用药	101.6	103.7	98.9
解热镇痛药	106.6	105.6	108.6
抗肿瘤药	100.9	100.2	102.1
激素类药	101.6	101.2	102.6
心血管系统用药	102.6	100.3	107.2
中枢神经系统用药	101.0	101.5	100.4
消毒防腐及创伤外科用药	100.9	101.0	100.6
泌尿系统用药	102.2	101.7	103.1
维生素类	102.0	101.1	103.6
其 他	104.7	106.9	98.1
(4)保健器具及用品	100.6	100.6	100.6
保健器具	99.8	100.3	98.9
滋补保健用品	100.7	100.6	102.4
(5)医疗保健服务	102.8	101.5	104.2
挂号诊疗费	104.0	104.8	102.6
注 射 费	107.0	100.8	113.0
检 查 费	100.8	101.6	99.8
手 术 费	100.4	100.7	100.0
床 位 费	104.6	100.4	107.8
理 疗 费	100.3	101.3	100.0
化 验 费	95.3	101.5	90.1
其 他	101.1	102.7	100.2

2-33 续表5

（上年=100）

指　标	全　省	城　市	农　村
2.个人用品及服务	102.5	102.3	103.1
(1)化妆美容用品	103.9	103.5	105.0
化妆美容器具	101.3	101.7	100.7
美容化妆品	103.8	103.8	103.6
护 肤 品	105.2	106.5	101.7
护发美容品	103.5	100.4	110.5
(2)清洁类化妆品	102.2	102.7	101.2
洗发用品	104.2	104.5	103.8
洗浴用品	101.8	101.4	102.7
其　　他	101.7	102.9	99.6
(3)个人饰品	101.6	101.7	101.3
首　　饰	106.3	106.2	106.5
皮　　件	100.3	100.3	100.8
手　　表	103.8	104.1	101.6
领　　带	99.9	99.9	99.8
其　　他	97.1	93.8	99.5
(4)个人服务	104.8	103.2	108.2
美　　容	102.6	102.1	105.5
理(烫)发	107.2	104.0	115.2
洗　　浴	104.5	104.0	105.7
其　　他	101.7	99.6	102.5
六、交通和通信	100.4	100.3	100.6
1.交通	102.0	102.3	101.6
(1)交通工具	100.4	100.0	100.7
助动自行车	101.4	105.0	100.5
轿　　车	99.3	99.3	99.8
自 行 车	101.0	100.2	101.1
其　　他	100.2	100.3	100.1
(2)车用燃料及零配件	102.3	103.4	101.8
汽　　油	103.0	103.4	102.7
柴　　油	102.6	103.2	102.6
零 配 件	100.2	102.4	99.2
其　　他	100.7	105.6	100.1
(3)车辆使用及维修费	104.2	104.0	104.5
保 险 费	100.6	101.3	100.0
停 车 费	103.9	105.0	100.0
车辆修理服务费	104.2	104.3	104.1
其　　他	114.3	104.7	132.8
(4)市区公共交通费	101.0	101.4	99.3

2-33 续表 6

（上年＝100）

指 标	全 省	城 市	农 村
公共汽车票	100.6	100.7	100.0
出租汽车	101.5	101.6	100.9
其 他	102.1	116.9	97.9
(5)城市间交通费	103.4	103.8	102.7
飞 机 票	102.6	103.0	100.0
火 车 票	100.0	100.0	100.0
长途汽车	107.3	110.9	104.1
短途汽车	102.7	102.2	103.3
其 他	101.4	102.7	100.7
2.通信	98.9	98.7	99.4
(1)通信工具	94.2	91.7	97.5
固定电话机	99.3	99.9	99.2
移动电话机	92.9	91.1	96.5
其 他	98.3	97.2	100.0
(2)通信服务	99.8	99.8	99.9
移动通信费	99.2	98.9	100.0
市内电话费	100.0	100.0	100.0
长途电话费	100.0	100.0	100.0
月 租 费	100.0	100.0	100.0
上 网 费	99.9	100.4	96.1
邮政邮寄	100.0	100.0	100.0
其他邮寄	99.5	99.5	100.0
其 他	100.0	100.0	100.0
七、娱乐教育文化用品及服务	101.0	100.9	101.1
1.文娱用耐用消费品及服务	97.7	97.0	99.1
电 视 机	97.5	97.3	98.0
激光视盘机	98.4	96.6	99.4
摄 像 机	99.4	99.3	99.5
照 相 机	97.0	96.1	99.1
家用音响	100.3	100.5	99.8
便携式音响	98.5	97.0	99.4
电 脑	94.5	94.3	96.4
修理服务	102.3	100.3	105.0
其 他	99.7	99.6	99.9
2.教育	101.2	100.9	101.6
(1)教材及参考书	100.3	98.9	102.2
工 具 书	100.1	100.0	100.2
教 材	100.1	98.2	102.9
参 考 书	101.1	100.0	101.9

2-33 续表 7

（上年＝100）

指 标	全 省	城 市	农 村
教育软件	100.5	98.9	101.5
(2)教育服务	101.3	101.0	101.5
学前教育	105.0	105.8	102.5
中等教育	103.3	99.2	105.7
高等教育	99.6	100.0	99.3
专业技能培训	100.9	101.3	100.0
其 他	108.8	114.9	103.8
3.文化娱乐类	102.6	103.3	100.4
(1)文化娱乐用品	100.4	100.7	100.1
乐 器	101.0	102.1	100.0
音像光盘和视盘	100.5	100.9	100.0
电子存储器	97.3	97.4	97.2
儿童玩具	102.6	102.2	105.8
纸张本册	103.0	103.0	103.0
文 具	102.1	102.2	102.1
体育用品	100.2	100.1	100.3
其 他	100.9	100.0	102.5
(2)书报杂志	100.0	100.2	99.6
书 籍	99.8	100.0	99.4
报 纸	100.1	100.2	99.9
杂 志	100.3	100.6	99.8
(3)文娱费	104.2	104.3	102.0
电 影 票	100.8	100.3	104.7
景点门票	107.9	108.3	100.2
有线电视	100.0	100.0	100.0
健身活动	102.5	101.4	107.1
其 他	103.4	103.5	101.0
4.旅游	102.3	102.3	101.5
旅行社收费	102.3	102.5	100.2
宾馆住宿	101.9	101.7	103.2
其他住宿	102.3	102.0	104.1
八、居住	101.8	102.1	101.4
1.建房及装修材料	101.4	100.8	101.6
木 材	101.3	102.3	100.8
木 地 板	101.2	98.2	101.8
砖	106.0	104.6	106.6
水 泥	98.7	93.2	100.4
涂 料	101.0	100.1	101.5
板 材	102.1	102.3	102.1

2-33 续表8

（上年＝100）

指 标	全 省	城 市	农 村
玻 璃	101.9	104.8	100.3
粘 胶	100.7	101.5	100.0
厨卫设备	100.5	100.0	100.7
其 他	99.6	98.9	100.0
2.住房租金	100.6	100.0	101.4
公房房租	100.7	100.0	101.4
私房房租	100.8	100.1	101.7
其他费用	100.0	100.0	100.0
3.自有住房	101.8	102.2	100.4
住房估算租金	100.8	101.0	100.1
物业管理费用	100.0	100.0	100.0
维护修理费用	107.9	112.2	101.5
其 他	101.3	101.9	100.0
4.水、电、燃料	102.5	102.4	102.6
水	102.1	102.4	100.0
电	102.4	102.5	102.1
液化石油气	103.3	103.6	102.8
管道燃气	100.0	100.0	100.0
其他燃料	103.3	103.6	103.2

2-34 分月居民消费价格指数(2012年)

(上年同期=100)

指 标	1月	2月	3月	4月	5月
居民消费价格总指数	103.0	102.9	103.3	103.5	103.5
非食品价格指数	101.6	101.8	102.1	102.2	102.4
服务项目价格指数	101.4	101.6	101.9	102.1	102.3
工业品价格指数	101.8	102.0	102.3	102.3	102.5
扣除食品和能源价格指数	101.4	101.6	101.9	102.0	102.2
扣除鲜菜鲜果总指数	103.1	103.1	103.2	103.1	103.0
消费品价格指数	103.6	103.4	103.8	104.0	104.0
一、食品	105.8	104.9	105.7	106.0	105.7
1.粮食	102.8	102.5	102.4	102.3	102.1
大 米	103.1	103.3	103.1	102.9	102.7
面 粉	101.4	101.7	101.6	101.2	101.2
粮食制品	104.8	102.6	103.4	103.4	102.9
其 他	100.5	103.4	100.2	100.5	101.4
2.淀粉及制品	100.0	101.1	101.2	102.5	101.4
淀粉及制品	100.0	101.1	101.2	102.5	101.4
3.干豆类及豆制品	101.6	102.2	101.9	102.4	102.4
干 豆	94.0	95.3	94.4	92.6	92.7
豆制品	103.5	103.9	103.8	104.8	104.9
4.油脂	104.2	103.2	103.3	104.3	105.4
食用植物油	103.2	102.3	102.4	103.3	104.8
植物油制品	105.7	104.1	104.9	106.9	106.8
其 他	107.3	106.6	105.9	106.1	106.8
5.肉禽及其制品	118.3	116.9	114.8	111.5	109.8
(1)食用畜肉及副产品	123.3	121.0	117.6	112.4	110.3
猪 肉	127.1	125.1	119.6	110.2	106.8
牛 肉	116.7	114.1	115.0	116.3	118.8
羊 肉	121.3	116.1	115.3	116.0	114.7
畜肉副产品	124.2	124.8	120.2	117.0	114.2
其 他	109.0	109.6	109.4	109.5	106.4
(2)禽	104.7	104.3	103.1	102.2	100.3
鸡	104.6	104.4	103.6	102.8	100.5
鸭	103.0	103.1	102.5	102.0	102.0
其 他	105.4	103.9	100.6	98.2	98.7
(3)加工肉禽	113.4	113.6	114.9	115.9	115.8
畜肉制品	118.1	118.9	120.0	120.4	120.3
禽制品	104.6	103.7	105.6	107.6	107.5
6.蛋	94.8	86.9	88.1	90.8	84.9
鲜 蛋	93.7	85.4	86.7	89.5	83.0

6 月	7 月	8 月	9 月	10 月	11 月	12 月
102.7	101.5	101.8	102.3	102.4	102.3	103.1
102.3	101.9	101.7	101.8	101.9	101.9	102.0
102.3	101.8	101.4	101.6	101.8	101.9	102.3
102.3	102.0	101.8	101.8	101.9	101.9	101.9
102.2	101.8	101.5	101.6	101.7	101.7	101.9
102.6	102.0	101.8	101.8	102.0	102.1	102.7
102.8	101.4	101.9	102.6	102.6	102.5	103.4
103.4	100.8	102.0	103.4	103.4	103.3	105.2
101.8	101.6	101.8	101.5	102.1	102.9	103.8
102.1	101.7	102.2	102.6	103.4	103.8	104.3
101.2	100.7	100.5	100.5	100.8	101.8	103.1
102.3	102.9	102.9	101.6	102.5	103.5	104.3
101.3	102.2	102.6	102.8	102.2	102.8	102.8
99.0	97.9	97.1	97.2	98.9	100.7	101.8
99.0	97.9	97.1	97.2	98.9	100.7	101.8
103.1	103.9	105.3	106.4	106.6	105.7	107.7
93.6	92.0	90.0	89.4	90.5	92.0	93.9
105.4	106.7	109.0	110.6	110.4	108.8	110.8
105.6	105.7	105.3	104.8	104.0	103.9	104.3
105.0	105.4	105.1	104.5	103.9	104.1	104.5
107.2	107.3	107.7	107.4	107.4	106.5	106.8
106.7	105.5	103.6	103.0	101.0	100.5	100.7
102.4	97.0	96.0	96.1	96.9	98.0	99.8
100.2	93.0	92.2	92.9	93.8	95.6	98.4
91.8	82.0	80.5	81.6	81.7	84.2	88.6
119.7	118.9	121.0	121.1	124.2	125.1	127.2
113.9	113.3	113.5	113.2	112.2	109.2	107.9
101.6	94.7	96.5	98.9	106.2	106.1	104.0
105.4	104.8	101.9	98.4	97.8	97.3	97.5
100.0	100.6	99.8	99.4	101.2	100.9	100.9
100.1	100.8	100.0	99.7	102.0	101.5	101.4
101.6	101.6	100.7	99.9	99.9	99.7	99.6
98.7	98.5	98.6	97.8	97.1	97.5	98.0
111.6	108.7	106.9	105.2	104.7	103.7	103.7
113.7	109.7	107.4	104.8	104.1	103.0	103.1
107.5	106.9	105.7	106.0	105.9	105.2	105.0
96.2	95.7	97.6	105.1	104.3	106.0	116.7
94.9	94.4	96.5	104.8	104.1	106.0	117.9

2-34　续表1

（上年同期＝100）

指　标	1月	2月	3月	4月	5月
蛋制品	104.7	100.7	100.5	100.7	100.8
7.水产品	106.9	106.3	107.8	109.0	107.9
(1)鱼	107.5	107.0	109.2	110.8	109.3
淡水鱼	106.6	106.6	109.1	111.0	109.6
海水鱼	110.3	108.4	109.7	110.4	108.5
(2)其他水产品	105.4	104.1	103.9	103.9	103.7
虾蟹类	104.9	102.5	103.2	102.9	102.6
其　他	106.4	107.5	105.2	106.0	106.1
8.菜	103.0	101.1	107.8	115.8	122.2
鲜　菜	105.2	103.0	110.4	120.2	128.4
干菜及菜制品	102.2	100.6	100.5	100.3	100.0
薯　类	70.4	71.1	73.7	71.4	74.1
9.调味品	104.5	105.2	105.4	105.3	104.4
食用盐	105.4	108.2	109.0	107.4	106.0
酱　油	103.5	103.0	102.9	103.7	103.2
食　醋	101.4	101.4	101.2	102.4	102.1
味　精	108.1	108.1	108.3	108.3	107.3
其　他	106.5	105.1	105.0	104.9	102.7
10.糖	108.3	107.9	105.7	105.8	104.5
食　糖	112.7	112.4	108.8	109.5	107.4
糖　果	105.8	105.4	104.0	103.9	103.8
巧克力制品	105.6	103.0	102.5	101.4	98.8
糖类小食品	101.6	102.4	101.4	101.4	100.9
11.茶及饮料	101.2	101.7	102.1	102.3	101.7
(1)茶叶	101.9	101.9	101.9	101.9	100.5
茶　叶	101.9	101.9	101.9	101.9	100.5
(2)饮料	100.7	101.6	102.2	102.6	102.6
固体饮料	98.3	99.3	100.6	101.3	102.0
液体饮料	101.7	102.9	103.0	103.5	103.5
冷冻饮品	103.6	103.6	103.6	103.3	102.2
12.干鲜瓜果	97.2	98.0	96.5	95.2	93.2
鲜瓜果	93.0	95.1	92.6	91.1	89.7
干(坚)果	108.4	106.0	107.3	106.3	102.7
13.糕点饼干面包	102.8	102.8	103.0	102.8	102.6
糕　点	102.1	102.6	102.1	101.4	102.8
饼　干	103.6	104.4	105.7	105.9	103.0
面　包	103.6	100.7	101.3	101.3	101.7
14.液体乳及乳制品	102.1	102.2	104.3	102.3	102.7

6 月	7 月	8 月	9 月	10 月	11 月	12 月
107.6	107.5	107.5	107.4	107.1	106.2	106.7
106.1	103.8	102.8	103.7	103.5	102.1	103.0
107.4	104.5	102.9	103.4	103.4	101.8	102.9
107.6	103.9	102.2	103.0	102.6	100.9	102.9
106.6	106.2	105.2	104.6	106.0	104.5	103.1
102.2	101.9	102.4	104.4	103.9	102.9	103.2
100.4	100.7	101.4	103.9	103.5	101.8	102.1
106.0	104.2	104.3	105.5	104.7	105.3	105.6
106.9	89.5	101.3	115.6	113.3	112.1	117.6
109.6	88.7	102.5	118.6	114.7	112.7	118.2
100.4	100.1	100.5	100.3	100.8	101.4	101.5
84.4	87.1	87.8	98.6	111.3	119.6	132.9
104.2	104.9	107.2	107.4	107.2	107.3	109.0
107.1	108.7	109.4	109.4	109.4	109.5	110.5
101.2	101.4	105.7	105.7	105.4	105.4	110.7
102.9	103.3	108.1	110.2	110.5	111.0	112.0
105.8	106.0	106.0	104.7	103.1	102.6	101.2
100.5	100.8	100.6	99.8	99.1	99.4	100.6
104.2	104.6	103.4	102.5	100.1	99.5	99.6
106.8	105.6	103.2	100.9	96.1	95.3	95.6
103.8	107.2	107.3	107.0	106.9	105.9	105.4
98.8	98.7	99.1	101.9	101.5	101.9	102.5
100.8	101.1	100.5	100.7	100.8	100.9	101.0
101.9	102.7	102.9	102.8	102.7	102.3	102.7
100.5	100.5	100.6	100.6	100.6	100.5	101.2
100.5	100.5	100.6	100.6	100.6	100.5	101.2
103.0	104.5	104.7	104.6	104.4	103.7	103.9
103.9	106.7	106.6	106.2	105.7	103.9	104.2
103.5	103.8	103.9	103.8	103.8	103.9	104.1
100.6	101.5	102.6	102.8	102.9	102.9	102.8
97.8	97.3	100.6	101.2	102.2	97.7	100.8
97.1	96.8	101.5	103.3	104.5	97.2	100.5
99.7	98.4	98.7	97.0	97.6	98.7	101.5
102.6	102.9	103.0	102.7	102.6	102.7	103.1
103.2	103.4	103.3	102.5	102.4	102.1	102.8
101.9	102.3	102.6	102.5	102.5	103.1	103.4
102.1	102.6	102.8	103.4	103.4	103.4	103.5
103.0	105.2	105.5	102.8	101.9	101.7	102.0

2-34 续表2

（上年同期＝100）

指　标	1 月	2 月	3 月	4 月	5 月
巴氏杀菌乳或灭菌乳	103.0	103.0	106.4	102.7	103.2
酸 牛 乳	99.3	99.1	99.0	99.6	100.2
乳　粉	100.4	101.3	101.3	102.6	103.0
其　他	103.1	102.9	104.5	103.4	102.6
15.在外用膳食品	107.7	106.9	107.4	106.8	106.7
主　食	107.1	107.8	106.7	105.8	105.8
炒　菜	107.4	108.3	108.8	108.1	107.8
地方小吃	112.1	107.1	106.6	106.4	106.3
其　他	104.0	97.5	105.3	106.2	105.8
16.其他食品	100.9	101.4	101.7	102.1	101.8
其他食品	100.9	101.4	101.7	102.1	101.8
二、烟酒	103.2	103.2	103.4	103.5	103.3
1.烟草	100.1	100.1	100.1	100.1	100.3
高档卷烟	99.3	99.3	99.3	99.3	100.0
中档卷烟	100.6	100.5	100.5	100.5	100.7
其　他	100.0	100.0	100.0	100.0	100.0
2.酒	108.7	108.9	109.4	109.7	108.7
白　酒	114.2	112.8	113.6	114.6	113.8
葡 萄 酒	99.0	100.0	99.8	100.8	99.5
啤　酒	104.3	106.5	107.0	105.1	103.6
其　他	101.3	104.2	104.2	104.2	104.4
三、衣着	101.2	101.5	102.3	102.7	103.1
1.服　装	101.1	101.4	102.4	103.0	103.5
(1)男式服装	101.0	101.2	102.3	102.9	103.0
大　衣	99.3	99.7	100.3	100.6	100.7
毛 线 衣	101.5	101.8	103.5	105.9	106.0
夹 克 衫	103.9	105.4	105.3	106.1	106.3
衬　衫	103.5	105.3	104.9	104.2	104.3
T 恤 衫	101.3	101.4	101.5	101.6	101.6
裤　子	101.9	102.2	103.2	103.8	104.2
西　服	100.9	100.8	101.0	103.7	104.1
运动衫裤	101.7	101.0	101.2	101.2	101.2
内　衣	102.3	100.5	101.2	101.2	101.2
羽 绒 衣	97.3	97.9	103.1	103.1	102.8
其　他	96.5	95.3	98.8	98.8	98.8
(2)女式服装	100.7	101.0	102.3	102.9	103.1
大　衣	101.7	101.4	103.7	103.7	104.0
毛 线 衣	103.4	103.8	103.7	105.5	104.6

6 月	7 月	8 月	9 月	10 月	11 月	12 月
103.7	107.6	108.0	102.9	101.3	101.0	101.3
100.4	98.8	99.5	99.5	99.9	100.2	100.5
102.8	103.3	103.4	104.9	104.9	104.1	104.1
103.1	103.5	103.4	104.5	104.5	104.3	105.7
106.1	106.7	106.2	105.8	105.5	105.8	106.2
105.6	105.3	105.2	104.5	104.1	105.5	105.8
106.4	107.4	105.9	105.5	105.2	104.9	105.4
106.9	109.6	110.9	109.6	109.4	109.1	109.8
105.2	104.8	104.3	105.8	106.3	105.4	105.4
103.4	103.6	103.0	103.2	104.3	104.8	105.2
103.4	103.6	103.0	103.2	104.3	104.8	105.2
103.4	103.3	103.2	103.0	102.8	102.0	101.8
100.2	100.2	100.2	100.2	100.2	100.2	100.2
99.8	99.6	99.6	99.6	99.6	99.6	99.6
100.7	100.6	100.6	100.6	100.6	100.6	100.6
100.0	100.0	100.0	100.0	100.0	100.0	100.0
108.9	108.7	108.6	107.9	107.3	105.0	104.5
114.0	114.2	113.7	112.1	110.6	106.1	105.0
99.5	100.0	100.5	101.6	103.3	104.8	105.4
103.8	102.3	102.4	102.4	102.4	102.4	102.4
105.6	105.0	105.3	105.3	105.4	105.0	105.4
103.3	103.3	103.2	102.8	102.7	102.6	102.4
103.7	103.7	103.4	103.1	102.9	102.8	102.6
103.2	103.1	102.7	102.6	102.3	102.4	102.1
100.2	99.9	100.5	100.6	100.5	100.0	100.0
107.1	106.7	105.6	105.4	104.3	104.4	103.4
106.2	106.1	106.1	105.3	105.0	105.3	104.9
102.6	103.8	103.8	103.6	104.0	104.3	104.1
100.5	100.3	99.9	99.5	99.1	98.6	98.7
105.0	104.2	103.3	103.4	103.8	104.6	103.8
105.4	105.5	105.1	104.3	102.8	103.3	102.4
101.4	100.8	99.9	100.1	100.1	100.1	100.1
101.0	101.2	101.3	101.5	101.0	101.0	101.1
102.5	102.2	102.1	102.2	101.9	101.3	100.9
100.6	101.3	101.3	101.3	100.4	100.4	101.6
103.5	103.6	103.3	102.9	102.9	102.8	102.5
105.4	105.2	105.1	105.5	105.5	105.5	105.1
104.5	104.1	103.1	103.2	103.2	101.3	99.7

2–34 续表3

（上年同期=100）

指　标	1 月	2 月	3 月	4 月	5 月
羽绒衣	95.3	95.7	100.4	100.4	99.4
套　装	100.2	101.1	101.0	101.2	101.4
衬　衫	100.8	100.9	100.3	101.3	102.3
T 恤衫	101.2	101.8	101.8	103.1	103.3
裙　子	100.6	101.5	102.9	104.1	105.7
裤　子	102.1	101.0	101.5	102.1	102.1
运动衫裤	103.4	102.8	102.9	102.9	103.0
内　衣	97.8	99.3	103.5	103.5	103.5
其　他	98.5	99.2	100.4	100.9	101.0
(3)儿童服装	102.5	102.5	102.9	103.2	105.4
上　衣	102.6	103.3	102.9	103.1	104.5
裤　子	104.7	104.1	105.6	106.3	107.1
裙　子	99.9	99.9	99.9	100.0	105.1
其　他	102.0	101.8	102.4	102.9	104.8
2.衣着材料	102.8	102.8	102.0	102.0	100.7
棉　布	104.0	104.1	103.0	103.0	99.8
化纤布	103.7	103.7	103.7	103.7	101.9
毛　线	102.5	102.5	100.7	100.7	100.8
其　他	100.0	100.0	100.0	100.0	100.0
3.鞋袜帽	100.9	101.4	101.6	101.7	101.8
(1)鞋	101.0	101.5	101.7	101.8	101.9
男　鞋	101.3	102.1	103.3	103.4	103.5
女　鞋	101.2	101.5	101.4	101.5	101.5
童　鞋	100.1	100.6	100.3	100.3	100.4
(2)袜子	99.9	99.7	98.8	100.5	100.5
男　袜	100.9	100.3	100.1	101.5	101.5
女　袜	99.3	99.3	98.0	100.0	100.0
(3)帽子	97.8	99.8	100.1	99.3	99.3
男　帽	97.0	100.0	100.0	100.0	100.0
女　帽	98.4	99.7	100.2	98.7	98.7
4.衣着加工服务费	104.8	104.9	105.2	105.2	105.3
缝　纫	102.7	102.7	102.7	102.7	102.7
清　洗	107.0	107.4	107.9	107.9	108.3
其　他	103.7	102.9	102.9	102.9	102.9
四、家庭设备用品及维修服务	100.6	100.7	101.1	101.2	100.9
1.耐用消费品	99.8	99.9	99.9	100.0	100.1
(1)家　具	101.5	101.6	101.3	101.3	101.2
柜	100.4	100.4	99.6	99.6	99.4

6 月	7 月	8 月	9 月	10 月	11 月	12 月
98.8	100.1	100.1	100.2	99.2	99.5	99.9
101.3	101.7	101.5	101.6	101.3	100.3	100.4
103.7	103.8	103.9	104.1	104.1	103.8	103.7
105.6	105.0	104.9	104.2	104.1	103.8	103.4
105.4	106.0	105.6	104.7	104.6	104.5	104.5
102.0	102.0	101.9	102.1	102.6	102.3	102.4
103.5	103.9	103.8	101.2	101.2	101.2	101.2
103.5	103.4	102.8	101.4	101.4	104.0	103.3
100.8	101.9	101.7	101.9	101.4	101.4	101.1
105.3	105.3	105.2	104.5	104.6	103.8	103.7
104.5	104.9	104.9	104.0	104.2	103.7	103.7
107.2	106.8	106.8	106.7	106.8	105.3	105.3
105.0	104.9	104.2	103.5	103.4	103.1	103.2
103.7	103.4	103.5	102.6	102.6	101.2	100.8
100.7	100.8	100.3	100.5	100.4	100.6	101.0
99.8	100.2	100.2	101.0	101.0	101.0	101.0
101.9	101.9	100.0	100.0	100.0	100.7	101.4
100.8	100.8	100.8	100.8	100.7	100.4	100.4
100.0	100.0	100.0	100.0	100.0	100.0	101.4
102.0	101.9	102.1	102.0	101.9	101.7	101.6
102.1	102.1	102.2	102.1	102.0	101.8	101.7
103.3	103.3	103.4	103.4	103.2	102.4	101.9
102.2	102.2	102.4	102.2	102.2	102.2	102.4
100.0	99.7	99.7	99.7	99.7	99.5	99.5
100.1	99.9	100.0	100.2	100.1	100.0	99.9
100.4	100.5	100.5	100.5	100.4	100.4	100.4
99.9	99.6	99.8	100.1	99.8	99.7	99.5
99.3	99.4	99.5	100.3	100.3	100.3	100.3
100.0	100.2	100.2	100.2	100.3	100.3	100.3
98.7	98.8	99.0	100.3	100.3	100.3	100.3
109.3	108.5	108.5	105.1	105.2	105.3	105.6
102.6	101.2	101.5	101.4	101.4	101.4	102.0
116.7	116.7	116.4	109.1	109.1	109.3	109.4
102.9	102.9	102.3	102.3	102.3	102.3	102.3
101.1	101.2	101.3	101.4	101.2	101.4	101.6
100.1	100.0	100.3	100.4	100.1	100.2	100.3
101.2	101.0	101.1	101.3	101.2	101.7	101.7
99.3	99.2	99.3	99.5	99.5	99.9	99.9

2-34　续表4

（上年同期=100）

指　标	1 月	2 月	3 月	4 月	5 月
床	99.5	99.6	99.6	99.6	99.6
桌	106.3	106.3	106.1	106.1	106.1
椅	104.3	104.3	104.3	104.3	104.7
沙　　发	101.5	101.9	101.9	101.9	101.9
其　　他	101.0	101.0	101.7	101.7	101.7
(2)家庭设备	98.5	98.6	98.8	99.1	99.3
洗 衣 机	97.4	98.0	97.9	98.1	98.6
电 风 扇	99.6	99.6	99.6	99.3	99.5
电冰箱(柜)	97.9	97.7	97.3	98.6	98.7
吸排油烟机	99.7	99.7	99.7	99.6	99.6
空 调 器	99.8	99.7	99.7	99.9	100.1
热 水 器	99.2	98.4	100.4	100.4	100.4
微 波 炉	97.9	99.1	99.1	99.1	99.4
其　　他	98.0	98.0	98.3	98.3	98.3
2.室内装饰品	100.8	100.8	100.8	100.9	101.1
纺织装饰品	100.8	100.8	100.8	100.4	100.4
装饰灯具	101.3	101.3	101.3	101.7	101.7
其　　他	100.0	100.0	100.0	100.0	101.0
3.床上用品	98.2	98.7	99.0	99.6	100.6
被　　子	99.7	100.8	101.3	101.0	104.0
床上套件	97.5	97.9	97.9	98.0	98.4
其　　他	97.5	97.7	98.1	99.6	99.6
4.家庭日用杂品	102.4	102.2	102.2	102.0	100.7
茶　　具	102.8	102.8	103.2	103.2	102.1
餐　　具	101.3	100.9	101.2	100.9	101.2
厨　　具	101.0	100.6	100.2	100.2	99.5
家用手工工具	100.6	100.6	100.6	100.6	100.6
洗涤用品	102.9	102.7	102.5	101.7	100.9
其　　他	103.6	103.6	103.5	103.5	99.9
5.家庭服务及加工维修服务	99.9	101.5	106.2	106.5	106.1
家庭服务	114.3	119.1	118.2	122.1	116.7
加工维修服务	98.7	100.0	105.1	105.1	105.1
五、医疗保健和个人用品	103.6	104.5	104.6	104.7	105.2
1.医疗保健	104.1	105.1	105.3	105.6	106.4
(1)医疗器具及用品	100.3	100.2	100.9	101.0	102.0
医疗器具及用品	100.3	100.2	100.9	101.0	102.0
(2)中药材及中成药	112.8	114.2	114.0	113.6	115.4
中 药 材	116.0	117.8	117.1	115.9	118.8

6 月	7 月	8 月	9 月	10 月	11 月	12 月
99.6	99.6	99.6	99.8	99.3	99.8	99.8
106.1	105.8	105.8	105.8	106.0	106.0	106.0
104.4	103.6	103.6	103.7	103.7	103.7	103.7
101.8	101.8	102.2	102.6	102.5	104.0	104.0
101.7	101.4	101.8	102.4	102.3	103.0	103.6
99.3	99.2	99.7	99.7	99.3	99.1	99.3
98.5	98.5	99.3	99.3	99.2	99.7	101.1
99.4	99.1	100.5	100.7	100.0	100.2	99.3
98.7	98.6	99.9	99.9	98.6	98.1	98.3
99.6	100.0	102.0	102.0	101.7	100.2	100.1
100.1	100.2	99.9	99.9	99.7	98.8	98.2
100.4	100.2	100.1	100.0	99.4	99.4	99.2
99.4	99.4	97.4	97.5	98.0	98.0	98.0
98.3	98.2	98.4	98.5	98.8	98.9	99.4
100.9	100.9	100.8	100.8	101.1	100.9	100.9
100.4	100.4	100.3	100.1	100.3	100.1	100.1
101.7	101.7	101.8	102.0	102.4	102.2	102.1
100.0	100.0	100.0	100.0	100.0	100.0	100.0
101.6	101.4	101.0	101.1	101.4	101.0	101.1
105.3	105.3	103.3	103.7	103.6	103.0	103.0
100.6	100.5	100.5	100.6	100.7	100.2	100.2
99.5	99.1	99.5	99.6	100.1	100.1	100.1
101.1	101.8	101.8	101.6	101.6	101.6	102.0
102.1	102.2	101.9	101.0	100.6	100.6	100.6
101.6	100.8	100.6	100.3	100.2	100.3	100.9
99.4	99.1	100.0	99.2	99.3	99.3	99.3
100.6	100.8	100.7	101.0	101.0	101.0	101.0
102.3	105.7	105.5	105.7	105.7	106.0	106.1
99.9	99.2	99.2	99.2	99.2	99.2	100.1
106.1	106.1	106.1	106.1	106.1	107.1	107.6
116.7	116.7	115.8	115.9	116.2	127.1	132.6
105.1	105.1	105.1	105.1	105.1	105.1	105.1
105.0	103.3	102.6	102.8	103.0	103.0	103.3
106.1	103.8	103.1	102.8	102.8	102.9	103.4
102.5	102.7	102.0	102.5	103.1	103.0	103.1
102.5	102.7	102.0	102.5	103.1	103.0	103.1
113.7	105.8	103.9	102.9	102.6	103.1	104.4
117.1	105.6	103.2	101.8	101.2	102.5	104.2

2-34 续表5

（上年同期＝100）

指 标	1月	2月	3月	4月	5月
中成药	107.3	107.9	108.6	109.6	109.5
(3)西药	101.8	101.5	101.6	101.9	102.9
抗菌素（抗感染药）	97.2	97.2	96.9	96.7	100.5
消化系统用药	99.9	99.9	101.0	102.8	102.8
呼吸系统用药	104.8	103.7	101.1	100.5	103.5
解热镇痛药	106.3	106.3	106.1	107.2	106.2
抗肿瘤药	102.7	102.6	101.4	101.4	101.4
激素类药	98.3	99.4	100.5	102.4	102.9
心血管系统用药	99.7	99.7	101.7	103.4	102.2
中枢神经系统用药	101.8	97.9	98.8	97.5	101.6
消毒防腐及创伤外科用药	107.8	105.7	106.4	101.7	101.5
泌尿系统用药	104.1	104.3	103.6	103.6	102.6
维生素类	98.0	100.8	101.0	103.4	102.2
其 他	100.1	100.1	102.4	102.8	104.8
(4)保健器具及用品	100.8	100.6	100.5	100.5	100.6
保健器具	100.1	99.5	99.5	99.5	99.5
滋补保健用品	101.0	100.8	100.7	100.7	100.8
(5)医疗保健服务	100.2	102.0	102.5	103.3	103.3
挂号诊疗费	100.0	104.5	104.5	104.5	104.5
注射费	102.6	102.6	104.8	110.2	110.2
检查费	99.5	99.8	100.2	100.2	100.2
手术费	100.0	100.0	100.4	100.4	100.4
床位费	100.0	104.9	104.9	105.4	105.3
理疗费	100.0	100.0	100.2	100.2	100.2
化验费	97.0	97.0	97.5	92.1	92.1
其 他	101.2	100.4	101.1	101.1	101.1
2.个人用品及服务	102.3	103.0	102.6	102.4	101.8
(1)化妆美容用品	102.6	102.9	102.4	104.5	104.6
化妆美容器具	101.6	101.5	101.8	101.1	101.2
美容化妆品	102.7	104.3	104.3	103.6	103.0
护肤品	101.9	101.6	101.2	105.2	105.8
护发美容品	103.6	104.1	103.1	105.4	105.2
(2)清洁类化妆品	103.5	103.6	102.2	101.6	101.8
洗发用品	102.4	102.2	103.2	103.6	104.2
洗浴用品	101.2	101.7	102.4	102.2	101.9
其 他	105.0	105.0	101.7	100.6	101.0
(3)个人饰品	101.4	102.7	102.1	101.6	100.5
首 饰	110.1	114.4	112.1	109.7	105.2

6 月	7 月	8 月	9 月	10 月	11 月	12 月
107.7	106.1	105.2	105.2	105.2	104.4	104.8
102.9	103.1	102.6	102.6	102.9	102.9	103.4
101.1	102.1	102.5	103.3	103.0	102.8	102.6
103.0	103.4	103.4	103.4	103.4	103.9	105.6
102.5	101.4	98.5	99.8	100.0	100.7	102.8
105.4	109.9	109.7	106.8	106.1	105.2	104.1
101.5	99.9	100.0	100.0	100.0	100.0	99.7
104.1	102.0	101.0	101.3	101.7	101.7	104.5
102.3	102.0	102.0	104.1	105.0	104.7	104.8
102.9	100.1	100.2	101.5	103.1	103.3	103.7
101.5	96.4	95.7	95.7	99.4	100.2	99.9
101.4	101.0	101.3	101.3	101.8	100.7	100.9
102.8	104.9	103.9	101.5	101.6	102.1	102.3
106.8	108.0	107.7	106.0	105.5	104.9	107.0
100.6	100.5	100.4	100.5	100.6	100.5	100.9
99.5	99.5	99.6	99.6	99.8	99.8	101.9
100.8	100.7	100.6	100.7	100.7	100.7	100.6
103.7	103.2	103.2	103.2	103.2	102.9	102.9
104.5	104.2	104.2	104.2	104.2	104.5	104.5
110.6	107.0	107.4	107.4	107.4	107.0	107.0
101.4	101.4	101.4	101.4	101.4	101.5	101.5
100.6	100.6	100.6	100.6	100.6	100.6	100.6
105.4	105.4	105.4	105.4	105.4	104.2	104.1
100.5	100.5	100.5	100.5	100.5	100.5	100.5
95.3	95.7	95.7	95.7	95.7	95.2	95.2
101.1	101.1	101.1	101.1	101.1	101.1	101.1
101.9	101.9	101.3	102.8	103.6	103.6	103.0
104.5	104.5	104.4	104.6	104.4	104.0	103.8
101.1	101.2	101.2	100.9	101.2	101.5	101.5
103.0	104.9	104.6	104.2	103.6	103.6	103.3
106.9	106.9	107.1	107.1	106.5	106.1	106.2
103.6	102.8	102.6	103.4	103.5	102.8	102.3
101.8	101.4	102.0	102.0	102.0	101.9	102.2
104.6	104.7	104.6	104.9	105.1	104.8	106.1
101.6	101.5	101.8	101.6	101.4	101.6	102.3
101.0	100.3	101.2	101.2	101.2	101.0	100.9
100.4	100.3	98.9	101.8	103.5	103.6	102.4
103.2	101.7	96.9	102.7	108.1	108.6	104.3

2-34 续表6

（上年同期=100）

指 标	1 月	2 月	3 月	4 月	5 月
皮 件	100.0	100.0	100.0	100.2	100.2
手 表	100.4	101.4	101.4	101.3	103.3
领 带	99.1	99.1	99.2	99.3	99.3
其 他	91.9	91.9	91.9	91.9	93.2
(4)个人服务	103.1	103.2	104.9	104.4	103.6
美 容	100.4	100.5	100.2	100.2	100.2
理(烫)发	105.7	105.8	109.7	108.7	106.8
洗 浴	103.2	103.2	103.8	103.8	103.8
其 他	100.0	100.0	100.0	99.5	99.5
六、交通和通信	100.6	100.5	100.5	100.8	100.9
1.交通	102.4	102.1	102.0	102.7	102.4
(1)交通工具	100.7	100.6	100.7	100.7	100.7
助动自行车	101.3	101.5	101.9	101.9	102.2
轿 车	99.7	99.3	99.3	99.3	99.3
自行车	101.4	101.5	101.5	101.4	101.4
其 他	100.3	100.3	100.1	100.1	100.1
(2)车用燃料及零配件	105.0	104.9	105.9	105.9	103.5
汽 油	106.4	106.4	107.8	107.7	104.4
柴 油	106.4	105.6	106.6	106.7	103.9
零配件	101.9	101.9	101.9	101.3	101.3
其 他	100.5	100.5	100.6	100.8	100.8
(3)车辆使用及维修费	100.8	102.7	102.7	102.8	102.4
保险费	100.0	100.0	100.0	100.0	100.5
停车费	100.0	100.0	100.0	101.3	102.4
车辆修理服务费	100.0	101.9	101.9	101.9	101.9
其 他	112.1	122.5	122.5	122.5	111.7
(4)市区公共交通费	101.2	100.4	100.8	100.4	100.4
公共汽车票	100.0	100.0	100.0	100.0	100.0
出租汽车	102.8	100.2	102.8	100.2	100.2
其 他	104.3	104.3	100.0	104.1	104.1
(5)城市间交通费	103.3	102.6	101.5	103.8	104.6
飞机票	108.7	100.2	92.8	104.1	109.2
火车票	100.0	100.0	100.0	100.0	100.0
长途汽车	105.5	106.8	106.3	107.5	107.7
短途汽车	99.6	100.1	100.5	103.7	103.2
其 他	100.4	98.9	99.9	102.3	102.3
2.通信	98.8	99.1	99.1	98.9	99.4
(1)通信工具	92.4	93.0	93.0	92.8	94.7
固定电话机	97.7	99.6	99.7	99.4	99.5
移动电话机	91.1	91.4	91.4	91.2	93.5

6 月	7 月	8 月	9 月	10 月	11 月	12 月
100.2	100.3	100.4	100.5	100.8	100.8	100.8
105.3	105.3	105.4	105.5	105.5	105.5	105.5
100.1	100.3	100.3	100.4	100.4	100.4	101.0
95.2	96.7	96.7	104.7	104.4	104.4	104.4
104.6	105.8	105.5	105.6	105.8	105.5	105.5
101.4	104.7	104.7	104.7	104.7	104.7	104.7
106.4	107.2	107.2	107.2	107.2	107.2	107.2
105.9	105.9	104.6	105.0	106.3	104.3	104.3
102.5	103.1	103.1	103.1	103.1	103.1	103.1
100.3	99.8	99.8	100.2	100.8	100.6	100.6
101.4	100.4	100.5	101.5	103.0	102.7	103.1
100.7	100.6	100.3	100.1	100.1	100.0	100.1
102.0	102.0	101.4	100.7	100.7	100.7	100.7
99.3	99.3	99.5	99.4	99.3	99.1	99.3
101.4	101.1	100.3	100.5	100.5	100.5	100.5
100.5	100.5	100.5	99.8	99.8	99.8	100.2
99.4	96.2	96.9	100.8	103.5	103.7	102.2
99.1	95.2	96.0	101.2	104.6	104.7	102.8
99.7	94.9	96.0	100.6	104.2	104.9	102.7
98.7	98.7	98.6	99.2	99.4	99.8	99.8
100.7	100.6	100.6	100.8	100.9	101.0	100.9
102.2	102.9	104.5	106.6	107.6	107.6	107.6
100.9	100.9	100.9	100.9	100.9	100.9	100.9
100.0	97.6	109.2	109.2	109.2	109.2	109.2
101.9	103.7	103.7	107.3	108.8	108.8	108.8
111.7	111.7	111.7	111.7	111.8	111.8	111.8
100.4	100.4	101.1	100.2	101.7	102.6	102.6
100.0	100.0	100.0	100.0	102.5	102.5	102.5
100.2	100.2	102.3	102.3	102.3	102.3	102.3
104.1	104.1	104.1	94.9	94.9	104.1	104.1
103.7	102.4	101.8	103.1	105.2	103.4	105.7
102.9	94.9	94.4	101.0	114.9	100.5	110.2
100.0	100.0	100.0	100.0	100.0	100.0	100.0
107.7	107.7	106.4	107.2	107.1	107.8	109.7
103.5	103.3	103.1	103.1	103.1	103.1	106.4
102.3	102.3	102.3	101.3	101.3	101.3	102.1
99.3	99.2	99.2	98.9	98.6	98.6	98.2
94.2	93.5	95.1	95.7	95.3	95.4	95.4
99.5	99.3	99.3	99.4	99.4	99.4	99.3
92.9	92.0	94.1	94.8	94.2	94.4	94.4

2-34 续表 7

（上年同期＝100）

指 标	1 月	2 月	3 月	4 月	5 月
其 他	97.4	97.4	97.4	98.1	98.7
(2)通信服务	100.0	100.2	100.2	100.0	100.2
移动通信费	100.0	100.0	100.0	100.0	100.0
市内电话费	100.0	100.0	100.0	100.0	100.0
长途电话费	100.0	100.0	100.0	100.0	100.0
月 租 费	100.0	100.0	100.0	100.0	100.0
上 网 费	99.9	102.1	102.1	100.5	102.2
邮政邮寄	100.0	100.0	100.0	100.0	100.0
其他邮寄	100.0	100.0	100.0	100.0	100.0
其 他	100.0	100.0	100.0	100.0	100.0
七、娱乐教育文化用品及服务	101.1	101.1	101.5	101.1	101.1
1.文娱用耐用消费品及服务	97.7	97.1	97.5	97.6	97.7
电 视 机	95.4	95.5	96.3	96.6	97.0
激光视盘机	97.3	97.5	96.8	97.9	98.0
摄 像 机	99.7	99.4	99.7	99.5	99.3
照 相 机	96.8	95.9	96.3	96.2	96.4
家用音响	100.2	99.9	99.7	99.5	99.5
便携式音响	99.2	99.2	99.2	98.7	97.9
电 脑	98.5	95.7	95.7	95.9	96.4
修理服务	102.1	102.1	102.1	102.0	102.0
其 他	99.9	100.0	100.0	100.0	99.7
2.教育	100.2	100.3	101.1	101.1	101.1
(1)教材及参考书	100.2	100.3	100.1	100.1	100.1
工 具 书	100.1	100.1	100.1	100.1	100.1
教 材	100.1	100.1	99.3	99.3	99.3
参 考 书	100.3	100.8	101.6	101.6	101.6
教育软件	101.9	101.9	101.9	101.9	101.9
(2)教育服务	100.2	100.3	101.2	101.1	101.1
学前教育	110.4	110.4	103.7	103.7	103.7
中等教育	99.4	99.4	102.9	102.9	102.9
高等教育	99.1	99.1	99.5	99.5	99.5
专业技能培训	101.8	101.8	101.8	101.2	101.2
其 他	103.2	108.4	110.1	110.1	110.1
3.文化娱乐类	106.3	106.4	106.3	104.0	103.8
(1)文化娱乐用品	99.9	100.3	100.3	100.4	100.5
乐 器	101.0	101.0	101.0	100.8	100.8
音像光盘和视盘	100.8	100.8	100.8	100.8	100.8
电子存储器	97.6	97.4	97.6	97.9	98.0
儿童玩具	102.2	102.2	102.6	102.2	102.2
纸张本册	102.2	103.5	103.0	103.0	103.0
文 具	99.7	101.0	101.6	101.6	101.6

6 月	7 月	8 月	9 月	10 月	11 月	12 月
99.3	99.3	98.5	98.6	98.3	98.3	98.3
100.2	100.2	99.9	99.5	99.2	99.2	98.7
100.0	100.0	99.0	99.0	97.9	97.9	96.7
100.0	100.0	100.0	100.0	100.0	100.0	100.0
100.0	100.0	100.0	100.0	100.0	100.0	100.0
100.0	100.0	100.0	100.0	100.0	100.0	100.0
102.2	102.2	101.2	97.4	97.4	97.4	94.8
100.0	100.0	100.0	100.0	100.0	100.0	100.0
100.0	100.0	100.0	98.6	98.6	98.6	98.6
100.0	100.0	100.0	100.0	100.0	100.0	100.0
101.2	100.4	100.3	100.9	101.0	101.1	101.1
97.2	97.3	98.1	97.8	98.1	98.1	98.4
97.0	97.0	99.1	98.8	99.1	99.2	99.6
98.2	98.3	99.4	98.9	99.5	99.5	99.5
99.4	99.4	99.2	99.2	99.4	99.4	99.6
96.9	96.9	97.0	96.6	97.8	97.8	99.3
100.2	100.4	100.1	100.3	101.0	101.0	101.3
97.9	98.3	98.4	98.1	98.3	98.2	98.0
93.3	93.4	93.4	92.9	92.9	92.9	92.9
102.0	102.6	102.6	102.6	102.6	102.6	102.6
99.7	99.7	99.4	99.5	99.5	99.5	99.5
101.1	101.0	100.9	102.0	102.1	102.1	102.0
100.0	100.0	100.0	100.9	100.9	100.9	100.9
100.1	100.1	100.1	100.0	100.0	100.0	100.0
99.3	99.3	99.3	101.3	101.3	101.3	101.3
101.6	101.6	101.6	100.6	100.6	100.6	100.6
99.6	99.6	99.6	99.6	99.6	99.6	99.6
101.1	101.0	101.0	102.1	102.2	102.2	102.1
103.7	103.7	103.7	104.2	104.2	104.2	104.6
102.9	102.6	102.3	105.7	106.0	106.0	106.0
99.5	99.5	99.5	100.0	100.0	100.0	100.0
101.2	101.2	101.2	100.0	100.0	100.0	100.0
110.1	110.1	109.1	109.1	109.1	109.1	106.7
104.0	100.1	100.2	100.2	100.2	100.6	100.4
100.1	100.2	100.8	100.7	100.6	100.6	100.7
101.3	101.3	101.3	100.8	100.8	100.8	100.8
100.8	100.8	100.0	100.0	100.0	100.0	100.0
96.7	97.1	97.2	97.0	96.9	96.9	97.0
102.2	102.2	102.4	103.3	103.3	103.3	103.3
102.5	102.6	104.2	103.0	103.0	103.1	103.2
101.8	101.7	103.3	103.3	103.3	103.3	103.3

2-34 续表 8

（上年同期＝100）

指 标	1 月	2 月	3 月	4 月	5 月
体育用品	99.8	100.0	99.7	99.5	100.0
其　　他	100.0	100.0	100.0	100.0	100.0
(2)书报杂志	100.6	100.6	99.8	99.8	99.8
书　　籍	99.8	99.8	99.6	99.6	99.6
报　　纸	100.7	100.7	100.0	100.0	100.0
杂　　志	102.4	102.4	99.9	99.9	99.9
(3)文娱费	110.5	110.5	110.5	106.5	106.2
电 影 票	100.7	100.7	100.7	100.7	101.1
景点门票	123.2	123.2	123.2	113.6	112.7
有线电视	100.0	100.0	100.0	100.0	100.0
健身活动	101.3	102.0	102.0	102.0	102.5
其　　他	100.6	100.6	100.6	100.0	100.0
4.旅游	102.2	102.1	102.2	102.2	102.2
旅行社收费	102.9	102.7	102.9	102.9	102.9
宾馆住宿	100.4	100.4	100.4	100.4	100.4
其他住宿	100.7	100.7	100.7	100.7	100.7
八、居住	101.5	101.6	101.6	101.8	102.1
1.建房及装修材料	101.8	102.1	102.1	101.5	101.4
木　　材	102.2	102.2	102.3	100.3	100.3
木 地 板	100.8	100.8	100.9	101.7	101.8
砖	105.3	107.3	108.3	108.0	107.8
水　　泥	101.1	100.6	100.5	100.2	100.1
涂　　料	100.0	101.0	101.1	100.0	100.0
板　　材	102.5	103.0	102.9	102.3	102.2
玻　　璃	103.0	103.5	103.1	101.8	101.8
粘　　胶	101.2	101.2	101.0	101.0	101.0
厨卫设备	100.1	100.7	100.7	101.1	100.8
其　　他	100.9	100.9	99.9	99.0	98.6
2.住房租金	101.7	101.6	101.5	101.5	100.4
公房房租	100.0	100.0	100.8	100.8	100.8
私房房租	102.7	102.6	102.2	102.2	100.4
其他费用	100.0	100.0	100.0	100.0	100.0
3.自有住房	101.4	101.4	101.4	102.0	102.6
住房估算租金	100.8	100.8	100.8	100.8	101.6
物业管理费用	100.0	100.0	100.0	100.0	100.0
维护修理费用	105.8	105.8	105.8	110.0	110.0
其　　他	100.6	100.6	100.6	100.6	100.6
4.水、电、燃料	101.3	101.6	101.7	101.7	101.6
水	103.3	103.3	103.3	103.3	103.3
电	100.0	100.0	100.0	100.0	100.0
液化石油气	104.2	105.0	105.4	106.0	103.6
管道燃气	100.0	100.0	100.0	100.0	100.0
其他燃料	102.3	103.1	103.3	103.0	103.5

6 月	7 月	8 月	9 月	10 月	11 月	12 月
100.5	100.4	100.6	100.6	100.6	100.1	100.5
100.0	101.8	101.8	101.8	101.8	101.8	101.8
99.8	99.8	99.8	100.0	100.0	100.0	100.0
99.6	99.6	99.6	100.0	100.0	100.0	100.0
99.9	99.9	99.9	99.9	99.9	99.9	99.9
99.9	99.9	99.9	99.9	99.9	99.9	99.9
106.5	100.2	100.1	100.1	100.1	100.7	100.3
100.8	100.8	100.8	100.8	100.9	100.9	100.9
112.7	99.2	99.2	99.2	99.2	100.3	99.6
100.0	100.0	100.0	100.0	100.0	100.0	100.0
104.6	104.6	102.2	102.2	102.2	102.2	102.2
105.6	105.6	105.6	105.5	105.5	105.5	105.5
104.0	104.2	101.4	101.4	101.3	102.0	102.1
104.5	104.5	100.7	100.7	100.7	101.6	100.9
100.9	102.6	102.6	102.6	102.5	102.5	107.3
103.6	103.6	103.6	103.6	102.9	102.9	103.6
101.8	102.1	101.6	101.6	101.7	102.0	102.7
100.9	101.0	101.0	101.1	101.2	101.2	101.1
100.3	100.5	100.8	101.2	101.7	102.0	102.0
101.4	101.2	101.2	101.2	101.2	101.1	101.1
105.0	106.0	105.6	105.0	104.9	104.9	104.1
98.7	97.7	97.2	97.1	97.1	97.0	97.1
100.0	101.1	101.1	101.1	102.2	102.2	102.2
101.8	101.9	101.9	101.9	101.4	101.9	101.9
101.8	101.4	101.4	101.4	100.7	101.4	101.4
101.0	101.0	101.0	101.2	100.5	99.4	98.6
100.8	100.8	100.5	100.1	100.2	100.2	100.2
98.6	98.6	99.6	99.9	99.9	99.9	99.9
100.4	100.4	99.6	99.6	99.6	100.4	100.4
100.8	100.8	100.8	100.8	100.8	100.8	100.8
100.4	100.4	99.2	99.2	99.2	100.4	100.4
100.0	100.0	100.0	100.0	100.0	100.0	100.0
102.4	102.0	101.3	101.3	101.4	101.6	102.9
101.6	101.6	100.5	100.5	100.5	100.3	100.3
100.0	100.0	100.0	100.0	100.0	100.0	100.0
108.6	106.3	106.3	106.3	107.3	109.3	112.9
100.6	100.3	100.3	100.3	100.3	100.7	110.3
101.3	103.4	103.1	103.1	103.2	103.7	103.8
103.3	101.8	101.8	101.8	100.0	100.0	100.0
100.0	104.8	104.7	104.7	104.7	104.5	104.6
102.4	102.4	101.7	101.9	102.1	102.7	102.7
100.0	100.0	100.0	100.0	100.0	100.0	100.0
102.9	102.9	102.3	101.9	103.1	105.6	105.8

2-35 居民消费价格分类指数

（上年同期=100）

指 标	2006	2007	2008
居民消费价格总指数	101.3	105.5	108.2
非食品价格指数	100.1	101.9	103.8
服务项目价格指数	101.2	102.7	104.0
工业品价格指数	99.6	101.8	103.7
扣除食品和能源价格指数	99.7	101.8	102.4
扣除鲜菜鲜果总指数	100.4	105.3	108.3
消费品价格指数	101.3	106.0	109.2
食品	103.7	112.1	116.2
粮食	103.4	106.8	107.2
淀粉	111.9	110.3	117.8
干豆类及豆制品	101.8	108.3	128.1
油脂	98.9	126.2	138.8
肉禽及其制品	98.4	132.7	126.6
食用畜肉及副产品	97.3	137.7	130.7
禽	98.2	130.0	113.8
加工肉禽	103.4	120.7	124.9
蛋	95.4	127.1	101.2
水产品	100.3	105.0	116.2
鱼	101.0	106.2	118.3
其他水产品	98.9	100.4	110.6
菜	116.0	104.7	108.5
调味品	102.8	108.9	108.9
糖	111.3	103.2	114.5
茶及饮料	101.9	103.6	106.2
茶叶	103.2	109.1	107.5
饮料	101.2	101.2	105.7
干鲜瓜果	116.8	102.0	109.6
糕点饼干	100.5	104.9	112.8
液体乳及乳制品	98.2	102.6	112.0
在外用膳食品	101.0	108.1	116.4
其他食品	99.8	103.0	112.1
烟酒	99.2	101.8	104.4
烟草	99.8	100.6	100.9
酒	97.7	103.4	110.5
衣着	94.7	98.5	100.6
服装	92.8	99.3	99.9
男式服装	91.5	100.6	99.3
女式服装	92.0	97.1	99.1
儿童服装	100.2	104.5	104.2
衣着材料	99.1	99.8	100.4
鞋袜帽	98.0	95.6	102.5
鞋	97.4	94.7	103.1
袜子	100.7	100.7	99.9
帽子	103.0	100.3	96.4
衣着加工服务费	102.0	102.3	101.8

2009	2010	2011	2012
101.2	104.1	105.9	102.7
100.4	101.6	103.3	102.0
99.5	102.6	104.4	101.9
100.9	101.1	102.5	102.0
100.0	101.2	103.0	101.8
100.3	103.5	105.8	102.5
101.7	104.5	106.4	103.0
103.3	109.4	111.4	104.1
105.2	120.8	110.5	102.3
105.2	111.3	120.2	99.9
101.2	112.6	105.8	104.1
85.1	101.0	114.1	104.5
93.2	105.2	122.4	104.2
89.5	105.1	128.9	103.2
101.1	110.6	112.4	101.4
96.5	101.8	111.1	109.6
103.3	109.1	116.0	97.4
103.1	108.8	109.1	105.2
100.6	109.5	110.6	105.7
106.2	103.6	104.9	103.5
120.3	109.8	103.4	108.5
104.0	105.2	105.4	106.0
100.7	110.3	115.3	103.8
104.3	102.5	102.6	102.3
105.3	104.0	104.3	101.1
103.8	101.7	101.2	103.2
109.9	117.1	115.1	98.0
103.6	103.2	109.8	102.8
101.4	101.8	102.8	103.0
104.4	106.3	110.1	106.5
103.8	102.1	105.3	103.0
102.6	102.8	101.8	103.0
100.9	100.3	100.0	100.2
105.3	106.7	105.0	108.0
99.8	100.0	101.3	102.6
98.0	100.3	101.2	102.8
97.3	100.4	101.5	102.4
98.1	99.7	100.2	102.6
98.9	101.8	102.9	104.1
101.1	102.0	105.7	101.2
103.7	98.1	101.1	101.7
104.2	97.9	101.1	101.8
102.1	101.6	101.0	100.0
96.8	93.8	101.9	99.6
104.2	104.9	103.0	106.1

2-35 续表1

（上年同期=100）

指 标	2006	2007	2008
家庭设备用品及维修服务	100.5	103.0	103.1
耐用消费品	100.9	101.5	101.1
家 具	101.8	103.3	102.9
家庭设备	100.1	99.9	99.6
室内装饰品	100.0	99.7	99.4
床上用品	100.7	98.7	98.4
家庭日用杂品	101.8	104.2	106.2
家庭服务及加工维修服务	92.9	115.1	109.7
医疗保健和个人用品	102.8	107.0	103.5
医疗保健	103.4	110.1	104.0
医疗器具及用品	92.0	103.6	97.6
中药材及中成药	103.2	125.7	108.5
西药	98.6	105.4	100.8
保健器具及用品	100.2	99.9	101.3
医疗保健服务	112.5	104.5	104.3
个人用品及服务	101.4	100.3	102.6
化妆美容用品	98.5	98.9	98.6
清洁化妆用品	99.8	99.9	102.6
个人饰品	102.3	101.7	103.6
个人服务	103.2	100.1	103.2
交通和通信	100.3	98.7	99.6
交通	104.9	102.5	103.7
交通工具	101.1	100.1	100.1
车用燃料及零配件	110.1	104.1	109.2
车辆使用及维修费	106.5	103.6	101.1
市区公共交通费	101.9	104.3	102.7
城市间交通费	109.2	102.2	108.1
通信	96.2	95.2	94.6
通信工具	84.3	75.0	79.0
通信服务	99.9	101.0	99.3
娱乐教育文化用品及服务	98.1	99.6	100.5
文娱用耐用消费品及服务	97.9	94.3	94.5
教育	96.3	98.8	102.5
教材及参考书	94.2	94.9	103.5
教育服务	95.4	92.2	102.3
文化娱乐类	101.5	102.0	100.9
文化娱乐用品	99.3	100.0	101.1
书报杂志	104.9	101.8	101.6
文娱费	101.6	103.4	100.3
旅游	104.1	113.2	106.2
居住	105.2	107.1	111.3
建房及装修材料	101.8	104.7	107.2
住房租金	101.6	103.1	108.3
自有住房	106.4	116.4	106.9
水、电、燃料	107.8	104.7	117.6

2009	2010	2011	2012
101.4	100.6	101.6	101.1
100.5	99.5	99.6	100.1
102.4	100.6	100.7	101.4
99.1	98.7	98.8	99.1
100.7	100.0	100.0	100.9
101.5	101.0	99.7	100.4
101.6	100.2	103.9	101.7
104.9	108.5	107.5	105.5
101.4	103.5	105.8	103.8
101.4	103.9	106.5	104.3
100.2	110.4	102.3	101.9
101.7	108.0	119.4	108.6
100.2	100.9	101.6	102.5
100.6	99.2	100.9	100.6
102.8	103.7	102.6	102.8
101.2	102.8	103.9	102.5
100.1	101.7	101.2	103.9
103.2	100.9	104.3	102.2
99.5	102.9	103.6	101.6
101.7	104.8	106.9	104.8
97.5	99.3	101.1	100.4
99.9	101.8	103.5	102.0
98.9	99.5	100.5	100.4
93.8	109.7	112.9	102.3
100.4	100.5	102.1	104.2
101.8	102.3	101.9	101.0
100.5	102.6	102.0	103.4
94.7	95.9	98.9	98.9
77.4	84.1	92.8	94.2
99.6	99.7	100.1	99.8
100.3	100.4	102.9	101.0
95.1	95.6	97.2	97.7
101.7	101.5	104.4	101.2
98.7	105.0	104.8	100.3
102.3	100.9	104.3	101.3
101.8	100.9	104.2	102.6
100.3	99.8	99.9	100.4
106.5	102.0	101.0	100.0
100.4	101.3	106.8	104.2
101.9	103.4	102.5	102.3
101.0	104.1	105.7	101.8
103.6	101.7	102.4	101.4
108.1	113.7	105.1	100.6
84.9	101.2	107.9	101.8
105.7	105.6	103.4	102.5

2-36 主要城市居民消费价格总指数(1984—2012年)

(上年同期=100)

年份	兰州市	嘉峪关市	金昌市	白银市	天水市	武威市	张掖市	平凉市	酒泉市	庆阳市	定西市	陇南市	临夏州	甘南州
1984	102.7				102.5	101.2		100.0	102.8		101.7			102.1
1985	112.7				109.3	106.2		104.2	106.2		106.5			111.4
1986	105.7				106.5	106.9		109.4	105.1		107.0		100.7	106.4
1987	109.8				108.1	108.1		105.8	106.3		123.2	108	100.9	108
1988	124.5		124.4		117.7	116		118.9	121.1		129.0	122	113.0	117.5
1989	116.1		119.8		116.9	119		116.4	112.5		112.3	114	130.6	114.3
1990	101.3		103.7	101.7	102.6	103.1		103.4	107.0		100.7	106	109.8	100.8
1991	106.3		105.3	105.6	103.9	105.6		104.0	105.4		102.5	106	109.1	108.7
1992	107.2		112.1	110.9	108.2	107.1		109.6	109.8		111.3	110	97.2	105.8
1993	115.7		122.3	112.8	113	112.4		112.1	115.5		116.4	116	104.7	113.6
1994	123.1		131.7	125.4	127.2	127.5		128.4	124.4	125.1	121.2	126	127.6	128.8
1995	119.0		124.1	119.0	118.8	120.6		119.3	118.7	116.7	120.4	125	124.4	122.4
1996	110.2		110.6	108.2	110.9	110.4		110.6	110.2	111.2	107.5	112	107.5	107.4
1997	103.5		102.4	101.6	101.7	103.3		101.3	102.1	103.3	102.4	103	101.9	99.6
1998	99.6		98.2	98.7	97.2	99.2		98.0	98.2	99.8	98.5	101	96.9	97.3
1999	96.9		98.1	97.2	97.9	97.7		94.8	99.1	98.7	96.8	100	99.0	98.5
2000	99.3		100.2	100.1	99.3	98.7		96.0	101.6	99.4	100.5	101	98.5	100.4
2001	102.1		101.2	101.6	102.6	101.5	101.5	103.4	102.0	101.1	104.4	101	101.9	102.4
2002	99.3	100.2	100.8	100.0	99.8	98.6	99.9	98.7	98.0	99.9	101.7	100	100.2	99.1
2003	100.9	101.3	102.0	101.2	102.8	101.9	100.6	103.2	101.2	100.7	100.2	102	100.8	104.6
2004	101.1	103.7	102.2	103.5	103.2	103	104.1	103.4	103.6	103.9	104.8	104	103.4	103.1
2005	100.6	102.7	100.8	101.4	101.4	101.9	102.9	101.8	101.4	102.7	102.4	104	103.0	104
2006	101.7	103.9	101.5	101.5	102.5	101.7	103.3	101.5	102.2	103.2	101.7	102	102.2	102.6
2007	105.3	104.0	104.0	104.4	104.9	106.8	105.3	110.2	104.7	104.9	105.3	105	107.3	105.4
2008	107.2	106.7	104.0	107.0	106.6	108.6	107.6	106.2	106.5	106	108.9	109	108.4	106.9
2009	99.6	101.0	101.7	102.1	101.5	101.5	101.8	101.6	101.3	101.1	102.7	102	99.5	102.6
2010	103.8	104.4	104.1	104.4	104.4	104.5	104.6	104.5	104.6	103.2	104.7	105	104.0	104.5
2011	105.4	105.3	105.6	105.1	105.7	105.3	105.6	106.3	105.6	105	105.6	105	104.3	105.8
2012	102.4	101.7	101.6	102.2	102.4	102.5	102.4	103.2	102.9	104.4	102.8	102.5	101.8	103.9

2-37 主要城市居民消费价格分类指数(2012年)

(上年同期=100)

指 标	兰州市	嘉峪关市	金昌市	白银市	天水市	武威市	张掖市
居民消费价格总指数	102.4	101.7	101.6	102.2	102.4	102.5	102.4
非食品价格指数	100.8	101.1	101.0	100.0	102.3	101.6	101.3
服务项目价格指数	100.3	101.4	99.9	100.6	102.4	102.5	101.1
工业品价格指数	101.0	100.9	101.4	99.5	102.2	101.1	101.3
扣除食品烟酒和能源价格指数	100.6	101.0	101.0	99.9	102	101.6	101.3
扣除鲜菜鲜果总指数	101.9	101.5	102.4	101.5	103	101.8	101.9
消费品价格指数	103.0	101.7	102.0	102.8	102.4	102.4	102.8
食品	105.5	102.8	102.8	106.2	102.6	104.1	104.6
粮食	101.1	101.7	102.0	104.9	100.9	106.3	102.5
淀粉及制品	106.7	120.9	117.9	84.7	82.4	103.1	101.7
干豆类及豆制品	104.9	97.5	102.0	95.7	103.1	100.7	114.8
油脂	105.4	101.1	100.0	100.9	106.5	103.4	103.9
肉禽及其制品	105.2	100.7	109.7	104.2	102.9	100.1	105.2
食用畜肉及副产品	105.2	97.6	101.2	103.0	100.3	99.6	104
禽	104.7	107.5	114.5	100.8	105.3	96.6	109.1
加工肉禽	105.3	109.3	121.7	115.4	111.8	104.4	106.8
蛋	99.6	95.4	109.4	99.3	95.3	95.2	96.2
水产品	105.4	105.1	104.1	105.7	105.3	105.4	104.4
鱼	104.7	106.8	107.6	112.0	106.5	106.4	104.5
其他水产品	107.1	100.4	100.2	90.1	101.4	101.2	104.3
菜	111.9	111.3	92.0	117.4	98.5	118.1	116.7
调味品	101.4	103.8	108.5	114.1	113.8	101.3	102.5
糖	103.1	106.2	101.2	98.2	107.9	99.5	104.5
茶及饮料	102.3	104.4	100.1	98.5	103.2	100	100.4
茶叶	101.8	111.4	100.0	96.1	100	100	96.8
饮料	102.8	101.0	100.3	99.9	104.4	100	101.9
干鲜瓜果	103.8	95.6	95.4	106.4	87.9	96.9	103.2
糕点饼干面包	101.1	102.1	101.4	108.6	114.2	100.1	105.4
液体乳及乳制品	101.3	100.8	102.6	106.9	102.6	100	101
在外用膳食品	108.3	105.0	101.4	107.9	108.7	104.7	102.7
其他食品	100.1	103.6	102.7	100.4	108.8	100.5	101.6
烟酒	104.2	101.6	100.0	100.5	104.7	100	98.9
烟草	100.0	100.0	100.0	99.9	99.5	100	100
酒	109.9	103.6	100.0	102.2	114.1	100.1	97.8
衣着	101.3	101.1	106.5	98.4	104	101.5	105.7
服装	101.8	101.4	110.2	99.2	104.3	102.4	106.7
男式服装	103.3	101.2	114.6	100.4	103.3	102.6	107.2
女式服装	101.6	101.0	108.7	98.5	105.1	102.2	107
儿童服装	100.0	102.8	100.0	98.1	107.2	102.9	103.5
衣着材料	101.7	100.1	100.0	104.1	102.3	100	111
鞋袜帽	100.1	100.2	100.0	96.5	101.6	99.9	101.7
鞋	100.1	100.0	100.0	95.4	103.5	100	102.3
袜子	100.0	101.9	100.0	102.5	100	99.3	99
帽子	100.0	101.2	100.0	93.9	95.5	99.7	100.6

2-37 续表 1

(上年同期=100)

指　标	兰州市	嘉峪关市	金昌市	白银市	天水市	武威市	张掖市
衣着加工服务费	100.0	104.9	100.0	111.3	107.2	100.0	104.2
家庭设备用品及维修服务	100.3	101.2	100.0	99.6	101.7	98.7	98.0
耐用消费品	100.2	99.6	100.0	98.7	99.5	97.5	95.4
家　　具	100.0	99.7	100.0	99.6	98.9	100.3	95.0
家庭设备	100.3	99.5	100.1	98.0	99.6	96.5	95.7
室内装饰品	100.1	99.8	100.0	98.8	99.7	101.9	95.7
床上用品	98.2	100.6	100.0	96.0	98.6	98.8	100.7
家庭日用杂品	101.5	104.3	100.0	99.9	100.0	99.5	97.3
家庭服务及加工维修服务	100.0	104.8	100.0	110.6	118.7	102.1	110.0
医疗保健和个人用品	101.9	101.0	99.3	100.6	103.7	102.5	103.8
医疗保健	101.0	101.2	98.4	100.3	104.3	102.1	104.9
医疗器具及用品	101.5	100.0	112.3	98.6	100.8	106.8	101.3
中药材及中成药	103.0	98.8	98.7	96.7	107.6	103.3	112.8
西药	101.2	103.4	95.8	101.4	102.1	102.2	99.9
保健器具及用品	100.0	103.2	100.1	100.3	100.2	102.3	103.6
医疗保健服务	100.0	100.0	99.6	100.0	107.5	100.0	101.6
个人用品及服务	103.0	100.7	101.3	101.0	102.3	103.6	101.6
化妆美容用品	102.6	99.8	99.9	101.0	99.7	109.9	106.6
清洁化妆用品	105.2	100.8	98.8	102.6	105.1	101.2	104.1
个人饰品	103.0	100.2	101.4	101.2	102.2	103.1	97.6
个人服务	100.0	103.5	104.6	100.0	104.0	100.2	100.4
交通和通信	99.9	100.7	99.7	100.0	99.0	100.1	97.8
交通	100.9	101.6	102.1	100.9	102.4	100.3	103.5
交通工具	100.0	99.2	100.0	100.3	107.8	99.6	100.4
车用燃料及零配件	103.1	101.5	102.6	102.5	105.5	102.2	102.1
车辆使用及维修费	103.2	100.3	100.0	101.5	105.0	100.0	114.7
市区公共交通费	100.0	99.8	103.1	100.2	100.6	100.0	100.0
城市间交通费	101.0	109.5	105.1	101.5	102.2	100.7	106.1
通信	99.4	99.8	98.2	99.5	97.0	100.0	92.8
通信工具	98.9	99.0	100.0	97.1	82.3	100.0	69.4
通信服务	100.0	100.0	96.5	100.0	98.4	100.0	97.7
娱乐教育文化用品及服务	99.3	101.2	99.2	100.4	102.7	102.1	99.6
文娱用耐用消费品及服务	96.1	99.0	97.3	98.3	100.0	95.1	90.7
教育	99.8	100.7	100.0	100.7	104.4	102.2	100.4
教材及参考书	100.0	103.2	100.0	104.5	100.0	100.0	100.9
教育服务	99.8	100.0	100.0	100.2	105.1	102.3	100.3
文化娱乐类	99.8	100.5	100.0	100.8	100.5	105.1	102.0
文化娱乐用品	99.5	101.2	100.0	103.0	98.8	101.9	104.4
书报杂志	100.0	100.0	100.0	100.0	101.3	100.0	100.0
文娱费	100.0	100.1	100.0	100.0	100.0	110.7	100.2
旅游	102.5	107.2	100.0	101.1	102.5	105.2	102.3
居住	100.7	101.0	100.6	100.7	101.1	103.3	101.3
建房及装修材料	99.3	101.0	100.0	99.7	100.4	100.4	100.8
住房租金	100.0	100.0	100.0	99.5	100.0	103.6	103.3
自有住房	100.5	100.1	100.0	100.9	100.2	106.3	100.8
水、电、燃料	101.4	101.4	101.6	100.6	102.9	102.7	102.1

2-37 续表 2

（上年同期=100）

指 标	平凉市	酒泉市	庆阳市	定西市	陇南市	临夏州	甘南州
居民消费价格总指数	103.2	102.9	104.4	102.8	102.5	101.8	103.9
非食品价格指数	102.7	103.6	104.2	102.5	101.5	101.9	102.3
服务项目价格指数	103.1	104.2	104.5	102.2	101.3	101.7	100.1
工业品价格指数	102.4	103.2	104.0	102.6	101.6	102.0	103.3
扣除食品烟酒和能源价格指数	102.5	103.3	104.0	101.7	101.4	102.1	102.0
扣除鲜菜鲜果总指数	103.2	103.9	104.1	102.5	102.5	102.2	103.2
消费品价格指数	103.2	102.5	104.4	102.9	102.8	101.8	104.9
食品	104.1	101.6	104.9	103.2	104.5	101.6	107.1
粮食	100.4	105.3	102.3	102.9	103.2	105.5	104.0
淀粉及制品	89.7	98.4	113.9	94.6	98.2	97.6	101.3
干豆类及豆制品	102.9	101.6	107.0	106.3	99.0	109.7	99.7
油脂	107.4	100.9	101.1	104.3	101.6	103.7	109.3
肉禽及其制品	100.9	102.9	94.9	105.0	110.0	103.6	105.2
食用畜肉及副产品	99.4	105.3	90.1	103.7	101.9	105.5	104.4
禽	98.3	96.1	97.3	102.8	102.8	101.6	103.7
加工肉禽	110.6	102.8	100.6	116.2	123.4	99.0	110.5
蛋	89.4	94.0	103.5	100.0	93.6	98.3	100.1
水产品	104.8	99.2	104.0	109.8	111.1	103.6	105.7
鱼	105.8	101.4	103.1	110.3	113.3	103.8	107.0
其他水产品	101.5	84.1	106.2	104.8	102.6	102.5	100.2
菜	107.8	102.6	109.8	107.4	105.6	97.2	121.4
调味品	119.5	106.7	101.6	102.5	112.0	102.8	119.8
糖	99.4	109.6	100.4	102.6	100.3	107.3	104.1
茶及饮料	107.8	109.4	106.0	100.0	100.4	96.2	101.8
茶叶	107.4	100.0	102.7	100.0	100.0	86.8	100.0
饮料	108.2	110.8	107.0	100.0	100.6	107.8	103.6
干鲜瓜果	91.7	77.9	108.8	102.5	97.9	93.7	104.7
糕点饼干面包	106.0	100.4	105.1	100.0	112.9	100.4	102.2
液体乳及乳制品	96.8	109.7	106.6	102.3	104.4	99.6	110.9
在外用膳食品	109.2	107.7	109.1	101.3	107.4	102.8	106.7
其他食品	110.0	100.4	96.1	100.1	103.1	104.4	100.1
烟酒	103.1	106.4	103.6	107.4	100.6	101.5	104.1
烟草	98.3	104.3	100.0	100.0	100.0	100.0	100.0
酒	111.1	109.7	109.1	116.8	101.3	103.4	110.3
衣着	100.6	102.4	106.8	100.1	100.6	103.9	105.0
服装	99.6	102.8	107.2	99.8	100.7	100.6	105.4
男式服装	100.3	104.1	101.3	99.5	100.9	97.4	105.9
女式服装	99.0	103.0	106.4	100.0	101.5	102.3	103.3
儿童服装	100.0	96.5	129.0	100.0	99.2	104.2	111.1
衣着材料	106.9	100.6	101.2	100.1	101.2	110.7	101.2
鞋袜帽	101.6	101.6	106.1	100.4	99.9	106.7	105.7
鞋	101.0	102.6	107.2	100.4	99.9	102.9	106.2
袜子	105.3	97.2	101.8	100.0	100.0	130.7	102.3
帽子	100.0	99.2	100.0	100.0	100.0	100.0	104.1

2-37 续表3

（上年同期=100）

指　标	平凉市	酒泉市	庆阳市	定西市	陇南市	临夏州	甘南州
衣着加工服务费	129.8	100.1	103.9	107.2	100.0	107.3	111.9
家庭设备用品及维修服务	100.7	102.7	102.8	100.6	102.9	102.4	105.9
耐用消费品	98.3	103.7	98.8	100.1	101.4	101.1	101.3
家　　具	100 .2	111.9	99.7	100.1	101.8	104.4	100.2
家庭设备	97.5	97.2	97.7	100.0	100.0	98.3	102.2
室内装饰品	100.1	100.4	100.0	100.0	100.0	100.5	100.0
床上用品	100.0	99.7	105.8	100.0	107.4	109.8	115.0
家庭日用杂品	101.5	103.2	108.1	100.5	103.5	101.5	107.1
家庭服务及加工维修服务	111.1	100.4	100.0	110.0	102.2	100.4	100.0
医疗保健和个人用品	108.1	105.6	105.5	106.2	102.1	104.1	101.9
医疗保健	111.0	105.5	107.1	107.2	102.2	104.8	101.1
医疗器具及用品	123.5	105.0	107.1	101.6	100.0	144.5	95.9
中药材及中成药	121.7	115.2	98.6	118.9	111.6	112.9	104.0
西药	113.1	102.7	107.0	101.3	99.4	99.7	100.7
保健器具及用品	108.4	97.8	105.1	101.3	98.7	103.0	103.2
医疗保健服务	99.9	104.8	117.9	104.9	99.9	100.0	98.9
个人用品及服务	99.9	105.9	102.7	103.0	102.1	102.7	103.7
化妆美容用品	98.4	107.7	107.1	100.0	100.0	108.2	102.1
清洁化妆用品	93.0	104.5	99.0	100.0	100.9	103.9	104.2
个人饰品	102.6	102.6	100.8	104.9	100.3	98.6	102.9
个人服务	108.7	106.4	105.2	104.9	106.3	100.0	105.0
交通和通信	101.5	103.2	99.9	101.1	100.8	100.2	100.2
交通	103.9	108.3	101.2	101.8	101.2	101.5	101.3
交通工具	98.8	98.7	101.7	100.0	100.0	99.8	100.6
车用燃料及零配件	104.7	101.5	100.9	102.8	101.4	103.5	101.2
车辆使用及维修费	100.1	107.8	100.4	111.6	100.0	104.9	100.0
市区公共交通费	105.3	106.0	100.0	101.1	100.0	100.0	100.0
城市间交通费	103.8	112.5	101.7	101.2	103.2	103.4	103.0
通信	103.0	99.0	98.1	100.2	100.0	99.1	98.9
通信工具	99.8	92.9	98.1	100.0	100.0	96.8	93.5
通信服务	100.3	100.0	98.1	100.2	100.0	99.8	100.0
娱乐教育文化用品及服务	101.6	101.5	107.5	101.9	100.5	100.0	99.0
文娱用耐用消费品及服务	96.9	97.8	94.4	100.0	99.0	91.8	95.1
教育	101.8	102.0	115.7	103.4	101.6	98.9	99.0
教材及参考书	92.4	99.6	100.5	101.7	99.5	99.9	113.9
教育服务	103.7	102.5	117.2	103.7	101.7	98.8	98.1
文化娱乐类	104.5	106.6	101.2	100.3	100.2	109.4	100.4
文化娱乐用品	106.0	104.1	105.5	100.7	100.2	104.8	102.9
书报杂志	100.0	100.0	98.9	100.0	100.0	100.0	98.7
文娱费	103.6	112.7	100.0	100.0	100.7	117.2	100.0
旅游	101.5	98.7	100.0	100.0	100.0	101.1	103.7
居住	103.2	104.6	101.7	100.8	103.0	101.1	101.5
建房及装修材料	100.6	103.1	107.6	100.0	103.4	101.6	106.3
住房租金	96.2	100.0	111.7	100.0	100.0	102.5	100.0
自有住房	105.1	107.4	100.2	100.0	100.0	103.5	100.0
水、电、燃料	103.2	104.6	104.2	101.7	104.1	99.6	101.5

2-38 商品零售价格分类指数(2012年)

(上年同期=100)

指 标	全 省	城 市	农 村
商品零售价格总指数	102.6	102.3	103.3
食品	104.3	104.3	104.5
粮食	102.4	101.9	103.0
大米	103.0	101.7	104.7
面粉	101.3	101.4	101.2
粮食制品	103.3	102.8	104.0
淀粉	102.0	103.1	100.0
干豆类及豆制品	104.2	104.2	104.0
干豆	91.3	90.9	91.9
豆制品	107.3	107.1	107.7
油脂	104.5	105.4	102.6
食用植物油	104.8	105.5	102.8
植物油制品	107.1	107.5	106.2
肉禽及其制品	103.8	103.6	104.4
食用畜肉及副产品	103.3	103.3	103.1
猪肉	96.6	96.8	95.7
牛肉	118.7	118.7	118.9
羊肉	112.8	113.3	111.3
畜肉副产品	109.5	110.8	107.0
禽	102.5	102.9	101.7
鸡	102.4	102.7	101.9
鸭	103.8	107.1	100.4
肉禽加工制品	107.0	105.9	108.7
畜肉制品	107.9	105.7	111.7
禽制品	105.2	106.4	102.9
蛋	97.7	96.2	101.0
鲜蛋	97.2	95.9	100.6
蛋制品	101.9	100.8	102.6
水产品	105.2	104.8	106.8
鱼	105.4	104.8	107.6
淡水鱼	105.3	104.7	107.6
海水鱼	105.7	105.0	107.5
其他水产品	104.6	104.8	103.6
虾蟹类	104.5	104.2	106.8
菜	109.6	109.3	110.4
鲜菜	111.4	110.9	112.9
干菜及菜制品	102.2	99.3	105.6
薯类	88.4	85.3	93.8
调味品	105.9	107.3	103.8
盐	110.4	113.7	105.9
酱油	101.1	106.4	94.1

2-38 续表1

（上年同期＝100）

指　标	全　省	城　市	农　村
醋	104.9	104.6	105.5
味精	106.4	102.9	111.2
糖	103.2	103.5	102.7
食糖	103.9	103.7	104.1
糖果	104.1	105.2	101.3
巧克力制品	101.0	101.3	100.4
糖制小食品	101.1	101.4	100.7
干鲜瓜果	98.1	96.5	104.4
鲜瓜果	96.5	94.4	104.6
干（坚）果	101.8	101.3	103.8
糕点饼干面包	102.7	102.8	102.6
糕点	102.3	102.0	103.7
饼干	103.3	103.5	102.5
面包	102.9	103.7	100.8
液体乳及乳制品	102.6	102.2	103.9
巴氏杀菌奶或消毒奶	102.8	102.3	105.2
酸牛乳	99.2	98.4	102.5
乳粉	103.9	105.3	101.0
在外用膳食品	106.5	106.9	105.6
主食	104.9	104.3	106.4
炒菜	106.5	107.4	103.6
地方小吃	110.1	111.9	107.9
其他食品	103.1	104.1	99.8
饮料、烟酒	103.6	103.8	103.0
茶及饮料	102.9	103.2	101.9
茶叶	102.3	102.8	100.6
饮料	103.4	103.5	103.0
固体饮料	102.4	102.4	102.0
液体饮料	103.2	102.9	103.6
冷冻饮品	106.0	107.0	103.0
烟草	100.1	100.1	100.0
高档卷烟	99.3	99.2	100.0
中档卷烟	100.6	100.7	100.0
酒	109.6	109.7	109.3
白酒	111.7	111.3	113.3
葡萄酒	101.2	99.5	103.0
啤酒	104.1	101.4	108.0
服装、鞋帽	103.2	102.3	105.4
服装	103.8	102.8	106.4
男式服装	102.6	103.0	101.0
大衣	100.3	99.6	104.2

2-38 续表 2

（上年同期＝100）

指 标	全 省	城 市	农 村
毛线衣	104.8	105.0	103.7
夹克衫	105.7	106.3	102.6
衬衫	104.1	104.0	104.4
T恤衫	100.5	100.7	99.4
裤子	103.7	104.9	98.8
西服	104.4	105.9	100.5
运动衫裤	100.5	100.8	99.4
内衣	101.0	100.9	101.6
羽绒衣	101.0	101.1	100.6
女式服装	103.0	103.1	102.8
大衣	103.6	100.4	108.9
毛线衣	103.0	102.9	103.4
羽绒衣	100.8	101.4	100.1
套装	101.3	102.1	99.5
衬衫	104.6	104.5	104.7
T恤衫	105.6	107.2	100.3
裙子	104.5	104.6	104.3
裤子	101.8	102.7	99.2
运动衫裤	102.6	102.6	102.7
内衣	102.8	103.1	99.4
儿童服装	109.2	100.3	116.3
套装	105.3	100.1	108.3
裤子	116.6	100.6	131.7
裙子	109.2	99.8	119.4
鞋袜帽	101.9	101.3	103.3
鞋	102.0	101.3	103.6
男鞋	103.5	101.0	110.1
女鞋	101.9	101.8	102.1
童鞋	99.9	99.8	100.1
袜子	100.3	100.2	100.4
男袜	101.4	100.6	102.0
女袜	99.5	99.7	99.4
帽子	99.9	99.6	100.4
男帽	100.0	100.0	100.1
女帽	99.8	99.3	100.6
其他	100.0	99.8	100.7
领带	100.0	99.8	100.7
纺织品	101.8	100.3	105.0
衣着材料	102.1	102.7	100.7
棉布	102.3	102.7	100.7
化纤布	103.2	104.2	100.7

2-38 续表 3

（上年同期＝100）

指 标	全 省	城 市	农 村
毛线	101.6	101.9	101.0
床上用品	101.7	98.5	107.4
被子	103.8	98.9	110.5
床上套件	99.5	98.2	102.8
家用电器及音像器材	98.7	98.5	99.2
家庭设备	99.1	98.7	100.0
洗衣机	98.5	98.0	99.8
电风扇	100.3	97.0	102.7
电冰箱（柜）	98.2	97.6	99.8
吸排油烟机	100.6	100.4	101.0
空调器	99.5	99.2	101.5
热水器	99.8	99.8	99.6
微波炉	98.1	97.7	99.3
其他	97.1	99.2	96.4
文娱用耐用消费品	98.0	97.8	98.4
电视机	97.7	97.4	98.1
激光视盘机	96.5	96.3	96.9
摄 像 机	99.4	99.5	98.9
照 相 机	97.9	97.8	98.5
家用音响	100.5	101.3	99.6
便携式音响	98.5	97.9	99.2
专业音响器材	100.0	100.0	99.9
专业声像器材	99.9	100.0	99.7
文化办公用品	99.9	99.7	100.5
纸张本册	102.2	101.7	103.2
文具	102.0	101.9	102.1
电脑	94.4	93.3	97.9
电脑附件	99.9	100.0	99.7
电子存储器	98.1	98.3	97.5
打印机及配件	99.5	99.4	99.9
扫 描 仪	99.8	99.9	99.8
复 印 机	99.6	99.9	98.5
计 算 器	100.0	100.0	99.9
教学设备	100.2	100.2	100.0
日用品	102.3	102.5	101.8
日用百货	101.6	102.4	100.9
自行车	101.0	100.5	101.1
助动自行车	101.4	104.7	100.4
雨 具	103.9	106.5	100.0
剃须刀具	99.2	99.2	99.1
电 池	101.5	100.2	104.5

2-38 续表 4

（上年同期=100）

指 标	全 省	城 市	农 村
卫生用纸制品	103.2	103.9	100.8
日用杂品	101.1	100.0	104.9
茶具	102.6	99.3	112.8
餐具	101.2	100.2	106.1
厨具	99.9	99.4	100.6
洗涤用品	107.8	108.1	103.5
洗衣粉（液）	106.7	106.9	104.5
肥皂类	109.0	109.5	102.4
清洁洗涤剂	107.9	108.2	102.2
其他日用品	100.9	100.8	101.2
儿童玩具	101.3	100.6	105.3
照明器具	100.5	100.2	101.1
钟表眼镜及配件	102.3	103.1	99.6
日用普通饰品	100.1	100.1	100.2
日用皮革制品	100.3	100.2	101.0
体育娱乐用品	100.2	100.2	100.1
体育用品	99.9	99.7	100.4
球类	100.2	100.3	99.9
棋牌	100.8	100.5	101.1
健身器材	99.0	98.8	100.1
娱乐用品	100.6	101.0	99.8
游艺器材	100.2	100.5	99.7
乐器	101.3	101.7	99.9
交通、通信用品	95.1	93.5	98.6
交通运输机械	96.2	95.2	100.8
轿车	97.5	97.4	99.7
客车	99.0	99.0	100.0
货车	86.9	84.8	100.0
通信器材	94.4	92.0	98.0
固定电话机	97.8	99.8	97.4
移动电话机	93.2	90.9	98.1
传真机	100.5	99.9	104.6
家具	100.5	100.6	100.4
柜	99.4	99.3	100.0
床	99.4	99.4	99.4
桌	103.3	103.9	101.9
椅	102.3	102.7	101.3
沙发	101.0	100.9	101.2
化妆品	103.0	103.5	101.9
护肤品	105.1	106.4	101.9
美容、装饰类化妆品	100.4	101.1	99.1

2-38 续表5

（上年同期＝100）

指 标	全 省	城 市	农 村
护发美容品	103.4	100.7	109.3
洗发用品	105.0	105.3	104.3
洗浴用品	101.0	102.1	98.4
药物美容用品	102.0	101.9	102.5
金银珠宝	105.6	105.4	106.1
金饰品	109.3	109.6	108.4
银饰品	106.0	106.9	104.4
铂金饰品	101.6	100.8	104.4
中西药品及医疗保健用品	104.9	104.7	105.4
医疗器具及用品	104.4	104.7	101.7
中药材及中成药	108.3	107.7	109.7
中药材	109.1	110.1	107.2
中成药	106.8	103.9	115.7
西药	102.7	103.0	102.3
抗菌素(抗感染药)	101.6	100.1	104.2
消化系统用药	103.3	105.0	99.8
呼吸系统用药	100.7	103.6	97.0
解热镇痛药	104.9	104.8	105.0
抗肿瘤药	101.0	100.3	102.1
激素类药	102.8	101.0	106.8
心血管系统用药	101.8	101.0	103.4
中枢神经系统用药	101.6	101.7	101.4
消毒防腐及创伤外科用药	100.4	101.1	99.6
泌尿系统用药	102.6	101.6	104.4
维生素类	106.1	102.0	113.0
保健器具及用品	100.3	100.2	101.9
保健器具	100.0	100.4	97.5
滋补保健用品	100.4	100.2	106.6
书报杂志及电子出版物	100.6	100.0	101.6
教材及参考书	100.9	99.6	102.9
工具书	100.1	100.0	100.3
教材	101.1	99.4	104.2
参考书	101.2	99.9	102.3
教育软件	99.8	99.5	100.1
书报杂志	100.1	100.3	99.7
书籍	99.9	100.0	99.6
报纸	100.2	100.3	99.9
杂志	100.6	101.0	99.7
电子音像制品	100.3	100.5	100.0
音像光盘和视盘	100.7	101.1	100.0

2-38　续表6

（上年同期＝100）

指　标	全　省	城　市	农　村
计算机软件	100.0	100.0	100.0
燃料	102.6	102.1	104.1
煤炭及制品	104.4	103.7	105.2
原煤	105.1	103.9	106.2
煤制品	103.6	103.4	103.7
石油及制品	101.8	101.8	102.4
液化石油气	102.5	102.4	103.5
管道燃气	100.0	100.0	100.0
汽油	103.0	103.1	102.3
柴油	102.7	103.5	102.3
建筑材料及五金电料	100.4	99.4	102.4
建筑装璜材料	100.4	99.4	102.4
木材	101.1	100.4	102.3
木地板	101.2	99.6	104.6
钢材	100.0	99.8	100.4
砖	105.1	101.7	107.9
水泥	94.0	92.0	99.9
涂料	100.7	100.0	102.3
胶合板	101.2	100.6	102.9
玻璃	100.3	101.2	98.2
粘胶	100.3	100.4	100.1
管　　材	100.8	100.1	102.4
厨卫设备	100.4	99.9	101.8
其　　他	99.8	99.7	100.0
五金电料	101.4	101.4	101.5
五金工具	100.2	100.0	101.0
电工电料	102.9	103.2	101.1
水暖器材	101.2	101.0	103.1

2-39 商品零售价格分类指数

（上年同期=100）

指 标	2006	2007	2008	2009	2010	2011	2012
商品零售价格总指数	101.2	104.4	107.9	101.8	104.6	105.4	102.6
食品类	104.0	112.5	116.5	103.3	109.7	111.3	104.4
粮食	102.8	106.7	107.6	104.8	122.2	110.8	102.4
淀粉	108.5	110.1	121.3	101.4	110.0	113.9	101.9
干豆类及豆制品	101.0	108.3	129.2	100.9	113.1	106.1	104.2
油脂	98.0	126.8	144.6	86.6	99.4	112.5	104.5
肉禽及其制品	98.0	134.0	127.6	93.2	104.6	122.5	103.8
食用畜肉及副产品	96.8	138.7	130.6	90.0	104.2	128.8	103.3
禽	98.1	129.4	114.9	102.7	109.8	113.3	102.5
肉禽加工制品	102.9	118.6	126.4	98.5	101.5	109.0	107.0
蛋	94.6	125.7	101.0	103.0	109.3	114.5	97.7
水产品	101.6	105.8	116.1	104.0	108.3	108.7	105.2
鱼	102.6	107.2	117.2	104.0	109.8	109.7	105.5
其他水产品	98.0	100.7	112.0	104.3	102.8	106.0	104.6
菜	116.4	104.6	107.6	120.5	110.8	103.6	109.8
调味品	104.4	110.0	109.2	104.7	105.2	105.5	105.9
糖	110.5	103.0	112.9	101.2	109.3	115.2	103.2
干鲜瓜果	117.3	102.9	109.7	109.2	117.0	116.1	98.3
糕点饼干面包	100.6	104.5	111.3	104.0	102.9	109.9	102.7
液体乳及乳制品	98.6	102.4	110.3	102.3	102.4	102.3	102.6
在外用膳食品	100.9	108.0	115.9	104.3	106.2	110.0	106.5
其他食品	99.6	103.0	112.8	103.4	102.4	104.0	103.1
饮料、烟酒	100.0	102.4	105.1	103.3	103.6	103.2	103.6
茶及饮料	101.6	103.3	105.9	104.8	102.0	103.5	102.9
茶叶	102.4	106.3	102.0	105.6	103.4	106.3	102.3
饮料	101.3	102.1	107.7	104.4	101.3	101.4	103.4
烟草	100.0	100.8	100.6	100.6	100.2	100.1	100.1
酒	98.6	103.5	109.2	104.9	108.3	108.4	109.6
服装、鞋帽	94.5	97.9	100.4	99.8	99.7	100.5	103.2
服装	92.8	99.3	99.6	98.2	100.4	100.5	103.8
男式服装	91.5	100.5	98.9	97.3	100.3	100.7	102.6
女式服装	92.1	97.5	99.1	98.2	100.0	99.5	103.0
儿童服装	99.8	102.9	102.7	99.8	101.1	102.5	109.2
鞋袜帽	97.8	94.5	102.8	103.7	97.9	100.6	101.9
鞋	97.1	93.5	103.5	104.0	97.4	100.5	102.0
袜子	102.0	101.0	99.4	101.8	101.6	103.3	100.3
帽子	102.9	100.3	98.0	99.7	98.9	99.5	99.9

2-39 续表 1

（上年同期=100）

指 标	2006	2007	2008	2009	2010	2011	2012
其他	98.9	97.8	98.3	99.0	101.6	99.2	100.0
纺织品	100.3	98.4	98.9	101.2	100.8	102.1	101.8
衣着材料	99.7	100.2	100.6	102.0	101.7	106.6	102.1
床上用品	101.0	96.3	96.5	100.5	100.1	99.2	101.7
家用电器及音像器材	98.6	96.9	97.5	97.8	98.0	98.1	98.7
家庭设备	99.9	100.2	99.7	98.7	98.6	98.4	99.1
文娱用耐用消费品	97.1	93.7	94.1	96.0	97.0	97.3	98.0
音像器材类	99.4	95.4	99.7	99.4	99.0	99.5	100.0
文化办公用品	98.6	98.3	98.6	97.9	98.6	99.7	99.9
日用品	97.8	101.9	104.6	102.9	100.2	102.9	102.2
日用百货	100.3	101.7	105.0	103.8	100.7	102.9	101.6
日用杂品	93.3	103.1	102.1	100.7	100.7	104.9	101.1
洗涤用品	101.0	102.2	108.3	103.8	98.7	104.9	107.8
其他日用品	101.6	100.2	102.0	102.1	100.8	100.0	100.9
体育娱乐用品	98.6	99.3	100.0	100.8	100.1	100.1	100.2
体育用品	100.1	100.0	100.6	100.8	100.2	99.8	99.9
娱乐用品	97.3	98.6	99.5	100.7	99.9	100.5	100.6
交通、通信用品	95.8	92.9	95.0	100.9	103.4	95.7	95.1
交通运输机械	99.6	96.3	98.4	108.9	110.4	99.7	96.2
通信器材类	90.4	87.8	90.2	89.9	93.4	93.1	94.4
家具	101.4	103.4	103.3	102.3	100.2	100.5	100.5
化妆品类	101.7	99.8	101.0	100.7	100.4	101.5	103.0
金银珠宝类	118.3	108.7	124.2	93.9	111.4	114.5	105.6
中西药品及医疗保健用品类	100.7	110.3	104.0	100.9	103.6	108.7	104.9
医疗器具及用品	98.7	100.1	98.6	101.9	104.9	103.1	104.3
中药材及中成药	102.3	121.7	108.5	100.7	106.9	119.8	108.3
西药	99.9	104.5	101.0	100.9	101.9	101.9	102.7
保健品及器具	100.3	99.7	102.5	100.8	98.8	100.5	100.3
书报杂志及电子出版物类	100.9	96.1	101.1	100.9	102.3	104.4	100.6
教材及参考书	97.6	91.7	103.5	99.1	104.6	106.9	100.9
书报杂志	103.7	101.3	101.9	106.2	102.1	101.9	100.1
电子音像制品	102.6	95.9	96.0	96.4	98.4	99.8	100.3
燃料类	111.2	103.1	119.1	101.4	111.1	110.7	102.6
煤炭及制品类	104.9	103.7	132.7	125.4	109.8	106.1	104.4
石油及制品类	114.1	102.9	113.3	89.4	112.0	112.9	101.8
建筑材料及五金电料类	101.3	103.5	109.6	103.3	102.3	101.8	100.4
建筑装璜材料	101.5	104.4	110.8	103.1	102.9	101.8	100.4
五金电料类	100.9	101.6	106.3	104.1	100.4	100.6	101.4

2-40 主要城市商品零售价格总指数（1984—2012）

（上年同期＝100）

年份	兰州市	嘉峪关市	金昌市	白银市	天水市	武威市	张掖市	平凉市	酒泉市	庆阳市	定西市	陇南市	临夏州	甘南州
1984	101.5				102.7	101.2		99.4			101.8			102.3
1985	113.0	104.9			109.1	105.7		103.1			106.1			112
1986	106.0	105.1			106.3	106.1		108.8	105.1		106.1		104.6	106.6
1987	109.8	106.3			108	108.5		106	106.3		110.5	107.4	108.5	108.1
1988	125.1	121.1	124.6		117.4	117.2		119.4	121.1		117.2	122.2	119.8	117.8
1989	116.3	112.5	118.4		116.9	118.1		116.5	112.5		118.8	114.3	120.2	115.3
1990	99.5	107.0	102.4	101.0	101.5	102.1		102.3	107		100.2	104.9	97.2	99.2
									105.4					
1991	105.6	105.4	106.5	105.8	103.7	105.8		104.7	109.8		102.5	105.7	105.9	107.9
1992	106.0	109.8	111.8	109.4	108	106.7		109.4	115.5		111.5	108.7	109.7	107.2
1993	113.2	111.2	119.8	110.8	111	109.9		107.8	124.1		112	118	111.6	113.5
1994	121.9	122.8	133.4	124.1	124.9	122		123.9	117.5	130.3	126.7	123	125.1	129.3
1995	115.5	118.6	119.8	116.3	114.7	118.1		115.6	107.6	118.1	120.1	120.4	120.4	118.6
									100.5					
1996	105.7	106.4	109.1	107.5	109.4	106.5		107.8	97.6	107.9	106.9	111.1	106.2	105.8
1997	101.5	101.7	102.7	100.6	102.3	101.4		100.4	96.5	102.1	101.5	101.7	100.7	99.5
1998	98.5	98.4	97.6	98.3	97.2	99.4		97.8	98.3	99.1	98.6	98.7	96.8	96.4
1999	97.5	97.7	97.9	96.9	97.9	97.8		97.1	102	97.3	96.3	98	98.3	98.6
2000	99.0	99.6	99.9	98.9	99.3	98.5		95.9	96.5	99.1	100.1	100.2	97.8	101.1
									99.5					
2001	99.1		100.9	100.3	99.6	99.1	99.7		103.2	100.6	99.7	101.2	100.2	99.2
2002	98.8	98.4	98.9	98.9	98.9	98	99.9		100.2	99.2	98.9	99.9	99.1	98.5
2003	99.2	101.0	102.5	100.5	100.2	101.5	100.6		104.9	99.3	99.7	101	100.9	101.5
2004	101.0	103.3	104.7	101.0	102.1	103.6	103.2	103.4	106.5	101.9	103.6	102.6	100.9	101.9
2005	98.8	101.4	101.0	102.0	100.9	100.1	101.3	101.2	101.6	101.4	102.1	100.9	100.9	100.8
									104.3					
2006	100.3	103.0	102.0	102.2	100.6	101.5	101.7	102.4	104.9	101.8	102.1	102.9	102.6	102.5
2007	103.1	103.9	103.0	103.1	104	106.3	102.5	106	105.5	103.5	100.6	106.1	105.9	106
2008	107.2	107.5	104.1	107.2	107.7	109.7	104.3	107.9	102.6	106.9	108.8	110.9	107.4	110.4
2009	100.5	101.2	101.9	101.9	101.6	101.6	103.3	106.1	104.3	102.1	103.3	102.3	99.1	103.4
2010	103.9	104.8	104.4	105.0	104.3	104.2	106.7	105.4	104.9	102.3	103.7	103.5	103.5	103.4
2011	105.4	105.9	106.1	105.1	105.5	105.3	105.5	106.1	105.5	105.5	104.4	105.7	104.9	106.2
2012	102.4	101.3	102.3	102.2	101.9	102.3	102.1	102.6	102.6	104.1	102.5	102.4	102.5	104.6

2–41 主要城市商品零售价格分类指数(2012年)

(上年同期=100)

指 标	兰州市	嘉峪关市	金昌市	白银市	天水市	武威市	张掖市
商品零售价格总指数	102.4	101.3	102.3	102.2	101.9	102.3	102.1
食品类	105.8	102.8	104.8	106.2	102.2	104.6	105.3
粮食	101.1	101.7	101.7	104.9	101	106.3	102.6
淀粉及制品	106.7	120.9	117.9	84.7	82.4	103.1	101.7
干豆类及豆制品	104.9	97.5	102.0	95.7	103.4	100.7	118.2
油脂	105.7	101.1	100.0	100.9	107.6	103.4	103.7
肉禽及其制品	105.2	100.7	109.7	104.2	101.3	102.8	106.1
食用畜肉及副产品	105.2	97.6	101.3	103.0	99.7	103.3	105.2
禽	104.7	107.5	114.5	100.8	104.6	96.6	109.2
肉禽加工制品	105.3	109.3	121.7	115.4	111.8	104.4	106.7
蛋	99.6	95.4	109.4	99.3	94.8	95.2	96.1
水产品	105.4	105.1	103.4	105.7	105.9	105.4	104.3
鱼	104.7	106.8	106.2	112.0	107.1	106.4	104.3
其他水产品	107.1	100.4	100.2	90.1	100.7	101.2	104.3
菜	113.2	111.3	105.5	116.6	96.2	118.1	117
调味品	101.4	103.8	108.5	114.1	110.9	101.3	102.5
糖	103.1	106.2	101.2	98.2	106.9	99.5	105
干鲜瓜果	103.8	95.6	95.4	106.4	87.8	96.9	103.2
糕点饼干面包	101.1	102.1	101.4	108.6	114.2	100.1	105
液体乳及乳制品	101.3	100.8	102.8	106.9	102.6	100	102.3
在外用膳食品	108.3	105.0	101.5	107.9	108.7	104.7	103
其他食品	100.1	103.6	102.7	100.4	108.8	100.5	101.6
饮料、烟酒	103.9	101.8	100.0	100.1	103.9	100	98.8
茶及饮料	102.3	103.0	100.1	98.3	101.5	100	99.3
茶叶	101.8	111.4	100.0	96.1	100	100	96.8
饮料	102.8	101.0	100.3	99.9	102.9	100	101
烟草	100.0	100.0	100.0	99.9	99.4	100	100
酒	109.9	103.6	100.0	101.7	111.6	100.1	97.5
服装、鞋帽	101.3	100.9	105.7	98.5	104.1	101.5	104
服装	102.0	101.4	109.1	99.2	104.3	102.4	106.3
男式服装	103.3	101.2	113.6	100.4	103.7	102.6	106.6
女式服装	101.9	101.0	107.6	98.5	104.8	102.2	107.3
儿童服装	100.0	102.8	100.0	98.1	104.7	102.9	103.8
鞋袜帽	100.1	100.2	100.0	96.5	103.7	99.9	101
鞋	100.1	100.0	100.0	95.4	105.2	100	101.9
袜子	100.0	101.9	100.0	102.5	100	99.3	98.1
帽子	100.0	101.2	100.0	93.9	94.5	99.7	100.5
其他	100.0	100.0	100.0	100.0	99.4	100	100

2-41 续表 1

（上年同期＝100）

指　　标	兰州市	嘉峪关市	金昌市	白银市	天水市	武威市	张掖市
纺织品	98.9	100.6	100.0	98.7	100.6	100	104.5
衣着材料	101.3	100.1	100.0	104.1	101.8	100	110.8
床上用品	97.8	101.0	100.0	94.8	97.6	100	100.8
家用电器及音像器材	99.3	99.1	98.6	98.9	99.9	96.2	94.3
家庭设备	100.3	99.5	100.1	98.0	99.7	96.5	95.9
文娱用耐用消费品	98.2	98.6	97.0	98.3	100	94.7	90
音像器材	100.0	100.0	100.0	105.4	100	100	100.7
文化办公用品	95.3	101.0	100.0	101.5	99.8	98.9	102.6
日用品	101.8	99.3	100.0	99.7	102.4	100.1	100.9
日用百货	101.5	99.9	100.0	99.8	103.9	100.7	101
日用杂品	100.8	101.7	100.0	97.3	100	96.5	100.2
洗涤用品	106.1	96.1	100.0	99.4	100.1	102.6	104.5
其他日用品	101.4	100.4	100.0	101.7	102.8	101.4	99.7
体育娱乐用品	99.2	100.0	100.0	99.2	101.4	101.6	99.7
体育用品	99.0	100.0	100.0	99.7	100	103.2	99.6
娱乐用品	100.2	100.0	100.0	98.6	103.3	100	99.8
交通、通信用品	97.8	98.8	100.0	98.5	92.7	99.8	81.5
交通运输机械	100.0	98.5	100.0	100.0	101.6	99.6	100.2
通信器材	97.7	99.1	100.0	97.5	84.4	99.9	73
家具	100.0	99.7	100.0	99.6	99	100.3	93.9
化妆品	103.8	100.1	99.6	101.9	100.6	107.9	106.7
金银珠宝	105.0	101.1	101.3	103.9	102	109.2	99.1
中西药品及医疗保健用品	101.6	101.6	100.9	100.5	103.8	103	105.5
医疗器具及用品	101.5	100.0	112.3	98.6	100.8	106.8	101.3
中药材及中成药	103.0	98.8	98.7	96.7	107.6	103.3	112.9
西药	101.2	103.4	95.6	101.4	102.1	102.2	99.8
保健品及器具	100.0	103.2	99.2	100.3	100.2	102.3	103.1
书报杂志及电子出版物	100.0	101.7	100.0	101.7	100.4	101	100.7
教材及参考书	100.0	103.2	100.0	104.5	99.9	100	101.2
书报杂志	100.0	100.0	100.0	100.0	101.3	100	100
电子音像制品	100.0	100.0	100.0	100.0	100	104	100
燃料	100.6	102.5	102.0	101.7	104.4	102.5	102.7
煤炭及制品	100.0	104.1	100.0	101.8	105.2	102.1	101.4
石油及制品	100.7	102.3	103.2	101.6	103.9	102.8	103.4
建筑材料及五金电料	98.9	100.4	100.0	98.6	100.1	101.7	101.2
建筑装璜材料	98.8	100.7	100.0	98.4	100.2	100	99.2
五金电料	100.0	99.0	100.0	99.1	100	103.3	103.5

2-41　续表 2

（上年同期＝100）

指　　标	平凉市	酒泉市	庆阳市	定西市	陇南市	临夏州	甘南州
商品零售价格总指数	102.6	102.6	104.1	102.5	102.4	102.5	104.6
食品类	102.8	101.5	103.9	103.3	104	102	107.3
粮食	100.3	105.3	102.9	102.9	103.2	105.5	104.0
淀粉及制品	89.7	98.4	113.9	94.6	98.2	97.6	101.3
干豆类及豆制品	98.1	101.6	108.6	108.4	95.9	109.7	99.7
油脂	107.5	100.9	98.4	105.2	102.1	103.7	109.3
肉禽及其制品	101	102.9	97.9	104.6	105.7	103.6	106.5
食用畜肉及副产品	98.5	105	95.9	103.5	104	105.5	106.9
禽	107.6	96.7	97.2	102.8	102.6	101.6	103.6
肉禽加工制品	107.4	102.8	100.5	116.7	123.4	99	110.2
蛋	90.8	92.6	103.1	100.0	94.1	98.3	100.1
水产品	104	99.2	104.0	109.8	113.3	103.6	106.0
鱼	104.8	101.4	103.1	110.3	115.3	103.8	107.4
其他水产品	101.8	84.1	107.9	102.6	102.9	102.5	100.2
菜	108	102.6	110.0	107.2	106.1	97.5	120.5
调味品	119.7	106.5	98.3	102.5	111.4	102.8	119.1
糖	100.7	109.6	100.3	102.6	100.7	107.3	104.2
干鲜瓜果	91.5	77.9	108.9	102.5	96.9	93.7	104.7
糕点饼干面包	105.9	100.4	104.5	100.0	112.4	100.4	102.2
液体乳及乳制品	100.7	109.7	102.7	102.0	104.7	99.6	110.9
在外用膳食品	109.2	107.7	108.8	101.6	106.8	102.8	106.7
其他食品	110	100.4	96.1	100.1	103.1	104.4	100.1
饮料、烟酒	104	107.7	105.0	104.3	100.7	100.1	103.2
茶及饮料	108.2	111	105.6	100.0	100.2	96.2	101.8
茶叶	107.4	100	102.7	100.0	100	86.8	100.0
饮料	109.1	112.7	107.0	100.0	100.2	107.8	103.6
烟草	97.9	104.3	100.0	100.0	100	100	100.0
酒	105.7	109.7	111.0	113.3	101.4	103.4	108.7
服装、鞋帽	100.4	102.7	108.0	100.0	100.7	102.3	104.9
服装	99.2	103.1	110.0	99.8	101.1	100.6	105.0
男式服装	100.3	103.9	101.4	99.5	101.3	97.4	104.9
女式服装	99.5	103.7	103.4	100.0	101.5	102.3	103.4
儿童服装	100	96.5	126.9	100.0	99.5	104.2	111.1
鞋袜帽	101.3	102.1	105.1	100.4	99.9	106.7	105.7
鞋	101	102.6	106.6	100.4	99.9	102.4	106.2
袜子	105.2	97.2	101.1	100.0	100	130.7	102.3
帽子	100	99.2	100.0	100.0	100	100	104.1
其他	99.9	98	102.9	100.0	100	99.3	92.8

2-41 续表3

(上年同期=100)

指　　标	平凉市	酒泉市	庆阳市	定西市	陇南市	临夏州	甘南州
纺织品	103.1	99.9	103.6	100.1	101.9	110.2	109.3
衣着材料	105.1	100.2	101.2	100.1	101.4	110.7	101.1
床上用品	100	99.8	105.1	100.0	102.7	109.8	116.9
家用电器及音像器材	97.5	97.1	97.3	100.0	99.5	96	99.8
家庭设备	97.6	96.6	96.8	100.0	100.1	98.3	102.4
文娱用耐用消费品	96.3	97.7	96.4	100.0	98.7	92	95.8
音像器材	99.9	99.8	100.0	100.0	100	94.9	98.7
文化办公用品	102.9	99.4	100.9	100.3	99.3	102.5	100.0
日用品	106.5	106	103.4	100.1	102.4	102.5	106.7
日用百货	102.5	102.1	101.7	100.0	100.2	100.9	102.9
日用杂品	101.3	100.5	106.2	100.0	104.2	103.4	111.0
洗涤用品	115.2	113.1	104.2	100.2	104	106.5	106.4
其他日用品	100.5	101.8	101.9	100.0	100	97.6	104.4
体育娱乐用品	100.1	102	99.8	100.0	101.2	111.4	100.1
体育用品	101.1	100.1	99.6	100.0	102.4	111	100.8
娱乐用品	99.4	103.5	100.0	100.0	99.3	113.2	99.3
交通、通信用品	92	92.7	99.5	100.0	100	96.2	95.5
交通运输机械	87.3	91.7	100.4	100.0	100	95.5	100.0
通信器材	99.8	93.2	98.6	100.0	100	96.7	93.7
家具	100.1	111.8	99.6	100.1	102.3	104.7	100.2
化妆品	98.5	106.5	104.3	100.0	100.9	106.5	103.5
金银珠宝	102.7	103.9	105.5	110.9	102.3	105.5	101.8
中西药品及医疗保健用品	116.5	105.5	103.1	107.9	104.5	108.6	102.0
医疗器具及用品	123.5	105	107.1	101.6	100	144.5	95.9
中药材及中成药	120.6	110.8	98.5	118.9	111.5	113	104.0
西药	112.9	102.7	105.6	101.0	100.8	99.7	100.7
保健品及器具	108.2	97.8	108.7	101.2	97.6	103	103.2
书报杂志及电子出版物	98.6	99.8	99.8	100.5	99.9	99.9	104.0
教材及参考书	96	99.6	100.5	101.5	99.8	99.9	113.9
书报杂志	100	100	99.0	100.0	100	100	98.7
电子音像制品	100	100	100.0	100.0	100	99.6	100.0
燃料	103.8	106.1	107.5	103.3	103.1	100.4	103.6
煤炭及制品	106.4	110.6	111.4	104.0	101.8	102.1	104.5
石油及制品	101.4	103.9	101.7	102.1	103.8	98.5	102.0
建筑材料及五金电料	99.8	103.1	104.7	100.0	102.6	102.3	105.9
建筑装璜材料	99.2	103.3	105.6	100.0	102.1	100.3	105.0
五金电料	102.8	100.5	101.2	100.0	104.8	104.7	108.4

2-42 农业生产资料价格分类指数(2012年)

(上年同期=100)

指 标	全 省	城 市	农 村
农业生产资料价格指数	105.2		
农用手工工具	103.2		
饲料	103.8		
混合饲料	103.4		
其他	104.8		
产品畜	136.5		
幼禽家畜	136.5		
半机械化农具	100.8		
机械化农具	100.4		
农用机械	100.4		
化学肥料	103.1		
氮肥	104.1		
磷肥	102.6		
钾肥	101.3		
复合肥料	102.6		
农药及农药械	106.5		
化学农药	104.1		
杀虫剂	105.9		
杀菌剂	100.0		
除草剂	104.5		
农药器械	113.2		
农用机油	101.7		
其他农业生产资料	102.8		
农用种子	104.6		
其他	100.1		
农用薄膜	100.1		
其他	100.0		
农业生产服务	100.9		
排灌费	101.2		
机械作业费	100.4		
农业用电	101.0		
农业用工	101.0		

2-43 分月农业生产资料价格指数(2012年)

(上年同期=100)

指　标	1月	2月	3月	4月	5月
农业生产资料价格指数	105.9	105.3	105.0	105.4	105.6
农用手工工具	102.9	102.6	102.8	102.8	103.1
饲料	106.5	106.2	105.6	105.6	105.6
混合饲料	107.3	106.9	106.2	105.9	105.7
其他	104.1	104.1	103.8	104.6	105.1
产品畜	117.5	118.2	117.6	124.9	129.2
幼禽家畜	117.5	118.2	117.6	124.9	129.2
半机械化农具	101.2	101.2	101.2	101.2	101.2
机械化农具	100.7	100.7	100.7	100.6	100.6
农用机械	100.7	100.7	100.7	100.6	100.6
化学肥料	109.2	107.4	106.4	106.0	105.8
氮肥	112.1	109.4	108.0	107.8	107.6
磷肥	115.6	113.7	110.4	108.8	107.8
钾肥	111.0	110.9	106.8	104.9	103.7
复合肥料	96.4	95.8	99.0	100.2	100.9
农药及农药械	104.3	103.9	104.0	104.9	105.4
化学农药	102.1	102.0	101.8	102.6	103.0
杀虫剂	103.2	103.2	102.3	103.4	104.1
杀菌剂	100.1	100.0	100.0	100.0	100.0
除草剂	101.9	101.9	102.4	103.3	103.8
农药器械	110.4	109.0	110.2	111.2	111.8
农用机油	104.7	104.3	104.3	104.1	103.7
其他农业生产资料	102.7	102.6	102.8	102.8	102.8
农用种子	104.4	104.3	104.6	104.6	104.6
其他	100.2	100.1	100.1	100.0	100.0
农用薄膜	100.3	100.1	100.1	100.0	100.0
其他	100.1	100.1	100.1	100.1	100.1
农业生产服务	101.2	101.2	101.2	101.2	101.2
排灌费	102.0	102.0	102.0	102.0	102.0
机械作业费	100.0	100.0	100.0	100.0	100.0
农业用电	101.2	101.2	101.2	101.2	101.2
农业用工	101.7	101.7	101.7	101.7	101.7

6 月	7 月	8 月	9 月	10 月	11 月	12 月
105.8	105.7	105.6	105.5	105.4	105.3	105.2
103.2	103.3	103.4	103.3	103.3	103.3	103.2
105.6	105.1	104.7	104.4	104.2	104.0	103.8
105.5	104.9	104.4	104.1	103.9	103.6	103.4
105.7	105.5	105.3	105.1	105.0	104.9	104.8
132.1	133.8	134.6	135.3	135.8	136.2	136.5
132.1	133.8	134.6	135.3	135.8	136.2	136.5
101.2	101.2	101.2	101.1	101.0	100.9	100.8
100.6	100.6	100.6	100.6	100.5	100.5	100.4
100.6	100.6	100.6	100.6	100.5	100.5	100.4
105.6	105.0	104.5	104.1	103.7	103.4	103.1
107.6	106.7	106.0	105.4	104.9	104.4	104.1
107.2	106.1	105.3	104.5	103.8	103.2	102.6
103.0	102.5	102.2	101.9	101.7	101.5	101.3
101.4	101.7	102.0	102.2	102.3	102.5	102.6
105.8	106.1	106.4	106.5	106.5	106.5	106.5
103.3	103.6	103.8	103.9	104.0	104.0	104.1
104.6	105.0	105.2	105.5	105.7	105.8	105.9
100.0	100.0	100.0	100.0	100.0	100.0	100.0
104.2	104.5	104.7	104.6	104.6	104.6	104.5
112.6	113.0	113.5	113.6	113.5	113.3	113.2
103.0	102.2	101.8	101.7	101.7	101.8	101.7
102.9	103.0	103.2	103.0	102.9	102.9	102.8
104.8	105.0	105.2	105.0	104.8	104.7	104.6
100.0	100.0	100.1	100.1	100.1	100.1	100.1
100.0	100.0	100.1	100.1	100.1	100.1	100.1
100.1	100.1	100.1	100.0	100.0	100.0	100.0
101.2	101.2	101.1	101.0	101.0	100.9	100.9
102.0	102.0	101.8	101.6	101.4	101.3	101.2
100.0	100.0	100.0	100.1	100.2	100.3	100.4
101.2	101.2	101.1	101.1	101.1	101.1	101.0
101.7	101.7	101.7	101.4	101.3	101.1	101.0

2-44 农业生产资料价格分类指数

（上年同期=100）

指　标	2006	2007	2008	2009	2010	2011	2012
农业生产资料价格指数	104.4	107.1	114.7	99.0	101.7	107.6	105.2
农用手工工具	112.6	109.6	106.2	106.6	104.4	104.3	103.2
饲料	107.6	111.7	106.7	111.0	126.3	114.5	103.8
混合饲料	104.2	109.8	106.6	113.2	140.0	115.1	103.4
其他	112.3	114.2	106.8	108.1	107.3	112.6	104.8
产品畜	79.8	144.5	150.6	91.7	82.6	117.3	136.5
幼禽家畜	79.8	144.5	150.6	91.7	82.6	117.3	136.5
半机械化农具	101.7	102.7	101.1	101.7	98.6	100.1	100.8
机械化农具	101.1	102.2	99.0	100.5	101.8	101.1	100.4
农用机械	101.1	102.2	99.0	100.5	101.8	101.1	100.4
化学肥料	105.7	104.3	120.9	95.3	97.8	110.5	103.1
氮肥	108.2	101.7	104.6	99.0	99.1	112.8	104.1
磷肥	102.3	112.3	124.5	87.0	93.2	117.4	102.6
钾肥	105.3	100.0	103.6	100.5	119.6	116.3	101.3
复合肥料	105.8	102.7	131.7	95.8	96.4	97.5	102.6
农药及农药械	101.6	101.9	101.9	101.7	102.1	103.5	106.5
化学农药	102.9	102.0	101.6	100.9	99.6	102.0	104.1
杀虫剂	102.5	102.3	101.9	99.7	102.0	107.7	105.9
杀菌剂	103.2	101.3	100.7	99.7	101.6	100.4	100.0
除草剂	103.9	101.6	101.2	106.4	89.0	95.5	104.5
农药器械	94.6	101.1	103.6	106.2	115.2	107.5	113.2
农用机油	119.3	104.8	116.6	97.4	108.1	107.4	101.7
其他农业生产资料	104.5	97.4	104.4	99.7	103.8	103.2	102.8
农用种子	105.7	93.2	99.7	98.1	107.2	102.5	104.6
其他	103.6	100.9	108.1	100.8	101.0	104.2	100.1
农用薄膜	104.5	101.0	107.3	100.7	101.2	104.9	100.1
其他	101.0	100.6	110.4	101.0	100.5	101.6	100.0
农业生产服务	102.8	103.4	104.5	103.4	101.8	104.0	100.9
排灌费	100.0	100.0	100.0	100.0	102.6	103.7	101.2
机械作业费	110.3	109.0	116.7	113.6	100.8	103.1	100.4
农业用电						100.2	101.0
农业用工						112.5	101.0

2-45 工业生产者出厂价格分类指数(1990—2012年)

(上年同期=100)

年 份	全部工业品	轻工业	以农产品为原料	以非农产品为原料	重工业	采 掘	原 料	加 工	生产资料	生活资料
1990										
1991	104.2	101.8	101.8	102.0	106.1	118.4	107.0	100.6	106.1	101.4
1992	110.3	107.5	108.9	101.4	111.5	107.2	112.1	109.2	110.9	108.7
1993	125.3	112.3	111.9	113.8	131.0	121.1	132.2	128.5	130.7	111.6
1994	121.2	127.4	130.8	115.0	119.2	120.7	120.3	110.9	119.4	126.5
1995	115.0	116.7	118.8	110.3	114.3	106.0	114.6	115.9	114.9	115.4
1996	104.4	102.4	103.9	96.5	105.6	107.0	104.6	107.7	105.5	102.4
1997	105.0	103.9	105.3	100.1	105.6	110.0	106.7	99.3	105.4	105.0
1998	95.2	95.9	95.1	99.4	95.1	103.6	94.3	94.6	95.1	96.1
1999	98.2	95.0	93.4	100.5	98.8	102.9	98.9	98.2	98.9	94.2
2000	107.2	96.2	95.8	98.9	109.7	103.7	113.6	98.2	109.1	96.4
2001	98.5	98.8	99.0	98.3	98.4	101.9	98.1	96.6	98.6	98.0
2002	97.9	100.0	100.0	100.0	97.4	105.6	96.1	98.2	97.6	100.4
2003	110.0	100.3	100.7	99.7	112.9	112.5	113.5	110.3	111.4	100.3
2004	114.3	102.6	102.9	102.2	117.8	121.2	117.8	114.7	116.0	102.5
2005	109.6	102.2	100.6	104.3	112.0	118.8	112.5	102.4	110.9	101.0
2006	109.8	100.4	100.3	100.6	112.1	114.2	116.2	98.8	111.1	100.4
2007	105.5	102.3	102.5	102.1	106.4	103.3	107.8	105.2	105.9	102.4
2008	104.9	106.2	104.7	108.2	104.7	117.1	100.3	114.3	104.9	105.4
2009	91.0	101.6	101.6	101.6	89.3	83.7	89.2	93.3	90.1	101.8
2010	115.0	104.0	103.2	105.1	116.7	116.3	118.5	102.4	116.1	102.4
2011	111.0	105.6	106.2	101.9	111.5	127.7	111.6	104.8	111.6	104.5
2012	96.8	102.5	102.4	102.9	96.2	100.4	96.3	94.1	96.2	102.5

2–46 按工业部门分工业生产者出厂价格指数（1990—2012 年）

（上年同期＝100）

年份	冶金工业	电力工业	煤炭及炼焦工业	化学工业	机械工业	建筑材料工业	森林工业	食品工业	纺织工业	造纸工业	其它工业
1990											
1991	109.9	98.1	118.1	104.4	98.7	100.3	99.6	101.3	101.5	100.5	100.6
1992	109.0	105.5	106.6	103.9	103.0	113.8	96.0	115.4	100.2	103.2	105.9
1993	132.2	101.1	111.4	116.5	115.8	149.1	128.8	122.3	105.2	101.6	124.4
1994	124.2	114.9	120.1	118.1	110.7	110.7	120.1	132.2	130.6	109.1	129.7
1995	125.3	108.4	104.4	133.4	110.9	100.3	112.1	112.1	126.7	135.3	122.8
1996	99.2	110.4	107.0	105.9	100.5	109.3	100.4	103.2	99.0	124.3	103.1
1997	97.9	130.4	108.1	96.0	100.1	100.1	96.5	110.3	99.2	98.6	94.4
1998	93.0	107.7	103.0	91.0	98.3	95.5	101.5	95.0	95.3	83.4	102.3
1999	98.0	97.2	101.2	95.2	99.8	100.8	104.6	94.1	88.1	92.0	101.5
2000	107.1	103.0	101.8	101.2	98.9	99.5	101.7	95.1	99.3	96.7	103.2
2001	90.6	108.5	102.9	95.0	99.7	98.7	99.4	98.6	98.6	103.1	115.1
2002	95.7	100.3	106.4	97.0	98.8	100.4	98.5	100.3	96.6	100.6	105.7
2003	116.3	106.8	103.5	101.3	99.2	100.0	97.2	100.5	102.5	100.0	101.0
2004	130.8	102.6	108.3	111.7	104.7	99.0	98.3	103.3	103.7	100.3	105.6
2005	108.2	103.6	108.6	112.1	103.9	100.1	100.9	100.4	99.8	100.2	105.3
2006	110.6	101.9	104.3	101.9	106.7	98.5	99.3	100.2	99.1	100.9	101.7
2007	112.6	101.3	105.6	103.5	102.2	101.0	99.5	102.3	107.0	103.8	103.0
2008	97.5	101.3	122.5	108.6	104.8	106.8	103.2	104.5	107.8	107.0	115.3
2009	81.7	100.2	108.5	91.5	102.9	111.8	106.2	102.0	93.7	98.5	99.7
2010	122.0	100.7	101.7	107.9	101.4	104.6	102.1	103.0	111.4	104.7	108.5
2011	107.4	105.2	120.6	113.7	99.0	99.9	101.0	105.5	120.5	110.2	101.8
2012	85.4	103.7	104.4	103.0	101.0	92.5	102.6	103.0	95.1	100.5	101.8

2-47 分月工业生产者出厂价格指数(2012年)

(上年同期=100)

类 别	全 年	1月	2月	3月	4月	5月
全部工业品	**96.8**	**100.2**	**99.1**	**99.2**	**98.6**	**96.5**
# 轻工业	102.5	103.8	104.2	104.9	103.4	102.2
以农产品为原料	102.4	103.6	104.0	105.0	103.3	102.1
以非农产品为原料	102.9	105.1	105.4	104.6	103.8	102.8
重工业	96.2	99.9	98.6	98.7	98.2	96.0
采掘	100.4	117.2	112.2	107.8	106.3	98.3
原料	96.3	98.9	98.2	97.9	97.5	96.2
加工	94.1	94.6	93.6	96.2	95.9	94.6
# 生产资料	96.2	99.9	98.6	98.7	98.2	96.0
采掘	100.4	117.2	112.2	107.8	106.3	98.3
原料	96.3	98.9	98.2	97.9	97.6	96.2
加工	94.1	94.7	93.7	96.3	95.9	94.6
生活资料	102.5	103.4	103.8	104.6	103.4	102.4
食品	102.6	103.7	104.2	105.2	103.7	102.6
衣着	107.6	102.5	102.9	103.1	103.3	103.9
一般日用品	101.6	102.0	101.9	101.9	101.5	101.0
耐用消费品	102.5	100.6	100.3	100.4	100.4	100.8
按工业部门分						
冶金工业	85.4	87.0	86.1	85.0	84.9	83.8
电力工业	103.7	103.3	104.2	105.2	105.2	105.0
煤炭及炼焦工业	104.4	118.2	115.9	106.4	106.0	103.5
石油工业	102.7	111.1	108.8	110.3	109.6	103.6
化学工业	103.0	109.5	109.6	108.5	107.4	106.9
机械工业	101.0	96.3	95.1	102.6	99.6	99.8
建筑材料工业	92.5	91.9	90.5	89.0	88.5	89.9
森林工业	102.6	100.2	100.7	100.2	100.2	102.5
食品工业	103.0	104.0	104.8	105.9	104.3	103.0
纺织工业	95.1	94.0	88.9	90.4	88.3	89.5
缝纫工业	107.0	101.4	101.8	102.2	102.4	103.0
皮革工业	94.9	107.4	107.4	100.3	100.3	93.3
造纸工业	100.5	105.9	105.6	103.0	100.3	100.2
文教艺术用品工业	105.9	100.0	100.0	100.0	100.0	100.0
其它工业	101.8	104.1	105.0	101.2	98.0	107.5

2-47 续表 1

（上年同期=100）

类　别	6 月	7 月	8 月	9 月	10 月	11 月	12 月
全部工业品	95.1	92.6	91.5	94.0	97.7	98.7	98.9
# 轻工业	101.8	102.0	101.7	101.7	101.8	101.6	101.3
以农产品为原料	101.6	101.7	101.5	101.7	101.7	101.7	101.5
以非农产品为原料	102.9	103.8	102.5	101.9	102.0	100.6	99.9
重工业	94.5	91.6	90.5	93.2	97.3	98.4	98.6
采掘	95.6	90.9	90.6	95.6	98.8	99.4	97.0
原料	94.0	90.7	89.9	94.5	99.4	99.3	99.7
加工	95.0	93.9	91.4	89.2	92.2	96.1	96.9
# 生产资料	94.5	91.6	90.5	93.2	97.3	98.4	98.6
采掘	95.6	90.9	90.6	95.6	98.8	99.4	97.0
原料	94.0	90.6	89.9	94.5	99.4	99.3	99.7
加工	95.0	93.9	91.4	89.3	92.2	96.0	96.9
生活资料	101.9	102.1	101.7	101.8	101.8	101.7	101.5
食品	102.0	101.9	101.5	101.7	101.7	101.7	101.6
衣着	104.5	112.7	113.1	111.9	112.1	110.5	110.3
一般日用品	101.7	102.9	102.0	101.6	101.6	100.7	100.4
耐用消费品	100.5	101.2	105.0	105.1	105.0	105.3	104.8
按工业部门分							
冶金工业	83.9	81.8	79.3	82.3	89.3	90.2	93.3
电力工业	103.4	102.7	102.5	102.9	102.5	104.7	103.4
煤炭及炼焦工业	102.3	102.8	103.1	100.6	100.8	97.7	99.3
石油工业	98.7	92.5	92.2	98.2	103.3	104.9	101.7
化学工业	104.9	102.0	100.1	97.6	97.1	97.0	97.3
机械工业	103.1	103.2	103.5	101.1	100.6	103.6	104.1
建筑材料工业	92.0	93.0	93.4	94.1	95.3	96.3	97.7
森林工业	102.3	104.4	105.3	107.7	103.5	103.1	100.8
食品工业	102.3	102.1	101.8	102.1	102.1	102.0	101.9
纺织工业	92.4	98.8	100.9	100.2	99.9	101.1	100.3
缝纫工业	103.4	112.0	112.5	111.2	111.4	111.4	111.1
皮革工业	90.2	90.2	86.8	86.8	93.6	93.2	90.1
造纸工业	100.5	100.2	99.4	99.2	97.2	97.4	97.5
文教艺术用品工业	100.0	111.7	111.7	111.7	111.7	111.7	111.7
其它工业	104.7	104.7	101.4	102.5	99.7	95.7	97.7

2-48 分行业工业生产者出厂价格指数(2012年)

(上年同期=100)

类 别	全 年	1月	2月	3月	4月	5月
煤炭开采和洗选业	104.5	118.2	116.0	106.5	106.2	103.6
烟煤和无烟煤的开采洗选	104.3	117.9	115.7	106.2	106.1	103.4
褐煤的开采洗选	133.7	177.4	176.0	176.0	122.2	133.3
石油和天然气开采业	98.1	118.3	110.3	108.5	108.1	96.1
天然原油和天然气开采	98.1	118.3	110.3	108.5	108.1	96.1
黑色金属矿采选业	104.5	110.1	110.2	110.2	109.1	101.0
铁矿采选	105.9	111.7	111.7	111.4	111.0	102.8
其他黑色金属矿采选	83.5	85.4	86.8	91.6	81.0	73.7
有色金属矿采选业	100.8	100.8	101.9	103.3	100.6	102.7
常用有色金属矿采选	98.9	95.1	96.2	98.4	96.0	99.8
贵金属矿采选	102.2	101.1	101.1	101.1	101.7	103.4
稀有稀土金属矿采选	110.8	146.7	146.7	140.0	133.5	118.7
非金属矿采选业	101.3	113.6	112.1	111.0	97.1	98.4
土砂石开采	101.2	129.4	120.9	116.5	109.7	111.7
化学矿采选	87.1	91.0	91.3	82.0	84.4	86.3
石棉及其他非金属矿采选	101.2	109.7	109.7	109.7	93.8	94.9
农副食品加工业	104.7	107.6	109.4	111.2	108.3	105.0
谷物磨制	100.1	100.4	100.7	100.4	99.9	98.7
饲料加工	104.9	98.2	105.5	108.8	107.8	107.1
植物油加工	96.1	94.8	95.8	93.7	93.7	94.5
制糖	96.2	99.9	95.7	99.4	100.7	100.8
屠宰及肉类加工	113.6	125.4	128.4	124.7	122.7	116.5
蔬菜、水果和坚果加工	103.9	99.5	105.0	105.5	104.0	102.4
其他农副食品加工	109.0	119.9	119.8	125.5	118.1	110.7
食品制造业	100.8	99.4	99.8	101.5	99.1	98.2
焙烤食品制造	100.2	99.7	99.3	99.3	99.3	99.5
糖果、巧克力及蜜饯制造	100.3	95.2	95.8	95.8	95.8	96.7
方便食品制造	100.1	100.0	100.0	100.0	100.0	99.9
液体乳及乳制品制造	100.7	100.1	101.4	99.3	99.9	100.7
罐头制造	107.8	107.5	105.7	104.4	104.5	96.9
调味品、发酵制品制造	100.9	95.2	94.7	105.5	100.2	96.2
其他食品制造	98.1	99.8	105.4	105.1	90.9	93.6
饮料制造业	102.8	103.6	103.8	103.6	103.0	103.5
酒精制造	102.5	107.6	108.4	107.3	107.4	106.2
酒的制造	102.6	103.5	103.8	103.3	102.3	103.2
软饮料制造	103.4	103.4	103.6	104.1	104.3	104.1
烟草制品业	100.8	100.0	100.0	101.0	101.0	101.0
卷烟制造	100.8	100.0	100.0	101.0	101.0	101.0
纺织业	95.1	94.0	89.0	90.5	88.3	89.6
棉、化纤纺织及印染精加工	78.0	72.8	62.3	64.5	64.2	64.2

2-48 续表1

（上年同期=100）

类　别	全　年	1 月	2 月	3 月	4 月	5 月
毛纺织和染整精加工	110.1	115.8	118.2	119.2	112.6	117.5
丝绢纺织及精加工	100.0	100.0	100.0	100.0	100.0	100.0
纺织制成品制造	100.8	117.0	117.0	117.0	96.2	96.2
针织品、编织品及其制品制造	96.0	100.0	100.0	96.2	92.3	92.3
纺织服装、鞋、帽制造业	108.1	101.5	102.0	102.9	103.5	104.1
纺织服装制造	109.1	104.1	105.4	107.7	109.2	111.0
制帽	107.5	100.0	100.0	100.0	100.0	100.0
皮革、毛皮、羽毛（绒）及其制品业	94.9	107.4	107.4	100.3	100.3	93.3
皮革鞣制加工	94.5	107.1	107.1	100.0	100.0	92.9
皮革制品制造	116.0	120.0	120.0	117.5	117.5	117.5
木材加工及木、竹、藤、棕、草制品业	109.5	100.0	102.3	100.0	97.9	108.7
木制品制造	109.5	100.0	102.3	100.0	97.9	108.7
家具制造业	100.6	100.3	100.3	100.3	100.8	100.8
木质家具制造	100.6	100.3	100.3	100.3	100.8	100.8
造纸及纸制品业	100.5	105.9	105.6	103.0	100.3	100.2
纸浆制造	94.5	97.4	90.5	94.0	90.0	88.9
造纸	100.0	101.7	101.7	101.3	99.8	99.9
纸制品制造	101.4	111.4	111.4	105.5	101.7	101.5
印刷业和记录媒介的复制	105.9	100.0	100.0	100.0	100.0	100.0
印刷	105.9	100.0	100.0	100.0	100.0	100.0
石油加工、炼焦及核燃料加工业	103.9	109.2	108.4	110.7	110.2	106.0
精炼石油产品的制造	103.9	109.2	108.4	110.7	110.2	106.0
炼焦	98.0	109.3	107.3	98.3	92.3	91.9
化学原料及化学制品制造业	104.0	112.7	112.9	111.1	109.9	109.1
基础化学原料制造	102.1	125.9	121.1	116.9	110.3	110.6
肥料制造	103.4	108.3	108.6	107.6	106.8	105.8
涂料、油墨、颜料及类似产品制造	100.2	112.4	110.6	105.8	103.1	98.9
合成材料制造	100.7	106.8	112.5	113.2	102.7	102.0
专用化学产品制造	105.9	101.1	104.7	104.7	111.7	110.1
医药制造业	98.5	97.8	97.4	97.9	98.3	98.7
化学药品原药制造	92.0	92.8	86.9	88.7	87.8	89.8
化学药品制剂制造	101.0	101.6	101.6	101.6	101.6	101.6
中药饮片加工	92.2	82.9	84.9	87.0	88.0	90.3
中成药制造	100.4	99.3	99.3	100.1	100.3	101.5
生物、生化制品的制造	102.2	104.8	104.8	104.7	104.6	104.7
卫生材料及医药用品制造	89.6	90.8	90.8	87.5	91.5	84.2
橡胶制品业	100.4	110.4	109.2	100.0	98.6	98.6
橡胶板、管、带的制造	100.4	110.4	109.2	100.0	98.6	98.6

2-48 续表 2

（上年同期＝100）

类　别	全　年	1 月	2 月	3 月	4 月	5 月
塑料制品业	101.0	101.0	100.2	102.3	100.4	101.2
塑料薄膜制造	91.8	94.0	88.0	92.7	92.0	91.7
塑料板、管、型材的制造	93.7	88.5	88.5	89.1	88.7	94.3
塑料丝、绳及编织品的制造	100.0	97.3	98.4	100.9	99.1	96.8
塑料包装箱及容器制造	137.5	171.4	171.4	171.4	158.9	154.0
其他塑料制品制造	98.6	100.9	98.2	95.3	95.8	97.2
非金属矿物制品业	94.5	94.5	93.7	90.7	89.5	95.2
水泥、石灰和石膏的制造	89.7	88.3	87.0	84.8	85.1	86.6
水泥及石膏制品制造	101.3	101.2	101.2	101.0	102.1	101.8
砖瓦、石材及其他建筑材料制造	106.6	103.1	108.6	106.3	107.5	108.9
玻璃及玻璃制品制造	86.3	80.5	70.2	73.8	75.2	79.4
石墨及其他非金属矿物制品制造	102.7	107.8	109.5	101.4	94.9	114.9
黑色金属冶炼及压延加工业	88.1	91.9	90.7	92.4	93.0	90.0
炼铁	87.9	100.9	99.0	92.0	92.5	90.8
炼钢	99.7	97.7	97.5	98.2	98.4	98.6
钢压延加工	86.2	91.1	88.7	91.2	92.1	88.5
铁合金冶炼	92.4	91.3	96.1	96.3	96.1	94.2
有色金属冶炼及压延加工业	81.6	81.8	81.3	78.4	77.7	77.8
常用有色金属冶炼	79.5	77.3	77.2	74.4	74.2	75.0
贵金属冶炼	102.3	116.5	115.0	112.8	109.3	102.5
稀有稀土金属冶炼	77.8	275.2	221.7	165.6	125.3	113.2
有色金属合金制造	108.6	132.7	131.5	131.5	125.2	120.5
有色金属压延加工	92.3	95.2	91.9	94.4	92.6	87.1
金属制品业	103.5	104.8	103.2	103.4	103.6	102.6
结构性金属制品制造	107.7	107.3	105.8	105.4	106.0	105.3
金属工具制造	111.4	108.3	108.3	116.7	116.7	116.7
集装箱及金属包装容器制造	93.7	97.0	95.6	99.6	94.7	92.5
金属丝绳及其制品的制造	99.9	97.4	97.7	101.2	104.1	103.8
建筑、安全用金属制品制造	100.2	102.0	102.0	100.3	99.5	100.5
其他金属制品制造	92.8	102.5	97.7	97.3	99.8	97.2
通用设备制造业	98.2	97.4	96.8	95.5	98.6	98.7
锅炉及原动机制造	105.3	104.1	104.1	104.1	105.6	105.5
金属加工机械制造	89.3	89.5	90.0	86.2	91.7	91.3
起重运输设备制造	100.0	100.0	100.0	100.0	100.0	100.0
泵、阀门、压缩机及类似机械的制造	103.4	101.9	100.1	100.8	103.2	103.4
轴承、齿轮、传动和驱动部件的制造	96.0	100.0	100.0	95.4	95.4	95.4
风机、衡器、包装设备等通用设备制造	99.0	102.7	101.2	100.0	97.4	99.8
通用零部件制造及机械修理	102.0	105.0	103.6	103.1	102.7	101.7

2–48 续表 3

（上年同期＝100）

类 别	全 年	1月	2月	3月	4月	5月
金属铸、锻加工	110.5	99.6	99.6	103.7	103.7	107.4
专用设备制造业	112.2	83.4	76.9	113.3	115.5	113.1
矿山、冶金、建筑专用设备制造	114.0	77.6	69.5	115.7	118.9	115.9
化工、木材、非金属加工专用设备制造	100.0	100.0	100.0	100.0	100.0	100.0
食品、饮料、烟草及饲料生产专用设备制造	111.7	100.0	100.0	100.0	100.0	100.0
印刷、制药、日化生产专用设备制造	100.0	100.0	100.0	100.0	100.0	100.0
纺织、服装和皮革工业专用设备制造	113.0	114.7	117.2	123.2	116.7	115.6
电子和电工机械专用设备制造	100.0	100.0	100.0	100.0	100.0	100.0
农、林、牧、渔专用机械制造	106.1	102.1	105.9	107.1	107.1	107.1
医疗仪器设备及器械制造	101.5	104.8	104.8	104.8	104.8	100.0
环保、社会公共安全及其他专用设备制造	99.1	98.7	98.4	98.7	98.3	98.5
交通运输设备制造业	98.9	98.2	98.1	95.7	96.5	96.3
铁路运输设备制造	97.0	95.8	95.8	91.2	93.3	92.7
汽车制造	100.7	100.3	100.3	99.8	99.4	99.5
交通器材及其他交通运输设备制造	100.5	100.5	100.5	100.5	100.5	100.5
电气机械及器材制造业	94.2	103.5	104.5	102.3	92.3	93.1
电机制造	89.1	100.1	100.1	100.1	85.4	85.5
输配电及控制设备制造	103.5	122.8	128.8	118.3	104.9	107.2
电线、电缆、光缆及电工器材制造	96.9	94.3	93.0	93.2	96.5	97.9
家用电力器具制造	100.7	99.6	99.6	100.0	100.0	100.0
照明器具制造	100.0	100.0	100.0	100.0	100.0	100.0
其他电气机械及器材制造	100.0	100.0	100.0	100.0	100.0	100.0
通信设备、计算机及其他电子设备制造业	108.2	90.4	95.8	104.5	92.7	97.7
电子器件制造	108.2	90.4	95.8	104.5	92.7	97.7
仪器仪表及文化、办公用机械制造业	100.1	100.2	100.2	100.2	100.2	100.2
通用仪器仪表制造	100.1	100.2	100.2	100.2	100.2	100.2
工艺品及其他制造业	100.3	100.2	100.3	100.3	100.4	100.3
工艺美术品制造	106.0	102.9	106.4	104.6	107.1	106.1
其他未列明的制造业	100.0	100.0	100.0	100.0	100.0	100.0
电力、热力的生产和供应业	103.7	103.3	104.2	105.2	105.2	105.0
电力生产	105.1	104.2	106.2	108.3	108.1	107.2
电力供应	102.9	102.8	103.0	103.2	103.3	103.7
热力生产和供应	103.6	102.6	99.3	101.2	100.7	102.1
燃气生产和供应业	100.8	99.8	99.8	99.8	99.6	99.6
燃气生产和供应业	100.8	99.8	99.8	99.8	99.6	99.6
水的生产和供应业	102.5	102.7	103.3	103.7	103.9	103.3
自来水的生产和供应	102.5	102.7	103.3	103.7	103.9	103.3

2-48　续表 4

（上年同期＝100）

类　别	6 月	7 月	8 月	9 月	10 月	11 月	12 月
煤炭开采和洗选业	102.3	102.9	103.2	100.6	100.8	97.6	99.3
烟煤和无烟煤的开采洗选	102.1	102.7	103.1	100.5	100.7	97.5	99.1
褐煤的开采洗选	133.3	130.6	117.5	120.0	128.8	118.2	120.5
石油和天然气开采业	91.9	82.7	82.3	92.8	97.8	100.9	95.6
天然原油和天然气开采	91.9	82.7	82.3	92.8	97.8	100.9	95.6
黑色金属矿采选业	99.5	103.1	103.7	103.4	102.3	102.0	102.1
铁矿采选	101.2	104.8	104.5	104.2	103.1	103.1	103.1
其他黑色金属矿采选	73.6	76.8	89.9	90.4	88.4	84.4	84.8
有色金属矿采选业	99.6	96.6	94.8	95.9	105.7	106.8	102.8
常用有色金属矿采选	98.0	96.2	94.1	95.5	107.3	108.6	103.7
贵金属矿采选	103.4	103.4	102.3	102.3	101.7	101.7	102.8
稀有稀土金属矿采选	106.8	96.1	96.1	96.1	96.1	96.1	96.1
非金属矿采选业	100.4	98.8	97.6	97.7	97.5	97.6	97.7
土砂石开采	100.1	93.9	89.4	89.4	90.0	90.6	90.6
化学矿采选	102.8	90.4	89.0	97.8	76.3	75.1	82.8
石棉及其他非金属矿采选	100.0	100.0	100.0	100.0	100.0	100.0	100.0
农副食品加工业	103.4	102.7	101.8	102.2	102.5	102.1	101.7
谷物磨制	99.4	99.3	99.7	99.7	100.7	100.7	101.4
饲料加工	106.7	105.4	105.0	105.2	104.2	102.6	102.6
植物油加工	94.3	94.7	96.6	97.1	97.6	100.2	100.7
制糖	99.2	100.2	97.1	93.4	93.0	87.6	87.6
屠宰及肉类加工	113.8	109.3	104.7	108.7	103.6	106.9	105.6
蔬菜、水果和坚果加工	102.9	103.0	104.1	105.5	105.2	104.1	105.0
其他农副食品加工	105.8	104.9	102.3	102.0	103.3	102.0	100.4
食品制造业	98.4	99.0	100.9	103.1	102.0	103.9	104.7
焙烤食品制造	99.5	99.5	101.3	101.4	101.3	101.3	101.3
糖果、巧克力及蜜饯制造	96.7	96.7	106.4	107.3	107.3	106.4	106.4
方便食品制造	100.0	100.9	100.9	100.0	100.0	100.0	100.0
液体乳及乳制品制造	100.4	100.3	100.7	101.2	100.5	101.4	102.0
罐头制造	99.6	102.2	111.6	110.8	108.8	120.6	120.7
调味品、发酵制品制造	95.1	98.0	100.6	104.3	102.9	109.3	111.3
其他食品制造	96.2	93.2	92.6	106.5	102.1	96.7	99.1
饮料制造业	103.2	103.3	102.9	102.2	102.2	101.4	101.3
酒精制造	104.1	99.6	99.1	97.4	95.8	98.8	99.7
酒的制造	102.9	102.9	102.6	101.8	102.1	101.5	101.9
软饮料制造	104.2	104.6	104.1	103.6	102.9	101.4	100.1
烟草制品业	101.0	101.0	101.0	101.0	101.0	101.0	101.0
卷烟制造	101.0	101.0	101.0	101.0	101.0	101.0	101.0
纺织业	92.4	98.8	100.9	100.1	99.9	101.1	100.2
棉、化纤纺织及印染精加工	73.1	86.5	95.8	95.7	95.7	97.8	97.3

2-48　续表 5

（上年同期＝100）

类　别	6 月	7 月	8 月	9 月	10 月	11 月	12 月
毛纺织和染整精加工	108.8	110.2	106.3	104.4	103.5	104.9	103.0
丝绢纺织及精加工	100.0	100.0	100.0	100.0	100.0	100.0	100.0
纺织制成品制造	96.2	96.2	96.2	96.2	96.2	96.2	96.2
针织品、编织品及其制品制造	92.3	93.3	96.2	96.2	98.2	98.2	97.2
纺织服装、鞋、帽制造业	104.6	113.9	114.0	112.6	112.7	112.6	112.4
纺织服装制造	112.2	112.2	112.5	108.7	108.9	108.7	108.3
制帽	100.0	115.0	115.0	115.0	115.0	115.0	115.0
皮革、毛皮、羽毛（绒）及其制品业	90.2	90.2	86.8	86.8	93.6	93.2	90.1
皮革鞣制加工	89.7	89.7	86.2	86.2	93.1	93.1	90.0
皮革制品制造	122.4	122.4	122.4	122.4	122.4	97.9	97.9
木材加工及木、竹、藤、棕、草制品业	107.4	117.0	121.7	135.3	114.1	111.7	101.3
木制品制造	107.4	117.0	121.7	135.3	114.1	111.7	101.3
家具制造业	100.8	100.8	100.8	100.8	100.6	100.6	100.6
木质家具制造	100.8	100.8	100.8	100.8	100.6	100.6	100.6
造纸及纸制品业	100.5	100.2	99.4	99.2	97.2	97.4	97.5
纸浆制造	91.5	91.5	91.5	100.0	97.5	100.0	102.6
造纸	99.8	102.5	101.0	99.2	98.2	97.5	97.6
纸制品制造	102.0	98.4	98.4	99.2	96.1	97.1	96.9
印刷业和记录媒介的复制	100.0	111.7	111.7	111.7	111.7	111.7	111.7
印刷	100.0	111.7	111.7	111.7	111.7	111.7	111.7
石油加工、炼焦及核燃料加工业	100.6	95.1	94.8	99.6	104.7	105.9	103.3
精炼石油产品的制造	100.7	95.1	94.8	99.6	104.7	105.9	103.3
炼焦	95.4	95.4	95.4	95.4	99.0	99.0	99.0
化学原料及化学制品制造业	106.3	102.4	100.5	97.2	96.4	96.4	96.7
基础化学原料制造	105.3	99.3	96.2	90.3	88.2	88.2	87.9
肥料制造	106.1	104.1	102.1	100.4	98.6	97.7	96.6
涂料、油墨、颜料及类似产品制造	99.7	98.8	94.8	94.0	97.6	95.0	93.1
合成材料制造	98.5	84.3	85.7	91.6	102.2	104.0	110.3
专用化学产品制造	108.4	108.6	106.9	104.3	103.5	103.6	103.9
医药制造业	99.5	99.8	97.9	98.1	98.5	98.7	98.9
化学药品原药制造	90.8	93.9	93.9	93.9	93.9	95.4	96.9
化学药品制剂制造	102.2	102.2	102.2	98.8	99.7	99.7	99.7
中药饮片加工	92.8	95.5	93.2	97.9	99.5	99.4	99.4
中成药制造	102.4	102.7	99.8	99.9	100.3	100.2	99.7
生物、生化制品的制造	102.8	102.4	101.7	100.1	99.0	98.6	99.4
卫生材料及医药用品制造	92.8	87.7	82.9	86.4	92.7	94.9	94.9
橡胶制品业	98.6	98.6	98.6	98.6	98.6	98.6	98.6

2–48　续表 6

（上年同期＝100）

类　别	6 月	7 月	8 月	9 月	10 月	11 月	12 月
橡胶板、管、带的制造	98.6	98.6	98.6	98.6	98.6	98.6	98.6
塑料制品业	101.0	101.5	100.8	100.6	101.2	100.6	101.2
塑料薄膜制造	90.0	89.5	90.5	89.1	92.2	91.4	101.4
塑料板、管、型材的制造	94.1	95.3	96.3	94.8	97.8	99.7	99.9
塑料丝、绳及编织品的制造	97.4	97.8	98.3	103.6	102.9	103.6	104.2
塑料包装箱及容器制造	154.0	154.0	135.9	121.6	115.5	105.0	96.3
其他塑料制品制造	97.2	97.2	99.7	99.8	99.6	101.2	101.3
非金属矿物制品业	95.5	96.4	95.3	96.4	96.1	94.6	96.9
水泥、石灰和石膏的制造	89.4	90.3	91.1	92.1	93.0	93.8	95.9
水泥及石膏制品制造	101.4	101.8	101.5	100.8	100.6	101.3	101.3
砖瓦、石材及其他建筑材料制造	108.6	108.4	107.7	105.4	104.6	104.9	104.9
玻璃及玻璃制品制造	80.8	86.8	87.8	89.9	103.0	109.3	109.4
石墨及其他非金属矿物制品制造	108.8	108.9	101.8	104.3	98.9	91.1	94.8
黑色金属冶炼及压延加工业	88.8	86.5	81.7	78.1	83.5	90.0	91.5
炼铁	87.6	90.7	82.3	80.6	78.8	77.5	84.2
炼钢	99.2	98.3	98.2	98.4	101.3	102.9	108.6
钢压延加工	87.3	84.4	78.4	73.9	81.0	89.2	89.7
铁合金冶炼	92.7	91.2	91.7	90.4	87.1	89.4	91.8
有色金属冶炼及压延加工业	78.6	76.5	75.3	83.1	91.7	88.6	93.2
常用有色金属冶炼	76.4	75.8	74.6	82.3	92.3	89.3	93.5
贵金属冶炼	98.9	98.1	97.3	95.5	98.5	93.1	95.5
稀有稀土金属冶炼	80.9	49.4	46.0	55.7	44.1	43.0	50.4
有色金属合金制造	107.1	100.9	96.2	96.2	94.5	94.6	92.5
有色金属压延加工	89.3	87.5	87.9	90.6	96.7	96.5	99.0
金属制品业	103.1	103.1	103.4	103.6	104.4	103.5	103.7
结构性金属制品制造	107.2	108.0	109.0	109.7	110.4	109.0	108.9
金属工具制造	112.0	112.0	112.0	112.0	107.7	107.7	107.7
集装箱及金属包装容器制造	90.7	91.3	93.3	92.2	93.4	92.5	92.0
金属丝绳及其制品的制造	100.0	100.2	98.2	99.5	98.1	99.6	100.0
建筑、安全用金属制品制造	100.5	100.5	100.5	100.0	100.0	98.9	98.4
其他金属制品制造	94.6	90.3	87.2	85.5	87.0	87.7	89.3
通用设备制造业	98.1	98.4	98.0	98.1	99.3	99.6	99.9
锅炉及原动机制造	105.6	105.6	105.7	105.7	105.7	105.7	105.8
金属加工机械制造	88.2	88.2	86.8	87.0	90.2	90.8	91.5
起重运输设备制造	100.0	100.0	100.0	100.0	100.0	100.0	100.0
泵、阀门、压缩机及类似机械的制造	104.4	104.5	104.8	104.8	104.4	104.4	104.5
轴承、齿轮、传动和驱动部件的制造	95.0	95.7	95.7	95.7	94.5	94.5	94.5
风机、衡器、包装设备等通用设备制造	101.5	98.7	98.0	97.3	97.6	96.7	97.3
通用零部件制造及机械修理	101.5	101.5	100.9	100.8	101.3	101.3	100.7

2–48 续表 7

（上年同期＝100）

类 别	6 月	7 月	8 月	9 月	10 月	11 月	12 月
金属铸、锻加工	107.4	113.2	112.4	113.2	119.3	122.9	122.9
专用设备制造业	130.6	131.0	131.0	116.9	108.3	122.4	125.0
矿山、冶金、建筑专用设备制造	139.0	140.7	140.7	119.8	107.9	127.8	132.7
化工、木材、非金属加工专用设备制造	100.0	100.0	100.0	100.0	100.0	100.0	100.0
食品、饮料、烟草及饲料生产专用设备制造	120.0	120.0	120.0	120.0	120.0	120.0	120.0
印刷、制药、日化生产专用设备制造	100.0	100.0	100.0	100.0	100.0	100.0	100.0
纺织、服装和皮革工业专用设备制造	111.3	115.2	113.8	109.1	109.1	107.1	106.4
电子和电工机械专用设备制造	100.0	100.0	100.0	100.0	100.0	100.0	100.0
农、林、牧、渔专用机械制造	107.1	107.1	107.1	107.1	107.1	107.1	102.1
医疗仪器设备及器械制造	100.0	100.0	100.0	100.0	100.0	100.0	100.0
环保、社会公共安全及其他专用设备制造	98.4	99.5	99.7	99.6	99.9	99.7	99.6
交通运输设备制造业	98.2	99.0	100.5	100.9	100.3	101.9	101.7
铁路运输设备制造	97.6	97.8	97.8	100.2	100.3	100.9	101.3
汽车制造	98.6	100.1	103.1	101.8	100.4	103.0	102.1
交通器材及其他交通运输设备制造	100.5	100.5	100.5	100.5	100.5	100.5	100.5
电气机械及器材制造业	91.2	92.3	90.4	88.9	90.9	91.0	90.8
电机制造	85.5	85.4	85.5	85.4	85.3	85.5	85.4
输配电及控制设备制造	97.8	104.0	94.1	88.0	95.2	95.5	94.8
电线、电缆、光缆及电工器材制造	97.9	97.4	97.5	97.4	99.2	99.1	99.5
家用电力器具制造	100.0	100.4	101.0	101.0	102.0	102.0	102.4
照明器具制造	100.0	100.0	100.0	100.0	100.0	100.0	100.0
其他电气机械及器材制造	100.0	100.0	100.0	100.0	100.0	100.0	100.0
通信设备、计算机及其他电子设备制造业	102.4	103.6	118.0	121.7	121.0	126.4	126.9
电子器件制造	102.4	103.6	118.0	121.7	121.0	126.4	126.9
仪器仪表及文化、办公用机械制造业	100.2	100.2	100.0	100.0	100.0	100.0	100.0
通用仪器仪表制造	100.2	100.2	100.0	100.0	100.0	100.0	100.0
工艺品及其他制造业	100.4	100.3	100.3	100.4	100.3	100.4	100.4
工艺美术品制造	106.8	106.2	105.9	106.9	106.0	106.5	106.6
其他未列明的制造业	100.0	100.0	100.0	100.0	100.0	100.0	100.0
电力、热力的生产和供应业	103.4	102.7	102.5	102.9	102.5	104.7	103.4
电力生产	103.2	102.8	103.1	103.3	102.3	107.3	105.2
电力供应	103.7	102.8	102.1	102.5	102.6	102.9	102.3
热力生产和供应	99.9	100.3	108.4	108.4	108.0	108.1	104.2
燃气生产和供应业	99.6	101.8	101.8	101.8	101.8	101.8	102.4
燃气生产和供应业	99.6	101.8	101.8	101.8	101.8	101.8	102.4
水的生产和供应业	103.2	103.3	102.9	102.5	100.8	100.5	100.6
自来水的生产和供应	103.2	103.3	102.9	102.5	100.8	100.5	100.6

2-49 分月工业生产者出厂价格环比指数(2012年)

(上年同期=100)

类 别	全 年	1月	2月	3月	4月	5月
全部工业品	**98.9**	**100.1**	**101.0**	**101.5**	**100.7**	**99.4**
#轻工业	101.3	100.1	100.7	100.5	99.6	99.8
以农产品为原料	101.5	100.0	100.8	100.5	99.6	99.8
以非农产品为原料	99.9	100.6	99.9	100.1	99.4	99.7
重工业	98.6	100.1	101.1	101.6	100.8	99.3
采掘	97.0	100.0	99.2	102.7	103.4	97.6
原料	99.7	100.1	101.7	101.8	100.6	99.5
加工	96.9	100.2	100.5	100.8	100.0	99.7
#生产资料	98.6	100.1	101.1	101.6	100.8	99.3
采掘	97.0	100.0	99.2	102.7	103.4	97.6
原料	99.7	100.1	101.7	101.8	100.6	99.5
加工	96.9	100.1	100.6	100.8	100.0	99.7
生活资料	101.5	100.1	100.3	100.5	99.6	100.0
食品	101.6	100.3	100.4	100.6	99.6	99.9
衣着	110.3	100.0	100.5	100.6	100.2	100.6
一般日用品	100.4	99.4	99.6	99.9	99.7	100.1
耐用消费品	104.8	100.2	99.7	100.1	100.2	100.3
按工业部门分						
冶金工业	93.3	99.3	103.1	99.1	99.2	98.9
电力工业	103.4	101.8	100.5	100.3	100.1	100.3
煤炭及炼焦工业	99.3	100.2	100.6	100.5	99.8	98.4
石油工业	101.7	100.0	100.1	105.4	103.9	98.9
化学工业	97.3	99.2	99.6	100.3	101.0	100.0
机械工业	104.1	102.4	99.3	103.3	96.4	99.5
建筑材料工业	97.7	99.3	98.7	97.9	99.9	101.7
森林工业	100.8	100.1	100.3	100.0	99.9	102.1
食品工业	101.9	100.0	100.8	100.7	99.6	99.9
纺织工业	100.3	99.9	101.1	100.1	99.1	100.9
缝纫工业	111.1	100.0	100.6	100.8	100.2	100.6
皮革工业	90.1	100.0	100.0	93.4	100.0	93.0
造纸工业	97.5	100.1	100.2	100.9	100.0	99.9
文教艺术用品工业	111.7	100.0	100.0	100.0	100.0	100.0
其它工业	97.7	101.4	99.0	98.6	100.1	102.8

2-49 续表1

(上年同期=100)

类 别	6月	7月	8月	9月	10月	11月	12月
全部工业品	98.0	97.3	98.9	101.7	101.8	99.1	99.5
# 轻工业	100.0	100.0	99.9	100.3	100.3	100.1	100.1
以农产品为原料	100.0	99.9	100.0	100.4	100.3	100.1	100.2
以非农产品为原料	100.1	101.0	99.4	99.8	100.1	99.8	99.8
重工业	97.8	97.0	98.8	101.9	101.9	99.0	99.5
采掘	95.9	94.0	100.4	104.6	102.1	99.4	98.2
原料	97.2	97.0	98.9	103.1	102.5	98.0	99.6
加工	99.9	98.3	98.0	98.2	100.7	101.0	99.7
# 生产资料	97.8	97.0	98.8	101.9	101.9	99.0	99.5
采掘	95.9	94.0	100.4	104.6	102.1	99.4	98.2
原料	97.2	97.0	98.9	103.1	102.5	98.0	99.6
加工	99.8	98.3	98.0	98.2	100.7	101.0	99.7
生活资料	100.1	100.1	100.1	100.3	100.2	100.1	100.2
食品	100.1	99.8	100.0	100.3	100.2	100.2	100.2
衣着	100.4	107.8	100.0	100.1	100.2	99.9	99.8
一般日用品	100.1	101.6	99.9	100.0	100.0	100.0	100.1
耐用消费品	99.8	100.6	103.9	100.0	100.0	100.0	100.0
按工业部门分							
冶金工业	98.3	98.0	96.4	99.9	102.3	98.0	100.7
电力工业	100.0	100.2	100.2	100.3	99.3	100.2	100.1
煤炭及炼焦工业	100.9	99.3	100.7	99.2	99.2	101.0	99.6
石油工业	94.5	93.3	100.0	106.0	103.9	98.8	97.9
化学工业	99.5	98.5	99.1	100.3	100.6	99.7	99.6
机械工业	102.7	99.5	100.6	100.3	100.6	99.6	100.0
建筑材料工业	100.0	100.3	99.3	100.0	100.3	99.9	100.4
森林工业	100.0	102.1	100.0	100.0	98.1	100.4	97.8
食品工业	100.1	99.8	100.1	100.4	100.2	100.1	100.2
纺织工业	98.1	101.3	99.5	99.2	100.3	100.4	100.4
缝纫工业	100.4	108.3	100.0	100.1	100.2	99.9	99.8
皮革工业	100.0	100.0	96.2	100.0	107.8	100.0	100.0
造纸工业	100.1	99.1	99.5	100.7	98.0	99.6	99.4
文教艺术用品工业	100.0	111.7	100.0	100.0	100.0	100.0	100.0
其它工业	97.5	99.9	99.5	101.3	99.2	99.7	98.9

2-50　分行业工业生产者出厂价格环比指数(2012年)

(上年同期=100)

类　别	全　年	1月	2月	3月	4月	5月
煤炭开采和洗选业	104.5	118.2	116.0	106.5	106.2	103.6
烟煤和无烟煤的开采洗选	104.3	117.9	115.7	106.2	106.1	103.4
褐煤的开采洗选	133.7	177.4	176.0	176.0	122.2	133.3
石油和天然气开采业	98.1	118.3	110.3	108.5	108.1	96.1
天然原油和天然气开采	98.1	118.3	110.3	108.5	108.1	96.1
黑色金属矿采选业	104.5	110.1	110.2	110.2	109.1	101.0
铁矿采选	105.9	111.7	111.7	111.4	111.0	102.8
其他黑色金属矿采选	83.5	85.4	86.8	91.6	81.0	73.7
有色金属矿采选业	100.8	100.8	101.9	103.3	100.6	102.7
常用有色金属矿采选	98.9	95.1	96.2	98.4	96.0	99.8
贵金属矿采选	102.2	101.1	101.1	101.1	101.7	103.4
稀有稀土金属矿采选	110.8	146.7	146.7	140.0	133.5	118.7
非金属矿采选业	101.3	113.6	112.1	111.0	97.1	98.4
土砂石开采	101.2	129.4	120.9	116.5	109.7	111.7
化学矿采选	87.1	91.0	91.3	82.0	84.4	86.3
石棉及其他非金属矿采选	101.2	109.7	109.7	109.7	93.8	94.9
农副食品加工业	104.7	107.6	109.4	111.2	108.3	105.0
谷物磨制	100.1	100.4	100.7	100.4	99.9	98.7
饲料加工	104.9	98.2	105.5	108.8	107.8	107.1
植物油加工	96.1	94.8	95.8	93.7	93.7	94.5
制糖	96.2	99.9	95.7	99.4	100.7	100.8
屠宰及肉类加工	113.6	125.4	128.4	124.7	122.7	116.5
蔬菜、水果和坚果加工	103.9	99.5	105.0	105.5	104.0	102.4
其他农副食品加工	109.0	119.9	119.8	125.5	118.1	110.7
食品制造业	100.8	99.4	99.8	101.5	99.1	98.2
焙烤食品制造	100.2	99.7	99.3	99.3	99.3	99.5
糖果、巧克力及蜜饯制造	100.3	95.2	95.8	95.8	95.8	96.7
方便食品制造	100.1	100.0	100.0	100.0	100.0	99.9
液体乳及乳制品制造	100.7	100.1	101.4	99.3	99.9	100.7
罐头制造	107.8	107.5	105.7	104.4	104.5	96.9
调味品、发酵制品制造	100.9	95.2	94.7	105.5	100.2	96.2
其他食品制造	98.1	99.8	105.4	105.1	90.9	93.6
饮料制造业	102.8	103.6	103.8	103.6	103.0	103.5
酒精制造	102.5	107.6	108.4	107.3	107.4	106.2
酒的制造	102.6	103.5	103.8	103.3	102.3	103.2
软饮料制造	103.4	103.4	103.6	104.1	104.3	104.1
烟草制品业	100.8	100.0	100.0	101.0	101.0	101.0
卷烟制造	100.8	100.0	100.0	101.0	101.0	101.0
纺织业	95.1	94.0	89.0	90.5	88.3	89.6
棉、化纤纺织及印染精加工	78.0	72.8	62.3	64.5	64.2	64.2
毛纺织和染整精加工	110.1	115.8	118.2	119.2	112.6	117.5

2-50 续表1

（上年同期=100）

类　别	全　年	1月	2月	3月	4月	5月
丝绢纺织及精加工	100.0	100.0	100.0	100.0	100.0	100.0
纺织制成品制造	100.8	117.0	117.0	117.0	96.2	96.2
针织品、编织品及其制品制造	96.0	100.0	100.0	96.2	92.3	92.3
纺织服装、鞋、帽制造业	108.1	101.5	102.0	102.9	103.5	104.1
纺织服装制造	109.1	104.1	105.4	107.7	109.2	111.0
制帽	107.5	100.0	100.0	100.0	100.0	100.0
皮革、毛皮、羽毛（绒）及其制品业	94.9	107.4	107.4	100.3	100.3	93.3
皮革鞣制加工	94.5	107.1	107.1	100.0	100.0	92.9
皮革制品制造	116.0	120.0	120.0	117.5	117.5	117.5
木材加工及木、竹、藤、棕、草制品业	109.5	100.0	102.3	100.0	97.9	108.7
木制品制造	109.5	100.0	102.3	100.0	97.9	108.7
家具制造业	100.6	100.3	100.3	100.3	100.8	100.8
木质家具制造	100.6	100.3	100.3	100.3	100.8	100.8
造纸及纸制品业	100.5	105.9	105.6	103.0	100.3	100.2
纸浆制造	94.5	97.4	90.5	94.0	90.0	88.9
造纸	100.0	101.7	101.7	101.3	99.8	99.9
纸制品制造	101.4	111.4	111.4	105.5	101.7	101.5
印刷业和记录媒介的复制	105.9	100.0	100.0	100.0	100.0	100.0
印刷	105.9	100.0	100.0	100.0	100.0	100.0
石油加工、炼焦及核燃料加工业	103.9	109.2	108.4	110.7	110.2	106.0
精炼石油产品的制造	103.9	109.2	108.4	110.7	110.2	106.0
炼焦	98.0	109.3	107.3	98.3	92.3	91.9
化学原料及化学制品制造业	104.0	112.7	112.9	111.1	109.9	109.1
基础化学原料制造	102.1	125.9	121.1	116.9	110.3	110.6
肥料制造	103.4	108.3	108.6	107.6	106.8	105.8
涂料、油墨、颜料及类似产品制造	100.2	112.4	110.6	105.8	103.1	98.9
合成材料制造	100.7	106.8	112.5	113.2	102.7	102.0
专用化学产品制造	105.9	101.1	104.7	104.7	111.7	110.1
医药制造业	98.5	97.8	97.4	97.9	98.3	98.7
化学药品原药制造	92.0	92.8	86.9	88.7	87.8	89.8
化学药品制剂制造	101.0	101.6	101.6	101.6	101.6	101.6
中药饮片加工	92.2	82.9	84.9	87.0	88.0	90.3
中成药制造	100.4	99.3	99.3	100.1	100.3	101.5
生物、生化制品的制造	102.2	104.8	104.8	104.7	104.6	104.7
卫生材料及医药用品制造	89.6	90.8	90.8	87.5	91.5	84.2
橡胶制品业	100.4	110.4	109.2	100.0	98.6	98.6
橡胶板、管、带的制造	100.4	110.4	109.2	100.0	98.6	98.6
塑料制品业	101.0	101.0	100.2	102.3	100.4	101.2
塑料薄膜制造	91.8	94.0	88.0	92.7	92.0	91.7

2–50　续表 2

（上年同期＝100）

类　别	全　年	1 月	2 月	3 月	4 月	5 月
塑料板、管、型材的制造	93.7	88.5	88.5	89.1	88.7	94.3
塑料丝、绳及编织品的制造	100.0	97.3	98.4	100.9	99.1	96.8
塑料包装箱及容器制造	137.5	171.4	171.4	171.4	158.9	154.0
其他塑料制品制造	98.6	100.9	98.2	95.3	95.8	97.2
非金属矿物制品业	94.5	94.5	93.7	90.7	89.5	95.2
水泥、石灰和石膏的制造	89.7	88.3	87.0	84.8	85.1	86.6
水泥及石膏制品制造	101.3	101.2	101.2	101.0	102.1	101.8
砖瓦、石材及其他建筑材料制造	106.6	103.1	108.6	106.3	107.5	108.9
玻璃及玻璃制品制造	86.3	80.5	70.2	73.8	75.2	79.4
石墨及其他非金属矿物制品制造	102.7	107.8	109.5	101.4	94.9	114.9
黑色金属冶炼及压延加工业	88.1	91.9	90.7	92.4	93.0	90.0
炼铁	87.9	100.9	99.0	92.0	92.5	90.8
炼钢	99.7	97.7	97.5	98.2	98.4	98.6
钢压延加工	86.2	91.1	88.7	91.2	92.1	88.5
铁合金冶炼	92.4	91.3	96.1	96.3	96.1	94.2
有色金属冶炼及压延加工业	81.6	81.8	81.3	78.4	77.7	77.8
常用有色金属冶炼	79.5	77.3	77.2	74.4	74.2	75.0
贵金属冶炼	102.3	116.5	115.0	112.8	109.3	102.5
稀有稀土金属冶炼	77.8	275.2	221.7	165.6	125.3	113.2
有色金属合金制造	108.6	132.7	131.5	131.5	125.2	120.5
有色金属压延加工	92.3	95.2	91.9	94.4	92.6	87.1
金属制品业	103.5	104.8	103.2	103.4	103.6	102.6
结构性金属制品制造	107.7	107.3	105.8	105.4	106.0	105.3
金属工具制造	111.4	108.3	108.3	116.7	116.7	116.7
集装箱及金属包装容器制造	93.7	97.0	95.6	99.6	94.7	92.5
金属丝绳及其制品的制造	99.9	97.4	97.7	101.2	104.1	103.8
建筑、安全用金属制品制造	100.2	102.0	102.0	100.3	99.5	100.5
其他金属制品制造	92.8	102.5	97.7	97.3	99.8	97.2
通用设备制造业	98.2	97.4	96.8	95.5	98.6	98.7
锅炉及原动机制造	105.3	104.1	104.1	104.1	105.6	105.5
金属加工机械制造	89.3	89.5	90.0	86.2	91.7	91.3
起重运输设备制造	100.0	100.0	100.0	100.0	100.0	100.0
泵、阀门、压缩机及类似机械的制造	103.4	101.9	100.1	100.8	103.2	103.4
轴承、齿轮、传动和驱动部件的制造	96.0	100.0	100.0	95.4	95.4	95.4
风机、衡器、包装设备等通用设备制造	99.0	102.7	101.2	100.0	97.4	99.8
通用零部件制造及机械修理	102.0	105.0	103.6	103.1	102.7	101.7
金属铸、锻加工	110.5	99.6	99.6	103.7	103.7	107.4

2-50 续表3

（上年同期＝100）

类　别	全　年	1月	2月	3月	4月	5月
专用设备制造业	112.2	83.4	76.9	113.3	115.5	113.1
矿山、冶金、建筑专用设备制造	114.0	77.6	69.5	115.7	118.9	115.9
化工、木材、非金属加工专用设备制造	100.0	100.0	100.0	100.0	100.0	100.0
食品、饮料、烟草及饲料生产专用设备制造	111.7	100.0	100.0	100.0	100.0	100.0
印刷、制药、日化生产专用设备制造	100.0	100.0	100.0	100.0	100.0	100.0
纺织、服装和皮革工业专用设备制造	113.0	114.7	117.2	123.2	116.7	115.6
电子和电工机械专用设备制造	100.0	100.0	100.0	100.0	100.0	100.0
农、林、牧、渔专用机械制造	106.1	102.1	105.9	107.1	107.1	107.1
医疗仪器设备及器械制造	101.5	104.8	104.8	104.8	104.8	100.0
环保、社会公共安全及其他专用设备制造	99.1	98.7	98.4	98.7	98.3	98.5
交通运输设备制造业	98.9	98.2	98.1	95.7	96.5	96.3
铁路运输设备制造	97.0	95.8	95.8	91.2	93.3	92.7
汽车制造	100.7	100.3	100.3	99.8	99.4	99.5
交通器材及其他交通运输设备制造	100.5	100.5	100.5	100.5	100.5	100.5
电气机械及器材制造业	94.2	103.5	104.5	102.3	92.3	93.1
电机制造	89.1	100.1	100.1	100.1	85.4	85.5
输配电及控制设备制造	103.5	122.8	128.8	118.3	104.9	107.2
电线、电缆、光缆及电工器材制造	96.9	94.3	93.0	93.2	96.5	97.9
家用电力器具制造	100.7	99.6	99.6	100.0	100.0	100.0
照明器具制造	100.0	100.0	100.0	100.0	100.0	100.0
其他电气机械及器材制造	100.0	100.0	100.0	100.0	100.0	100.0
通信设备、计算机及其他电子设备制造业	108.2	90.4	95.8	104.5	92.7	97.7
电子器件制造	108.2	90.4	95.8	104.5	92.7	97.7
仪器仪表及文化、办公用机械制造业	100.1	100.2	100.2	100.2	100.2	100.2
通用仪器仪表制造	100.1	100.2	100.2	100.2	100.2	100.2
工艺品及其他制造业	100.3	100.2	100.3	100.3	100.4	100.3
工艺美术品制造	106.0	102.9	106.4	104.6	107.1	106.1
其他未列明的制造业	100.0	100.0	100.0	100.0	100.0	100.0
电力、热力的生产和供应业	103.7	103.3	104.2	105.2	105.2	105.0
电力生产	105.1	104.2	106.2	108.3	108.1	107.2
电力供应	102.9	102.8	103.0	103.2	103.3	103.7
热力生产和供应	103.6	102.6	99.3	101.2	100.7	102.1
燃气生产和供应业	100.8	99.8	99.8	99.8	99.6	99.6
燃气生产和供应业	100.8	99.8	99.8	99.8	99.6	99.6
水的生产和供应业	102.5	102.7	103.3	103.7	103.9	103.3
自来水的生产和供应	102.5	102.7	103.3	103.7	103.9	103.3

2-50　续表 4

（上年同期=100）

类　别	6 月	7 月	8 月	9 月	10 月	11 月	12 月
煤炭开采和洗选业	102.3	102.9	103.2	100.6	100.8	97.6	99.3
烟煤和无烟煤的开采洗选	102.1	102.7	103.1	100.5	100.7	97.5	99.1
褐煤的开采洗选	133.3	130.6	117.5	120.0	128.8	118.2	120.5
石油和天然气开采业	91.9	82.7	82.3	92.8	97.8	100.9	95.6
天然原油和天然气开采	91.9	82.7	82.3	92.8	97.8	100.9	95.6
黑色金属矿采选业	99.5	103.1	103.7	103.4	102.3	102.0	102.1
铁矿采选	101.2	104.8	104.5	104.2	103.1	103.1	103.1
其他黑色金属矿采选	73.6	76.8	89.9	90.4	88.4	84.4	84.8
有色金属矿采选业	99.6	96.6	94.8	95.9	105.7	106.8	102.8
常用有色金属矿采选	98.0	96.2	94.1	95.5	107.3	108.6	103.7
贵金属矿采选	103.4	103.4	102.3	102.3	101.7	101.7	102.8
稀有稀土金属矿采选	106.8	96.1	96.1	96.1	96.1	96.1	96.1
非金属矿采选业	100.4	98.8	97.6	97.7	97.5	97.6	97.7
土砂石开采	100.1	93.9	89.4	89.4	90.0	90.6	90.6
化学矿采选	102.8	90.4	89.0	97.8	76.3	75.1	82.8
石棉及其他非金属矿采选	100.0	100.0	100.0	100.0	100.0	100.0	100.0
农副食品加工业	103.4	102.7	101.8	102.2	102.5	102.1	101.7
谷物磨制	99.4	99.3	99.7	99.7	100.7	100.7	101.4
饲料加工	106.7	105.4	105.0	105.2	104.2	102.6	102.6
植物油加工	94.3	94.7	96.6	97.1	97.6	100.2	100.7
制糖	99.2	100.2	97.1	93.4	93.0	87.6	87.6
屠宰及肉类加工	113.8	109.3	104.7	108.7	103.6	106.9	105.6
蔬菜、水果和坚果加工	102.9	103.0	104.1	105.5	105.2	104.1	105.0
其他农副食品加工	105.8	104.9	102.3	102.0	103.3	102.0	100.4
食品制造业	98.4	99.0	100.9	103.1	102.0	103.9	104.7
焙烤食品制造	99.5	99.5	101.3	101.4	101.3	101.3	101.3
糖果、巧克力及蜜饯制造	96.7	96.7	106.4	107.3	107.3	106.4	106.4
方便食品制造	100.0	100.9	100.9	100.0	100.0	100.0	100.0
液体乳及乳制品制造	100.4	100.3	100.7	101.2	100.5	101.4	102.0
罐头制造	99.6	102.2	111.6	110.8	108.8	120.6	120.7
调味品、发酵制品制造	95.1	98.0	100.6	104.3	102.9	109.3	111.3
其他食品制造	96.2	93.2	92.6	106.5	102.1	96.7	99.1
饮料制造业	103.2	103.3	102.9	102.2	102.2	101.4	101.3
酒精制造	104.1	99.6	99.1	97.4	95.8	98.8	99.7
酒的制造	102.9	102.9	102.6	101.8	102.1	101.5	101.9
软饮料制造	104.2	104.6	104.1	103.6	102.9	101.4	100.1
烟草制品业	101.0	101.0	101.0	101.0	101.0	101.0	101.0
卷烟制造	101.0	101.0	101.0	101.0	101.0	101.0	101.0
纺织业	92.4	98.8	100.9	100.1	99.9	101.1	100.2
棉、化纤纺织及印染精加工	73.1	86.5	95.8	95.7	95.7	97.8	97.3
毛纺织和染整精加工	108.8	110.2	106.3	104.4	103.5	104.9	103.0

2-50 续表5

（上年同期=100）

类 别	6月	7月	8月	9月	10月	11月	12月
丝绢纺织及精加工	100.0	100.0	100.0	100.0	100.0	100.0	100.0
纺织制成品制造	96.2	96.2	96.2	96.2	96.2	96.2	96.2
针织品、编织品及其制品制造	92.3	93.3	96.2	96.2	98.2	98.2	97.2
纺织服装、鞋、帽制造业	104.6	113.9	114.0	112.6	112.7	112.6	112.4
纺织服装制造	112.2	112.2	112.5	108.7	108.9	108.7	108.3
制帽	100.0	115.0	115.0	115.0	115.0	115.0	115.0
皮革、毛皮、羽毛（绒）及其制品业	90.2	90.2	86.8	86.8	93.6	93.2	90.1
皮革鞣制加工	89.7	89.7	86.2	86.2	93.1	93.1	90.0
皮革制品制造	122.4	122.4	122.4	122.4	122.4	97.9	97.9
木材加工及木、竹、藤、棕、草制品业	107.4	117.0	121.7	135.3	114.1	111.7	101.3
木制品制造	107.4	117.0	121.7	135.3	114.1	111.7	101.3
家具制造业	100.8	100.8	100.8	100.8	100.6	100.6	100.6
木质家具制造	100.8	100.8	100.8	100.8	100.6	100.6	100.6
造纸及纸制品业	100.5	100.2	99.4	99.2	97.2	97.4	97.5
纸浆制造	91.5	91.5	91.5	100.0	97.5	100.0	102.6
造纸	99.8	102.5	101.0	99.2	98.2	97.5	97.6
纸制品制造	102.0	98.4	98.4	99.2	96.1	97.1	96.9
印刷业和记录媒介的复制	100.0	111.7	111.7	111.7	111.7	111.7	111.7
印刷	100.0	111.7	111.7	111.7	111.7	111.7	111.7
石油加工、炼焦及核燃料加工业	100.6	95.1	94.8	99.6	104.7	105.9	103.3
精炼石油产品的制造	100.7	95.1	94.8	99.6	104.7	105.9	103.3
炼焦	95.4	95.4	95.4	95.4	99.0	99.0	99.0
化学原料及化学制品制造业	106.3	102.4	100.5	97.2	96.4	96.4	96.7
基础化学原料制造	105.3	99.3	96.2	90.3	88.2	88.2	87.9
肥料制造	106.1	104.1	102.1	100.4	98.6	97.7	96.6
涂料、油墨、颜料及类似产品制造	99.7	98.8	94.8	94.0	97.6	95.0	93.1
合成材料制造	98.5	84.3	85.7	91.6	102.2	104.0	110.3
专用化学产品制造	108.4	108.6	106.9	104.3	103.5	103.6	103.9
医药制造业	99.5	99.8	97.9	98.1	98.5	98.7	98.9
化学药品原药制造	90.8	93.9	93.9	93.9	93.9	95.4	96.9
化学药品制剂制造	102.2	102.2	102.2	98.8	99.7	99.7	99.7
中药饮片加工	92.8	95.5	93.2	97.9	99.5	99.4	99.4
中成药制造	102.4	102.7	99.8	99.9	100.3	100.2	99.7
生物、生化制品的制造	102.8	102.4	101.7	100.1	99.0	98.6	99.4
卫生材料及医药用品制造	92.8	87.7	82.9	86.4	92.7	94.9	94.9
橡胶制品业	98.6	98.6	98.6	98.6	98.6	98.6	98.6
橡胶板、管、带的制造	98.6	98.6	98.6	98.6	98.6	98.6	98.6
塑料制品业	101.0	101.5	100.8	100.6	101.2	100.6	101.2

2–50 续表 6

（上年同期＝100）

类 别	6 月	7 月	8 月	9 月	10 月	11 月	12 月
塑料薄膜制造	90.0	89.5	90.5	89.1	92.2	91.4	101.4
塑料板、管、型材的制造	94.1	95.3	96.3	94.8	97.8	99.7	99.9
塑料丝、绳及编织品的制造	97.4	97.8	98.3	103.6	102.9	103.6	104.2
塑料包装箱及容器制造	154.0	154.0	135.9	121.6	115.5	105.0	96.3
其他塑料制品制造	97.2	97.2	99.7	99.8	99.6	101.2	101.3
非金属矿物制品业	95.5	96.4	95.3	96.4	96.1	94.6	96.9
水泥、石灰和石膏的制造	89.4	90.3	91.1	92.1	93.0	93.8	95.9
水泥及石膏制品制造	101.4	101.8	101.5	100.8	100.6	101.3	101.3
砖瓦、石材及其他建筑材料制造	108.6	108.4	107.7	105.4	104.6	104.9	104.9
玻璃及玻璃制品制造	80.8	86.8	87.8	89.9	103.0	109.3	109.4
石墨及其他非金属矿物制品制造	108.8	108.9	101.8	104.3	98.9	91.1	94.8
黑色金属冶炼及压延加工业	88.8	86.5	81.7	78.1	83.5	90.0	91.5
炼铁	87.6	90.7	82.3	80.6	78.8	77.5	84.2
炼钢	99.2	98.3	98.2	98.4	101.3	102.9	108.6
钢压延加工	87.3	84.4	78.4	73.9	81.0	89.2	89.7
铁合金冶炼	92.7	91.2	91.7	90.4	87.1	89.4	91.8
有色金属冶炼及压延加工业	78.6	76.5	75.3	83.1	91.7	88.6	93.2
常用有色金属冶炼	76.4	75.8	74.6	82.3	92.3	89.3	93.5
贵金属冶炼	98.9	98.1	97.3	95.5	98.5	93.1	95.5
稀有稀土金属冶炼	80.9	49.4	46.0	55.7	44.1	43.0	50.4
有色金属合金制造	107.1	100.9	96.2	96.2	94.5	94.6	92.5
有色金属压延加工	89.3	87.5	87.9	90.6	96.7	96.5	99.0
金属制品业	103.1	103.1	103.4	103.6	104.4	103.5	103.7
结构性金属制品制造	107.2	108.0	109.0	109.7	110.4	109.0	108.9
金属工具制造	112.0	112.0	112.0	112.0	107.7	107.7	107.7
集装箱及金属包装容器制造	90.7	91.3	93.3	92.2	93.4	92.5	92.0
金属丝绳及其制品的制造	100.0	100.2	98.2	99.5	98.1	99.6	100.0
建筑、安全用金属制品制造	100.5	100.5	100.5	100.0	100.0	98.9	98.4
其他金属制品制造	94.6	90.3	87.2	85.5	87.0	87.7	89.3
通用设备制造业	98.1	98.4	98.0	98.1	99.3	99.6	99.9
锅炉及原动机制造	105.6	105.6	105.7	105.7	105.7	105.7	105.8
金属加工机械制造	88.2	88.2	86.8	87.0	90.2	90.8	91.5
起重运输设备制造	100.0	100.0	100.0	100.0	100.0	100.0	100.0
泵、阀门、压缩机及类似机械的制造	104.4	104.5	104.8	104.8	104.4	104.4	104.5
轴承、齿轮、传动和驱动部件的制造	95.0	95.7	95.7	95.7	94.5	94.5	94.5
风机、衡器、包装设备等通用设备制造	101.5	98.7	98.0	97.3	97.6	96.7	97.3
通用零部件制造及机械修理	101.5	101.5	100.9	100.8	101.3	101.3	100.7
金属铸、锻加工	107.4	113.2	112.4	113.2	119.3	122.9	122.9

2-50 续表 7

（上年同期＝100）

类　别	6 月	7 月	8 月	9 月	10 月	11 月	12 月
专用设备制造业	130.6	131.0	131.0	116.9	108.3	122.4	125.0
矿山、冶金、建筑专用设备制造	139.0	140.7	140.7	119.8	107.9	127.8	132.7
化工、木材、非金属加工专用设备制造	100.0	100.0	100.0	100.0	100.0	100.0	100.0
食品、饮料、烟草及饲料生产专用设备制造	120.0	120.0	120.0	120.0	120.0	120.0	120.0
印刷、制药、日化生产专用设备制造	100.0	100.0	100.0	100.0	100.0	100.0	100.0
纺织、服装和皮革工业专用设备制造	111.3	115.2	113.8	109.1	109.1	107.1	106.4
电子和电工机械专用设备制造	100.0	100.0	100.0	100.0	100.0	100.0	100.0
农、林、牧、渔专用机械制造	107.1	107.1	107.1	107.1	107.1	107.1	102.1
医疗仪器设备及器械制造	100.0	100.0	100.0	100.0	100.0	100.0	100.0
环保、社会公共安全及其他专用设备制造	98.4	99.5	99.7	99.6	99.9	99.7	99.6
交通运输设备制造业	98.2	99.0	100.5	100.9	100.3	101.9	101.7
铁路运输设备制造	97.6	97.8	97.8	100.2	100.3	100.9	101.3
汽车制造	98.6	100.1	103.1	101.8	100.4	103.0	102.1
交通器材及其他交通运输设备制造	100.5	100.5	100.5	100.5	100.5	100.5	100.5
电气机械及器材制造业	91.2	92.3	90.4	88.9	90.9	91.0	90.8
电机制造	85.5	85.4	85.5	85.4	85.3	85.5	85.4
输配电及控制设备制造	97.8	104.0	94.1	88.0	95.2	95.5	94.8
电线、电缆、光缆及电工器材制造	97.9	97.4	97.5	97.4	99.2	99.1	99.5
家用电力器具制造	100.0	100.4	101.0	101.0	102.0	102.0	102.4
照明器具制造	100.0	100.0	100.0	100.0	100.0	100.0	100.0
其他电气机械及器材制造	100.0	100.0	100.0	100.0	100.0	100.0	100.0
通信设备、计算机及其他电子设备制造业	102.4	103.6	118.0	121.7	121.0	126.4	126.9
电子器件制造	102.4	103.6	118.0	121.7	121.0	126.4	126.9
仪器仪表及文化、办公用机械制造业	100.2	100.2	100.0	100.0	100.0	100.0	100.0
通用仪器仪表制造	100.2	100.2	100.0	100.0	100.0	100.0	100.0
工艺品及其他制造业	100.4	100.3	100.3	100.4	100.3	100.4	100.4
工艺美术品制造	106.8	106.2	105.9	106.9	106.0	106.5	106.6
其他未列明的制造业	100.0	100.0	100.0	100.0	100.0	100.0	100.0
电力、热力的生产和供应业	103.4	102.7	102.5	102.9	102.5	104.7	103.4
电力生产	103.2	102.8	103.1	103.3	102.3	107.3	105.2
电力供应	103.7	102.8	102.1	102.5	102.6	102.9	102.3
热力生产和供应	99.9	100.3	108.4	108.4	108.0	108.1	104.2
燃气生产和供应业	99.6	101.8	101.8	101.8	101.8	101.8	102.4
燃气生产和供应业	99.6	101.8	101.8	101.8	101.8	101.8	102.4
水的生产和供应业	103.2	103.3	102.9	102.5	100.8	100.5	100.6
自来水的生产和供应	103.2	103.3	102.9	102.5	100.8	100.5	100.6

2-51 分行业工业生产者出厂价格定基指数(2012年)

(上年同期=100)

类别	全年	1月	2月	3月	4月	5月
煤炭开采和洗选业	126.2	126.4	127.2	127.8	127.6	125.5
烟煤和无烟煤的开采洗选	125.8	126.1	126.9	127.5	127.3	125.2
褐煤的开采洗选	199.0	184.1	184.1	184.1	184.1	200.9
石油和天然气开采业	134.5	136.9	134.1	140.1	150.7	145.4
天然原油和天然气开采	134.5	136.9	134.1	140.1	150.7	145.4
黑色金属矿采选业	111.5	109.7	109.7	109.7	109.7	109.6
铁矿采选	114.0	112.0	112.0	112.0	112.0	112.0
其他黑色金属矿采选	76.1	76.4	76.4	76.1	75.9	74.9
有色金属矿采选业	112.5	109.0	110.9	113.9	113.6	115.9
常用有色金属矿采选	106.0	101.8	103.9	107.9	107.3	109.7
贵金属矿采选	116.9	114.9	114.9	114.9	115.6	117.5
稀有稀土金属矿采选	164.1	169.2	169.2	161.5	164.4	164.4
非金属矿采选业	109.0	111.3	109.7	108.9	108.2	108.9
土砂石开采	124.1	136.5	127.6	123.4	118.5	123.0
化学矿采选	99.4	104.7	105.0	101.2	107.1	105.5
石棉及其他非金属矿采选	104.9	104.9	104.9	104.9	104.9	104.9
农副食品加工业	113.3	112.3	114.0	114.8	113.4	112.9
谷物磨制	107.4	107.7	107.2	106.9	106.9	106.8
饲料加工	111.9	103.0	111.3	111.5	112.3	112.6
植物油加工	110.4	110.6	111.4	108.2	109.0	109.9
制糖	135.0	138.4	136.0	140.0	137.8	137.2
屠宰及肉类加工	132.3	131.9	135.2	134.7	131.1	129.7
蔬菜、水果和坚果加工	107.3	103.5	109.0	109.4	107.3	105.6
其他农副食品加工	117.8	118.7	118.9	121.9	118.7	117.9
食品制造业	105.1	103.1	104.1	104.3	104.2	104.3
焙烤食品制造	104.0	103.8	103.8	103.8	103.8	104.0
糖果、巧克力及蜜饯制造	96.7	95.2	95.8	95.8	95.8	96.7
方便食品制造	105.4	105.3	105.3	105.3	105.3	105.2
液体乳及乳制品制造	104.9	104.2	104.3	104.3	104.3	105.5
罐头制造	109.5	104.9	104.5	106.3	105.6	100.4
调味品、发酵制品制造	105.6	99.7	103.8	103.8	104.6	104.0
其他食品制造	105.2	103.3	105.1	105.1	103.3	106.5
饮料制造业	109.6	108.4	108.6	109.1	109.6	109.9
酒精制造	120.1	121.6	121.7	121.6	121.6	120.9
酒的制造	110.8	109.0	109.3	110.0	110.7	111.1
软饮料制造	106.3	106.3	106.5	106.6	106.7	106.7
烟草制品业	100.8	100.0	100.0	101.0	101.0	101.0
卷烟制造	100.8	100.0	100.0	101.0	101.0	101.0
纺织业	114.7	114.4	115.6	115.8	114.7	115.7
棉、化纤纺织及印染精加工	102.6	105.5	104.4	104.4	104.4	104.4

2-51 续表 1

（上年同期=100）

类 别	全 年	1 月	2 月	3 月	4 月	5 月
毛纺织和染整精加工	131.1	127.2	131.9	132.4	129.7	132.8
丝绢纺织及精加工	109.9	109.9	109.9	109.9	109.9	109.9
纺织制成品制造	116.1	119.5	119.5	119.5	115.0	115.0
针织品、编织品及其制品制造	125.5	128.6	128.6	128.6	123.5	123.5
纺织服装、鞋、帽制造业	118.5	110.6	111.3	112.3	112.9	113.6
纺织服装制造	116.2	109.2	110.9	113.3	114.9	116.8
制帽	119.9	111.5	111.5	111.5	111.5	111.5
皮革、毛皮、羽毛（绒）及其制品业	98.1	108.5	108.5	101.3	101.3	94.2
皮革鞣制加工	97.4	107.8	107.8	100.7	100.7	93.5
皮革制品制造	143.6	146.1	146.1	143.1	143.1	143.1
木材加工及木、竹、藤、棕、草制品业	112.1	103.7	105.0	105.0	102.8	112.7
木制品制造	112.1	103.7	105.0	105.0	102.8	112.7
家具制造业	101.2	100.8	100.8	100.8	101.3	101.3
木质家具制造	101.2	100.8	100.8	100.8	101.3	101.3
造纸及纸制品业	110.7	110.9	111.1	112.0	112.0	111.8
纸浆制造	97.5	96.7	96.7	100.6	96.7	95.5
造纸	106.0	106.2	106.5	107.2	107.0	107.0
纸制品制造	117.2	117.5	117.6	118.6	119.1	118.8
印刷业和记录媒介的复制	113.6	107.3	107.3	107.3	107.3	107.3
印刷	113.6	107.3	107.3	107.3	107.3	107.3
石油加工、炼焦及核燃料加工业	121.9	117.7	118.4	125.2	129.0	128.4
精炼石油产品的制造	121.9	117.7	118.5	125.3	129.0	128.4
炼焦	102.1	104.5	104.5	97.4	97.4	97.4
化学原料及化学制品制造业	121.3	122.0	121.6	122.0	123.7	123.8
基础化学原料制造	135.4	145.0	138.0	137.9	139.0	138.0
肥料制造	116.5	116.7	117.7	117.7	117.7	117.0
涂料、油墨、颜料及类似产品制造	105.4	111.6	109.8	110.0	107.1	105.9
合成材料制造	121.8	117.5	123.8	124.5	128.2	135.2
专用化学产品制造	108.9	103.3	106.3	107.4	110.3	110.3
医药制造业	101.3	101.6	100.9	100.8	100.8	101.3
化学药品原药制造	102.0	102.4	95.9	97.9	97.9	100.2
化学药品制剂制造	101.5	101.6	101.6	101.6	101.6	101.6
中药饮片加工	83.9	84.3	84.3	84.3	84.3	84.3
中成药制造	98.1	98.0	97.9	98.0	98.0	98.7
生物、生化制品的制造	113.6	113.6	113.6	113.4	113.4	113.5
卫生材料及医药用品制造	92.3	96.5	96.5	91.5	91.5	91.5
橡胶制品业	121.9	123.2	123.2	123.2	121.4	121.4
橡胶板、管、带的制造	121.9	123.2	123.2	123.2	121.4	121.4
塑料制品业	107.5	108.5	107.9	108.6	107.4	106.6

2-51　续表 2

（上年同期＝100）

类　别	全　年	1 月	2 月	3 月	4 月	5 月
塑料薄膜制造	91.5	94.3	90.9	91.2	91.2	91.2
塑料板、管、型材的制造	97.3	97.6	97.6	97.3	98.2	98.2
塑料丝、绳及编织品的制造	108.1	107.8	108.5	110.3	107.8	105.4
塑料包装箱及容器制造	167.5	172.3	172.3	172.3	166.5	165.8
其他塑料制品制造	102.3	102.2	99.5	99.5	99.9	102.8
非金属矿物制品业	95.1	97.5	96.0	93.6	93.6	96.3
水泥、石灰和石膏的制造	87.8	90.2	89.1	86.6	86.3	88.1
水泥及石膏制品制造	107.0	106.2	106.2	106.0	107.2	107.4
砖瓦、石材及其他建筑材料制造	111.4	105.9	111.8	110.2	112.1	112.4
玻璃及玻璃制品制造	84.9	88.3	78.1	77.8	77.9	80.4
石墨及其他非金属矿物制品制造	107.6	112.3	109.7	106.3	106.3	112.7
黑色金属冶炼及压延加工业	94.6	97.8	98.9	98.9	100.9	99.8
炼铁	98.0	105.4	104.8	104.7	104.7	102.6
炼钢	100.6	99.6	99.3	99.9	99.9	99.9
钢压延加工	94.3	97.9	98.7	99.3	102.1	101.0
铁合金冶炼	91.5	94.6	97.8	94.7	94.2	93.1
有色金属冶炼及压延加工业	87.6	89.8	94.3	92.6	89.8	88.6
常用有色金属冶炼	82.5	84.4	89.2	87.3	84.7	83.5
贵金属冶炼	124.9	129.2	128.1	127.7	125.9	121.4
稀有稀土金属冶炼	271.5	371.7	322.4	298.4	301.4	316.9
有色金属合金制造	126.2	132.5	131.2	131.3	130.0	131.2
有色金属压延加工	107.8	108.8	109.2	112.3	107.8	107.3
金属制品业	110.2	107.9	108.1	109.1	109.4	109.4
结构性金属制品制造	113.8	109.3	110.0	111.1	111.4	111.4
金属工具制造	114.1	107.2	107.2	115.5	115.5	115.5
集装箱及金属包装容器制造	94.0	97.6	96.2	96.9	96.4	96.0
金属丝绳及其制品的制造	102.3	102.3	102.6	103.4	102.3	102.1
建筑、安全用金属制品制造	105.7	105.9	105.9	105.9	105.9	105.9
其他金属制品制造	109.8	111.6	110.6	112.4	114.0	114.8
通用设备制造业	104.6	105.1	105.1	103.3	105.0	105.5
锅炉及原动机制造	105.1	104.0	104.0	104.0	105.5	105.3
金属加工机械制造	102.6	109.3	109.2	104.6	104.5	104.5
起重运输设备制造	100.1	100.1	100.1	100.1	100.1	100.1
泵、阀门、压缩机及类似机械的制造	106.8	103.5	103.5	103.5	107.6	107.9
轴承、齿轮、传动和驱动部件的制造	96.0	100.0	100.0	95.4	95.4	95.4
风机、衡器、包装设备等通用设备制造	100.1	102.2	102.4	102.3	100.7	101.7
通用零部件制造及机械修理	108.5	108.4	108.3	108.4	108.6	108.4
金属铸、锻加工	114.8	103.1	103.1	104.4	104.4	112.6

2-51 续表 3

（上年同期=100）

类 别	全 年	1 月	2 月	3 月	4 月	5 月
专用设备制造业	91.3	82.6	76.2	90.5	90.7	88.9
矿山、冶金、建筑专用设备制造	86.6	76.6	68.7	85.8	86.0	83.8
化工、木材、非金属加工专用设备制造	100.0	100.0	100.0	100.0	100.0	100.0
食品、饮料、烟草及饲料生产专用设备制造	111.7	100.0	100.0	100.0	100.0	100.0
印刷、制药、日化生产专用设备制造	100.0	100.0	100.0	100.0	100.0	100.0
纺织、服装和皮革工业专用设备制造	122.8	118.6	117.2	120.7	120.7	122.8
电子和电工机械专用设备制造	100.0	100.0	100.0	100.0	100.0	100.0
农、林、牧、渔专用机械制造	106.7	102.2	106.1	107.2	107.2	107.2
医疗仪器设备及器械制造	105.4	105.4	105.4	105.4	105.4	105.4
环保、社会公共安全及其他专用设备制造	97.4	97.4	97.4	97.4	97.4	97.3
交通运输设备制造业	93.1	93.0	93.0	92.7	92.8	92.3
铁路运输设备制造	86.6	87.1	87.2	86.3	86.3	86.2
汽车制造	99.4	98.6	98.7	98.9	99.2	98.3
交通器材及其他交通运输设备制造	100.5	100.5	100.5	100.5	100.5	100.5
电气机械及器材制造业	98.3	106.3	108.2	105.6	95.3	95.9
电机制造	89.1	100.1	100.0	100.1	85.4	85.5
输配电及控制设备制造	107.3	115.6	123.6	112.0	103.1	105.9
电线、电缆、光缆及电工器材制造	115.1	115.1	115.6	115.7	115.6	115.2
家用电力器具制造	102.7	101.6	101.6	102.0	102.0	102.0
照明器具制造	99.8	99.8	99.8	99.8	99.8	99.8
其他电气机械及器材制造	100.0	100.0	100.0	100.0	100.0	100.0
通信设备、计算机及其他电子设备制造业	122.5	104.5	113.4	123.0	109.8	106.3
电子器件制造	122.5	104.5	113.4	123.0	109.8	106.3
仪器仪表及文化、办公用机械制造业	96.7	96.7	96.7	96.7	96.7	96.7
通用仪器仪表制造	96.7	96.7	96.7	96.7	96.7	96.7
工艺品及其他制造业	100.4	100.1	100.3	100.3	100.4	100.4
工艺美术品制造	106.7	101.7	105.5	105.1	107.6	107.3
其他未列明的制造业	100.0	100.0	100.0	100.0	100.0	100.0
电力、热力的生产和供应业	109.1	107.8	108.4	108.7	108.9	109.2
电力生产	115.5	114.1	114.9	115.6	115.9	116.2
电力供应	104.7	103.5	104.0	104.1	104.1	104.5
热力生产和供应	122.5	120.2	116.4	117.6	117.6	119.2
燃气生产和供应业	115.1	114.6	114.6	114.6	113.3	113.3
燃气生产和供应业	115.1	114.6	114.6	114.6	113.3	113.3
水的生产和供应业	98.8	98.3	98.4	98.7	98.7	98.7
自来水的生产和供应	98.8	98.3	98.4	98.7	98.7	98.7

2-51 续表4

（上年同期＝100）

类 别	6月	7月	8月	9月	10月	11月	12月
煤炭开采和洗选业	126.6	125.7	126.6	125.5	124.5	125.7	125.2
烟煤和无烟煤的开采洗选	126.2	125.3	126.2	125.2	124.1	125.3	124.7
褐煤的开采洗选	200.9	196.7	196.7	200.9	215.5	217.6	221.8
石油和天然气开采业	134.0	118.6	119.5	131.7	137.4	135.1	130.9
天然原油和天然气开采	134.0	118.6	119.5	131.7	137.4	135.1	130.9
黑色金属矿采选业	109.6	113.5	113.5	113.5	113.1	113.1	113.1
铁矿采选	112.0	116.2	116.2	116.2	115.6	115.6	115.6
其他黑色金属矿采选	74.9	75.4	75.4	75.8	77.4	77.4	77.4
有色金属矿采选业	115.2	113.5	110.5	110.2	112.8	112.2	112.0
常用有色金属矿采选	108.9	107.2	104.0	103.7	106.5	105.9	105.6
贵金属矿采选	117.5	117.5	117.5	117.5	118.2	118.2	118.2
稀有稀土金属矿采选	164.4	162.7	162.7	162.7	162.7	162.7	162.7
非金属矿采选业	108.9	108.7	108.7	108.7	108.7	108.8	108.9
土砂石开采	122.9	122.2	122.2	122.2	122.9	123.7	123.7
化学矿采选	104.3	101.7	97.5	96.8	87.6	87.6	93.0
石棉及其他非金属矿采选	104.9	104.9	104.9	104.9	104.9	104.9	104.9
农副食品加工业	112.6	112.0	112.1	113.2	114.1	114.0	114.5
谷物磨制	106.8	106.8	106.8	107.3	108.0	108.3	109.2
饲料加工	112.5	112.2	112.7	114.6	114.8	113.2	112.6
植物油加工	109.9	109.9	110.8	110.9	111.4	111.4	111.4
制糖	139.1	139.0	136.9	136.7	136.7	123.0	119.6
屠宰及肉类加工	129.7	127.5	125.2	133.3	134.7	137.7	136.7
蔬菜、水果和坚果加工	106.1	106.2	105.4	108.0	109.7	108.7	108.7
其他农副食品加工	116.8	115.7	116.1	116.1	117.1	117.3	118.3
食品制造业	104.6	104.9	105.6	106.1	105.4	107.2	107.8
焙烤食品制造	104.0	104.0	104.2	104.3	104.2	104.2	104.2
糖果、巧克力及蜜饯制造	96.7	96.7	97.5	97.5	97.5	97.5	97.5
方便食品制造	105.2	106.2	106.2	105.2	105.2	105.2	105.2
液体乳及乳制品制造	105.2	104.4	104.0	105.5	104.5	105.8	106.7
罐头制造	100.4	102.9	112.9	112.9	112.9	125.4	125.4
调味品、发酵制品制造	104.1	105.7	105.6	106.9	107.4	110.1	110.9
其他食品制造	109.5	108.0	107.3	107.3	101.4	101.7	104.2
饮料制造业	110.5	110.2	110.3	109.9	109.9	109.4	109.3
酒精制造	120.2	119.8	119.2	119.0	117.9	118.6	119.5
酒的制造	112.0	111.5	111.7	111.4	111.6	111.0	110.8
软饮料制造	106.7	106.7	106.7	106.2	105.5	105.5	105.6
烟草制品业	101.0	101.0	101.0	101.0	101.0	101.0	101.0
卷烟制造	101.0	101.0	101.0	101.0	101.0	101.0	101.0
纺织业	113.6	115.0	114.5	113.5	113.9	114.4	114.8
棉、化纤纺织及印染精加工	101.0	101.0	101.0	101.0	101.0	101.0	101.6

2-51 续表 5

（上年同期=100）

类　别	6 月	7 月	8 月	9 月	10 月	11 月	12 月
毛纺织和染整精加工	129.4	133.8	132.2	129.3	130.3	131.8	132.7
丝绢纺织及精加工	109.9	109.9	109.9	109.9	109.9	109.9	109.9
纺织制成品制造	115.0	115.0	115.0	115.0	115.0	115.0	115.0
针织品、编织品及其制品制造	123.5	124.7	123.7	123.7	126.3	126.3	125.0
纺织服装、鞋、帽制造业	114.1	124.3	124.4	124.5	124.6	124.5	124.3
纺织服装制造	118.1	118.1	118.4	118.7	118.9	118.7	118.2
制帽	111.5	128.3	128.3	128.3	128.3	128.3	128.3
皮革、毛皮、羽毛（绒）及其制品业	94.2	94.2	90.7	90.7	97.8	97.8	97.8
皮革鞣制加工	93.5	93.5	89.9	89.9	97.1	97.1	97.1
皮革制品制造	143.1	143.1	143.1	143.1	143.1	143.1	143.1
木材加工及木、竹、藤、棕、草制品业	112.7	122.9	122.9	122.9	113.6	115.8	105.0
木制品制造	112.7	122.9	122.9	122.9	113.6	115.8	105.0
家具制造业	101.3	101.3	101.3	101.3	101.3	101.3	101.3
木质家具制造	101.3	101.3	101.3	101.3	101.3	101.3	101.3
造纸及纸制品业	112.0	111.0	110.5	111.3	109.1	108.7	108.0
纸浆制造	95.5	95.5	95.5	99.3	99.3	99.3	99.3
造纸	107.1	107.1	106.2	105.5	104.9	104.1	103.4
纸制品制造	119.1	116.7	116.7	119.1	114.7	114.7	114.0
印刷业和记录媒介的复制	107.3	119.9	119.9	119.9	119.9	119.9	119.9
印刷	107.3	119.9	119.9	119.9	119.9	119.9	119.9
石油加工、炼焦及核燃料加工业	122.1	115.2	115.0	120.8	125.4	124.0	121.6
精炼石油产品的制造	122.1	115.2	115.0	120.8	125.4	124.0	121.6
炼焦	103.5	103.5	103.5	103.5	103.5	103.5	103.5
化学原料及化学制品制造业	123.0	120.6	119.4	119.6	120.3	119.9	119.1
基础化学原料制造	135.9	133.7	130.6	131.3	133.3	132.4	129.2
肥料制造	117.4	117.8	117.7	117.3	115.2	113.4	112.7
涂料、油墨、颜料及类似产品制造	107.3	106.8	102.9	101.3	102.3	101.0	98.9
合成材料制造	135.2	111.1	108.2	109.8	120.0	121.3	126.4
专用化学产品制造	109.9	109.8	110.3	110.3	109.4	109.6	109.7
医药制造业	101.6	102.0	101.1	101.4	101.4	101.4	101.4
化学药品原药制造	101.3	104.7	104.7	104.7	104.7	104.7	104.7
化学药品制剂制造	102.2	102.2	102.2	100.3	101.3	101.3	101.3
中药饮片加工	84.3	84.3	81.0	83.9	83.9	83.8	83.8
中成药制造	98.9	99.0	97.7	97.7	97.7	97.7	97.7
生物、生化制品的制造	113.7	113.7	113.8	113.8	113.8	113.8	113.8
卫生材料及医药用品制造	91.5	91.5	91.5	91.5	91.5	91.5	91.5
橡胶制品业	121.4	121.4	121.4	121.4	121.4	121.4	121.4
橡胶板、管、带的制造	121.4	121.4	121.4	121.4	121.4	121.4	121.4
塑料制品业	105.7	105.5	106.1	107.0	108.7	108.3	109.2

2-51 续表6

（上年同期=100）

类 别	6月	7月	8月	9月	10月	11月	12月
塑料薄膜制造	89.0	87.7	89.9	92.9	94.3	92.2	93.6
塑料板、管、型材的制造	97.3	97.1	96.9	95.4	98.4	96.8	96.9
塑料丝、绳及编织品的制造	105.0	105.5	106.1	108.0	109.3	110.9	112.6
塑料包装箱及容器制造	165.8	165.8	165.8	165.8	165.8	165.8	165.8
其他塑料制品制造	102.8	102.8	103.7	103.7	103.5	103.5	103.6
非金属矿物制品业	95.0	95.2	94.4	95.1	94.9	94.6	94.3
水泥、石灰和石膏的制造	88.2	88.5	87.6	87.6	87.3	86.8	87.3
水泥及石膏制品制造	107.0	107.4	107.5	107.0	107.0	107.6	107.6
砖瓦、石材及其他建筑材料制造	112.9	112.8	112.2	112.6	111.7	111.1	111.1
玻璃及玻璃制品制造	81.0	81.7	82.5	83.3	93.7	97.7	96.5
石墨及其他非金属矿物制品制造	107.0	106.7	105.6	108.5	106.6	106.0	103.6
黑色金属冶炼及压延加工业	98.5	95.1	90.7	86.5	87.9	90.1	90.1
炼铁	99.9	99.8	94.1	92.4	89.8	87.4	90.0
炼钢	100.2	98.6	98.6	98.7	101.6	102.6	108.2
钢压延加工	99.5	95.3	89.7	84.1	86.1	89.2	88.2
铁合金冶炼	91.7	90.4	90.1	89.2	87.7	87.3	87.9
有色金属冶炼及压延加工业	86.6	85.5	82.7	85.4	87.9	83.2	84.4
常用有色金属冶炼	81.6	80.6	77.7	80.4	83.1	78.1	79.3
贵金属冶炼	119.6	120.1	121.2	125.8	128.8	126.1	125.5
稀有稀土金属冶炼	277.7	257.4	242.4	233.3	210.5	214.0	211.9
有色金属合金制造	122.6	122.6	122.6	122.6	122.6	122.6	122.6
有色金属压延加工	105.7	105.4	104.5	107.0	107.6	108.4	110.1
金属制品业	110.5	110.5	110.4	111.1	111.8	111.9	112.2
结构性金属制品制造	113.4	114.2	114.9	116.3	117.3	117.6	118.3
金属工具制造	115.5	115.5	115.5	115.5	115.5	115.5	115.5
集装箱及金属包装容器制造	94.8	95.2	92.0	91.0	91.7	91.0	89.5
金属丝绳及其制品的制造	102.1	102.7	101.0	102.4	102.3	102.1	102.1
建筑、安全用金属制品制造	105.9	105.9	105.9	105.9	105.9	104.8	104.2
其他金属制品制造	114.2	108.7	107.4	106.2	105.5	106.1	106.5
通用设备制造业	104.4	104.7	104.3	104.3	104.2	104.6	104.9
锅炉及原动机制造	105.5	105.5	105.6	105.6	105.6	105.6	105.6
金属加工机械制造	101.0	101.0	99.4	99.4	98.7	99.3	100.1
起重运输设备制造	100.1	100.1	100.1	100.1	100.1	100.1	100.1
泵、阀门、压缩机及类似机械的制造	107.7	107.8	108.0	108.0	108.0	108.1	108.1
轴承、齿轮、传动和驱动部件的制造	95.4	95.7	95.7	95.7	94.5	94.5	94.5
风机、衡器、包装设备等通用设备制造	99.8	98.2	98.2	98.3	99.8	98.3	99.0
通用零部件制造及机械修理	108.4	108.6	108.5	108.5	108.7	108.7	108.8
金属铸、锻加工	112.6	118.7	118.7	118.7	123.4	128.9	128.9

2–51 续表 7

（上年同期＝100）

类 别	6 月	7 月	8 月	9 月	10 月	11 月	12 月
专用设备制造业	99.9	94.5	94.5	94.5	94.5	94.5	94.5
矿山、冶金、建筑专用设备制造	96.7	90.3	90.3	90.3	90.3	90.3	90.3
化工、木材、非金属加工专用设备制造	100.0	100.0	100.0	100.0	100.0	100.0	100.0
食品、饮料、烟草及饲料生产专用设备制造	120.0	120.0	120.0	120.0	120.0	120.0	120.0
印刷、制药、日化生产专用设备制造	100.0	100.0	100.0	100.0	100.0	100.0	100.0
纺织、服装和皮革工业专用设备制造	122.8	125.5	125.5	124.1	124.1	125.5	126.2
电子和电工机械专用设备制造	100.0	100.0	100.0	100.0	100.0	100.0	100.0
农、林、牧、渔专用机械制造	107.2	107.2	107.2	107.2	107.2	107.2	107.2
医疗仪器设备及器械制造	105.4	105.4	105.4	105.4	105.4	105.4	105.4
环保、社会公共安全及其他专用设备制造	97.4	97.4	97.4	97.4	97.4	97.4	97.4
交通运输设备制造业	92.0	92.0	93.4	93.5	93.4	94.4	94.4
铁路运输设备制造	86.2	86.0	86.0	86.0	86.1	87.9	88.2
汽车制造	97.6	97.8	100.9	100.9	100.8	100.8	100.4
交通器材及其他交通运输设备制造	100.5	100.5	100.5	100.5	100.5	100.5	100.5
电气机械及器材制造业	95.1	95.3	95.5	94.7	96.6	95.6	95.2
电机制造	85.5	85.5	85.5	85.5	85.5	85.5	85.5
输配电及控制设备制造	102.4	103.3	104.2	100.8	108.9	104.8	102.9
电线、电缆、光缆及电工器材制造	115.1	115.0	114.7	114.7	115.0	114.7	114.7
家用电力器具制造	102.0	102.5	103.1	103.1	104.1	104.1	104.1
照明器具制造	99.8	99.8	99.8	99.8	99.8	99.8	99.8
其他电气机械及器材制造	100.0	100.0	100.0	100.0	100.0	100.0	100.0
通信设备、计算机及其他电子设备制造业	108.6	123.1	130.7	139.7	139.7	135.2	135.8
电子器件制造	108.6	123.1	130.7	139.7	139.7	135.2	135.8
仪器仪表及文化、办公用机械制造业	96.7	96.7	96.7	96.7	96.7	96.7	96.7
通用仪器仪表制造	96.7	96.7	96.7	96.7	96.7	96.7	96.7
工艺品及其他制造业	100.4	100.4	100.4	100.4	100.4	100.4	100.4
工艺美术品制造	107.3	106.9	106.8	108.3	108.2	108.1	107.8
其他未列明的制造业	100.0	100.0	100.0	100.0	100.0	100.0	100.0
电力、热力的生产和供应业	109.2	109.4	109.6	110.0	109.2	109.4	109.5
电力生产	116.0	116.0	116.3	116.6	114.6	114.6	114.6
电力供应	104.6	104.9	104.9	105.3	105.4	105.7	105.8
热力生产和供应	119.1	119.2	127.7	127.7	128.7	128.4	128.4
燃气生产和供应业	113.3	115.9	115.9	115.9	115.9	116.9	117.6
燃气生产和供应业	113.3	115.9	115.9	115.9	115.9	116.9	117.6
水的生产和供应业	98.7	98.9	99.0	98.9	98.9	98.9	98.9
自来水的生产和供应	98.7	98.9	99.0	98.9	98.9	98.9	98.9

2-52 工业生产者购进价格（1990—2012年）

（上年同期＝100）

年份	总指数	燃料、动力类	黑色金属材料类	钢材	有色金属材料和电线类	化工原料类	木材及纸浆类	建筑材料及非金属矿类	其它工业原材料及半成品类	农副产品类	纺织原料类
1990											
1991	112.4	120.6	101.4		115.4	107.9	117	113.9		103.2	114.2
1992	117.2	116	120.7		110.4	117.7	115.5	123.7		123.1	97.3
1993	139.4	135.7	167.9		132.8	122.2	123.5	119.3		130.1	109.3
1994	118.3	119.4	104.9		105.6	109.4	123.7	112.8		142.9	127.7
1995	113.7	112.8	98.1		128	122.7	105.9	104.2		125.6	128.7
1996	107.6	110	103.1		89.8	108.5	106.2	98		121.1	102.2
1997	102.2	106.9	99.3		92.4	98.7	98.3	101.1	100.2	102.4	90.6
1998	96.4	100.1	96.2		90.8	91.7	98	96	94.2	94.3	95.2
1999	98.3	100.8	93.5		97.2	97.2	106.9	97.3	93.2	97.2	92.3
2000	111.8	118.7	98.2		117.3	109.8	105.4	100.5	98.3	96.1	104.2
2001	101.4	102.6	102.3		89.7	103.2	102.9	98.9	98.9	101.7	105.2
2002	98.4	98.9	100.9	100.7	94.4	97.5	100.7	98.6	100	95.2	98.6
2003	105.6	107.5	106.9	106	108.9	107.2	100	99.9	100.1	103.3	97.2
2004	112.5	109.8	121.5	115.3	131.5	112.3	102.8	103.7	107.7	106.3	103.1
2005	109.9	113.7	107.3	105.9	112.6	113.3	102.1	103.2	103.1	104.6	100.4
2006	108.8	113	99.7	97.2	126.4	100.3	102.9	100.2	106.3	104.3	94.9
2007	104.3	102.8	102.2	103.9	108.5	103.9	105.3	99.6	121.1	109.4	95.6
2008	110.2	114.3	110.3	109.5	95	103.1	98.8	108.9	105.1	104.3	95.8
2009	90.5	91.3	89.4	89.7	78.5	76.4	95.2	100.5	98.5	98.9	101.7
2010	114.4	118.4	109.4	103.7	118.8	112.0	104.4	102.3	103.6	111.5	108.0
2011	115.1	110.0	108.3	105.7	109.3	112.8	103.8	110.8	111.5	116.3	128.5
2012	98.7	98.2	92.7	95.0	96.5	98.7	102.6	105.5	104.7	99.2	106.7

2–53 分月工业生产者购进价格指数(2012年)

(上年同期=100)

类别	1月	2月	3月	4月	5月	6月	7月	8月	9月	10月	11月	12月
总指数	108.7	105.3	103.2	101.5	98.4	96.2	93.6	93.7	94.6	95.6	97.7	98.4
燃料、动力类	104.1	100.6	99.4	98.1	94.4	94.2	92.7	95.0	98.6	101.4	100.6	100.5
黑色金属材料类	98.1	96.5	94.8	95.9	94.7	92.5	91.9	88.6	87.9	87.3	92.3	91.6
# 钢材	98.9	97.4	97.1	96.4	96.0	96.0	96.5	92.9	92.0	92.0	91.8	93.2
其它	97.9	96.3	94.3	95.7	94.4	91.7	90.8	87.5	86.9	86.2	92.4	91.2
有色金属材料和电线类	100.2	99.9	99.9	95.8	95.3	93.8	94.0	93.7	94.0	98.9	96.3	97.2
化工原料类	106.2	105.3	104.1	106.4	105.2	100.1	96.3	92.9	91.9	90.7	93.8	94.5
木材及纸浆类	103.3	103.0	103.3	102.8	102.8	102.8	102.2	102.8	102.4	102.0	102.2	102.2
建筑材料及非金属矿类	107.5	106.7	109.4	109.0	109.7	108.1	106.5	104.3	102.7	101.9	101.5	100.0
其它工业原材料及半成品类	106.6	105.4	105.4	106.0	106.9	106.9	106.5	105.4	103.0	101.3	101.3	102.5
农副产品类	105.3	105.3	102.0	100.7	99.4	97.3	93.8	94.8	96.2	97.2	98.5	101.2
纺织原料类	353.4	249.0	179.2	139.5	118.7	96.6	82.0	80.3	73.5	71.1	87.5	96.4

2-54 分月工业生产者购进价格环比指数(2012年)

(上年同期=100)

类别	1月	2月	3月	4月	5月	6月	7月	8月	9月	10月	11月	12月
总指数	100.0	99.3	101.0	101.1	99.9	99.8	97.7	98.9	100.6	100.7	99.7	99.9
燃料、动力类	100.5	98.9	102.1	101.6	99.7	100.2	96.7	98.9	101.7	101.6	98.9	99.7
黑色金属材料类	99.8	99.9	99.1	100.4	99.9	98.7	99.2	96.7	98.5	98.5	100.7	100.0
# 钢材	100.0	98.8	99.8	100.7	99.1	100.5	100.5	96.7	99.1	99.2	99.0	99.7
其它	99.7	100.2	98.9	100.3	100.1	98.2	98.9	96.7	98.4	98.3	101.1	100.0
有色金属材料和电线类	99.2	100.6	101.6	98.4	100.1	98.2	100.5	99.5	99.3	101.7	98.0	100.2
化工原料类	98.7	98.2	99.0	102.6	99.6	99.1	96.2	99.2	99.2	100.1	102.5	100.0
木材及纸浆类	100.3	99.8	101.0	101.2	100.0	99.9	99.8	100.0	100.3	100.0	100.0	100.0
建筑材料及非金属矿类	100.3	100.1	103.1	100.1	100.4	100.2	99.5	99.5	98.8	99.5	98.7	99.8
其它工业原材料及半成品类	100.4	100.0	99.9	99.6	100.5	100.0	99.8	101.1	100.5	100.0	100.8	100.0
农副产品类	100.5	99.8	98.2	99.4	99.5	101.1	100.0	100.8	101.2	99.2	100.1	101.3
纺织原料类	96.6	100.2	100.7	100.0	100.0	100.0	100.5	100.0	97.3	101.0	100.1	100.0

2-55 分行业工业生产者购进价格同比指数(2012年)

(上年同期=100)

类 别	全年	1月	2月	3月	4月	5月	6月	7月	8月	9月	10月	11月	12月
农业	100.5	99.2	99.4	99.2	99.1	99.0	99.3	100.3	101.2	102.6	102.9	102.2	101.7
蔬菜、园艺作物的种植	81.4	76.8	76.8	74.6	74.6	74.6	74.6	74.6	82.9	85.8	98.8	94.5	99.8
水果、坚果、饮料和香料作物的种植	103.9	101.6	103.3	103.0	103.4	104.4	104.5	104.5	107.3	108.0	103.0	102.3	102.2
中药材的种植	109.8	112.4	113.0	106.9	109.9	111.1	109.8	109.9	110.4	110.8	109.9	109.2	104.6
林业	113.4	104.0	104.0	115.5	115.6	115.6	115.6	115.7	115.8	116.0	115.9	116.0	111.6
木材和竹材的采运	114.0	104.2	104.2	116.1	116.2	116.2	116.2	116.4	116.4	116.7	116.6	116.6	112.0
林产品的采集	98.3	98.0	98.1	98.0	98.1	98.4	98.2	98.2	98.1	96.1	96.6	101.0	101.3
畜牧业	97.5	112.8	112.5	105.1	102.1	99.3	94.8	87.1	88.3	89.9	91.2	94.4	100.5
牲畜的饲养	102.0	107.9	110.0	107.8	107.9	105.4	106.5	100.5	97.9	98.6	95.5	95.3	92.9
猪的饲养	92.5	128.8	135.6	108.1	101.0	94.9	81.6	72.2	75.7	76.0	81.1	87.0	102.7
家禽的饲养	96.6	96.7	84.3	92.6	89.5	91.8	96.4	92.4	94.2	100.3	102.7	105.3	112.2
其他畜牧业	104.6	107.9	107.9	107.9	106.4	105.1	105.1	105.1	105.1	105.1	100.0	100.0	100.0
煤炭开采和洗选业	104.4	108.2	107.6	106.0	105.6	106.2	104.7	103.4	103.9	102.9	101.9	101.5	101.3
烟煤和无烟煤的开采洗选	104.4	108.2	107.6	106.0	105.6	106.2	104.7	103.4	103.9	102.9	101.9	101.5	101.3
石油和天然气开采业	87.8	99.6	94.9	90.4	86.7	79.8	75.5	71.6	81.0	91.5	96.7	100.3	97.2
天然原油和天然气开采	87.8	99.6	94.9	90.4	86.7	79.8	75.5	71.6	81.0	91.5	96.7	100.3	97.2
黑色金属矿采选业	98.4	107.5	102.1	101.5	103.3	101.8	98.8	98.4	94.7	93.6	92.3	95.2	93.4
铁矿采选	100.0	110.5	103.8	103.1	105.7	104.4	100.8	100.4	96.0	94.3	92.8	96.3	94.3
其他黑色金属矿采选	89.0	91.3	92.5	92.4	89.6	87.4	87.5	86.5	86.9	88.9	88.9	88.8	87.5
有色金属矿采选业	102.6	117.7	121.0	113.8	97.0	93.5	94.3	102.9	103.2	96.3	103.8	98.5	96.8
常用有色金属矿采选	97.3	102.9	107.1	102.6	90.6	90.4	89.1	94.7	97.6	92.9	103.4	99.3	99.4
贵金属矿采选	118.6	136.0	144.4	142.9	133.4	126.7	115.7	111.3	106.3	111.8	110.6	104.7	98.8
稀有稀土金属矿采选	121.8	397.1	316.2	208.2	123.1	93.2	116.0	169.8	129.9	109.0	92.5	76.4	60.5
非金属矿采选业	109.5	113.0	111.8	114.3	114.4	116.1	112.9	110.6	107.2	105.0	104.3	104.4	102.1
土砂石开采	109.1	114.7	114.6	114.9	115.3	118.2	113.3	111.3	105.7	102.5	101.7	101.3	100.6
化学矿采选	122.2	116.6	118.3	128.1	128.8	126.5	126.5	124.0	123.9	122.1	121.0	120.8	111.5
采盐	98.8	105.1	99.1	100.0	99.3	101.3	99.4	96.8	96.7	96.5	96.6	97.7	97.0
其他采矿业	100.0	100.0	100.0	100.0	100.0	100.0	100.0	100.0	100.0	100.0	100.0	100.0	100.0
农副食品加工业	102.8	107.0	105.5	104.5	103.8	103.8	103.3	102.5	102.0	102.9	98.5	99.8	100.5
谷物磨制	100.8	102.9	101.2	100.5	99.6	99.6	99.7	99.8	100.9	101.1	100.8	101.9	101.6
植物油加工	106.6	115.5	115.5	110.7	106.1	106.4	106.4	102.3	106.5	107.9	101.4	101.2	101.4
制糖	97.5	102.5	99.1	97.1	98.5	100.1	99.1	98.8	97.8	97.9	93.1	93.2	93.4
屠宰及肉类加工	114.2	125.1	125.1	124.2	122.8	120.8	119.7	116.4	109.4	112.4	98.7	102.0	104.5
蔬菜、水果和坚果加工	90.6	91.3	95.9	95.9	92.7	86.6	84.3	84.3	89.7	89.7	90.9	90.9	95.2
其他农副食品加工	102.3	101.4	98.7	102.2	99.9	102.5	102.2	102.4	102.4	103.8	103.5	104.3	104.7
食品制造业	110.2	111.9	113.9	111.0	110.6	111.4	112.2	113.1	106.0	105.3	107.9	110.9	108.7
液体乳及乳制品制造	110.9	112.7	114.9	111.7	111.3	112.1	113.1	114.1	106.3	105.8	108.7	112.0	109.6
调味品、发酵制品制造	102.4	104.0	103.7	103.8	103.8	103.7	103.2	103.2	103.2	100.0	100.1	100.0	99.9
饮料制造业	106.9	104.6	104.6	104.6	105.3	106.4	107.7	106.4	107.1	108.8	109.5	109.8	107.7
酒精制造	103.5	104.3	104.3	104.3	104.3	104.3	104.3	102.1	102.1	103.5	103.5	103.5	101.4
酒的制造	152.1	108.0	108.0	108.0	118.0	134.0	152.8	164.1	174.7	179.7	189.5	194.1	194.1
烟草制品业	103.4	97.6	103.5	103.7	103.6	103.9	104.1	103.8	103.9	104.1	104.0	104.2	104.6
烟叶复烤	103.4	97.6	103.5	103.7	103.6	103.9	104.1	103.8	103.9	104.1	104.0	104.2	104.6

2-55 续表1

(上年同期=100)

类 别	全年	1 月	2 月	3 月	4 月	5 月	6 月	7 月	8 月	9 月	10 月	11 月	12 月
纺织业	106.7	353.4	249.0	179.2	139.5	118.7	96.6	82.0	80.3	73.5	71.1	87.5	96.4
棉、化纤纺织及印染精加工	106.4	116.3	114.1	113.9	114.2	117.7	107.3	104.9	104.5	96.9	96.9	98.3	97.8
毛纺织和染整精加工	105.2	464.5	286.0	189.9	141.6	117.7	94.0	78.8	77.5	70.0	67.9	85.1	94.7
麻纺织	101.6	106.8	106.8	106.8	100.0	100.0	100.0	100.0	100.0	100.0	100.0	100.0	100.0
丝绢纺织及精加工	107.3	113.2	113.2	113.2	113.2	113.2	113.2	113.2	100.0	100.0	100.0	100.0	100.0
皮革、毛皮、羽毛(绒)及其制品业	120.7	131.0	131.0	126.1	126.1	126.1	126.1	126.1	126.1	126.1	126.1	96.3	96.3
皮革鞣制加工	120.7	131.0	131.0	126.1	126.1	126.1	126.1	126.1	126.1	126.1	126.1	96.3	96.3
木材加工及木、竹、藤、棕、草制品业	101.5	102.3	102.3	102.3	102.3	102.3	102.3	102.3	102.3	100.0	100.0	100.0	100.0
锯材、木片加工	103.0	104.6	104.6	104.6	104.6	104.6	104.6	104.6	104.6	100.0	100.0	100.0	100.0
人造板制造	100.0	100.0	100.0	100.0	100.0	100.0	100.0	100.0	100.0	100.0	100.0	100.0	100.0
造纸及纸制品业	102.3	103.7	103.3	102.6	102.0	102.0	101.9	101.1	102.0	102.4	101.7	102.1	102.4
纸浆制造	102.4	116.4	114.6	109.8	98.4	98.4	97.7	97.7	101.8	101.8	98.7	98.7	100.0
造纸	102.8	100.6	100.4	100.9	103.9	103.9	104.1	102.8	102.7	103.3	103.3	104.0	104.0
纸制品制造	100.0	100.0	100.0	100.0	100.0	100.0	100.0	100.0	100.0	100.0	100.0	100.0	100.0
石油加工、炼焦及核燃料加工业	101.5	107.8	99.9	102.3	102.3	98.6	104.6	104.3	98.2	98.8	103.8	97.2	100.4
精炼石油产品的制造	103.7	111.2	101.2	105.1	104.8	99.9	107.4	107.6	99.7	100.0	106.9	98.7	102.7
炼焦	91.9	93.5	93.8	90.2	91.6	93.0	92.9	90.1	92.1	93.9	90.6	90.5	90.7
化学原料及化学制品制造业	98.9	106.8	105.8	104.6	107.1	105.4	100.1	96.3	92.9	91.7	90.6	93.7	94.3
基础化学原料制造	98.8	108.1	107.9	106.2	109.4	107.5	100.8	95.4	92.1	90.7	88.1	91.5	92.0
肥料制造	107.1	104.3	102.9	101.9	106.1	106.4	108.1	109.6	111.1	110.0	109.7	107.7	107.6
涂料、油墨、颜料及类似产品制造	100.0	100.0	100.0	100.0	100.0	100.0	100.0	100.0	100.0	100.0	100.0	100.0	100.0
合成材料制造	96.2	103.6	98.3	99.1	98.7	96.2	93.8	95.0	88.6	87.5	94.5	99.6	101.0
专用化学产品制造	101.1	101.1	101.2	101.2	101.3	101.7	101.6	101.9	101.1	100.7	100.6	100.5	100.5
医药制造业	103.8	105.3	104.9	105.1	105.1	105.4	105.4	105.4	104.7	104.7	100.1	100.1	100.1
化学药品原药制造	103.8	105.8	105.4	105.4	105.4	105.4	105.4	105.4	104.6	104.6	99.6	99.6	99.6
生物、生化制品的制造	103.4	100.0	100.0	101.5	101.5	104.7	104.7	104.7	104.7	104.7	104.7	104.7	104.7
化学纤维制造业	98.9	98.7	95.8	99.8	102.8	110.1	99.2	96.2	93.0	95.2	95.7	100.2	101.3
合成纤维制造	98.9	98.7	95.8	99.8	102.8	110.1	99.2	96.2	93.0	95.2	95.7	100.2	101.3
橡胶制品业	100.0	100.0	100.0	100.0	100.0	100.0	100.0	100.0	100.0	100.0	100.0	100.0	100.0
轮胎制造	100.0	100.0	100.0	100.0	100.0	100.0	100.0	100.0	100.0	100.0	100.0	100.0	100.0
塑料制品业	93.8	89.4	89.5	89.5	88.2	99.3	99.4	95.4	93.2	96.2	92.3	96.7	99.1
塑料薄膜制造	98.6	97.6	97.6	97.6	97.6	97.6	100.0	99.2	99.2	99.2	99.2	99.2	99.2
塑料板、管、型材的制造	90.4	85.2	85.4	85.3	83.7	97.2	97.2	92.4	89.7	93.3	88.5	93.8	96.8
其他塑料制品制造	109.5	109.5	109.5	109.5	109.5	109.5	109.5	109.5	109.5	109.5	109.5	109.5	109.5
非金属矿物制品业	99.8	99.7	99.3	102.8	101.6	100.8	101.3	100.7	100.2	99.3	98.2	97.2	96.7
水泥、石灰和石膏的制造	99.4	103.5	102.7	101.4	99.6	99.3	100.1	99.6	98.4	97.7	97.3	96.8	96.8
砖瓦、石材及其他建筑材料制造	98.4	98.7	98.7	98.7	97.2	94.4	99.2	98.4	97.6	99.9	99.6	99.8	99.4
玻璃及玻璃制品制造	100.7	100.0	100.0	101.9	98.6	98.6	101.9	98.6	98.6	102.5	102.5	102.5	102.5
石墨及其他非金属矿物制品制造	100.0	95.9	95.9	104.0	103.6	102.2	102.2	101.9	102.1	100.5	98.6	96.9	95.9

2–55 续表 2

（上年同期=100）

类 别	全年	1月	2月	3月	4月	5月	6月	7月	8月	9月	10月	11月	12月
黑色金属冶炼及压延加工业	92.2	97.4	96.1	94.3	95.3	94.1	92.0	91.4	88.1	87.5	87.0	92.1	91.5
炼铁	90.2	96.0	95.4	91.6	94.1	92.3	89.5	88.9	85.0	84.5	83.8	91.1	90.8
炼钢	96.4	100.9	97.2	102.1	98.5	99.1	97.2	94.8	94.0	93.2	92.8	96.2	91.8
钢压延加工	95.2	99.0	97.3	97.1	96.2	95.8	96.1	96.9	93.2	92.5	92.5	92.0	93.6
铁合金冶炼	92.6	96.2	98.9	96.0	100.3	98.8	95.2	91.3	88.7	86.3	83.8	88.9	87.2
有色金属冶炼及压延加工业	94.5	95.3	94.2	95.9	95.1	95.7	93.4	91.3	90.8	93.1	97.3	95.5	97.4
常用有色金属冶炼	94.4	93.6	92.4	95.1	94.3	95.0	94.1	91.4	90.9	93.1	98.5	96.4	99.1
稀有稀土金属冶炼	99.0	176.2	162.3	126.2	121.2	112.0	102.3	87.0	77.8	74.7	74.8	74.6	73.9
有色金属合金制造	90.5	93.6	97.5	91.1	89.4	85.8	90.1	88.6	87.6	89.0	89.1	91.7	92.8
有色金属压延加工	94.7	98.5	97.7	97.3	96.6	97.1	91.8	91.1	90.5	93.1	94.9	93.7	94.0
金属制品业	103.5	110.7	107.1	107.2	107.1	104.7	104.7	104.1	101.1	100.9	98.1	98.9	99.3
集装箱及金属包装容器制造	106.6	118.6	113.4	113.4	113.4	113.4	106.1	106.1	100.0	100.0	100.0	100.0	100.0
金属丝绳及其制品的制造	101.8	106.7	103.6	103.8	103.8	99.5	104.3	103.2	102.2	101.7	96.5	97.9	98.6
其他金属制品制造	100.0	100.0	100.0	100.0	100.0	100.0	100.0	100.0	100.0	100.0	100.0	100.0	100.0
通用设备制造业	116.6	118.1	118.1	115.3	120.6	128.3	128.3	128.3	121.4	106.8	104.6	108.1	110.3
锅炉及原动机制造	100.0	100.0	100.0	100.0	100.0	100.0	100.0	100.0	100.0	100.0	100.0	100.0	100.0
泵、阀门、压缩机及类似机械的制造	128.2	130.4	130.4	125.4	135.7	151.6	151.6	151.6	137.2	111.8	108.4	114.3	117.7
轴承、齿轮、传动和驱动部件的制造	99.1	100.0	100.0	100.2	100.3	98.9	98.9	98.9	98.9	98.9	98.1	98.1	98.1
通用零部件制造及机械修理	100.0	100.0	100.0	100.0	100.0	100.0	100.0	100.0	100.0	100.0	100.0	100.0	100.0
金属铸、锻加工	100.1	101.9	101.2	101.0	99.8	99.7	99.7	99.7	99.7	99.7	99.7	99.7	99.9
交通运输设备制造业	85.0	100.4	83.6	83.6	83.6	83.6	83.6	83.6	83.6	83.6	83.6	83.6	83.6
汽车制造	85.0	100.4	83.6	83.6	83.6	83.6	83.6	83.6	83.6	83.6	83.6	83.6	83.6
电气机械及器材制造业	93.1	94.7	91.3	90.8	90.6	91.2	91.6	91.9	92.6	92.4	94.0	96.0	100.8
电机制造	100.3	100.0	100.0	100.0	100.0	100.5	100.5	100.5	100.5	100.5	100.5	100.5	100.5
输配电及控制设备制造	99.9	99.4	99.4	100.0	100.0	100.0	100.0	100.0	100.0	100.0	100.0	100.0	100.0
电线、电缆、光缆及电工器材制造	86.1	88.3	82.3	81.2	82.0	83.0	83.7	84.0	85.4	85.0	88.2	91.8	101.8
照明器具制造	101.0	104.0	104.0	104.0	100.0	100.0	100.0	100.0	100.0	100.0	100.0	100.0	100.0
通信设备、计算机及其他电子设备制造业	102.1	101.2	101.2	100.7	100.7	101.4	101.4	101.0	104.5	104.3	100.8	104.3	104.0
电子器件制造	102.3	101.3	101.3	100.8	100.8	101.5	101.5	101.1	104.9	104.8	100.9	104.8	104.4
电子元件制造	100.0	100.0	100.0	100.0	100.0	100.0	100.0	100.0	100.0	100.0	100.0	100.0	100.0
废弃资源和废旧材料回收加工业	91.0	78.2	79.4	97.8	97.4	95.8	94.2	92.4	90.3	89.9	92.0	94.8	95.2
金属废料和碎屑的加工处理	91.0	78.0	79.3	97.9	97.5	95.8	94.2	92.4	90.3	90.0	92.1	94.9	95.3
非金属废料和碎屑的加工处理	90.4	99.4	99.4	95.2	89.4	89.2	88.9	94.3	89.4	83.7	83.0	86.9	87.5
电力、热力的生产和供应业	104.3	103.9	104.4	104.5	105.1	105.2	105.0	104.0	104.0	104.3	104.1	103.9	103.3
电力供应	104.3	103.9	104.4	104.5	105.1	105.2	105.0	104.0	104.0	104.3	104.1	103.9	103.3
燃气生产和供应业	101.2	99.9	100.0	101.6	102.2	102.2	101.8	100.7	100.7	100.7	100.7	101.6	102.0
水的生产和供应业	121.4	127.9	127.9	128.5	128.5	128.1	128.1	126.2	126.2	123.5	123.4	99.7	100.2
自来水的生产和供应	121.4	127.9	127.9	128.5	128.5	128.1	128.1	126.2	126.2	123.5	123.4	99.7	100.2

2-56　房地产价格指数

（上年同期=100）

类　别	2006	2007	2008	2009	2010	2011	2012
住宅销售价格指数	104.7	106.0	109.8	104.1	107.3		
新建住宅	105.7	107.7	109.8	104.1	106.5	107.1	100.1
二手住宅	102.5	103.6	113.2	105.1	111.8	101.1	96.5
土地交易价格指数	100.0	100.0	100.0	100.0	100.0	100.0	100.0
居住用地	100.0	100.0	100.0	100.0	100.0	100.0	100.0
工业用地	100.0	100.0	100.0	100.0	100.0	100.0	100.0
商业营业用地	100.0	100.0	100.0	100.0	100.0	100.0	100.0
其他用地	100.0	100.0	100.0	100.0	100.0	100.0	100.0
房屋租赁价格指数	99.7	100.3	101.5	102.7	107.1	117.6	102.9
住宅	100.4	100.5	102.8	104.6	103.0	117.6	102.9

2-57　分季度房地产价格指数（2012 年）

（上年同期=100）

类　别	全　年	1 季度累计	2 季度累计	3 季度累计	4 季度累计
住宅销售价格指数					
新建住宅	100.1	100.3	100.2	100.0	100.0
二手住宅	96.5	92.5	97.5	97.6	98.3
土地交易价格指数	100.0	100.0	100.0	100.0	100.0
居住用地	100.0	100.0	100.0	100.0	100.0
工业用地	100.0	100.0	100.0	100.0	100.0
商业营业用地	100.0	100.0	100.0	100.0	100.0
其他用地	100.0	100.0	100.0	100.0	100.0
房屋租赁价格指数	102.9	103.2	102.8	102.8	102.8
住宅	102.9	103.2	102.8	102.8	102.8

2-58 主要城市房地产价格指数(2012 年)

(上年同期=100)

类 别	兰州市				
	全 年	1 季度累计	1-2 季度累计	1-3 季度累计	1-4 季度累计
住宅销售价格指数					
新建住宅	100.1	100.3	100.3	100.2	100.1
二手住宅	96.5	92.5	95.0	95.9	96.5
土地交易价格指数	100.0	100.0	100.0	100.0	100.0
居住用地	100.0	100.0	100.0	100.0	100.0
工业用地	100.0	100.0	100.0	100.0	100.0
商业营业用地	100.0	100.0	100.0	100.0	100.0
其他用地	100.0	100.0	100.0	100.0	100.0
房屋租赁价格指数	102.9	103.2	103.0	102.9	102.9
住宅	102.9	103.2	103.0	102.9	102.9

2-59 固定资产投资价格指数(2012 年)

(上年同期=100)

类 别	全 年	一季度	二季度	三季度	四季度
总指数	102.1	102.7	101.7	101.6	102.3
建筑安装工程	102.5	103.7	101.9	101.7	102.8
设备、工器具	100.3	99.6	100.1	100.8	100.5
其他费用	102.3	102.4	103	102.2	101.7

2-60 固定资产投资价格指数(1991—2012年)

(上年同期=100)

年 份	固定资产投资价格指数	建筑安装工程	设备、工器具购置	其他费用
1991	109.0			
1992	117.4			
1993	126.2			
1994	112.6			
1995	109.4	108.0	111.0	115.5
1996	104.9			
1997	102.7			
1998	100.3			
1999	101.0			
2000	102.5	105.4	98.9	102.9
2001	102.0	103.0	99.5	100.2
2002	100.2	100.9	98.8	98.5
2003	101.7	102.9	99.2	100.4
2004	105.5	106.7	104.8	100.4
2005	102.2	102.4	102.2	100.6
2006	104.1	104.4	104.6	100.8
2007	102.8	103.9	101.8	102.3
2008	106.7	111.8	103.5	103.0
2009	101.5	100.7	101	103.4
2010	103.5	105	100.8	103.1
2011	104.7	106.7	99	103.3
2012	102.1	102.5	100.3	102.3

2-61 农产品生产价格指数(2012年)

(上年同期=100)

指 标	全 年	一季度	二季度	三季度	四季度
总指数	106.4	110.9	105.5	104.3	104.8
农业产品	106.9	106.2	107.0	107.0	107.6
谷物	101.9	104.3	104.8	98.1	100.6
稻谷	0.0	0.0	0.0	0.0	0.0
小麦	102.3	104.3	102.8	98.9	103.3
玉米	105.3	106.0	107.4	105.4	102.5
谷子	133.2	109.4	175.3	0.0	114.8
高粱	104.4	0.0	0.0	0.0	104.4
大麦	92.7	104.6	0.0	85.1	88.2
燕麦	0.0	0.0	0.0	0.0	0.0
荞麦	85.1	88.8	83.3	79.2	89.3
薯类	97.8	81.3	61.0	92.2	156.8
油料	103.4	112.7	96.3	101.8	102.9
豆类	96.7	101.9	97.1	90.7	97.4
棉花	87.3	60.6	103.8	0.0	97.5
生麻	110.5	110.5	0.0	0.0	0.0
糖料	0.0	0.0	0.0	0.0	0.0
烟草					
蔬菜	115.1	109.3	122.8	107.3	121.0
叶菜类蔬菜	129.9	113.4	159.2	121.2	125.7
芹菜	112.6	0.0	0.0	84.8	140.4
油菜	125.5	121.5	124.6	0.0	130.5
菠菜	153.6	113.9	177.0	193.6	130.1
大白菜	82.7	85.6	107.7	35.3	102.1
结球甘蓝	84.0	72.5	104.6	54.6	104.2
花椰菜	90.3	100.0	0.0	76.8	94.3
根茎类蔬菜	139.8	129.8	128.1	183.0	118.3
白萝卜	136.8	109.5	136.1	183.0	118.5
胡萝卜	121.7	145.1	102.1	0.0	118.0
百合	0.0	0.0	0.0	0.0	0.0
瓜菜类蔬菜	112.6	107.0	117.8	110.0	115.6
黄瓜	109.7	104.3	114.9	96.6	123.3
冬瓜	0.0	0.0	0.0	0.0	0.0
西葫芦	128.8	159.0	121.9	124.7	109.6

2-61　续表 1

（上年同期＝100）

指　标	全　年	一季度	二季度	三季度	四季度
豆类蔬菜	0.0	0.0	0.0	0.0	0.0
豇豆	94.4	108.4	0.0	80.3	0.0
四季豆	94.4	0.0	109.0	99.1	75.2
茄果类蔬菜	112.6	127.0	114.7	101.7	107.0
茄子	100.0	0.0	0.0	0.0	100.0
青椒	0.0	0.0	0.0	0.0	0.0
辣椒	107.6	143.5	113.6	83.5	89.8
西红柿	115.4	101.2	114.9	110.1	135.6
莴笋	113.8	0.0	142.2	0.0	85.4
葱蒜类蔬菜	125.5	101.8	119.6	135.5	145.3
洋葱	221.0	33.8	0.0	440.1	189.2
大葱	112.3	116.4	89.8	117.0	126.1
大蒜	114.7	0.0	86.5	142.9	0.0
蒜苗	109.6	107.3	0.0	0.0	112.0
蒜苔	159.7	0.0	159.7	0.0	0.0
蒜头	0.0	0.0	0.0	0.0	0.0
韭菜	107.9	98.0	132.3	93.5	0.0
食用菌	102.7	95.3	94.0	87.3	134.1
平菇	102.7	95.3	94.0	87.3	134.1
金针菇	0.0	0.0	0.0	0.0	0.0
水果及坚果	119.2	122.7	119.7	140.6	93.7
水果（园林水果）	119.5	123.8	119.7	141.4	93.0
苹果	117.2	121.8	111.6	133.2	102.4
梨	86.7	0.0	0.0	99.4	74.0
柑橘	0.0	0.0	0.0	0.0	0.0
橙	0.0	0.0	0.0	0.0	0.0
葡萄	0.0	0.0	0.0	0.0	0.0
香蕉	0.0	0.0	0.0	0.0	0.0
菠萝	0.0	0.0	0.0	0.0	0.0
西瓜	178.6	0.0	137.8	219.4	0.0
哈密瓜	0.0	0.0	0.0	0.0	0.0
香瓜	0.0	0.0	0.0	0.0	0.0
樱桃	158.3	0.0	111.3	205.4	0.0
枣	129.0	155.8	0.0	0.0	102.1

2-61 续表2

（上年同期=100）

指 标	全 年	一季度	二季度	三季度	四季度
柿子	0.0	0.0	0.0	0.0	0.0
桃	0.0	0.0	0.0	0.0	0.0
李子	0.0	0.0	0.0	0.0	0.0
石榴	0.0	0.0	0.0	0.0	0.0
杏	95.2	0.0	0.0	95.2	0.0
杨梅	0.0	0.0	0.0	0.0	0.0
草莓	0.0	0.0	0.0	0.0	0.0
猕猴桃	0.0	0.0	0.0	0.0	0.0
沙棘	0.0	0.0	0.0	0.0	0.0
杏干	103.2	100.0	0.0	106.5	0.0
核桃	116.2	105.4	0.0	109.6	133.5
花椒	94.0	100.1	96.0	87.8	92.1
中草药材	113.1	176.7	74.8	100.5	100.4
林业产品	98.9	0.0	98.9	0.0	0.0
育种和育苗	98.9	0.0	98.9	0.0	0.0
木材采伐产品	0.0	0.0	0.0	0.0	0.0
竹材采伐产品	0.0	0.0	0.0	0.0	0.0
林产品	0.0	0.0	0.0	0.0	0.0
饲养动物及其产品	102.7	116.3	103.5	94.6	96.5
活牲畜	100.0	118.1	103.2	88.1	90.6
猪	95.0	118.4	95.5	82.3	83.9
牛	109.5	117.0	121.3	95.4	104.2
马	0.0	0.0	0.0	0.0	0.0
驴	0.0	0.0	0.0	0.0	0.0
骡	107.9	0.0	101.1	114.6	0.0
羊	106.6	117.9	108.8	99.4	100.5
活家禽	117.3	104.9	100.5	161.8	102.0
活鸡	117.3	104.9	100.5	161.8	102.0
活鸭	0.0	0.0	0.0	0.0	0.0
活鹅	0.0	0.0	0.0	0.0	0.0
活火鸡	0.0	0.0	0.0	0.0	0.0
活珍珠鸡	0.0	0.0	0.0	0.0	0.0
鸽子	0.0	0.0	0.0	0.0	0.0
鸵鸟	0.0	0.0	0.0	0.0	0.0

2-61　续表 3

（上年同期＝100）

指　标	全　年	一季度	二季度	三季度	四季度
野鸭	0.0	0.0	0.0	0.0	0.0
鹌鹑	0.0	0.0	0.0	0.0	0.0
其他未列明活家禽	0.0	0.0	0.0	0.0	0.0
畜禽产品	108.1	105.3	104.2	110.5	112.4
生奶	117.7	111.2	111.8	118.9	128.7
鸡蛋	96.5	98.8	89.7	102.7	94.9
鸭蛋	0.0	0.0	0.0	0.0	0.0
鹅蛋	0.0	0.0	0.0	0.0	0.0
鹌鹑蛋	0.0	0.0	0.0	0.0	0.0
绵羊毛	100.9	0.0	111.8	90.8	100.0
山羊毛	0.0	0.0	0.0	0.0	0.0
生毛皮	0.0	0.0	0.0	0.0	0.0
渔业产品	108.7	107.5	109.4	107.2	110.8
淡水养殖产品	107.3	107.5	109.4	107.2	105.2
养殖淡水鳟鱼	111.3	111.8	112.1	113.1	108.3
养殖淡水鳗鲡	0.0	0.0	0.0	0.0	0.0
养殖淡水鲤鱼	96.5	100.0	111.0	92.1	83.0
养殖淡水草鱼	99.1	120.0	100.0	100.0	76.4
养殖淡水青鱼	0.0	0.0	0.0	0.0	0.0
养殖淡水鲢鱼	130.6	100.0	105.7	0.0	186.3
养殖淡水鲫鱼	121.9	187.5	100.0	100.0	100.0
养殖淡水鳊鲂	0.0	0.0	0.0	0.0	0.0
养殖淡水鲶鱼	0.0	0.0	0.0	0.0	0.0
养殖淡水鮰鱼	0.0	0.0	0.0	0.0	0.0
养殖淡水黄颡鱼	0.0	0.0	0.0	0.0	0.0
养殖淡水黄鳝	0.0	0.0	0.0	0.0	0.0
养殖淡水鳜鱼	0.0	0.0	0.0	0.0	0.0
养殖淡水鲈鱼	0.0	0.0	0.0	0.0	0.0
养殖淡水乌鳢	0.0	0.0	0.0	0.0	0.0
养殖淡水泥鳅	0.0	0.0	0.0	0.0	0.0
其他养殖淡水鱼	0.0	0.0	0.0	0.0	0.0

2-62 分季度农产品生产价格指数

（上年同期＝100）

指 标	2006				2007				2008			
	一季度	二季度	三季度	四季度	一季度	二季度	三季度	四季度	一季度	二季度	三季度	四季度
总指数	102.1	102.4	101.5	105.7	104.0	108.2	113.1	117.2	134.1	122.3	111.2	101.3
农业产品	104.5	107.8	100.0	106.8	102.4	105.0	109.0	114.1	124.5	115.7	107.3	100.6
谷物	0.0	0.0	0.0	0.0		0.0	0.0	0.0	0.0	0.0	0.0	
稻谷	102.2	100.1	99.4	110.1	101.6	104.1	106.8	122.9	110.2	108.5	111.7	101.4
小麦	102.7	97.5	101.9	114.9	98.5	104.6	102.9	111.0	109.5	109.7	112.5	107.5
玉米	100.8	100.4	103.4	111.4	105.0	109.9	110.7	113.6	110.6	107.5	105.5	101.6
谷子	100.0	100.0	0.0	108.0	112.0	0.0	0.0	127.8	126.2	101.0	103.1	110.0
高粱	99.1	110.0	0.0	97.3	94.8	98.0	0.0	150.0		111.1	0.0	
大麦	0.0	0.0	86.6	109.3	105.4	0.0	116.3	168.6		97.5	117.5	88.3
燕麦	0.0	0.0	0.0	0.0						0.0	0.0	
荞麦	108.4	113.8	111.8	150.0	105.9	101.5	102.1	106.1	110.2	121.6	103.1	103.9
薯类	114.2	112.4	103.9	109.1	101.3	96.6	105.5	103.9	108.6	105.8	112.9	83.6
油料	99.3	102.1	98.5	99.3	108.6	104.6	92.6	122.2	128.7	142.4	128.3	115.6
豆类	103.7	99.7	99.1	106.7	104.4	107.9	113.4	120.5	141.6	135.5	137.4	96.6
棉花	0.0	101.1	0.0	100.7	73.4	102.1	100.0	103.9	117.0	0.0	100.0	92.5
生麻	0.0	0.0	0.0	0.0		0.0	0.0	0.0	0.0	0.0	0.0	
糖料	0.0	0.0	0.0	0.0		0.0	0.0	0.0	0.0	0.0	0.0	
烟草	106.3	85.0	100.0	73.8	86.5	0.0	108.3	108.7	0.0	111.1	108.5	127.9
蔬菜	106.7	117.8	104.0	107.0	100.1	102.7	118.7	112.3	145.4	110.6	92.2	100.0
叶菜类蔬菜	121.3	107.2	105.9	100.3	97.9	99.2	129.8	133.8	115.9	105.9	78.8	90.1
芹菜	133.3	0.0	80.6	80.5	101.0	0.0	189.9	128.5		100.0	37.6	83.5
油菜	0.0	107.5	114.5	100.0	79.0	123.3	0.0	197.0		138.3	115.0	100.0
菠菜	104.2	100.0	0.0	100.3	87.8	103.0	0.0	124.7		100.5	120.0	103.4
大白菜	114.6	104.4	0.0	100.9	96.1	100.0	0.0	119.1	115.9	102.7	93.1	90.0
结球甘蓝	100.0	115.5	104.5	130.8		87.0	178.4	145.1		112.8	69.7	114.9
花椰菜	116.0	0.0	115.8	109.8	100.0	0.0	101.0	166.7		0.0	74.7	76.0
根茎类蔬菜	103.2	200.0	101.1	109.6	99.3	113.2	100.0	113.6	81.9	120.0	91.9	109.1
白萝卜	109.5	0.0	101.1	88.4	92.5	110.4	100.0	126.5	81.9	120.0	91.9	81.7
胡萝卜	100.0	200.0	0.0	93.7	102.8	122.5	0.0	101.3		0.0	0.0	126.5
百合	0.0	0.0	0.0	137.4						0.0	0.0	
瓜菜类蔬菜	100.2	103.8	103.2	105.3	104.0	104.9	122.3	125.2	113.6	89.5	73.7	111.1
黄瓜	99.5	0.0	103.7	112.4	104.0	101.9	108.7	129.1	113.4	98.5	103.4	111.1
冬瓜	0.0	0.0	0.0	0.0		129.0	0.0	100.0		0.0	0.0	
西葫芦	135.5	103.8	102.6	100.0		110.0	141.4	122.5	127.3	73.8	31.8	

2009				2010				2011				2012			
一季度	二季度	三季度	四季度	一季度	二季度	三季度	四季度	一季度	二季度	三季度	四季度	一季度	二季度	三季度	四季度
95.3	99.3	100.2	104.2	104.1	112.5	111.7	127.6	112.8	115.0	116.1	107.5	110.9	105.5	104.3	104.8
94.6	110.0	104.8	105.9	116.0	119.8	112.7	130.9	115.7	112.2	112.7	106.1	106.2	107.0	107.0	107.6
0.0	0.0	0.0	0.0	0.0	0.0	0.0	0.0	117.6	117.1	131.2	105.0	104.3	104.8	98.1	100.6
95.8	100.7	100.8	101.9	112.0	109.3	111.1	110.6	0.0	0.0	0.0	0.0	0.0	0.0	0.0	0.0
104.3	107.2	105.9	104.5	113.3	105.3	105.4	107.5	114.2	112.6	136.6	104.1	104.3	102.8	98.9	103.3
90.0	94.8	103.3	102.6	114.3	128.3	117.5	120.8	111.3	122.8	100.3	104.9	106.0	107.4	105.4	102.5
101.8	94.9	107.0	103.6	0.0	0.0	0.0	121.2	203.9	135.5	114.1	103.6	109.4	175.3	0.0	114.8
0.0	100.0	100.0	100.0	102.8	106.7	101.1	0.0	0.0	0.0	0.0	0.0	0.0	0.0	0.0	104.4
70.8	66.1	74.8	87.7	98.4	109.3	131.6	104.7	142.5	148.2	151.5	114.7	104.6	0.0	85.1	88.2
0.0	0.0	0.0	0.0	0.0	0.0	0.0	0.0	100.0	0.0	0.0	0.0	0.0	0.0	0.0	0.0
90.0	0.0	0.0	91.3	115.9	126.5	150.0	130.0	117.7	118.4	140.0	98.7	88.8	83.3	79.2	89.3
101.5	102.2	107.7	112.6	140.4	183.8	159.0	195.9	141.1	92.4	80.1	84.3	81.3	61.0	92.2	156.8
93.2	91.4	81.1	91.1	94.0	75.0	119.5	112.5	107.6	106.7	97.9	106.3	112.7	96.3	101.8	102.9
92.8	90.8	99.6	90.1	105.8	100.8	109.9	113.4	106.6	96.9	111.1	104.8	101.9	97.1	90.7	97.4
65.1	0.0	105.0	112.3	173.0	119.7	0.0	179.4	148.6	105.6	0.0	85.1	60.6	103.8	0.0	97.5
0.0	0.0	0.0	0.0	0.0	0.0	0.0	0.0	0.0	0.0	0.0	106.1	110.5	0.0	0.0	0.0
0.0	0.0	0.0	0.0	0.0	0.0	0.0	0.0	0.0	0.0	0.0	0.0	0.0	0.0	0.0	0.0
0.0	0.0	108.8	90.7	125.0	0.0	100.7	103.0				100.0				
97.1	130.5	127.1	122.2	129.0	124.2	104.9	110.3	102.0	100.3	101.1	109.7	109.3	122.8	107.3	121.0
110.4	106.9	127.3	106.5	139.9	145.0	104.8	146.5	83.0	134.2	72.9	99.7	113.4	159.2	121.2	125.7
0.0	0.0	130.5	64.5	0.0	85.7	158.2	105.5	63.6	0.0	57.1	92.8	0.0	0.0	84.8	140.4
0.0	171.1	0.0	0.0	142.2	108.7	107.0	122.8	93.6	157.6	136.5	108.3	121.5	124.6	0.0	130.5
0.0	97.5	100.0	103.3	111.2	100.0	111.2	140.1	120.3	127.1	84.3	104.6	113.9	177.0	193.6	130.1
117.6	159.4	121.2	127.5	125.7	105.2	112.9	141.4	93.0	100.0	100.0	96.1	85.6	107.7	35.3	102.1
0.0	0.0	0.0	69.9	0.0	145.9	100.3	176.3	0.0	94.4	104.2	94.2	72.5	104.6	54.6	104.2
0.0	0.0	184.6	118.8	120.5	0.0	72.9	132.8	0.0	143.3	97.7	89.8	100.0	0.0	76.8	94.3
105.6	101.8	0.0	104.5	137.2	125.2	0.0	116.2	130.4	70.4	115.5	119.5	129.8	128.1	183.0	118.3
109.3	85.5	0.0	114.6	138.1	125.2	0.0	127.3	155.1	70.4	115.5	97.7	109.5	136.1	183.0	118.5
103.7	0.0	0.0	94.8	136.7	0.0	0.0	105.7	111.8	0.0	0.0	141.4	145.1	102.1	0.0	118.0
0.0	106.3	0.0	0.0	0.0	0.0	0.0	0.0	0.0	0.0	0.0	0.0	0.0	0.0	0.0	0.0
125.4	164.1	147.8	127.2	97.1	105.9	92.7	98.4	136.0	81.9	97.2	130.8	107.0	117.8	110.0	115.6
125.7	158.5	164.0	134.3	96.0	101.6	112.9	114.4	134.7	105.8	75.6	93.1	104.3	114.9	96.6	123.3
0.0	0.0	0.0	0.0	0.0	0.0	0.0	0.0	0.0	0.0	110.3	0.0	0.0	0.0	0.0	0.0
111.1	173.8	125.1	122.0	155.7	113.3	64.3	86.6	162.7	48.5	120.7	160.4	159.0	121.9	124.7	109.6

2-62 续表1

（上年同期=100）

指　标	2006				2007				2008			
	一季度	二季度	三季度	四季度	一季度	二季度	三季度	四季度	一季度	二季度	三季度	四季度
豆类蔬菜	0.0	111.1	104.0	100.0		0.0	124.3	106.2	0.0	131.5	114.3	108.3
豇豆	0.0	0.0	101.0	0.0			137.3	90.4		131.5	110.5	
四季豆	0.0	111.1	106.7	100.0			112.5	122.1		0.0	117.7	108.3
茄果类蔬菜	116.4	106.9	104.9	111.7	103.2	101.5	114.9	101.6	148.0	128.4	102.7	99.2
茄子	0.0	116.6	101.0	104.7			123.7	92.3		0.0	107.5	88.8
青椒	0.0	0.0	143.9	110.2			113.7	117.6		0.0	76.1	90.3
辣椒	127.5	110.1	111.5	126.0	102.2	109.0	108.8	113.1	169.0	119.3	102.1	107.9
西红柿	99.0	100.2	104.7	100.2	104.7	100.0	111.5	97.3	114.9	130.2	99.6	100.5
莴笋	0.0	100.0	100.0	0.0				100.0		108.3	79.1	
葱蒜类蔬菜	100.9	100.2	101.0	104.3	97.2	96.4	110.1	111.5	193.1	107.2	105.0	95.8
洋葱	0.0	0.0	0.0	105.8					66.7	0.0	101.7	91.4
大葱	100.0	100.0	101.6	107.1	109.0	94.1	130.1	119.3	262.3	104.9	107.4	95.0
大蒜												
蒜苗	101.3	141.2	0.0	0.0	109.1	0.0	120.0	102.6	101.1	133.0	0.0	106.6
蒜苔	0.0	108.8	0.0	0.0		120.7	0.0	0.0		109.1	0.0	
蒜头	0.0	0.0	104.2	95.9			90.0	104.5		0.0	0.0	100.2
韭菜	101.1	95.9	98.6	106.3	94.8	91.8	121.5	109.1	178.9	105.5	115.6	98.1
食用菌	103.5	90.9	104.0	99.3	103.8	105.4	107.7	102.3	128.6	139.2	116.9	105.2
平菇	103.5	90.9	104.0	99.1	103.8	105.4	106.8	102.3	128.6	139.2	116.9	98.3
金针菇	0.0	0.0	0.0	0.0						0.0	0.0	
水果及坚果	110.8	103.9	93.5	106.2	101.4	87.2	104.7	109.1	114.7	152.5	112.3	109.9
水果（园林水果）	110.8	0.0	97.7	106.2	101.4	84.4	98.1	111.4	114.7	152.5	116.5	111.5
苹果	109.1	0.0	88.0	100.9	101.4	93.9	93.8	124.8	113.8	152.5	0.0	98.7
梨	123.3	0.0	0.0	100.0		0.0	103.6	106.2	0.0	0.0	106.9	120.5
柑橘	0.0	0.0	0.0	0.0		0.0	0.0	0.0	0.0	0.0	0.0	
橙	0.0	0.0	0.0	0.0						0.0	0.0	
葡萄	0.0	0.0	124.0	0.0				96.2		0.0	137.1	135.0
香蕉	0.0	0.0	0.0	0.0						0.0	0.0	
菠萝	0.0	0.0	0.0	0.0						0.0	0.0	
西瓜	125.1	104.3	90.9	0.0	100.0	99.0	93.6	100.0		0.0	119.5	106.9
哈密瓜	0.0	0.0	0.0	0.0						0.0	0.0	
香瓜	0.0	0.0	0.0	0.0			100.0			0.0	95.3	95.3
樱桃												
枣	0.0	0.0	0.0	147.5						0.0	0.0	94.3

2009				2010				2011				2012			
一季度	二季度	三季度	四季度	一季度	二季度	三季度	四季度	一季度	二季度	三季度	四季度	一季度	二季度	三季度	四季度
0.0	150.0	128.1	142.5	0.0	0.0	131.0	120.0	0.0	0.0	0.0	0.0	0.0	0.0	0.0	0.0
0.0	0.0	142.4	0.0	0.0	0.0	120.1	0.0	0.0	0.0	117.1	105.3	108.4	0.0	80.3	0.0
0.0	150.0	115.1	142.5	0.0	0.0	140.9	120.0	0.0	0.0	125.7	140.8	0.0	109.0	99.1	75.2
59.4	100.5	113.1	107.3	131.5	106.5	117.2	119.1	87.8	113.6	129.9	100.7	127.0	114.7	101.7	107.0
0.0	0.0	122.1	93.6	0.0	0.0	105.2	0.0	0.0	100.6	118.4	124.3	0.0	0.0	0.0	100.0
96.0	0.0	116.0	130.6	0.0	0.0	159.7	118.4	0.0	99.7	108.8	106.4	0.0	0.0	0.0	0.0
24.1	126.9	99.0	104.6	79.8	90.0	118.4	128.6	102.2	103.5	225.0	96.0	143.5	113.6	83.5	89.8
114.7	95.3	113.3	128.9	212.6	109.8	125.3	105.5	65.2	123.7	95.2	83.6	101.2	114.9	110.1	135.6
0.0	0.0	131.6	118.6	0.0	0.0	75.1	0.0	0.0	64.0	0.0	94.6	0.0	142.2	0.0	85.4
84.3	169.2	132.0	155.0	143.6	150.1	93.6	84.9	93.2	108.2	68.1	109.9	101.8	119.6	135.5	145.3
0.0	0.0	140.6	154.2	80.0	0.0	75.1	78.3	148.0	122.5	42.6	43.0	33.8	0.0	440.1	189.2
0.0	129.6	104.2	161.3	115.2	0.0	109.0	114.7	90.7	95.9	126.7	113.2	116.4	89.8	117.0	126.1
								0.0	50.3	67.0	0.0	0.0	86.5	142.9	0.0
109.6	0.0	0.0	146.1	187.3	0.0	100.0	117.9	65.7	0.0	0.0	81.1	107.3	0.0	0.0	112.0
0.0	128.9	0.0	0.0	0.0	0.0	0.0	0.0	0.0	103.5	0.0	0.0	0.0	159.7	0.0	0.0
0.0	0.0	0.0	200.0	500.0	200.0	0.0	58.3	0.0	0.0	0.0	120.0	0.0	0.0	0.0	0.0
84.3	208.3	109.0	113.9	113.1	121.3	146.3	82.9	94.2	116.2	110.0	114.7	98.0	132.3	93.5	0.0
98.8	121.9	116.6	106.0	110.1	105.8	123.1	93.7	98.7	108.7	97.5	89.9	95.3	94.0	87.3	134.1
104.0	121.9	116.6	106.9	116.9	107.3	122.7	85.4	98.7	108.7	97.5	89.9	95.3	94.0	87.3	134.1
0.0	0.0	0.0	0.0	0.0	0.0	0.0	0.0	0.0	0.0	0.0	0.0	0.0	0.0	0.0	0.0
89.7	99.7	87.7	96.8	104.3	127.6	110.9	146.3	121.8	98.4	99.5	117.7	122.7	119.7	140.6	93.7
89.7	94.3	87.8	100.2	104.3	117.2	116.2	156.1	121.8	98.4	98.9	118.1	123.8	119.7	141.4	93.0
89.7	94.3	0.0	107.7	104.3	108.4	121.5	174.7	121.8	98.4	99.0	114.7	121.8	111.6	133.2	102.4
0.0	0.0	82.2	97.2	0.0	0.0	102.4	130.5	0.0	0.0	93.0	0.0	0.0	0.0	99.4	74.0
0.0	0.0	0.0	0.0	0.0	0.0	0.0	0.0	0.0	0.0	0.0	0.0	0.0	0.0	0.0	0.0
0.0	0.0	0.0	0.0	0.0	0.0	0.0	0.0	0.0	0.0	0.0	0.0	0.0	0.0	0.0	0.0
0.0	0.0	0.0	91.7	0.0	0.0	100.0	0.0	0.0	0.0	0.0	112.5	0.0	0.0	0.0	0.0
0.0	0.0	0.0	0.0	0.0	0.0	0.0	0.0	0.0	0.0	0.0	0.0	0.0	0.0	0.0	0.0
0.0	0.0	0.0	0.0	0.0	0.0	0.0	0.0	0.0	0.0	0.0	0.0	0.0	0.0	0.0	0.0
0.0	121.0	87.3	83.3	0.0	171.6	91.8	99.2	0.0	0.0	107.3	135.8	0.0	137.8	219.4	0.0
0.0	0.0	0.0	0.0	0.0	0.0	0.0	0.0	0.0	0.0	0.0	0.0	0.0	0.0	0.0	0.0
0.0	0.0	0.0	0.0	0.0	0.0	0.0	0.0	0.0	0.0	0.0	0.0	0.0	0.0	0.0	0.0
								0.0	107.8	110.6	0.0	0.0	111.3	205.4	0.0
0.0	0.0	0.0	0.0	0.0	0.0	0.0	0.0	0.0	0.0	0.0	100.0	155.8	0.0	0.0	102.1

2-62 续表 2

（上年同期＝100）

指 标	2006				2007				2008			
	一季度	二季度	三季度	四季度	一季度	二季度	三季度	四季度	一季度	二季度	三季度	四季度
柿子	0.0	0.0	0.0	0.0				80.0	126.2	0.0	0.0	98.0
桃	0.0	0.0	98.9	78.3		74.9	95.3	127.9		0.0	124.5	83.3
李子	0.0	0.0	80.0	0.0						0.0	0.0	
石榴	0.0	0.0	0.0	0.0						0.0	0.0	
杏	0.0	0.0	117.2	110.0			100.4	0.0		0.0	125.3	114.0
杨梅	0.0	0.0	0.0	0.0						0.0	0.0	
草莓	0.0	0.0	0.0	0.0						0.0	0.0	
猕猴桃	0.0	0.0	0.0	0.0						0.0	0.0	
沙棘												
杏干												
核桃	0.0	0.0	111.8	108.7			88.0	109.4	116.2	0.0	84.1	100.6
花椒	109.5	0.0	167.9	108.4	100.0	108.4	92.5	100.6	107.8	95.0	126.5	123.4
中草药材	117.5	100.6	106.3	120.9	144.7	152.6	130.0	106.7	194.7	121.0	73.5	92.4
林业产品	109.5	0.0	155.6	107.3	100.0	108.4	91.5	101.3	112.0	95.0	117.2	121.4
育种和育苗	0.0	0.0	0.0	0.0	0.0	0.0	0.0	0.0	0.0	0.0	0.0	0.0
木材采伐产品	0.0	0.0	0.0	0.0		0.0	0.0	0.0	0.0	0.0	0.0	0.0
竹材采伐产品	0.0	0.0	0.0	0.0		0.0	0.0	0.0	0.0	0.0	0.0	0.0
林产品	109.5	0.0	155.6	107.3	100.0	108.4	91.5	101.3	112.0	95.0	117.2	121.4
饲养动物及其产品	99.5	95.0	104.3	101.5	105.7	112.6	128.7	130.2	144.2	132.0	125.0	103.5
活牲畜	103.9	106.4	98.4	99.5	103.4	108.1	119.2	115.7	149.7	131.9	124.5	108.8
猪	99.9	87.7	108.7	99.0	106.7	116.9	130.2	157.1	152.4	139.1	123.3	97.6
牛	102.2	99.8	99.3	101.7	104.2	107.7	117.0	131.4	152.1	148.1	135.1	106.0
马	0.0	0.0	0.0	0.0						0.0	0.0	
驴	100.0	202.1	173.7	100.0	101.2	112.9	111.4	100.6	110.9	112.0	0.0	112.5
骡	0.0	82.7	0.0	0.0	93.0	103.6	0.0	114.3		0.0	0.0	
羊	106.0	102.3	92.6	98.6	102.7	110.7	122.3	128.7	155.3	143.6	120.3	103.7
活家禽	99.9	91.4	102.3	108.0	105.5	103.7	139.7	120.1	130.9	123.7	107.9	104.8
活鸡	99.9	91.4	102.3	108.0	105.5	103.7	139.7	120.1	130.9	123.7	107.9	104.8
活鸭	0.0	0.0	0.0	0.0	0.0					0.0	0.0	0.0
活鹅	0.0	0.0	0.0	0.0	0.0					0.0	0.0	0.0
活火鸡	公斤	0.0	0.0	0.0	0.0	0.0	0.0	0.0	0.0	0.0	0.0	0.0
活珍珠鸡	公斤	0.0	0.0	0.0	0.0	0.0	0.0	0.0	0.0	0.0	0.0	0.0
鸽子	公斤	0.0	0.0	0.0	0.0	0.0	0.0	0.0	0.0	0.0	0.0	0.0
鸵鸟	公斤	0.0	0.0	0.0	0.0	0.0	0.0	0.0	0.0	0.0	0.0	0.0

2009				2010				2011				2012			
一季度	二季度	三季度	四季度	一季度	二季度	三季度	四季度	一季度	二季度	三季度	四季度	一季度	二季度	三季度	四季度
0.0	0.0	0.0	0.0	0.0	0.0	0.0	0.0	0.0	0.0	0.0	0.0	0.0	0.0	0.0	0.0
0.0	0.0	112.0	75.2	0.0	126.1	150.7	158.1	0.0	0.0	0.0	120.0	0.0	0.0	0.0	0.0
0.0	0.0	0.0	0.0	0.0	130.4	0.0	0.0	0.0	0.0	0.0	100.0	0.0	0.0	0.0	0.0
0.0	0.0	0.0	0.0	0.0	0.0	0.0	0.0	0.0	0.0	0.0	0.0	0.0	0.0	0.0	0.0
0.0	0.0	75.5	0.0	0.0	0.0	116.3	0.0	0.0	0.0	93.1	0.0	0.0	0.0	95.2	0.0
0.0	0.0	0.0	0.0	0.0	0.0	0.0	0.0	0.0	0.0	0.0	0.0	0.0	0.0	0.0	0.0
0.0	0.0	0.0	0.0	0.0	0.0	0.0	0.0	0.0	0.0	0.0	0.0	0.0	0.0	0.0	0.0
0.0	0.0	0.0	0.0	0.0	0.0	0.0	0.0	0.0	0.0	0.0	0.0	0.0	0.0	0.0	0.0
								0.0	0.0	0.0	0.0	0.0	0.0	0.0	0.0
								0.0	0.0	93.0	0.0	100.0	0.0	106.5	0.0
93.3	0.0	74.4	100.3	105.4	0.0	0.0	146.4	0.0	0.0	122.8	91.8	105.4	0.0	109.6	133.5
97.2	121.4	95.3	74.3	68.8	0.0	170.0	128.8	110.5	116.2	103.5	95.5	100.1	96.0	87.8	92.1
53.9	76.3	88.2	75.7	90.7	127.6	122.7	135.4	134.1	167.6	132.9	146.6	176.7	74.8	100.5	100.4
95.3	121.4	90.7	76.5	87.1	103.4	170.0	130.3	0.0	123.5	0.0	0.0	0.0	98.9	0.0	0.0
0.0	0.0	0.0	0.0	0.0	103.4	0.0	0.0	0.0	100.0	0.0	0.0	0.0	98.9	0.0	0.0
0.0	0.0	0.0	0.0	0.0	0.0	0.0	0.0	0.0	125.0	0.0	0.0	0.0	0.0	0.0	0.0
0.0	0.0	0.0	0.0	0.0	0.0	0.0	0.0	0.0	0.0	0.0	0.0	0.0	0.0	0.0	0.0
95.3	121.4	90.7	76.5	87.1	0.0	170.0	130.3	0.0	0.0	0.0	0.0	0.0	0.0	0.0	0.0
96.0	84.2	84.3	98.9	92.7	102.6	105.2	114.4	109.3	118.7	128.6	114.6	116.3	103.5	94.6	96.5
97.0	93.3	91.8	104.2	100.1	112.0	113.2	122.1	108.8	120.2	134.3	111.9	118.1	103.2	88.1	90.6
93.7	74.1	74.2	92.9	82.2	93.4	97.2	105.1	106.3	125.4	144.3	112.8	118.4	95.5	82.3	83.9
102.1	102.4	98.4	100.6	97.8	102.8	116.3	103.8	103.1	105.6	92.6	113.4	117.0	121.3	95.4	104.2
0.0	0.0	0.0	0.0	0.0	0.0	0.0	0.0	0.0	0.0	0.0	0.0	0.0	0.0	0.0	0.0
128.2	109.5	0.0	0.0	93.8	78.4	109.7	111.1	0.0	0.0	0.0	0.0	0.0	0.0	0.0	0.0
0.0	93.3	0.0	0.0	0.0	0.0	0.0	0.0	0.0	0.0	0.0	100.0	0.0	101.1	114.6	0.0
92.4	98.4	91.1	114.4	98.1	100.8	102.7	116.0	117.0	117.4	132.4	108.4	117.9	108.8	99.4	100.5
100.9	87.9	74.9	100.6	117.4	116.7	117.4	124.3	100.0	0.0	0.0	108.1	104.9	100.5	161.8	102.0
100.9	87.9	74.9	100.6	117.4	116.7	117.4	124.3	100.0	0.0	0.0	108.1	104.9	100.5	161.8	102.0
0.0	0.0	0.0	0.0	0.0	0.0	0.0	0.0	0.0	0.0	0.0	0.0	0.0	0.0	0.0	0.0
0.0	0.0	0.0	0.0	0.0	0.0	0.0	0.0	0.0	0.0	0.0	0.0	0.0	0.0	0.0	0.0
0.0	0.0	0.0	0.0					0.0	0.0	0.0	0.0	0.0	0.0	0.0	0.0
0.0	0.0	0.0	0.0					0.0	0.0	0.0	0.0	0.0	0.0	0.0	0.0
0.0	0.0	0.0	0.0					0.0	0.0	0.0	0.0	0.0	0.0	0.0	0.0
0.0	0.0	0.0	0.0					0.0	0.0	0.0	0.0	0.0	0.0	0.0	0.0

2-62 续表 3

（上年同期＝100）

指　标	2006				2007				2008			
	一季度	二季度	三季度	四季度	一季度	二季度	三季度	四季度	一季度	二季度	三季度	四季度
野鸭	公斤	0.0	0.0	0.0	0.0	0.0	0.0	0.0	0.0	0.0	0.0	0.0
鹌鹑	公斤	0.0	0.0	0.0	0.0	0.0	0.0	0.0	0.0	0.0	0.0	0.0
其他未列明活家禽	公斤	0.0	0.0	0.0	0.0	0.0	0.0	0.0	0.0	0.0	0.0	0.0
畜禽产品												
生奶	100.0	101.3	109.7	99.5	99.4	101.1	100.5	100.9	108.2	116.2	138.8	
鸡蛋	93.9	93.4	115.1	107.5	106.4	107.7	121.6	100.9	101.9	102.7	123.4	99.3
鸭蛋	0.0	0.0	0.0	0.0						0.0	0.0	
鹅蛋	0.0	0.0	0.0	0.0						0.0	0.0	
鹌鹑蛋	0.0	0.0	0.0	0.0						0.0	0.0	
绵羊毛	0.0	107.5	109.0	100.0	150.0	109.5	142.1	108.0		114.9	80.1	
山羊毛	0.0	100.9	0.0	0.0		130.2	0.0	0.0	121.9	112.1	91.7	
生毛皮	81.7	0.0	0.0	100.0	156.0	133.3	0.0	0.0	125.4	89.8	85.7	
渔业产品	99.9	101.8	99.8	102.5	100.0	101.7	105.8	110.0	100.4	117.8	109.8	113.7
淡水养殖产品	99.9	101.8	99.8	102.5	100.0	101.7	105.8	110.0	100.4	117.8	109.8	113.7
养殖淡水鳟鱼	98.4	0.0	0.0	124.1	100.0	0.0	0.0	0.0	100.4	108.3	108.3	101.7
养殖淡水鳗鲡												
养殖淡水鲤鱼	100.0	101.8	99.8	100.2	100.0	101.7	105.8	110.0		118.8	109.9	115.0
养殖淡水草鱼												
养殖淡水青鱼												
养殖淡水鲢鱼												
养殖淡水鲫鱼												
养殖淡水鳊鲂												
养殖淡水鲶鱼												
养殖淡水鮰鱼												
养殖淡水黄颡鱼												
养殖淡水黄鳝												
养殖淡水鳜鱼												
养殖淡水鲈鱼												
养殖淡水乌鳢												
养殖淡水泥鳅												
其他养殖淡水鱼	215.4	131.0	100.2	130.9	104.8	101.1	100.0	104.3		130.8	139.0	96.7

2009				2010				2011				2012			
一季度	二季度	三季度	四季度	一季度	二季度	三季度	四季度	一季度	二季度	三季度	四季度	一季度	二季度	三季度	四季度
0.0	0.0	0.0	0.0					0.0	0.0	0.0	0.0	0.0	0.0	0.0	0.0
0.0	0.0	0.0	0.0					0.0	0.0	0.0	0.0	0.0	0.0	0.0	0.0
0.0	0.0	0.0	0.0					0.0	0.0	0.0	0.0	0.0	0.0	0.0	0.0
0.0	0.0	0.0	0.0					113.6	115.0	111.6	110.3	105.3	104.2	110.5	112.4
91.0	83.8	90.9	96.9	113.9	137.2	144.1	137.8	112.2	116.6	115.7	113.1	111.2	111.8	118.9	128.7
105.2	98.8	102.9	101.6	112.4	106.3	116.5	113.6	115.1	109.6	107.6	108.2	98.8	89.7	102.7	94.9
0.0	0.0	0.0	0.0	0.0	0.0	0.0	0.0	0.0	0.0	0.0	0.0	0.0	0.0	0.0	0.0
0.0	0.0	0.0	0.0	0.0	0.0	0.0	0.0	0.0	0.0	0.0	0.0	0.0	0.0	0.0	0.0
0.0	0.0	0.0	0.0	0.0	0.0	0.0	0.0	0.0	0.0	0.0	0.0	0.0	0.0	0.0	0.0
0.0	72.2	71.3	0.0	100.0	123.8	131.1	119.1	0.0	119.8	103.9	100.7	0.0	111.8	90.8	100.0
0.0	0.0	75.7	0.0	0.0	104.0	160.3	0.0	0.0	107.6	0.0	0.0	0.0	0.0	0.0	0.0
62.4	46.7	61.1	0.0	155.3	100.0	175.3	111.1	0.0	0.0	0.0	0.0	0.0	0.0	0.0	0.0
99.3	96.5	103.5	113.8	100.0	104.4	134.3	107.1	126.0	123.7	115.6	115.6	107.5	109.4	107.2	110.8
99.3	96.5	103.5	113.8	100.0	104.4	134.3	107.1	126.0	123.7	115.6	115.6	107.5	109.4	107.2	105.2
92.3	92.3	91.9	95.6	100.0	116.7	133.3	150.0	151.8	146.1	120.2	114.6	111.8	112.1	113.1	108.3
								0.0	0.0	0.0	0.0	0.0	0.0	0.0	0.0
100.0	96.9	104.0	115.7	0.0	103.1	134.3	102.5	100.0	101.4	101.2	118.1	100.0	111.0	92.1	83.0
0.0	0.0	0.0	0.0					100.0	123.6	117.7	120.0	120.0	100.0	100.0	76.4
0.0	0.0	0.0	0.0					0.0	0.0	0.0	0.0	0.0	0.0	0.0	0.0
0.0	0.0	0.0	0.0					100.0	0.0	0.0	112.0	100.0	105.7	0.0	186.3
0.0	0.0	0.0	0.0					100.0	136.4	136.4	136.4	187.5	100.0	100.0	100.0
0.0	0.0	0.0	0.0					0.0	0.0	0.0	0.0	0.0	0.0	0.0	0.0
0.0	0.0	0.0	0.0					0.0	0.0	0.0	0.0	0.0	0.0	0.0	0.0
0.0	0.0	0.0	0.0					0.0	0.0	0.0	0.0	0.0	0.0	0.0	0.0
0.0	0.0	0.0	0.0					0.0	0.0	0.0	0.0	0.0	0.0	0.0	0.0
0.0	0.0	0.0	0.0					0.0	0.0	0.0	0.0	0.0	0.0	0.0	0.0
0.0	0.0	0.0	0.0					0.0	0.0	0.0	0.0	0.0	0.0	0.0	0.0
0.0	0.0	0.0	0.0					0.0	0.0	0.0	0.0	0.0	0.0	0.0	0.0
0.0	0.0	0.0	0.0					0.0	0.0	0.0	0.0	0.0	0.0	0.0	0.0
0.0	0.0	0.0	0.0					0.0	0.0	0.0	0.0	0.0	0.0	0.0	0.0
96.3	99.4	99.6	103.2	104.1	94.7	110.3	117.9	111.5	0.0	0.0	0.0	0.0	0.0	0.0	0.0

2-63 农产品生产价格指数

（上年同期=100）

指 标	2006	2007	2008	2009	2010	2011	2012
总指数	102.9	110.6	117.2	99.8	114.0	112.9	106.4
农业产品	104.8	107.6	112.0	103.8	119.8	111.7	106.9
谷物	0.0	0.0	0.0	0.0	0.0	117.7	101.9
稻谷	102.9	108.8	108.0	99.8	110.8	0.0	0.0
小麦	104.2	104.3	109.8	105.5	107.9	116.9	102.3
玉米	104.0	109.8	106.3	97.7	120.2	109.8	105.3
谷子	102.7	119.9	110.1	101.8	121.2	139.3	133.2
高粱	102.1	114.3	111.1	100.0	103.5	0.0	104.4
大麦	97.9	130.1	101.1	74.8	111.0	139.2	92.7
燕麦	0.0	0.0	0.0	0.0	0.0	100.0	0.0
荞麦	121.0	103.9	109.7	90.7	130.6	118.7	85.1
薯类	109.9	101.8	102.7	106.0	169.8	99.5	97.8
油料	99.8	107.0	128.7	89.2	100.3	104.6	103.4
豆类	102.3	111.6	127.8	93.3	107.5	104.8	96.7
棉花	100.9	94.8	103.2	94.1	157.4	113.1	87.3
生麻	0.0	0.0	0.0	0.0	0.0	106.1	110.5
糖料	0.0	0.0	0.0	0.0	0.0	0.0	0.0
烟草	91.3	101.2	115.8	99.7	109.6	100.0	0.0
蔬菜	108.9	108.4	112.1	119.2	117.1	103.3	115.1
叶菜类蔬菜	108.7	115.2	97.7	112.8	134.1	97.4	129.9
芹菜	98.1	104.9	73.7	97.5	116.5	71.2	112.6
油菜	107.3	133.1	117.8	171.1	120.2	124.0	125.5
菠菜	101.5	105.2	108.0	100.2	115.6	109.1	153.6
大白菜	106.6	105.1	100.4	131.4	121.3	97.3	82.7
结球甘蓝	112.7	136.8	99.1	69.9	140.9	97.6	84.0
花椰菜	113.9	91.9	75.3	151.7	108.7	110.3	90.3
根茎类蔬菜	128.5	106.5	100.7	103.9	126.2	108.9	139.8
白萝卜	99.7	107.4	93.9	103.1	130.2	109.7	136.8
胡萝卜	131.2	108.9	126.5	66.2	121.2	126.6	121.7
百合	137.4	0.0	0.0	106.3	0.0	0.0	0.0
瓜菜类蔬菜	103.1	114.1	97.0	141.1	98.5	111.5	112.6
黄瓜	105.2	110.9	106.6	145.6	106.2	102.3	109.7
冬瓜	0.0	114.5	0.0	0.0	0.0	110.3	0.0
西葫芦	147.3	124.6	77.6	133.0	105.0	123.1	128.8
豆类蔬菜	105.0	115.2	88.5	105.1	125.5	0.0	0.0
豇豆	101.0	113.9	121.0	142.4	120.1	111.2	94.4
四季豆	158.9	117.3	113.0	135.9	130.5	133.2	94.4
茄果类蔬菜	110.0	105.3	119.6	95.1	118.6	108.0	112.6
茄子	107.4	108.0	98.1	107.9	105.2	114.4	100.0
青椒	127.1	115.6	83.2	114.2	139.0	105.0	0.0
辣椒	118.8	108.3	124.6	88.7	104.2	131.7	107.6
西红柿	101.0	103.3	111.3	113.1	138.3	91.9	115.4
莴笋	100.0	100.0	93.7	125.1	75.1	79.3	113.8
葱蒜类蔬菜	101.6	103.8	125.3	135.1	118.0	94.8	125.5
洋葱	105.8	0.0	86.6	147.4	76.7	89.0	221.0

2-63 续表 1

（上年同期=100）

指标	2006	2007	2008	2009	2010	2011	2012
大葱	102.2	113.1	142.4	98.7	84.7	106.6	112.3
大蒜	0.0	0.0	0.0		0.0	58.6	114.7
蒜苗	121.2	110.6		127.8	135.1	73.4	109.6
蒜苔	108.8	120.7	109.1	128.9	0.0	103.5	159.7
蒜头	100.1	97.2	100.2	200.0	252.8	120.0	0.0
韭菜	100.5	104.3	124.5	128.8	115.9	108.8	107.9
食用菌	99.4	104.8	122.5	110.8	108.2	98.7	102.7
平菇	99.4	104.6	120.7	112.3	108.1	98.7	102.7
金针菇	0.0	0.0	0.0	0.0	0.0	0.0	0.0
水果及坚果	103.6	100.6	122.3	93.5	122.3	109.3	119.2
水果（园林水果）	104.9	98.8	123.8	93.0	123.4	109.3	119.5
苹果	99.3	103.4	91.2	97.2	127.2	108.5	117.2
梨	111.7	104.9	113.7	89.7	116.4	93.0	86.7
柑橘	0.0	0.0	0.0	0.0	0.0	0.0	0.0
橙	0.0	0.0	0.0	0.0	0.0	0.0	0.0
葡萄	124.0	96.2	136.1	91.7	100.0	112.5	0.0
香蕉	0.0	0.0	0.0	0.0	0.0	0.0	0.0
菠萝	0.0	0.0	0.0	0.0	0.0	0.0	0.0
西瓜	106.8	98.2	113.2	97.2	120.8	121.6	178.6
哈密瓜	0.0	0.0	0.0	0.0	0.0	0.0	0.0
香瓜	0.0	25.0	95.3	0.0	0.0	0.0	0.0
樱桃	0.0	0.0	0.0	0.0	0.0	109.2	158.3
枣	147.5	0.0	94.3	0.0	0.0	100.0	129.0
柿子	0.0	80.0	112.1	0.0	0.0	0.0	0.0
桃	88.6	99.3	103.9	93.6	145.0	120.0	0.0
李子	80.0	0.0	0.0	0.0	130.4	100.0	0.0
石榴	0.0	0.0	0.0	0.0	0.0	0.0	0.0
杏	113.6	100.4	119.6	75.5	116.3	93.1	95.2
杨梅	0.0	0.0	0.0	0.0	0.0	0.0	0.0
草莓	0.0	0.0	0.0	0.0	0.0	0.0	0.0
猕猴桃	0.0	0.0	0.0	0.0	0.0	0.0	0.0
沙棘	0.0	0.0	0.0	0.0	0.0	0.0	0.0
杏干	0.0	0.0	0.0	0.0	0.0	93.0	103.2
核桃	110.2	98.7	100.3	89.3	125.9	107.3	116.2
花椒	128.6	100.3	113.2	97.1	122.5	106.4	94.0
中草药材	111.4	133.5	120.4	73.5	119.1	145.3	113.1
林业产品	124.1	100.3	111.4	96.0	122.7	123.5	98.9
育种和育苗	0.0	0.0	0.0	0.0	103.4	100.0	98.9
木材采伐产品	0.0	0.0	0.0	0.0	0.0	125.0	0.0
竹材采伐产品	0.0	0.0	0.0	0.0	0.0	0.0	0.0
林产品	124.1	100.3	111.4	96.0	129.1	0.0	0.0
饲养动物及其产品	100.1	119.3	126.2	90.8	103.7	117.8	102.7
活牲畜	102.0	111.6	128.7	96.6	111.9	118.8	100.0
猪	98.8	127.7	128.1	83.7	94.5	122.2	95.0
牛	100.8	115.1	135.3	100.9	105.2	103.6	109.5

2-63 续表 2

（上年同期＝100）

指 标	2006	2007	2008	2009	2010	2011	2012
马	0.0	0.0	0.0	0.0	0.0	0.0	0.0
驴	144.0	106.5	111.8	118.9	98.2	0.0	0.0
骡	82.7	103.6	0.0	93.3	0.0	100.0	107.9
羊	99.9	116.1	130.7	99.0	104.4	118.8	106.6
活家禽	100.4	117.2	116.8	91.1	118.9	104.0	117.3
活鸡	100.4	117.2	116.8	91.1	118.9	104.0	117.3
活鸭	0.0	0.0	0.0	0.0	0.0	0.0	0.0
活鹅	0.0	0.0	0.0	0.0	0.0	0.0	0.0
活火鸡	0.0	0.0	0.0	0.0	0.0	0.0	0.0
活珍珠鸡	0.0	0.0	0.0	0.0	0.0	0.0	0.0
鸽子	0.0	0.0	0.0	0.0	0.0	0.0	0.0
鸵鸟	0.0	0.0	0.0	0.0	0.0	0.0	0.0
野鸭	0.0	0.0	0.0	0.0	0.0	0.0	0.0
鹌鹑	0.0	0.0	0.0	0.0	0.0	0.0	0.0
其他未列明活家禽	0.0	0.0	0.0	0.0	0.0	0.0	0.0
畜禽产品	0.0	0.0		0.0	0.0	112.6	108.1
生奶	102.6	100.5	121.1	90.7	133.3	114.4	117.7
鸡蛋	102.5	109.1	106.8	102.1	112.2	110.1	96.5
鸭蛋	0.0	0.0	0.0	0.0	0.0	0.0	0.0
鹅蛋	0.0	0.0	0.0	0.0	0.0	0.0	0.0
鹌鹑蛋	0.0	0.0	0.0	0.0	0.0	0.0	0.0
绵羊毛	105.5	127.4	97.5	71.8	118.5	108.1	100.9
山羊毛	100.9	130.2	108.5	75.7	132.1	107.6	0.0
生毛皮	90.8	144.7	100.3	56.7	135.4	0.0	0.0
渔业产品	101.0	104.4	110.4	103.3	111.4	120.2	108.7
淡水养殖产品	101.0	104.4	110.4	103.3	111.4	120.2	107.3
养殖淡水鳟鱼	111.3	100.0	104.7	93.0	125.0	133.2	111.3
养殖淡水鳗鲡	0.0	0.0	0.0	0.0	0.0	0.0	0.0
养殖淡水鲤鱼	100.4	104.4	114.6	104.2	113.3	105.2	96.5
养殖淡水草鱼	0.0	0.0	0.0	0.0	0.0	115.3	99.1
养殖淡水青鱼	0.0	0.0	0.0	0.0	0.0	0.0	0.0
养殖淡水鲢鱼	0.0	0.0	0.0	0.0	0.0	106.0	130.6
养殖淡水鲫鱼	0.0	0.0	0.0	0.0	0.0	127.3	121.9
养殖淡水鳊鲂	0.0	0.0	0.0	0.0	0.0	0.0	0.0
养殖淡水鲶鱼	0.0	0.0	0.0	0.0	0.0	0.0	0.0
养殖淡水鮰鱼	0.0	0.0	0.0	0.0	0.0	0.0	0.0
养殖淡水黄颡鱼	0.0	0.0	0.0	0.0	0.0	0.0	0.0
养殖淡水黄鳝	0.0	0.0	0.0	0.0	0.0	0.0	0.0
养殖淡水鳜鱼	0.0	0.0	0.0	0.0	0.0	0.0	0.0
养殖淡水鲈鱼	0.0	0.0	0.0	0.0	0.0	0.0	0.0
养殖淡水乌鳢	0.0	0.0	0.0	0.0	0.0	0.0	0.0
养殖淡水泥鳅	0.0	0.0	0.0	0.0	0.0	0.0	0.0
其他养殖淡水鱼	144.4	102.5	122.1	99.6	106.7	111.5	0.0

2-64 农产品集贸市场价格(2012年)

单位:元/公斤

指标	1月	2月	3月	4月	5月	6月	7月	8月	9月	10月	11月	12月
粮食类												
籼稻												
粳稻												
小麦	2.23	2.24	2.22	2.30	2.32	2.32	2.23	2.25	2.32	2.35	2.35	2.37
玉米	2.08	2.08	2.05	2.08	2.18	2.19	2.26	2.27	2.28	2.26	2.26	2.22
大豆	4.50	4.50	4.35	4.45	4.35	4.35	4.20	4.20	4.50	4.40	4.55	4.20
籼米	5.50	5.60	6.30	6.30	7.50	7.60	7.50	7.00	6.80	6.70	6.60	6.30
粳米	5.67	5.73	5.73	5.73	5.93	5.67	5.77	5.63	5.63	5.80	5.87	5.93
面粉	3.08	3.08	3.12	3.11	3.11	3.11	3.08	3.08	3.14	3.20	3.22	3.28
经济作物类												
籽棉												
花生仁	14.65	14.67	15.33	15.33	16.67	16.00	15.33	15.33	14.67	14.67	15.33	15.33
油菜籽	4.58	4.43	5.07	5.13	5.13	5.17	5.17	5.23	5.37	5.37	5.30	5.43
花生油	19.00	19.00	24.00	24.00	21.00	21.00	21.00	22.00	22.00	22.00	22.00	23.00
菜籽油	13.92	13.92	14.12	14.24	14.16	14.24	13.96	14.04	14.28	14.24	14.12	14.44
豆油	12.00	12.00	11.00	11.80	13.34	13.50	13.50	13.50	13.50	13.00	13.00	13.00
畜产品类												
活猪	19.30	18.30	16.20	15.63	15.10	14.80	15.20	15.82	15.88	15.76	15.88	16.32
仔猪	38.10	40.20	39.20	44.00	35.40	35.60	33.40	33.40	31.40	29.40	29.40	27.20
猪肉	30.80	29.40	27.40	25.50	23.40	22.96	23.00	23.20	24.00	24.00	24.40	25.80
活牛	18.50	18.50	21.05	22.40	20.50	21.25	21.50	21.00	22.25	22.75	25.25	25.25
牛肉	41.60	40.80	39.20	39.50	40.60	41.00	41.20	40.80	42.40	44.60	47.60	48.40
活羊	32.80	32.80	31.00	31.25	30.80	29.40	29.00	29.00	27.60	27.40	26.80	27.00
羊肉	53.60	54.80	51.60	53.50	52.40	52.80	52.80	52.80	53.00	52.00	52.00	52.40
活鸡	20.80	20.20	18.80	19.25	17.20	17.00	18.00	18.20	19.20	19.80	19.80	19.80
鸡蛋	8.80	7.80	7.52	7.40	7.26	8.60	8.92	9.36	10.12	10.04	10.12	10.32
水产品类												
草鱼	19.60	19.60	20.00	21.00	21.75	22.00	21.00	20.75	20.50	20.50	20.50	20.50
鲤鱼	16.60	16.40	16.20	17.60	17.40	17.80	17.00	16.60	16.00	15.80	15.80	15.40
链鱼	15.75	15.75	15.33	15.33	15.00	15.38	15.00	14.67	14.33	15.00	15.00	14.00
带鱼	23.20	22.80	22.40	23.60	23.60	23.80	23.50	23.25	23.00	23.50	23.50	23.50
蔬菜类												
大白菜	0.92	1.10	1.40	2.04	2.68	2.28	1.96	2.00	2.04	1.36	1.32	1.60
黄瓜	8.00	7.20	7.00	5.60	4.60	4.00	2.50	3.20	3.72	3.52	4.52	5.52
西红柿	4.56	5.60	6.80	6.00	4.60	3.40	2.40	2.92	3.92	3.88	4.20	4.92
菜椒	12.00	10.00	12.00	9.60	7.40	6.00	3.80	3.00	3.08	3.40	4.60	6.32
四季豆	11.25	9.63	11.25	10.50	8.00	5.50	4.25	4.75	5.50	5.75	6.40	8.20
水果类												
红富士苹果	7.20	8.00	7.60	7.66	7.00	7.20	7.25	7.50	7.25	7.40	7.08	7.00
香蕉	6.20	6.30	6.00	5.40	5.10	5.32	5.30	5.60	4.60	4.72	4.72	4.48
橙子	5.24	5.24	5.44	5.00	5.25	5.25	5.33	5.25	5.50	6.25	6.67	5.85

注:数据为5个调查县平均值

2-65 企业家信心指数(2006-2012 年)

指标	2006				2007			
	一季度	二季度	三季度	四季度	一季度	二季度	三季度	四季度
企业家信心指数	122.2	121.8	129.6	127.1	130.4	141	135	134.2
按行业门类分								
工业	119.5	120.9	124.9	129.3	136	150.3	137.2	135.3
采掘业	163.7	177.1	161.5	146.5	164.5	181.2	162.4	128.5
制造业	113.2	112.9	120.5	125.6	132.2	146	133.4	135.3
电力、煤气及水生产供应业	156.4	171.9	142.3	162.8	153.4	177.6	160.7	148.8
建筑业	111.4	118.5	129.9	115	111.7	125.9	124.4	119.3
交通运输、仓储及邮电通信业	148.8	137.7	139.4	130	128.4	129.1	146.1	136.2
批发和零售业	143.3	132.6	146.8	146	139.6	138.8	132.6	152.3
房地产业	120.2	99.7	126.4	123.2	139.8	142	135.7	142
社会服务业	103.6	117.9	106.9	103.5	96.2	96.2	111.5	119.2
信息传输、计算机服务及软件业	124.3	127.3	130.4	119.2	141.1	152	151.6	137.3
住宿和餐饮业	109.3	113	129.8	110.7	114.8	121.7	139.1	126.3
按企业登记注册类型分								
国有企业	137.7	135.2	140.1	132	127.4	135.8	132.8	133.6
集体企业	101.6	111.7	124.8	98.5	112.4	112.4	117.9	111.1
股份合作企业	92.9	81.9	88.8	119.4	94.9	75.2	104.9	104.9
有限责任公司	118.9	123.5	128.2	134.2	128.1	148.8	147.8	132.7
股份有限公司	113.3	114.9	117.1	120.8	173.5	168.9	139.9	165.8
私营企业	150	130	140	140	100	133.3	122.2	122.2
外商及港、澳、台投资企业	106.3	78	118.9	118.9	156.1	149	135.7	165.3
港、澳、台投资企业								
外商投资企业								
按企业规模分								
大型	130.9	124	127.6	133.1	131	165.8	157	123.6
中型	108.9	107.6	118.7	108	117.4	123.2	126.7	124.9
小型	100	100	100	100	121	135	138	131
按特殊群体分								
国家重点企业								
乡镇企业	123.8	116.1	139.1	113.8	114.4	151.9	122.4	97.2
出口企业								
上市公司	89.8	97.8	95.4	159.7	108.6	165.1	159.7	100.6
国有控股企业	128.6	129.2	134	133.1	137.2	147.4	138.3	138

2-65 续表1

指 标	2008				2009			
	一季度	二季度	三季度	四季度	一季度	二季度	三季度	四季度
企业家信心指数	138.1	133.3	129.1	104.8	92.8	102.2	116.2	119.3
按行业门类分								
工业	144.1	139.4	130.3	91.1	75.4	87.8	112.6	115.1
采掘业	179.9	173.2	141.9	101.9	42	36	93.9	90.8
制造业	140.2	136	129.7	89.1	74.4	89.4	113.1	117.6
电力、煤气及水生产供应业	161.8	152.1	133.7	128.5	146.7	145.8	142.6	124.9
建筑业	115.2	117.1	118.3	106.5	110.3	134.8	132.9	136.1
交通运输、仓储及邮电通信业	144.9	127.5	132.2	123	127.3	114.5	120.9	128.2
批发和零售业	151.7	146.6	144.5	141.4	137.4	137.3	123.1	123.7
房地产业	134.4	121.9	121.9	103.1	86.8	105	115.6	131.3
社会服务业	111.1	100	100	100	80.8	88.5	92.3	84.6
信息传输、计算机服务及软件业	134.3	132.4	159.2	145	120.5	120.2	120.1	139.5
住宿和餐饮业	127.7	119.4	112.6	112.8	108.8	106.3	126.1	117.4
按企业登记注册类型分								
国有企业	132.6	136	131.9	117.6	115.8	113.7	123.8	121.6
集体企业	118.9	106.1	98	98.1	80.5	111.5	105.9	110.9
股份合作企业	104.7	115.8	115.8	111.1	116.7	131.3	100	116.7
有限责任公司	143.2	128.7	124.3	98	70.4	87.6	114.7	120
股份有限公司	166.6	152.5	156.2	104.6	94	98.4	116	121.2
私营企业	125	113.3	133.3	135.7	100	100	100	100
外商及港、澳、台投资企业	153.1	146.8	138.8	98.4	119.7	110.1	107.1	106.7
港、澳、台投资企业								
外商投资企业								
按企业规模分								
大型	135.9	120.8	95.7	67	125.1	137.4	111.5	108.8
中型	126.2	121.8	119.2	108.7	103.1	103.5	131.1	130.9
小型	131.7	121.9	123.3	107.6	75	75	105.4	111.6
按特殊群体分								
国家重点企业								
乡镇企业	133.4	135.9	124.9	131.9	136.1	156.3	108.3	108.3
出口企业								
上市公司	127	116.1	72.9	61.3	12.9	18.6	118.6	108.1
国有控股企业	142.2	140.6	133.6	104.2	81.6	94.8	117.9	118

2-65 续表 2

指 标	2010				2011			
	一季度	二季度	三季度	四季度	一季度	二季度	三季度	四季度
企业家信心指数	128.3	125.4	127.7	125.4	129.9	130	122.9	111.4
按行业门类分								
工业	126.7	124	126.2	126.6	129.2	127.1	121.7	102.6
采掘业	119	101.8	96.6	113.8	106.4	117	113.3	106.9
制造业	128.4	126.7	128.2	127	129.9	126.6	122.1	103.2
电力、煤气及水生产供应业	123.5	132.3	132.3	142.9	147.2	161.7	141.9	130.1
建筑业	144.4	147.9	143.1	140.5	143.5	146.5	132.1	129.6
交通运输、仓储及邮电通信业	134.2	129.3	127	124.6	120	132.5	132.5	120
批发和零售业	131.6	126.9	132.5	126	134.3	132.2	122.3	130.1
房地产业	128.1	118.8	134.4	134.4	136.4	127.3	115.2	90.9
社会服务业	107.7	96.2	100	88.5	100	115.4	92.3	100
信息传输、计算机服务及软件业	119.2	125.6	125.6	119.8	133.1	123.4	120.2	117.5
住宿和餐饮业	121.3	117.4	132.6	113	121.3	123.4	127.7	121.7
按企业登记注册类型分								
国有企业	125.6	128.9	122.5	119.6	135	133.7	132.2	122
集体企业	111.4	117.1	121.1	118.7	116.2	113.5	102.7	91.9
股份合作企业	112.5	137.5	125	112.5	114.3	128.6	100	114.3
有限责任公司	132.3	123.7	132.3	128.5	127.4	135	126.5	113.5
股份有限公司	120.3	123.7	124.3	120.8	119.2	101.3	85.9	93.6
私营企业	111.8	82.4	105.9	94.1	105.9	105.9	94.1	94.1
外商及港、澳、台投资企业	0	0	0	0	0	0	0	0
港、澳、台投资企业	100	100	100	100	150	200	150	150
外商投资企业	162.5	150	131.3	133.3	162.5	156.3	150	106.3
按企业规模分								
大型	139.7	117.2	132.1	136.6	141.1	133.7	122.1	80.6
中型	139.4	137.7	136.7	134.5	132	138.8	127.4	117.8
小型	113.4	113.9	118.7	110.8	118.5	116.9	114.4	111
按特殊群体分								
国家重点企业								
乡镇企业								
出口企业	132.5	120.6	122.7	133.6	126.4	129.1	121.2	85.3
上市公司	113.2	126.1	132.3	122.8	126.1	127.7	116.2	88.7
国有控股企业	127.3	122.6	124.9	122.6	131.1	129	123.6	107.4

2-66 企业景气指数(2006-2012年)

指标	2006				2007年			
	一季度	二季度	三季度	四季度	一季度	二季度	三季度	四季度
企业景气指数	113	125.5	140.6	124.3	126.3	138.4	140.2	128.7
按行业门类分								
工业	114.3	128.9	145.9	124.7	131.4	137.3	142.6	130.6
采掘业	117.3	163.2	110.7	110.3	116.3	161.9	160.1	105
制造业	110.9	123.3	147.5	122.3	130.6	133.9	139.4	130.9
电力、煤气及水生产供应业	162.1	169.6	160.8	179	149.8	160.5	166.5	156.2
建筑业	86.7	123	140.9	122.4	115.8	144.7	127.1	121.7
交通运输、仓储及邮电通信业	144.4	146	143.5	129.2	123.1	125.6	152.7	128.1
批发和零售业	137.5	113	130	129.2	135.8	145.9	143	140.6
房地产业	114.2	112.1	127	118	114.8	135.7	151.4	125.5
社会服务业	82.1	121.4	110.3	86.2	80.8	115.4	123.1	100
信息传输、计算机服务及软件业	133	133.6	135.8	129.2	130.6	140	125.7	121.2
住宿和餐饮业	91.5	110.9	124.3	117.9	109	132.1	142	118.5
按企业登记注册类型分								
国有企业	127.4	133.8	141.4	131.6	121	136.4	134.4	132.3
集体企业	95.5	102	111.6	101.8	94.5	119.5	140.7	112.6
股份合作企业	67.9	94.4	101.3	100	100	125.2	140	114.9
有限责任公司	119.8	134	141.7	128.2	129.2	142.7	141	115.3
股份有限公司	112.1	122.1	165.5	116.9	166.5	141.6	170.7	158.7
私营企业	112.2	120	107.8	102.2	122.2	122.2	155.6	133.3
外商及港、澳、台投资企业	117.2	117.2	127.6	133.7	138.4	164.3	140.4	147.5
港、澳、台投资企业								
外商投资企业								
按企业规模分								
大型	130.6	125.6	137.6	133.3	163.8	182.3	173.1	118.1
中型	98	104.2	111.8	99.7	100.4	123.2	126.3	114.7
小型	100	100	100	100	112	126	133	121
按特殊群体分								
国家重点企业								
乡镇企业	144	126.2	143.8	124.4	137.3	152.6	173.7	110.3
出口企业								
上市公司	112.6	182.3	186.5	183.7	182.7	186.4	189.3	65.7
国有控股企业	119.7	132.1	146.9	128.4	131.8	140.4	148.1	132.3

2-66 续表1

指标	2008				2009			
	一季度	二季度	三季度	四季度	一季度	二季度	三季度	四季度
企业景气指数	129.3	129.7	120.7	106.5	105.3	108.3	121.1	121.4
按行业门类分								
工业	136.2	136	115.6	94.6	99.7	100.7	123.9	120.3
采掘业	163.2	158.6	133.6	114.5	38.4	88.4	96	109.9
制造业	132.7	134.2	114.1	91.8	101.9	99.1	126	121.2
电力、煤气及水生产供应业	153.8	141.4	130.4	128.3	147.5	145.5	108.7	137.9
建筑业	111	107.7	124.6	116.7	118.8	139.2	138.5	133.3
交通运输、仓储及邮电通信业	136.7	131.8	124.8	124.7	114.8	116.9	118.2	120.6
批发和零售业	126.9	148.2	131.3	129.8	117.9	134.7	112.3	130.4
房地产业	134.4	125	121.9	103.1	104	92.5	103.1	115.6
社会服务业	100	85.2	96.3	92.6	73.1	69.2	92.3	100
信息传输、计算机服务及软件业	134.3	115.3	133.3	122.1	154.4	122.9	121.5	131.2
住宿和餐饮业	121.1	115.1	127.5	112.5	98.2	109.1	121.7	113
按企业登记注册类型分								
国有企业	129.7	134.2	127	119.3	117.7	126.1	122.3	123.6
集体企业	101.6	96.2	102	95.9	84.3	106.9	110.5	111.6
股份合作企业	100	115.8	111.1	71.4	68.7	77.7	116.7	83.3
有限责任公司	133.2	126.9	125.5	93.8	85.7	95.2	109.3	118.6
股份有限公司	169.1	150.1	89	107.2	138.2	109.5	141.3	132
私营企业	125	106.7	126.7	128.6	106.3	100	118.8	118.8
外商及港、澳、台投资企业	140.3	146.8	118.8	88	96.6	121.9	114.3	120
港、澳、台投资企业								
外商投资企业								
按企业规模分								
大型	139.4	133.4	132.3	78.7	110.9	136.7	139.2	124.2
中型	117.3	115.4	116.2	105.2	98.1	96.9	132.3	130.9
小型	112.5	113.5	108.3	98.3	58.3	75	102.7	109.3
按特殊群体分								
国家重点企业								
乡镇企业	128.6	97.5	104.4	114	131.5	157.1	133.3	125
出口企业								
上市公司	115.8	105.9	118.1	49.6	16.7	105.9	118.6	133.5
国有控股企业	137.8	138.9	120.7	103.1	105.4	107.7	123.9	117.5

2-66 续表2

指 标	2010				2011			
	一季度	二季度	三季度	四季度	一季度	二季度	三季度	四季度
企业景气指数	119.1	127.1	125.6	126	120.4	132.9	130.2	115.9
按行业门类分								
工业	117.9	128.1	122.9	131	120.1	133	131.8	109.8
采掘业	101.8	119	102.4	113.8	95.4	113	108.9	121.4
制造业	117.1	126.9	122.4	129.6	120	131.9	130	110
电力、煤气及水生产供应业	146.8	156.2	150.6	164.6	140.3	164.5	155.8	122.9
建筑业	134.7	146.8	155.4	138.6	123.9	145.3	150.7	136.8
交通运输、仓储及邮电通信业	129.1	116.9	114.5	114.5	112.5	124.9	124.9	112.4
批发和零售业	129.9	125.5	131.4	131.6	143.4	137.8	127.3	136.7
房地产业	103.1	109.4	106.3	100	109.1	124.2	106.1	84.9
社会服务业	92.3	115.4	111.5	88.5	76.9	111.5	96.2	96.2
信息传输、计算机服务及软件业	93.3	132.9	121.8	129.2	129.5	139.2	119.8	127.1
住宿和餐饮业	123.4	115.2	139.1	115.2	119.2	119.2	129.8	119.6
按企业登记注册类型分								
国有企业	125.7	122.1	129.2	125.1	121	138.2	134.5	121.7
集体企业	105	115.6	122.1	109.9	106	119.6	110.8	100
股份合作企业	100	112.5	125	100	85.7	100	85.7	100
有限责任公司	120.8	128.8	123.5	128.4	121	132.7	128.9	113.6
股份有限公司	109.7	127.9	120.9	126.9	123.8	127.1	118.3	125.9
私营企业	123.5	111.8	117.7	94.1	94.1	100	100	94.1
外商及港、澳、台投资企业								
港、澳、台投资企业	100	100	100	100	150	200	200	100
外商投资企业	125	118.8	118.8	126.7	118.8	137.5	112.5	125
按企业规模分								
大型	147	146.4	148.6	150.1	144.8	156.7	164.1	111.6
中型	127.7	138.2	126.6	138.7	124.2	140.5	133.1	124.1
小型	104	107.2	114.7	105.2	105.9	112.7	107.6	104.7
按特殊群体分								
国家重点企业								
乡镇企业								
出口企业	135.3	145.9	117.3	145	124.2	129.1	133.8	96.6
上市公司	99	127	108	128	118.9	124.4	169.9	78
国有控股企业	121.4	126.5	128	127	124.7	136.1	137.4	113.7

2-67 工业企业景气指数(2006-2012年)

指 标	2006				2007			
	一季度	二季度	三季度	四季度	一季度	二季度	三季度	四季度
企业景气指数	114.2	128.8	145.7	124.6	131.2	137.3	142.6	130.6
生产成本	64.2	59.4	73.3	99.8	72.1	63.5	46.9	38.6
生产总量	103.9	114.9	136.2	128.2	96.9	138.7	115.3	123.6
产品订货	118.3	118.6	128.8	129	114.6	131.5	115.7	123.3
# 国外订货	89.7	93.2	93.6	97.4	97.7	97.3	103.9	102.3
产品销售	125.4	117.4	126.4	132.8	103.8	128.9	115.6	124.7
产品销售价格	108.3	138.5	133.7	113.7	111	115.3	91.3	129.8
产成品库存	123.3	123.3	118.1	118.3	118.9	123	105.2	118.6
盈利（亏损）变化	92.8	110.5	109.8	126.6	126.4	119.5	111.7	114.4
流动资金	93.1	91.6	92.9	93.6	81.7	89.1	77.5	84.5
企业融资	66.6	76.9	76.2	73.5	70.8	75.6	79	76.2
货款拖欠	112.5	97.9	93.7	106.5	103.9	87.4	99.9	110.7
劳动力需求	92	96.1	98.5	95	91.9	103.5	104.2	99.1
固定资产投资	102.3	122	123.4	113.2	89.1	119.3	119.6	102.5
科技创新	101.1	109.5	115.4	105.6	103.4	113.3	108.2	112.2
主要原材料及能源购进价格	50.9	40.5	44.3	90.6	72	46.6	31.4	27.2
主要原材料及能源供应	128.9	113	138.3	131.8	122.9	125.7	123.8	110

2-67 续表1

指 标	2008				2009			
	一季度	二季度	三季度	四季度	一季度	二季度	三季度	四季度
企业景气指数	136.2	136	115.6	94.6	99.7	100.7	123.9	120.3
生产成本	34.5	35.8	51.2	73.8	99	74.9	76.9	68
生产总量	89.8	114.9	103.8	79.3	86.8	104.6	124	99.7
产品订货	113.1	114.3	105	86.2	89.4	95	116.9	98.4
# 国外订货	85.5	90.9	88.8	80.2	73.4	87.9	96.9	91
产品销售	91.6	127.8	104.9	77.4	62.1	91.2	124.6	102.2
产品销售价格	132.7	113.9	86.1	58.7	78.5	91.9	104.6	100.4
产成品库存	120.1	120.8	126.6	93.1	89.8	115.7	118.5	114.4
盈利（亏损）变化	101.4	91.4	84.6	72.7	69.3	87.8	106.1	100.8
流动资金	89.9	92.6	80	81.1	59.1	71.9	65.9	69.8
企业融资	83.3	76.4	69.4	69.7	60.6	79.3	68.7	63.1
货款拖欠	104.4	106.9	99.8	77.5	80.1	94.5	100.1	91.4
劳动力需求	96.5	103.5	102.5	81.6	103.2	91.9	112.6	99
固定资产投资	93.9	112	118.4	88.9	94.5	117.4	112.2	108.4
科技创新	108.8	113.3	106.3	104.2	96.7	115.1	104.9	100.7
主要原材料及能源购进价格	17.8	17.3	35.6	93.6	98.4	77.5	64.9	51.5
主要原材料及能源供应	111.9	108.3	97.8	121.4	130.9	125.6	124.9	113.6

2-67 续表 2

指 标	2010				2011			
	一季度	二季度	三季度	四季度	一季度	二季度	三季度	四季度
企业景气指数	117.9	128.1	122.9	131	120.1	133	131.8	109.8
生产成本	64.3	74.3	67	42.4	48.1	50.9	59	59
生产总量	101.1	128.5	116.4	127.5	102.8	123.7	116.9	103.6
产品订货	102.7	110	114.6	109.6	104.9	126.8	116.2	83.8
# 国外订货	85.3	93.1	89.3	87.6	95.2	98.3	100.2	93.4
产品销售	98.9	120.2	118	128.6	105.4	137.3	125.9	113.3
产品销售价格	119.1	108.8	106.3	126.3	125.3	115.3	95.8	81.8
产成品库存	119.9	121.8	131.8	132.5	130.6	136.6	132.8	126.1
盈利（亏损）变化	98.9	115.3	117.8	116.1	99.9	121.9	106.2	81.2
流动资金	81.9	85.3	84	76	80.6	85.2	71.3	71.2
企业融资	70.4	72.9	68.1	77.5	77	75.2	63.7	65.2
货款拖欠	105	114.7	108.3	102.4	105	102.8	99.3	102.4
劳动力需求	103.4	111.7	116.5	106	113.2	114.8	114.8	97.9
固定资产投资	94.9	115.9	114.1	119.7	99.3	119.4	128.9	121.8
科技创新	97.4	105.5	116	103.9	104.7	116.5	108.1	116.9
主要原材料及能源购进价格	44.9	55.3	51	24.1	31.3	37.9	34.2	65.6
主要原材料及能源供应	113.1	110.8	107.3	101.8	121.5	116	101.7	97.8

2-68 建筑业企业景气指数(2006-2012年)

指 标	2006				2007				2008			
	一季度	二季度	三季度	四季度	一季度	二季度	三季度	四季度	一季度	二季度	三季度	四季度
企业景气指数	86.7	123	140.9	122.4	115.8	144.7	127.1	121.7	111	107.7	124.6	116.7
工程合同数	60.4	142.6	119.1	69.8	49.7	126.6	131.9	108.9	77.4	128.6	102.7	75.7
# 国（境）外合同	75.4	66	123.7	74.9	61	96.6	86.6	111.8	92.7	120	109.9	72.5
建筑工程量	47.9	154.3	150.4	74.2	36.8	157.2	145.6	81.9	56.4	132.1	133.7	74.8
新开工工程量	56.5	152	117.6	63.3	35	143.4	121.9	89.5	78.9	149.9	107.4	59.9
技术设备能力	163.9	174.2	169.1	174.4	164.8	175.6	169	177.5	160.5	171.5	166.5	152
工程进度	82.1	158	171.9	133.7	72.6	157.2	158.9	123.2	81.4	145.6	157.8	108.8
工程结算收入	35	139.3	133.9	102.5	46.5	139.4	114.5	100.5	69.3	118.4	132.3	97.6
建筑材料购进价格	70.9	55.1	54.7	68.7	73.4	41.5	25.7	39.9	31.5	7.7	37.4	134
工程结算成本	84.8	61.8	72.1	89.1	78.4	55.9	64.2	66.1	46.3	25.5	32.3	81.5
盈利（亏损）变化	68	125.4	133.4	130.3	76.4	118.4	118.8	113.9	91.3	104.5	104.3	113.7
流动资金	38.1	37.1	34	31.2	39.6	50.6	33.3	39.2	42.4	38.2	37.5	37.5
企业融资	32.8	40.7	53	46.5	61.3	46.7	60.1	33.2	50.6	45	48.5	44.9
工程款拖欠	79.7	68.3	61.7	63	95.8	83.2	53.1	65	81.9	50	55.7	49.6
劳动力需求	66.6	154.5	138.9	76.1	62.4	159.6	140.5	59.6	83.9	145.1	144	52.2
固定资产投资	76.2	107.6	83.6	58.1	78.8	110.4	97.4	74.4	73.6	106.7	93.3	66.5

2-68 续表1

指　标	2009				2010				2011			
	一季度	二季度	三季度	四季度	一季度	二季度	三季度	四季度	一季度	二季度	三季度	四季度
企业景气指数	118.8	139.2	138.5	133.3	134.7	146.8	155.4	138.6	123.9	145.3	150.7	136.8
工程合同数	54.1	174.9	144.9	104.9	98.8	142.2	121.4	95	94	155.6	135.1	95.5
# 国（境）外合同	68.8	102.5	88	120.3	98.7	111.1	86.5	81.1	109.7	90.3	101.6	102.2
建筑工程量	43.9	157.7	144	114.1	71.4	170.2	149.1	108.1	109.3	167.4	132.1	108
新开工工程量	68.3	153.6	125.1	90.6	98.4	155.9	133.5	87.3	126.7	140.6	122.7	61.3
技术设备能力	159.2	179.6	149.6	159.5	147.4	167.4	147.7	156.6	149.5	157	144.2	156.7
工程进度	73.2	160.4	173.9	140.9	86.7	160.3	170.5	122	88.8	138.9	146	112.5
工程结算收入	43.6	125.1	119.2	134.4	67.3	134.2	114.7	110.4	71.1	141.3	126.7	106.4
建筑材料购进价格	126.4	67.1	70.1	66.6	60.4	48.5	57.3	51.3	46.9	33.8	43.6	72.4
工程结算成本	95.4	69.7	77.6	74.7	63.9	58.7	74.1	60.2	69.5	63.1	68.1	60.4
盈利（亏损）变化	69.1	121.6	120.7	150.1	93.4	129.4	139.5	139.4	84.3	114.7	109.8	114.4
流动资金	35.9	52.6	40	50.4	47.1	52.9	60.9	54.6	45.4	52.6	47.4	52.6
企业融资	45.9	58.3	44.6	48	49	57.7	61.4	61.5	55.7	61.1	55.3	49
工程款拖欠	98.9	80.7	79.7	72.4	97.6	67.8	77.1	86.4	87.3	67.8	54.2	61.1
劳动力需求	81.4	156.2	140	73.6	99.8	175.4	140.9	87.3	107.4	150.9	138.5	77.4
固定资产投资	81.9	123.6	107	106.1	88.3	115	113.7	105.2	98.1	123.1	114.4	93.4

2-69 交通运输、仓储及邮电通信业企业景气指数(2006-2012 年)

指 标	2006				2007				2008			
	一季度	二季度	三季度	四季度	一季度	二季度	三季度	四季度	一季度	二季度	三季度	四季度
企业景气指数	144.4	146	143.5	129.2	123.1	125.6	152.7	128.1	136.7	131.8	124.8	124.7
业务预订	134	135.9	139.3	98	133	119.1	133.5	110.7	135.3	113.9	120.8	107.9
业务量	141.9	141.1	145.8	129.2	142.2	126.4	146.1	125	151.8	109.2	121.2	115.2
业务收费价格	92.3	102.2	102.4	102.6	102.6	100.9	112.9	117.8	104.9	97.6	95.2	92.7
业务成本	75.1	65.6	92.5	80.7	60.1	81.7	105.1	57.3	40.7	51	51.6	51.6
盈利（亏损）变化	97.7	90.9	98.5	105.6	101.8	95.9	105.5	98.3	100.3	98.5	83.6	98.6
流动资金	60.4	60.5	72.4	55.6	70.7	77.3	75	67.7	80.4	71	65.6	77.7
企业融资	61.1	53.9	67.6	65.7	61	53.6	65.9	55.9	71.3	64.3	59.5	64.3
货款拖欠	113.9	102.7	111.9	95.2	100	89.2	121.4	126.9	116.3	109.2	106.8	104.5
劳动力需求	74.9	102.1	100	72.7	100	81.8	86.9	95.2	106.8	105.5	107.3	106.9
固定资产投资	141.5	134.6	130.6	122.8	120.4	130.4	142.8	127.9	125.3	127.1	116.7	131.8

2-69 续表1

指标	2009				2010				2011			
	一季度	二季度	三季度	四季度	一季度	二季度	三季度	四季度	一季度	二季度	三季度	四季度
企业景气指数	114.8	116.9	118.2	120.6	129.1	116.9	114.5	114.5	112.2	124.2	124.2	112.1
业务预订	117.2	122.2	102.4	119.5	114.6	87.8	99.8	109.9	97.6	100.2	95.1	112.2
业务量	115	123.2	107.3	117.1	112.2	80.5	97.6	117.1	109.8	109.8	102.4	114.8
业务收费价格	96.8	92.7	100	106.2	100	92.5	104.9	112.5	109.8	104.9	107.5	104.9
业务成本	61.4	71.6	53.7	29.3	60.8	55.9	39	29.3	43.9	29.3	41.5	58.4
盈利（亏损）变化	89.2	108.9	95.1	104.9	102.6	75.8	102.4	78.1	85.5	70.9	78.2	82.9
流动资金	63.2	68.1	49.9	59.6	70.6	43.7	65.7	58.4	53.5	53.5	56	56
企业融资	67.6	71.4	58.5	46.3	70.7	63.4	61	63.4	68.3	58.5	58.5	58.5
货款拖欠	109.3	88	110.9	110.9	109.6	107.2	107.2	104.7	109.8	109.8	107.3	100
劳动力需求	99.8	108.2	97.6	104.9	104.9	97.6	112.2	107.3	112.2	107.3	112.2	109.8
固定资产投资	129.3	123.6	127.9	132.8	112	116.9	107.2	121.8	116.9	119.4	119.4	116.9

2-70 批发和零售业企业景气指数(2006-2012年)

指 标	2006				2007				2008			
	一季度	二季度	三季度	四季度	一季度	二季度	三季度	四季度	一季度	二季度	三季度	四季度
企业景气指数	138	114.4	130	129.2	135.8	145.9	143	140.6	126.9	148.2	131.3	129.8
购货合同	96.5	102	105.1	128.2	103.8	102	115.9	122.8	112.5	113.6	110.9	112.3
商品购进价格	103.7	88.1	98.5	77.5	73.1	88.3	79.2	48.4	44.1	82.7	67.6	95.4
商品销售	69.5	108.8	122.4	105.6	112.8	133.2	128	145.6	131.4	116.4	117.3	87.7
# 出口	88.5	94.4	94.7	100	95.5	90.3	116.1	100	100	100	97.5	96.4
商品销售价格	93.5	114.3	101.8	117.5	93.7	106.1	117.8	143.5	132.1	109.4	116.7	88.5
商品库存	110.3	89.5	97.7	102.4	115.4	123.8	126.7	119.8	129.1	117.2	123.6	96.3
经营费用	111	118.6	103.5	47.4	96.7	97	72.9	79.8	89.7	82.7	79.5	83.9
竞争能力	139.4	112.4	128.9	139.8	123.9	130.6	113.6	134.8	124.3	131.7	127	131.8
盈利(亏损)变化	128.8	132.5	137.7	92.1	110	127.2	138.1	110.3	109.4	118	122.2	125.1
流动资金	110.7	88.9	91.5	89.4	87.8	86.2	81.4	80.8	82.5	97.2	101.5	109
企业融资	85.7	65	77.2	75.3	86.3	83.1	89.1	85.1	79.9	90.4	93.6	95.8
货款拖欠	144.8	124.1	120.8	135.3	122.2	136.7	132.5	138	117	120	116.3	111
劳动力需求	109.7	113.3	107	116.9	90.3	90.6	112.1	100.2	101.9	96.3	95.7	100.6
固定资产投资	87.9	106.5	94.7	99.6	100.1	112.3	107	105.6	98.5	113.6	112.6	115.1

2–70 续表 1

指 标	2009				2010				2011			
	一季度	二季度	三季度	四季度	一季度	二季度	三季度	四季度	一季度	二季度	三季度	四季度
企业景气指数	117.9	134.7	112.3	130.4	129.9	125.5	131.4	131.6	143.4	137.8	127.3	136.7
购货合同	101.3	116.9	80.7	95.3	86.3	85.2	92.3	91	110.3	94	100.9	108.5
商品购进价格	91.8	61	71	69.4	77.4	75.2	67.1	63.2	56.2	55.6	56.2	63.3
商品销售	121	124.8	95.4	99.1	112.6	97.8	103.8	96.5	122	112.7	110.4	129.4
# 出口	91.4	90.9	85.6	89.7	104.6	100	100	100	95.2	96.2	104.2	97.4
商品销售价格	99.4	120	126.8	119.6	117.9	106.2	119.6	131.4	132.7	138.8	130	127.9
商品库存	121.3	131.9	116.3	100	115	117.6	110.8	109.3	117.2	114.5	110.8	120.7
经营费用	85.5	74.8	101.2	80.4	88.3	92.4	67.7	69.2	66.9	72.8	68.8	55.6
竞争能力	139.5	139.1	115.7	120	119	125.5	105.1	115.4	116.7	117.6	110.9	125.5
盈利（亏损）变化	129.9	131.6	99.8	114.7	112.1	111.2	100.9	109.6	114.3	118.3	110.9	122.1
流动资金	120.1	114.4	85.2	86.2	98.1	94.7	92.6	101.2	107.6	85.8	87	98.9
企业融资	79.8	101.5	66.6	72	86.7	79.5	78.8	79.9	92	81.2	76.4	84.7
货款拖欠	100.3	121	119.4	120.6	115.1	105.2	122	126.5	110	106.6	100.6	115.7
劳动力需求	86	85.8	92.5	94.1	101.1	91.2	96.4	92.8	108.4	96.8	99.8	106
固定资产投资	86.2	112.2	91.7	100.7	98.2	97.2	98.3	98.4	99.5	97.9	88.1	102.9

2-71 房地产业企业景气指数(2006-2012年)

指 标	2006				2007年				2008			
	一季度	二季度	三季度	四季度	一季度	二季度	三季度	四季度	一季度	二季度	三季度	四季度
企业景气指数	114.2	112.1	127	118	114.8	135.7	151.4	125.5	134.4	125	121.9	103.1
土地开发	70.7	77.1	99.5	72.5	80.8	95.9	99.5	82.1	96.9	78.3	87.5	71.9
完成投资	78.7	96.6	113.9	93.3	101.4	118.8	121.9	88.5	115.3	103.3	118.8	96.9
新开工情况	91.3	94.8	97	84.8	97.3	95.9	90.1	82.1	93.8	93.6	93.8	56.3
房屋竣工	78.7	87.9	117.3	92.6	87	100.9	127.6	124.5	93.4	77.9	100.2	87.7
商品房预售	102.4	78.3	97.3	86.3	96.9	113	113	94.2	81.3	90.8	78.3	68.8
商品房销售	95.4	75.9	117.4	98	86.6	103.6	122.4	81.7	74.2	78.3	78.3	62.7
商品房销售价格	112.1	112.6	115.3	116.2	127.6	125.9	131.3	121.9	125	109.4	115.8	103.3
空置商品房	154.6	157.6	145.5	153.4	153.1	163.9	163.9	143.3	147.1	137.9	141	134.6
盈利（亏损）变化	99.1	124.8	113	104	111.6	117	128.6	100.5	102.9	90.6	96.9	93.8
流动资金	53.7	54.9	64.3	64.1	49.1	81.3	76.4	59.4	75.2	71.9	50	47.1
企业融资	56.5	61.8	71.5	62.6	62	65.1	66.5	61.1	68.9	53.3	43.9	40.6
货款拖欠	144.4	129.7	141.5	150.5	138.4	132.6	147.4	128.1	128.5	131.4	131.3	115.8
劳动力需求	87.2	115.5	100.3	85.7	98.6	109.4	106.3	95.1	109.4	112.1	112.3	87.5
固定资产投资	95.4	98	129.2	96.5	99.5	110.2	122.7	110.7	125	118.6	112.5	100.2

2–71 续表1

指 标	2009				2010				2011			
	一季度	二季度	三季度	四季度	一季度	二季度	三季度	四季度	一季度	二季度	三季度	四季度
企业景气指数	104	92.5	103.1	115.6	103.1	109.4	106.3	100	109.4	125	106.3	84.4
土地开发	79.7	73.1	84.4	75	81.3	84.4	90.6	96.9	87.5	106.3	96.9	93.8
完成投资	90	94.7	115.6	75	90.6	100	121.9	109.4	96.9	118.8	96.9	90.6
新开工情况	76.6	76.3	90.6	75	75	87.5	81.3	84.4	87.5	96.9	78.1	100
房屋竣工	86	72.4	90.6	87.5	75	68.8	90.6	100	87.5	90.6	87.5	109.4
商品房预售	105.4	85.1	109.4	87.5	81.3	81.3	84.4	103.1	90.6	78.1	75	90.6
商品房销售	87.2	73.9	90.6	78.1	75	78.1	81.3	84.4	68.8	90.6	71.9	81.3
商品房销售价格	93.8	121.4	112.5	115.6	128.1	121.9	121.9	125	131.3	106.3	96.9	81.3
空置商品房	128.3	155.3	137.5	140.6	143.8	159.4	146.9	162.5	140.6	137.5	143.8	128.1
盈利（亏损）变化	85.3	77	87.5	100	109.4	103.1	96.9	103.1	115.6	128.1	100	96.9
流动资金	40.7	39.4	53.1	59.4	65.6	68.8	56.3	68.8	68.8	75	46.9	34.4
企业融资	44.3	52.3	50	59.4	56.3	50	59.4	59.4	46.9	59.4	46.9	31.3
货款拖欠	107.8	137.3	115.6	125	121.9	118.8	125	125	128.1	125	118.8	131.3
劳动力需求	80.2	90.6	103.1	96.9	93.8	103.1	100	78.1	100	115.6	96.9	90.6
固定资产投资	92	93	90.6	100	90.6	96.9	109.4	103.1	115.6	103.1	93.8	109.4

2-72 社会服务业企业景气指数(2006-2012年)

指 标	2006				2008				2007			
	一季度	二季度	三季度	四季度	一季度	二季度	三季度	四季度	一季度	二季度	三季度	四季度
企业景气指数	82.8	117.2	110.3	86.2	80.8	115.4	123.1	100	100	85.2	96.3	92.6
服务预订	96.6	103.5	117.2	65.5	92.3	103.9	92.3	84.6	92.6	85.2	85.2	74.1
竞争能力	120.7	127.6	131	117.2	96	111.5	123.1	136	118.5	92.6	111.1	111.1
旅游客源	114.3	150	200	50	62.5	114.3	142.9	116.7	128.6	42.9	42.9	85.7
收费(服务)价格	86.2	89.7	103.7	74.1	78.3	79.2	108	91.3	115	103.7	77.8	70.4
业务量	117.2	113.8	120.7	72.4	88.5	130.8	138.5	115.4	114.8	70.4	100	92.6
营业成本	86.2	93.1	55.2	72.4	84.6	88.5	76.9	69.2	66.7	70.4	77.8	66.7
盈利(亏损)变化	75.9	103.5	117.2	86.2	80.8	115.4	130.8	119.2	81.5	59.3	74.1	70.4
流动资金	55.2	72.4	86.2	51.7	61.5	61.5	65.4	76.9	81.5	66.7	66.7	59.3
企业融资	37.9	58.6	82.8	44.8	50	65.4	73.1	65.4	59.3	44.4	66.7	55.6
货款拖欠	106.9	117.2	86.2	110.3	107.7	111.5	88.5	134.6	129.6	100	114.8	88.9
劳动力需求	89.7	106.9	106.9	58.6	76.9	119.2	123.1	100	118.5	88.9	100	88.9
固定资产投资	100	106.9	93.1	86.2	88.5	107.7	84.6	107.7	100	96.3	100	100

2-72　续表1

指　标	2009				2010				2011			
	一季度	二季度	三季度	四季度	一季度	二季度	三季度	四季度	一季度	二季度	三季度	四季度
企业景气指数	73.1	69.2	92.3	100	92.3	115.4	111.5	88.5	76.9	111.5	96.2	96.2
服务预订	73.1	65.4	88.5	69.2	84.6	115.4	103.9	69.2	80.8	100	84.6	61.5
竞争能力	107.7	107.7	107.7	103.9	111.5	123.1	103.9	107.7	111.5	123.1	126.9	107.7
旅游客源	85.7	85.7	142.9	28.6	112.5	187.5	187.5	37.5	90	120	130	40
收费（服务）价格	84	72	104	92.3	87.5	111.5	107.7	73.1	88.5	111.5	107.7	96.2
业务量	80.8	119.2	100	84.6	84.6	119.2	111.5	61.5	65.4	103.9	84.6	50
营业成本	80.8	34.6	65.4	57.7	73.1	53.9	46.2	57.7	50	61.5	57.7	84.6
盈利（亏损）变化	80.8	84.6	88.5	76.9	65.4	96.2	96.2	69.2	65.4	96.2	92.3	65.4
流动资金	57.7	65.4	65.4	53.9	76.9	84.6	84.6	80.8	65.4	76.9	76.9	88.5
企业融资	40	53.9	44	50	65.4	61.5	60	65.4	57.7	50	46.2	53.9
货款拖欠	76.9	88.5	80.8	100	96.2	88.5	88	92.3	80.8	84.6	69.2	100
劳动力需求	65.4	65.4	88.5	76.9	92.3	115.4	107.7	65.4	84.6	100	92.3	53.9
固定资产投资	96.2	88.5	88.5	92.3	92.3	100	104	88.5	92.3	103.9	103.9	96.2

2-73 信息传输、计算机服务和软件业企业景气指数(2006-2012 年)

指 标	2006				2007				2008			
	一季度	二季度	三季度	四季度	一季度	二季度	三季度	四季度	一季度	二季度	三季度	四季度
企业景气指数	133	133.6	135.8	129.2	130.6	140	125.7	121.2	134.3	115.3	133.3	122.1
产品销售	115	129.5	139.3	121.8	133.4	132	111.8	116.2	101.8	138.1	136.5	104.2
产品订货	107.9	111.8	112.1	114.9	100.6	107.4	113.1	106.8	105.8	117.2	126	106.5
竞争能力	138.2	143.6	135.1	135.5	116.4	113.5	120.9	117.7	124.6	116	127.3	94.6
销售（收费）价格	86.9	77.4	51.6	58.5	80.9	89	79.9	92.4	88.5	77.7	96	94
营业收入	101	121.7	109.6	123	120.8	123.9	126.6	127.4	131.7	132.3	161.5	136.2
营业成本	87.1	56.6	62.2	61.1	62.5	72.1	65.1	56.7	47.8	40.6	53.1	55.5
盈利（亏损）变化	89.7	139.6	141.5	151.9	96.9	110	95.1	110.9	90.3	104.1	112.6	94.6
流动资金	115.1	96.7	94.5	94.5	102.9	92.5	81.8	71.2	103.3	86.8	85.8	65.9
企业融资	94.5	87.2	92.1	92.1	92.7	92.5	86.5	63.9	99	70.5	83.2	60
货款拖欠	109.5	95.9	85.5	72.4	112.6	116.7	113.3	103	69.4	96.3	124.6	112.2
劳动力需求	106.4	86.3	89.1	92.4	103.2	93.2	106.2	95.5	94.7	95.3	103.9	93.3
固定资产投资	105.9	106.4	98.3	93.9	100.9	105.5	114.4	104.4	101	111.8	121.2	120.1

2-73 续表1

指　标	2009				2010				2011			
	一季度	二季度	三季度	四季度	一季度	二季度	三季度	四季度	一季度	二季度	三季度	四季度
企业景气指数	154.4	122.9	121.5	131.2	93.3	132.9	121.8	129.2	129.5	139.2	119.8	127.1
产品销售	67.1	56.7	80	97.1	71.1	105.5	103.4	116.9	92.6	109.6	114.2	131.3
产品订货	99.6	97.2	85.1	92.1	70.7	79.3	80.8	101.9	74.9	93.5	94.5	91.8
竞争能力	156.9	158.5	136.4	124	129.4	137.9	125	130.4	126.3	139.2	135.9	138.9
销售（收费）价格	54.8	45.5	74.2	64.5	65.4	65.4	64	77.6	70.9	78.2	69.5	80.3
营业收入	140.9	131.1	126.7	102	99.3	126.3	106.9	121.9	108.9	120.7	124	134.7
营业成本	39.3	52.5	44.5	33.5	26.2	32.5	45.2	46.7	48	32.6	35.2	45.1
盈利（亏损）变化	59.2	49.8	88.4	72.2	89.4	91.5	82.8	83.9	77	103.6	113.5	102.4
流动资金	63.7	48.1	74.7	71	69.4	66.4	69.4	65.3	85.2	85.2	76.6	74
企业融资	85.3	78.6	66	78.9	72.6	71.3	74.7	77.2	90.3	84.7	93.6	70.6
货款拖欠	44.9	43.2	102	85.8	87.7	79.1	78.9	88.7	89.8	84.1	83.3	89.4
劳动力需求	101.7	92.1	90.3	103.2	123.9	116.3	103.4	121.7	118.3	124	115.3	115.8
固定资产投资	66.9	72.7	121.3	135.5	131.6	135	127.1	132.2	123	126.3	135.9	133.8

2-74 住宿和餐饮业企业景气指数(2006-2012年)

指 标	2006				2007				2008			
	一季度	二季度	三季度	四季度	一季度	二季度	三季度	四季度	一季度	二季度	三季度	四季度
企业景气指数	91.5	110.9	124.3	117.9	109	132.1	142	118.5	121.1	115.1	127.5	112.5
业务预订	80.4	110.2	118.7	78.7	76.2	115.9	110.9	106.6	81.5	100.5	104.1	74.9
业务量	67.7	132.6	143.4	84.7	85.7	115.9	111.5	91	85.4	94.1	112.4	57.9
竞争能力	120.1	130.4	130.3	122.5	112.7	127.7	136.3	130.4	117.4	104	114.7	110.6
客房出租	48.8	69.2	78.7	65.9	43.1	62.2	82.1	67.1	44.4	52.8	63	61
收费（服务）价格	89.4	95.7	97.8	92.7	83	100	100	101	93.6	91.7	95.7	96.4
营业收入	57.5	108.1	135	83	89.8	124.5	132.3	112	77.3	101.3	114.7	67
营业成本	76.1	72.4	87.2	75.8	83.5	76.4	52.7	73.9	70.5	56	55.7	65.3
盈利（亏损）变化	65.9	106.5	121	92	76.8	112.7	113	97.3	76.8	87.5	106.2	72.8
流动资金	48.9	51.6	66.9	66	50.3	59.1	67.8	88.5	67.7	37.9	54.9	55.3
企业融资	61.7	57.8	61.8	55.2	52.5	61.3	59.1	68.5	52.5	44.9	52.8	59.6
货款拖欠	106.8	100	95.3	86.4	97.5	104.1	84.6	117.5	112.4	93.6	78.5	97.2
劳动力需求	106.4	105.9	104.3	105.2	104	115.6	139.2	113	101.5	115.4	114.5	86.8
固定资产投资	102.1	121.7	113.2	104.3	97.5	112.4	103.7	101.8	93	104.5	104.5	95.5

2-74 续表 1

指 标	2009				2010				2011			
	一季度	二季度	三季度	四季度	一季度	二季度	三季度	四季度	一季度	二季度	三季度	四季度
企业景气指数	98.2	109.1	121.7	113	123.4	115.2	139.1	115.2	119.2	119.2	129.8	119.6
业务预订	73.8	95.2	128.3	97.8	100	95.7	128.3	89.1	87.2	100	112.8	93.5
业务量	74.2	107.2	145.7	89.1	108.5	100	126.1	87	87.2	104.3	125.5	87
竞争能力	122.4	112.7	123.9	132.6	129.8	126.1	123.9	130.4	131.9	125.5	134	130.4
客房出租	57.5	60.3	78.4	60.5	65	60	102.6	85	52.8	79	107.7	75
收费（服务）价格	93.6	93.6	100	91.3	106.4	102.2	108.7	102.2	93.6	97.9	102.1	108.7
营业收入	63.2	94.4	141.3	82.6	93.6	93.5	108.7	100	76.6	97.9	117	91.3
营业成本	89.5	58.4	60.9	50	63.8	54.4	50	43.5	51.1	46.8	46.8	41.3
盈利（亏损）变化	54.7	85.9	113	95.7	83	95.7	108.7	93.5	76.6	76.6	95.7	73.9
流动资金	46.3	58.3	73.9	78.3	85.1	73.9	80.4	80.4	93.6	78.7	87.2	71.7
企业融资	52.3	53.2	65.2	56.5	72.3	67.4	60.9	65.2	72.3	61.7	57.5	58.7
货款拖欠	94.5	75.6	91.3	76.1	97.9	73.9	78.3	76.1	95.7	72.3	76.6	95.7
劳动力需求	105.4	97.5	139.1	100	131.9	121.7	123.9	117.4	134	140.4	136.2	117.4
固定资产投资	82.7	98.5	108.7	100	112.8	106.5	108.7	108.7	93.6	102.1	112.8	110.9

2-75 企业生产总量景气指数(2006-2012 年)

指 标	2006				2007				2008			
	一季度	二季度	三季度	四季度	一季度	二季度	三季度	四季度	一季度	二季度	三季度	四季度
企业生产景气指数	89.7	123.3	137.2	111.6	91.2	138.5	124.4	115.5	93.9	116.4	113.6	82
按行业门类分												
工业	103.9	114.9	136.3	128.3	97	138.7	115.3	123.6	89.8	114.9	103.8	79.3
采掘业	123.8	127.7	132.4	160	158.8	148.3	139.5	127.1	113.4	120.5	116.9	84.6
制造业	100.7	113.8	138	124.3	90.3	140.8	114	122.3	87.3	117	103.4	78.6
电力、煤气及水生产供应业	123.5	115.2	101	150.3	122.8	90.6	105.2	120.1	107.2	83.5	106.8	91.1
建筑业	47.9	154.3	150.4	74.2	36.8	157.2	145.6	81.9	56.4	132.1	133.7	74.8
交通运输、仓储及邮电通信业	141.9	141.1	145.8	129.2	142.2	126.4	146.1	125	151.8	109.2	121.2	115.2
批发和零售业	69.9	107.5	122.4	105.6	112.8	133.2	128	145.6	131.4	116.4	117.3	87.7
房地产业	78.7	96.6	113.9	93.3	101.4	118.8	121.9	88.5	115.3	103.3	118.8	96.9
社会服务业	117.9	117.9	120.7	72.4	88.5	130.8	138.5	115.4	114.8	70.4	100	92.6
信息传输、计算机服务及软件业	115	129.5	139.3	121.8	133.4	132	111.8	116.2	101.8	138.1	136.5	104.2
住宿和餐饮业	67.7	132.6	143.4	84.7	85.7	115.9	111.5	91	85.4	94.1	112.4	57.9
按企业登记注册类型分												
国有企业	98.7	133.4	134.6	105.1	100.4	141.2	136.7	117.9	100.9	124	127.7	96.1
集体企业	103.4	120	118.8	70.1	76.7	114.1	108.8	105.7	95.8	93.6	109.7	82
股份合作企业	121.9	126.8	117.9	112.3	89.7	94.9	90	64.9	82.5	106.4	55.6	55.6
有限责任公司	122.3	133.3	128.4	114.5	115.4	135.5	114.7	111.3	97.5	116	110.1	78.4
股份有限公司	56.5	52.6	171.5	176.1	90.8	148.3	123.6	164.5	107.6	70.8	86.3	76.7
私营企业	107.8	130	127.8	77.8	88.9	122.2	155.6	100	106.3	120	93.3	71.4
外商及港、澳、台投资企业	110.6	79.4	123.4	112.1	99.9	96.5	53.5	87.6	96.1	120.1	101.8	102
港、澳、台投资企业												
外商投资企业												
按企业规模分												
大型	119	103.3	133.2	109.2	131.5	167	156.2	130.7	71.4	131.1	129	66.6
中型	92.2	115.2	120.4	101.7	98.8	115.5	114.6	110.2	100.4	101.7	116.7	86.1
小型	100	100	100	100	93	121	118	100	105.8	100	105.8	96.6
按特殊群体分												
国家重点企业												
乡镇企业	103.7	135	130.1	113.7	72.5	163	126.2	67.1	134.7	135.2	106.3	90.9
出口企业												
上市公司	159.4	173.1	118.8	170.1	173.6	182.2	184.2	113.3	70.4	95.7	105.4	40.1
国有控股企业	100.1	124.6	144.8	124.2	104.7	145.8	127.7	129	94.6	112.1	108.6	81.4

2–75 续表 1

指　标	2009				2010				2011			
	一季度	二季度	三季度	四季度	一季度	二季度	三季度	四季度	一季度	二季度	三季度	四季度
企业生产景气指数	86.3	112.7	119.7	100.5	97.7	122.5	117	115.5	103.4	125	115.1	105.7
按行业门类分												
工业	86.8	104.6	124	99.7	101.1	128.5	116.4	127.5	102.8	123.7	116.9	103.6
采掘业	11.4	49.3	95	99.5	94.1	93.1	135.6	107.6	73.5	107.3	108.5	91.1
制造业	93.2	110.8	126	100.8	100.7	131.4	115	128.3	102.1	124.3	116.8	102.8
电力、煤气及水生产供应业	78.1	73.5	95.2	98.7	108.7	114.6	126.3	118.7	135.8	121.7	125.5	116
建筑业	43.9	157.7	144	114.1	71.4	170.2	149.1	108.1	109.3	167.4	132.1	108
交通运输、仓储及邮电通信业	115	123.2	107.3	117.1	112.2	80.5	97.6	117.1	107.5	110	102.5	115.2
批发和零售业	121	124.8	95.4	99.1	112.6	97.8	103.8	96.5	122	112.7	110.4	129.4
房地产业	90	94.7	115.6	75	90.6	100	121.9	109.4	100	118.2	97	90.9
社会服务业	80.8	119.2	100	84.6	84.6	119.2	111.5	61.5	65.4	103.9	84.6	50
信息传输、计算机服务及软件业	67.1	56.7	80	97.1	71.1	105.5	103.4	116.9	92.6	109.6	114.2	131.3
住宿和餐饮业	74.2	107.2	145.7	89.1	108.5	100	126.1	87	87.2	104.3	125.5	87
按企业登记注册类型分												
国有企业	85	109.4	121.6	108.7	109.1	127.7	132.1	112.2	112.3	127.9	120.8	114.6
集体企业	85	123.4	115.9	88.3	76.7	114.5	112.2	87.3	66.1	102.7	76.9	66.1
股份合作企业	118.7	155.3	100	33.3	87.5	125	100	87.5	71.4	100	100	114.3
有限责任公司	108.1	129.9	116	104.6	97.5	108.1	114	117.2	101.4	121.9	121.2	97.6
股份有限公司	51.7	57.1	123	86.6	98	139.8	97	128.4	108.3	111.6	75.5	122.6
私营企业	87.5	43.8	87.5	62.5	105.9	76.5	88.2	88.2	76.5	76.5	105.9	88.2
外商及港、澳、台投资企业	60.9	88.2	121.4	106.7								
港、澳、台投资企业					0	0	0	0	150	200	150	150
外商投资企业					106.2	100	106.3	113.4	131.3	131.3	106.3	112.5
按企业规模分												
大型	93	144	150.1	88.1	136.5	129.4	126.5	166.1	126	135.9	131	125.4
中型	85.3	104.7	121.1	100.6	95.3	130.6	127.8	119.1	105.1	136.5	118.9	112.1
小型	66.7	75	105.4	96.9	91.7	102	102.8	96.4	89.9	99.2	101.3	91.5
按特殊群体分												
国家重点企业												
乡镇企业	164.5	84.2	83.3	100								
出口企业					129.4	136.3	108.9	147	99.5	134.4	124.4	94.6
上市公司	188.6	180.6	99	117.6	84.5	130.6	121.3	149.3	175.6	179.3	137.8	65.4
国有控股企业	90.7	108.4	126.9	96.7	108.8	125.3	124.3	123.9	111.1	127.7	122	115.8

2-76 企业盈利(亏损)变化景气指数(2006-2012年)

指标	2006				2007				2008			
	一季度	二季度	三季度	四季度	一季度	二季度	三季度	四季度	一季度	二季度	三季度	四季度
企业盈利（亏损）景气指数	91.6	115.5	118.2	119.5	109.8	118	116.3	111.4	98.9	97.1	94.7	89.3
按行业门类分												
工业	92.8	110.6	109.8	126.8	126.6	119.5	111.7	114.4	101.4	91.4	84.6	72.7
采掘业	163.7	154.1	134.5	155.3	148.3	167.1	103.9	138.8	112.9	112.3	88.1	51.9
制造业	81.9	104.8	104.8	126.5	121.6	115.2	109.8	112.1	98.3	89.3	83.2	72.8
电力、煤气及水生产供应业	168.5	138.6	148.4	92.4	161	140.3	153	129.7	143.4	125.8	132.2	106.5
建筑业	68	125.4	133.4	130.3	76.4	118.4	118.8	113.9	91.3	104.5	104.3	113.7
交通运输、仓储及邮电通信业	97.7	90.9	98.5	105.6	101.8	95.9	105.5	98.3	100.3	98.5	83.6	98.6
批发和零售业	128.5	130.9	137.7	92.1	110	127.2	138.1	110.3	109.4	118	122.2	125.1
房地产业	99.1	124.8	113	104	111.6	117	128.6	100.5	102.9	90.6	96.9	93.8
社会服务业	75	107.1	117.2	86.2	80.8	115.4	130.8	119.2	81.5	59.3	74.1	70.4
信息传输、计算机服务及软件业	89.7	139.6	141.5	151.9	96.9	110	95.1	110.9	90.3	104.1	112.6	94.6
住宿和餐饮业	65.9	106.5	121	92	76.8	112.7	113	97.3	76.8	87.5	106.2	72.8
按企业登记注册类型分												
国有企业	112.7	123.9	121.8	103.7	106.4	120.4	120.9	114.8	99	101.5	106.3	96.8
集体企业	76.9	112.2	121.5	108.6	82.2	101.5	122.8	105.2	101.2	91.9	111.3	99.4
股份合作企业	87.3	111	143.1	136	104.9	85.2	94.9	74.9	77.8	55.6	55.6	50.8
有限责任公司	93.9	130.7	131.1	112	106.7	125.4	97.2	97.8	114.4	92.8	85.4	65.5
股份有限公司	52.7	62	69.6	172.1	162.2	97.7	144.2	150.7	60.9	69.4	64.4	89.8
私营企业	94.4	102.2	137.8	130	111.1	88.9	122.2	77.8	93.8	93.3	100	92.9
外商及港、澳、台投资企业	132.8	91	110.6	109	123.1	157.1	105.7	116.1	136.1	145.8	119.7	95.8
港、澳、台投资企业												
外商投资企业												
按企业规模分												
大型	129.2	108.5	132.2	127.9	151.3	157.1	113.2	101.7	123.7	142.9	110.8	60.5
中型	88.4	100.4	105.5	99.7	88.7	105.7	116.2	103.7	93.3	93.6	97	87
小型	100	100	100	100	105	116	115	89	87.5	87.4	96.7	91.6
按特殊群体分												
国家重点企业												
乡镇企业	103	101.9	146.3	136.2	95.4	157.3	127.1	112.2	145.9	148.8	153.8	147.3
出口企业												
上市公司	40.2	182	176.7	181.8	175.9	180.5	115.9	62.5	166.5	170.3	103.4	54.7
国有控股企业	95.9	119.1	115.8	119.4	126.3	122	116.3	120	99	87.3	86	81.2

2-76 续表 1

指　标	2009				2010				2011			
	一季度	二季度	三季度	四季度	一季度	二季度	三季度	四季度	一季度	二季度	三季度	四季度
企业盈利（亏损）景气指数	76.8	95.1	104	105.2	97.4	109.7	113.7	109.5	95.3	112.6	103.7	90.6
按行业门类分												
工业	69.3	87.8	106.1	100.8	98.9	115.3	117.8	116.1	99.9	121.9	106.2	81.2
采掘业	18.2	33.4	57.7	80.8	129.8	76.6	88.4	94.4	126.7	136.5	112	97.6
制造业	74.5	91.5	112	102	96.4	118.4	118.2	116.4	96.7	119.4	105	79.5
电力、煤气及水生产供应业	42.8	107.4	43.3	118.7	122.2	114.6	132.9	128.3	134.1	154.2	129.8	118.7
建筑业	69.1	121.6	120.7	150.1	93.4	129.4	139.5	139.4	84.3	114.7	109.8	114.4
交通运输、仓储及邮电通信业	89.2	108.9	95.1	104.9	102.6	75.8	102.4	78.1	85.2	70.2	77.7	82.5
批发和零售业	129.9	131.6	99.8	114.7	112.1	111.2	100.9	109.6	114.3	118.3	110.9	122.1
房地产业	85.3	77	87.5	100	109.4	103.1	96.9	103.1	115.2	127.3	100	97
社会服务业	80.8	84.6	88.5	76.9	65.4	96.2	96.2	69.2	65.4	96.2	92.3	65.4
信息传输、计算机服务及软件业	59.2	49.8	88.4	72.2	89.4	91.5	82.8	83.9	77	103.6	113.5	102.4
住宿和餐饮业	54.7	85.9	113	95.7	83	95.7	108.7	93.5	76.6	76.6	95.7	73.9
按企业登记注册类型分												
国有企业	81.4	113.3	106.6	114	101	107.1	111.4	115.2	100.9	113.8	109	109.1
集体企业	78.4	84.3	116.9	118.5	89.3	99.9	111.4	89.4	83.8	85.9	86.5	78.4
股份合作企业	85.4	147.9	83.3	50	75	100	87.5	112.5	57.1	85.7	57.1	85.7
有限责任公司	45	92.9	98	105.1	102.8	110.7	114.1	115.4	98.8	119	107.9	84.3
股份有限公司	130.8	57.4	109.4	74.1	84.5	115	99.9	91.7	82.6	91.7	93.2	94.9
私营企业	106.3	62.5	81.3	81.3	82.4	64.7	82.4	58.8	64.7	64.7	82.4	52.9
外商及港、澳、台投资企业	92.2	71.3	107.1	73.3								
港、澳、台投资企业					100	100	100	100	150	100	200	150
外商投资企业					118.8	112.5	100	100	143.8	162.5	125	93.8
按企业规模分												
大型	114.2	134.4	109.2	82.9	118.9	127.3	146.8	135.1	123.3	143.2	119.5	72.1
中型	75.6	83.3	124.2	114.8	107.1	123.5	116	119.6	98.3	127	112.6	95.4
小型	50	75	86.9	95.4	86.6	89.2	94.8	89.2	85.7	88.6	90.3	86.4
按特殊群体分												
国家重点企业												
乡镇企业	135.1	114.8	116.7	108.3								
出口企业					135.5	128.3	122.4	107.1	121.1	155.5	110.6	52.8
上市公司	12.7	181.7	127.8	145.5	98.4	184.2	171.2	144.2	108.9	176.2	168.8	75.4
国有控股企业	71.3	95.7	107	101.4	100.7	113.3	115.5	108.2	102.5	120.6	109.4	90.2

2-77 企业流动资金景气指数(2006-2012年)

指 标	2006				2007				2008			
	一季度	二季度	三季度	四季度	一季度	二季度	三季度	四季度	一季度	二季度	三季度	四季度
企业流动资金景气指数	79.7	75.9	78.4	76.6	71.7	79.1	69.3	73.6	78.4	78.1	71.6	73.2
按行业门类分												
工业	93.3	91.7	93.1	93.7	81.9	89.1	77.5	84.5	89.9	92.6	80	81.1
采掘业	89	79.9	82.7	98.7	88.3	96.7	90.9	118.7	112.5	80	107	84.2
制造业	90	89.1	91	90.6	78.4	86.6	73.6	81	86.7	92.6	75.3	79.2
电力、煤气及水生产供应业	144.4	139.6	134.4	134.4	121.9	116.4	119.2	100.5	112.1	101.5	118.1	91.7
建筑业	38.1	37.1	34	31.2	39.6	50.6	33.3	39.2	42.4	38.2	37.5	37.5
交通运输、仓储及邮电通信业	60.4	60.5	72.4	55.6	70.7	77.3	75	67.7	80.4	71	65.6	77.7
批发和零售业	110.6	87.8	91.5	89.4	87.8	86.2	81.4	80.8	82.5	97.2	101.5	109
房地产业	53.7	54.9	64.3	64.1	49.1	81.3	76.4	59.4	75.2	71.9	50	47.1
社会服务业	53.6	75	86.2	51.7	61.5	61.5	65.4	76.9	81.5	66.7	66.7	59.3
信息传输、计算机服务及软件业	115.1	96.7	94.5	94.5	102.9	92.5	81.8	71.2	103.3	86.8	85.8	65.9
住宿和餐饮业	48.9	51.6	66.9	66	50.3	59.1	67.8	88.5	67.7	37.9	54.9	55.3
按企业登记注册类型分												
国有企业	76.9	73.6	74.9	73.3	60.6	65.9	66.6	68.6	69.6	69.8	65.4	67.7
集体企业	51.5	57.8	74.5	63.6	44.8	57.2	57	50.8	69.2	52	48.2	56.2
股份合作企业	62.3	39.1	37.5	51.6	54.9	45.2	60	54.9	60.3	39.7	49.2	49.2
有限责任公司	83	76.5	81.6	79.3	81.7	88.6	82.9	80.2	88.1	87	76.8	72.2
股份有限公司	136.6	136.1	142.1	138.4	122.2	127.1	93.4	123.5	120.7	116.4	119.5	111.7
私营企业	47.8	37.8	50	47.8	66.7	55.6	55.6	55.6	56.3	33.3	33.3	50
外商及港、澳、台投资企业	87.3	88.4	75.4	58.1	66.9	77.6	72.5	65.3	103	103.3	61.5	99.1
港、澳、台投资企业												
外商投资企业												
按企业规模分												
大型	77.6	80.7	83.9	76	82.2	93.5	82.7	84.6	86.4	90	49.2	52.4
中型	51.5	49.5	55	50	55.5	58.1	57.1	60.4	63.3	58.6	51.3	53
小型	100	100	100	100	54	70	74	61	70.8	61.3	70	63
按特殊群体分												
国家重点企业												
乡镇企业	75.5	41.4	48.2	41.5	35.4	56.5	38.2	35.3	48.3	52	33.3	52
出口企业												
上市公司	77.9	68.7	70.8	74.7	75.8	75.3	75.6	84.7	87.6	88.4	32.2	35.1
国有控股企业	88.8	88.9	90.8	89.9	85.5	90.1	81.6	90.8	94.1	92.9	85.5	85.8

2-77 续表1

指　标	2009				2010				2011			
	一季度	二季度	三季度	四季度	一季度	二季度	三季度	四季度	一季度	二季度	三季度	四季度
企业流动资金景气指数	61	70	63.2	67.1	77.1	76.9	78.7	73.9	75.5	76.9	68.2	69.3
按行业门类分												
工业	59.1	71.9	65.9	69.8	81.9	85.3	84	76	80.6	85.2	71.3	71.2
采掘业	52.2	25.7	34	34	67.5	82.8	90.3	67.5	72.3	84.9	105.3	70.9
制造业	58.5	74.3	65.7	69	81.2	82.8	82.5	74.6	81.1	83.6	68	71.6
电力、煤气及水生产供应业	79.5	91.8	89.4	99.8	84.8	99.2	84.8	91.1	81.9	121.3	117.3	101.5
建筑业	35.9	52.6	40	50.4	47.1	52.9	60.9	54.6	45.4	52.6	47.4	52.6
交通运输、仓储及邮电通信业	63.2	68.1	49.9	59.6	70.6	43.7	65.7	58.4	52.4	54.9	57.4	57.4
批发和零售业	120.1	114.4	85.2	86.2	98.1	94.7	92.6	101.2	107.6	85.8	87	98.9
房地产业	40.7	39.4	53.1	59.4	65.6	68.8	56.3	68.8	69.7	72.7	45.5	33.3
社会服务业	57.7	65.4	65.4	53.9	76.9	84.6	84.6	80.8	65.4	76.9	76.9	88.5
信息传输、计算机服务及软件业	63.7	48.1	74.7	71	69.4	66.4	69.4	65.3	85.2	85.2	76.6	74
住宿和餐饮业	46.3	58.3	73.9	78.3	85.1	73.9	80.4	80.4	93.6	78.7	87.2	71.7
按企业登记注册类型分												
国有企业	70.4	74	66.8	64.9	77.5	70.1	69.6	72.6	79.1	82.7	75.6	75.9
集体企业	54.7	57.7	50.5	57.1	58.4	52.8	63.4	73.2	46	46	48.7	51.4
股份合作企业	50	61	66.7	66.7	62.5	75	75	62.5	71.4	85.7	42.9	42.9
有限责任公司	38	53.3	57	60.2	74.6	73.7	76.1	69	80.5	78.4	70.9	68.5
股份有限公司	122.2	127.5	96.8	104.4	103.2	112.8	118.5	113	79.7	87.2	72.9	81.1
私营企业	62.5	81.3	68.8	93.8	100	88.2	76.5	82.4	100	76.5	88.2	88.2
外商及港、澳、台投资企业	96.2	94.8	100	100								
港、澳、台投资企业					100	100	100	100	150	150	150	150
外商投资企业					125	125	131.3	126.7	125	125	112.5	100
按企业规模分												
大型	99.4	97.9	97	110.1	126.2	130.5	123.3	101.8	102.3	112.4	81.5	79.3
中型	51.2	51.2	70.8	72.2	78.8	74.7	80.5	79.2	79.8	79.8	69.1	68.4
小型	50	41.7	53.3	55.6	66.8	64.9	67.1	66.9	71.4	65.8	67.5	67.8
按特殊群体分												
国家重点企业												
乡镇企业	42.9	26.1	33.3	50								
出口企业					81	89.5	85.9	61.9	87.6	79.4	54.4	65.4
上市公司	3.3	4.4	35.1	81	37.1	127.7	48	30.4	57.5	49	47.3	53.9
国有控股企业	65.3	78.9	70.1	71.8	86.1	83.1	82.8	78.8	82.2	85.3	73.9	72.6

2-78 企业货款拖欠景气指数(2006-2012 年)

指 标	2006				2007				2008			
	一季度	二季度	三季度	四季度	一季度	二季度	三季度	四季度	一季度	二季度	三季度	四季度
企业货款拖欠景气指数	111.4	97.6	94	101.3	105.7	96.1	97.9	107.8	103.3	98.3	95.1	81.5
按行业门类分												
工业	112.6	98	93.7	106.4	104	87.4	99.9	110.7	104.4	106.9	99.8	77.5
采掘业	88.1	100	95.9	95.2	102.7	119.4	159	138.9	121.6	120.8	124.7	79.1
制造业	113.1	95.9	91.4	106.1	104.8	83.8	94.9	107.1	101.8	105.8	96.5	77.4
电力、煤气及水生产供应业	133.8	134	129.8	130.3	105.4	117.7	125.2	135.3	134.7	123.4	131.6	74
建筑业	79.7	68.3	61.7	63	95.8	83.2	53.1	65	81.9	50	55.7	49.6
交通运输、仓储及邮电通信业	113.9	102.7	111.9	95.2	100	89.2	121.4	126.9	116.3	109.2	106.8	104.5
批发和零售业	145.4	125.1	120.8	135.3	122.2	136.7	132.5	138	117	120	116.3	111
房地产业	144.4	129.7	141.5	150.5	138.4	132.6	147.4	128.1	128.5	131.4	131.3	115.8
社会服务业	103.6	114.3	86.2	110.3	107.7	111.5	88.5	134.6	129.6	100	114.8	88.9
信息传输、计算机服务及软件业	109.5	95.9	85.5	72.4	112.6	116.7	113.3	103	69.4	96.3	124.6	112.2
住宿和餐饮业	106.8	100	95.3	86.4	97.5	104.1	84.6	117.5	112.4	93.6	78.5	97.2
按企业登记注册类型分												
国有企业	115.9	111.2	111.4	113.9	110.9	106.8	110.5	120.6	106.9	101.9	96.8	86.6
集体企业	118.3	95.8	124.1	126.5	118	119.6	126.7	125.4	132.3	113.7	116.1	88
股份合作企业	82.1	98.5	105.6	100	85.2	114.9	120	134.9	122.2	109.5	111.1	111.1
有限责任公司	119.6	99.2	85.5	99.5	100.2	85	105	115.5	110.7	105.5	103.2	78.2
股份有限公司	105.2	101.4	94.2	93.5	99	102	69.8	108.5	103.7	102.3	110.9	93.7
私营企业	122.2	94.4	52.2	94.4	100	111.1	100	100	87.5	100	113.3	100
外商及港、澳、台投资企业	120.4	97	107.9	134.8	138.4	146.5	138.4	153.6	88.5	134.8	105.4	107.4
港、澳、台投资企业												
外商投资企业												
按企业规模分												
大型	118.8	108.6	100.7	113.4	108.5	103.3	111.8	121.5	111	103.3	109.2	70
中型	112	103.1	100.4	101.4	107.3	103.3	107.3	110.6	110.1	106.4	100.4	91.3
小型	100	100	100	100	104	102	111	110	104.2	100.8	98.3	100.8
按特殊群体分												
国家重点企业												
乡镇企业	100	115.1	121.2	98.7	87.5	100.4	97.6	87.9	134.4	134.1	90.4	113.5
出口企业												
上市公司	176	104.8	98.6	98.8	112.9	100	107.1	114.9	109.2	112.8	112.4	35.7
国有控股企业	114.1	104.3	97.1	106.4	109	94.6	99.7	121.6	105.4	104.8	97.9	81.6

2–78 续表 1

指 标	2009				2010				2011			
	一季度	二季度	三季度	四季度	一季度	二季度	三季度	四季度	一季度	二季度	三季度	四季度
企业货款拖欠景气指数	86.9	93.7	99.8	94.8	104.9	104.1	103.4	101.9	102.5	97.4	92.2	98.2
按行业门类分												
工业	80.1	94.5	100.1	91.4	105	114.7	108.3	102.4	105	102.8	99.3	102.4
采掘业	116.6	72.3	95.6	84.2	91.7	149.3	127.4	104.9	117.7	94.6	97.4	110.7
制造业	78.4	98.1	99	90.3	104.5	111.5	105.6	101.5	104.1	99.9	96.9	101.6
电力、煤气及水生产供应业	62	64.1	137.1	122.9	129.9	140.3	137	130.9	125.5	150.5	141.2	127.7
建筑业	98.9	80.7	79.7	72.4	97.6	67.8	77.1	86.4	87.3	67.8	54.2	61.1
交通运输、仓储及邮电通信业	109.3	88	110.9	110.9	109.6	107.2	107.2	104.7	110	112.5	110	102.5
批发和零售业	100.3	121	119.4	120.6	115.1	105.2	122	126.5	110	106.6	100.6	115.7
房地产业	107.8	137.3	115.6	125	121.9	118.8	125	125	127.3	121.2	115.2	127.3
社会服务业	76.9	88.5	80.8	100	96.2	88.5	88	92.3	80.8	84.6	69.2	100
信息传输、计算机服务及软件业	44.9	43.2	102	85.8	87.7	79.1	78.9	88.7	89.8	84.1	83.3	89.4
住宿和餐饮业	94.5	75.6	91.3	76.1	97.9	73.9	78.3	76.1	95.7	72.3	76.6	95.7
按企业登记注册类型分												
国有企业	83	84.5	99	91.2	116.2	100.4	104.5	105.1	108	99.5	99.1	102.1
集体企业	105.9	113.8	116.9	112.6	108.9	106.6	111.4	113.9	102.7	108.1	110.2	118.3
股份合作企业	116.7	116.7	100	116.7	125	125	137.5	137.5	85.7	85.7	128.6	85.7
有限责任公司	78.6	89.4	102	95.8	98.7	100	102.3	100.1	105.4	98.3	87.2	100.6
股份有限公司	98.8	104.9	103.5	102.4	109.8	111.1	93.1	92.2	96	91.4	90.1	94.5
私营企业	100	106.3	93.8	93.8	70.6	100	87.5	94.1	88.2	117.7	100	94.1
外商及港、澳、台投资企业	109.9	117.9	107.1	93.3								
港、澳、台投资企业					100	100	100	100	150	50	100	150
外商投资企业					93.8	112.5	131.3	126.7	118.8	93.8	100	106.3
按企业规模分												
大型	93.9	119.4	100.1	98.4	104.3	128.1	126.8	104.5	103.2	126.7	100.8	104.2
中型	93.8	94.6	109.3	95.1	111.8	111.2	104.7	108.9	108.4	96.1	85.7	95.4
小型	83.3	91.7	98.5	97.7	102	92	98	97.6	101.3	91.6	97.5	103.8
按特殊群体分												
国家重点企业												
乡镇企业	124.8	128.4	116.7	91.7								
出口企业					101.8	123.3	118.2	101	92.2	110.2	89.2	87.9
上市公司	100.5	97.5	125.2	102.4	129.2	123.9	92.9	99.6	104.6	89.7	94.5	117
国有控股企业	82.4	93.3	100.5	95.1	111.3	110.9	108.7	100.6	103.5	102.8	94.1	101.5

2-79 企业劳动力需求景气指数(2006-2012年)

指 标	2006				2007				2008			
	一季度	二季度	三季度	四季度	一季度	二季度	三季度	四季度	一季度	二季度	三季度	四季度
企业劳动力需求景气指数	89.2	110.1	107.1	92.5	87.8	111.5	112.7	92.3	96.4	110.9	110.5	81
按行业门类分												
工业	92	96.1	98.4	95	91.9	103.5	104.2	99.1	96.5	103.5	102.5	81.6
采掘业	109.1	100.4	92.7	90.5	100	116.7	91.7	95.1	106.8	103.8	75.5	105.4
制造业	93.3	98.4	101.4	97.8	92.6	104.9	107.2	100.3	97.1	104.2	105.4	80.9
电力、煤气及水生产供应业	48.8	50.3	58.4	58.7	62.5	62.5	65.7	72.2	64.3	80.7	69.9	57.6
建筑业	66.6	154.5	138.9	76.1	62.4	159.6	140.5	59.6	83.9	145.1	144	52.2
交通运输、仓储及邮电通信业	74.9	102.1	100	72.7	100	81.8	86.9	95.2	106.8	105.5	107.3	106.9
批发和零售业	108.4	111.9	107	116.9	90.3	90.6	112.1	100.2	101.9	96.3	95.7	100.6
房地产业	87.2	115.5	100.3	85.7	98.6	109.4	106.3	95.1	109.4	112.1	112.3	87.5
社会服务业	92.9	110.7	106.9	58.6	76.9	119.2	123.1	100	118.5	88.9	100	88.9
信息传输、计算机服务及软件业	106.4	86.3	89.1	92.4	103.2	93.2	106.2	95.5	94.7	95.3	103.9	93.3
住宿和餐饮业	106.4	105.9	104.3	105.2	104	115.6	139.2	113	101.5	115.4	114.5	86.8
按企业登记注册类型分												
国有企业	91.1	107.9	107.5	87.1	90	103.5	103.7	97.1	92.9	108.5	104.6	82.9
集体企业	87.9	97.3	93.3	89.4	82	110.3	112.3	88.9	105.6	95.8	99.9	90.1
股份合作企业	61	101.6	56.9	55.4	34.9	24.9	75.2	84.9	49.2	84.2	66.7	49.2
有限责任公司	97.1	96.4	102.4	99	90.1	103.3	114.1	96	107.2	105.2	103.6	81.2
股份有限公司	94.8	99.3	101.1	103.2	111	105	108.9	116.3	105.6	108	109.7	103.1
私营企业	97.8	102.2	87.8	90	88.9	88.9	100	88.9	137.5	126.7	140	92.9
外商及港、澳、台投资企业	72.6	100.5	82.5	83.3	114.3	107.1	127	123.5	66.7	92.5	101.8	80.5
港、澳、台投资企业												
外商投资企业												
按企业规模分												
大型	92.1	114	109.7	92.9	93.6	99.8	98.4	106.9	104.7	120	116.2	62.7
中型	92.5	99.7	102.8	94.1	91.5	104.9	113	98.8	100.4	106	107.7	83
小型	100	100	100	100	95	114	122	97	107.5	103.4	100	97.5
按特殊群体分												
国家重点企业												
乡镇企业	106.7	92.5	103.8	93.3	112.6	146.4	128.1	85.3	124.5	135.2	98.6	53.9
出口企业												
上市公司	92.8	97.5	98.2	106.4	109.1	116.6	110.2	111.6	97	95.2	98.5	39.8
国有控股企业	92.2	103.8	104.4	91.8	92.8	107.3	110	99	96.9	107.9	106.1	83.1

2–79 续表1

指标	2009				2010				2011			
	一季度	二季度	三季度	四季度	一季度	二季度	三季度	四季度	一季度	二季度	三季度	四季度
企业劳动力需求景气指数	96	98.6	110.9	95.2	103.6	116	115.7	100.4	111.2	118.2	115.7	96.6
按行业门类分												
工业	103.2	91.9	112.6	99	103.4	111.7	116.5	106	113.2	114.8	114.8	97.9
采掘业	52	37.1	85	75	103.8	103	137	105.8	102.4	108.3	109.1	99.8
制造业	107	97.7	114.8	101.9	105.5	115.4	116.1	106.4	116.5	116.6	116.3	99.8
电力、煤气及水生产供应业	116.4	71.7	93.5	67.2	81.1	81.1	97.8	100.3	78.1	85.8	92.2	80.6
建筑业	81.4	156.2	140	73.6	99.8	175.4	140.9	87.3	107.4	150.9	138.5	77.4
交通运输、仓储及邮电通信业	99.8	108.2	97.6	104.9	104.9	97.6	112.2	107.3	112.5	110	115	112.5
批发和零售业	86	85.8	92.5	94.1	101.1	91.2	96.4	92.8	108.4	96.8	99.8	106
房地产业	80.2	90.6	103.1	96.9	93.8	103.1	100	78.1	100	112.1	93.9	87.9
社会服务业	65.4	65.4	88.5	76.9	92.3	115.4	107.7	65.4	84.6	100	92.3	53.9
信息传输、计算机服务及软件业	101.7	92.1	90.3	103.2	123.9	116.3	103.4	121.7	118.3	124	115.3	115.8
住宿和餐饮业	105.4	97.5	139.1	100	131.9	121.7	123.9	117.4	134	140.4	136.2	117.4
按企业登记注册类型分												
国有企业	96	97.9	108.4	92.9	107	113.2	113.1	106.3	110.2	110	107.2	102.5
集体企业	87	99.3	103.7	84.8	104.9	109.8	107.2	87.8	108.1	100	110.8	97.3
股份合作企业	113.1	129.7	83.3	50	62.5	112.5	125	100	85.7	100	71.4	85.7
有限责任公司	110.2	90.2	115.7	102.2	108.7	111.3	118.2	97.2	113.1	120	121.9	96.4
股份有限公司	84.6	90.4	97.3	100	95.7	111.9	106	108.2	105.2	118.6	99	101.7
私营企业	93.8	62.5	81.3	62.5	105.9	111.8	105.9	111.8	105.9	111.8	129.4	111.8
外商及港、澳、台投资企业	77.1	113.5	121.4	120								
港、澳、台投资企业					100	100	100	100	150	100	100	100
外商投资企业					131.2	112.5	87.5	106.6	150	125	106.3	100
按企业规模分												
大型	92.7	109	120.1	97.5	99.4	107.8	134.2	105	102.9	105.4	117.8	100.6
中型	92.3	93.4	113	96.3	104.7	123.5	118.3	106.6	116.9	128.7	118.9	101.7
小型	91.7	75	104.3	95.8	109.1	104.4	104.4	96.8	111.3	108.9	108.9	97.9
按特殊群体分												
国家重点企业												
乡镇企业	115.5	116.8	83.3	75								
出口企业					100	112.5	106.7	107.1	96	116.3	118.7	88.2
上市公司	96.6	96.7	98.3	109.3	99.5	113.7	118.6	111.9	122	122.8	148.7	120.2
国有控股企业	100.9	94.5	113.4	96.6	103.3	113	119.4	103.5	111	112.4	112	102.1

2-80　企业固定资产投资景气指数（2006-2012年）

指　标	2006				2008				2007			
	一季度	二季度	三季度	四季度	一季度	二季度	三季度	四季度	一季度	二季度	三季度	四季度
企业固定资产投资景气指数	98.1	116.8	112.1	100.5	91.5	116.4	114.4	99.7	94.1	111.9	112	92.2
按行业门类分												
工业	102.3	122.1	123.5	113.3	89	119.3	119.6	102.5	93.9	112	118.4	88.9
采掘业	86.2	97.6	124.1	98	98.9	108.3	104	95.1	96.7	92.9	128.5	91
制造业	105.7	121.4	119.6	112.7	88.6	119.6	120.9	101.2	91.4	111.7	115.9	86.3
电力、煤气及水生产供应业	59.6	162.3	181.5	137.8	91.4	122.4	124	138.2	135.3	132.2	148.8	143.8
建筑业	76.2	107.6	83.6	58.1	78.8	110.4	97.4	74.4	73.6	106.7	93.3	66.5
交通运输、仓储及邮电通信业	141.5	134.6	130.6	122.8	120.4	130.4	142.8	127.9	125.3	127.1	116.7	131.8
批发和零售业	88	105.2	94.7	99.6	100.1	112.3	107	105.6	98.5	113.6	112.6	115.1
房地产业	95.4	98	129.2	96.5	99.5	110.2	122.7	110.7	125	118.6	112.5	100.2
社会服务业	100	110.7	93.1	86.2	88.5	107.7	84.6	107.7	100	96.3	100	100
信息传输、计算机服务及软件业	105.9	106.4	98.3	93.9	100.9	105.5	114.4	104.4	101	111.8	121.2	120.1
住宿和餐饮业	102.1	121.7	113.2	104.3	97.5	112.4	103.7	101.8	93	104.5	104.5	95.5
按企业登记注册类型分												
国有企业	90.6	118.3	122.7	114	89.3	117.3	124.1	118.2	109.2	118.9	119.3	102.6
集体企业	102.8	114	107.4	98.6	94.8	96.5	93	96.5	94.2	96	98	90.3
股份合作企业	105.4	112.5	114.1	100	114.9	110	105.2	114.9	88.9	111.1	122.2	111.1
有限责任公司	96.6	127.5	121.9	108.9	95.2	122.3	117.8	109.5	105	110.1	115	89.6
股份有限公司	148.8	106.9	104.1	111.2	89.5	130.8	113.7	71.7	77.1	109.5	115	105.2
私营企业	120	120	130	110	111.1	111.1	155.6	122.2	112.5	106.7	120	107.1
外商及港、澳、台投资企业	96.5	115.6	158.7	94.6	120.4	139.2	140.2	101	85.8	109.5	109.7	81.8
港、澳、台投资企业												
外商投资企业												
按企业规模分												
大型	85.5	121.4	118	109.9	69.5	141.3	142.8	124.3	68.6	150.2	158.6	68.2
中型	96.6	107.6	100.7	96.2	97.2	103.3	110.1	100	96.2	103.4	105.6	99.6
小型	100	100	100	100	100	115	116	125	111.7	104.2	110.8	95.8
按特殊群体分												
国家重点企业												
乡镇企业	82	116.2	124	91.6	127.4	129.1	146.8	116.6	121.4	123.1	117.3	96.7
出口企业												
上市公司	31.5	175.3	170.5	172.5	51.7	181.3	180	167.4	54.6	166.9	165.1	63.5
国有控股企业	106.5	122.9	123.3	111.6	87.8	123.8	118.8	103.5	96	113.4	115.2	94.3

2-80 续表 1

指 标	2009				2010				2011			
	一季度	二季度	三季度	四季度	一季度	二季度	三季度	四季度	一季度	二季度	三季度	四季度
企业固定资产投资景气指数	94.2	113.3	109.3	109.1	97.6	112.9	111.6	114.1	102	116.3	119.4	114.3
按行业门类分												
工业	94.5	117.4	112.2	108.4	94.9	115.9	114.1	119.7	99.3	119.4	128.9	121.8
采掘业	36.2	64.7	58.4	74.9	41.7	126.7	111.5	91.7	102.8	135.7	131.5	107
制造业	96.1	120.7	113.9	107.4	96.1	113.4	111.3	117.8	97.9	116.1	126.4	121
电力、煤气及水生产供应业	147.3	140	91.4	145.5	138.7	140.4	146	155.7	138.3	154.3	136.8	140.7
建筑业	81.9	123.6	107	106.1	88.3	115	113.7	105.2	98.1	123.1	114.4	93.4
交通运输、仓储及邮电通信业	129.3	123.6	127.9	132.8	112	116.9	107.2	121.8	117.4	122.4	122.4	119.9
批发和零售业	86.2	112.2	91.7	100.7	98.2	97.2	98.3	98.4	99.5	97.9	88.1	102.9
房地产业	92	93	90.6	100	90.6	96.9	109.4	103.1	115.2	100	90.9	106.1
社会服务业	96.2	88.5	88.5	92.3	92.3	100	104	88.5	92.3	103.9	103.9	96.2
信息传输、计算机服务及软件业	66.9	72.7	121.3	135.5	131.6	135	127.1	132.2	123	126.3	135.9	133.8
住宿和餐饮业	82.7	98.5	108.7	100	112.8	106.5	108.7	108.7	93.6	102.1	112.8	110.9
按企业登记注册类型分												
国有企业	101	105.9	109.1	116.3	111.6	121.9	123	122	112	123.8	124.9	124.2
集体企业	99.9	92.1	107.9	99.2	89.6	94.6	100.9	89.7	90.5	92.5	79	105.4
股份合作企业	100	114.6	116.7	100	112.5	125	137.5	125	100	100	100	100
有限责任公司	95	124.7	96.2	101.3	101	110.7	106.3	111.3	101.2	111.9	114.1	107.8
股份有限公司	90.2	109.5	128.3	136.7	88.5	111.1	110.3	112.3	90	112.1	139.9	142.8
私营企业	75	93.8	87.5	75	88.2	82.4	88.2	94.1	88.2	111.8	105.9	94.1
外商及港、澳、台投资企业	78.4	117.7	128.6	106.7								
港、澳、台投资企业					0	0	0	0	100	100	100	0
外商投资企业					106.3	118.8	106.3	120.1	118.8	118.8	106.3	118.8
按企业规模分												
大型	86.5	130.1	144.3	148.2	83.9	142.6	146	153.1	104.6	133	171.7	148.5
中型	93.4	91.1	112.4	105.6	99.4	113.5	105.9	111.9	101.7	116.3	116	113.2
小型	58.3	83.3	96.5	100.8	104	102	103.6	102.8	100.4	104.2	100.4	105.9
按特殊群体分												
国家重点企业												
乡镇企业	95.8	111.7	116.7	108.3								
出口企业					93.1	142.8	138.7	155.2	110.6	134	159.6	153.2
上市公司	9.2	186.5	81.6	135.2	37.5	105.2	111.3	163.8	66.9	165.1	166.6	155.2
国有控股企业	99	118.2	116.7	119.8	98.2	118.8	119.2	123.8	105.3	117.5	131.8	126.3

2-81 企业产品订货景气指数(2006-2012年)

指标	2006				2007				2008			
	一季度	二季度	三季度	四季度	一季度	二季度	三季度	四季度	一季度	二季度	三季度	四季度
企业产品订货景气指数	103.3	119.8	122.7	111.3	99.6	124	119.2	117.2	104.8	115	105.5	87.9
按行业门类分												
工业	118.4	118.6	128.8	129.1	114.7	131.5	115.7	123.3	113.1	114.3	105	86.2
采掘业	110.7	133.4	114.5	115	117.8	126.1	117	108.3	125.1	121.1	107.1	95.5
制造业	118.6	116.9	131.4	129.3	112.9	131	114.4	123.3	112.4	114.8	105.5	85.1
电力、煤气及水生产供应业	119.4	130	104.7	140.3	128.4	138	130	131.4	110.2	103.5	100.2	97.6
建筑业	60.4	142.6	119.1	69.8	49.7	126.6	131.9	108.9	77.4	128.6	102.7	75.7
交通运输、仓储及邮电通信业	134	135.9	139.3	98	133	119.1	133.5	110.7	135.3	113.9	120.8	107.9
批发和零售业	96.6	102	105.1	128.2	103.8	102	115.9	122.8	112.5	113.6	110.9	112.3
房地产业	102.4	78.3	97.3	86.3	96.9	113	113	94.2	81.3	90.8	78.3	68.8
社会服务业	96.4	103.6	117.2	65.5	92.3	103.9	92.3	84.6	92.6	85.2	85.2	74.1
信息传输、计算机服务及软件业	107.9	111.8	112.1	114.9	100.6	107.4	113.1	106.8	105.8	117.2	126	106.5
住宿和餐饮业	80.4	110.2	118.7	78.7	76.2	115.9	110.9	106.6	81.5	100.5	104.1	74.9
按企业登记注册类型分												
国有企业	117.6	129.5	131.5	115.9	108.7	124.2	123.2	110.6	109.8	118.1	115.9	99.1
集体企业	89.9	111	101.2	75.3	66.2	99.6	94.6	99.9	94.2	89.9	79.7	79.7
股份合作企业	62.3	76.6	69.4	99.8	59.7	50	90	120	60.3	79.4	88.9	88.9
有限责任公司	111.3	112.1	115.2	109.3	110.8	118.9	104.8	112.6	108	106.5	100.1	78.2
股份有限公司	105.3	101.8	149.9	157.3	119.7	142.9	144.1	151	109.4	107.8	104.1	95.8
私营企业	132.2	122.2	97.8	102.2	122.2	122.2	144.4	133.3	118.8	120	113.3	78.6
外商及港、澳、台投资企业	89.9	93.8	104.6	104	114.5	125.1	102.5	94.7	99.8	113.9	91.5	73.4
港、澳、台投资企业												
外商投资企业												
按企业规模分												
大型	129.1	115.6	113.2	122.7	124	126.2	118.4	115.4	79.6	94.9	110.5	70.6
中型	91.8	100	103.1	87.2	91.5	104.5	107.7	102	97.5	102.1	99.6	85.2
小型	100	100	100	100	95	116	109	103	107.5	98.3	92.5	79.8
按特殊群体分												
国家重点企业												
乡镇企业	126	148.5	104.4	102.5	84.6	150.3	117.8	109.3	95.9	110.2	98.6	114
出口企业												
上市公司	101.1	112.5	104.7	110.6	171.3	111.5	116.5	111.7	51.9	46.5	87	34
国有控股企业	115.8	122.2	133	121.4	115.2	129.8	118.9	120.5	106	112.9	105.5	87.7

2-81 续表 1

指 标	2009				2010				2011			
	一季度	二季度	三季度	四季度	一季度	二季度	三季度	四季度	一季度	二季度	三季度	四季度
企业产品订货景气指数	88.7	106.1	112.9	98.5	98.8	106.8	109.5	102.9	99.8	119.6	111.3	90.6
按行业门类分												
工业	89.4	95	116.9	98.4	102.7	110	114.6	109.6	104.9	126.8	116.2	83.8
采掘业	39.3	69.3	77.5	88.2	103.2	85.3	79.9	91.7	80.8	89.1	79	67.2
制造业	93.3	96.7	119.8	99.7	102.5	111.9	115.7	111.2	105.4	127.8	117.9	83.5
电力、煤气及水生产供应业	94.6	96.3	103.1	90.5	99.4	108.1	117.2	106.4	117	118.6	102.5	110.4
建筑业	54.1	174.9	144.9	104.9	98.8	142.2	121.4	95	94	155.6	135.1	95.5
交通运输、仓储及邮电通信业	117.2	122.2	102.4	119.5	114.6	87.8	99.8	109.9	97.5	100.2	95	112.5
批发和零售业	101.3	116.9	80.7	95.3	86.3	85.2	92.3	91	110.3	94	100.9	108.5
房地产业	105.4	85.1	109.4	87.5	81.3	81.3	84.4	103.1	90.9	78.8	75.8	90.9
社会服务业	73.1	65.4	88.5	69.2	84.6	115.4	103.9	69.2	80.8	100	84.6	61.5
信息传输、计算机服务及软件业	99.6	97.2	85.1	92.1	70.7	79.3	80.8	101.9	74.9	93.5	94.5	91.8
住宿和餐饮业	73.8	95.2	128.3	97.8	100	95.7	128.3	89.1	87.2	100	112.8	93.5
按企业登记注册类型分												
国有企业	94.2	106.7	109	100.3	103	115.5	116.3	99.7	101.3	112	100.8	89.4
集体企业	76.2	96.3	102.9	87.7	71.8	103.4	97.6	76.7	74.2	97.3	79.6	79.6
股份合作企业	53.6	124	83.3	66.7	50	75	125	87.5	57.1	100	71.4	85.7
有限责任公司	88.9	91	102.3	99.3	100.1	98.6	109.6	107	101	116.1	116.3	85.7
股份有限公司	92	109.5	134.7	91.9	92	106.5	102.2	94.4	101.8	116.6	99.1	98.8
私营企业	75	62.5	100	93.8	82.4	64.7	76.5	88.2	94.1	76.5	88.2	105.9
外商及港、澳、台投资企业	84.1	79	121.4	100								
港、澳、台投资企业					100	100	100	100	150	200	150	200
外商投资企业					125	93.8	112.5	106.8	112.5	106.3	112.5	131.3
按企业规模分												
大型	100.2	133.8	124.5	103.1	130	109.2	134.1	110.6	104.5	148.9	136.4	81.5
中型	85.3	92.3	121.1	103.1	100.6	116.7	109.5	109.6	111.9	124.7	111.4	97.7
小型	25	66.7	96.1	90	84.6	89.6	98.4	92.4	85.3	92.4	94.9	85.6
按特殊群体分												
国家重点企业												
乡镇企业	121.1	117.1	75	66.7								
出口企业					113.6	122.3	119.6	115.7	98.6	139.6	138.9	77.7
上市公司	99.8	94.5	107.1	100.5	96	123.2	103.2	149.8	122.1	183.6	153.5	71.8
国有控股企业	88.2	101.6	115.8	97.8	105	110.8	114	102.8	101.3	123.3	116	88.2

2-82　企业融资景气指数(2006-2012年)

指　标	2006				2007				2008			
	一季度	二季度	三季度	四季度	一季度	二季度	三季度	四季度	一季度	二季度	三季度	四季度
企业融资景气指数	62.1	66.1	71.2	67.2	69.5	69.1	74.6	66.9	74.3	68.8	66.4	66
按行业门类分												
工业	66.7	77	76.3	73.7	71	75.6	79	76.2	83.3	76.4	69.4	69.7
采掘业	103.5	99.1	99.4	96.5	84.9	93.3	95.6	98.7	99.6	84.4	91.2	89.6
制造业	61.7	73.9	74	70.9	67	72.3	75.5	72.3	79.8	73.6	67	65.9
电力、煤气及水生产供应业	94.6	90.5	78.2	87.1	102.9	97.3	106.9	101.3	107.7	100.6	59	97.2
建筑业	32.8	40.7	53	46.5	61.3	46.7	60.1	33.2	50.6	45	48.5	44.9
交通运输、仓储及邮电通信业	61.1	53.9	67.6	65.7	61	53.6	65.9	55.9	71.3	64.3	59.5	64.3
批发和零售业	84.7	65.5	77.2	75.3	86.3	83.1	89.1	85.1	79.9	90.4	93.6	95.8
房地产业	56.5	61.8	71.5	62.6	62	65.1	66.5	61.1	68.9	53.3	43.9	40.6
社会服务业	39.3	57.1	82.8	44.8	50	65.4	73.1	65.4	59.3	44.4	66.7	55.6
信息传输、计算机服务和软件业	94.5	87.2	92.1	92.1	92.7	92.5	86.5	63.9	99	70.5	83.2	60
住宿和餐饮业	61.7	57.8	61.8	55.2	52.5	61.3	59.1	68.5	52.5	44.9	52.8	59.6
按企业登记注册类型分												
国有企业	65.2	64.8	69.2	62.4	60.2	59.8	67.6	70.2	73	62.7	59.9	67.6
集体企业	39.2	41.1	63	46.7	37.6	41.1	50.1	39.9	53.8	38.2	46.2	54.3
股份合作企业	44.4	37.3	30.4	12.5	60	50	49.7	44.9	77.8	77.8	66.7	33.3
有限责任公司	69.6	76.4	79.6	80.8	81.6	87	84.3	77.2	82	77.4	71.9	67
股份有限公司	91.4	93	96.2	93.8	90.5	98	98.1	98.4	89.4	84.4	90.9	83.3
私营企业	47.8	80	66.7	77.8	55.6	66.7	100	44.4	66.7	53.3	60	64.3
其它内资企业												
外商及港、澳、台投资企业	64.6	66.6	75.8	62.4	74	70.4	58.2	64.3	85.8	80.9	68.8	64.3
港、澳、台投资企业												
外商投资企业												
按企业规模分												
大型	76.9	80.2	74.3	73	86.2	92.3	90.2	90.7	91.6	88.4	61.9	61
中型	46.4	46.2	57.3	52.1	52.6	55.1	61.5	54.3	61.2	53.9	52.1	50.4
小型	100	100	100	100	59	64	68	54	60.8	50.4	60	58
按特殊群体分												
国家重点企业												
乡镇企业	64.1	68.9	92.5	60.4	58.2	45.7	46.3	35.3	42.9	28.9	28.9	59.7
出口企业												
上市公司	20.9	79.4	82.6	79.8	81.2	82	81.7	91	92.9	86.5	41.8	36.6
国有控股企业	69.2	74.9	80.1	74.2	74.4	78.3	82.2	80.9	85.4	79.4	76.2	76.1

2-82 续表1

指 标	2009				2010				2011			
	一季度	二季度	三季度	四季度	一季度	二季度	三季度	四季度	一季度	二季度	三季度	四季度
企业融资景气指数	60	74.6	62.5	60.1	68.8	69	66.8	72.8	73	70.6	63	62.5
按行业门类分												
工业	60.6	79.3	68.7	63.1	70.4	72.9	68.1	77.5	77	75.2	63.7	65.2
采掘业	45.4	84.2	60.4	60.4	87.9	84.2	89	67.5	69.9	91.7	109.1	70.9
制造业	58	76.5	65.6	60.2	67.2	69.6	64.9	75.9	76.6	71.3	60.3	63.9
电力、煤气及水生产供应业	124.1	105.6	100.5	96.8	90.5	98.6	96	90.5	84.4	109.5	84.4	89.7
建筑业	45.9	58.3	44.6	48	49	57.7	61.4	61.5	55.7	61.1	55.3	49
交通运输、仓储及邮电通信业	67.6	71.4	58.5	46.3	70.7	63.4	61	63.4	65	60	60	60
批发和零售业	79.8	101.5	66.6	72	86.7	79.5	78.8	79.9	92	81.2	76.4	84.7
房地产业	44.3	52.3	50	59.4	56.3	50	59.4	59.4	51.5	57.6	45.5	30.3
社会服务业	40	53.9	44	50	65.4	61.5	60	65.4	57.7	50	46.2	53.9
信息传输、计算机服务和软件业	85.3	78.6	66	78.9	72.6	71.3	74.7	77.2	90.3	84.7	93.6	70.6
住宿和餐饮业	52.3	53.2	65.2	56.5	72.3	67.4	60.9	65.2	72.3	61.7	57.5	58.7
按企业登记注册类型分												
国有企业	72.1	74.1	62	60.3	69.7	63.6	62.6	67.4	74	73.9	67.9	69.4
集体企业	51.2	59.4	52.1	56.4	56	65.7	57.4	70.6	56.1	46	40.5	40.5
股份合作企业	11.2	20	33.3	40	50	28.6	50	75	42.9	42.9	28.6	14.3
有限责任公司	53.5	74.2	62.2	52.3	65	66.8	65.2	72.2	73.5	68.3	61.6	59.6
股份有限公司	79.8	98.9	78.3	90.4	88.1	86.8	88.4	81.7	85.4	84.1	77.1	85.4
私营企业	56.3	56.3	56.3	75	88.2	88.2	64.7	70.6	58.8	47.1	52.9	47.1
其它内资企业												
外商及港、澳、台投资企业	68.7	77.8	71.4	73.3								
港、澳、台投资企业					100	100	100	100	150	150	100	100
外商投资企业					87.5	87.5	93.8	93.3	100	100	87.5	75
按企业规模分												
大型	68.6	102.9	117.1	98.7	107.7	105.5	83.8	118.9	107.4	106.8	81.2	82.3
中型	47.5	49.4	60.9	65.8	71.8	69.2	69.8	70.2	74.2	72.5	63.4	66.7
小型	41.7	36.4	50.4	47.5	58.5	59.4	59.2	62.2	62.6	55.7	55.3	52.8
按特殊群体分												
国家重点企业												
乡镇企业	18.6	30.4	58.3	54.6								
出口企业					80.2	85.2	62.7	101	86.3	78.1	49.1	56.1
上市公司	2.9	4.1	79.4	90.2	34.8	33.2	43.6	71.4	45.5	49.4	23.6	44.1
国有控股企业	65.9	83.5	72.6	65.9	75.4	73.2	65.3	77.7	78.1	77.3	65.4	67.9

2-83　企业家信心指数和企业景气指数

年　份	企业家信心指数	企业景气指数
2001 年		
一季度	110.3	101
二季度	108.7	114.9
三季度	112.5	107.8
四季度	98.6	107
2002 年		
一季度	110.8	101
二季度	109.3	112.2
三季度	113.7	119.8
四季度	115.9	114.8
2003 年		
一季度	116.1	111.4
二季度	114.7	110.1
三季度	118.7	123.8
四季度	118.2	119.7
2004 年		
一季度	129.6	124.9
二季度	130.2	124.7
三季度	123.2	121.9
四季度	119.6	118.3
2005 年		
一季度	123.7	112.4
二季度	116.2	113.7
三季度	116.2	121.4
四季度	116	115.3
2006 年		
一季度	122.2	113
二季度	121.8	125.5
三季度	129.6	140.6
四季度	127.1	124.3

2-83 续表1

年 份	企业家信心指数	企业景气指数
2007年		
一季度	130.4	126.3
二季度	141	138.4
三季度	135	140.2
四季度	134.2	128.7
2008年		
一季度	138.1	129.3
二季度	133.3	129.7
三季度	129.1	120.7
四季度	104.8	106.5
2009年		
一季度	92.8	105.3
二季度	102.2	108.3
三季度	116.2	121.1
四季度	119.3	121.4
2010年		
一季度	128.3	119.1
二季度	125.4	127.1
三季度	127.7	125.6
四季度	125.4	126
2011年		
一季度	129.9	120.4
二季度	130	132.9
三季度	122.9	130.2
四季度	111.4	115.9
2012年		
一季度		
二季度		
三季度		
四季度		

2-84 主要行业企业景气指数

指标	2006				2007				2008			
	一季度	二季度	三季度	四季度	一季度	二季度	三季度	四季度	一季度	二季度	三季度	四季度
工业	114.3	128.9	145.9	124.7	131.4	137.3	142.6	130.6	136.2	136	115.6	94.6
建筑业	86.7	123	140.9	122.4	115.8	144.7	127.1	121.7	111	107.7	124.6	116.7
交通运输、仓储及邮电通信业	144.4	146	143.5	129.2	123.1	125.6	152.7	128.1	136.7	131.8	124.8	124.7
批发和零售业	137.5	113	130	129.2	135.8	145.9	143	140.6	126.9	148.2	131.3	129.8
房地产业	114.2	112.1	127	118	114.8	135.7	151.4	125.5	134.4	125	121.9	103.1
社会服务业	82.1	121.4	110.3	86.2	80.8	115.4	123.1	100	100	85.2	96.3	92.6
信息传输、计算机服务和软件业	133	133.6	135.8	129.2	130.6	140	125.7	121.2	134.3	115.3	133.3	122.1
住宿和餐饮业	91.5	110.9	124.3	117.9	109	132.1	142	118.5	121.1	115.1	127.5	112.5

2-84 续表1

指 标	2009				2010				2011			
	一季度	二季度	三季度	四季度	一季度	二季度	三季度	四季度	一季度	二季度	三季度	四季度
工业	99.7	100.7	123.9	120.3	117.9	128.1	122.9	131	120.1	133	131.8	109.8
建筑业	118.8	139.2	138.5	133.3	134.7	146.8	155.4	138.6	123.9	145.3	150.7	136.8
交通运输、仓储及邮电通信业	114.8	116.9	118.2	120.6	129.1	116.9	114.5	114.5	112.5	124.9	124.9	112.4
批发和零售业	117.9	134.7	112.3	130.4	129.9	125.5	131.4	131.6	143.4	137.8	127.3	136.7
房地产业	104	92.5	103.1	115.6	103.1	109.4	106.3	100	109.1	124.2	106.1	84.9
社会服务业	73.1	69.2	92.3	100	92.3	115.4	111.5	88.5	76.9	111.5	96.2	96.2
信息传输、计算机服务和软件业	154.4	122.9	.121.5	131.2	93.3	132.9	121.8	129.2	129.5	139.2	119.8	127.1
住宿和餐饮业	98.2	109.1	121.7	113	123.4	115.2	139.1	115.2	119.2	119.2	129.8	119.6

2-85　综合企业经营景气指数

指　标	2006				2007				2008			
	一季度	二季度	三季度	四季度	一季度	二季度	三季度	四季度	一季度	二季度	三季度	四季度
生产总量	89.7	123.3	137.2	111.6	91.2	138.5	124.4	115.5	93.9	116.4	113.6	82
盈利（亏损）变化	91.6	115.5	118.2	119.5	109.8	118	116.3	111.4	98.9	97.1	94.7	89.3
流动资金	79.7	75.9	78.4	76.6	71.7	79.1	69.3	73.6	78.4	78.1	71.6	73.2
货款拖欠	111.4	97.6	94	101.3	105.7	96.1	97.9	107.8	103.3	98.3	95.1	81.5
劳动力需求	89.2	110.1	107.1	92.5	87.8	111.5	112.7	92.3	96.4	110.9	110.5	81
固定资产投资	98.1	116.8	112.1	100.5	91.5	116.4	114.4	99.7	94.1	111.9	112	92.2
产品订货	103.3	119.8	122.7	111.3	99.6	124	119.2	117.2	104.8	115	105.5	87.9
企业融资	62.1	66.1	71.2	67.2	69.5	69.1	74.6	66.9	74.3	68.8	66.4	66

2-85 续表 1

指 标	2009				2010				2011			
	一季度	二季度	三季度	四季度	一季度	二季度	三季度	四季度	一季度	二季度	三季度	四季度
生产总量	86.3	112.7	119.7	100.5	97.7	122.5	117	115.5	103.4	125	115.1	105.7
盈利（亏损）变化	76.8	95.1	104	105.2	97.4	109.7	113.7	109.5	95.3	112.6	103.7	90.6
流动资金	61	70	63.2	67.1	77.1	76.9	78.7	73.9	75.5	76.9	68.2	69.3
货款拖欠	86.9	93.7	99.8	94.8	104.9	104.1	103.4	101.9	102.5	97.4	92.2	98.2
劳动力需求	96	98.6	110.9	95.2	103.6	116	115.7	100.4	111.2	118.2	115.7	96.6
固定资产投资	94.2	113.3	109.3	109.1	97.6	112.9	111.6	114.1	102	116.3	119.4	114.3
产品订货	88.7	106.1	112.9	98.5	98.8	106.8	109.5	102.9	99.8	119.6	111.3	90.6
企业融资	60	74.6	62.5	60.1	68.8	69	66.8	72.8	73	70.6	63	62.5

2-86 规模以下工业主要指标

单位:亿元

指 标	2006	2007	2008	2009	2010	2011	2012
总体估计量							
单位数（万个）	7.1	6.4		9.5	6	6.5	6.7
期末从业人数（万人）	52.5	55.6		50.9	43.3	49.2	40.3
工业总产值（当年价格）	301.1	338.5	395.7	412.4	219.7	432.95	438.31
企业子总体估计量							
企业数（万个）	0.7	0.8		0.8	0.9	0.9	0.9
期末从业人数（万人）	29.0	28.9		24.6	20.1	25.1	21.3
工业总产值（当年价格）	201.2	223.8		292.4	151.4	396.9	363.41
主营业务收入	185.2	205.7		277.7	130.44	322.48	352.3
应交税金	9.3	13.8		5.98	4.5	23.7	139.6
工资总额	17.6	20.2		21.99	22.2	45.11	45.33
折旧	13.7	16.2		9.82	13.2	36.01	18.7
个体子总体估计量							
单位数（万个）	6.3	5.6		8.7	5.1	5.6	5.8
期末从业人数（万人）	23.5	26.7		26.3	0.2	24.1	19
营业收入	115.9	114.7		120	68.3	80.5	74.9

注:1. 以上数据是以甘肃为总体进行抽样调查推估而得,其中工业总产值为抽样核心指标,抽样误差较小;而其他指标不是抽样核心指标,抽样误差可能较大。

2. 2010 年启用了新的样本进行调查,所以与 2009 年的数据会有一些差异。

2-87 部分服务业企业主要经济指标(2006-2012)

单位:万元

指 标	2007	2008	2009	2010	2011	2012	2012 年比 2011 年增长 (%)
部分服务业企业(推估数)							
企业数(个)	3455	3274	4725	4987	7370	7555	2.51
资产总计	2348742.75	3584016.25	4682708.30	5132366.30	5007234.00	8534246.00	70.44
固定资产原价	988833.19	1162759.50	1698334.43	2604230.80	2240255.25	2881860.50	28.64
本期固定资产折旧	78038.47	85869.48	72125.63	159739.92	103658.90	140229.52	35.28
全部营业收入	684893.88	784505.63	912990.70	1103227.80	1598011.50	1781406.25	11.48
# 主营业务收入	599366.31	687426.50	857074.20	1063541.80			
主营业务成本	468923.00	533067.50	591259.25	723410.88	1072915.88	1175712.63	9.58
主营业务税金及附加	11570.70	15488.96	22639.83	29350.64	41912.35	45171.12	7.78
费用合计	166397.05	203245.83	283420.15	349742.66	471665.56	571535.19	21.17
营业利润	-46010.40	-45645.73	-19527.50	-110559.44	22401.53	-31923.02	
利润总额	-39042.02	-23231.00	17689.23	-87393.86	32284.17	25008.47	-22.54
应付工资总额	77472.77	103221.41	147072.00	179571.75	273227.13	271945.06	-0.47
从业人员平均人数(人)	111386	95026	107275	127437	147999	139443	-5.78

备注:2007-2012 年部分服务业企业主要经济指标数值为各年 1-11 月报表推算数。部分服务业包括:装卸搬运和其他运输服务业,仓储业,计算机服务业,软件业,租赁业,商务服务业,科技交流和推广服务业,居民服务业,其他服务业,体育和娱乐业。

2-88 主要粮食作物播种面积、单产和总产量(1985—2012 年)

年 份	全年粮食			夏粮		
	播种面积(万亩)	每亩产量(公斤/亩)	总 产 量(万吨)	播种面积(万亩)	每亩产量(公斤/亩)	总 产 量(万吨)
1985	4162.3	127.5	530.6	2730.8	132.9	362.8
1986	4147.0	132.9	551.0	2716.2	138.3	375.7
1987	4230.8	125.1	529.4	2641.5	131.4	347.1
1988	4207.3	141.0	593.1	2593.9	142.1	368.7
1989	4237.2	150.9	639.2	2679.0	153.6	411.6
1990	4312.7	159.2	686.6	2684.2	157.2	422.0
1991	4260.1	154.1	656.4	2652.2	159.2	422.2
1992	4340.3	158.8	689.1	2546.2	149.5	380.7
1993	4269.0	175.7	750.3	2648.2	179.4	475.1
1994	4324.2	163.6	707.4	2603.6	160.5	418.0
1995	4393.1	142.7	626.8	2568.3	128.3	329.4
1996	4388.6	187.0	820.6	2507.1	172.8	433.1
1997	4385.0	174.7	766.2	2444.8	169.7	414.8
1998	4331.9	201.3	872.0	2401.4	191.8	460.6
1999	4366.0	186.7	814.9	2162.2	173.6	375.4
2000	4197.3	170.0	713.5	2153.8	147.4	317.5
2001	4035.9	186.6	753.2	2044.4	169.7	347.0
2002	3943.1	198.5	782.7	1985.1	188.5	369.2
2003	3749.2	210.5	789.3	1791.2	186.1	333.3
2004	3801.9	212.0	811.9	1734.5	194.3	336.9
2005	3880.8	215.7	836.9	1824.9	185.2	338.0
2006	3898.3	207.3	808.1	1753.2	192.4	339.1
2007	4030.6	204.5	824.4	1729.1	183.2	316.8
2008	4024.5	220.7	888.5	1713.6	205.0	351.3
2009	4110.1	220.5	906.2	1667.1	204.7	341.3
2010	4199.7	228.2	958.3	1579.8	209.4	330.8
2011	4250.5	238.8	1014.6	1548.4	206.3	319.5
2012	4259.1	260.5	1109.7	1448.0	223.6	323.8

2-88 续表1

年份	秋粮			小麦			玉米		
	播种面积（万亩）	每亩产量（公斤/亩）	总产量（万吨）	播种面积（万亩）	每亩产量（公斤/亩）	总产量（万吨）	播种面积（万亩）	每亩产量（公斤/亩）	总产量（万吨）
1985	1431.5	117.2	167.8	2229.7	140.9	314.2	326.9	227.7	74.5
1986	1430.8	122.5	175.3	2228.7	148.4	330.7	349.6	225.9	79.0
1987	1589.2	114.7	182.3	2142.4	141.0	302.0	379.3	235.8	89.5
1988	1613.4	139.1	224.4	2076.6	151.9	315.5	435.0	255.9	111.3
1989	1558.2	146.1	227.7	2169.1	164.0	355.7	433.1	274.3	118.8
1990	1628.5	162.5	264.6	2187.4	167.0	365.3	450.6	305.3	137.6
1991	1607.9	145.6	234.1	2175.1	169.8	369.3	482.9	287.6	138.9
1992	1794.1	172.0	308.5	2077.8	157.4	327.1	480.6	328.3	157.8
1993	1620.8	169.8	275.2	2105.3	189.3	398.6	463.4	325.9	151.0
1994	1720.1	168.2	289.4	2039.3	163.6	333.6	471.0	316.2	148.9
1995	1824.8	163.0	297.4	2036.0	134.4	273.6	519.2	300.6	156.1
1996	1881.5	206.0	387.5	2027.3	175.4	355.6	645.5	333.4	215.2
1997	1940.2	181.1	351.4	1979.5	180.5	357.2	730.2	269.3	196.7
1998	1930.5	213.1	411.4	1985.3	207.8	412.6	768.7	335.6	258.0
1999	2203.8	199.4	439.5	1834.1	174.6	320.3	796.8	320.3	255.2
2000	2043.5	193.8	396.0	1788.3	148.8	266.1	696.5	302.2	210.5
2001	1991.6	204.0	406.3	1685.9	175.6	296.1	700.6	284.0	199.0
2002	1985.0	208.3	413.5	1620.1	192.7	312.1	755.3	290.2	219.2
2003	1958.0	232.9	456.0	1442.0	188.9	272.5	735.7	332.2	244.4
2004	2067.5	226.8	468.9	1400.3	194.5	272.3	731.6	334.9	245.0
2005	2055.9	242.7	499.0	1501.3	176.4	264.8	727.2	337.0	245.0
2006	2145.1	219.6	468.9	1492.7	174.7	260.7	739.9	295.4	218.6
2007	2301.4	220.6	507.7	1473.2	161.2	237.4	738.0	328.8	242.7
2008	2310.9	232.4	537.2	1454.3	184.3	268.1	749.4	354.1	265.4
2009	2442.9	231.2	564.9	1445.8	180.6	261.1	986.7	316.8	312.6
2010	2619.9	239.5	627.5	1365.4	183.8	250.9	1176.2	331.9	390.4
2011	2702.1	261.1	705.6	1292.4	191.5	247.5	1258.1	338.3	425.6
2012	2811.1	279.6	785.9	1250.9	222.6	278.5	1354.0	372.3	504.1

2-89 主要畜禽生产情况(1978—2012年)

单位:万头、万只、万吨

年份	生猪			牛			羊			家禽		
	存栏	出栏	肉产量	存栏	出栏	肉产量	存栏	出栏	肉产量	存栏	出栏	肉产量
1978												
1979												
1980												
1981												
1982												
1983												
1984												
1985												
1986												
1987												
1988												
1989												
1990												
1991												
1992												
1993												
1994												
1995												
1996												
1997												
1998												
1999												
2000												
2001												
2002												
2003												
2004												
2005												
2006												
2007												
2008	564.8	596.1	45.3	423.6	139.4	14.8	1675.0	959.3	15.4	3502.5	3300.6	4.0
2009	568.9	622.3	45.8	432.5	148.7	15.1	1726.7	984.5	15.6	3515.8	3301.8	4.1
2010	567.2	638.8	46.3	435.0	157.5	16.1	1749.3	979.6	15.6	3567.9	3360.3	4.2
2011	560.3	633.1	45.8	433.9	157.7	16.1	1757.1	969.0	15.4	3676.6	3412.3	4.3
2012	590.7	672.3	48.6	425.6	160.7	16.7	1788.7	991.3	15.9	3792.3	3558.8	4.4

2-90 全省粮食作物播种面积

单位：万亩

年份	粮食作物播种面积	小麦	玉米	马铃薯
1949	3954.77	1499.05	238.98	218.98
1952	4475.31	1755.92	258.37	267.46
1957	4721.73	1764.34	329.6	306.48
1962	4605.80	1773.6	294.46	317.67
1965	4723.27	1887.39	370.15	353.06
1970	4781.84	1980.19	435.51	366.06
1975	4536.76	2152.48	377.35	418.66
1978	4493.93	2140.52	449.66	418.59
1979	4452.48	2101.35	463.78	399.12
1980	4409.86	2075.40	477.27	393.77
1981	4293.78	2088.79	450.58	376.23
1982	4266.06	2195.10	400.21	374.39
1983	4311.33	2261.98	361.96	376.37
1984	4225.34	2279.21	340.45	368.28
1985	4162.26	2229.68	326.94	368.80
1986	4147.02	2228.67	349.59	375.00
1987	4230.76	2142.42	379.32	406.56
1988	4207.26	2076.60	434.97	435.40
1989	4237.2	2169.10	433.10	430.10
1990	4321.73	2187.37	450.59	440.57
1991	4260.11	2175.09	482.94	439.18
1992	4340.31	2077.82	480.58	457.54
1993	4269.04	2105.34	463.43	445.59
1994	4324.24	2039.25	470.99	461.91
1995	4393.07	2035.96	519.22	469.91
1996	4388.56	2027.25	645.54	513.72
1997	4384.96	1979.52	730.21	559.03
1998	4331.94	1985.32	768.67	525.63
1999	4366.00	1834.07	796.75	648.36
2000	4197.31	1788.28	696.54	625.67
2001	4035.94	1685.92	700.58	724.82
2002	3943.14	1620.06	755.25	727.35
2003	3749.19	1442.00	735.71	744.83
2004	3801.90	1400.25	731.60	823.71
2005	3880.78	1501.25	727.19	796.55
2006	3898.26	1492.74	776.58	851.85
2007	4030.55	1473.20	738.00	986.74
2008	4024.49	1454.30	749.40	986.10
2009	4110.05	1445.80	986.70	965.30
2010	4199.67	1365.40	1176.20	968.20
2011	4250.48	1292.40	1276.90	1015.80
2012	4259.05	1250.9	1354.00	1027.4

2-91 全省粮食作物总产量

单位:万吨

年 份	粮食作物总产量	小 麦	玉 米	马铃薯
1949	206.00	72.05	17.30	21.22
1952	267.72	91.87	22.67	30.29
1957	315.63	113.68	26.75	37.31
1962	210.00	76.53	21.14	25.86
1965	371.30	147.29	51.49	37.17
1970	412.10	164.08	61.66	32.25
1975	551.70	276.71	91.24	39.18
1978	510.55	236.03	101.64	47.05
1979	461.35	232.65	90.19	41.88
1980	490.25	240.05	89.13	44.13
1981	435.00	232.62	67.38	32.01
1982	469.10	310.61	61.00	26.81
1983	539.60	333.60	69.22	39.20
1984	539.79	342.33	68.56	37.11
1985	530.55	314.23	74.45	44.69
1986	550.98	330.70	78.98	45.79
1987	529.37	302.02	89.45	41.32
1988	593.07	315.51	111.33	56.87
1989	639.20	355.67	118.82	57.09
1990	686.59	365.31	137.56	61.08
1991	656.38	369.26	138.89	49.89
1992	689.08	327.12	157.78	67.20
1993	750.25	398.64	151.02	64.36
1994	707.37	333.56	148.91	67.91
1995	626.78	273.64	156.09	64.17
1996	820.60	355.60	215.22	81.05
1997	766.16	357.21	196.65	70.84
1998	871.95	412.58	258.00	88.32
1999	814.93	320.32	255.17	106.79
2000	713.48	266.10	210.47	104.99
2001	753.22	296.09	198.99	146.51
2002	782.68	312.14	219.16	141.58
2003	789.34	272.46	244.43	156.47
2004	811.88	272.32	245.03	170.80
2005	836.89	264.84	248.51	188.00
2006	808.05	260.70	218.60	187.95
2007	824.43	237.42	242.65	206.64
2008	888.50	268.10	265.40	214.60
2009	906.20	261.10	312.60	191.40
2010	958.30	250.90	390.40	185.20
2011	1014.60	247.50	425.60	228.90
2012	1109.70	278.50	504.10	239.50

第三部分

全国及分地区相关资料

3-1　全国及各省市区城镇居民家庭人均收入

单位:元

地区	可支配收入	
	2011	2012
全　国	21809.78	24564.72
北　京	32903.03	36468.75
天　津	26920.86	29626.41
河　北	18292.23	20543.44
山　西	18123.87	20411.71
内蒙古	20407.57	23150.26
辽　宁	20466.84	23222.67
吉　林	17796.57	20208.04
黑龙江	15696.18	17759.75
上　海	36230.48	40188.34
江　苏	26340.73	29676.97
浙　江	30970.68	34550.3
安　徽	18606.13	21024.21
福　建	24907.4	28055.24
江　西	17494.87	19860.36
山　东	22791.84	25755.19
河　南	18194.8	20442.62
湖　北	18373.87	20839.59
湖　南	18844.05	21318.76
广　东	26897.48	30226.71
广　西	18854.06	21242.8
海　南	18368.95	20917.71
重　庆	20249.7	22968.14
四　川	17899.12	20306.99
贵　州	16495.01	18700.51
云　南	18575.62	21074.5
西　藏	16195.56	18028.32
陕　西	18245.23	20733.88
甘　肃	14988.68	17156.89
青　海	15603.31	17566.28
宁　夏	17578.92	19831.41
新　疆	15513.62	17920.68

3-2 全国及各省市区城镇居民家庭人均消费支出

单位:元

地区	消费性支出	
	2011	2012
全国	15160.89	16674.32
北京	21984.37	24045.86
天津	18424.09	20024.24
河北	11609.29	12531.12
山西	11354.3	12211.53
内蒙古	15878.07	17717.1
辽宁	14789.61	16593.6
吉林	13010.63	14613.53
黑龙江	12054.19	12983.55
上海	25102.14	26253.47
江苏	16781.74	18825.28
浙江	20437.45	21545.18
安徽	13181.46	15011.66
福建	16661.05	18593.21
江西	11747.21	12775.65
山东	14560.67	15778.24
河南	12336.47	13732.96
湖北	13163.77	14495.97
湖南	13402.87	14608.95
广东	20251.82	22396.35
广西	12848.37	14243.98
海南	12642.75	14456.55
重庆	14974.49	16573.14
四川	13696.3	15049.54
贵州	11352.88	12585.7
云南	12248.03	13883.93
西藏	10398.91	11184.33
陕西	13782.75	15332.84
甘肃	11188.57	12847.05
青海	10955.46	12346.29
宁夏	12896.04	14067.15
新疆	11839.4	13891.72

3-3 全国及各省市区农村居民家庭人均总收入

单位:元

地 区	2006	2007	2008	2009	2010	2011	2012
全 国	5025.1	5791.1	6700.7	7115.6	8119.5	9833.1	10990.7
北 京	9821.3	11106.3	12530.3	13844.9	15119.6	17424	19132.2
天 津	8586.2	9394.7	10424.8	11688.6	13258.4	15649.7	18019.1
河 北	5426.8	6164.0	6905.7	7228.5	8293.9	10046.9	11189.4
山 西	3992.9	4680.9	5260.6	5496.8	6393.6	7419.9	8203.7
内蒙古	5802.5	6787.3	8059.2	8403.4	9358.0	11972.5	13647.2
辽 宁	6521.4	7680.4	9346.4	9912.6	10902.5	13898.1	15274.6
吉 林	5734.1	6609.2	8322.5	8644.0	10085.5	13243.5	15018.8
黑龙江	6238.7	7732.4	9545.5	9385.2	11526.8	14621.8	16557.9
上 海	9817.5	10951.2	12292.9	13186.5	14777.6	17305.8	19078
江 苏	7267.4	8111.3	9092.8	9747.0	11138.5	13838.5	15347.5
浙 江	9453.9	10825.6	12260.0	13421.9	15366.5	17260.6	18631.1
安 徽	4130.1	4831.8	5769.8	6000.6	6895.6	8469.1	9630.2
福 建	5982.0	6775.4	7655.3	8204.9	8993.1	10769	12136.8
江 西	4555.9	5346.8	6170.4	6552.7	7468.5	8994.5	10040.3
山 东	6188.5	7150.3	8136.7	8683.8	9877.3	12146.7	13645.3
河 南	4459.4	5196.8	5994.4	6414.4	7293.4	8724.6	9829.4
湖 北	4580.8	5365.8	6266.3	6663.1	7699.3	9387.2	10525.7
湖 南	4737.0	5360.1	6200.6	6628.3	7480.4	9141.8	10030.3
广 东	6292.7	6876.9	7790.9	8264.5	9386.8	11080.2	12521.4
广 西	3998.2	4586.6	5256.1	5535.2	6181.5	7521.1	8458.9
海 南	4507.1	5136.9	5870.8	6195.8	6904.9	8646.5	9843.8
重 庆	3814.2	4532.4	5443.7	5798.8	6726.7	8421.5	9551.6
四 川	4342.8	5097.0	5903.3	6238.5	6982.8	8656.5	9497.8
贵 州	2799.4	3218.0	3889.7	4050.4	4560.5	5659.6	6443.9
云 南	3593.6	4215.1	4889.1	5105.3	5837.6	7396.6	8488.1
西 藏	3158.1	3700.7	4085.8	4497.4	5084.1	6137.5	6986.2
陕 西	3337.6	3816.2	4483.7	4830.7	5793.6	7044.1	7999.4
甘 肃	3105.8	3340.9	3959.2	4291.0	4771.9	5878	6705
青 海	3208.5	3663.5	4177.9	4430.6	5042.2	6491.2	7039.8
宁 夏	4565.4	5245.2	6173.9	6627.3	7330.8	8388.9	9485.8
新 疆	5166.2	6068.8	6688.7	7269.5	8806.9	11590.9	13675.8

3-4 全国及各省市区农村居民家庭人均总支出

单位:元

地 区	2006	2007	2008	2009	2010	2011	2012
全 国	4485.4	5137.7	5915.7	6333.9	6991.8	8641.6	9605.5
北 京	7626.1	8399.5	9732.7	11607.4	11864.1	14503.4	15292.8
天 津	5812.4	6161.1	6579.5	7462.6	8329.1	10361.1	12663.2
河 北	4251.4	4812.3	5480.5	5619.0	6402.9	8148.9	8927
山 西	3231.0	3860.7	4609.3	4875.8	5566.8	6936.1	7946.1
内蒙古	5491.5	6485.1	7520.9	8146.5	9114.1	11828.1	13379.9
辽 宁	5959.4	6922.2	8289.7	9146.2	9604.7	12241.4	13327
吉 林	5209.5	6295.4	7867.1	8689.5	9182.4	12715.1	14480
黑龙江	6070.3	7631.6	9593.4	9792.2	10982.0	13073.3	14225.4
上 海	9344.1	10428.8	10844.9	11435.8	11973.9	13458.2	14727.2
江 苏	5933.8	6836.8	7484.3	8027.6	9163.6	11939.8	13219.5
浙 江	8790.0	9835.7	11219.9	11730.1	13646.6	14875.8	15794
安 徽	3762.6	4192.2	5048.3	5378.0	5909.6	7602.9	8562.6
福 建	4910.2	5604.4	6440.4	6850.5	7414.4	8944	10132.1
江 西	3975.8	4506.0	5040.6	5306.2	5904.3	7280.6	7872
山 东	5090.5	5863.2	6697.4	7258.2	7981.0	10298.7	11462.9
河 南	3637.7	4212.6	4832.4	5220.1	5767.4	6858.6	7852.1
湖 北	3999.5	4565.4	5402.1	5537.6	6131.2	7971.5	8923.7
湖 南	4503.1	5009.9	5695.0	6024.2	6507.9	8480.5	9356.8
广 东	5205.3	5585.4	6458.3	6556.2	7199.1	8846.1	9795.6
广 西	3740.5	4240.0	4734.6	4957.8	5270.8	6792.1	7753.5
海 南	3495.2	3924.3	4438.9	4569.1	5067.5	6511.3	7379.1
重 庆	3294.0	3756.1	4422.1	4753.3	5495.6	7035.8	7942.2
四 川	3882.6	4498.9	5154.8	6330.5	6166.4	7641.8	8366.1
贵 州	2629.5	2960.4	3590.5	3862.8	4350.3	5722.5	6370.2
云 南	3686.9	4399.7	4923.2	4855.5	5522.9	7000.4	7746
西 藏	2713.7	3054.1	2921.9	3304.9	3474.9	3834.2	3968.3
陕 西	3486.3	4067.7	4629.9	5245.8	5998.2	7184.2	8071.2
甘 肃	2957.1	3162.9	3784.8	4255.0	4528.5	5932.3	6657.4
青 海	3170.8	3638.6	4307.6	4626.6	5186.8	6835.1	7406.6
宁 夏	4358.6	5050.7	6095.0	6411.0	7191.6	8669.9	9707.1
新 疆	4758.2	5774.1	6229.9	6847.5	8241.0	11250.2	13536.1

3-5　全国及各省市区农村居民家庭人均纯收入

单位:元

地　区	2006	2007	2008	2009	2010	2011	2012
全　国	3587.0	4140.4	4760.6	5153.2	5919.0	6977.3	7916.6
北　京	8275.5	9439.6	10061.9	11668.6	13262.3	14735.7	16475.7
天　津	6227.9	7010.1	7910.8	8687.6	10074.9	12321.2	14025.5
河　北	3801.8	4293.4	4795.3	5149.7	5958.0	7119.7	8081.4
山　西	3180.9	3665.7	4097.2	4244.1	4736.3	5601.4	6356.6
内蒙古	3341.9	3953.1	4656.2	4937.8	5529.6	6641.6	7611.3
辽　宁	4090.4	4773.4	5576.5	5958.0	6907.9	8296.5	9383.7
吉　林	3641.1	4191.3	4932.7	5265.9	6237.4	7510	8598.2
黑龙江	3552.4	4132.3	4855.6	5206.8	6210.7	7590.7	8603.9
上　海	9138.7	10144.6	11440.3	12482.9	13978.0	16053.8	17803.7
江　苏	5813.2	6561.0	7356.5	8003.5	9118.2	10805	12202
浙　江	7334.8	8265.2	9257.9	10007.3	11302.6	13070.7	14551.9
安　徽	2969.1	3556.3	4202.5	4504.3	5285.2	6232.2	7160.5
福　建	4834.8	5467.1	6196.1	6680.2	7426.9	8778.6	9967.2
江　西	3459.5	4044.7	4697.2	5075.0	5788.6	6891.6	7829.4
山　东	4368.3	4985.3	5641.4	6118.8	6990.3	8342.1	9446.5
河　南	3261.0	3851.6	4454.2	4807.0	5523.7	6604	7524.9
湖　北	3419.4	3997.5	4656.4	5035.3	5832.3	6897.9	7851.7
湖　南	3389.6	3904.3	4512.5	4909.0	5622.0	6567.1	7440.3
广　东	5079.8	5624.0	6399.8	6906.9	7890.3	9371.7	10542.8
广　西	2770.5	3224.1	3690.3	3980.4	4543.4	5231.3	6007.6
海　南	3255.5	3791.4	4390.0	4744.4	5275.4	6446	7408
重　庆	2873.8	3509.3	4126.2	4478.4	5276.7	6480.4	7383.3
四　川	3002.4	3546.7	4121.2	4462.1	5086.9	6128.6	7001.4
贵　州	1984.6	2374.0	2796.9	3005.4	3471.9	4145.4	4753
云　南	2250.5	2634.1	3102.6	3369.3	3952.0	4722	5416.5
西　藏	2435.0	2788.2	3175.8	3531.7	4138.7	4904.3	5719.4
陕　西	2260.2	2644.7	3136.5	3437.6	4105.0	5027.9	5762.5
甘　肃	2134.1	2328.9	2723.8	2980.1	3424.7	3909.4	4506.7
青　海	2358.4	2683.8	3061.2	3346.2	3862.7	4608.5	5364.4
宁　夏	2760.1	3180.8	3681.4	4048.3	4674.9	5410	6180.3
新　疆	2737.3	3183.0	3502.9	3883.1	4642.7	5442.2	6393.7

3-6 全国及各省市区农村居民家庭人均经营收入

单位:元

地区	2006	2007	2008	2009	2010	2011	2012
全国	3310.0	2978.3	3370.5	4404.0	4937.5	5939.8	5313.1
北京	3407.0	3682.7	3570.4	3508.0	3530.7	3845.7	3754.4
天津	5031.5	4862.2	5038.9	6510.9	7034.8	7135	7620
河北	3637.8	3323.1	3543.7	4489.7	5034.0	5824.3	5345.6
山西	2393.4	2210.7	2394.6	3114.0	3615.8	3846.9	3137.8
内蒙古	4834.7	4352.9	4979.0	6702.5	7460.9	9500.7	8174.3
辽宁	4515.5	4681.2	5749.3	6830.1	7383.6	9632.2	9549.9
吉林	4573.0	4297.7	5788.4	6722.8	7835.0	10574.7	9790.8
黑龙江	5175.2	5456.1	6822.2	7406.0	9175.4	11737.7	10362.1
上海	1340.2	1274.9	1290.7	1203.1	1184.9	1884.4	1743.4
江苏	3636.4	3333.8	3690.6	4572.5	5068.0	6305.5	6080.6
浙江	5033.6	5573.6	6318.7	7084.6	8116.3	8910	8906.6
安徽	2719.3	2353.0	2630.8	3640.7	4146.0	5059.6	4496.1
福建	3549.3	3453.7	3844.3	4769.5	5051.9	5932.6	5870.3
江西	2895.9	2572.5	2947.4	4092.9	4508.7	5414	4608.3
山东	4174.5	4109.9	4574.4	5534.4	6181.3	7590.6	7452
河南	3278.8	2655.5	3045.9	4462.0	4968.6	5640.1	4829.6
湖北	3252.6	2888.2	3289.1	4435.7	5077.0	5942.4	5546.7
湖南	2899.4	2303.4	2600.0	3697.8	4021.2	4526.5	3760.8
广东	2847.4	2405.0	2622.1	3294.9	3606.7	5126.6	3693.9
广西	2898.7	2480.9	2723.2	3739.9	4094.3	3367.6	4488.6
海南	3688.1	3497.1	3780.5	4831.0	5147.9	5567.3	6050.2
重庆	2208.5	1442.5	1977.1	3298.3	3646.6	5942.4	3520.6
四川	2862.7	3195.7	2417.1	3763.0	4057.0	4526.5	3930.1
贵州	1881.1	1251.0	1670.8	2502.6	2674.2	5126.6	2460.4
云南	2952.4	2446.4	2721.7	3975.2	4339.1	3367.6	4539.3
西藏	2125.2	1566.2	1759.0	2913.5	3250.2	4366.4	3397.9
陕西	2265.9	1989.7	2186.4	2921.6	3533.7	3934.3	3664
甘肃	2251.6	1670.4	1806.8	2878.6	3193.8	3778.5	3241.6
青海	2208.6	1675.8	1731.3	2725.5	3056.1	3870.6	2935.6
宁夏	3444.2	3061.4	3392.6	4656.2	5034.6	5650.8	5092.5
新疆	4737.4	4675.6	4936.2	6444.1	7795.3	9988.4	10422.8

3-7　全国及各省市区农村居民家庭人均经营费用支出

单位:元

地　区	2006	2007	2008	2009	2010	2011	2012
全　国	1242.3	1432.7	1700.1	1704.5	1915.6	2431.1	2626
北　京	1286.3	1383.5	1650.1	1531.6	1564.2	2182.3	2143.5
天　津	2094.3	2079.3	2662.3	2235.5	2831.7	2914.9	3498.4
河　北	1400.3	1627.8	1827.5	1860.3	2072.3	2472.2	2647.8
山　西	689.6	872.4	1081.6	1018.6	1474.5	1522.3	1556.6
内蒙古	2162.1	2501.3	3097.7	3064.6	3434.4	4677.5	5357.1
辽　宁	2126.6	2609.2	3551.9	3386.6	3618.8	4834	5175.8
吉　林	1792.4	2045.1	2966.8	2978.6	3399.2	5170.7	5789.9
黑龙江	2430.3	3282.9	3756.1	4309.0	4877.0	6363.2	7164.1
上　海	527.6	667.4	588.8	714.3	570.5	930.4	947.4
江　苏	1193.6	1274.9	1411.9	1417.3	1604.7	2517.6	2603.1
浙　江	1678.4	2087.3	2876.0	2531.3	3445.8	3499.6	3360.9
安　徽	973.1	1062.2	1240.5	1317.6	1357.8	1829.5	2026.6
福　建	922.2	1106.4	1283.2	1255.2	1319.6	1636.9	1824.5
江　西	951.7	1148.6	1297.2	1307.9	1484.5	1837.7	1935
山　东	1571.7	1852.0	2165.9	2139.4	2463.8	3270.3	3606.7
河　南	1054.1	1194.5	1418.7	1377.7	1562.5	1838	2009.7
湖　北	1071.5	1262.0	1489.4	1493.0	1713.2	2199.1	2402.7
湖　南	1069.9	1150.6	1344.3	1374.4	1464.5	1967.6	1984.9
广　东	1095.1	1123.3	1207.0	1267.7	1326.6	1517.4	1741.6
广　西	1120.1	1243.9	1406.3	1437.4	1475.2	2000.1	2132.6
海　南	1100.8	1208.9	1279.9	1349.5	1423.4	1953.9	2175
重　庆	791.1	846.3	1097.2	1139.1	1217.9	1571.9	1740.7
四　川	1167.9	1368.5	1555.1	1578.7	1654.1	2109.6	2059.3
贵　州	699.9	723.0	872.5	944.6	871.6	1218.9	1367
云　南	1208.1	1423.9	1547.4	1611.8	1672.1	2308	2396.4
西　藏	430.2	572.6	567.4	526.9	555.6	616.8	622.2
陕　西	947.2	1011.6	1210.7	1181.8	1489.4	1725.3	1927.5
甘　肃	849.0	884.5	1164.5	1096.7	1192.4	1625.9	1849.6
青　海	703.3	795.9	880.0	930.8	898.2	1490	1238.5
宁　夏	1551.2	1769.9	2214.2	2194.4	2244.6	2584.5	2851.2
新　疆	2226.8	2630.3	3100.9	2918.4	3800.2	5621	6683

3-8 全国及各省市区农村居民家庭人均现金收入

单位:元

地 区	2006	2007	2008	2009	2010	2011	2012
全 国	4301.9	4958.4	5737.0	6270.2	7088.8	8638.5	9787.2
北 京	9643.9	10859.2	12223.7	13496.9	14793.8	17157.9	18902.1
天 津	8105.8	8960.8	9852.4	11070.6	12509.0	15327.7	17609.1
河 北	4729.1	5371.3	5927.1	6526.5	7248.6	8958.1	10226.3
山 西	3419.8	4040.3	4496.3	4939.9	5667.4	6396.6	7066.3
内蒙古	4674.5	5483.2	6399.2	7155.3	7718.2	9750.9	11064.5
辽 宁	5783.5	6854.0	8449.5	9219.6	9907.7	12855.2	14171.2
吉 林	4712.9	5530.3	7415.9	7977.9	8386.0	10792.7	12675
黑龙江	5577.8	6675.2	8419.6	8779.9	10431.0	11716	13397.3
上 海	9592.6	10772.1	1231.5	13022.8	14603.8	17079.4	18868
江 苏	6544.2	7392.1	8291.9	9019.7	10230.8	13053.4	14523.9
浙 江	9093.2	10496.6	11947.8	13133.7	15042.9	16916.8	18381.8
安 徽	3530.0	4092.1	4775.9	5224.7	5959.8	7464.5	8505.1
福 建	5471.8	6136.4	6937.3	7459.0	8270.2	9927.8	11374.4
江 西	3807.7	4451.8	5146.2	5627.6	6462.1	7863.2	8797.2
山 东	5636.4	6433.9	7326.8	8057.9	9093.7	11086.2	12758.1
河 南	3536.6	4109.4	4807.5	5232.5	5900.0	7318.1	8444.6
湖 北	3793.2	4499.0	5256.3	5718.4	6664.4	8232.9	9337
湖 南	3930.3	4455.2	5137.2	5763.2	6433.0	7887.1	8726.9
广 东	5726.7	6255.7	7078.2	7543.1	8638.6	10262	11777.2
广 西	3254.5	3769.9	4260.4	4537.1	5151.6	6448.8	7380.5
海 南	3912.5	4451.8	4962.5	5411.7	6118.3	8085.6	9337.1
重 庆	2834.6	3406.0	4173.8	4624.9	5312.9	6963.3	8122.4
四 川	3367.0	3939.8	4534.2	4978.6	5626.2	7248.7	8090.6
贵 州	2097.1	2347.3	3013.0	3188.3	3448.3	4439.5	5078.3
云 南	2664.8	3190.6	3692.3	3876.1	4565.2	5951.3	6693.1
西 藏	2229.1	2576.3	2983.5	3395.8	3652.4	4587.1	5396.3
陕 西	2833.0	3300.0	3866.5	4270.4	5032.7	6323.9	7209
甘 肃	2401.7	2567.5	2986.3	3517.2	3856.0	4914	5668.4
青 海	2592.6	2905.0	3198.2	3752.6	4096.3	5263.4	6154.9
宁 夏	3728.6	4316.8	5004.1	5379.9	5879.2	7034.3	8247
新 疆	4465.3	5248.8	5657.7	6231.8	7517.3	10258.7	12596.5

3-9 全国及各省市区农村居民家庭人均现金支出

单位:元

地 区	2006	2007	2008	2009	2010	2011	2012
全 国	3931.8	4533.1	5257.9	5694.8	6307.4	7984.9	9605.5
北 京	7555.1	8282.7	9641.9	11522.4	11753.2	14361.3	15292.8
天 津	5697.5	6036.6	6458.4	7338.1	8211.2	10302.3	12663.2
河 北	3913.5	4456.9	5101.1	5265.6	6011.1	7879.2	8927
山 西	2958.1	3571.2	4280.9	4532.8	5170.0	6522	7946.1
内蒙古	4656.6	5466.3	6399.8	7072.2	8093.0	10422.6	13379.9
辽 宁	5447.0	6353.2	7626.5	8508.9	8937.5	11667.9	13327
吉 林	4754.5	5785.5	7341.0	8129.7	8646.2	11936.7	14480
黑龙江	5634.1	7149.8	8966.1	9265.5	10535.6	12534.7	14225.4
上 海	9137.1	10237.3	10679.6	11261.7	11799.1	13227.4	14727.2
江 苏	5397.2	6289.4	6933.8	7467.9	8587.3	11452.5	13219.5
浙 江	8523.7	9583.9	10959.9	11472.6	13374.7	14663	15794
安 徽	3324.6	3732.7	4556.5	4899.2	5377.4	7072.6	8562.6
福 建	4508.7	5115.0	5837.9	6310.0	6868.0	8479.7	10132.1
江 西	3350.6	3833.5	4410.0	4675.1	5219.1	6615.1	7872
山 东	4712.0	5491.1	6317.4	6886.8	7589.5	9913.7	11462.9
河 南	3211.2	3782.6	4404.7	4773.4	5326.9	6557.3	7852.1
湖 北	3267.1	3740.6	4496.9	4723.5	5294.4	7194.8	8923.7
湖 南	3765.5	4245.1	4825.6	5130.9	5567.8	7521.8	9356.8
广 东	4693.1	5059.4	5844.7	5934.0	6530.9	8231.2	9795.6
广 西	3121.1	3522.5	3931.7	4146.3	4475.6	5959.5	7753.5
海 南	2953.4	3255.3	3764.3	3879.0	4369.0	6107.3	7379.1
重 庆	2407.2	2774.5	3355.1	3750.9	4313.9	5910	7942.2
四 川	2941.6	3462.6	4098.9	5217.9	5003.4	6574.7	8366.1
贵 州	1948.9	2112.3	2701.8	3039.2	3339.5	4659.8	6370.2
云 南	2763.5	3338.2	3737.4	3781.3	4293.2	5754.3	7746
西 藏	1927.9	2175.9	2081.3	2489.9	2622.4	3122.4	3968.3
陕 西	3119.2	3670.1	4213.8	4847.6	5562.3	6839.1	8071.2
甘 肃	2327.0	2521.1	3003.4	3540.8	3734.5	5208.1	6657.4
青 海	2495.2	2920.7	3457.4	3934.9	4333.1	5982.1	7406.6
宁 夏	3643.8	4306.9	5114.5	5423.5	6129.5	7795.1	9707.1
新 疆	4317.6	5290.0	5633.1	6218.9	7464.2	10586	13536.1

3-10 全国及各省市区农村居民家庭人均生活消费支出

单位:元

地 区	2006	2007	2008	2009	2010	2011	2012
全 国	2829.0	3223.9	3660.7	3993.5	4381.8	5221.1	5908
北 京	5724.5	6399.3	7284.7	8897.6	9254.8	11077.7	11878.9
天 津	3341.1	3538.3	3825.4	4273.2	4936.7	6725.4	8336.5
河 北	2495.3	2786.8	3125.6	3349.7	3844.9	4711.2	5364.1
山 西	2253.3	2682.6	3097.5	3304.8	3663.9	4587	5566.2
内蒙古	2772.0	3256.2	3618.1	3968.4	4460.8	5507.7	6382
辽 宁	3066.9	3368.2	3814.0	4254.0	4489.5	5406.4	5998.4
吉 林	2700.7	3065.4	3443.2	3902.9	4147.4	5305.8	6186.2
黑龙江	2618.2	3117.4	3844.7	4241.3	4391.2	5333.6	5718
上 海	8006.0	8844.9	9119.7	9804.4	10210.5	11049.3	11971.5
江 苏	4135.2	4786.2	5328.4	5804.5	6542.9	8094.6	9138.2
浙 江	6057.2	6801.6	7534.1	7731.7	8928.9	9965.1	10652.7
安 徽	2420.9	2754.0	3284.1	3655.0	4013.3	4957.3	5556
福 建	3591.4	4053.5	4661.9	5015.7	5498.3	6540.9	7401.9
江 西	2676.6	2994.5	3309.2	3532.7	3911.6	4659.9	5129.5
山 东	3143.8	3621.6	4077.1	4417.2	4807.2	5900.6	6776
河 南	2229.3	2676.4	3044.2	3388.5	3682.2	4320	5032.1
湖 北	2732.5	3090.0	3652.6	3725.2	4090.8	5010.7	5726.7
湖 南	3013.3	3377.4	3805.0	4020.9	4310.4	5179.4	5870.1
广 东	3886.0	4202.3	4872.5	5019.8	5515.6	6725.6	7458.6
广 西	2413.9	2747.5	2985.0	3231.1	3455.3	4210.9	4933.6
海 南	2232.2	2556.6	2883.1	3088.6	3446.2	4166.1	4776.3
重 庆	2205.2	2526.7	2884.9	3142.1	3624.6	4502.1	5018.6
四 川	2395.0	2747.3	3127.9	4141.4	3897.5	4675.5	5366.7
贵 州	1627.1	1913.7	2165.7	2422.0	2852.5	3455.8	3901.7
云 南	2195.6	2637.2	2990.6	2924.9	3398.3	3999.9	4561.3
西 藏	2002.2	2217.6	2199.6	2399.5	2666.9	2741.6	2967.6
陕 西	2181.0	2559.6	2979.4	3349.2	3793.8	4491.7	5114.7
甘 肃	1855.5	2017.2	2401.0	2766.5	2942.0	3664.9	4146.2
青 海	2179.0	2446.5	2896.6	3209.4	3774.5	4536.8	5338.9
宁 夏	2247.0	2528.8	3094.9	3347.9	4013.2	4726.6	5351.4
新 疆	2032.4	2350.6	2691.8	2950.6	3457.9	4397.8	5301.3

3-11 甘肃与全国主要分类指数

（上年 =100）

指 标	2006		2007		2008	
	全国平均	甘肃	全国平均	甘肃	全国平均	甘肃
居民消费价格指数	101.5	101.3	104.8	105.5	105.9	108.2
食品	102.3	103.7	112.3	112.1	114.3	116.2
粮食	102.7	103.4	106.3	106.8		107.2
肉禽及其制品	97.1	98.4	131.7	133.2		126.6
蛋	96.0	95.4	121.8	127.1		101.2
水产品	101.2	100.3	105.1	105.0		116.2
鲜菜	108.2	118	107.3	103.8		109.2
鲜果	121.5	119.6	100.1	100.2		104.7
烟酒及用品	100.6	99.2	101.7	101.8	102.9	104.4
衣着	99.4	94.7	99.4	98.5	98.5	100.6
家庭设备用品及服务	101.2	100.5	101.9	102.9	102.8	103.1
医疗保健及个人用品	101.1	102.8	102.1	107.0	102.9	103.5
交通和通信	99.9	100.3	99.1	98.7	99.1	99.6
娱乐教育文化用品及服务	99.5	98.1	99.0	99.7	99.3	100.5
居住	104.6	105.2	104.5	107.0	105.5	111.3
商品零售价格指数	101.0	101.2	103.8	104.4	105.9	107.9
食品	102.6	104.0	112.3	112.5	114.4	116.5
饮料、烟酒	100.7	100.0	101.8	102.4	103.4	105.1
服装、鞋帽	99.8	94.5	99.4	97.9	98.4	100.4
纺织品	100.0	100.3	100.2	97.8	100.5	98.9
家用电器及音像器材	97.3	98.6	97.4	96.9	96.9	97.5
文化办公用品	97.6	98.6	97.0	98.3	96.8	98.6
日用品	100.8	97.8	101.1	101.9	103.7	104.6
体育娱乐用品	98.5	98.6	97.4	99.3	97.7	100.0
交通、通信用品	92.3	95.8	92.7	92.9	93.2	95.0
家具	100.1	101.4	101.6	103.4	102.6	103.3
化妆品	99.8	101.7	100.2	99.8	100.7	101.0
金银珠宝	119.7	118.3	107.9	108.7	116.8	124.2
中西药品及医疗保健用品	99.1	100.7	102.0	110.3	103.1	104.0
书报杂志及电子出版物	100.2	100.9	99.7	96.2	101.5	101.1
燃料	112.4	111.2	104.2	103.2	116.0	119.1
建筑材料及五金电料	103.0	101.3	105.1	103.5	107.9	109.6
农业生产资料价格指数	101.5	104.4	107.7	107.1	120.3	114.7

3-11 续表1

（上年=100）

指标	2009		2010		2011		2012	
	全国平均	甘肃	全国平均	甘肃	全国平均	甘肃	全国平均	甘肃
居民消费价格指数	99.3	101.3	103.3	104.1	105.4	105.9	102.6	102.7
食品	100.7	103.5	107.2	109.4	111.8	111.4	104.8	104.1
粮食	105.6	105.2	111.8	120.8	112.2	110.5	104.0	102.3
肉禽及其制品	91.3	93.2	102.9	105.2	122.6	122.4	102.1	104.2
蛋	101.6	103.3	108.3	109.1	114.2	116.0	97.1	97.4
水产品	102.5	103.1	108.1	108.8	112.1	109.1	108.0	105.2
鲜菜	115.4	122.1	118.7	109.4	100.5	103.3	115.9	110.7
鲜果	109.1	112.9	115.6	120.1	116.4	115.1	98.8	96.5
烟酒及用品	101.5	102.6	101.6	102.8	102.8	101.8	102.9	103.0
衣着	98.0	99.8	99.0	100.0	102.1	101.3	103.1	102.6
家庭设备用品及服务	100.2	101.4	100.0	100.6	102.4	101.6	101.9	101.1
医疗保健及个人用品	101.2	101.4	103.2	103.5	103.4	105.8	102.0	103.8
交通和通信	97.6	97.5	99.6	99.3	100.5	101.1	99.9	100.4
娱乐教育文化用品及服务	99.3	100.3	100.6	100.4	100.4	102.9	100.5	101.0
居住	96.4	101.0	104.5	104.1	105.3	105.7	102.1	101.8
商品零售价格指数	98.8	101.8	103.1	104.6	104.9	105.4	102.0	102.6
食品	100.9	103.3	107.6	109.7	111.9	111.3	104.8	104.4
饮料、烟酒	101.7	103.3	101.7	103.6	103.3	103.2	103.3	103.6
服装、鞋帽	97.9	99.8	98.8	99.7	101.8	100.5	102.9	103.2
纺织品	99.6	101.2	101.2	100.8	105.7	102.1	101.5	101.8
家用电器及音像器材	94.2	97.8	96.1	98.0	96.9	98.1	97.7	98.7
文化办公用品	96.2	97.9	97.8	98.6	97.6	99.7	98.1	99.9
日用品	102.0	102.9	100.3	100.2	102.3	102.9	102.1	102.3
体育娱乐用品	97.8	100.8	98.3	100.1	100.9	100.1	101.0	100.2
交通、通信用品	93.7	100.9	95.6	103.4	96.1	95.7	96.0	95.1
家具	99.7	102.3	100.1	100.2	102.3	100.5	101.3	100.5
化妆品	100.8	100.7	100.4	100.4	101.3	101.5	102.2	103.0
金银珠宝	95.6	93.9	114.5	111.4	114.3	114.5	101.0	105.6
中西药品及医疗保健用品	101.5	100.9	104.3	103.6	103.9	108.7	102.1	104.9
书报杂志及电子出版物	105.0	100.9	101.3	102.3	100.8	104.4	101.4	100.6
燃料	92.7	101.4	112.3	111.1	111.1	110.7	102.9	102.6
建筑材料及五金电料	98.4	103.3	103.5	102.3	105.1	101.8	100.3	100.4
农业生产资料价格指数	97.5	99.0	102.9	101.7	111.3	107.6	105.6	105.2

3-12　全国及各省市区居民消费价格指数

（上年 =100）

地　区	2006		2007		2008		2009		2010		2011		2012	
	指数	排位	指数	排位	指数	排位	指数	排位	指数	排位	指数	排位	指数	排位
全国平均	101.5		104.8		105.9		99.3		103.3		105.4		102.6	
北　京	100.9	14	102.4	21	105.1	19	98.5	19	102.4	30	105.6	6	103.3	3
天　津	101.5	8	104.2	17	105.4	17	99.0	17	103.5	12	104.9	13	102.7	8
河　北	101.7	6	104.7	13	106.2	12	99.3	13	103.1	18	105.7	5	102.6	9
山　西	102.0	3	104.6	14	107.2	7	99.6	12	103.0	23	105.2	10	102.5	10
内蒙古	101.5	8	104.6	14	105.7	15	99.7	11	103.2	14	105.6	6	103.1	5
辽　宁	101.2	11	105.1	10	104.6	21	100.0	10	103.0	23	105.2	10	102.8	7
吉　林	101.4	9	104.8	12	105.1	19	100.1	9	103.7	10	105.2	10	102.5	10
黑龙江	101.9	4	105.4	7	105.6	16	100.2	8	103.9	7	105.8	4	103.2	4
上　海	101.2	11	103.2	20	105.8	14	99.6	12	103.1	18	105.2	10	102.8	7
江　苏	101.6	7	104.3	16	105.4	17	99.6	12	103.8	8	105.3	9	102.6	9
浙　江	101.1	12	104.2	17	105.0	20	98.5	19	103.8	8	105.4	8	102.2	13
安　徽	101.2	11	105.3	8	106.2	12	99.1	16	103.1	18	105.6	6	102.3	12
福　建	100.8	15	105.2	9	104.6	21	98.2	21	103.2	14	105.3	9	102.4	11
江　西	101.2	11	104.8	12	106.0	13	99.3	13	103.0	23	105.2	10	102.7	8
山　东	101.0	13	104.4	15	105.3	18	100.0	10	102.9	27	105.0	12	102.1	14
河　南	101.3	10	105.4	7	107.0	8	99.4	14	103.5	12	105.6	6	102.5	10
湖　北	101.6	7	104.8	12	106.3	11	99.6	12	102.9	27	105.8	4	102.9	6
湖　南	101.4	9	105.6	5	106.0	13	99.6	12	103.1	18	105.5	7	102.0	15
广　东	101.8	5	103.7	18	105.6	16	97.7	23	103.1	18	105.3	9	102.8	7
广　西	101.3	10	106.1	3	107.8	5	97.9	22	103.0	23	105.9	3	103.2	4
海　南	101.5	8	105.0	11	106.9	9	99.3	15	104.8	2	106.1	2	103.2	4
重　庆	102.4	1	104.7	13	105.6	16	98.4	20	103.2	14	105.3	9	102.6	9
四　川	102.3	2	105.9	4	105.1	19	100.8	4	103.2	14	105.3	9	102.5	10
贵　州	101.7	6	106.4	2	107.6	6	98.7	18	102.9	27	105.1	11	102.7	8
云　南	101.9	4	105.9	4	105.7	15	100.4	7	103.7	10	104.9	13	102.7	8
西　藏	102.0	3	103.4	19	105.7	15	101.4	2	102.2	31	105.0	12	103.5	2
陕　西	101.5	8	105.1	10	106.4	10	100.5	6	104.0	6	105.7	5	102.8	7
甘　肃	101.3	10	105.5	6	108.2	3	101.3	3	104.1	4	105.9	3	102.7	8
青　海	101.6	7	106.6	1	110.1	1	102.6	1	105.4	1	106.1	2	103.1	5
宁　夏	101.9	4	105.4	7	108.5	2	100.7	5	104.1	4	106.3	1	102.0	15
新　疆	101.3	10	105.5	6	108.1	4	100.7	5	104.3	3	105.9	3	103.8	1

3-13 全国及各省市区商品零售价格指数

（上年=100）

地区	2006		2007		2008		2009		2010		2011		2012	
	指数	排位	指数	排位	指数	排位	指数	排位	指数	排位	指数	排位	指数	排位
全国平均	101.0		103.8		105.9		98.8		103.1		104.9		102.0	
北京	100.2	16	100.8	22	104.4	21	97.8	17	100.4	31	103.2	16	100.6	18
天津	100.4	14	103.2	18	105.1	17	98.9	12	103.4	10	104.7	11	103.0	2
河北	101.5	5	104.1	11	106.7	8	99.0	11	103.1	17	105.0	8	102.2	9
山西	101.2	8	104.2	10	107.2	6	99.1	10	102.3	27	104.9	9	101.8	13
内蒙古	101.4	6	103.6	15	104.7	20	99.5	7	103.0	21	104.9	9	102.5	6
辽宁	101.3	7	104.4	8	105.3	16	99.8	6	103.2	13	105.0	8	102.2	9
吉林	101.5	5	103.3	17	106.2	10	99.3	9	104.1	5	104.9	9	101.7	14
黑龙江	101.5	5	105.6	2	105.8	13	98.9	12	103.1	17	104.5	13	102.2	9
上海	100.2	16	102.4	20	105.3	16	99.4	8	101.7	28	104.1	14	101.2	16
江苏	100.8	11	102.9	19	104.9	19	98.9	12	103.2	13	104.6	12	102.1	10
浙江	100.8	11	103.8	13	106.3	9	98.8	13	103.9	6	105.5	4	101.9	12
安徽	100.8	11	104.5	7	106.3	9	99.0	11	103.2	13	105.3	6	102.1	10
福建	100.5	13	104.3	8	105.7	14	97.9	17	103.4	10	104.8	10	101.8	13
江西	101.2	8	104.0	12	106.1	11	99.1	10	102.7	25	104.8	10	102.1	10
山东	100.6	12	103.6	15	104.9	19	99.4	8	102.7	25	104.7	11	101.6	15
河南	100.9	10	104.4	8	107.5	5	99.4	8	103.7	7	105.7	2	102.3	8
湖北	101.1	9	104.2	10	106.3	9	98.6	14	103.1	17	105.6	3	102.6	5
湖南	101.3	7	104.3	9	105.6	15	98.5	15	103.1	17	105.5	4	101.7	14
广东	101.5	5	103.4	16	106.0	12	96.8	18	103.3	12	105.1	7	102.2	9
广西	100.3	15	104.8	6	107.6	4	98.0	16	103.0	21	106.0	1	102.3	8
海南	101.3	7	103.8	13	106.7	8	98.5	15	104.6	1	105.4	5	102.7	4
重庆	101.6	4	103.7	14	105.0	18	97.3	20	101.7	28	104.7	11	101.6	15
四川	101.7	3	105.3	3	105.3	16	100.1	4	103.0	21	104.6	12	101.6	15
贵州	100.9	10	104.2	10	107.2	6	97.6	19	103.0	21	105.5	4	102.0	11
云南	100.8	11	104.4	9	106.1	11	100.1	4	103.6	8	105.1	7	102.4	7
西藏	100.2	16	101.7	21	103.9	22	99.5	7	101.0	30	103.7	15	102.9	3
陕西	101.8	2	105.0	5	106.9	7	99.9	5	103.6	8	104.8	10	102.3	8
甘肃	101.2	8	104.4	9	107.9	3	101.8	1	104.6	1	105.4	5	102.6	5
青海	102.0	1	106.0	1	110.6	1	101.6	2	104.3	4	105.4	5	102.1	10
宁夏	101.3	7	104.1	11	108.5	2	99.5	7	103.2	13	105.3	6	101.0	17
新疆	101.8	2	105.1	4	108.5	2	100.4	3	104.6	1	105.1	7	103.3	1

3-14 全国和36个大中城市居民消费价格指数

（上年=100）

地 区	2006		2007		2008		2009		2010		2011		2012	
	指数	排位	指数	排位	指数	排位	指数	排位	指数	排位	指数	排位	指数	排位
全国平均	101.5		103.9		105.7		99.2		103.1		105.3		102.8	
北 京	100.9	14	102.4	21	105.1	18	98.5	18	102.4	33	105.6	2	103.3	2
天 津	101.5	9	104.2	13	105.4	16	99.0	15	103.5	11	104.9	8	102.7	8
石家庄	101.8	6	104.3	12	106.7	7	100.3	6	103.0	19	105.7	1	102.8	7
太 原	101.6	8	104.1	14	107.4	4	99.9	9	103.0	19	105.4	4	102.1	14
呼和浩特	101.7	7	103.7	17	104.6	22	100.1	8	102.6	31	105.5	3	103.1	4
沈 阳	101.8	6	104.5	10	104.4	23	99.9	9	102.9	25	105.4	4	103.0	5
大 连	101.4	10	104.0	15	104.4	23	100.2	7	102.7	28	105.4	4	103.4	1
长 春	101.3	11	103.7	16	104.4	23	99.8	10	103.6	10	105.5	3	102.3	12
哈尔滨	101.1	13	104.1	14	104.7	21	100.2	7	103.7	8	105.6	2	103.2	3
上 海	101.2	12	103.2	20	105.8	13	99.6	12	103.1	18	105.2	6	102.8	7
南 京	101.7	7	103.7	16	106.2	9	100.1	8	104.2	2	105.4	4	102.7	8
杭 州	101.2	12	103.5	18	104.9	20	98.6	17	103.9	5	104.8	9	102.5	10
宁 波	101.9	5	103.9	16	105.0	19	99.4	13	103.7	8	105.3	5	101.7	16
合 肥	100.9	14	105.6	3	106.4	8	99.1	14	102.7	28	105.7	1	102.2	16
福 州	100.3	17	104.1	123	104.2	25	98.7	16	103.5	11	104.9	8	102.0	15
厦 门	100.8	15	104.6	9	104.9	20	97.3	23	103.0	19	105.2	6	102.1	14
南 昌	101.9	5	104.3	12	106.1	10	99.7	11	103.3	15	105.0	7	102.9	6
济 南	100.9	14	103.9	17	105.7	14	100.3	6	102.1	36	105.4	4	102.4	11
青 岛	100.9	14	104.5	10	104.7	21	100.5	4	102.2	34	105.0	7	102.7	8
郑 州	101.4	10	105.6	3	106.1	10	99.8	10	103.0	19	104.9	8	102.7	8
武 汉	101.4	10	104.1	13	105.7	14	99.4	13	103.0	19	105.2	6	102.8	7
长 沙	101.1	13	104.9	7	105.2	17	99.4	13	102.9	25	105.5	3	102.3	12
广 州	102.3	3	103.4	19	105.9	12	97.5	22	103.2	16	105.5	3	103.0	5
深 圳	102.2	4	104.1	13	105.9	12	98.7	16	103.5	11	105.4	4	102.8	7
南 宁	102.5	1	104.4	11	108.4	1	98.2	20	102.5	32	105.7	1	102.9	6
海 口	101.3	11	104.4	11	105.8	13	99.9	9	104.2	2	105.4	4	103.3	2
重 庆	102.4	2	104.7	8	105.6	15	98.4	19	103.2	16	105.3	5	102.6	9
成 都	101.8	6	105.2	5	104.3	24	100.3	6	103.0	19	105.4	4	103.0	5
贵 阳	101.1	13	105.1	6	107.0	6	97.7	21	102.9	25	105.5	3	102.6	9
昆 明	101.6	8	105.8	2	105.8	13	100.8	3	104.2	2	104.9	8	103.1	4
拉 萨	100.6	16	103.2	20	106.4	8	101.7	2	102.2	34	105.0	7	103.2	3
西 安	101.6	8	104.7	8	106.0	11	99.7	11	103.5	11	105.6	2	102.8	7
兰 州	101.7	7	105.3	4	107.2	5	99.6	12	103.8	6	105.4	4	102.4	11
西 宁	101.8	6	106.4	1	108.2	2	102.2	1	104.5	1	105.7	1	102.7	8
银 川	101.6	8	105.3	4	107.6	3	99.7	11	103.8	6	105.5	3	102.6	9
乌鲁木齐	100.1	18	104.6	9	107.0	6	100.4	5	102.7	28	104.5	10	103.4	1

3-15 全国和36个大中城市商品零售价格指数

（上年=100）

地区	2006		2007		2008		2009		2010		2011		2012	
	指数	排位	指数	排位	指数	排位	指数	排位	指数	排位	指数	排位	指数	排位
全国平均	100.7		102.6		105.3		98.6		102.5		104.5		101.8	
北　京	100.2	16	100.8	22	104.4	20	97.8	22	100.4	36	103.2	20	100.6	16
天　津	100.4	14	103.2	11	105.1	16	98.9	14	103.4	11	104.7	11	103.0	1
石家庄	101.8	3	104.4	3	107.7	4	100.1	4	103.4	11	104.9	9	101.9	8
太　原	100.6	13	102.9	14	107.9	3	99.1	12	102.6	23	104.8	10	101.2	14
呼和浩特	101.6	4	102.7	16	105.4	14	99.9	6	102.6	23	104.7	11	101.5	12
沈　阳	101.9	2	103.2	11	105.0	17	97.9	21	102.6	23	105.2	5	102.4	5
大　连	101.4	6	101.9	21	106.0	10	99.4	10	104.0	3	104.4	14	102.5	4
长　春	101.5	5	102.1	20	105.6	13	99.6	8	104.6	1	104.8	10	101.8	9
哈尔滨	100.3	15	103.7	6	105.3	15	98.5	18	101.9	30	104.4	14	102.5	4
上　海	100.2	16	102.4	17	105.3	15	99.4	10	101.7	31	104.1	17	101.2	14
南　京	98.9	20	99.9	23	103.7	22	98.7	16	103.5	10	104.2	16	101.4	13
杭　州	100.2	16	103.1	12	106.0	10	98.6	17	103.7	7	104.4	14	101.9	8
宁　波	101.8	3	103.3	10	107.1	6	98.8	15	103.9	4	105.7	2	101.8	9
合　肥	100.6	13	104.6	2	106.3	8	99.8	7	102.1	29	105.1	7	101.9	8
福　州	99.9	17	103.1	12	104.4	20	99.1	12	102.9	19	104.0	18	101.1	15
厦　门	100.3	15	103.9	5	104.5	19	97.8	22	102.8	20	104.7	11	101.6	11
南　昌	101.9	2	103.5	8	106.2	9	99.4	10	103.0	18	105.2	6	102.4	5
济　南	100.3	15	102.2	19	104.5	19	98.7	16	101.3	34	104.6	12	101.8	9
青　岛	99.7	18	102.7	16	103.9	21	98.6	17	101.4	33	104.5	13	101.7	10
郑　州	100.9	11	102.7	16	106.0	10	100.3	3	102.7	21	104.9	9	102.4	5
武　汉	100.7	12	103.0	13	105.1	16	98.4	19	103.1	17	104.7	11	102.3	6
长　沙	101.1	9	102.3	18	103.9	21	97.7	23	103.8	6	105.4	3	101.5	12
广　州	101.2	8	102.9	14	105.7	12	96.8	26	103.2	14	105.1	7	101.9	8
深　圳	101.8	3	103.5	8	106.5	7	97.5	24	103.2	14	105.3	4	102.4	5
南　宁	101.0	10	103.1	12	107.9	3	98.5	18	102.3	28	104.9	9	101.7	10
海　口	100.6	13	103.4	9	105.6	13	99.2	11	103.7	7	105.0	8	102.8	3
重　庆	101.6	4	103.7	6	105.0	17	97.3	25	101.7	31	104.7	11	101.6	11
成　都	101.2	8	104.2	4	104.5	19	99.0	13	102.4	27	104.3	15	101.4	13
贵　阳	100.3	15	102.8	15	105.4	14	98.2	20	103.2	14	105.0	8	102.0	7
昆　明	99.7	18	103.4	9	105.4	14	100.0	5	103.6	9	104.9	9	102.0	7
拉　萨	99.6	19	101.2	21	104.6	18	100.1	4	101.2	35	103.9	19	102.9	2
西　安	101.5	5	103.7	6	105.4	14	99.5	9	102.7	21	104.4	14	102.3	6
兰　州	100.3	15	103.1	12	107.2	5	100.5	2	103.9	4	105.4	3	102.4	5
西　宁	102.6	1	105.7	1	110.1	1	102.3	1	104.6	1	106.0	1	102.3	6
银　川	101.3	7	103.6	7	105.9	11	98.5	18	102.5	26	104.2	16	100.6	16
乌鲁木齐	99.9	17	104.6	2	108.7	2	100.1	4	103.4	11	104.1	17	102.9	2

3–16 全国及各省市区工业生产者出厂价格指数(2012年)

(上年=100)

地区	全年	1月	2月	3月	4月	5月	6月	7月	8月	9月	10月	11月	12月
全国	98.3	100.7	100.0	99.7	99.3	98.6	97.9	97.1	96.5	96.4	97.2	97.8	98.1
北京	98.4	100.8	100.6	100.2	100.0	98.7	98.2	97.5	96.8	97.0	97.0	97.2	97.3
天津	97.0	97.1	96.0	96.6	96.4	96.1	97.0	96.7	96.4	96.9	97.9	98.5	98.9
河北	94.7	98.9	97.1	97.7	97.2	96.0	94.8	94.0	91.7	89.6	92.0	93.6	94.4
山西	94.5	101.1	100.4	99.1	99.4	97.8	96.6	93.9	90.9	88.2	87.6	89.0	89.6
内蒙古	100.2	104.4	103.5	103.1	102.3	101.8	100.6	99.8	98.5	97.6	97.5	97.0	97.0
辽宁	99.9	102.5	102.0	101.8	101.3	100.4	99.5	98.4	98.0	97.9	98.6	99.4	99.7
吉林	99.1	102.8	102.5	101.5	100.2	99.1	98.4	97.4	96.8	97.2	97.5	97.9	97.8
黑龙江	100.0	105.4	104.6	104.4	103.2	100.0	98.3	95.7	95.2	97.4	98.3	99.8	98.5
上海	98.4	99.8	99.3	99.1	98.9	98.5	98.0	97.6	97.1	97.4	98.1	98.5	98.6
江苏	97.1	99.0	98.1	97.5	97.4	97.1	96.6	96.1	96.0	96.0	96.8	97.3	97.5
浙江	97.3	99.7	98.9	98.2	97.7	97.3	96.5	95.9	95.7	95.9	96.8	97.3	97.6
安徽	98.3	100.8	100.1	100.0	99.8	99.1	98.0	97.1	96.1	95.8	97.1	97.6	97.8
福建	98.7	100.2	99.9	99.5	99.1	98.6	98.2	97.8	97.7	97.6	98.1	98.7	98.6
江西	96.5	100.8	99.7	99.1	97.5	95.8	94.2	93.3	92.5	93.3	96.1	97.3	98.6
山东	98.4	100.3	99.7	99.5	99.2	98.7	98.5	97.7	97.1	96.9	97.4	97.9	98.1
河南	99.4	102.3	101.5	101.1	100.7	100.0	99.3	98.5	97.5	97.2	98.0	98.4	98.7
湖北	100.3	102.3	101.9	101.5	101.0	100.4	99.5	99.2	99.1	99.1	99.5	100.2	100.3
湖南	99.1	102.2	101.3	100.9	100.4	99.5	98.4	97.7	96.9	96.9	97.7	98.3	98.6
广东	99.5	100.9	100.7	100.5	100.2	99.8	99.2	98.5	98.2	98.3	99.0	99.3	99.5
广西	97.8	100.2	99.2	98.9	98.6	98.6	98.0	97.1	95.8	95.4	96.7	97.3	97.9
海南	100.8	102.8	102.9	103.6	103.3	101.3	99.7	98.7	98.2	98.8	99.6	100.8	100.1
重庆	98.6	102.7	101.5	100.6	100.1	99.4	98.4	97.5	96.5	96.1	96.5	96.5	97.6
四川	101.0	104.5	103.8	103.2	102.9	102.1	101.5	100.1	98.9	98.2	98.8	99.1	99.2
贵州	97.9	100.9	100.3	99.6	99.2	98.7	97.7	96.9	95.8	95.4	96.5	96.7	97.5
云南	99.7	102.1	102.1	101.6	100.3	98.9	98.0	97.9	99.3	98.6	98.9	99.4	100.0
西藏	99.9	102.0	101.6	101.3	100.9	100.3	100.0	99.6	99.0	98.5	98.4	98.6	98.6
陕西	100.7	103.4	103.5	102.9	102.6	101.4	100.4	99.1	98.0	98.5	99.5	99.8	100.0
甘肃	96.8	100.2	99.1	99.2	98.6	96.5	95.1	92.6	91.5	94.0	97.7	98.7	98.9
青海	96.9	100.2	98.6	97.4	97.6	96.3	96.7	95.2	95.1	95.2	96.4	96.6	97.1
宁夏	97.4	101.0	100.8	100.1	99.6	98.9	97.6	96.2	95.2	94.8	95.0	95.2	95.1
新疆	96.9	101.7	100.4	100.6	100.3	96.7	94.7	91.7	91.1	94.2	96.5	98.6	97.3

3-17 全国及各省市区工业生产者购进价格指数(2012年)

(上年=100)

地区	全年	1月	2月	3月	4月	5月	6月	7月	8月	9月	10月	11月	12月
全国	98.2	102.0	101.0	100.1	99.2	98.4	97.5	96.6	95.9	95.9	96.7	97.2	97.6
北京	98.7	103.8	103.1	101.0	100.4	98.8	98.2	96.2	95.7	96.4	97.1	97.3	97.1
天津	97.1	100.0	98.5	97.6	96.9	96.5	96.0	95.3	95.1	95.7	97.0	98.2	98.2
河北	96.2	101.6	99.9	99.0	97.5	96.8	95.6	94.6	93.3	92.4	93.4	95.2	95.3
山西	98.1	102.2	101.8	100.7	100.1	99.4	98.6	97.6	96.2	94.7	94.5	95.6	95.8
内蒙古	102.0	105.4	105.0	104.4	103.6	103.2	102.4	101.4	100.5	99.7	99.9	99.6	99.4
辽宁	99.0	101.9	100.8	100.5	99.8	99.2	98.4	97.6	97.0	97.3	98.1	98.4	98.8
吉林	99.3	102.1	101.5	101.3	100.7	100.1	98.8	97.2	97.1	97.6	97.8	98.2	99.0
黑龙江	98.8	104.9	103.9	102.5	101.1	98.3	96.9	94.9	94.3	96.1	97.1	98.6	97.8
上海	94.7	97.8	96.8	96.3	95.5	94.9	94.0	92.9	91.8	92.4	94.5	94.5	95.6
江苏	95.8	99.9	98.5	97.2	96.2	95.9	95.0	93.9	93.3	93.5	94.6	95.3	95.9
浙江	96.7	100.0	99.2	98.2	97.2	96.3	95.8	95.1	94.6	94.9	95.9	96.3	97.2
安徽	98.2	101.7	100.9	100.1	99.2	98.6	97.6	96.8	95.8	95.9	96.8	97.2	97.5
福建	97.7	101.1	100.0	98.8	98.1	97.7	97.5	96.5	96.1	95.6	96.0	97.2	97.9
江西	98.3	103.5	102.0	101.3	100.0	98.3	96.8	95.8	94.8	95.6	96.5	97.3	98.2
山东	99.2	102.9	102.2	101.4	100.4	99.8	98.8	98.0	97.2	97.1	97.6	97.9	97.7
河南	99.2	103.0	101.9	101.2	100.6	99.6	98.3	97.2	96.7	96.9	97.9	98.2	98.7
湖北	98.9	104.1	102.6	101.4	101.0	99.9	98.1	96.9	96.1	95.9	96.2	97.0	97.8
湖南	100.1	103.0	102.1	101.1	100.7	100.3	100.1	98.8	98.0	98.0	98.9	100.2	99.8
广东	99.5	103.0	102.4	102.2	100.9	99.8	98.6	98.1	97.9	97.5	98.2	98.1	98.3
广西	99.2	102.0	100.8	99.7	98.8	99.4	99.5	98.9	98.3	98.0	98.5	98.1	98.1
海南	99.6	104.4	103.7	103.4	99.9	100.3	96.5	95.8	98.1	97.9	98.5	98.0	99.2
重庆	100.0	105.0	103.5	102.9	102.1	101.1	99.6	98.1	97.4	97.0	97.3	98.2	98.8
四川	102.3	111.8	108.8	107.8	105.4	104.6	103.5	101.7	99.4	96.3	96.9	96.6	96.4
贵州	99.3	102.6	102.0	100.6	99.9	99.4	98.9	98.2	97.5	97.6	97.9	98.5	99.0
云南													
西藏	99.5	102.2	101.6	100.9	100.4	99.9	99.5	98.9	98.3	97.8	97.8	98.1	98.3
陕西	100.0	103.1	102.2	100.6	100.7	100.4	99.3	98.4	98.0	98.3	99.2	99.6	100.0
甘肃	98.7	108.7	105.3	103.2	101.5	98.4	96.2	93.6	93.7	94.6	95.6	97.7	98.4
青海	98.6	103.6	101.9	100.3	97.0	97.5	98.5	98.7	97.3	96.6	97.0	97.3	98.3
宁夏	99.5	104.9	104.1	102.8	101.5	100.6	99.0	97.9	97.5	97.3	96.7	96.2	96.1
新疆	97.9	103.6	101.9	100.4	100.2	96.6	95.0	94.2	92.7	95.4	97.7	99.2	98.2

3-18 全国及各省市区工业生产者出厂价格指数

（上年 =100）

地 区	2005	2006	2007	2008	2009	2010	2011	2012
全 国	104.9	103.0	103.1	106.9	94.6	105.5	106.0	98.3
北 京	101.3	99.1	99.7	103.3	94.4	102.2	102.3	98.4
天 津	100.1	100.6	101.5	104.1	92.5	105.1	103.8	97.0
河 北	104.4	100.8	106.9	116.7	89.1	109.0	107.7	94.7
山 西	110.2	101.0	107.4	122.4	92.0	109.5	107.5	94.5
内蒙古	105.1	103.0	105.6	112.5	96.2	106.7	107.8	100.2
辽 宁	105.1	104.1	104.4	110.9	94.0	107.4	106.5	99.9
吉 林	104.3	101.7	102.7	104.9	96.1	105.2	105.4	99.1
黑龙江	116.7	109.9	105.3	114.0	87.4	115.0	112.0	100.0
上 海	101.7	100.6	101.2	102.2	93.8	102.3	102.9	98.4
江 苏	102.6	101.5	102.6	104.6	95.2	107.3	106.2	97.1
浙 江	102.3	103.8	102.4	104.3	94.9	106.2	105.0	97.3
安 徽	103.3	103.1	103.6	108.4	92.8	109.0	108.3	98.3
福 建	100.2	99.2	100.8	102.7	95.5	103.2	103.9	98.7
江 西	108.8	109.7	106.2	106.4	93.0	115.3	111.3	96.5
山 东	103.7	102.3	103.3	108.6	94.1	107.2	106.0	98.4
河 南	106.1	104.3	105.2	112.1	94.9	107.8	107.2	99.4
湖 北	104.5	102.9	103.8	106.1	95.6	104.9	106.6	100.3
湖 南	106.0	104.3	106.1	109.3	94.3	106.9	108.5	99.1
广 东	101.5	101.4	101.3	103.1	95.8	103.2	103.7	99.5
广 西	104.9	109.6	104.5	109.0	93.5	112.0	108.5	97.8
海 南	99.5	100.8	102.7	104.5	90.6	107.7	108.8	100.8
重 庆	103.0	102.2	103.5	105.8	95.5	105.0	107.3	98.6
四 川	104.0	101.9	103.9	109.3	96.5	104.7	105.4	101.0
贵 州	107.2	104.3	105.0	112.4	95.1	108.8	104.7	97.9
云 南	104.5	104.6	105.7	105.8	91.5	105.8	104.3	99.7
西 藏	–	106.0	101.1	105.6	98.2	103.1	103.8	99.9
陕 西	110.4	109.6	102.9	108.4	96.1	108.7	107.2	100.7
甘 肃	109.6	109.8	105.5	104.9	91.0	115.0	111.0	96.8
青 海	110.2	109.5	104.2	107.6	91.3	109.4	107.4	96.9
宁 夏	106.2	106.2	103.7	112.9	93.9	109.1	109.5	97.4
新 疆	116.6	114.4	106.3	116.4	85.5	125.3	114.8	96.9

3-19 全国及各省市区固定资产投资价格指数(2012年)

(上年=100)

地 区	固定资产投资	建筑安装工程	设备、工器具	其他费用
全 国	101.1	101.6	98.9	102.2
北 京	101.3	99.0	97.4	104.0
天 津	100.0	100.1	98.3	101.1
河 北	100.3	100.6	99.2	100.7
山 西	101.2	102.0	98.9	100.7
内蒙古	101.6	101.0	103.1	102.2
辽 宁	101.0	101.2	99.3	103.2
吉 林	100.4	100.8	99.0	102.4
黑龙江	100.8	101.0	99.3	102.8
上 海	99.4	98.7	98.6	101.6
江 苏	98.6	97.9	98.2	102.2
浙 江	99.2	98.6	98.5	101.5
安 徽	101.0	101.3	99.2	102.3
福 建	100.3	100.6	98.9	100.7
江 西	101.0	101.2	98.8	104.4
山 东	100.8	101.2	99.2	103.0
河 南	101.0	101.4	99.7	101.9
湖 北	101.8	102.1	99.7	103.3
湖 南	101.7	102.2	99.6	102.0
广 东	101.5	101.9	98.7	103.3
广 西	100.6	100.8	99.3	101.5
海 南	102.0	102.5	98.9	102.9
重 庆	101.8	102.1	99.1	101.9
四 川	101.0	101.6	99.2	100.9
贵 州	101.5	102.0	99.1	101.5
云 南	101.4	101.7	99.3	101.9
陕 西	102.6	103.4	99.1	102.7
甘 肃	102.1	102.5	100.3	102.3
青 海	102.2	102.7	99.2	103.0
宁 夏	101.5	101.9	99.8	100.0
新 疆	100.6	101.5	97.3	101.0

3-20 全国及各省市区固定资产投资价格指数

（上年 =100）

地 区	2005	2006	2007	2008	2009	2010	2011	2012
全 国	101.6	101.5	103.9	108.9	97.6	103.6	106.6	101.1
北 京	100.7	100.4	102.8	107.8	97.1	102.5	105.7	101.3
天 津	101.2	100.7	102.6	109.2	97.6	102.6	105.7	100.0
河 北	101.9	101.7	103.8	109.6	96.5	103.7	105.5	100.3
山 西	103.0	101.5	104.1	113.3	98.1	103.7	105.5	101.2
内蒙古	103.7	103.3	103.8	108.1	98.5	105.4	106.3	101.6
辽 宁	102.8	102.1	104.3	109.1	97.0	103.3	106.6	101.0
吉 林	102.0	102.2	103.9	107.3	99.4	102.4	105.6	100.4
黑龙江	102.2	102.1	104.5	109.0	97.6	105.2	107.5	100.8
上 海	100.8	100.1	103.5	107.9	97.0	103.8	106.5	99.4
江 苏	100.9	101.2	104.9	110.0	97.7	105.1	106.8	98.6
浙 江	100.3	101.5	104.4	109.3	96.7	104.7	107.5	99.2
安 徽	101.0	101.9	105.4	109.4	96.0	105.4	108.1	101.0
福 建	100.7	102.0	105.9	105.9	98.0	103.3	106.2	100.3
江 西	100.5	103.2	105.4	110.4	96.1	104.8	108.4	101.0
山 东	102.9	101.8	104.0	107.7	96.9	103.6	106.8	100.8
河 南	101.4	101.6	104.6	109.0	96.4	103.5	107.4	101.0
湖 北	102.2	101.8	104.1	109.4	98.8	104.7	107.3	101.8
湖 南	103.6	103.1	105.8	109.9	99.7	104	107.2	101.7
广 东	101.6	100.7	102.4	108.6	96.7	103	105.5	101.5
广 西	101.4	101.2	102.3	107.9	97.9	103	106.2	100.6
海 南	101.2	101.0	106.1	113.3	97.7	105.2	106.4	102.0
重 庆	104.6	101.8	104.2	107.4	97.8	102.1	105.9	101.8
四 川	102.3	101.7	105.5	110.2	98.3	102.5	105.2	101.0
贵 州	103.9	102.9	104.7	112.5	100.5	102.7	105.4	101.5
云 南	101.4	101.1	103.5	108.9	98.1	102.7	104.6	101.4
西 藏	–	–	–	–	–			
陕 西	103.7	102.6	104.0	109.5	99.3	103.6	105.9	102.6
甘 肃	102.2	104.1	102.8	106.7	101.5	103.5	104.7	102.1
青 海	102.1	102.4	104.2	110.5	100.9	103.8	106.5	102.2
宁 夏	102.1	101.3	103.2	109.0	100.2	104.2	107.5	101.5
新 疆	102.8	102.2	104.4	111.2	98.0	104.6	107.1	100.6

3-21 全国及各省市区粮食作物播种面积

单位:千公顷

地区	2006	2007	2008	2009	2010	2011	2012	2012年比2011年增长	
								绝对数	%
全国	105067.7	105748.4	106792.6	108985.8	109876.1	110573.0	111266.80	693.78	0.63
北京	219.60	197.50	226.30	226.30	223.50	209.38	193.90	-15.48	-7.39
天津	284.30	292.00	293.50	306.60	311.80	310.79	322.90	12.11	3.90
河北	6271.70	6168.20	6158.10	6216.50	6282.20	6286.11	6302.40	16.29	0.26
山西	2833.30	3028.20	3111.30	3146.70	3239.20	3287.85	3291.50	3.65	0.11
内蒙古	4936.80	5119.90	5254.50	5424.00	5498.70	5561.50	5589.40	27.90	0.50
辽宁	3089.70	3127.20	3035.90	3124.10	3179.30	3169.80	3217.30	47.50	1.50
吉林	4236.60	4334.70	4391.20	4427.70	4492.20	4545.05	4610.30	65.25	1.44
黑龙江	10525.70	10820.50	10988.90	11391.00	11454.70	11502.93	11519.50	16.57	0.14
上海	165.50	169.60	174.50	193.30	179.20	186.34	187.60	1.26	0.68
江苏	5110.80	5215.60	5267.10	5272.00	5282.40	5319.20	5336.60	17.40	0.33
浙江	1253.20	1219.60	1271.60	1290.10	1275.80	1254.13	1251.60	-2.53	-0.20
安徽	6443.40	6477.80	6561.10	6605.60	6616.40	6621.54	6622.00	0.46	0.01
福建	1226.90	1201.00	1210.30	1231.00	1232.30	1226.79	1223.40	-3.39	-0.28
江西	3547.10	3525.30	3578.10	3604.60	3639.10	3650.07	3675.90	25.83	0.71
山东	7109.10	7046.50	6955.60	7030.10	7084.80	7145.82	7202.30	56.48	0.79
河南	9455.90	9468.00	9600.00	9683.60	9740.20	9859.87	9985.20	125.33	1.27
湖北	3902.30	3981.40	3906.70	4012.50	4068.40	4122.07	4180.10	58.03	1.41
湖南	4545.40	4531.30	4588.80	4799.10	4809.10	4879.58	4908.00	28.42	0.58
广东	2466.70	2479.50	2499.90	2538.50	2531.90	2530.43	2540.20	9.77	0.39
广西	3133.20	2984.00	2973.10	3067.50	3061.10	3072.81	3069.10	-3.71	-0.12
海南	379.10	402.60	421.30	430.40	437.20	430.60	438.60	8.00	1.86
重庆	2155.50	2195.80	2215.40	2229.50	2243.90	2259.41	2259.60	0.19	0.01
四川	6455.50	6450.00	6430.90	6419.40	6402.00	6440.50	6468.20	27.70	0.43
贵州	2836.00	2821.80	2919.60	2984.70	3039.50	3055.56	3054.30	-1.26	-0.04
云南	4022.10	3994.50	4095.90	4200.10	4274.40	4326.90	4439.10	112.20	2.59
西藏	171.70	171.80	170.60	169.40	170.20	170.15	171.40	1.25	0.73
陕西	3081.30	3099.80	3126.00	3134.00	3159.70	3134.87	3127.50	-7.37	-0.23
甘肃	2598.84	2687.03	2683.47	2740.03	2799.78	2833.67	2839.40	5.73	0.20
青海	301.60	301.80	272.00	275.70	274.50	279.41	280.20	0.79	0.28
宁夏	793.50	856.30	826.20	826.90	844.10	852.44	828.30	-24.14	-2.83
新疆	1515.40	1379.10	1585.20	1984.70	2028.60	2047.48	2131.10	83.62	4.08
甘肃居全国位次	19	19	19	19	19	19	19	0	0

3-22　全国及各省市区粮食作物总产量

单位:万吨

地　区	2006	2007	2008	2009	2010	2011	2012	2012年比2011年增长	
								绝对数	%
全　国	49804.2	50160.3	52870.9	53082.1	54647.7	57120.8	58957.1	1836.25	3.21
北　京	109.2	102.1	125.5	124.8	115.7	121.8	113.8	−7.97	−6.55
天　津	141.9	147.2	148.9	156.3	159.7	161.8	161.8	−0.03	−0.02
河　北	2780.6	2841.6	2905.8	2910.2	2975.9	3172.6	3246.6	74.00	2.33
山　西	1024.5	1007.1	1028.0	942.0	1085.1	1193.0	1274.1	81.10	6.80
内蒙古	1806.8	1810.7	2131.3	1981.7	2158.2	2387.5	2528.5	140.99	5.91
辽　宁	1797.0	1835.0	1860.3	1591.0	1765.4	2035.5	2070.5	35.00	1.72
吉　林	2725.8	2453.8	2840.0	2460.0	2842.5	3171.0	3343	171.99	5.42
黑龙江	3843.5	3462.9	4225.0	4353.0	5012.8	5570.6	5761.5	190.9	3.43
上　海	111.3	109.2	115.7	121.7	118.4	122.0	121.3	−0.65	−0.53
江　苏	3096.0	3132.2	3175.5	3230.1	3235.1	3307.8	3372.5	64.7	1.96
浙　江	769.5	728.6	775.6	789.2	770.7	781.6	769.8	−11.80	−1.51
安　徽	2853.7	2901.4	3023.3	3069.9	3080.5	3135.5	3289.1	153.6	4.90
福　建	632.9	635.1	652.3	666.9	661.9	672.8	659.3	−13.50	−2.01
江　西	1896.5	1904.0	1958.1	2002.6	1954.7	2052.8	2084.8	32.01	1.56
山　东	4093.0	4148.8	4260.5	4316.3	4335.7	4426.3	4511.4	85.11	1.92
河　南	5112.3	5245.2	5365.5	5389.0	5437.1	5542.5	5638.6	96.10	1.73
湖　北	2099.1	2185.4	2227.2	2309.1	2315.8	2388.5	2441.8	53.27	2.23
湖　南	2654.2	2692.2	2805.0	2902.7	2847.5	2939.4	3006.5	67.15	2.28
广　东	1242.4	1284.7	1243.4	1314.5	1316.5	1361.0	1396.3	35.35	2.60
广　西	1427.6	1396.6	1394.7	1463.2	1412.3	1429.9	1484.9	54.97	3.84
海　南	161.9	177.5	183.5	187.6	180.4	188.0	199.5	11.46	6.09
重　庆	808.4	1088.0	1153.2	1137.2	1156.1	1126.9	1138.5	11.60	1.03
四　川	2859.7	3027.0	3140.0	3194.6	3222.9	3291.6	3315	23.40	0.71
贵　州	1038.0	1100.9	1158.0	1168.3	1112.3	876.9	1079.5	202.60	23.10
云　南	1457.6	1460.7	1518.6	1576.9	1531.0	1673.6	1749.1	75.50	4.51
西　藏	92.4	93.9	95.0	90.5	91.2	93.7	95	1.27	1.35
陕　西	1041.9	1067.9	1111.0	1131.4	1164.9	1194.7	1245.1	50.40	4.22
甘　肃	808.1	824.0	888.5	906.2	958.3	1014.6	1109.7	95.10	9.37
青　海	99.7	106.2	101.8	102.7	102.0	103.4	101.5	−1.86	−1.80
宁　夏	322.4	323.5	329.2	340.7	356.5	359.0	375	16.05	4.47
新　疆	896.4	867.0	930.5	1152.0	1170.7	1224.7	1273	48.30	3.94
甘肃居全国位次	22	22	22	22	22	22	22	0	0

3-23 全国及各省市区小麦播种面积

单位:千公顷

地 区	2006	2007	2008	2009	2010	2011	2012	2012年比2011年增长	
								绝对数	%
全 国	23723.4	23830.6	23617.2	24290.8	24256.5	24270.4	24268.3	-2.1	-0.01
北 京	63.1	41.4	63.9	60.6	61.6	58.1	52.2	-5.9	-10.21
天 津	103.4	104.9	107.7	110.2	110.5	112.3	113.1	0.9	0.76
河 北	2504.5	2412.4	2416.1	2394.5	2420.3	2396.1	2410.0	13.9	0.58
山 西	659.6	712.3	697.4	727.5	728.5	710.1	689.0	-21.2	-2.98
内蒙古	483.6	533.4	452.2	528.2	566.2	567.9	609.6	41.7	7.34
辽 宁	8.0	12.4	10.3	8.8	7.5	6.9	6.8	-0.1	-1.45
吉 林	1.1	5.4	5.7	4.1	3.6	3.2		-3.2	
黑龙江	243.5	233.0	238.8	293.1	280.0	297.8	210.1	-87.7	-29.46
上 海	31.4	37.5	44.2	57.6	49.4	59.8	56.6	-3.2	-5.32
江 苏	1912.7	2039.1	2073.1	2077.6	2093.1	2112.4	2132.6	20.1	0.95
浙 江	45.4	49.3	54.3	60.4	66.2	72.6	74.5	1.9	2.56
安 徽	2307.8	2330.3	2346.7	2355.3	2365.7	2383.0	2415.5	32.5	1.36
福 建	4.8	4.5	4.4	3.8	3.6	2.8	2.5	-0.3	-9.37
江 西	11.8	11.2	10.2	9.9	10.4	10.9	11.9	1.0	8.82
山 东	3666.6	3629.1	3525.2	3545.2	3561.9	3593.5	3625.9	32.3	0.90
河 南	5208.5	5213.3	5260.0	5263.3	5280.0	5323.3	5340.0	16.7	0.31
湖 北	1016.9	1096.3	1000.6	993.4	1000.1	1013.6	1065.5	51.9	5.12
湖 南	13.5	13.6	13.6	28.4	39.2	40.4	35.3	-5.2	-12.75
广 东	1.2	1.0	0.8	0.8	0.9	1.0	0.9	-0.1	-7.00
广 西	3.9	3.9	3.7	4.0	4.2	1.5	1.5	0.0	1.35
海 南									
重 庆	164.8	199.7	189.0	168.2	150.5	138.4	125.4	-13.0	-9.37
四 川	1287.2	1316.8	1286.5	1277.5	1265.7	1259.3	1234.1	-25.2	-2.00
贵 州	243.9	242.7	262.4	262.9	260.8	257.6	259.8	2.1	0.83
云 南	437.7	426.8	425.0	432.4	428.9	437.9	442.2	4.3	0.98
西 藏	41.5	40.3	37.3	36.8	37.1	37.6	37.7	0.1	0.35
陕 西	1159.3	1144.6	1140.0	1146.0	1148.9	1136.7	1127.6	-9.1	-0.80
甘 肃	995.2	982.1	969.5	963.9	910.3	861.6	833.9	-27.7	-3.21
青 海	151.8	154.0	104.4	104.1	101.0	94.0	94.2	0.2	0.21
宁 夏	250.3	233.7	204.3	218.5	211.4	202.1	179.0	-23.1	-11.43
新 疆	737.2	605.8	735.8	1153.9	1120.0	1078.0	1081.0	3.1	0.28
甘肃居全国位次	9	9	9	10	10	10	10	0	0

3-24 全国及各省市区小麦产量

单位:万吨

地 区	2006	2007	2008	2009	2010	2011	2012	2012年比2011年增长	
								绝对数	%
全 国	10846.6	10929.8	11246.4	11511.5	11518.1	11740.1	12102.3	362.24	3.09
北 京	30.0	20.4	32.7	31.0	28.4	28.4	27.4	–0.94	–3.32
天 津	49.9	50.6	52.5	54.0	53.2	54.2	55.8	1.56	2.88
河 北	1189.7	1193.7	1221.9	1229.8	1230.6	1276.1	1337.7	61.62	4.83
山 西	227.1	220.2	253.0	211.1	232.2	240.3	259.2	18.88	7.86
内蒙古	172.2	175.6	154.0	171.2	165.2	170.9	188.4	17.48	10.23
辽 宁	3.1	5.3	4.9	4.5	3.7	3.7	3.2	–0.5	–13.51
吉 林	0.3	1.6	1.8	1.0	1.2	1.3		–1.34	
黑龙江	93.0	68.8	89.5	116.3	92.5	103.8	70.0	–33.78	–32.54
上 海	11.3	14.6	18.2	22.1	19.3	24.1	22.6	–1.55	–6.43
江 苏	901.6	973.8	998.2	1004.4	1008.1	1023.2	1048.8	25.61	2.50
浙 江	15.7	18.4	21.2	23.2	24.7	27.0	27.1	0.08	0.30
安 徽	1039.0	1111.3	1167.9	1177.2	1206.7	1215.7	1294.0	78.30	6.44
福 建	1.6	1.5	1.5	1.1	1.0	0.8	0.7	–0.08	–9.66
江 西	2.0	2.0	1.9	1.9	2.1	2.2	2.3	0.09	4.11
山 东	2013.0	1995.6	2034.2	2047.3	2058.6	2103.9	2179.5	75.58	3.59
河 南	2936.5	2980.2	3051.0	3056.0	3082.2	3123.0	3177.4	54.35	1.74
湖 北	311.1	353.2	329.2	331.7	343.1	344.8	370.8	26.00	7.54
湖 南	2.9	3.2	3.2	6.4	9.9	10.2	8.6	–1.64	–16.08
广 东	0.3	0.3	0.2	0.2	0.2	0.3	0.3	0.00	0.00
广 西	0.6	0.6	0.5	0.6	0.6	0.2	0.2	–0.01	–4.76
海 南									
重 庆	47.6	61.1	58.2	51.7	45.9	42.4	38.5	–3.94	–9.29
四 川	443.6	451.7	426.8	423.3	427.7	436.0	437.0	1.00	0.23
贵 州	45.1	47.9	42.8	44.5	24.8	50.4	52.4	2.01	3.99
云 南	93.0	91.2	83.1	92.3	46.0	98.9	88.3	–10.57	–10.69
西 藏	26.5	26.5	25.8	24.6	24.3	24.9	24.6	–0.34	–1.36
陕 西	390.1	359.1	391.5	383.1	403.8	410.9	435.5	24.60	5.99
甘 肃	260.7	237.4	268.1	261.1	250.9	247.5	278.5	31.00	12.53
青 海	59.4	61.4	42.0	39.0	37.3	35.4	35.2	–0.16	–0.45
宁 夏	83.3	61.6	64.1	73.6	70.3	63.0	62.0	–0.98	–1.56
新 疆	396.2	341.3	406.5	627.2	623.5	576.6	576.5	–0.1	–0.02
甘肃居全国位次	10	10	10	10	10	10	10	0	0

3-25 全国及各省市区玉米播种面积

单位:千公顷

地区	2006	2007	2008	2009	2010	2011	2012	2012年比2011年增长	
								绝对数	%
全国	28463.0	29477.5	29863.7	31182.6	32500.1	33541.7	35029.8	1488.1	4.44
北京	135.8	139.0	146.2	150.8	149.8	140.5	132.0	-8.5	-6.04
天津	150.9	162.2	159.8	165.9	168.9	169.0	179.3	10.3	6.11
河北	2799.9	2862.6	2841.1	2950.5	3008.6	3035.8	3049.1	13.4	0.44
山西	1260.4	1270.5	1378.6	1451.2	1548.9	1646.7	1669.0	22.3	1.35
内蒙古	1916.7	2012.5	2340.0	2451.2	2485.6	2669.6	2833.7	164.0	6.14
辽宁	1983.1	1998.6	1884.9	1964.1	2093.0	2134.6	2206.7	72.1	3.38
吉林	2880.7	2853.7	2922.5	2957.2	3046.7	3134.2	3284.3	150.1	4.79
黑龙江	3305.1	3883.6	3593.9	4010.2	4368.4	4587.4	5190.6	603.2	13.15
上海	3.9	3.9	3.6	4.2	4.4	4.2	3.8	-0.4	-9.26
江苏	378.2	391.2	398.5	399.8	403.7	414.3	418.9	4.6	1.10
浙江	22.0	23.6	25.9	27.0	27.3	30.9	62.0	31.0	100.29
安徽	623.2	710.4	705.1	730.7	761.1	818.8	822.5	3.7	0.45
福建	33.3	34.7	37.0	37.9	40.1	42.6	45.4	2.8	6.49
江西	14.8	15.5	15.6	16.1	18.2	25.7	28.1	2.4	9.36
山东	2844.4	2854.2	2874.2	2917.3	2955.3	2995.9	3018.1	22.2	0.74
河南	2751.7	2779.2	2820.0	2895.4	2946.0	3025.0	3100.0	75.0	2.48
湖北	431.9	436.3	470.4	507.3	531.4	549.7	593.3	43.7	7.95
湖南	196.1	220.2	241.3	282.0	293.0	327.1	342.0	14.9	4.56
广东	118.8	132.8	143.4	166.7	162.3	173.1	172.5	-0.6	-0.36
广西	516.3	490.4	489.7	534.6	538.6	565.9	580.5	14.6	2.58
海南	16.3	17.6	17.4	18.7	21.0	23.5	27.5	4.0	16.91
重庆	440.5	453.7	455.6	459.1	461.9	466.9	468.4	1.5	0.31
四川	1291.7	1330.5	1323.8	1334.4	1355.4	1363.1	1371.1	8.0	0.59
贵州	734.9	731.2	734.6	751.5	781.1	787.8	775.2	-12.6	-1.60
云南	1251.2	1282.1	1325.8	1354.2	1417.8	1409.0	1456.9	47.9	3.40
西藏	3.4	3.3	4.0	4.0	4.2	4.2	4.4	0.2	4.82
陕西	1129.8	1154.0	1157.6	1164.0	1182.4	1177.8	1167.4	-10.4	-0.88
甘肃	517.7	492.0	499.6	657.8	784.1	851.3	902.7	51.4	6.04
青海	1.9	2.3	2.1	5.3	12.3	20.5	22.9	2.5	12.07
宁夏	182.5	206.0	208.5	215.1	223.4	231.1	245.9	14.8	6.40
新疆	526.1	529.8	585.5	598.4	653.8	728.0	855.7	127.7	17.54
甘肃居全国位次	15	15	15	14	12	12	12	0	0

3-26 全国及各省市区玉米产量

单位:万吨

地区	2006	2007	2008	2009	2010	2011	2012	2012年比2011年增长	
								绝对数	%
全国	15160.3	15230.0	16591.4	16397.4	17724.5	19278.1	20561.4	1283.30	6.66
北京	72.9	76.5	88.0	89.8	84.2	90.3	83.6	–6.76	–7.48
天津	79.7	85.1	84.3	88.7	92.7	94.4	92.5	–1.93	–2.04
河北	1348.8	1421.8	1442.2	1465.2	1508.7	1639.6	1649.5	9.87	0.60
山西	666.0	640.4	682.8	654.3	766.0	854.6	903.9	49.27	5.77
内蒙古	1130.0	1155.3	1410.7	1341.3	1465.7	1632.1	1784.4	152.26	9.33
辽宁	1211.5	1167.8	1189.0	963.1	1150.5	1360.3	1423.5	63.20	4.65
吉林	2037.1	1800.0	2083.0	1810.0	2004.0	2339.0	2578.8	239.78	10.25
黑龙江	1517.0	1442.0	1822.0	1920.2	2324.4	2675.8	2887.9	212.16	7.93
上海	2.7	2.5	2.1	2.4	3.0	2.8	2.5	–0.26	–9.35
江苏	197.0	197.3	203.0	216.2	218.5	226.2	230.2	4.03	1.78
浙江	9.4	10.0	11.1	11.7	12.2	14.6	29.1	14.54	99.66
安徽	267.7	250.0	286.6	304.7	312.7	362.6	427.5	64.92	17.91
福建	11.1	11.8	13.6	14.6	15.2	16.6	18.0	1.38	8.33
江西	6.1	6.4	6.6	7.3	8.4	10.5	12.6	2.09	19.92
山东	1749.3	1816.5	1887.4	1921.5	1932.1	1978.7	1994.5	15.84	0.80
河南	1541.8	1582.5	1615.0	1634.0	1634.8	1696.5	1747.8	51.25	3.02
湖北	203.8	205.1	226.4	244.1	261.0	276.2	282.6	6.36	2.30
湖南	100.2	116.3	128.0	159.9	168.1	188.5	197.3	8.75	4.64
广东	53.7	59.2	63.5	74.7	72.1	78.9	79.7	0.76	0.96
广西	198.5	204.1	207.2	225.2	208.7	244.7	250.6	5.88	2.40
海南	6.1	7.0	7.0	8.0	9.1	10.3	11.3	1.04	10.11
重庆	200.5	234.2	246.0	244.5	251.6	257.0	256.3	–0.74	–0.29
四川	553.1	602.8	637.0	643.0	669.0	701.6	701.3	–0.3	–0.04
贵州	336.7	357.1	391.2	405.2	415.4	243.7	342.3	98.54	40.43
云南	478.0	498.6	529.6	542.7	613.0	598.2	700.0	101.78	17.01
西藏	1.7	1.7	2.2	2.6	2.8	2.8	2.6	–0.13	–4.73
陕西	456.1	493.9	483.6	526.1	532.2	550.7	566.9	16.20	2.94
甘肃	218.6	242.7	265.4	312.6	390.4	425.6	504.1	78.50	18.44
青海	1.4	1.3	1.8	4.3	10.7	15.2	17.0	1.81	11.92
宁夏	127.1	146.6	149.9	156.4	165.8	172.4	191.2	18.77	10.89
新疆	376.7	393.7	425.3	403.4	421.6	517.7	592.1	74.44	14.38
甘肃居全国位次	15	15	15	14	14	13	13	0	0

3-27 全国及各省市区粮食作物单位面积产量

单位:公斤 / 公顷

地 区	2006	2007	2008	2009	2010	2011	2012	2012 年为 2011 年百分比（%）
全 国	4740	4743	4951	4871	4974	5166	5301.8	2.63
北 京	4972	5168	5543	5514	5177	5816	5868.4	0.91
天 津	4991	5039	5074	5097	5123	5207	5009.3	-3.80
河 北	4434	4607	4719	4681	4737	5047	5151.4	2.07
山 西	3616	3326	3304	2994	3350	3629	3870.9	6.68
内蒙古	3660	3537	4056	3654	3925	4293	4523.7	5.38
辽 宁	5816	5868	6128	5093	5553	6422	6435.4	0.22
吉 林	6434	5661	6467	5556	6328	6977	7251.2	3.93
黑龙江	3652	3200	3845	3821	4376	4843	5001.5	3.28
上 海	6725	6439	6628	6296	6608	6544	6523.6	-0.32
江 苏	6058	6006	6029	6127	6124	6219	6319.6	1.62
浙 江	6141	5975	6099	6117	6041	6232	6150.8	-1.31
安 徽	4429	4479	4608	4647	4656	4735	4966.9	4.89
福 建	5158	5288	5390	5417	5371	5484	5489.0	0.09
江 西	5347	5401	5473	5556	5371	5624	5671.5	0.84
山 东	5757	5888	6125	6140	6120	6194	6263.8	1.12
河 南	5406	5540	5589	5565	5582	5621	5647.0	0.46
湖 北	5379	5489	5701	5755	5692	5794	5841.6	0.81
湖 南	5839	5941	6113	6048	5921	6024	6125.7	1.69
广 东	5037	5181	4974	5178	5200	5378	5497.0	2.21
广 西	4556	4680	4691	4770	4614	4653	4838.2	3.97
海 南	4271	4408	4355	4358	4126	4367	4548.4	4.16
重 庆	3750	4955	5205	5101	5152	4988	5038.7	1.02
四 川	4430	4693	4883	4976	5034	5111	5125.1	0.28
贵 州	3660	3901	3966	3914	3659	2870	3534.4	23.16
云 南	3624	3657	3708	3754	3582	3868	3975.6	2.78
西 藏	5381	5464	5570	5343	5360	5509	5553.7	0.82
陕 西	3381	3445	3554	3610	3687	3811	3981.1	4.46
甘 肃	3109	3068	3311	3307	3423	3581	3908.2	9.15
青 海	3305	3518	3743	3724	3716	3699	3622.7	-2.07
宁 夏	4063	3778	3985	4120	4224	4211	4527.3	7.52
新 疆	5915	6287	5870	5804	5771	5981	5973.2	-0.14
甘肃居全国位次	31	31	31	31	30	30	30	0

3-28　全国及各省市区小麦单位面积产量

单位:公斤 / 公顷

地　区	2006	2007	2008	2009	2010	2011	2012	2012 年为 2011 年百分比（%）
全　国	4572	4586	4762	4739	4748	4837	4986.9	3.09
北　京	4758	4931	5124	5118	4610	4883	5257.9	7.68
天　津	4826	4825	4872	4903	4814	4828	4929.3	2.11
河　北	4750	4948	5057	5136	5085	5326	5550.9	4.22
山　西	3443	3091	3628	2902	3188	3384	3761.8	11.17
内蒙古	3561	3292	3406	3241	2918	3010	3091.0	2.69
辽　宁	3875	4236	4786	5114	4933	5362	4705.9	-12.24
吉　林	2727	2876	3140	2439	3473	4214		
黑龙江	3820	2952	3748	3969	3303	3485	3333.3	-4.36
上　海	3613	3900	4120	3838	3897	4031	3983.8	-1.17
江　苏	4714	4776	4815	4834	4816	4844	4917.8	1.53
浙　江	3462	3731	3903	3850	3730	3720	3638.1	-2.20
安　徽	4502	4769	4977	4998	5101	5102	5357.0	5.01
福　建	3300	3332	3330	2930	2840	2883	2874.2	-0.32
江　西	1735	1768	1853	1922	2031	2011	1924.1	-4.32
山　东	5490	5499	5770	5775	5780	5855	6011.0	2.67
河　南	5638	5717	5800	5806	5838	5867	5950.1	1.42
湖　北	3059	3222	3290	3339	3430	3402	3479.9	2.30
湖　南	2148	2353	2353	2254	2526	2525	2428.4	-3.82
广　东	2500	3000	2892	2857	2826	3000	3225.8	7.53
广　西	1557	1534	1351	1500	1357	1419	1333.3	-6.03
海　南								
重　庆	2888	3058	3080	3072	3051	3063	3066.3	0.09
四　川	3446	3430	3318	3314	3379	3462	3541.0	2.28
贵　州	1850	1972	1631	1693	952	1956	2016.9	3.13
云　南	2125	2137	1954	2135	1072	2258	1996.8	-11.56
西　藏	6394	6572	6899	6681	6553	6625	6512.1	-1.70
陕　西	3365	3137	3434	3343	3515	3615	3862.2	6.84
甘　肃	2619	2417	2765	2709	2756	2873	3339.7	16.26
青　海	3914	3986	4026	3749	3693	3761	3735.5	-0.66
宁　夏	3328	2634	3136	3367	3327	3116	3463.7	11.15
新　疆	5375	5634	5525	5435	5567	5349	5333.2	-0.30
甘肃居全国位次	24	25	25	25	23	23	23	0

3-29 全国及各省市区玉米单位面积产量

单位:公斤/公顷

地区	2006	2007	2008	2009	2010	2011	2012	2012年为2011年百分比(%)
全国	5326	5167	5556	5258	5454	5748	5869.7	2.13
北京	5368	5507	6018	5954	5621	6429	6330.9	-1.53
天津	5283	5246	5275	5349	5490	5584	5155.3	-7.68
河北	4817	4967	5076	4966	5015	5401	5409.8	0.16
山西	5284	5040	4953	4508	4945	5190	5415.7	4.35
内蒙古	5896	5741	6029	5472	5897	6114	6297.1	3.00
辽宁	6109	5843	6308	4904	5497	6373	6450.9	1.23
吉林	7072	6308	7127	6121	6578	7463	7851.7	5.21
黑龙江	4590	3713	5070	4788	5321	5833	5563.8	-4.61
上海	6854	6410	5882	5755	6659	6603	6596.9	-0.10
江苏	5208	5042	5093	5406	5412	5459	5495.3	0.67
浙江	4262	4229	4290	4310	4455	4716	4700.7	-0.32
安徽	4296	3519	4065	4170	4109	4428	5197.4	17.37
福建	3337	3410	3687	3843	3793	3904	3970.9	1.72
江西	4129	4109	4207	4531	4642	4090	4484.8	9.66
山东	6150	6364	6567	6587	6538	6605	6608.6	0.06
河南	5603	5694	5727	5643	5549	5608	5637.9	0.53
湖北	4718	4700	4814	4812	4912	5025	4762.2	-5.23
湖南	5110	5282	5305	5670	5737	5763	5767.5	0.08
广东	4517	4455	4425	4481	4443	4560	4620.3	1.33
广西	3845	4162	4231	4212	3875	4325	4317.0	-0.18
海南	3749	3980	4007	4248	4323	4376	4121.0	-5.82
重庆	4552	5162	5401	5324	5446	5504	5471.1	-0.60
四川	4282	4531	4812	4819	4936	5147	5114.9	-0.63
贵州	4582	4884	5325	5392	5318	3094	4415.3	42.72
云南	3820	3889	3994	4007	4323	4246	4804.7	13.17
西藏	5015	5030	5572	6343	6540	6627	6023.0	-9.11
陕西	4037	4280	4178	4520	4501	4676	4856.1	3.86
甘肃	4222	4932	5312	4752	4979	4999	5584.4	11.71
青海	7407	5808	8738	8190	8702	7421	7410.6	-0.13
宁夏	6966	7115	7191	7271	7422	7461	7775.5	4.21
新疆	7161	7431	7264	6741	6448	7111	6919.4	-2.69
甘肃居全国位次	25	25	25	21	21	21	13	

第四部分

中国及世界主要国家和地区经济、社会统计指标

4-1　按购买力平价法计算的国民经济核算主要指标(2011 年)

资料来源:世界银行 WDI 数据库。

国家和地区	国内生产总值（现价亿国际元）	人均国内生产总值（现价国际元）	国民总收入（现价亿国际元）	人均国民总收入（现价国际元）
世　界	811767	11640	807134	11574
高收入国家	436265	38437	437790	38572
经合组织高收入国家	401943	38667	404080	38873
非经合组织高收入国家	35356	37019	35107	36758
中等收入国家	366350	7295	363001	7228
中等偏下收入国家	95226	3760	97084	3833
中等偏上收入国家	271087	10891	266470	10705
中低收入国家	377479	6465	374283	6410
东亚和太平洋	145343	7362	144358	7312
欧洲和中亚	60382	14815	57785	14178
拉丁美洲和加勒比	69846	11858	68248	11587
南　亚	55018	3321	54980	3319
撒哈拉以南非洲	20422	2334	19532	2233
低收入国家	11084	1357	11293	1383
最不发达地区	13300	1576	13240	1569
重债穷国	9027	1419	8839	1389
中　国	113792	8466	113607	8450
孟加拉国	2691	1788	2915	1940
柬埔寨	339	2372	324	2260
印　度	45339	3652	44911	3620
印度尼西亚	11312	4668	10989	4530
以色列	2162	27835	2106	27120
日　本	43833	34294	45411	35530
哈萨克斯坦	2184	13189	1873	11310
韩　国	15060	30254	15101	30340
老　挝	177	2809	163	2600
马来西亚	4499	15589	4383	15190

4-1 续表 1

资料来源：世界银行 WDI 数据库。

国家和地区	国内生产总值（现价亿国际元）	人均国内生产总值（现价国际元）	国民总收入（现价亿国际元）	人均国民总收入（现价国际元）
蒙古	133	4764	122	4360
巴基斯坦	4884	2763	5096	2880
菲律宾	3927	4140	3949	4160
新加坡	3167	61103	3099	59790
斯里兰卡	1173	5620	1160	5560
泰国	6050	8703	5833	8390
越南	3017	3435	2866	3260
埃及	5220	6324	5082	6160
尼日利亚	4114	2532	3741	2300
南非	5582	11035	5457	10790
加拿大	13945	40440	13700	39730
墨西哥	17529	15270	17283	15060
美国	150940	48442	152324	48890
阿根廷	7205	17674	7033	17250
巴西	23046	11719	22611	11500
委内瑞拉	3758	12836	3695	12620
捷克	2747	26046	2560	24280
法国	22898	34993	23330	35650
德国	32046	39211	32665	39970
意大利	20010	32928	19877	32710
荷兰	7152	42834	7223	43260
波兰	8144	21310	7826	20480
俄罗斯联邦	30157	21248	28305	19940
西班牙	14991	32424	14638	31660
土耳其	12886	17499	12766	17340
乌克兰	3314	7251	3238	7080
英国	22234	35494	22512	35940

4-2　国家保护区面积和濒危物种(2011年)

资料来源:世界银行WDI数据库。

国家和地区	国家保护区①		濒危物种(种)			
	陆地保护区面积占陆地面积比重	海洋保护区面积占领海面积比重	哺乳动物	鸟类	鱼类	高植株植物
中　国	16.6	1.3	75	86	113	374
中国香港	41.8		2	20	13	6
中国澳门				4	5	
孟加拉国	1.8	0.8	34	30	18	15
文　莱	44	1.4	34	24	7	98
柬埔寨	25.8	0.4	37	24	42	29
印　度	5	1.7	94	78	212	291
印度尼西亚	14.2	2	184	119	140	385
伊　朗	7.1	1.7	16	20	29	1
以色列	17.8	0.4	15	13	36	
日　本	16.5	5.6	28	39	64	6
哈萨克斯坦	2.5		16	20	14	16
韩　国	2.4	3.9	9	29	19	3
老　挝	16.6		45	23	46	17
马来西亚	18.1	2	70	45	64	674
蒙　古	13.4		11	20	1	
缅　甸	6.3	0.3	45	43	39	37
巴基斯坦	10.1	1.8	23	27	34	2
菲律宾	10.9	2.5	38	74	71	210
新加坡	5.4	1.4	11	15	25	57
斯里兰卡	21.5	1.1	29	15	44	282
泰　国	20.1	4.4	57	46	97	86

4-2 续表1

资料来源:世界银行 WDI 数据库。

国家和地区	国家保护区①		濒危物种(种)			
	陆地保护区面积占陆地面积比重	海洋保护区面积占领海面积比重	哺乳动物	鸟类	鱼类	高植株植物
越　南	6.2	1.7	54	43	68	119
埃　及	5.9	9.3	17	9	39	2
尼日利亚	12.8	0.2	26	14	59	171
南　非	6.9	6.5	24	40	87	65
加拿大	7.5	1.2	12	15	35	1
墨西哥	11.1	16.7	100	56	152	191
美　国	12.4	28.6	37	76	183	219
阿根廷	5.5	1.1	38	49	37	35
巴　西	26.3	16.5	81	122	84	389
委内瑞拉	53.8	15.3	32	27	37	68
捷　克	15.1		2	5	2	8
法　国	16.5	21.3	9	6	44	27
德　国	42.4	40.3	6	5	23	13
意大利	15.1	17.4	7	7	47	61
荷　兰	12.4	22.1	4	2	13	
波　兰	22.4	4.1	5	6	7	8
俄罗斯联邦	9.1	10.8	32	49	35	8
西班牙	8.6	3.5	16	9	71	205
土耳其	1.9	2.4	17	14	70	5
乌克兰	3.5	4.9	11	11	21	16
英　国	26.4	5.7	5	2	43	11
澳大利亚	10.6	28.3	55	52	103	27
新西兰	26.2	10.8	9	70	23	19

注:①2010 年数据。

4-3 城市人口比重

资料来源：世界银行 WDI 数据库。
单位：%

国家和地区	2000	2005	2008	2009	2010	2011
世　界	46.6	49.1	50.6	51	51.5	52
中　国	35.9	42.5	46.5	47.9	49.2	50.5
中国香港	100	100	100	100	100	100
中国澳门	100	100	100	100	100	100
孟加拉国	23.6	25.6	27	27.4	27.9	28.4
文　莱	71.2	73.5	74.8	75.2	75.6	76
柬埔寨	18.6	19.2	19.6	19.7	19.8	20
印　度	27.7	29.2	30.3	30.6	30.9	31.3
印度尼西亚	42	45.9	48.3	49.1	49.9	50.7
伊　朗	64	67.6	68.4	68.7	68.9	69.1
以色列	91.2	91.5	91.7	91.8	91.8	91.9
日　本	78.7	86	88.7	89.6	90.5	91.1
哈萨克斯坦	55.7	54.7	54.1	53.9	53.7	53.6
韩　国	79.6	81.4	82.3	82.6	82.9	83.2
老　挝	22	27.4	30.8	32	33.1	34.2
马来西亚	62	67.6	70.2	71.1	72	72.7
蒙　古	57.1	62.5	65.5	66.6	67.6	68.5
缅　甸	27.2	29.4	31	31.5	32.1	32.7
巴基斯坦	33.1	34.5	35.3	35.6	35.9	36.2
菲律宾	48	48	48.4	48.5	48.7	48.9
新加坡	100	100	100	100	100	100
斯里兰卡	15.7	15.1	15.1	15.1	15	15.1
泰　国	31.1	32.2	33.1	33.4	33.7	34.1
越　南	24.4	27.3	29.2	29.8	30.4	31
埃　及	42.8	43	43.2	43.3	43.4	43.5
尼日利亚	42.4	45.8	47.7	48.4	49	49.6
南　非	56.9	59.3	60.6	61.1	61.6	62
加拿大	79.5	80.1	80.4	80.5	80.6	80.7
墨西哥	74.7	76.3	77.2	77.5	77.8	78.1
美　国	79.1	80.7	81.6	81.9	82.1	82.4
阿根廷	90.1	91.4	92	92.2	92.4	92.5
巴　西	81.2	82.8	83.7	84	84.3	84.6
委内瑞拉	89.9	91.9	92.8	93	93.3	93.5
捷　克	74	73.7	73.6	73.5	73.5	73.4
法　国	76.9	81.6	83.8	84.5	85.2	85.7
德　国	73.1	73.4	73.6	73.7	73.8	73.9
意大利	67.2	67.6	68	68.1	68.2	68.4
荷　兰	76.8	80.2	81.7	82.2	82.8	83.1
波　兰	61.7	61.5	61.2	61.1	61	60.9
俄罗斯联邦	73.4	72.9	73.4	73.5	73.7	73.8
西班牙	76.3	76.7	77.1	77.2	77.3	77.4
土耳其	64.7	66.8	69	69.8	70.5	71.4
乌克兰	67.2	67.8	68.3	68.5	68.7	68.9
英　国	78.7	79	79.3	79.4	79.5	79.6
澳大利亚	87.2	88.2	88.7	88.9	89.1	89.2
新西兰	85.7	86.1	86.1	86.2	86.2	86.2

4-4 人口粗出生率和死亡率

资料来源:世界银行 WDI 数据库。

单位:‰

国家和地区	粗出生率			粗死亡率		
	2000	2005	2010	2000	2005	2010
世　界	21.4	20.2	19.6	8.7	8.4	8.2
中　国	14	12.4	12.1	6.5	6.5	7.1
中国香港	8.1	8.4	12.5	5.1	5.7	5.9
中国澳门	8.9	7.9	9.7	4.5	4.5	4.4
孟加拉国	27.2	23.3	20.4	7.4	6.5	6.1
文　莱	22.7	21	19.2	3	3	3.3
柬埔寨	27.1	23.9	22.5	9.6	8.6	8
印　度	25.9	23.9	22.2	9	8.5	8
印度尼西亚	21.4	20.1	18.2	7.4	7.3	7
伊　朗	19	17.7	17.1	5.3	5.4	5.4
以色列	21.7	20.8	21.8	6	5.6	5.2
日　本	9.4	8.4	8.5	7.7	8.5	9.5
哈萨克斯坦	14.7	18.4	22.4	10.1	10.4	8.9
韩　国	13.4	8.9	9.4	5.2	5	5.1
老　挝	30.5	25.7	22.8	8.6	7.2	6.3
马来西亚	24.2	21.9	20.3	4.6	4.6	4.7
蒙　古	19.9	21.1	23.5	7.6	6.7	6.4
缅　甸	20.7	18.5	17.3	9.1	8.9	8.6
巴基斯坦	31.4	28.2	27.3	8.4	7.8	7.5
菲律宾	29.7	27.5	25.1	6	6	5.8
新加坡	11.8	10.2	9.3	3.9	4.4	4.4
斯里兰卡	18.1	19	18.2	7.1	6.3	6.6
泰　国	14.7	13.5	12.1	6.3	6.9	7.4
越　南	17.5	17.2	16.7	5.4	5.2	5.2
埃　及	25.7	24.5	23.2	5.9	5.3	5.1
尼日利亚	41.9	41	39.9	17.8	15.9	14.3
南　非	24.5	23	21.2	12.2	14.9	14.9
加拿大	10.9	10.7	11.3	7.1	7.1	7.5
墨西哥	22.9	21.6	19.6	4.7	4.7	4.7
美　国	14.7	14	14	8.7	8.3	8
阿根廷	18.8	17.7	17.2	7.8	7.7	7.7
巴　西	20.8	18	15.5	6.4	6.4	6.4
委内瑞拉	23.4	22	20.6	4.9	5.1	5.2
捷　克	8.8	10	11.1	10.6	10.5	10.2
法　国	13.3	12.8	12.8	8.9	8.5	8.4
德　国	9.3	8.3	8.3	10.2	10.1	10.5
意大利	9.3	9.5	9.3	9.7	9.7	9.7
荷　兰	13	11.5	11.1	8.8	8.4	8.2
波　兰	9.8	9.5	10.8	9.5	9.6	9.9
俄罗斯联邦	8.7	10.2	12.5	15.4	16.1	14.2
西班牙	9.9	10.7	10.5	9	8.9	8.3
土耳其	21	19.1	17.9	6	5.5	5.5
乌克兰	7.8	9	10.8	15.3	16.6	15.2
英　国	11.4	12	13	10.2	9.7	9
澳大利亚	13	12.8	13	6.7	6.4	6.4
新西兰	14.9	14	14.8	6.9	6.7	6.6

4-5　淡水资源(2009 年)

资料来源:世界银行 WDI 数据库。

国家和地区	人均可再生淡水资源(立方米)	淡水消费量			
世　界	6266	7.3	70.3	18.1	11.7
高收入国家	8302	9.4	41	42.2	16.8
中等收入国家	5959	7.1	78.6	11.1	10.2
低收入国家	5358	4.3	90.1	2.4	7.5
中　国	2113	19.5	64.6	23.2	12.2
孟加拉国	714	2.9	87.8	2.2	10
柬埔寨	8628	0.5	94	1.5	4.5
印　度	1197	39.8	90.4	2.2	7.4
印度尼西亚	8504	5.6	81.9	6.5	11.6
伊　朗	1757	67.7	92.2	1.2	6.7
以色列	100	101.9	57.8	5.8	36.4
日　本	3371	20.9	63.1	17.6	19.3
哈萨克斯坦	4686	28.9	86.6	12.1	1.2
韩　国	1319	36.5	62	12	26
老　挝	31151	1.3	93	4	3.1
马来西亚	20752	2.3	34.2	36.3	29.5
蒙　古	12833	1.4	44.4	31.8	23.8
缅　甸	21071	2.9	89	1	10
巴基斯坦	323	79.5	94	0.8	5.3
菲律宾	5223	17	82.2	10.1	7.7
斯里兰卡	2582	24.5	87.3	6.4	6.2
泰　国	3268	13.1	90.4	4.9	4.8
越　南	4178	9.3	94.8	3.8	1.5
埃　及	23	119	86.4	5.9	7.8
尼日利亚	1431	3.6	53.4	15.1	31.5
南　非	908	25	62.7	6.1	31.2
加拿大	84495	1.6	11.8	68.7	19.6
墨西哥	3651	17.5	76.7	9.3	14
美　国	9186	15.6	40.2	46.1	13.7
阿根廷	6889	4	66.1	12.2	21.7
巴　西	28037	0.7	54.6	17.5	28
委内瑞拉	25451	0.7	43.8	7.5	48.7
捷　克	1254	13.3	1.8	56.5	41.7
法　国	3090	15	12.4	69.3	18.3
德　国	1306	21	0.3	83.9	15.9
意大利	3032	23.7	44.1	35.9	20.1
荷　兰	665	11.7	0.7	87.5	11.8
波　兰	1405	19.4	9.7	59.6	30.7
俄罗斯联邦	30393	1.5	19.9	59.8	20.2
西班牙	2422	29	60.5	21.7	17.8
土耳其	3160	18.8	73.8	10.7	15.5
乌克兰	1153	27.6	51.2	36.4	12.5
英　国	2346	8.8	9.9	33	57.1
澳大利亚	22413	4.6	73.8	10.6	15.6
新西兰	75768	1.5	74.3	4.2	21.5

4-6 二氧化碳排放量

资料来源:世界银行 WDI 数据库。
单位:百万吨

国家和地区	二氧化碳排放总量（百万吨）			人均二氧化碳排放量（吨）		
	1990	2000	2009	1990	2000	2009
世　　界	22274.2	24810.9	32042.3	4.2	4.1	4.7
中　　国	2460.7	3405.2	7687.1	2.2	2.7	5.8
中国香港	27.7	40.5	37	4.9	6.1	5.3
中国澳门	1	1.6	1.5	2.9	3.8	2.8
孟加拉国	15.5	27.9	51	0.2	0.2	0.4
文　　莱	6.4	6.5	9.3	25.5	20	23.7
柬 埔 寨	0.5	2.3	4.6	0.1	0.2	0.3
印　　度	690.6	1186.7	1979.4	0.8	1.1	1.6
印度尼西亚	149.6	263.4	451.8	0.8	1.2	1.9
伊　　朗	211.1	372.7	602.1	3.9	5.7	8.2
以 色 列	33.5	62.7	67.2	7.2	10	9
日　　本	1094.6	1219.6	1101.1	8.9	9.6	8.6
哈萨克斯坦	294.6	127.8	225.8	18	8.6	14
韩　　国	246.9	447.6	509.4	5.8	9.5	10.4
老　　挝	0.2	1	1.8	0.1	0.2	0.3
马来西亚	56.6	126.6	198.4	3.1	5.4	7.1
蒙　　古	10	7.5	14.5	4.6	3.1	5.4
缅　　甸	4.3	8.9	11.1	0.1	0.2	0.2
巴基斯坦	68.6	106.5	161.2	0.6	0.7	1
菲 律 宾	41.8	67.7	68.6	0.7	0.9	0.8
新 加 坡	46.9	47.6	31.9	15.4	11.8	6.4
斯里兰卡	3.8	10.2	12.7	0.2	0.5	0.6
泰　　国	95.8	201.6	271.7	1.7	3.2	4
越　　南	21.4	53.1	142.3	0.3	0.7	1.7
埃　　及	75.9	141.3	216.1	1.3	2.1	2.7
尼日利亚	45.4	79.2	70.2	0.5	0.6	0.5
南　　非	333.5	368.6	499	9.5	8.4	10.1
加 拿 大	450.1	534.5	513.9	16.2	17.4	15.2
墨 西 哥	314.4	381.5	446.2	3.7	3.8	4
美　　国	4879.4	5713.5	5299.6	19.6	20.3	17.3
阿 根 廷	112.6	141.1	174.7	3.5	3.8	4.4
巴　　西	208.9	328	367.2	1.4	1.9	1.9
委内瑞拉	122.2	152.4	184.8	6.2	6.3	6.5
捷　　克	162.6	124.7	108.1	15.7	12.1	10.3
法　　国	399	365.6	363.4	6.9	6	5.6
德　　国	980.6	832.1	734.6	12.4	10.1	9
意 大 利	425.3	448.1	400.8	7.5	7.9	6.7
荷　　兰	164.1	165.4	169.7	11	10.4	10.3
波　　兰	366.8	301.7	298.9	9.6	7.9	7.8
俄罗斯联邦	2339	1558.1	1574.4	15.8	10.7	11.1
西 班 牙	218.9	294.4	288.2	5.6	7.3	6.3
土 耳 其	145.9	216.2	277.8	2.7	3.4	3.9
乌 克 兰	689.3	320.8	272.2	13.3	6.5	5.9
英　　国	570.2	543.7	474.6	10	9.2	7.7
澳大利亚	287.3	329.6	400.2	16.8	17.2	18.2
新 西 兰	23.7	32.7	32.1	7.1	8.5	

4-7　国际贫困率

资料来源：世界银行 WDI 数据库。
单位：%

国家和地区	日均收入不足 1.25 美元的贫困人口比重		日均收入不足 2 美元的贫困人口比重	
	2005	2010	2005	2010
中　国	16.3	11.8①	36.9	27.2①
阿尔巴尼亚	0.9	0.6②	7.9	4.3②
安哥拉		43.4①		67.4①
阿根廷	4.6	0.9	9.4	1.9
亚美尼亚	4	2.5	23.3	19.9
阿塞拜疆		0.4②	0.3	2.8②
孟加拉国	50.5	43.3	80.3	76.5
白俄罗斯	0.2	0.1	0.5	0.1
不　丹		10.2③		29.8③
玻利维亚	18.2	15.6②	28	24.9②
波　黑		0.0③		0.2③
巴　西	8.5	6.1①	16.6	10.8①
保加利亚		0.0③		0.4③
布基纳法索		44.6①		72.6①
柬埔寨		18.6①		49.5①
喀麦隆		9.6③		30.4③
中　非		62.8②		80.1②
智　利		1.4①		2.7①
哥伦比亚	12.7	8.2	23.5	15.8
刚果(布)	54.1		74.4	
哥斯达黎加	3.9	3.1①	8.1	6.0①
科特迪瓦		23.8②		46.3②
克罗地亚		0.1②		0.1②
多米尼加	6.1	2.2	14.9	9.9
厄瓜多尔	9.1	4.6	18.5	10.6
埃　及	2	1.7②	18.5	15.4②
萨尔瓦多	11.6	9.0①	20.5	16.9①
埃塞俄比亚	39		77.6	
斐　济		5.9①		22.9①
加　蓬	4.8		19.6	
格鲁吉亚	16	18	33.5	35.6

4-7 续表 1

资料来源:世界银行 WDI 数据库。
单位:%

国家和地区	日均收入不足 1.25 美元的贫困人口比重		日均收入不足 2 美元的贫困人口比重	
	2005	2010	2005	2010
几内亚		43.3③		69.6③
洪都拉斯	26.4	17.9①	40.1	29.8①
匈牙利		0.2③		0.4③
印度	41.6	32.7	75.6	68.8
印度尼西亚	21.4	18.1	53.8	46.1
伊朗	1.5		8	
伊拉克		2.8③		21.4③
约旦		0.1		1.6
哈萨克斯坦		0.1①		1.1①
肯尼亚	43.4		67.2	
吉尔吉斯斯坦	22.9	6.7	45.8	22.9
老挝		33.9②		66.0②
拉脱维亚		0.2①		0.6①
利比里亚		83.8③		94.9③
立陶宛		0.2②		0.4②
前南马其顿	0.3	0.6	3.7	9.1
马达加斯加	67.8	81.3	89.6	92.6
马拉维		61.6		82.3
马来西亚		0.0①		2.3①
马里		50.4		78.7
毛里塔尼亚		23.4②		47.7②
墨西哥		0.7		4.5
摩尔多瓦	12.5	0.4	35.1	4.4
蒙古	22.4		49.1	
黑山	0.1		0.5	
摩洛哥		2.5③		14.0③
莫桑比克		59.6②		81.8②
尼泊尔		24.8		57.3
尼加拉瓜	11.9		31.7	
尼日尔	50.2	43.6②	75.3	75.2②
尼日利亚		68		84.5

4–7　续表 2

资料来源：世界银行 WDI 数据库。
单位：%

国家和地区	日均收入不足 1.25 美元的贫困人口比重		日均收入不足 2 美元的贫困人口比重	
	2005	2010	2005	2010
巴基斯坦	22.6	21.0②	60.3	60.2②
巴拿马	9.5	6.6	16.9	13.8
巴拉圭	7.2	7.2	14.4	13.2
秘鲁	8.6	4.9	20.5	12.7
菲律宾		18.4①		41.5①
波兰	0.1	0.1	0.6	0.2
罗马尼亚	1.2	0.5	5.6	1.3
俄罗斯联邦	0.2	0.0①	1.5	0.1①
卢旺达	76.8		89.6	
塞内加尔	33.5		60.4	
塞尔维亚		0.2	2.5	0.6
塞舌尔		0.3③		1.8③
斯洛伐克	0.2	0.1①	0.4	0.1①
南非		13.8①		31.3①
斯里兰卡		4.1		23.9
苏丹		19.8①		44.1①
斯威士兰		40.6		60.4
塔吉克斯坦		6.6①		27.7①
坦桑尼亚		67.9③		87.9③
泰国		0.4		4.1
东帝汶		8.9③		27.0③
突尼斯	1.4	1.1	8.1	4.3
土耳其	2	1.3	6.9	4.7
乌干达	51.5	38.0①	75.6	64.7①
乌克兰	0.1		0.5	0.1
乌拉圭	1.4	0.2	5.4	1.2
委内瑞拉	13.4		21.9	
越南		16.9②		43.4②
约旦河西岸和加沙		0.0①		0.3①
也门	17.5		46.6	
赞比亚		74.5		86.6

注：①2009 年数据。②2008 年数据。③2007 年数据。

4-8 国内生产总值

资料来源:世界银行 WDI 数据库。
单位:亿美元

国家和地区	1990	2000	2005	2009	2010	2011
世　　界	219769	323293	456753	578767	631360	699937
高收入国家	182734	264422	359145	411975	431195	466435
经合组织高收入国家	176812	253122	343245	391877	408271	439313
非经合组织高收入国家	5906	11333	15956	20179	23063	27516
中等收入国家	35622	57201	95212	163003	196554	229755
中等偏下收入国家	8682	12640	20715	34676	41813	47533
中等偏上收入国家	26933	44560	74487	128303	154712	182215
中低收入国家	37029	58886	97690	167057	201014	234763
东亚和太平洋	6708	17272	30729	63662	76364	93039
欧洲和中亚	9518	7099	17015	26099	30633	36159
拉丁美洲和加勒比	11163	20541	26738	40567	50386	56502
中东和北非国家	2663	4335	6343	10620	12045	
南　　亚	4117	6228	10453	16846	20480	22718
撒哈拉以南非洲	3003	3418	6438	9415	11033	12457
低收入国家	1452	1667	2412	3915	4251	4744
最不发达地区	1593	1865	3140	5515	6161	6804
重债穷国	1319	1398	2290	3910	4308	4680
中　　国	3569	11985	22569	49913	59305	73185
中国香港	769	1691	1778	2093	2245	2437
中国澳门	30	61	118	213	283	364
阿 富 汗			68	142	172	203
阿尔巴尼亚	21	37	84	121	119	130
阿尔及利亚	620	548	1023	1381	1620	1887
安 哥 拉	103	91	282	755	825	1010
安提瓜和巴布达	4	8	10	12	12	11
阿 根 廷	1414	2842	1832	3071	3687	4460
亚美尼亚	23	19	49	86	94	102
澳大利亚	3141	4169	6965	9242	11316	13718
奥 地 利	1648	1921	3050	3818	3766	4185
阿塞拜疆	89	53	132	443	529	634
巴 哈 马	32	63	77	77	78	78
巴　　林	42	80	135	193	229	
孟加拉国	301	471	603	894	1004	1106
巴巴多斯	17	26	30	36	41	37
白俄罗斯	174	127	302	493	552	551

4-8　续表 1

资料来源:世界银行 WDI 数据库。
单位:亿美元

国家和地区	1990	2000	2005	2009	2010	2011
比利时	2028	2327	3774	4734	4667	5115
伯利兹	4	8	11	13	14	15
贝宁	18	23	43	66	66	73
百慕大	16	35	49	58	58	
不丹	3	4	8	13	15	17
玻利维亚	49	84	95	173	196	244
波黑		55	109	171	166	181
博茨瓦纳	38	56	103	115	149	176
巴西	4620	6447	8822	16217	21430	24767
文莱	35	60	95	107	124	
保加利亚	207	129	289	486	477	535
布基纳法索	31	26	55	83	88	102
布隆迪	11	8	11	18	20	23
柬埔寨		37	63	104	112	129
喀麦隆	112	101	166	222	225	255
加拿大	5827	7249	11338	13376	15770	17361
佛得角	3	5	10	16	17	19
中非	15	10	14	20	20	22
乍得	17	14	53	71	85	95
智利	316	752	1231	1726	2163	2486
哥伦比亚	403	1004	1465	2362	2888	3317
科摩罗	3	2	4	5	5	6
刚果(金)	93	43	72	112	131	156
刚果(布)	28	32	61	96	120	147
哥斯达黎加	74	159	200	294	362	410
科特迪瓦	108	104	164	230	229	241
克罗地亚	248	215	448	634	609	639
古巴	286	306	426			
塞浦路斯	56	93	170	235	231	247
捷克	387	588	1301	1962	1977	2152
丹麦	1358	1601	2577	3111	3122	3327
吉布提	5	6	7	10		
多米尼克	2	3	4	5	5	5
多米尼加	71	240	340	468	516	556
厄瓜多尔	104	159	369	520	580	670

4-8 续表2

资料来源:世界银行 WDI 数据库。
单位:亿美元

国家和地区	1990	2000	2005	2009	2010	2011
埃　及	431	998	897	1890	2189	2295
萨尔瓦多	48	131	171	207	214	231
赤道几内亚	1	13	82	122	145	198
厄立特里亚		6	11	19	21	26
爱沙尼亚	50	57	139	192	188	222
埃塞俄比亚	121	82	123	320	297	317
法罗群岛		11	17	22		
斐　济	13	17	30	29	32	38
芬　兰	1389	1218	1958	2397	2365	2661
法　国	12442	13263	21366	26197	25490	27730
加　蓬	60	51	87	109	132	171
冈比亚	3	8	6	10	11	11
格鲁吉亚	77	31	64	108	116	144
德　国	17145	18864	27663	32986	32589	35706
加　纳	59	50	107	260	322	392
希　腊	933	1244	2401	3218	2991	2987
格陵兰	10	11	17	13		
格林纳达	2	5	7	8	8	8
危地马拉	77	193	272	377	413	469
几内亚	27	31	29	42	47	51
几内亚比绍	2	2	6	8	8	10
圭亚那	4	7	8	20	23	
海　地	29	37	42	65	66	73
洪都拉斯	30	71	97	141	153	173
匈牙利	331	464	1103	1266	1286	1400
冰　岛	64	87	163	121	126	141
印　度	3266	4747	8342	13611	16843	18480
印度尼西亚	1144	1650	2859	5396	7080	8468
伊　朗	1160	1013	1920	3310		
伊拉克		259	313	642	811	1154
爱尔兰	478	975	2033	2231	2053	2173
马恩岛		16	29			
以色列	525	1249	1340	1949	2174	2429
意大利	11334	11040	17863	21111	20436	21948

4-8　续表 3

资料来源:世界银行 WDI 数据库。
单位:亿美元

国家和地区	1990	2000	2005	2009	2010	2011
牙买加	46	90	113	124	139	151
日本	31037	47312	45719	50351	54884	58672
约旦	40	85	126	238	264	288
哈萨克斯坦	269	183	571	1153	1480	1862
肯尼亚	86	127	187	306	322	336
基里巴斯		1	1	1	2	2
韩国	2638	5334	8449	8341	10149	11162
科威特	184	377	808	1059	1243	1766
吉尔吉斯斯坦	27	14	25	47	48	59
老挝	9	17	27	58	72	83
拉脱维亚	74	78	160	259	240	283
黎巴嫩	28	173	219	349	390	422
莱索托	5	7	14	17	22	24
利比里亚	4	5	5	9	10	12
利比亚	289	339	440	624		
列支敦士登	14	25	37	48		
立陶宛	105	114	260	368	363	427
卢森堡	127	203	377	519	530	595
前南马其顿	45	36	60	93	91	102
马达加斯加	31	39	50	85	87	99
马拉维	19	17	28	47	51	57
马来西亚	440	938	1380	1929	2378	2787
马尔代夫	2	6	10	19	21	21
马里	24	24	53	90	94	106
马耳他	25	40	60	81	82	89
马绍尔群岛	1	1	1	2	2	2
毛里塔尼亚	10	13	22	30	36	41
毛里求斯	27	46	63	88	97	113
墨西哥	2627	5814	8489	8824	10359	11553
密克罗尼西亚	1	2	3	3	3	3
摩尔多瓦	36	13	30	54	58	70
摩纳哥	25	26	43	61		
蒙古	26	11	25	46	62	86
黑山		10	23	41	41	46
摩洛哥	258	370	595	909	908	1002

4-8 续表4

资料来源:世界银行WDI数据库。
单位:亿美元

国家和地区	1990	2000	2005	2009	2010	2011
莫桑比克	25	42	66	97	92	128
纳米比亚	24	39	73	89	111	123
尼泊尔	36	55	81	129	160	189
荷兰	2949	3851	6385	7934	7742	8363
新西兰	445	516	1131	1174	1425	
尼加拉瓜	10	39	49	62	66	73
尼日尔	25	18	34	53	54	60
尼日利亚	285	460	1122	1686	1968	2359
挪威	1176	1683	3041	3748	4178	4858
阿曼	117	199	309	469	578	718
巴基斯坦	400	740	1096	1618	1769	2111
帕劳	1	1	1	2	2	2
巴拿马	53	116	155	241	268	307
巴布亚新几内亚	32	35	49	79	95	129
巴拉圭	53	71	75	143	183	239
秘鲁	263	533	794	1269	1539	1767
菲律宾	443	810	1031	1683	1996	2248
波兰	645	1713	3039	4309	4698	5145
葡萄牙	777	1173	1918	2341	2272	2375
波多黎各	306	617	828	952	963	
卡塔尔	74	178	430	976	1273	1730
罗马尼亚	383	371	989	1611	1616	1798
俄罗斯联邦	5168	2597	7640	12226	14875	18578
卢旺达	26	17	26	53	56	64
圣基茨和尼维斯	2	4	5	7	7	7
圣卢西亚	4	7	9	11	12	12
圣文森特和格林纳丁斯	2	4	6	7	7	7
萨摩亚	1	2	4	5	6	6
圣马力诺		8	14			
圣多美和普林西比			1	2	2	2
沙特阿拉伯	1168	1884	3156	3767	4508	5768
塞内加尔	57	47	87	128	129	143
塞尔维亚		61	252	401	384	450
塞舌尔	4	6	9	8	10	10
塞拉利昂	6	6	12	19	19	22

4–8　续表 5

资料来源：世界银行 WDI 数据库。
单位：亿美元

国家和地区	1990	2000	2005	2009	2010	2011
新加坡	361	959	1235	1759	2132	2397
斯洛伐克	117	287	613	872	871	960
斯洛文尼亚	174	200	357	491	469	495
所罗门群岛	3	4	4	6	7	8
南　非	1120	1329	2471	2830	3635	4082
西班牙	5210	5803	11308	14556	13833	14908
斯里兰卡	80	163	244	421	496	592
苏　丹	124	124	274	546	670	551
苏里南	4	9	18	39	44	
斯威士兰	11	15	26	29	37	40
瑞　典	2444	2473	3706	4058	4619	5381
瑞　士	2382	2499	3725	4923	5294	6357
叙利亚	123	193	289	539	591	
塔吉克斯坦	26	9	23	50	56	65
坦桑尼亚	43	102	141	214	229	237
泰　国	853	1227	1764	2635	3189	3456
东帝汶		3	5	8	9	11
多　哥	16	13	21	32	32	36
汤　加	1	2	3	3	4	4
特立尼达和多巴哥	51	82	161	197	209	225
突尼斯	123	215	323	435	442	459
土耳其	1507	2666	4830	6146	7311	7731
土库曼斯坦	32	29	81	187	200	241
乌干达	43	62	92	158	172	168
乌克兰	815	313	861	1172	1364	1652
阿联酋	507	1043	1806	2703	2976	3602
英　国	10126	14772	22805	21714	22519	24316
美　国	57508	98988	125643	138636	144471	150940
乌拉圭	93	228	174	305	394	467
乌兹别克斯坦	134	138	143	328	393	454
瓦努阿图	2	3	4	6	7	8
委内瑞拉	470	1171	1455	3294	3938	3165
越　南	65	312	529	972	1064	1240
也　门	56	96	168	251	310	338
赞比亚	33	32	72	128	162	192
津巴布韦	88	67	58	58	75	99

4-9 国内生产总值产业构成

资料来源:世界银行 WDI 数据库。

单位:%

国家和地区	农业增加值占国内生产总值比重		工业增加值占国内生产总值比重		服务业增加值占国内生产总值比重	
	2000	2011	2000	2011	2000	2011
世　界	3.5	2.8①	28.7	26.3①	67.7	70.9①
高收入国家	1.8	1.3①	27.5	24.4①	70.8	74.3①
经合组织高收入国家	1.8	1.3①	27.2	23.8①	71.1	74.9①
非经合组织高收入国家	2	1.6①	34.8	40.8①	63.2	57.6①
中等收入国家	11.4	9.7	35.5	34.7	53.1	55.6
中等偏下收入国家	20.1	17.1	33.2	30.9	46.7	52.1
中等偏上收入国家	8.9	7.4	36.2	35.9	54.9	56.7
中低收入国家	12	10	35.1	34.4	52.9	55.5
东亚和太平洋	14.9	11.3	44.5	45.1	40.6	43.6
欧洲和中亚	10.7	7.2①	34.5	32.3①	54.7	60.6①
拉丁美洲和加勒比	5.6	6.3	29.6	30.1	64.8	63.6
中东和北非国家	12.6	11.6②	43.4	40.6②	44.1	47.9②
南　亚	23.7	17.9	25.7	26.4	50.6	55.7
撒哈拉以南非洲	16.2	10.8	29.4	30.8	54.4	58.8
低收入国家	33.8	24.7①	20.9	25.3①	45.3	50.0①
最不发达地区	32.2	22.7①	24	28.3①	43.8	48.9①
重债穷国	30.6	24.2①	24.3	27.9①	45.1	47.8①
中　国	15.1	10	45.9	46.6	39	43.3
中国香港	0.1	0.1③	11.6	7.4③	88.3	92.6③
孟加拉国	25.5	18.4	25.3	28.6	49.2	53
文　莱	1	0.8①	63.7	66.8①	35.3	32.5①
柬埔寨	37.8	36.0①	23	23.3①	39.1	40.7①
印　度	23.1	17.2	26.1	26.4	50.8	56.4
印度尼西亚	15.6	16.9	45.9	44.9	38.5	38.3
伊　朗	13.7	10.1②	36.7	44.9②	49.5	45.0②
日　本	1.5	1.2①	31.1	27.4①	67.4	71.5①
哈萨克斯坦	8.7	5.3	40.5	44.3	50.8	50.4
韩　国	4.6	2.6①	38.1	39.3①	57.3	58.2①

4-9　续表 1

资料来源:世界银行 WDI 数据库。
单位:%

国家和地区	农业增加值占国内生产总值比重		工业增加值占国内生产总值比重		服务业增加值占国内生产总值比重	
	2000	2011	2000	2011	2000	2011
老　挝	45.2	30.8	16.6	34.7	38.2	34.5
马来西亚	8.6	10.6①	48.3	44.4①	43.1	45.0①
蒙　古	30.9	15.3	25	36.3	44.1	48.3
缅　甸	57.2	36.4①	9.7	26.0①	33.1	37.6①
巴基斯坦	25.9	21.6	23.3	25.3	50.7	53.1
菲律宾	14	13	34.5	30	51.6	56.9
新加坡	0.1		34.5	26.6	65.4	73.4
斯里兰卡	19.9	13.7	27.3	27.8	52.8	58.5
泰　国	9	12.4	42	43.5	49	44.1
越　南	24.5	19.7	36.7	40.6	38.7	39.7
埃　及	16.7	13.9	33.1	36.7	50.1	49.3
南　非	3.3	2.4	31.8	30.6	64.9	67
加拿大	2.3	1.9②	33.2	32.0②	64.5	66.1②
墨西哥	4.2	3.7	28	34.1	67.8	62.2
美　国	1.2	1.2①	23.4	20.0①	75.4	78.8①
阿根廷	5	9.1	27.6	26.3	67.4	64.6
巴　西	5.6	5.5	27.7	27.5	66.7	67
捷　克	3.9	2.4①	38.1	37.6①	58	60.0①
法　国	2.8	1.8③	22.9	19.1③	74.2	79.2③
德　国	1.3	0.9①	30.5	28.2①	68.2	71.0①
意大利	2.8	1.9①	28.2	25.2①	69	72.9①
荷　兰	2.6	2.0①	24.9	23.9①	72.4	74.1①
波　兰	5	3.5①	31.7	31.6①	63.3	64.8①
俄罗斯联邦	6.4	4.0①	37.9	36.7①	55.6	59.3①
西班牙	4.4	2.7①	29.3	26.0①	66.3	71.3①
土耳其	11.3	9.2	31.5	27.1	57.2	63.8
乌克兰	17.1	8.3	36.3	31.4	46.6	60.3
英　国	1	0.7①	27.3	21.7①	71.7	77.6①
澳大利亚	3.5	2.3①	26.9	19.8①	69.6	77.9①

注:①2010 年数据。②2008 年数据。③2009 年数据。

4-10 国内生产总值缩减指数

资料来源:国际货币基金组织 IFS 数据库。

2005 年 =100

国家和地区	2000	2007	2008	2009	2010	2011
中　　国	84.7	111.4	119.6	118.6	126.3	135.7
中国香港	116.7	102.6	104.1	103.5	103.7	107.6
中国澳门	95	117.4	130.1	130.9	137	146.5
孟加拉国	83.3	112.3	122.2	130.2	138.6	149
文　　莱	52.1	111.3	125.4	97.7	102.9	122.8
柬 埔 寨	84.9	111.5	125.1	128.3	129.2	
印　　度	78.8	112.8	122.4	129.7	140.6	151.8
印度尼西亚	63.1	126.9	150	162.4	175.6	190.3
伊　　朗	42.6	137.9	161.3	165.4	189.1	
以 色 列	94	101.7	103.3	108.3	109.6	112.2
日　　本	107.4	98	96.8	96.3	94.2	92.2
哈萨克斯坦	55.4	136.9	170.6	170		
韩　　国	86.8	101.9	104.9	108.5	112.4	114.4
老　　挝	60.8	110.6	118	112.7	117.9	125.9
马来西亚	82.7	109.1	120.4	113.2	117.8	124.2
蒙　　古	58.1	138.5	167.5	167.8	203.2	223.3
巴基斯坦	75.1	118.9	138.2	165.8	185.6	220.7
菲 律 宾	78.9	108.2	116.4	119.6	124.6	129.9
新 加 坡	98.4	108.3	106.9	108.5	108.5	109.1
斯里兰卡	62.3	126.9	147.6	156.3	167.7	180.9
泰　　国	88.5	108.4	112.6	114.7	118.9	124
越　　南	75.6	116.1	141.8	150.4	168.2	203.3
埃　　及	75.7	120.9	135.6	150.8	166	
南　　非	70.8	115.1	125.4	134.3	145.2	156.4
加 拿 大	89.1	106.5	110.7	108.5	111.6	115.5
墨 西 哥	65.4	112.8	119.9	124.8	129.7	137.4
美　　国	88.7	106.2	108.6	109.5	111	113.4
阿 根 廷	59	129.6	154.8	169.7	195.8	229.6
巴　　西	63	112.4	121.7	130.5	141.2	151.1
委内瑞拉	29.7	136.1	177.1	191	278.8	357.3
捷　　克	88.2	104.5	111	113.2	111.3	110.4
法　　国	90.8	104.8	107.5	108.2	109.4	110.8
德　　国	94.8	101.9	102.7	103.9	104.6	105.4
意 大 利	87.6	104.1	106.8	109	109.3	110.8
荷　　兰	86.9	103.6	105.8	105.8	106.8	108
波　　兰	88.1	105.5	108.8	112.8	114.4	118
俄罗斯联邦	45.5	128.8	156	159.6	178.8	206.6
西 班 牙	81.3	107.5	110.1	110.2	110.4	111.1
土 耳 其	32.1	116.1	130.1	137	144.7	157.2
乌 克 兰		141.2	181.6	205.2	233.6	270.1
英　　国	89.4	105.2	108.4	109.8	112.8	115.8
澳大利亚	84.5	109.5	116.7	117.1	123.3	128.6
新 西 兰	88.3	108.2	111.1	111.7	116.8	119.2

4-11 国内生产总值增长率

资料来源:世界银行 WDI 数据库。
单位:%

国家和地区	1990	2000	2005	2009	2010	2011
世　　界	2.95	4.2	3.46	–2.24	4.34	2.73
高收入国家	3.15	3.93	2.53	–3.75	3.28	1.54
经合组织高收入国家	3.02	3.83	2.39	–3.88	3.06	1.32
非经合组织高收入国家	7.24	6.41	5.51	–1.28	7.33	5.64
中等收入国家	1.91	5.43	7.24	2.64	7.71	6.33
中等偏下收入国家	3.76	4.03	6.79	5.14	7.3	5.51
中等偏上收入国家	1.39	5.83	7.37	1.96	7.83	6.56
中低收入国家	1.94	5.38	7.24	2.69	7.67	6.32
东亚和太平洋	5.49	7.53	9.76	7.46	9.7	8.29
欧洲和中亚	–1.09	7.56	7.24	–6.01	5.84	5.74
拉丁美洲和加勒比	0.25	3.99	4.88	–1.63	6.24	4.67
中东和北非国家	7.39	3.37	4.69	3.6	4.18	
南　亚	5.43	4.23	8.71	7.43	8.69	6.42
撒哈拉以南非洲	1.16	3.6	5.99	2.11	5.02	4.12
低收入国家	2.86	3.51	7	4.66	6.05	5.98
最不发达地区	1.5	4.52	7.9	4.51	5.69	4.17
重债穷国	–0.51	3.03	6.63	3.72	5.4	3.96
中　　国	3.8	8.4	11.3	9.2	10.4	9.3
中国香港	3.9	7.95	7.08	–2.66	6.97	5.16
中国澳门	8	5.7	8.54	1.73	27.04	20.74
阿 富 汗			14.52	20.4	8.2	
阿尔巴尼亚	–9.58	7.3	5.5	3.3	3.5	3
阿尔及利亚	0.8	2.2	5.1	2.4	3.3	2.5
安 哥 拉	–0.3	3.01	18.26	2.41	3.41	3.4
安提瓜和巴布达	2.55	1.48	4.19	–10.35	–8.88	–4.17
阿 根 廷	–2.4	–0.79	9.18	0.85	9.16	8.87
荷　　兰	4.18	3.94	2.05	–3.54	1.69	1.17
亚美尼亚		5.9	13.87	–14.15	2.1	4.6
澳大利亚	3.58	3.95	2.96	1.45	2.26	1.85
奥 地 利	4.17	3.67	2.4	–3.81	2.32	3.11
阿塞拜疆	–11.7	11.1	26.4	9.3	5	1
巴 哈 马	–1.6	4.15	3.4	–4.86	0.18	1.63
巴　　林	4.44	5.3	7.8	3.1	4.5	

4-11 续表 1

资料来源:世界银行 WDI 数据库。
单位:%

国家和地区	1990	2000	2005	2009	2010	2011
孟加拉国	5.94	5.95	5.96	5.74	6.07	6.66
巴巴多斯	-4.81	2.31	3.18	-5.3		
白俄罗斯		5.8	9.44	0.16	7.7	5.3
比利时	3.14	3.67	1.76	-2.8	2.24	1.92
贝宁	3.21	5.8	2.9	3.8	3	3.1
百慕大	0.02	9.32	1.98	-4.83	-1.9	
不丹	9.1	7.52	8.77	6.73	7.44	8.41
玻利维亚	4.64	2.51	4.42	3.36	4.13	5.09
波黑		5.5	5	-2.91	0.8	1.71
博茨瓦纳	6.77	5.89	1.64	-4.82	7.01	5.05
巴西	-4.3	4.31	3.16	-0.33	7.53	2.73
文莱	1.09	2.85	0.39	-1.76	2.6	
保加利亚	-9.12	5.73	6.36	-5.5	0.4	1.7
布基纳法索	-0.6	1.85	8.65	2.97	7.89	4.16
布隆迪	3.5	-0.86	0.9	3.47	3.79	4.19
柬埔寨		8.77	13.25	0.09	5.96	6.93
喀麦隆	-6.11	4.2	2.3	2	3.2	3.8
加拿大	0.19	5.23	3.02	-2.77	3.22	2.46
佛得角	0.7	7.27	6.52	3.71	5.21	5.05
中非	-2.15	2.3	2.4	1.7	3.3	3.1
乍得	-4.18	-0.88	17.33	-1.2	13	3.1
智利	3.7	4.49	4.27	-1.04	6.1	5.99
哥伦比亚	6.04	4.42	4.71	1.65	4	5.93
科摩罗	5.09	1.42	4.23	1.81	2.1	2.23
刚果(金)	-6.57	-6.9	7.79	2.83	7.17	6.88
刚果(布)	1	7.6	7.8	7.47	8.75	4.46
哥斯达黎加	3.91	1.8	5.89	-1.01	4.68	4.16
科特迪瓦	-1.1	-3.7	1.26	3.8	2.4	-4.7
克罗地亚		3.75	4.28	-5.99	-1.19	-0.04
古巴	-2.95	5.92	11.2	1.45	2.07	
塞浦路斯	7.4	5.04	3.91	-1.67	1.14	0.48
捷克		4.19	6.75	-4.69	2.74	1.66
丹麦	1.61	3.53	2.44	-5.83	1.3	1

4-11 续表 2

资料来源:世界银行 WDI 数据库。
单位:%

国家和地区	1990	2000	2005	2009	2010	2011
多米尼克	5.26	−2.25	−0.43	−0.74	0.34	1.06
多米尼加	−5.45	5.66	9.26	3.45	7.75	4.48
厄瓜多尔	2.68	2.8	5.74	0.36	3.58	4.8
埃　及	5.7	5.37	4.47	4.69	5.15	1.8
萨尔瓦多	4.83	2.15	3.56	−3.13	1.37	1.47
赤道几内亚	3.26	13.48	9.75	5.73	−0.75	7.09
厄立特里亚		−13.12	2.57	3.88	2.2	8.72
爱沙尼亚	−7.06	9.7	8.85	−14.26	2.26	7.64
埃塞俄比亚	2.73	6.07	11.82	8.8	9.94	7.3
斐　济	5.8	−1.7	0.7	−1.27	−0.2	2
芬　兰	0.51	5.32	2.92	−8.35	3.73	2.86
法　国	2.62	3.68	1.83	−3.15	1.66	1.7
加　蓬	5.19	−1.88	3.02	−1.41	6.61	4.81
冈比亚	3.56	5.5	0.27	6.65	6.12	4.97
格鲁吉亚	−14.79	1.84	9.6	−3.78	6.25	6.95
德　国	5.26	3.06	0.69	−5.13	3.69	3
加　纳	3.33	3.7	5.9	3.99	8.01	14.39
希　腊		4.48	2.28	−3.25	−3.52	−6.91
格林纳达	5.2	12.62	12.04	−5.68	−1.27	1.11
危地马拉	3.1	3.61	3.26	0.53	2.91	3.87
几内亚	4.32	1.88	37.76	−0.28	1.94	3.59
几内亚比绍	6.1	7.5	3.46	3	3.47	5.3
圭亚那	−3.04	−1.38	−1.96	3.32	4.37	
海　地		0.87	1.8	2.88	−5.42	5.59
洪都拉斯	0.1	5.75	6.05	−2.13	2.77	3.4
匈牙利	−3.5	4.22	3.96	−6.8	1.26	1.69
冰　岛	1.17	4.33	7.23	−6.81	−4.02	3.05
印　度	5.53	3.98	9.29	8.24	9.55	6.86
印度尼西亚	9	4.92	5.69	4.63	6.2	6.46
伊　朗	13.69	5.14	4.62	1.8		
伊拉克		−4.3	−0.7	4.2	0.84	9.9
爱尔兰	8.47	9.24	5.34	−6.99	−0.43	−0.7
以色列	6.84	9.26	4.94	0.84	4.85	4.71
意大利	2.05	3.65	0.93	−5.49	1.8	0.43

4-11 续表3

资料来源:世界银行 WDI 数据库。
单位:%

国家和地区	1990	2000	2005	2009	2010	2011
牙买加	4.2	0.88	1.03	-2.6	-0.6	1.3
日　本	5.2	2.26	1.3	-5.53	4.43	-0.7
约　旦	0.97	4.25	8.12	5.48	2.31	2.59
哈萨克斯坦		9.8	9.7	1.2	7.3	7.5
肯尼亚	4.19	0.6	5.91	2.65	5.55	4.5
基里巴斯	2.13	7.24	0.3	-0.65	1.8	1.8
韩　国	9.15	8.49	3.96	0.32	6.32	3.63
科威特		4.7	10.6	-5.15	3.41	8.19
吉尔吉斯斯坦	5.7	5.43	-0.18	2.89	-1.36	7
老　挝	6.71	5.8	7.11	7.5	8.53	8.04
拉脱维亚	-7.94	6.91	10.6	-17.95	-0.34	5.47
黎巴嫩	26.53	1.34	1	8.5	7	3
莱索托	6.47	5.66	2.7	2.86	5.61	5.79
利比里亚	-51.03	25.7	9.48	13.06	10.29	8.48
利比亚		3.7	9.9	2.1		
立陶宛		3.25	7.8	-14.74	1.33	5.87
卢森堡	5.32	8.44	5.43	-5.3	2.68	1.55
前南马其顿		4.55	4.35	-0.92	1.78	3.04
马达加斯加	3.13	4.76	4.6	-4.58	1.57	0.99
马拉维	5.69	1.58	2.6	9.03	6.51	4.51
马来西亚	9.01	8.86	5.33	-1.64	7.19	5.14
马尔代夫		4.77	-6.84	-4.74	5.72	7.47
马　里	-1.85	3.2	6.08	4.5	5.8	2.7
马耳他	6.29	6.77	3.67	-2.65	2.71	2.1
马绍尔群岛	2.68	5.89	2.62	-1.33	5.2	5
毛里塔尼亚	-1.77	-0.43	8.97	-1.22	5.19	4.75
毛里求斯	7.19	9.03	1.24	3.03	4.13	4.11
墨西哥	5.07	6.6	3.21	-6.24	5.52	3.94
密克罗尼西亚	3.74	4.48	2.1	0.67	3.13	1.4
摩尔多瓦	-2.4	2.1	7.5	-5.99	7.1	6.4
蒙　古	-3.18	1.15	7.25	-1.27	6.37	17.26
黑　山		3.1	4.2	-5.7	2.5	2.54
摩洛哥	4.03	1.59	2.98	4.76	3.68	4.55
莫桑比克	1	1.09	9.57	6.34	6.8	7.1

4-11　续表 4

资料来源:世界银行 WDI 数据库。
单位:%

国家和地区	1990	2000	2005	2009	2010	2011
缅　　甸	2.82	13.75	13.49	10.58	10.42	
纳米比亚	2.5	3.49	2.53	−0.43	6.6	3.8
尼 泊 尔	4.64	6.2	3.48	4.53	4.82	3.88
新 西 兰	0.04	2.62	3.3	−0.47	1.9	
尼加拉瓜	−0.09	4.1	4.28	−1.47	4.48	4.66
尼 日 尔	−1.28	−1.41	4.5	−0.9	8	2.3
尼日利亚	8.2	5.4	5.4	7	7.82	6.67
挪　　威	1.93	3.25	2.59	−1.67	0.68	1.45
阿　　曼	−0.13	5.4	3.99	1.1	4	5.5
巴基斯坦	4.46	4.26	7.67	3.6	4.14	2.36
帕　　劳		0.3	5.5	−2.1	2	5.8
巴 拿 马	8.1	2.72	7.19	3.2	8.3	10.6
巴布亚新几内亚	−3.01	−2.49	3.6	5.5	8	9
巴 拉 圭	3.09	−3.35	2.86	−3.85	15.05	4.04
秘　　鲁	−5.14	2.95	6.83	0.84	8.82	6.91
菲 律 宾	3.04	4.41	4.78	1.15	7.63	3.72
波　　兰		4.26	3.62	1.63	3.9	4.35
葡 萄 牙	3.95	3.92	0.78	−2.91	1.4	−1.61
波多黎各	3.78	3.27	0.83	−2.27	−2.07	
卡 塔 尔			7.6	12	16.6	18.8
罗马尼亚	−5.6	2.1	4.17	−8.5	0.95	−0.37
俄罗斯联邦	−3	10	6.38	−7.83	4.3	4.3
卢 旺 达	−2.4	8.1	9.3	4.1	7.2	8.6
圣基茨和尼维斯	2.27	2.79	5.61	−5.59	−2.69	−0.09
圣卢西亚	23.55		4.34	−16.93	4.4	0.7
圣文森特和格林纳丁斯	5.05	1.8	2.13	−2.3	−1.83	0.04
萨 摩 亚	−4.42	7.03	4.15	−1.72	1.71	2.1
圣多美和普林西比			−1.41	4.02	4.51	4.94
沙特阿拉伯	8.33	4.87	5.55	0.1	4.64	6.77
塞内加尔	−0.68	3.2	5.63	2.09	4.13	2.63
塞尔维亚	−8	5.34	5.4	−3.5	0.95	1.78
塞 舌 尔	7	4.25	7.47	0.52	6.71	4.95
塞拉利昂	3.35	3.81	7.18	3.2	4.95	6
新 加 坡	10.11	9.04	7.37	−0.98	14.76	4.89
斯洛伐克	−2.67	1.37	6.66	−4.93	4.18	3.35

4-11 续表5

资料来源:世界银行 WDI 数据库。
单位:%

国家和地区	1990	2000	2005	2009	2010	2011
斯洛文尼亚		4.27	4.01	-8.01	1.38	-0.17
所罗门群岛		-14.27	5.42	-1.2	7	9
南　非	-0.32	4.16	5.28	-1.54	2.89	3.12
西 班 牙	3.78	5.05	3.58	-3.74	-0.07	0.71
斯里兰卡	6.4	6	6.24	3.54	8.02	8.25
苏　丹	-5.47	8.38	6.33	3.96	4.45	-4.9
苏 里 南	-0.49	-0.06	4.56	3.01	4.11	
斯威士兰	21.02	1.76	2.46	1.21	2	1.3
瑞　典	1.01	4.45	3.16	-5.03	6.15	3.92
瑞　士	3.68	3.58	2.64	-1.88	2.71	2.1
叙 利 亚	7.64	2.74	6.2	6	3.2	
塔吉克斯坦	-0.6	8.3	10.49	3.9	6.5	7.4
坦桑尼亚	7.05	4.93	7.37	6.02	7.04	6.32
泰　国	11.17	4.75	4.61	-2.33	7.81	0.05
东 帝 汶		13.66	6.22	12.77	9.47	10.6
多　哥	-0.24	-0.78	1.18	3.23	3.71	3.91
汤　加	-2.04	3.37	-0.95	-0.13	-0.48	1.16
特立尼达和多巴哥	1.51	6.13	5.77	-3.3	-0.02	-1.4
突 尼 斯	7.95	4.3	4	3.1	3	-1.8
土 耳 其	9.27	6.77	8.4	-4.83	9.16	8.49
土库曼斯坦	0.74	18.59	13	6.1	9.2	9.9
图 瓦 卢		-0.97	-4.1	-1.73	-5	1
乌 干 达	6.47	3.14	6.33	7.25	5.9	6.7
乌 克 兰	-6.34	5.9	2.7	-14.8	4.1	5.2
阿 联 酋	18.33	10.85	4.86	-1.61	1.43	4.9
英　国	0.78	4.46	2.09	-4.37	2.09	0.66
美　国	1.86	4.17	3.08	-3.53	3.02	1.7
乌 拉 圭	0.3	-1.93	7.46	2.42	8.9	5.7
乌兹别克斯坦	1.6	3.8	7	8.1	8.5	8.3
瓦努阿图	11.71	5.92	5.25	3.45	3.05	4.3
委内瑞拉	6.47	3.69	10.32	-3.2	-1.49	4.18
越　南	5.1	6.79	8.44	5.32	6.78	5.89
也　门		6.18	5.59	3.87	7.7	-10.48
赞 比 亚	-0.48	3.58	5.34	6.4	7.61	5.9
津巴布韦	6.99	-3.06	-5.71	5.98	9.01	9.3

4-12　国土面积与人口密度

资料来源:世界银行 WDI 数据库。

国家和地区	国土面积（万平方公里）	人口密度（人/平方公里）		
	2010	2000	2005	2010
世　界	13426.9	47.2	50.1	53.2
中　国	960	135.4	139.8	143.4
中国香港	0.1	6396.4	6538.6	6782.9
中国澳门	…	15423.8	17192.5	19416.3
孟加拉国	14.4	995.6	1080	1142.3
文　莱	0.6	62.1	68.9	75.7
柬埔寨	18.1	70.5	75.7	80.1
印　度	328.7	354.5	383.4	411.9
印度尼西亚	190.5	117.8	125.5	132.4
伊　朗	174.5	40.1	42.8	45.4
以色列	2.2	290.6	320.2	352.3
日　本	37.8	348.1	350.5	349.7
哈萨克斯坦	272.5	5.5	5.6	6
韩　国	10	476.1	497	508.9
老　挝	23.7	23	24.9	26.9
马来西亚	33.1	71.3	79.4	86.4
蒙　古	156.4	1.6	1.6	1.8
缅　甸	67.7	68.8	70.9	73.4
巴基斯坦	79.6	187.5	205.8	225.2
菲律宾	30	259.3	286.9	312.8
新加坡	0.1	6011.8	6273.2	7252.4
斯里兰卡	6.6	304.6	313.3	329.3
泰　国	51.3	123.6	130.6	135.3
越　南	33.1	249.6	265.7	280.3
埃　及	100.1	68	74.5	81.5
尼日利亚	92.4	135.8	153.5	173.9
南　非	121.9	36.2	38.9	41.2
加拿大	998.5	3.4	3.6	3.8
墨西哥	196.4	51.4	54.8	58.3
美　国	983.2	30.8	32.3	33.8
阿根廷	278	13.5	14.1	14.8
巴　西	851.5	20.6	22	23
委内瑞拉	91.2	27.6	30.1	32.7
捷　克	7.9	132.9	132.5	136.2
法　国	54.9	111.2	115.4	118.8
德　国	35.7	235.6	236.5	234.6
意大利	30.1	193.6	199.2	205.6
荷　兰	4.2	471.7	483.4	492.6
波　兰	31.3	126.3	124.6	125.5
俄罗斯联邦	1709.8	8.9	8.7	8.7
西班牙	50.5	80.7	87	92.4
土耳其	78.4	82.7	88.5	94.5
乌克兰	60.4	84.9	81.3	79.2
英　国	24.4	243.4	248.9	257.2
澳大利亚	774.1	2.5	2.7	2.9
新西兰	26.8	14.7	15.7	16.6

4-13 结婚率与离婚率

资料来源:联合国《人口统计年鉴》2011 年。
单位:‰

国家和地区	结婚率			离婚率		
	2002	2005	2010	2002	2005	2010
中　　国	6.1	6.3	9.3	0.9	1.4	2
中国香港	4.8	6.3	7.3①			
中国澳门	2.8	3.7	5.7	0.9	1.2	1.6
伊　　朗	9.9	11.5	12.2①	1	1.2	1.7①
日　　本	6	5.7	5.5	2.3	2.1	2
哈萨克斯坦	6.7	8.1	8.6①	2.1	2.1	2.3①
韩　　国	6.4	6.5	6.5	3	2.6	2.3
蒙　　古	5.5	5.9	3.4	0.3	0.6	1.1
新 加 坡	5.6	5.3	4.8	1.3	1.9	1.4
墨 西 哥	6.1	5.7	5.2①	0.6	0.7	0.8
美　　国	7.8	7.6	6.8①			
阿 根 廷	3.3	3.4	3			
委内瑞拉	2.9	3.2	3.3①			
白俄罗斯	6.7	7.5	8.1	3.8	3.1	3.9
保加利亚	3.7	4.3	3.2	1.3	1.9	1.5
捷　　克	5.2	5.1	4.4	3.1	3.1	2.9
法　　国	4.7	4.5	3.9	1.9	2.5	2.0①
德　　国	4.8	4.7	4.7	2.5	2.4	2.3
意 大 利	4.7	4.2	3.6	0.7	0.8	0.9①
荷　　兰		4.4	4.5		2	2
波　　兰	5	5.4	6	1.2	1.8	1.6
罗马尼亚	5.9	6.6	5.4	1.5	1.5	1.5
俄罗斯联邦	7	7.5	8.5	5.9	4.2	4.5
西 班 牙	5.1	4.8	3.6	1	1.7	2.2
土 耳 其	7.4	8.9	8	1.4	1.3	1.6
乌 克 兰	6.6	7.1	6.7	3.8	3.9	2.8
英　　国	4.9		4.3①	2.7	2.6	2.0①
澳大利亚	5.4	5.4	5.4	2.7	2.6	2.3
新 西 兰		5	4.8	2.4	2.4	2

注:①2009 年数据。

4-14 就业人数

资料来源：联合国ILO数据库。

单位：万人

国家和地区	2000	2005	2008	2009	2010	2011
中　　国	72085	74647	75564	75828	76105	
中国香港	321	334	353	350	352	
中国澳门	20	24	32	32	32	
文　　莱	14	17	18	19	19	
柬 埔 寨	528		696	747	768	789
印　　度	33020	37199			37429	
印度尼西亚	8984	9396	10255	10487	10821	10967
伊　　朗		2062	2050			
以 色 列	222	249	278	279	297	
日　　本	6446	6356	6385	6282	6256	
哈萨克斯坦	620	726	786	790	811	830
韩　　国	2116	2286	2358	2351	2383	
马来西亚	932	1005	1066	1090	1113	
蒙　　古	81	97	90	93		
巴基斯坦	3685	4282	4909			
菲 律 宾	2745	3231	3409	3500	3604	3719
新 加 坡	209	165	185	187		
斯里兰卡	631	752	765	760	771	
泰　　国	3300	3630	3784	3771	3804	3846
越　　南	3837	4253	4492			5088
埃　　及	1720	1934	2251	2278	2383	
南　　非	1224	1230	1371	1346	1306	1326
加 拿 大	1476	1617	1713	1681	1704	
墨 西 哥	3950	4079	4387	4291	4387	
美　　国	13521	14173	14536	13988	13906	
阿 根 廷	826	964	1028	1040	1053	1077
巴　　西	6563	8719	9239	9269		
委内瑞拉	896	1073	1186	1194	1207	1220
捷　　克	473	476	500	493	489	490
法　　国	2312	2495	2590	2565	2569	2576
德　　国	3632	3636	3854	3847	3874	3974
意 大 利	2093	2256	2340	2303	2287	2297
荷　　兰	786	811	859	860	837	837
波　　兰	1453	1412	1580	1587	1596	1613
俄罗斯联邦	6507	6817	7097	6700	6979	
西 班 牙	1544	1897	2026	1889	1846	1810
土 耳 其	2158	2205	2119	2127	2259	2410
乌 克 兰	2127	2068	2097	2019	2027	
英　　国	2740	2867	2936	2892	2894	2908
澳大利亚	895	997	1074	1092	1125	
新 西 兰	181	207	219	216	219	

4-15 居民收入分配

资料来源:世界银行 WDI 数据库。

国家和地区	年 份	基尼系数	各组占全部收入或消费的比重(%)				
			最低的 20%	第二个 20%	第三个 20%	第四个 20%	最高的 20%
中 国	2005	0.42	4.99	9.85	14.99	22.24	47.93
中国香港	1996	0.43	5.26	9.39	13.85	20.75	50.75
孟加拉国	2010	0.32	8.88	12.37	16.07	21.27	41.41
柬 埔 寨	2008	0.38	7.54	11	14.9	20.64	45.92
印 度	2005	0.33	8.64	12.22	15.81	20.97	42.36
印度尼西亚	2009	0.37	7.65	11.26	15.09	21.07	44.93
伊 朗	2005	0.38	6.43	10.91	15.54	21.96	45.16
以 色 列	2001	0.39	5.71	10.46	15.86	23.04	44.93
日 本	1993	0.25	10.58	14.21	17.58	21.98	35.65
哈萨克斯坦	2009	0.29	9.12	13.15	17.07	22.25	38.41
韩 国	1998	0.32	7.91	13.56	17.95	23.13	37.45
老 挝	2008	0.37	7.64	11.33	15.29	20.9	44.84
马来西亚	2009	0.46	4.54	8.65	13.72	21.64	51.45
蒙 古	2008	0.37	7.1	11.15	15.62	22.09	44.04
巴基斯坦	2008	0.3	9.6	12.94	16.36	21.12	39.98
菲 律 宾	2009	0.43	5.98	9.42	13.87	21.04	49.69
新 加 坡	1998	0.42	5.04	9.42	14.55	22.02	48.97
斯里兰卡	2007	0.4	6.94	10.35	14.4	20.52	47.79
泰 国	2009	0.4	6.67	10.28	14.49	21.35	47.21
越 南	2008	0.36	7.42	11.52	15.81	21.84	43.41
埃 及	2008	0.31	9.24	13.02	16.37	21.03	40.34
尼日利亚	2010	0.49	4.41	8.27	12.98	20.33	54.01
南 非	2009	0.63	2.7	4.63	8.16	16.3	68.21
加 拿 大	2000	0.33	7.2	12.73	17.18	22.95	39.94
墨 西 哥	2008	0.48	4.73	8.65	13.08	19.87	53.67
美 国	2000	0.41	5.44	10.68	15.66	22.4	45.82
阿 根 廷	2010	0.44	4.38	9.31	14.78	22.17	49.36
巴 西	2009	0.55	2.85	7.13	12.41	19.04	58.57
委内瑞拉	2006	0.45	4.28	9.52	14.6	22.18	49.42
捷 克	1996	0.26	10.22	14.33	17.53	21.68	36.24
法 国	1995	0.33	7.18	12.62	17.19	22.8	40.21
德 国	2000	0.28	8.52	13.72	17.79	23.09	36.88
意 大 利	2000	0.36	6.5	11.98	16.75	22.75	42.02
荷 兰	1999	0.31	7.6	13.22	17.24	23.26	38.68
波 兰	2009	0.34	7.68	11.95	16.23	22.03	42.11
俄罗斯联邦	2009	0.4	6.46	10.35	14.77	21.29	47.13
西 班 牙	2000	0.35	6.97	12.09	16.43	22.51	42
土 耳 其	2008	0.39	5.7	10.93	15.89	22.42	45.06
乌 克 兰	2009	0.26	9.67	13.95	17.69	22.37	36.32
英 国	1999	0.36	6.14	11.41	15.96	22.47	44.02
澳大利亚	1994	0.35	5.9	12.01	17.2	23.57	41.32
新 西 兰	1997	0.36	6.45	11.37	15.81	22.61	43.76

4-16 居民消费率

资料来源:世界银行 WDI 数据库。

单位:%

国家和地区	1990	2000	2005	2009	2010	2011
中　　国	46.7	46.7	38.1	33.9	34.6	34.4
中国香港	57.1	59	58.2	62.4	62.2	
中国澳门	39.2	40.2	31.1	26.8	22.7	20.7
孟加拉国	86.2	77.7	76.4	77.5	76.8	78.3
文　　莱	34.8	29.6	27.4	22.2	13.2	
柬 埔 寨		89.2	86.1	79.2	81.7	
印　　度	64.6	64.8	57.6	57.3	56.5	58
印度尼西亚	58.9	60.7	62.7	56.6	56.9	56.1
伊　　朗	59.3	47.9	45.9			
以 色 列	55.6	53.9	55.8	56.9	58.2	62.4
日　　本	53.3	56.5	57.8	60.1	59.3	
哈萨克斯坦		61.9	49.9	50.7	49.3	49.4
韩　　国	51.8	54.6	53.7	54	52.7	
老　　挝		93.5	81.2	68.2	68.6	69
马来西亚	51.7	43.8	44.8	49.9	48	
蒙　　古	68.7	69.6	55.2	58.1	53.1	50.2
巴基斯坦	73.8	75.4	77	81.2	81.9	82.4
菲 律 宾	71.5	72.2	75	74.7	71.6	77.9
新 加 坡	45.3	43.1	40.1	38.2	38.9	40.6
斯里兰卡	75.9	72.1	69	64.5	65.8	68.1
泰　　国	56.8	57.2	57.8	54.8	53.7	53.6
越　　南	84.3	66.4	62.5	65.9	64.9	65.8
埃　　及	72.6	75.9	71.6	76.1	74.7	75.8
南　　非	57.1	63	63.1	60.3	59.4	59.4
加 拿 大	56.7	55.4	55.3	58.7	57.9	
墨 西 哥	69.6	67	67	66.1	64.8	64.1
美　　国	66.6	69	70.1	71.2	70.9	
阿 根 廷	77.1	70.7	60.8	58.5	59.8	61.3
巴　　西	59.3	64.4	60.3	61.1	59.6	60.3
委内瑞拉	62.1	51.8	46.8	64.5	57.1	64.3
捷　　克	50.3	51.9	49.3	50.3	50.3	50.5
法　　国	57.5	56.2	56.9	58.1	58	57.7
德　　国	57.7	58.4	58.8	58.4	57.5	57.3
意 大 利	57	59.9	59	60.3	60.6	61.3
荷　　兰	49.7	50.4	48.8	45.9	45.4	44.9
波　　兰	48.3	64.1	63.4	61.2	61.4	
俄罗斯联邦	48.9	46.2	49.4	52.5	49.6	52.1
西 班 牙	60.5	59.7	57.8	56.1	57.7	58.3
土 耳 其	68.7	70.5	71.7	71.5	71.2	79
乌 克 兰	57.1	54.4	57.9	64.5	62.9	66.9
英　　国	62.2	65.6	65	64.2	64	64.4
澳大利亚	56.6	58.4	58	53.5	54.1	53
新 西 兰	61	59.7	59.5	59.3	58.6	

4-17 居民消费支出

资料来源:世界银行 WDI 数据库。

国家和地区	居民最终消费支出（现价，亿美元）			居民人均最终消费支出（2000 年价格，美元）		
	2000	2005	2011	2000	2005	2011
世　界		274674	368426①	3247	3531	3713①
高收入国家	161845	220142	264503①	15418	16955	17269①
中等收入国家	34493	52851	117478	780	924	1229
低收入国家	1308	1878	3609	202	228	255①
中　国	5539	8866	25198	439	582	949
中国香港	997	1035	1397①	14966	16068	19497①
中国澳门		37	75		6515	8377
孟加拉国	365	449	829	282	317	403
文　莱	15	21	29①	4556	5568	5832①
柬埔寨	32	54	91①	261	367	472①
印　度	3079	4878	10354	292	357	509
印度尼西亚	1017	1840	5260	477	545	673
伊　朗	483	854		739	984	
以色列	673	747	1415	10707	10995	12368
日　本	26240	25943	31979①	20682	21816	22372①
哈萨克斯坦	113	280	865	761	1167	1681
韩　国		4545	5175①		7298	8032①
老　挝	16	22	57	304	333	411
马来西亚	410		1142①	1753	2180	2758①
蒙　古	9	14	44	354		
巴基斯坦	557	843	1345①	386		516
菲律宾	585	773	1682	757	873	957①
新加坡	402	496	944	9989	11690	12369
斯里兰卡		168	326①			
泰　国	689	1010	1909	1091	1342	1493
越　南		336	782		351	514
埃　及	757	642	1656	1120	1187	1369
南　非	837	1558	2393	1902	2195	2566
加拿大	4013	6263	9131①	13043	14515	15998①
墨西哥	3895	5636	7171	3896	4267	4472
美　国	68304	88035	102456①	24207	26749	26777①
阿根廷	2008	1124	2516	5437	5407	7777
巴　西	4148	5317	14942	2378	2453	3194
委内瑞拉		680	1956		2872	3680
捷　克	305	642	995①	2973	3552	3847
法　国	7454	12158	14792①	12237	13058	13503
德　国	11010	16254	20489	13392	13556	14211
意大利	6616	10542	12378①	11619	11713	11463
荷　兰	1942	3113	3513①	12196	12444	12100
波　兰	1098	1927	2881①	2856	3319	4068①
俄罗斯联邦	1200	3816	9082	820	1336	2421
西班牙	3464	6530	8165①	8604	9471	9205①
土耳其	1879	3464	5915	2954	3558	4051
乌克兰	170	477	874①	345	645	926①
英　国	9683	14818	14493①	16442	18933	18089
澳大利亚	2433	4040	7263	12702	14544	15580
新西兰	308	673	825①	7988	9302	9437①

注:①2010 年数据。

4–18　居民消费支出构成

资料来源：经合组织 OLIS 数据库。

单位：%

国家和地区	年份	食品、非酒精饮料	酒精饮料、烟草和麻醉品	服装和鞋类	住房、水、电、天然气和其他燃料	家具、家用设备及住房日常维护	医疗保健	交通	通讯	休闲与文化	教育	饭店和旅馆	其他
澳大利亚	2010	10.22	3.63	3.31	22.55	4.54	5.81	10.32	2.46	10.74	4.11	6.89	15.42
奥地利	2010	10.02	3.45	5.92	21.58	6.63	3.57	12.77	2.18	10.68	0.71	11.93	10.57
比利时	2011	13.42	3.48	5	23.88	5.7	5.58	12.38	2.13	9.01	0.51	6.08	12.82
加拿大	2010	9.65	3.6	4.44	23.97	6.25	4.81	13.95	2.42	9.85	1.43	6.84	12.78
捷克	2011	14.47	9.21	3.1	26.52	5.44	2.4	9.38	3.06	9.77	0.65	7.43	8.58
丹麦	2011	11.28	3.66	4.32	29.48	5.24	2.74	12.63	1.91	10.94	0.77	5.03	12.01
芬兰	2011	12.19	4.94	4.94	26.86	5.31	4.63	11.26	2.22	11.3	0.41	6.4	9.53
法国	2011	13.48	3.2	4.26	25.13	5.79	3.87	14.35	2.6	8.37	0.82	7.06	11.07
德国	2011	11.48	3.23	4.85	24.39	6.21	4.78	14	2.64	8.94	1	5.91	12.56
希腊	2011	16.23	4.36	3.74	23.81	3.98	6.36	11.83	2.93	5.63	2.39	11.72	7.03
匈牙利	2011	17.06	7.42	2.84	21.91	4.32	4.27	12.98	3.74	7.49	1.39	6.68	9.92
冰岛	2011	14.56	4.24	4.17	22.42	6.93	3.3	14.84	2.3	10.61	1.29	8.54	6.8
爱尔兰	2010	10.21	5.66	4.1	21.37	4.9	5.82	11.7	3.16	6.86	2.41	14.08	9.73
意大利	2011	14.24	2.75	7.39	22.44	7.18	2.85	12.78	2.37	7.27	0.99	10.15	9.59
日本	2010	13.69	2.55	3.26	25.37	3.89	4.47	11.08	2.98	10.37	2.16	6.59	13.58
韩国	2011	13.45	2.18	5.14	16.29	3.34	6.59	12.09	4.28	7.79	6.83	8.21	13.79
卢森堡	2011	8.53	8.43	4.63	24.04	6.44	2.04	19.04	1.7	6.86	0.8	7	10.5
墨西哥	2010	24.58	2.36	2.4	15.71	5.19	4.42	21.12	4.47	4.97	2.61	4.05	8.11
荷兰	2011	11.8	3.09	5.43	23.79	6.02	2.72	12.45	4.1	10.02	0.64	5.15	14.78
挪威	2010	13.15	4.32	5.38	22.01	5.65	2.78	14.61	2.72	12.58	0.44	5.82	10.55
波兰	2010	19.64	6.74	4.11	24.2	4.44	4.14	9.26	3.05	7.76	1.26	2.85	12.55
葡萄牙	2011	16.91	3.09	6.04	15.37	5.69	5.88	12.65	3.12	7.19	1.34	11.29	11.44
斯洛伐克	2011	17.36	5.02	3.97	25.49	6.07	3.99	7.26	3.66	9.5	1.54	5.5	10.65
西班牙	2011	13.82	2.9	5.32	20.41	4.76	3.45	11.49	2.78	8.07	1.43	17.67	7.9
瑞典	2011	12.17	3.61	4.83	26.88	5.03	3.23	13.28	3.31	11.07	0.29	5.62	10.66
瑞士	2010	9.27	3.7	3.52	24.25	4.38	14.84	9.03	2.45	8.38	0.56	7.02	12.61
英国	2011	9.06	3.73	5.95	24.06	5.07	1.81	14.28	2.25	10.76	1.51	9.98	11.52
美国	2011	6.68	1.99	3.5	18.68	4.11	20.6	10.32	2.36	9.23	2.41	6.41	13.71
爱沙尼亚	2011	19.85	9.12	6.31	19.95	4.04	2.62	13.18	3.29	6.37	0.63	7.55	7.1
以色列	2010	15.89	2.53	2.75	24.34	5.76	3.74	15.07	4.07	7.77	3	6.11	8.95
斯洛文尼亚	2011	14.77	5.44	5.47	19.45	6.1	3.67	15.07	3.23	8.7	1.2	6.9	10.01

4-19 劳动力人口教育程度构成

资料来源:世界银行 WDI 数据库。
单位:%

国家和地区	初等教育		中等教育		高等教育	
	2000	2008	2000	2008	2000	2008
中　国			17.3		12.7	
中国香港		28.6		44.3		26.2
中国澳门	60.7	47.1	16.3	27.3	12.2	20.9
印度尼西亚	53.2	53.5	19.4	22.3	4.6	7.1
伊　朗		54.3		25.3		18.8
以色列	16.5	12.7	41.4	40.8	40.9	45.1
日　本	17.2	58.6	47.7		35	41.4
韩　国	32.5	23.0①	43.5	42.0①	24	35.0①
马来西亚		18.3		56		21.2
巴基斯坦		15.6		11.6		25.1
菲律宾		31.1		39.2		28
新加坡	25	24.2	25.3	49.9	36.6	25.8
斯里兰卡	67.4	67.1	16.6	16.2	12.4	16.8
南　非		15.8		74.2		5.2
加拿大	18	13.5	42.6	40	39.4	46.5
墨西哥	20.2	57	29.1	20.2	25.4	17.3
美　国	13.7	9.5①	51.5	29.4①	34.8	61.1①
阿根廷		35.1②		33.7②		29.6②
巴　西		41.1①		30.6①		9.3①
捷　克	10.3	6.8	77.8	77.9	11.8	15.3
法　国	31.8	25.1	44.1	44.8	24	30
德　国	17.2	15.8	54.6	58.9	23.5	25
意大利	45.2	38.4	42.2	45	11.4	16.6
荷　兰	30.7	25.9	44.6	42.1	24.1	31.1
波　兰	15.6	9.4	72.1	68	12.3	22.6
俄罗斯联邦		5.6		40.4		54
西班牙	54.3	44.5	19	23.7	26.7	31.7
土耳其	71.4	63.2	18.9	22	9.7	14.8
乌克兰		11.7③		43.1③		45.2③
英　国	28	21.9	37	45.2	26	32.2
澳大利亚	29.4	27.3	43	38.9	27.6	33.8
新西兰	0.6	17.9	43.1	41.2	33.2	36.2

注:①2007 年数据。②2006 年数据。③2005 年数据。

4-20　制造业每小时人工成本

资料来源：联合国 ILO 数据库。
单位：美元

国家和地区	2000	2005	2007	2008	2009	2010
以色列	13	14.1	16	19.5	18.4	20.1
日本	25.3	25.6	24	27.8	30.4	32
韩国	9.8	15.1	19.6	16.5	14.5	16.6
菲律宾	1	1.2	1.6	1.8	1.7	1.9
新加坡	11.7	13.3	15.7	18.9	17.5	19.1
加拿大	18.6	26.7	31.8	32.5	30.5	35.7
墨西哥	4.7	5.6	6.2	6.5	5.7	6.2
美国	25	30.1	32.1	32.8	34.1	34.7
阿根廷	8.1	5.5	8	10	10.1	12.7
巴西	4.4	5	7.1	8.4	8.1	10.1
捷克	3.4	7.3	9.8	12.2	11.4	11.5
法国	21.4	33.3	39.1	43.3	41.9	40.6
德国	25.4	38	43.5	47.5	45.9	43.8
意大利	16.6	27.6	31.7	34.9	34.2	33.4
荷兰	21	34.6	39	43.7	42.5	40.9
波兰	3.4	5.5	7.4	9.4	7.5	8
西班牙	12.4	20.7	24.7	27.7	27.8	26.6
英国	20.7	29.7	35.3	34.2	29.5	29.4
澳大利亚	16.6	28.8	34.1	36.9	34.3	40.6
新西兰	9.3	16.6	19.1	19.4	17.7	20.6

4–21 能源消费价格指数

资料来源:联合国 ILO 数据库。

2000 年 =100

国家和地区	2005	2006	2007	2008	2009	2010
中　　国	130	137.7	141.8	150.9		
中国香港	107.4	109.6	108.8	101.7		
中国澳门	110.9	119.9	114.6	96.1		
柬 埔 寨①	110.6	123.8	134.1	160.9	119.2	
印　　度	136.1	139.8	144.1	154		
伊　　朗	176.4	179.5				
以 色 列	146.7	145.9	147.7	168.7		
日　　本	99.8	103.4	104.2	110.5	105.9	105.7
韩　　国②	100	107.8	110.5	119.6		
马来西亚	101.9	105.7				
蒙　　古	165.2					
缅　　甸	281.6	370	491.7	561.9	432.9	448.9
巴基斯坦③	113.8	126.9	133.1	155.1	183	
菲 律 宾	156.2	176.4	182.1	193.9		
新 加 坡	109.5	128.3	125.8	157.5	136	
斯里兰卡	178.1	228.3	286.2			
泰　　国	119	127.1	126.4	106.2	96.6	105.9
南　　非	135.7	141.9	153.3	182.8		
加 拿 大	127	133.4	134.2	143.6	133.4	139.2
墨 西 哥	160.6	173.1	178.2	190.7		
美　　国	131.6	144.2	148	163.5	153.2	154.1
阿 根 廷	118.6	115.9				
捷　　克	131.1	146.9	151.6	172.7		
法　　国	113.2	121.1	123.4	135.2	127.3	135.7
德　　国	129.8	143.4	148.6	165.2	161.3	161.9
意 大 利	113.7	124.8	126.5	140.3	133.2	130.9
荷　　兰	153.5	168.2	175.1	180.5	181.9	167.4
波　　兰	129.5	138.1	143.2	157.5		
俄罗斯联邦	282	329.2	367.2	417.6		
西 班 牙①	108.5	119.2	121.4	134.1	131.6	140
土 耳 其	400	446	479.1	604		
英　　国	129	160.7	172.1	204.7	217.4	211.5
澳大利亚	124.2	129.4	135.4	148.2	165.6	187.7
新 西 兰	131.8	140.2	149.5	160.2	167.4	

注:①2001 年 =100。②2005 年 =100。③2002 年 =100。

4-22　人口年龄构成和抚养比(2011年)

资料来源:世界银行WDI数据库。
单位:%

国家和地区	年龄构成			抚养比
	0-14岁人口占比	15-64岁人口占比	65岁以上人口占比	
世　界	26.58	65.72	7.7	53.53
中　国	19.07	72.56	8.37	37.82
中国香港	11.17	75.79	13.03	31.94
中国澳门	12.83	79.87	7.3	25.2
孟加拉国	30.68	64.7	4.62	54.56
文　莱	25.87	70.44	3.69	41.96
柬埔寨	31.23	64.84	3.93	54.22
印　度	30.21	64.79	4.99	54.34
印度尼西亚	26.73	67.64	5.63	47.83
伊　朗	22.73	72.02	5.26	38.85
以色列	27.22	62.18	10.6	60.82
日　本	13.28	63.33	23.39	57.9
哈萨克斯坦	24.81	68.51	6.68	45.97
韩　国	15.95	72.53	11.53	37.88
老　挝	33.67	62.43	3.9	60.17
马来西亚	29.92	65.16	4.92	53.47
蒙　古	27.56	68.36	4.09	46.29
缅　甸	25.2	69.62	5.18	43.63
巴基斯坦	34.84	60.83	4.33	64.39
菲律宾	35.07	61.23	3.7	63.32
新加坡	16.84	73.78	9.38	35.55
斯里兰卡	24.89	66.69	8.41	49.94
泰　国	20.18	70.73	9.09	41.39
越　南	23.22	70.75	6.03	41.34
埃　及	31.28	63.56	5.16	57.34
尼日利亚	42.8	53.79	3.41	85.91
南　非	29.89	65.35	4.76	53.01
加拿大	16.3	69.26	14.44	44.38
墨西哥	28.71	64.82	6.47	54.27
美　国	20.06	66.64	13.3	50.07
阿根廷	24.63	64.69	10.68	54.58
巴　西	24.99	67.82	7.19	47.45
委内瑞拉	29.13	65.1	5.77	53.61
捷　克	14.08	70.69	15.23	41.47
法　国	18.36	64.57	17.07	54.88
德　国	13.36	66.05	20.59	51.41
意大利	14.08	65.34	20.59	53.05
荷　兰	17.55	66.7	15.75	49.92
波　兰	14.69	71.5	13.81	39.86
俄罗斯联邦	15.28	71.97	12.76	38.95
西班牙	15.1	67.78	17.13	47.55
土耳其	25.97	67.94	6.09	47.18
乌克兰	14.33	70.31	15.37	42.24
英　国	17.32	65.84	16.84	51.88
澳大利亚	18.95	67.36	13.7	48.46
新西兰	20.37	66.33	13.3	50.76

4-23 年中人口

资料来源:世界银行 WDI 数据库。

国家和地区	年中人口（万人）				增长率(%)
	2000	2005	2010	2011	2011
世　界	611813.1	650318.6	689437.8	697373.8	1.2
高收入国家	104973.5	108671.1	112791.6	113500.4	0.6
中等收入国家	442206.1	469524.9	496665.8	502192.4	1.1
中低收入国家	506839.6	541647.5	576646.1	583873.4	1.3
低收入国家	64633.5	72122.6	79980.4	81681	2.1
中　国	126264.5	130372	133782.5	134413	0.5
中国香港	666.5	681.3	706.8	707.2	0.1
中国澳门	43.2	48.1	54.4	55.6	2.2
阿富汗	2595.1	2990.5	3438.5	3532	2.7
阿尔巴尼亚	307.2	314.2	320.4	321.6	0.4
阿尔及利亚	3053.4	3288.8	3546.8	3598	1.4
美属萨摩亚	5.8	6.3	6.8	7	1.6
安道尔	6.5	7.8	8.5	8.6	1.5
安哥拉	1392.6	1648.9	1908.2	1961.8	2.8
安提瓜和巴布达	7.8	8.4	8.9	9	1
阿根廷	3693.1	3868.1	4041.2	4076.5	0.9
亚美尼亚	307.6	306.6	309.2	310	0.3
阿鲁巴岛	9	10.1	10.7	10.8	0.6
澳大利亚	1915.3	2039.5	2230	2262.1	1.4
奥地利	801.2	822.8	839	841.9	0.3
阿塞拜疆	804.9	839.2	905.4	916.8	1.2
巴哈马	29.8	31.9	34.3	34.7	1.2
巴　林	63.8	72.5	126.2	132.4	4.8
孟加拉国	12959.2	14058.8	14869.2	15049.4	1.2
巴巴多斯	26.8	27.1	27.3	27.4	0.2
白俄罗斯	1000.5	977.6	949	947.3	-0.2
比利时	1025.1	1047.9	1089.6	1100.8	1
伯利兹	25	29.2	34.5	35.7	3.4
贝　宁	651.8	763.4	885	910	2.8
百慕大	6.2	6.4	6.4	6.5	0.7
不　丹	57.1	65.9	72.6	73.8	1.7
玻利维亚	830.7	914.7	993	1008.8	1.6
波　黑	369.4	378.1	376	375.2	-0.2
博茨瓦纳	175.8	187.6	200.7	203.1	1.2
巴　西	17442.5	18598.7	19494.6	19665.5	0.9
文　莱	32.7	36.3	39.9	40.6	1.7
保加利亚	817	774	753.4	747.6	-0.8
布基纳法索	1229.4	1419.8	1646.9	1696.8	3
布隆迪	637.4	725.1	838.3	857.5	2.3
柬埔寨	1244.7	1335.8	1413.8	1430.5	1.2
喀麦隆	1567.8	1755.4	1959.9	2003	2.2

4-23　续表 1

资料来源:世界银行 WDI 数据库。

国家和地区	年中人口（万人）				增长率(%)
	2000	2005	2010	2011	2011
加拿大	3077	3231.2	3412.6	3448.3	1
佛得角	43.7	47.3	49.6	50.1	0.9
开曼群岛	4	5.2	5.6	5.7	0.9
中　非	370.2	401.8	440.1	448.7	1.9
乍　得	822.2	978.6	1122.7	1152.5	2.6
海峡群岛	14.5	14.9	15.3	15.4	0.3
智　利	1542	1630.2	1711.4	1727	0.9
哥伦比亚	3976.4	4304.1	4629.5	4692.7	1.4
科摩罗	56.2	64.3	73.5	75.4	2.6
刚果(金)	4962.6	5742.1	6596.6	6775.8	2.7
刚果(布)	313.6	353.3	404.3	414	2.4
哥斯达黎加	391.9	430.9	465.9	472.7	1.4
科特迪瓦	1658.2	1802.1	1973.8	2015.3	2.1
克罗地亚	442.6	444.2	441.8	440.7	-0.2
古　巴	1110.4	1125.4	1125.8	1125.4	…
塞浦路斯	94.3	103.3	110.4	111.7	1.2
捷　克	1027.2	1023.6	1052	1054.6	0.2
丹　麦	534	541.9	554.8	557.4	0.5
吉布提	73.2	80.8	88.9	90.6	1.9
多米尼克	7	6.9	6.8	6.8	-0.1
多米尼加	859.2	926.4	992.7	1005.6	1.3
厄瓜多尔	1234.5	1342.6	1446.5	1466.6	1.4
埃　及	6764.8	7420.3	8112.1	8253.7	1.7
萨尔瓦多	594	605.1	619.3	622.7	0.6
赤道几内亚	52	60.8	70	72	2.8
厄立特里亚	366.8	448.6	525.4	541.5	3
爱沙尼亚	137	134.6	134	134	…
埃塞俄比亚	6557.8	7426.4	8295	8473.4	2.1
法罗群岛	4.6	4.8	4.9	4.9	0.3
斐　济	81.2	82.3	86.1	86.8	0.9
芬　兰	517.6	524.6	536.3	538.7	0.4
法　国	6091.1	6317.6	6507.6	6543.7	0.6
法属波立尼西亚	23.8	25.5	27.1	27.4	1.1
加　蓬	123.5	137.1	150.5	153.4	1.9
冈比亚	129.7	150.4	172.8	177.6	2.7
格鲁吉亚	441.8	436.1	445.3	448.6	0.7
德　国	8221.2	8246.9	8177.7	8172.6	-0.1
加　纳	1916.5	2164	2439.2	2496.6	2.3
直布罗陀	2.7	2.9	2.9		
希　腊	1091.7	1110.4	1131.6	1130.4	-0.1
格陵兰	5.6	5.7	5.7	5.7	0.4

4-23 续表2

资料来源:世界银行 WDI 数据库。

国家和地区	年中人口 (万人)				增长率(%)
	2000	2005	2010	2011	2011
格林纳达	10.2	10.3	10.4	10.5	0.4
关　岛	15.5	16.9	18	18.2	1.2
危地马拉	1123.7	1271.7	1438.9	1475.7	2.5
几内亚	834.4	904.1	998.2	1022.2	2.4
几内亚比绍	124.1	136.8	151.5	154.7	2.1
圭亚那	73.3	74.6	75.4	75.6	0.2
海　地	864.5	934.7	999.3	1012.4	1.3
洪都拉斯	621.8	687.9	760.1	775.5	2
匈牙利	1021.1	1008.7	1000	997.1	-0.3
冰　岛	28.1	29.7	31.8	31.9	0.3
印　度	105389.8	114004.3	122461.4	124149.2	1.4
印度尼西亚	21339.5	22730.3	23987.1	24232.6	1
伊　朗	6534.2	6973.2	7397.4	7479.9	1.1
伊拉克	2431.4	2759.8	3203.1	3296.2	2.9
爱尔兰	380.5	416	447.4	448.7	0.3
马恩岛	7.7	8	8.3	8.3	0.6
以色列	628.9	693	762.4	776.6	1.8
意大利	5694.2	5860.7	6048.3	6077	0.5
牙买加	258.9	265	270.2	270.9	0.3
日　本	12687	12777.3	12745	12781.7	0.3
约　旦	479.8	541.2	604.7	618.1	2.2
哈萨克斯坦	1488.4	1514.7	1632.3	1655.8	1.4
肯尼亚	3125.4	3561.5	4051.3	4161	2.7
基里巴斯	8.4	9.2	10	10.1	1.5
朝　鲜	2289.4	2374.6	2434.6	2445.1	0.4
韩　国	4700.8	4813.8	4941	4977.9	0.7
科威特	194.1	226.4	273.7	281.8	2.9
吉尔吉斯斯坦	489.8	516.3	544.8	550.7	1.1
老　挝	531.7	575.3	620.1	628.8	1.4
拉脱维亚	237.3	230.1	223.9	222	-0.9
黎巴嫩	374.2	405.2	422.8	425.9	0.8
莱索托	196.4	206.6	217.1	219.4	1
利比里亚	284.7	318.3	399.4	412.9	3.3
利比亚	523.1	577	635.5	642.3	1.1
列支敦士登	3.3	3.5	3.6	3.6	0.8
立陶宛	350	341.4	328.7	320.3	-2.6
卢森堡	43.6	46.5	50.7	51.7	2
前南马其顿	200.9	203.8	206.1	206.4	0.2
马达加斯加	1536.4	1788.6	2071.4	2131.5	2.9
马拉维	1122.9	1282.3	1490.1	1538.1	3.2
马来西亚	2341.5	2610	2840.1	2885.9	1.6

4–23 续表 3

资料来源:世界银行 WDI 数据库。

国家和地区	年中人口（万人）				增长率(%)
	2000	2005	2010	2011	2011
马尔代夫	27.3	29.5	31.6	32	1.3
马　　里	1129.5	1317.7	1537	1584	3
马 耳 他	38.1	40.4	41.6	41.9	0.7
马绍尔群岛	5.2	5.2	5.4	5.5	1.4
毛里塔尼亚	264.3	304.7	346	354.2	2.3
毛里求斯	118.7	124.3	128.1	128.6	0.4
墨 西 哥	9996	10648.4	11342.3	11479.3	1.2
密克罗尼西亚	10.7	10.9	11.1	11.2	0.4
摩尔多瓦	364	359.5	356.2	355.9	–0.1
摩 纳 哥	3.5	3.5	3.5	3.5	0.1
蒙　　古	241.1	254.7	275.6	280	1.6
黑　　山	63.3	62.7	63.1	63.2	0.1
摩 洛 哥	2879.3	3039.2	3195.1	3227.3	1
莫桑比克	1820.1	2077	2339.1	2393	2.3
缅　　甸	4495.8	4632.1	4796.3	4833.7	0.8
纳米比亚	189.6	208	228.3	232.4	1.8
尼 泊 尔	2440.1	2728.2	2995.9	3048.6	1.7
荷　　兰	1592.6	1632	1661.5	1669.6	0.5
新喀里多尼亚	21.3	23.4	24.7	24.9	0.8
新 西 兰	385.8	413.4	436.8	440.5	0.9
尼加拉瓜	507.4	542.4	578.8	587	1.4
尼 日 尔	1092.2	1299.4	1551.2	1606.9	3.5
尼日利亚	12368.9	13982.3	15842.3	16247.1	2.5
北马里亚纳群岛	6.8	6.7	6.1	6.1	0.4
挪　　威	449.1	462.3	488.9	495.2	1.3
阿　　曼	226.4	243	278.2	284.6	2.3
巴基斯坦	14452.2	15864.5	17359.3	17674.5	1.8
帕　　劳	1.9	2	2	2.1	0.7
巴 拿 马	295.6	323.8	351.7	357.1	1.5
巴布亚新几内亚	537.9	609.5	685.8	701.4	2.2
巴 拉 圭	534.4	589.8	645.5	656.8	1.7
秘　　鲁	2586.2	2755.9	2907.7	2940	1.1
菲 律 宾	7731	8554.6	9326.1	9485.2	1.7
波　　兰	3845.4	3816.5	3818.4	3821.6	0.1
葡 萄 牙	1022.6	1054.9	1063.7	1063.7	…
波多黎各	381.1	382.1	372.2	370.7	–0.4
卡 塔 尔	59.1	82.1	175.9	187	6.1
罗马尼亚	2244.3	2163.4	2143.8	2139	–0.2
俄罗斯联邦	14630.3	14315	14192	14193	…
卢 旺 达	809.8	920.2	1062.4	1094.3	3
圣基茨和尼维斯	4.4	4.9	5.2	5.3	1.2
圣卢西亚	15.6	16.4	17.4	17.6	1.1
圣文森特和格林纳丁斯	10.8	10.9	10.9	10.9	…
萨 摩 亚	17.7	18	18.3	18.4	0.4
圣马力诺	2.7	3	3.2	3.2	0.6

4-23 续表4

资料来源:世界银行 WDI 数据库。

国家和地区	年中人口 (万人)				增长率(%)
	2000	2005	2010	2011	2011
圣多美和普林西比	14.1	15.3	16.5	16.9	1.9
沙特阿拉伯	2004.5	2404.1	2744.8	2808.3	2.3
塞内加尔	950.6	1087.2	1243.4	1276.8	2.6
塞尔维亚	751.6	744.1	729.1	726.1	−0.4
塞舌尔	8.1	8.3	8.7	8.6	−0.6
塞拉利昂	414.3	515.3	586.8	599.7	2.2
新加坡	402.8	426.6	507.7	518.4	2.1
斯洛伐克	538.9	538.7	543	544	0.2
斯洛文尼亚	198.9	200	204.9	205.2	0.2
所罗门群岛	40.9	47	53.8	55.2	2.6
索马里	739.9	836	933.1	955.7	2.4
南非	4400	4719.8	4999.1	5058.7	1.2
西班牙	4026.3	4339.8	4607.1	4623.5	0.4
斯里兰卡	1910.2	1964.4	2065.3	2086.9	1
苏丹	2755.6	3077.8	3360.4	3431.8	2.1
苏里南	46.7	49.9	52.5	52.9	0.9
斯威士兰	101.1	101.7	105.6	106.8	1.2
瑞典	887.2	903	937.8	945.3	0.8
瑞士	718.4	743.7	782.6	790.7	1
叙利亚	1598.9	1848.4	2044.7	2082	1.8
塔吉克斯坦	617.3	645.3	687.9	697.7	1.4
坦桑尼亚	3403.8	3883.1	4484.1	4621.8	3
泰国	6315.5	6669.8	6912.2	6951.9	0.6
东帝汶	83	98.3	114.3	117.6	2.9
多哥	479.4	540.8	602.8	615.5	2.1
汤加	9.8	10.1	10.4	10.5	0.4
特立尼达和多巴哥	129.2	131.5	134.1	134.6	0.4
突尼斯	956.4	1002.9	1054.9	1067.4	
土耳其	6362.8	6814.3	7275.2	7364	1.2
土库曼斯坦	450.1	474.8	504.2	510.5	1.2
特克斯和凯科斯群岛	1.9	3.1	3.8	3.9	2.1
图瓦卢	0.9	1	1	1	0.2
乌干达	2421.3	2843.1	3342.5	3450.9	3.2
乌克兰	4917.6	4710.5	4587.1	4570.6	−0.4
阿联酋	303.3	406.9	751.2	789.1	4.9
英国	5889.3	6022.4	6223.1	6264.1	0.7
美国	28216.2	29551.7	30935	31159.2	0.7
美属维尔京群岛	10.9	11	11	11	−0.1
乌拉圭	330.1	330.6	335.7	336.9	0.4
乌兹别克斯坦	2465	2616.7	2856.2	2934.1	2.7
瓦努阿图	18.5	21.1	24	24.6	2.5
委内瑞拉	2431.1	2657.7	2883.4	2927.8	1.5
越南	7763.1	8239.4	8692.8	8784	1
约旦河西岸和加沙	300.4	357.5	390.5	401.9	2.9
也门	1772.3	2064.9	2405.3	2480	3.1
赞比亚	1020.2	1146.2	1292.6	1347.5	4.2
津巴布韦	1250.9	1257.1	1257.1	1275.4	1.4

4-24　农产品进出口额

资料来源:世界贸易组织数据库。

单位:亿美元

国家和地区	农产品进口额			农产品出口额		
	2000	2005	2010	2000	2005	2010
世　界	**5954.29**	**8984.4**	**13838.54**	**5511.82**	**8518.73**	**13664.69**
中　国	195.44	451.89	1082.6	163.84	287.11	516.07
中国香港	117.28	110.87	206.22	56.93	43.14	80.28
中国澳门	2.89	5.08	9.6	0.45	0.46	0.75
孟加拉国	17.16	26.83	59.92	4.98	7.41	10.13
柬埔寨	1.89	2.46	4.24	0.53	0.75	2.08
印　度	39.93	75.2	178.64	59.51	102.74	231.06
印度尼西亚	57.27	73.16	156.44	77.64	140.63	359.57
伊　朗	29.43	37.94	94.14	9.32	22.79	49.92
以色列	22.88	29.3	50.56	11.82	17.25	23.06
日　本	621.85	659.47	774.51	43.95	60.07	101.68
哈萨克斯坦	5.06	14.13	30.49	7.25	8.77	21
韩　国	128.37	167.73	266.14	42.98	52.85	93.46
马来西亚	46.1	72.25	160.53	80.15	133.41	288.69
蒙　古	1.06	1.59	3.26	1.48	1.14	1.49
巴基斯坦	18.82	36.56	67.37	12.34	21.55	39.4
菲律宾	31.04	38.6	68.23	20.26	27.29	41.29
新加坡	48.9	64.08	108.71	37.23	45.42	78.89
斯里兰卡	9.34	11.31	20.63	10.93	14.96	25.61
泰　国	44.84	71.2	119.85	122.2	178.16	351.36
越　南	12.69	36.68	102.72	39.54	75.79	168.35
埃　及	41.95	47.9	118.5	6.1	11.8	51.22
尼日利亚	12.12	29.63	48.82	0.39	0.34	43.03
南　非	16.5	30.48	54.23	32.7	52.46	78.66
加拿大	152.72	214.4	319.69	347.89	412.1	521.28
墨西哥	109.89	164.57	235.31	91	125.57	187.89
美　国	691.15	958.03	1164.51	714.08	826.74	1425.38
阿根廷	16.44	12.47	21.33	119.54	191.82	346.43
巴　西	47.62	43.41	107.59	154.64	350.52	685.85
委内瑞拉	19.7	24.09	66.1	5.22	2.95	1.48
捷　克	22.5	52.94	88.01	19.08	43.02	72.71
法　国	301.42	444.02	603.76	369.39	523.36	685.06
德　国	450.24	693.4	991.27	292.75	537.28	802.75
意大利	299.05	449.81	564.04	163.57	273.39	386.27
荷　兰	263.63	413.44	611.25	420.1	674.59	940.51
波　兰	39.5	82.77	167.42	30.99	97.03	193.05
俄罗斯联邦	75.61	168.68	348.43	75.83	144.65	213.31
西班牙	171.37	305.57	386.65	174.66	295.73	420.89
土耳其	41.33	64.8	128.78	38.28	80.93	123.7
乌克兰	10.92	30.75	62.45	15.85	47.34	104.75
英　国	325.41	508.34	611.39	170.69	224.82	289.99
澳大利亚	42.34	65.79	110.85	164.46	212.09	270.48
新西兰	12.04	22.14	33.76	76.65	130.17	195.65

4-25 农业人口

资料来源:联合国FAO数据库。
单位:万人

国家和地区	2000	2005	2008	2009	2010	2011
世　界	258372	260865	261607	261774	261911	262024
中　国	86449	85297	84260	83868	83449	83004
孟加拉国	7107	7034	6873	6808	6745	6684
柬埔寨	870	907	922	926	931	936
印　度	55945	57839	58721	58982	59228	59457
印度尼西亚	9392	9235	9078	9018	8955	8891
伊　朗	1736	1664	1621	1607	1593	1578
以色列	16	14	13	13	13	13
日　本	487	363	303	285	269	253
哈萨克斯坦	291	264	255	253	250	248
韩　国	403	299	249	234	220	207
老　挝	408	436	453	459	465	470
马来西亚	418	384	358	350	341	333
蒙　古	59	53	51	50	49	49
缅　甸	3161	3183	3201	3209	3217	3226
巴基斯坦	6848	7151	7315	7368	7419	7468
菲律宾	3052	3112	3128	3127	3126	3125
斯里兰卡	868	889	899	901	903	904
泰　国	3093	3002	2913	2878	2842	2805
越　南	5305	5430	5503	5526	5549	5570
埃　及	2345	2328	2295	2281	2266	2250
尼日利亚	4113	4036	3981	3961	3941	3920
南　非	620	557	517	504	490	476
加拿大	78	70	66	64	63	62
墨西哥	2362	2198	2103	2069	2034	2000
美　国	628	570	537	526	515	504
阿根廷	350	329	318	314	311	308
巴　西	2766	2437	2235	2171	2107	2046
委内瑞拉	231	202	188	184	180	175
捷　克	86	74	68	67	65	63
法　国	198	159	139	133	127	122
德　国	207	164	143	136	130	123
意大利	303	244	215	206	197	188
荷　兰	53	47	43	42	41	40
波　兰	727	640	594	580	566	552
俄罗斯联邦	1547	1321	1213	1182	1151	1121
西班牙	293	247	221	212	204	195
土耳其	1686	1558	1495	1471	1447	1423
乌克兰	779	636	563	542	521	502
英　国	105	98	94	93	92	91
澳大利亚	88	86	87	87	87	87
新西兰	34	34	34	34	34	34

4–26　农业生产指数

资料来源:联合国 FAO 数据库。

2004–2006 年 =100

国家和地区	农业			食品		
	2000	2005	2010	2000	2005	2010
世　　界	88.8	100	111.6	89	100	112.1
中　　国	85.2	100.2	117.9	85.5	100.4	118.5
孟加拉国	89.7	102.7	130	89.6	102.8	129.8
文　　莱	86.3	87.3	112.9	86.3	87.1	113
柬 埔 寨	75	104.7	147.5	73.8	104.7	147.4
印　　度	90.4	99.9	123.5	91.4	100	122.3
印度尼西亚	78.2	98.1	120.7	78.5	98.2	121.8
伊　　朗	77.9	102.6	109	77.3	102.6	109.1
以 色 列	86.9	100.1	105.7	87.1	100.2	106.5
日　　本	103.6	101	96.8	103.6	101	97
哈萨克斯坦	78.4	100.1	106.8	78.8	99.9	107.9
韩　　国	103.7	99.8	101.7	103.4	99.8	101.7
老　　挝	85.6	100.4	130.1	83.1	100.4	129.9
马来西亚	78.2	99.7	111.9	78.1	100.3	117
蒙　　古	143.7	96.9	116.9	143.8	96.9	115.5
缅　　甸	68.1	99.3	126.8	67.7	99.3	127.4
巴基斯坦	87.8	100.4	110.8	88.3	100.6	113.3
菲 律 宾	84.6	100	112.5	84.4	100	112.7
新 加 坡	66.5	88	95.3	66.5	88	95.3
斯里兰卡	95.5	102.1	119	95.4	102.3	123
泰　　国	91.8	98.5	107.8	94.1	98.4	108.8
越　　南	77.9	99.8	115.3	78	100.2	113.7
埃　　及	85.4	98.5	109.4	85.2	98.7	110.3
尼日利亚	81	99.7	89.6	81	99.6	89.6
南　　非	96.7	102.4	116.6	96.2	102.4	117.3
加 拿 大	92.8	102	101.4	92.8	101.9	102
墨 西 哥	87.8	98	106.5	87.4	98	106.7
美　　国	96	99.9	105.3	96.5	99.7	106.2
阿 根 廷	86.3	103.2	114.9	86.2	103.2	114.9
巴　　西	77.5	99.2	121.8	77.9	99.4	122.9
委内瑞拉	97.7	100.8	103.9	97.4	100.9	104
捷　　克	102.1	100	90.3	102.1	100	90.4
法　　国	104	100	97.1	104	100	96.8
德　　国	99.2	99.8	102.7	99.2	99.8	102.7
意 大 利	100.1	100.5	96.7	100	100.5	96.8
荷　　兰	104	99.8	111.4	103.9	99.8	111.4
波　　兰	102	98.5	100.6	102	98.5	100.6
俄罗斯联邦	88.7	99.5	93.9	88.7	99.5	93.8
西 班 牙	99.8	94.6	103.9	99.7	94.5	104.2
土 耳 其	94.9	101.1	105.6	94.6	101.4	108.3
乌 克 兰	85.4	100.1	106.7	85.4	100.1	106.7
英　　国	103.4	100.3	102.2	103.4	100.3	102.2
澳大利亚	105.6	108	99.4	103.4	107.9	101.4
新 西 兰	88	98.9	102.7	86.7	99	103.9

4-27 女性人口比重

资料来源:世界银行 WDI 数据库。

单位:%

国家和地区	2000	2005	2008	2009	2010	2011
世　界	49.6	49.6	49.6	49.6	49.6	49.6
中　国	48.2	48.1	48.1	48.1	48.1	48.1
中国香港	51.3	52	52.4	52.5	52.6	52.7
中国澳门	51.7	51.7	51.9	52	52	52
孟加拉国	48.7	48.9	49.2	49.3	49.4	49.4
文　莱	49.2	49.3	49.4	49.4	49.5	49.5
柬埔寨	51.5	51.2	51.1	51.1	51.1	51
印　度	48.1	48.2	48.3	48.3	48.3	48.4
印度尼西亚	50	50.1	50.1	50.1	50.1	50.1
伊　朗	49.6	49.1	49.1	49.2	49.3	49.3
以色列	50.7	50.7	50.7	50.7	50.7	50.6
日　本	51.1	51.2	51.2	51.3	51.3	51.3
哈萨克斯坦	52	52.2	52.1	52	52	52
韩　国	49.8	50.1	50.2	50.2	50.2	50.2
老　挝	50	50.2	50.2	50.1	50.1	50.1
马来西亚	49.2	49.2	49.2	49.2	49.3	49.3
蒙　古	50.5	50.6	50.6	50.6	50.6	50.6
缅　甸	50.3	50.6	50.7	50.7	50.7	50.7
巴基斯坦	48.7	49	49.1	49.1	49.2	49.2
菲律宾	49.6	49.7	49.8	49.8	49.8	49.9
新加坡	50	49.7	49.6	49.6	49.6	49.6
斯里兰卡	50.2	50.5	50.6	50.6	50.6	50.7
泰　国	50.8	50.8	50.8	50.8	50.9	50.9
越　南	50.9	50.7	50.6	50.6	50.6	50.6
埃　及	49.7	49.7	49.8	49.8	49.8	49.8
尼日利亚	49.5	49.5	49.4	49.4	49.4	49.4
南　非	50.8	50.7	50.6	50.5	50.5	50.5
加拿大	50.5	50.5	50.4	50.4	50.4	50.4
墨西哥	50.5	50.6	50.7	50.7	50.7	50.7
美　国	50.9	50.8	50.7	50.7	50.7	50.6
阿根廷	51	51.1	51.1	51.1	51.1	51.1
巴　西	50.6	50.7	50.7	50.8	50.8	50.8
委内瑞拉	49.7	49.8	49.8	49.8	49.8	49.8
捷　克	51.3	51.3	51.1	51	51	50.9
法　国	51.4	51.4	51.4	51.4	51.3	51.3
德　国	51.2	51.1	51	51	51	51
意大利	51.6	51.5	51.2	51.2	51.1	51
荷　兰	50.5	50.5	50.4	50.4	50.4	50.4
波　兰	51.5	51.6	51.7	51.7	51.8	51.8
俄罗斯联邦	53.3	53.6	53.7	53.7	53.7	53.7
西班牙	51	50.8	50.7	50.7	50.6	50.6
土耳其	50	50.1	50.1	50.1	50.1	50.1
乌克兰	53.7	53.8	53.9	54	54	54
英　国	51.3	51	50.9	50.9	50.8	50.8
澳大利亚	50.4	50.3	50.2	50.2	50.2	50.2
新西兰	50.9	51	51	50.9	50.9	50.9

4-28　贫困率

资料来源：世界银行 WDI 数据库。

单位：%

国家和地区	年份	全国	农村	城市
中　　国	2005		2.5	
阿 富 汗	2008	36	37.5	29
阿尔巴尼亚	2008	12.4	14.6	10.1
阿 根 廷	2010			9.9
孟加拉国	2010	31.5	35.2	
玻利维亚	2007	60.1	77.3	50.9
波　　黑	2007	14	17.8	8.2
巴　　西	2009	21.4		
布基纳法索	2009	46.7	52.6	
布 隆 迪	2006	66.9	68.9	34
柬 埔 寨	2007	30.1	34.5	11.8
喀 麦 隆	2007	39.9	55	12.2
哥伦比亚	2010	37.2	50.3	33
刚果(金)	2006	71.3	75.7	61.5
刚果(布)	2005	50.1	57.7	
哥斯达黎加	2010	24.2		
厄瓜多尔	2010	32.8	53	
埃　　及	2008	22	30	10.6
萨尔瓦多	2009	37.8	46.5	33.3
冈 比 亚	2010	48.4	73.9	
格鲁吉亚	2009	24.7	30.7	
加　　纳	2006	28.5	39.2	10.8
危地马拉	2006	51	70.5	30
几 内 亚	2007	53	63	30.5
几内亚比绍	2002	64.7	69.1	51.6
洪都拉斯	2010	60	65.4	54.3
印　　度	2010	29.8	33.8	
印度尼西亚	2011	12.5	15.7	
哈萨克斯坦	2009	8.2		
肯 尼 亚	2006	46.6	49.7	34.4
吉尔吉斯斯坦	2010	33.7		
马达加斯加	2005	68.7	73.5	52
马 拉 维	2005	52.4	55.9	25.4
墨 西 哥	2010	51.3	60.8	
摩尔多瓦	2010	21.9	30.3	
蒙　　古	2008	35.2	46.6	26.9
缅　　甸	2005	32		22
尼 泊 尔	2011	25.2	27.4	
巴基斯坦	2006	22.3	27	13.1
秘　　鲁	2010	31.3	54.2	19.1
菲 律 宾	2009	26.5		
俄罗斯联邦	2006	11.1	21.2	7.4
塔吉克斯坦	2009	46.7	49.2	41.8
泰　　国	2009	8.1	10.4	3
土 耳 其	2009	18.1	38.7	8.9
乌 干 达	2009	24.5	27.2	9.1
乌 克 兰	2008	2.9	4.7	
乌兹别克斯坦	2003	27.2	29.8	22.6
越　　南	2008	14.5	18.7	3.3
赞 比 亚	2006	59.3	76.8	26.7

4-29 贫困人口社会指标

资料来源:世界银行 WDI 数据库。

国家和地区	全部人口营养不良发生率(%)	5 岁以内儿童死亡率(‰)	12-23 个月儿童麻疹免疫接种率(%)	熟练医护人员护理下的分娩(%)
	2008	2011	2010	2010
世　界	12.9	51.4	85.3	66.2
中　国	10	14.6	99	99.3①
阿富汗		101.1	62	18.9③
阿根廷	5	14.1	99	97.9①
孟加拉国	26	46	94	26.5
玻利维亚	27	50.6	79	
巴　西	6	15.6	99	97.0③
保加利亚	5	12.1	97	99.6①
柬埔寨	25	42.5	93	71
古　巴	5	5.8	99	99.9
塞浦路斯	5	3.1	87	
埃　及	5	21.1	96	
萨尔瓦多	9	15.2	92	
加　纳	5	77.6	93	57.1⑤
几内亚	16	125.8	51	46.1④
印　度	19	61.3	74	
印度尼西亚	13	31.8	89	82.2
伊　朗	5	25	99	97.3②
伊拉克		37.9	73	79.7④
哈萨克斯坦	5	28.3	99	99.8③
朝　鲜	35	33.2	99	100.0①
韩　国	5	4.8	98	
吉尔吉斯斯坦	11	30.6	99	98.5①
老　挝	22	41.9	64	37
利比里亚	32	78.3	64	46.3④
利比亚	5	16.2	98	
马来西亚	5	6.5	96	98.6④
墨西哥	5	15.7	95	95.3①
密克罗尼西亚		41.5	80	
蒙　古	27	30.7	97	99.8
黑　山		7.2	90	98.8③
缅　甸		62.4	88	63.9④
尼泊尔	17	48	86	
尼日利亚	6	124.1	71	38.9⑤
巴基斯坦	25	72	86	38.8④
巴拿马	15	19.5	95	88.5①
巴拉圭	10	22.4	94	81.9⑤
秘　鲁	16	18.1	94	83.8
菲律宾	13	25.4	88	
卢旺达	32	54.1	82	69
塞拉利昂	35	185.3	82	42.4⑤
南　非	5	46.7	65	
泰　国	16	12.3	98	99.4①
土耳其	5	15.2	97	95.0①
乌克兰	5	10.1	94	98.7⑤
乌兹别克斯坦	11	48.6	98	99.9④
越　南	11	21.7	98	87.7④

注:①2009 年数据。②2005 年数据。③2006 年数据。④2007 年数据。⑤2008 年数据。

4-30　人均国内生产总值

资料来源:世界银行 WDI 数据库。
单位:美元

国家和地区	1990	2000	2005	2009	2010	2011
世　　界	4139	5284	7024	8491	9158	10037
高收入国家	18618	25189	33049	36761	38229	41095
经合组织高收入国家	19301	25990	34200	38098	39487	42262
非经合组织高收入国家	9038	14951	19211	21914	24543	28811
中等收入国家	932	1294	2028	3319	3957	4575
中等偏下收入国家	491	594	897	1412	1676	1877
中等偏上收入国家	1317	1943	3121	5225	6257	7321
中低收入国家	856	1162	1804	2933	3486	4021
东亚和太平洋	418	952	1624	3268	3894	4713
欧洲和中亚	2429	1781	4264	6465	7551	8872
拉丁美洲和加勒比	2557	3995	4865	7043	8650	9593
中东和北非国家	1181	1563	2089	3263	3639	
南　　亚	351	445	689	1047	1254	1371
撒哈拉以南非洲	588	513	853	1131	1293	1424
低收入国家	285	258	334	500	532	581
最不发达地区	309	283	424	683	747	806
重债穷国	359	292	419	646	695	735
中　　国	314	949	1731	3749	4433	5445
中国香港	13478	25374	26092	29882	31758	34457
中国澳门	8313	14129	24493	40121	51999	65550
阿 富 汗			228	425	501	576
阿尔巴尼亚	639	1200	2666	3796	3701	4030
阿尔及利亚	2452	1794	3112	3952	4567	5244
安 道 尔	19498	17539	32608			
安 哥 拉	993	656	1712	4069	4322	5148
安提瓜和巴布达	6295	10334	12193	13830	13006	12596
阿 根 廷	4330	7696	4736	7665	9124	10941
亚美尼亚	637	621	1598	2803	3031	3305
澳大利亚	18405	21766	34149	42101	50746	60642
奥 地 利	21470	23974	37067	45638	44885	49707
阿塞拜疆	1237	655	1578	4950	5843	6916
巴 哈 马	12361	21258	24130	22807	22665	22431
巴　　林	8582	12489	18571	16518	18184	
孟加拉国	286	364	429	608	675	735
巴巴多斯	6591	9565	11109	13181	15035	13453
白俄罗斯	1705	1273	3090	5183	5819	5820
比 利 时	20350	22697	36011	43849	42833	46469
伯 利 兹	2185	3331	3821	4049	4064	4133
贝　　宁	387	346	562	766	741	802
百 慕 大	26321	56042	76543	90161	89739	
不　　丹	504	749	1242	1772	2088	2288
玻利维亚	731	1011	1044	1774	1979	2421

4-30 续表 1

资料来源:世界银行 WDI 数据库。
单位:美元

国家和地区	1990	2000	2005	2009	2010	2011
波　黑		1491	2896	4534	4427	4821
博茨瓦纳	2743	3204	5468	5822	7427	8680
巴　西	3087	3696	4743	8392	10993	12594
文　莱	13964	18350	26248	27390	31008	
保加利亚	2377	1579	3733	6403	6335	7158
布基纳法索	333	212	385	522	536	600
布隆迪	202	131	154	222	242	271
柬埔寨		294	471	744	795	900
喀麦隆	916	643	945	1157	1147	1271
加拿大	20968	23560	35088	39656	46212	50345
佛得角	973	1233	2055	3256	3345	3798
中　非	507	259	336	459	451	483
乍　得	289	168	542	648	761	823
智　利	2393	4878	7549	10179	12640	14394
哥伦比亚	1213	2524	3404	5173	6238	7067
科摩罗	571	359	602	748	736	809
刚果(金)	257	87	125	175	199	231
刚果(布)	1172	1027	1723	2434	2970	3563
哥斯达黎加	2411	4069	4633	6404	7774	8676
科特迪瓦	862	628	908	1191	1161	1195
克罗地亚	5185	4862	10090	14323	13774	14488
古　巴	2710	2753	3789			
塞浦路斯	9642	13422	22431	29428	28779	30670
捷　克	3375	5725	12706	18707	18789	20407
丹　麦	26423	29980	47547	56330	56278	59684
吉布提	804	753	877	1203		
多米尼克	2345	4718	5341	7085	6964	7126
多米尼加	983	2793	3670	4776	5195	5530
厄瓜多尔	1009	1291	2751	3648	4008	4569
埃　及	759	1476	1209	2371	2698	2781
萨尔瓦多	900	2211	2825	3354	3460	3702
赤道几内亚	353	2410	13521	17960	20703	27478
厄立特里亚		173	245	364	403	482
爱沙尼亚	3193	4144	10330	14345	14045	16556
埃塞俄比亚	250	125	166	394	358	374
斐　济	1836	2075	3655	3377	3687	4391
芬　兰	27852	23530	37319	44890	44091	49391
法　国	21384	21775	33819	40477	39170	42377
加　蓬	6407	4103	6322	7409	8768	11114
冈比亚	328	606	423	585	608	625
格鲁吉亚	1611	692	1470	2441	2614	3203
德　国	21584	22946	33543	40275	39852	43689

4-30　续表 2

资料来源:世界银行 WDI 数据库。
单位:美元

国家和地区	1990	2000	2005	2009	2010	2011
加　纳	398	260	495	1090	1319	1570
希　腊	9190	11396	21621	28521	26433	26427
格 陵 兰	18327	19004	29903	22508		
格林纳达	2298	5120	6788	7450	7500	7780
危地马拉	857	1717	2140	2689	2873	3178
几 内 亚	463	373	325	427	474	502
几内亚比绍	240	174	419	562	551	629
圭 亚 那	547	972	1105	2690	2994	
海　地	403	424	444	656	664	726
洪都拉斯	624	1143	1412	1896	2019	2226
匈 牙 利	3186	4543	10937	12635	12863	14044
冰　岛	25009	30929	54885	37974	39463	44072
印　度	363	450	732	1127	1375	1489
印度尼西亚	621	773	1258	2273	2952	3495
伊　朗	2115	1550	2754	4526		
伊 拉 克		1063	1135	2066	2532	3501
爱 尔 兰	13604	25629	48866	50034	45873	48423
以 色 列	11264	19859	19330	26032	28522	31282
意 大 利	19983	19388	30479	35073	33788	36116
牙 买 加	1921	3479	4263	4615	5133	5562
日　本	24754	37292	35781	39473	43063	45903
约　旦	1268	1764	2326	4027	4370	4666
哈萨克斯坦	1647	1229	3771	7165	9070	11245
肯 尼 亚	366	406	526	775	795	808
基里巴斯	395	812	1184	1306	1519	1760
韩　国	6153	11347	17551	16959	20540	22424
科 威 特	8827	19434	35688	40023	45437	62664
吉尔吉斯斯坦	609	280	476	871	880	1075
老　挝	206	326	475	954	1158	1320
拉脱维亚	2796	3301	6973	11476	10723	12726
黎 巴 嫩	963	4612	5394	8321	9227	9904
莱 索 托	330	380	662	796	1004	1106
利比里亚	181	186	170	229	247	281
利 比 亚	6669	6480	7626	9957		
列支敦士登	49041	75606	105440	134915		
立 陶 宛	2841	3267	7604	11034	11046	13339
卢 森 堡	33182	46458	80960	104354	104512	115038
前南马其顿	2342	1785	2937	4528	4434	4925
马达加斯加	273	252	282	422	421	467
马 拉 维	200	155	215	327	339	371
马来西亚	2418	4006	5286	6902	8373	9656
马尔代夫	980	2285	3362	6230	6570	6405

4-30 续表3

资料来源:世界银行 WDI 数据库。
单位:美元

国家和地区	1990	2000	2005	2009	2010	2011
马　　里	279	214	403	601	613	669
马耳他	7192	10377	14810	19564	19625	21209
马绍尔群岛	1660	2127	2643	2838	3015	3169
毛里塔尼亚	511	490	717	896	1045	1151
毛里求斯	2506	3861	5054	6922	7584	8797
墨西哥	3116	5817	7973	7876	9133	10064
密克罗尼西亚	1528	2181	2285	2528	2678	2852
摩尔多瓦	972	354	831	1526	1632	1967
摩纳哥	80312	75382	121386	172676		
蒙　　古	1168	471	991	1690	2250	3056
黑　　山		1556	3601	6569	6510	7197
摩洛哥	1033	1272	1931	2828	2795	3054
莫桑比克	182	233	317	423	394	535
纳米比亚	1661	2062	3491	3983	4876	5293
尼泊尔	190	225	298	438	535	619
荷　　兰	19722	24180	39122	47998	46597	50087
新西兰	12907	13376	27354	27197	32620	
尼加拉瓜	245	776	898	1088	1139	1243
尼日尔	319	165	262	351	349	374
尼日利亚	292	372	803	1091	1242	1452
挪　　威	27732	37473	65767	77610	85443	98102
阿　　曼	6255	8775	12721	17280	20791	25221
巴基斯坦	358	512	691	949	1019	1194
帕　　劳	5096	6252	7306	8095	8370	8730
巴拿马	2199	3931	4776	6956	7614	8590
巴布亚新几内亚	774	655	804	1181	1382	1845
巴拉圭	1241	1323	1267	2254	2840	3635
秘　　鲁	1213	2061	2881	4412	5292	6009
菲律宾	719	1048	1205	1836	2140	2370
波　　兰	1694	4454	7963	11294	12303	13463
葡萄牙	7779	11471	18186	22016	21358	22330
波多黎各	8652	16192	21670	25455	25863	
卡塔尔	15537	30053	52425	61075	72398	92501
罗马尼亚	1651	1651	4572	7500	7539	8405
俄罗斯联邦	3485	1775	5337	8616	10481	13089
卢旺达	364	214	281	509	529	583
圣基茨和尼维斯	3788	8599	10394	13307	12847	13364
圣卢西亚	2962	4622	5361	6413	6890	7001
圣文森特和格林纳丁斯	1845	3684	5070	6153	6172	6291
萨摩亚	695	1391	2287	2880	3249	3532
圣多美和普林西比			746	1209	1215	1473
沙特阿拉伯	7236	9401	13127	14051	16423	20540

4–30 续表 4

资料来源:世界银行 WDI 数据库。
单位:美元

国家和地区	1990	2000	2005	2009	2010	2011
塞内加尔	789	494	802	1055	1034	1119
塞尔维亚		809	3391	5484	5273	6203
塞舌尔	5265	7579	11061	9637	11130	11711
塞拉利昂	163	153	240	323	325	374
新加坡	11845	23815	28953	35274	41987	46241
斯洛伐克	2211	5330	11385	16100	16036	17646
斯洛文尼亚	8699	10045	17855	24051	22898	24142
所罗门群岛	977	1065	881	1147	1261	1517
南非	3182	3020	5235	5738	7272	8070
西班牙	13410	14414	26056	31707	30026	32244
斯里兰卡	463	855	1242	2057	2400	2835
苏丹	468	362	713	1286	1538	1234
苏里南	981	1911	3593	7486	8292	
斯威士兰	1292	1508	2540	2827	3503	3725
瑞典	28557	27869	41041	43640	49257	56927
瑞士	35472	34787	50083	63568	67644	80391
叙利亚	999	1209	1561	2692	2893	
塔吉克斯坦	496	139	358	734	820	935
坦桑尼亚	172	308	375	506	527	529
泰国	1495	1943	2644	3835	4614	4972
东帝汶		381	462	710	766	896
多哥	444	270	391	535	527	584
汤加	1194	1926	2573	3072	3435	4168
特立尼达和多巴哥	4170	6311	12231	14772	15614	16699
突尼斯	1507	2245	3219	4169	4194	4297
土耳其	2784	4189	7088	8554	10050	10498
土库曼斯坦	881	645	1707	3745	3967	4722
图瓦卢	980	1480	2289	2664	3190	3634
乌干达	243	256	325	488	515	487
乌克兰	1570	636	1829	2545	2974	3615
阿联酋	28033	34395	44385	38960	39625	45653
英国	17688	25083	37867	35129	36186	38818
美国	23038	35082	42516	45192	46702	48442
乌拉圭	2991	6914	5252	9117	11742	13866
乌兹别克斯坦	651	558	547	1182	1377	1546
瓦努阿图	1080	1470	1862	2526	2875	3335
委内瑞拉	2381	4819	5475	11606	13658	10810
越南	98	402	642	1130	1224	1411
也门	473	544	811	1077	1291	1361
赞比亚	418	317	626	1006	1253	1425
津巴布韦	839	535	458	468	595	776

4-31 企业经营环境排名(2012年)

资料来源:世界银行《全球营商环境报告》。

国家和地区	企业经营环境排名	开办企业排名	申请建筑许可			注册财产		
			排名	手续（个）	时间（天）	排名	手续（个）	时间（天）
新加坡	1	4	2	11	26	36	5	5
中国香港	2	6	1	6	67	60	5	36
新西兰	3	1	6	6	89	2	2	2
美国	4	13	17	15	27	25	4	12
丹麦	5	33	8	8	68	6	3	16
挪威	6	43	23	10	123	7	1	3
英国	7	19	20	9	99	73	6	29
韩国	8	24	26	11	29	75	7	11
格鲁吉亚	9	7	3	9	74	1	1	2
澳大利亚	10	2	11	11	112	37	5	5
芬兰	11	49	34	16	66	24	3	14
马来西亚	12	54	96	37	140	33	5	48
瑞典	13	54	25	7	116	35	1	7
冰岛	14	45	40	18	77	9	3	4
爱尔兰	15	10	106	12	156	53	5	38
中国台湾	16	16	9	11	94	32	3	5
加拿大	17	3	69	13	163	54	6	17
泰国	18	85	16	8	157	26	2	2
毛里求斯	19	14	62	16	143	60	4	22
德国	20	106	14	9	97	81	5	40
爱沙尼亚	21	47	35	13	148	14	3	18
沙特阿拉伯	22	78	32	14	103	12	5	2
马其顿	23	5	65	10	117	50	4	40
日本	24	114	72	14	193	64	6	14
拉脱维亚	25	59	113	21	203	31	5	18
阿联酋	26	22	13	14	46	12	2	2
立陶宛	27	107	48	15	142	5	3	3
瑞士	28	97	50	13	154	15	4	16
奥地利	29	134	75	13	194	34	3	21
葡萄牙	30	31	78	13	108	30	1	1
荷兰	31	67	89	14	159	49	5	7
亚美尼亚	32	11	46	17	77	4	3	7
比利时	33	44	57	11	205	176	8	64
法国	34	27	52	9	184	146	8	59
斯洛文尼亚	35	30	61	11	197	83	5	110
塞浦路斯	36	37	80	9	677	99	6	42
智利	37	32	84	15	155	55	6	31

获得信贷排名	缴纳税款排名	投资者保护		跨境贸易排名	合同执行			解决破产		
		排名	投资者保护指数		排名	手续（个）	时间（天）	排名	时间（年）	收回率（美分/美元）
12	5	2	9	1	12	21	150	2	0.8	91.3
4	4	3	9	2	10	27	360	17	1.1	81.2
4	21	1	10	25	17	30	216	13	1.3	83
4	69	6	8	22	6	32	370	16	1.5	81.5
23	13	32	6	4	34	35	410	10	1	87.1
70	19	25	7	21	4	34	280	3	0.9	90.8
1	16	10	8	14	21	28	399	8	1	88.6
12	30	49	6	3	2	33	230	14	1.5	81.8
4	33	19	7	38	30	33	285	81	2	35.7
4	48	70	6	44	15	28	395	18	1	80.8
40	23	70	6	6	9	33	375	5	0.9	89.7
1	15	4	9	11	33	29	425	49	1.5	44.7
40	38	32	6	8	27	30	314	22	2	74.7
40	41	49	6	82	3	27	417	11	1	85
12	6	6	8	28	63	21	650	9	0.4	87.5
70	54	32	6	23	90	45	510	15	1.9	81.8
23	8	4	9	44	62	36	570	4	0.8	90.7
70	96	13	8	20	23	36	440	58	2.7	42.4
53	12	13	8	15	58	36	645	64	1.7	40.9
23	72	100	5	13	5	30	394	19	1.2	78.1
40	50	70	6	7	31	35	425	72	3	38.5
53	3	19	7	36	124	40	635	107	2.8	28
23	24	19	7	76	59	37	370	60	2	42.2
23	127	19	7	19	35	30	360	1	0.6	92.8
4	52	70	6	16	24	27	469	33	3	59.8
83	1	128	4	5	104	49	524	101	3.2	29.4
53	60	70	6	24	14	30	275	40	1.5	51
23	18	169	3	35	20	32	390	45	3	47.5
23	77	100	5	26	7	25	397	12	1.1	83.3
104	77	49	6	17	22	32	547	23	2	74.6
53	29	117	5	12	32	26	514	6	1.1	88.8
40	108	25	7	107	91	49	440	63	1.9	41.2
70	75	19	7	29	18	26	505	7	0.9	88.7
53	53	82	5	27	8	29	390	43	1.9	48.4
104	63	17	7	57	56	32	1290	42	2	49.8
53	31	32	6	18	108	43	735	25	1.5	70.7
53	36	32	6	48	70	36	480	98	3.2	30

4-31 续表1

资料来源:世界银行《全球营商环境报告》。

国家和地区	企业经营环境排名	开办企业排名	申请建筑许可			注册财产		
			排名	手续（个）	时间（天）	排名	手续（个）	时间（天）
以色列	38	41	139	19	212	144	6	144
南非	39	53	39	13	127	79	6	23
卡塔尔	40	109	18	16	62	40	7	13
波多黎各	41	12	156	18	189	128	8	194
巴林	42	88	7	12	43	29	2	31
秘鲁	43	60	86	14	173	19	4	7
西班牙	44	136	38	8	182	57	5	13
哥伦比亚	45	61	27	8	46	52	7	15
斯洛伐克	46	83	46	11	286	8	3	17
阿曼	47	73	59	13	174	18	2	16
墨西哥	48	36	36	10	69	141	7	74
哈萨克斯坦	49	25	155	32	189	28	4	40
突尼斯	50	66	93	17	88	70	4	39
黑山	51	58	176	16	267	117	7	71
卢旺达	52	8	98	12	164	63	5	25
圣卢西亚	53	51	11	7	125	117	8	17
匈牙利	54	52	55	26	102	43	4	17
波兰	55	124	161	29	301	62	6	152
卢森堡	56	93	33	12	157	134	8	29
萨摩亚	57	20	70	21	87	23	5	15
白俄罗斯	58	9	30	12	130	3	2	10
博茨瓦纳	59	99	132	22	145	51	5	16
斐济	60	138	82	17	148	58	4	68
巴拿马	61	23	73	17	101	107	8	32
汤加	62	35	37	13	69	142	4	108
安提瓜和巴布达	63	85	24	10	134	125	7	26
加纳	64	112	162	16	218	45	5	34
捷克	65	140	74	33	120	27	3	25
保加利亚	66	57	123	21	107	68	8	15
阿塞拜疆	67	18	177	28	212	9	4	11
多米尼克	68	46	22	9	165	119	5	42
特立尼达和多巴哥	69	71	101	17	297	176	9	162
吉尔吉斯斯坦	70	15	67	12	142	11	4	5
土耳其	71	72	142	20	180	42	6	6
罗马尼亚	72	68	129	15	287	72	8	26
意大利	73	84	103	11	234	39	3	27
塞舌尔	74	117	57	17	126	66	4	33

获得信贷排名	缴纳税款排名	投资者保护		跨境贸易排名	合同执行			解决破产		
		排名	投资者保护指数		排名	手续（个）	时间（天）	排名	时间（年）	收回率（美分/美元）
12	82	6	8	10	94	35	890	47	4	45.9
1	32	10	8	115	82	29	600	84	2	35.4
104	2	100	5	58	95	43	570	36	2.8	55.5
12	104	19	7	96	101	39	620	24	2.5	73.4
129	7	82	5	54	113	48	635	27	2.5	66.2
23	85	13	8	60	115	41	428	106	3.1	28.1
53	34	100	5	39	64	40	510	20	1.5	76.5
70	99	6	8	91	154	34	1346	21	1.3	76.2
23	100	117	5	98	69	32	545	38	4	53.6
83	10	100	5	49	107	51	598	77	4	36.6
40	107	49	6	61	76	38	415	26	1.8	67.3
83	17	10	8	182	28	37	370	55	1.5	43.1
104	62	49	6	30	78	39	565	39	1.3	52
4	81	32	6	42	135	49	545	44	1.4	48.3
23	25	32	6	158	39	23	230	167	3	3.1
104	43	32	6	109	168	47	635	61	2	42
53	118	128	4	73	16	35	395	70	2	38.8
4	114	49	6	50	56	33	685	37	3	54.5
159	14	128	4	32	1	26	321	52	2	43.5
129	79	32	6	66	81	44	455	146	2.5	15.2
104	129	82	5	151	13	29	275	56	3	43
53	39	49	6	147	68	28	625	29	1.7	64.8
70	85	49	6	111	67	34	397	48	1.8	45.2
53	172	82	5	9	125	32	686	110	2.5	27.5
83	40	117	5	77	54	37	350	118	2.7	25.7
104	142	32	6	110	72	45	351	85	3	35.2
23	89	49	6	99	48	36	487	114	1.9	26.9
53	120	100	5	68	79	27	611	34	3.2	56.3
40	91	49	6	93	86	39	564	93	3.3	31.7
53	76	25	7	169	25	39	237	95	2.7	30.6
83	74	32	6	92	170	47	681	104	4	28.5
23	90	25	7	75	170	42	1340	135	4	18.4
12	168	13	8	174	47	38	260	155	4	9.1
83	80	70	6	78	40	36	420	124	3.3	23.6
12	136	49	6	72	60	32	512	102	3.3	29.2
104	131	49	6	55	160	41	1210	31	1.8	63.4
167	20	70	6	33	83	37	915	65	2	39.6

4-31 续表 2

资料来源:世界银行《全球营商环境报告》。

国家和地区	企业经营环境排名	开办企业排名	申请建筑许可			注册财产		
			排名	手续（个）	时间（天）	排名	手续（个）	时间（天）
圣文森特和格林纳丁斯	75	64	5	8	112	145	7	38
蒙　古	76	39	121	19	208	22	5	11
巴哈马	77	82	68	14	178	179	7	122
希　腊	78	146	31	15	89	150	11	18
文　莱	79	135	43	22	95	115	7	298
瓦努阿图	80	116	48	12	54	110	4	118
斯里兰卡	81	33	112	17	216	143	8	83
科威特	82	142	119	24	130	89	8	47
摩尔多瓦	83	92	168	26	291	16	5	5
克罗地亚	84	80	143	12	317	104	5	104
阿尔巴尼亚	85	62	185			121	6	33
塞尔维亚	86	42	179	18	269	41	6	11
纳米比亚	87	133	56	12	139	169	8	39
巴巴多斯	88	70	53	10	416	154	6	
乌拉圭	89	39	158	27	234	164	8	66
牙买加	90	21	50	8	145	105	6	37
中　国	91	151	181	28	270	44	4	29
所罗门群岛	92	75	77	15	92	168	10	87
危地马拉	93	172	94	11	158	20	4	23
赞比亚	94	74	151	14	196	96	5	40
马尔代夫	95	63	19	8	174	151	6	57
圣基茨和尼维斯	96	69	15	11	139	166	6	81
摩洛哥	97	56	79	15	97	163	8	75
科索沃	98	126	144	16	156	76	8	33
越　南	99	108	28	11	110	48	4	57
格林纳达	100	65	10	8	123	151	8	47
马绍尔群岛	101	48	4	8	87	185		
马耳他	102	150	167	18	237	80	7	
巴拉圭	103	111	71	12	137	67	6	46
巴布亚新几内亚	104	91	159	21	219	88	4	72
伯利兹	105	158	21	8	91	136	8	60
约　旦	106	103	102	17	70	102	7	21
巴基斯坦	107	98	105	11	222	126	6	50
尼泊尔	108	105	97	13	115	21	3	5
埃　及	109	26	165	22	218	95	7	72
哥斯达黎加	110	128	128	18	160	46	5	20

获得信贷排名	缴纳税款排名	投资者保护		跨境贸易排名	合同执行			解决破产		
		排名	投资者保护指数		排名	手续（个）	时间（天）	排名	时间（年）	收回率（美分/美元）
129	72	32	6	43	99	45	394	185		
53	70	25	7	175	29	32	314	127	4	22.7
83	51	117	5	58	123	49	427	35	5	55.9
83	56	117	5	62	87	39	819	50	2	44.5
129	22	117	5	40	158	47	540	46	2.5	47.2
83	28	82	5	132	74	30	430	57	2.6	42.7
70	169	49	6	56	133	40	1318	51	1.7	43.9
104	11	32	6	113	117	50	566	92	4.2	31.7
40	109	82	5	142	26	31	327	91	2.8	32
40	42	139	4	105	52	38	572	97	3.1	30.1
23	160	17	7	79	85	39	390	66	2	39.6
40	149	82	5	94	103	36	635	103	2	29.1
40	112	82	5	140	41	33	270	59	1.5	42.3
83	121	169	3	31	105	38	1340	28	1.8	65.1
70	140	100	5	104	102	41	725	54	2.1	43.3
104	163	82	5	106	129	35	655	32	1.1	63.1
70	122	100	5	68	19	37	406	82	1.7	35.7
83	26	49	6	86	109	37	455	123	1	23.9
12	124	158	3	117	96	31	1459	109	3	27.8
12	47	82	5	156	89	35	471	99	2.7	29.8
167	57	82	5	138	92	41	665	41	1.5	50.6
129	135	32	6	64	119	47	578	185		
104	110	100	5	47	88	40	510	86	1.8	35.1
23	44	100	5	124	138	53	420	87	2	34.7
40	138	169	3	74	44	34	400	149	5	13.9
104	85	32	6	71	165	47	688	185	3	22.7
83	92	158	3	65	66	36	476	140	2	17.4
176	27	70	6	34	121	40	505	67	3	39.2
83	141	70	6	155	106	38	591	144	3.9	15.3
83	106	49	6	120	166	42	591	125	3	23.5
129	45	128	4	102	169	51	892	30	1	64
167	35	128	4	52	129	38	689	112	4.3	27.4
70	162	32	6	85	155	46	976	78	2.8	36.2
70	114	82	5	171	137	39	910	121	5	24.5
83	145	82	5	70	152	42	1010	139	4.2	17.6
83	125	169	3	51	128	40	852	128	3.5	22.5

4-31 续表3

资料来源:世界银行《全球营商环境报告》。

国家和地区	企业经营环境排名	开办企业排名	申请建筑许可			注册财产		
			排名	手续（个）	时间（天）	排名	手续（个）	时间（天）
帕　劳	111	130	44	22	93	17	5	14
俄罗斯联邦	112	101	178	42	344	46	5	43
萨尔瓦多	113	139	146	33	157	56	5	31
圭亚那	114	89	29	8	195	114	6	75
黎巴嫩	115	114	172	19	219	108	8	25
多米尼加	116	137	108	14	216	110	7	60
基里巴斯	117	145	120	16	170	71	5	513
也　门	118	110	62	12	191	59	6	19
尼加拉瓜	119	131	154	16	218	123	8	49
乌干达	120	144	118	15	125	124	12	48
肯尼亚	121	126	45	9	125	161	9	64
佛得角	122	129	122	17	122	69	6	31
斯威士兰	123	165	41	13	95	129	9	21
阿根廷	124	154	171	24	365	135	7	53
洪都拉斯	125	155	65	13	94	92	7	23
波　黑	126	162	163	17	180	93	7	33
埃塞俄比亚	127	163	53	9	128	112	10	41
印度尼西亚	128	166	75	13	158	98	6	22
孟加拉国	129	95	83	11	201	175	8	245
巴　西	130	121	131	17	469	109	14	39
尼日利亚	131	119	88	15	85	182	13	82
印　度	132	173	182	34	196	94	5	44
柬埔寨	133	175	149	21	652	115	7	56
坦桑尼亚	134	113	174	19	206	137	8	73
约旦河西岸和加沙	135	179	130	17	119	78	7	47
莱索托	136	79	140	11	330	157	6	101
乌克兰	137	50	183	20	375	149	10	117
菲律宾	138	161	100	29	84	122	8	39
厄瓜多尔	139	169	104	16	128	101	9	16
塞拉利昂	140	76	173	20	238	167	7	86
塔吉克斯坦	141	77	180	24	228	82	6	37
马达加斯加	142	17	148	16	172	147	6	74
苏　丹	143	122	156	16	270	37	6	9
叙利亚	144	132	134	23	104	84	4	19
伊　朗	145	87	166	16	320	165	9	36
莫桑比克	146	96	135	14	377	155	8	42
冈比亚	147	123	90	14	143	120	5	66

获得信贷排名	缴纳税款排名	投资者保护		跨境贸易排名	合同执行			解决破产		
		排名	投资者保护指数		排名	手续（个）	时间（天）	排名	时间（年）	收回率（美分/美元）
185	83	177	3	108	146	38	810	71	1	38.6
104	64	117	5	162	11	36	270	53	2	43.4
53	153	169	3	80	71	34	786	89	4	32.2
167	118	82	5	84	75	36	581	138	3	17.6
104	37	100	5	95	121	37	721	131	4	20.9
83	98	100	5	46	84	34	460	156	3.5	8.7
159	9	49	6	88	73	32	660	185		
167	113	139	4	121	45	36	569	122	3	24.1
104	158	100	5	81	55	37	409	80	2.2	36
40	93	139	4	159	117	38	490	69	2.2	38.9
12	164	100	5	148	149	44	465	100	4.5	29.5
104	102	139	4	63	38	37	425	185		
53	58	128	4	141	174	40	956	74	2	38.3
70	149	117	5	139	48	36	590	94	2.8	30.8
12	139	169	3	90	179	47	920	133	3.8	19.4
70	128	100	5	103	120	37	595	83	3.3	35.4
104	103	128	4	161	50	38	530	117	3	25.9
129	131	49	6	37	144	40	498	148	5.5	14.2
83	97	25	7	119	182	41	1442	119	4	25.5
104	156	82	5	123	116	44	731	143	4	15.9
23	155	70	6	154	98	40	457	105	2	28.2
23	152	49	6	127	184	46	1420	116	4.3	26
53	66	82	5	118	142	44	401	152	6	12.8
129	133	100	5	122	36	38	462	129	3	21.7
159	55	49	6	114	93	44	540	185		
154	95	100	5	144	139	41	615	75	2.6	37.6
23	165	117	5	145	42	30	343	157	2.9	8.7
129	143	128	4	53	111	37	842	165	5.7	4.9
83	84	139	4	128	99	39	588	137	5.3	17.8
83	117	32	6	131	147	39	515	154	2.6	9.2
180	175	25	7	184	43	35	430	79	1.7	36
180	68	70	6	112	156	38	871	151	2	12.9
167	101	158	3	153	151	53	810	88	2	33.2
176	111	117	5	125	176	55	872	111	4.1	27.5
83	129	150	4	143	53	39	505	126	4.5	23.1
129	105	49	6	134	132	30	730	147	5	15
159	179	177	3	87	65	33	407	108	2	27.8

4–31 续表4

资料来源:世界银行《全球营商环境报告》。

国家和地区	企业经营环境排名	开办企业排名	申请建筑许可			注册财产		
			排名	手续(个)	时间(天)	排名	手续(个)	时间(天)
不　　丹	148	94	124	22	150	85	3	92
利比里亚	149	38	126	23	75	178	10	50
密克罗尼西亚	150	104	42	15	114	185		
马　　里	151	118	99	11	179	91	5	29
阿尔及利亚	152	156	138	19	281	172	10	48
布基纳法索	153	120	64	12	98	113	4	59
乌兹别克斯坦	154	90	152	25	243	138	15	78
玻利维亚	155	174	114	14	249	139	7	92
多　　哥	156	164	137	12	309	160	5	295
马 拉 维	157	141	175	18	200	97	6	69
科 摩 罗	158	168	60	13	143	77	4	30
布 隆 迪	159	28	141	21	99	127	8	94
圣多美和普林西比	160	100	91	13	118	161	7	
喀 麦 隆	161	125	95	11	147	158	5	93
赤道几内亚	162	182	107	15	166	103	6	23
老　　挝	163	81	87	23	108	74	5	98
苏 里 南	164	178	92	11	461	171	6	197
伊 拉 克	165	177	84	12	187	100	5	51
塞内加尔	166	102	133	13	210	173	6	122
毛里塔尼亚	167	160	115	16	82	65	4	49
阿 富 汗	168	28	164	12	334	174	9	250
东 帝 汶	169	147	116	19	238	185		
加　　蓬	170	157	110	13	243	170	7	39
吉 布 提	171	185	145	15	172	148	7	40
安 哥 拉	172	171	124	12	348	131	7	184
津巴布韦	172	143	170	12	614	85	5	31
海　　地	174	183	136	9	1129	130	5	301
贝　　宁	175	153	111	11	282	133	4	120
尼 日 尔	176	167	160	12	326	87	4	35
科特迪瓦	177	176	169	17	475	159	6	62
几 内 亚	178	158	152	29	197	151	6	59
几内亚比绍	179	148	117	12	163	180	8	210
委内瑞拉	180	152	109	10	381	90	8	38
刚果(金)	181	149	81	11	117	106	6	54
厄立特里亚	182	183	185			181	11	78
刚果(布)	183	180	149	14	201	156	6	55
乍　　得	184	181	127	13	154	140	6	44
中　　非	185	170	147	18	203	132	5	75

获得信贷排名	缴纳税款排名	投资者保护		跨境贸易排名	合同执行			解决破产		
		排名	投资者保护指数		排名	手续（个）	时间（天）	排名	时间（年）	收回率（美分/美元）
129	71	150	4	172	37	47	225	185		
104	45	150	4	137	163	40	1280	159	3	8.5
129	85	177	3	100	149	34	885	166	5.3	3.4
129	166	150	4	152	133	36	620	120	3.6	25
129	170	82	5	129	126	45	630	62	2.5	41.7
129	157	150	4	173	109	37	446	113	4	27.3
154	161	139	4	185	46	42	195	73	2	38.5
129	180	139	4	125	136	40	591	68	1.8	39
129	167	150	4	101	157	41	588	96	3	30.5
129	58	82	5	168	144	42	432	134	2.6	18.5
154	114	139	4	146	159	43	506	185		
167	137	49	6	177	175	44	832	161	5	8
180	144	158	3	89	181	43	1185	164	6.2	5.2
104	176	128	4	157	172	42	800	150	3.2	13.6
104	173	150	4	136	61	40	475	185		
167	126	184	2	160	114	42	443	185		
159	49	183	2	97	180	44	1715	158	5	8.6
176	65	128	4	179	141	51	520	185		
129	178	169	3	67	148	43	780	90	3	32
167	177	150	4	150	77	46	370	153	8	10.3
154	94	185	1	178	164	47	1642	115	2	26.4
159	61	139	4	83	185	51	1285	185		
104	146	158	3	135	153	38	1070	145	5	15.2
180	67	181	2	41	161	40	1225	142	5	16.5
129	154	70	6	164	183	46	1011	162	6.2	8
129	134	128	4	167	111	38	410	169	3.3	0.1
159	123	169	3	149	97	35	530	160	5.7	8.3
129	173	158	3	130	178	42	795	132	4	20.2
129	151	158	3	176	140	39	545	130	5	21.7
129	159	158	3	163	127	33	770	76	2.2	37.6
154	183	177	3	133	131	49	276	141	3.8	17.1
129	146	139	4	116	142	40	1715	185		
159	185	181	2	166	80	30	510	163	4	6.4
176	171	158	3	170	173	43	610	168	5.2	1.6
180	146	117	5	165	51	39	405	185		
104	182	158	3	181	162	44	560	136	3.3	17.8
104	184	158	3	180	167	41	743	185	4	
104	181	139	4	182	177	43	660	185	4.8	

4-32 人均国内生产总值增长率

资料来源:世界银行 WDI 数据库。
单位:%

国家和地区	1990	2000	2005	2009	2010	2011
世　界	1.25	2.84	2.24	−3.37	3.15	1.56
高收入国家	2.36	3.27	1.79	−4.43	2.62	0.91
经合组织高收入国家	2.31	3.22	1.78	−4.42	2.53	0.78
非经合组织高收入国家	5.2	5.02	3.19	−3.61	5.18	3.94
中等收入国家	0.11	4.04	6.01	1.5	6.52	5.16
中等偏下收入国家	1.57	2.27	5.12	3.54	5.67	3.9
中等偏上收入国家	−0.1	4.81	6.57	1.24	7.09	5.85
中低收入国家	0.04	3.87	5.86	1.41	6.34	5
东亚和太平洋	3.83	6.48	8.89	6.71	8.96	7.58
欧洲和中亚	−1.73	7.35	7.13	−6.43	5.33	5.25
拉丁美洲和加勒比	−1.58	2.48	3.58	−2.74	5.05	3.51
中东和北非	4.7	1.44	2.86	1.86	2.44	
南　亚	3.14	2.39	7.04	5.88	7.14	4.91
撒哈拉以南非洲	−1.56	0.97	3.41	−0.38	2.46	1.55
低收入国家	0.25	1.16	4.74	2.52	3.86	3.77
最不发达地区	−1.14	2.04	5.48	2.27	3.42	1.87
重债穷国	−3.18	0.35	3.9	1.13	2.79	1.33
中　国	2.29	7.55	10.65	8.65	9.87	8.79
中国香港	3.57	7	6.62	−3.02	6	5.11
中国澳门	4.62	3.85	6	−0.71	24.12	18.12
阿富汗			11.31	17.09	5.22	
阿尔巴尼亚	−10.5	7.33	4.93	2.93	3.13	2.63
阿尔及利亚	−1.71	0.75	3.53	0.87	1.79	1.04
安哥拉	−3.02	−0.06	14.45	−0.44	0.55	0.57
安提瓜和巴布达	2.53	−0.7	2.85	−11.29	−9.81	−5.14
阿根廷	−3.76	−1.84	8.22	−0.03	8.22	7.93
荷　兰	3.47	3.2	1.81	−4.03	1.17	0.69
亚美尼亚		6.4	13.74	−14.31	1.86	4.33
澳大利亚	2.05	2.72	1.61	−0.65	0.66	0.4
奥地利	3.38	3.42	1.71	−4.14	2.02	2.75
阿塞拜疆	−12.61	10.19	25.11	7.05	3.76	−0.25
巴哈马	−3.31	2.87	1.9	−6.18	−1.14	0.37
巴　林	1.28	3.41	−0.09	−7.23	−3.14	
孟加拉国	3.35	4	4.48	4.63	4.88	5.39
白俄罗斯		6.12	9.99	1.16	7.89	5.49
比利时	2.83	3.42	1.2	−3.58	1.31	0.88
伯利兹	7.23	10.01	−0.22	−3.33	−0.53	−1.4
贝　宁	0.06	2.74	−0.28	0.83	0.11	0.27
百慕大	−1.47	9.14	1.5	−5.12	−1.65	
不　丹	8.05	4.53	5.99	4.89	5.63	6.6

4-32　续表 1

资料来源:世界银行 WDI 数据库。
单位:%

国家和地区	1990	2000	2005	2009	2010	2011
玻利维亚	2.28	0.43	2.55	1.72	2.49	3.44
波　黑		2.87	5.01	−2.74	1	1.93
博茨瓦纳	3.62	4.09	0.37	−6.11	5.66	3.82
巴　西	−5.94	2.82	1.99	−1.21	6.6	1.84
文　莱	−1.72	0.53	−1.6	−3.56	0.78	
保加利亚	−7.46	6.25	6.93	−5.02	1.08	2.49
布基纳法索	−3.24	−0.99	5.52	−0.06	4.71	1.1
布隆迪	1.02	−2.27	−2.05	0.59	1.16	1.86
柬埔寨		6.82	11.86	−1.02	4.76	5.68
喀麦隆	−8.77	1.85	0.03	−0.21	0.97	1.56
加拿大	−1.29	4.31	2.01	−3.95	2.02	1.4
佛得角	−0.89	5.31	5.15	2.82	4.28	4.08
中　非	−4.36	0.38	0.73	−0.19	1.35	1.13
乍　得	−7.11	−4.2	13.6	−3.76	10.08	0.43
智　利	1.88	3.21	3.19	−1.97	5.12	5.03
哥伦比亚	3.98	2.68	3.11	0.21	2.56	4.5
科摩罗	2.58	−1.22	1.46	−0.85	−0.54	−0.37
刚果(金)	−9.87	−9.14	4.66	0.06	4.31	4.05
刚果(布)	−1.7	4.84	5.13	4.6	6.02	2.02
哥斯达黎加	1.3	−0.48	4.07	−2.49	3.15	2.67
科特迪瓦	−4.39	−5.67	−0.37	1.85	0.39	−6.66
克罗地亚		6.75	4.21	−5.88	−0.94	0.21
古　巴	−3.84	5.57	11.01	1.49	2.11	
塞浦路斯	5.14	3.93	1.44	−2.52	0.66	0.33
捷　克		4.3	6.55	−5.27	2.42	1.4
丹　麦	1.44	3.18	2.16	−6.34	0.85	0.52
吉布提		−2.38	1.3	3.02		
多米尼克	5.72	−1.79	−0.19	−0.39	0.58	1.19
多米尼加	−7.35	4.01	7.68	2.06	6.34	3.14
厄瓜多尔	0.35	1.16	4.03	−1.08	2.13	3.36
埃　及	3.52	3.51	2.56	2.86	3.33	0.05
萨尔瓦多	3.37	1.65	3.19	−3.62	0.83	0.91
赤道几内亚	0.07	9.91	6.51	2.82	−3.49	4.15
厄立特里亚		−16.14	−1.27	0.81	−0.82	5.47
爱沙尼亚	−7.12	10.19	9.11	−14.23	2.27	7.65
埃塞俄比亚	−0.64	3.31	9.2	6.47	7.6	5.04
斐　济	5.22	−2.28	0.28	−2.28	−1.16	1.09
芬　兰	0.06	5.11	2.56	−8.79	3.26	2.4
法　国	2.11	2.97	1.06	−3.67	1.11	1.14
加　蓬	1.87	−4.14	1.03	−3.22	4.63	2.85
冈比亚	−0.54	2.51	−2.61	3.76	3.25	2.15

4-32 续表 2

资料来源:世界银行 WDI 数据库。
单位:%

国家和地区	1990	2000	2005	2009	2010	2011
格鲁吉亚	-14.76	2.63	8.52	-4.37	5.25	6.16
德　　国	4.35	2.92	0.74	-4.89	3.85	3.06
加　　纳	0.53	1.27	3.36	1.55	5.5	11.76
希　　腊	-0.66	4.14	1.89	-3.64	-3.8	-6.81
格林纳达	5.84	12.43	11.74	-6.02	-1.64	0.72
危地马拉	0.77	1.19	0.72	-1.93	0.37	1.27
几 内 亚	-0.26	0.44	35.44	-2.35	-0.31	1.15
几内亚比绍	4	5.44	1.43	0.89	1.35	3.13
圭 亚 那	-2.61	-1.59	-2.28	3.12	4.17	
海　　地	-2.13	-0.88	0.33	1.54	-6.64	4.23
洪都拉斯	-2.69	3.57	3.95	-4.06	0.74	1.34
匈 牙 利	-2.49	4.5	4.17	-6.65	1.49	1.99
冰　　岛	0.39	2.91	5.55	-7.12	-3.89	2.74
印　　度	3.35	2.24	7.65	6.73	8.04	5.4
印度尼西亚	7.14	3.55	4.44	3.54	5.11	5.38
伊　　朗	10.72	3.43	3.37	0.62		
伊 拉 克		-7.15	-3.18	1.14	-2.12	6.8
爱 尔 兰	8.38	7.79	3.07	-7.69	-0.77	-0.98
以 色 列	3.58	6.41	3.11	-1.54	2.95	2.79
意 大 利	1.97	3.61	0.19	-6.06	1.32	-0.04
牙 买 加	3.54	0.29	0.56	-2.9	-0.85	1.04
日　　本	4.84	2.08	1.29	-5.42	4.52	-0.98
约　　旦	-2.66	1.7	5.69	3.2	0.07	0.36
哈萨克斯坦		10.13	8.73	-1.44	5.79	5.97
肯 尼 亚	0.72	-1.95	3.19	0.03	2.82	1.75
基里巴斯	0.72	5.34	-1.43	-2.17	0.25	0.24
韩　　国	7.91	7.58	3.74	-0.16	5.83	2.87
科 威 特		0.19	6.96	-8.66	-0.01	5.07
吉尔吉斯斯坦	4.47	4.18	-1.29	1.65	-2.53	5.85
老　　挝	3.74	3.89	5.5	5.92	6.97	6.54
拉脱维亚	-7.81	7.7	11.19	-17.55	0.36	6.37
黎 巴 嫩	24.58	-0.07	-0.35	7.72	6.23	2.23
莱 索 托	4.54	4.07	1.77	1.82	4.53	4.71
利比里亚	-50.29	19.68	6.39	7.83	5.92	4.95
利 比 亚		1.78	7.67	0.26		
立 陶 宛		3.98	8.47	-14.26	2.95	8.64
卢 森 堡	4.01	7	3.83	-7.04	0.82	-0.42
前南马其顿		4.14	4.09	-1.12	1.59	2.87
马达加斯加	0.14	1.54	1.52	-7.32	-1.33	-1.86
马 拉 维	1.98	-1.2	-0.2	5.73	3.23	1.25
马来西亚	5.99	6.32	3.28	-3.21	5.49	3.47

4–32　续表 3

资料来源：世界银行 WDI 数据库。
单位：%

国家和地区	1990	2000	2005	2009	2010	2011
马尔代夫		2.99	–8.18	–5.99	4.34	6.06
马　　里	–3.66	0.23	2.82	1.35	2.63	–0.35
马 耳 他	5.26	6.21	3.01	–3.13	2.22	1.37
马绍尔群岛	–0.55	5.76	2.49	–2.28	3.95	3.51
毛里塔尼亚	–4.36	–3.26	6.01	–3.63	2.69	2.33
毛里求斯	6.19	7.96	0.44	2.51	3.65	3.7
墨 西 哥	3.02	5.06	1.94	–7.42	4.23	2.7
密克罗尼西亚	1.36	4.61	1.64	0.39	2.77	0.97
摩尔多瓦	–2.8	2.31	7.76	–5.87	7.21	6.49
蒙　　古	–5.11	0.2	5.87	–2.88	4.65	15.42
黑　　山		3.6	4.23	–5.89	2.33	2.42
摩 洛 哥	2.05	0.32	1.86	3.69	2.61	3.47
莫桑比克	–0.26	–1.49	6.8	3.89	4.37	4.69
缅　　甸	1.23	12.58	12.88	9.77	9.58	
纳米比亚	–1.43	1.04	0.72	–2.28	4.68	1.98
尼 泊 尔	2.13	3.7	1.34	2.66	2.97	2.09
新 西 兰	–1.41	2.02	2.14	–1.55	0.69	
尼加拉瓜	–2.31	2.48	2.97	–2.76	3.07	3.2
尼 日 尔	–4.24	–4.79	0.91	–4.36	4.24	–1.25
尼日利亚	5.51	2.93	2.82	4.35	5.15	4.02
挪　　威	1.58	2.59	1.89	–2.9	–0.57	0.16
阿　　曼	–3.94	5.18	1.8	–1.7	1.37	3.14
巴基斯坦	1.45	1.91	5.78	1.74	2.29	0.53
帕　　劳		–1.25	4.95	–2.67	1.37	5.1
巴 拿 马	5.91	0.75	5.33	1.54	6.61	8.92
巴布亚新几内亚	–5.35	–5	1.09	3.08	5.56	6.58
巴 拉 圭	0.41	–5.33	0.92	–5.54	13.04	2.24
秘　　鲁	–7.08	1.43	5.6	–0.22	7.66	5.74
菲 律 宾	0.49	2.2	2.81	–0.54	5.84	1.98
波　　兰		4.82	3.66	1.56	3.81	4.26
葡 萄 牙	4.18	3.37	0.32	–3	1.36	–1.61
波多黎各	2.86	2.99	0.97	–1.74	–1.59	
卡 塔 尔			–6.27	–2.14	5.93	11.73
罗马尼亚	–5.76	2.23	4.42	–8.36	1.15	–0.14
俄罗斯联邦	–3.37	10.01	6.9	–7.81	4.29	4.29
卢 旺 达	–2.19	1.22	7.02	1	4.04	5.44
圣基茨和尼维斯	2.62	–1.92	4.26	–6.78	–3.9	–1.31
圣卢西亚	21.79	–1.47	3.13	–17.91	3.42	–0.44
萨 摩 亚	–5.08	6.19	3.84	–2.04	1.33	1.66
圣多美和普林西比			–2.91	2.32	2.69	3
沙特阿拉伯	4.71	2.42	1.92	–2.3	2.21	4.36

4–32 续表 4

资料来源:世界银行 WDI 数据库。
单位:%

国家和地区	1990	2000	2005	2009	2010	2011
塞内加尔	–3.61	0.59	2.8	–0.6	1.4	–0.05
塞尔维亚	–8.06	5.68	5.72	–3.11	1.36	2.21
塞 舌 尔	6.06	3.33	6.95	0.13	7.66	5.59
塞拉利昂	2.06	0.93	2.99	0.91	2.66	3.7
新 加 坡	5.92	7.17	4.88	–3.92	12.75	2.72
斯洛伐克	–3.1	1.51	6.57	–5.14	3.96	3.16
斯洛文尼亚		3.96	3.83	–8.84	0.94	–0.34
所罗门群岛	–1.04	–16.6	2.53	–3.82	4.21	6.21
南　　非	–2.33	1.61	4.09	–2.59	1.51	1.91
西 班 牙	3.62	4.17	1.9	–4.48	–0.42	0.35
斯里兰卡	5.09	5.75	5.11	2.36	6.95	7.13
苏　　丹	–7.68	5.78	3.82	1.36	1.88	–7.2
斯威士兰	16.96	1.63	2.33	0.07	0.84	0.14
瑞　　典	0.23	4.29	2.75	–5.83	5.25	3.09
瑞　　士	2.62	3	1.99	–3.1	1.63	1.06
叙 利 亚	4.51	0.07	3.45	3.88	1.14	
塔吉克斯坦	–3.09	7.1	9.42	2.49	5.03	5.89
坦桑尼亚	3.79	2.35	4.5	2.97	3.91	3.17
泰　　国	9.63	3.51	3.6	–2.95	7.16	–0.52
东 帝 汶		12.74	5.24	9.5	6.36	7.46
多　　哥	–2.73	–3.74	–1.06	1.04	1.54	1.76
汤　　加	–2.26	2.84	–1.58	–0.72	–0.99	0.72
特立尼达和多巴哥	0.88	5.71	5.38	–3.68	–0.4	–1.76
突 尼 斯	5.36	3.13	3	2	1.93	–2.95
土 耳 其	7.39	5.21	6.96	–6.05	7.8	7.18
土库曼斯坦	–1.93	17.22	11.79	4.79	7.85	8.54
图 瓦 卢		–1.44	–4.57	–1.93	–5.2	0.8
乌 干 达	2.8	0.03	2.93	3.84	2.55	3.35
乌 克 兰	–6.56	6.97	3.46	–14.42	4.51	5.58
阿 联 酋	11.82	5.87	–5.74	–11.99	–6.3	–0.14
英　　国	0.48	4.09	1.48	–5.02	1.4	
美　　国	0.71	3.02	2.13	–4.37	2.16	0.97
乌 拉 圭	–0.38	–2.29	7.33	2.08	8.52	5.32
乌兹别克斯坦	–0.76	2.37	5.76	6.29	5.48	5.43
瓦努阿图	8.82	3.73	2.45	0.91	0.53	1.77
委内瑞拉	4.01	1.79	8.45	–4.73	–3.03	2.6
越　　南	3.12	5.37	7.18	4.22	5.68	4.79
也　　门		3.1	2.41	0.74	4.46	–13.18
赞 比 亚	–3.17	0.98	2.86	3.53	5.92	1.59
津巴布韦	3.92	–3.87	–5.51	5.79	8.16	7.73

4-33 人均国民总收入

资料来源：世界银行 WDI 数据库。
单位：美元

国家和地区	1990	2000	2005	2009	2010	2011
世　界	4080	5278	7104	8674	9067	9491
高收入国家	18375	25324	34000	37800	38765	39783
经合组织高收入国家	19059	26218	35292	39150	40142	41144
非经合组织高收入国家	8538	13895	18474	22890	23782	25372
中等收入国家	892	1252	1921	3349	3722	4125
中等偏下收入国家	520	575	897	1462	1596	1760
中等偏上收入国家	1207	1881	2912	5233	5865	6530
中低收入国家	820	1127	1712	2959	3283	3631
东亚和太平洋	425	902	1617	3166	3670	4243
欧洲和中亚		1780	3711	6851	7260	7610
拉丁美洲和加勒比	2254	3817	4415	7023	7821	8544
中东和北非国家	1296	1645	2195	3679	3869	
南　亚	377	442	692	1069	1167	1299
撒哈拉以南非洲	587	491	768	1132	1178	1255
低收入国家	287	267	343	496	534	567
最不发达地区	310	280	405	676	720	754
重债穷国	358	291	401	634	668	694
中　国	330	930	1740	3620	4240	4940
中国香港	12660	26570	28150	31410	32780	35160
中国澳门	8530	14640	23410	36000	45460	
阿富汗			230	370	410	
阿尔巴尼亚	680	1170	2580	3970	3970	3980
阿尔及利亚	2420	1600	2720	4470	4390	4470
安哥拉	740	420	1270	3880	3960	4060
安提瓜和巴布达	5710	8490	12000	13500	12450	12060
阿根廷	3180	7460	4480	7580	8620	9740
亚美尼亚		660	1470	3050	3200	3360
澳大利亚	17420	21260	30440	43860	46200	
奥地利	20080	26000	37210	46630	46920	48300
阿塞拜疆		610	1270	4800	5380	5290
巴哈马	12000	20350	24410	23420	21970	
巴　林	7260	10940	17400	15880	15920	
孟加拉国	290	380	480	640	700	770
巴巴多斯	6570	9090	11000	12660		
白俄罗斯		1380	2780	5590	5990	5830
比利时	18960	25430	36610	44700	45780	46160
伯利兹	2210	3110	3580	3820	3640	3690
贝　宁	360	370	570	780	780	780
不　丹	580	720	1070	1710	1870	2070
玻利维亚	740	1000	1030	1640	1810	2040
波　黑		1510	3020	4760	4740	4780
博茨瓦纳	2540	3120	5070	6270	6750	7480

4-33 续表 1

资料来源:世界银行 WDI 数据库。
单位:美元

国家和地区	1990	2000	2005	2009	2010	2011
巴　西	2700	3860	3960	8150	9540	10720
文　莱	12790	14960	23210	31800		
保加利亚	2260	1620	3640	6080	6320	6550
布基纳法索	310	230	390	520	550	570
布隆迪	210	130	140	210	230	250
柬埔寨		290	460	700	750	830
喀麦隆	910	630	930	1210	1200	1210
加拿大	20150	22130	33110	41890	43250	45560
佛得角	960	1330	2080	3180	3280	3540
中　非	470	280	340	450	470	470
乍　得	260	180	430	650	710	690
智　利	2250	4840	5970	9970	10750	12280
哥伦比亚	1260	2350	2940	5060	5520	6110
科摩罗	530	380	610	740	750	770
刚果(金)	230	90	120	170	180	190
刚果(布)	910	560	980	1980	2240	2270
哥斯达黎加	2340	3710	4680	6200	6860	7660
科特迪瓦	740	650	870	1160	1170	1100
克罗地亚		5220	9690	13810	13890	13850
古　巴	2660	2620	3960			
塞浦路斯	9510	13440	21490	29710	29450	
捷　克		5800	11890	17860	18490	18520
丹　麦	24120	31830	48590	58330	59410	60390
吉布提		750	990	1270		
多米尼克	2300	3500	5210	6830	6900	7090
多米尼加	870	2620	2900	4690	5020	5240
厄瓜多尔	900	1330	2620	3630	3850	4140
埃　及	750	1440	1250	2160	2420	2600
萨尔瓦多	890	2110	2820	3310	3370	3480
赤道几内亚	330	1270	5220	16710	13720	14540
厄立特里亚		170	250	290	340	430
爱沙尼亚	3190	4220	9730	14360	14180	15200
埃塞俄比亚	250	130	160	350	390	400
斐　济	1790	2230	3590	3890	3610	3680
芬　兰	25220	25440	38550	46620	47460	48420
法　国	20160	24270	34850	42380	42190	42420
加　蓬	4930	3080	5110	7620	7680	7980
冈比亚	300	630	390	590	610	610
格鲁吉亚		750	1360	2540	2680	2860
德　国	20630	25300	34780	42400	42970	43980
加　纳	400	340	460	1190	1250	1410
希　腊	8590	12460	21400	28020	26890	25030

4-33　续表 2

资料来源:世界银行 WDI 数据库。

单位:美元

国家和地区	1990	2000	2005	2009	2010	2011
格陵兰	15690	20290	29690	26020		
格林纳达	2250	4150	6570	6910	7010	7220
危地马拉	950	1730	2070	2660	2740	2870
几内亚	450	400	420	380	390	440
几内亚比绍	220	180	410	550	580	600
圭亚那	390	890	1090	2640	2900	
海地	350	470	400	670	650	700
洪都拉斯	700	940	1400	1780	1870	1970
匈牙利	2880	4580	10220	12980	12860	12730
冰岛	24150	30800	49620	39140	33890	35020
印度	390	450	730	1150	1260	1410
印度尼西亚	600	560	1220	2160	2500	2940
伊朗	2450	1630	2550	4520		
伊拉克				2310	2380	2640
爱尔兰	12200	23480	42380	44870	41720	38580
以色列	10860	17830	20180	25510	27270	28930
意大利	17900	21010	30880	35570	35530	35330
牙买加	1790	3310	3920	4610	4700	4980
日本	27090	35040	39140	37580	42050	45180
约旦	1390	1790	2490	3900	4140	4380
哈萨克斯坦		1260	2950	6780	7500	8220
肯尼亚	380	420	520	780	810	820
基里巴斯	730	1380	1780	1840	2010	2110
韩国	6000	9910	16900	19650	19720	20870
科威特		18950	34650	48980	48900	
吉尔吉斯斯坦		280	450	860	840	920
老挝	200	280	460	900	1010	1130
拉脱维亚	2790	3210	6810	12390	11850	12350
黎巴嫩	1240	4730	5710	7870	8750	9110
莱索托	540	530	840	1080	1100	1220
利比里亚		190	120	210	210	240
利比亚			6460	12320		
列支敦士登	45170	79660	92780	137070		
立陶宛		3200	7380	11700	11620	12280
卢森堡	29530	43660	69300	71920	76820	78130
前南马其顿		1830	2900	4540	4600	4730
马达加斯加	250	250	300	420	430	430
马拉维	180	160	220	310	330	340
马来西亚	2370	3420	5110	7230	7760	8420
马尔代夫		2140	3370	5660	6150	6530
马里	260	230	390	560	600	610
马耳他	7470	10510	14380	18220	18620	

4–33 续表 3

资料来源:世界银行 WDI 数据库。
单位:美元

国家和地区	1990	2000	2005	2009	2010	2011
马绍尔群岛		2850	3560	3640	3640	3910
毛里塔尼亚	550	530	720	1030	1000	1000
毛里求斯	2440	3870	5360	7260	7780	8240
墨西哥	2790	5010	7820	8670	8930	9240
密克罗尼西亚		2220	2510	2640	2730	2900
摩尔多瓦		370	890	1570	1820	1980
摩纳哥	75810	82960	123100	183150		
蒙古	1430	460	890	1760	1870	2320
黑山			3580	6580	6740	7060
摩洛哥	990	1310	1960	2770	2850	2970
莫桑比克	170	230	300	430	440	470
纳米比亚	1720	1950	3300	4060	4250	4700
尼泊尔	210	220	290	440	490	540
荷兰	18810	26580	39880	48530	48920	49730
新西兰	12970	13760	24990	28740	29350	
尼加拉瓜	310	730	890	1050	1100	1170
尼日尔	300	180	260	340	360	360
尼日利亚	260	270	630	1160	1170	1200
挪威	26010	35860	62490	85760	86390	88890
阿曼	5540	7130	11190	18170	19260	
巴基斯坦	410	470	710	990	1050	1120
帕劳		6250	7770	6230	6560	7250
巴拿马	2210	3730	4640	6540	7010	7910
巴布亚新几内亚	820	620	680	1190	1300	1480
巴拉圭	1190	1350	1220	2240	2730	2970
秘鲁	780	2060	2710	4280	4900	5500
菲律宾	730	1050	1210	1870	2060	2210
波兰		4600	7270	12190	12450	12480
葡萄牙	7050	12100	18060	21750	21830	21250
波多黎各	6220	10550	14530	16300	16560	
卡塔尔				69750	73060	80440
罗马尼亚	1710	1690	3920	8320	7850	7910
俄罗斯联邦		1710	4460	9290	9880	10400
卢旺达	360	250	270	480	520	570
圣基茨和尼维斯	3610	6880	10130	12990	12360	12480
圣卢西亚	2810	4170	5130	5630	6200	6680
圣文森特和格林纳丁斯	1740	3130	4980	6220	6030	6100
萨摩亚	1070	1420	2090	2870	3030	3190
圣多美和普林西比			740	1170	1250	1360
沙特阿拉伯	7330	8390	12230	16250	16610	17820
塞内加尔	740	530	800	1070	1080	1070

4–33　续表 4

资料来源：世界银行 WDI 数据库。
单位：美元

国家和地区	1990	2000	2005	2009	2010	2011
塞尔维亚		1400	3430	5740	5630	5680
塞舌尔	5020	7420	9820	10390	10460	11130
塞拉利昂	200	150	230	340	340	340
新加坡	11450	24500	27240	36030	39410	42930
斯洛伐克	2060	5440	11040	15820	16030	16070
斯洛文尼亚		11150	18070	23750	23910	23610
所罗门群岛	710	1020	890	960	1030	1110
南非	3390	3050	4850	5730	6090	6960
西班牙	11890	15420	25450	32020	31460	30990
斯里兰卡	460	860	1210	1970	2260	2580
苏丹	510	320	610	1230	1300	
苏里南	1480	1930	3320	7020	7640	
斯威士兰	1150	1600	2600	2880	2930	3300
瑞典	26360	29490	42920	48820	50580	53230
瑞士	34240	40270	56870	65040	71590	76380
叙利亚	920	990	1500	2570	2750	
塔吉克斯坦		170	340	750	810	870
坦桑尼亚	200	310	380	500	530	540
泰国	1480	1930	2560	3720	4150	4420
东帝汶			740	2250	2730	
多哥	410	300	370	520	550	560
汤加	1220	2030	2470	3300	3340	3580
特立尼达和多巴哥	3720	5200	11160	16370	15840	15040
突尼斯	1430	2300	3200	4100	4140	4070
土耳其	2300	4170	6480	9060	9890	10410
土库曼斯坦	830	650	1650	3460	3790	4110
图瓦卢			3780	5260	4600	5010
乌干达	320	260	300	470	500	510
乌克兰	1610	700	1540	2840	2990	3120
阿联酋	20720	20630	42280	41940	39640	40760
英国	16600	26010	38850	40970	38140	37780
美国	23260	34890	44670	46080	47350	48450
乌拉圭	2840	7100	4740	8640	10290	11860
乌兹别克斯坦		630	530	1130	1300	1510
瓦努阿图	1200	1430	1760	2520	2630	2870
委内瑞拉	2570	4100	4950	10230	11660	11920
越南	130	390	630	1030	1160	1260
也门		420	690	1070	1160	1070
赞比亚	440	310	500	990	1070	1160
津巴布韦	860	490	440	400	480	640

4–34 三次产业对国内生产总值增长的贡献率

资料来源:世界银行 WDI 数据库。

单位:%

国家和地区	第一产业对国内生产总值增长的贡献率		第二产业对国内生产总值增长的贡献率		第三产业对国内生产总值增长的贡献率	
	2000	2011	2000	2011	2000	2011
中　国	4.4	4.6	60.8	51.6	34.8	43.7
孟加拉国	30.4	14.9	25.8	36.2	43.8	48.9
文　莱	2.3	−2.7②	66.5	35.2②	31.2	67.5②
柬埔寨	−1.7	19.0②	64.2	58.1②	37.4	22.8②
印　度	…	6.2	37.7	14.5	62.3	79.3
印度尼西亚	6.1	6.9	53.9	32.4	40	60.6
伊　朗	10.2	11.1③	60.1	47.0③	29.7	41.9③
日　本	1.2	−2.1②	29.8	79.9②	68.9	22.3②
哈萨克斯坦	−3.2	4.8	60.1	22.7	43.2	72.6
韩　国	0.7	−2.4②	50.9	69.3②	48.4	33.0②
老　挝	38.5	1.9	26.1	63.5	35.5	34.6
马来西亚	6	2.2②	70.6	48.2②	23.4	49.6②
蒙　古	316.7	0.5	−25.5	27.7	−191.3	71.7
巴基斯坦	39.1	10.7	7.7	−0.7	53.2	90
菲律宾	10.8	6.9	50.1	30.6	39.1	62.5
新加坡	−0.1	…	46.1	43.9	54	56.1
斯里兰卡	4.4	7.2	34.2	17.4	61.4	75.4
泰　国	15.2	677.3	49.2	1646.7	35.6	−2224
越　南	16.2	6.7	51	44.6	32.8	48.7
埃　及	8.9	−14.3	30.5	−10.8	60.7	125.2
尼日利亚		−2.6③		−1.1③		103.7③
南　非	1.9	0.6	21.7	15.8	76.4	83.5
加拿大	−0.7	1.0②	47.8	50.1②	52.9	48.9②
墨西哥	0.3	0.9	32	37.3	67.7	61.8
美　国	3	−1.4②	14.9	37.3②	82.1	64.1②
阿根廷	15	3	137.4	14.2	−52.4	82.8
巴　西	1.9	9.3	16.9	16	81.2	74.7
委内瑞拉	9.6	5.1②	50.2	100.4②	40.2	−5.6②
捷　克	2.6	−3.7②	53.2	66.0②	44.2	37.7②
法　国	−1	−2.5①	26.9	58.7①	74.2	43.8①
德　国	−0.1	−.1②	38.1	56.9②	62	43.2②
意大利	−1.5	1.1②	26.5	32.8②	75.1	66.1②
荷　兰	1.1	1.3②	30.7	41.0②	68.2	57.7②
波　兰	−5	−1.5②	35.1	70.6②	69.9	30.9②
俄罗斯联邦	8.5	−16.7②	48.2	72.4②	43.3	44.3②
西班牙	6	−78.6②	28.3	−874.5②	65.7	1053.1②
土耳其	13.7	2.4	32.1	44.3	54.1	53.3
乌克兰	22.7	22.3	49	53.3	28.3	24.4
英　国	−0.1	−1.0②	9.3	34.6②	90.9	66.4②
澳大利亚	4	19.5	25.8	11.7	70.2	68.7
新西兰	5.4	−1.1①	5.8	233.0①	88.7	−131.9①

注:①2009 年数据。②2010 年数据。③2008 年数据。

4-35　森林资源

资料来源：世界银行 WDI 数据库。

单位：%

国家和地区	森林平均消失率①		森林覆盖率	
	1990-2000	2000-2010	2000	2010
世　界	0.2	0.13	31.5	31.1
高收入国家	-0.13	-0.03	28.4	28.8
中等收入国家	0.24	0.1	33.1	32.8
低收入国家	0.63	0.61	29.4	27.6
中　国	-1.2	-1.57	19	22.2
孟加拉国	0.18	0.18	11.3	11.1
文　莱			75.3	72.1
柬埔寨	1.14	1.33	65.4	57.2
印　度	-0.22	-0.46	22	23
印度尼西亚	1.75	0.51	54.9	52.1
伊　朗			6.8	6.8
以色列	-1.49	-0.07	7.1	7.1
日　本	0.03	-0.04	68.3	68.5
哈萨克斯坦	0.17	0.17	1.3	1.2
韩　国	0.13	-0.11	63.7	64.2
老　挝	0.46	0.48	71.6	68.3
马来西亚	0.36	0.54	65.7	62.3
蒙　古	0.67	0.72	7.5	7
缅　甸	1.17	0.93	53.4	48.6
巴基斯坦	1.76	2.24	2.8	2.2
菲律宾	-0.8	-0.74	23.9	25.7
新加坡			3	2.9
斯里兰卡	1.2	1.12	33.2	29.7
泰　国	0.28	0.02	37.2	37.1
越　南	-2.28	-1.64	37.7	44.5
埃　及	-2.98	-1.72	0.1	0.1
尼日利亚	2.68	3.67	14.4	9.9
南　非	1.67	2	5.7	4.7
加拿大			34.1	34.1
墨西哥	0.52	0.3	34.3	33.3
美　国	-0.13	-0.13	32.8	33.2
阿根廷	0.88	0.8	11.6	10.7
巴　西	0.51	0.49	64.5	61.4
委内瑞拉	0.57	0.6	55.7	52.5
捷　克	-0.03	-0.08	34.1	34.4
法　国	-0.55	-0.38	28	29.1
德　国	-0.31		31.7	31.8
意大利	-0.98	-0.9	28.5	31.1
荷　兰	-0.43	-0.14	10.7	10.8
波　兰	-0.2	-0.3	29.8	30.7
俄罗斯联邦			49.4	49.4
西班牙	-2.09	-0.68	34	36.4
土耳其	-0.47	-1.11	13.2	14.7
乌克兰	-0.25	-0.2	16.4	16.8
英　国	-0.68	-0.31	11.6	11.9
澳大利亚	-0.03	0.37	20.2	19.4
新西兰	-0.69		31.4	31.4

注：①负值表示森林面积的增长。

4-36 生产者价格指数

资料来源:联合国统计月报数据库。

2005 年 =100

国家和地区	2007	2008	2009	2010	2011
中国香港					
工业产品价格指数	105.3	111.1	109.2	115.8	
孟加拉国					
按生产阶段分					
中间产品价格指数			218.5	218.3	
按最终用途分					
消费品价格指数			294.3	296.8	
投资用品价格指数			269.3	280.8	
印　度					
按供给组成分					
国内供应价格指数	111.1	120.8	123.7	135.5	148.4
农业产品价格指数	118.8	127.4	143.6	169	184.3
工业产品价格指数	109.7	117.3	119.2	125.7	134.9
按生产阶段分					
原材料价格指数	119	131.6	144.2	171.8	192.5
伊　朗					
按供给组成分					
国内供应价格指数	125.5	168.6	181.1	211.2	
农业产品价格指数	130.5	179.5	200.7	225.5	
工业产品价格指数	123.5	166.7	171.7	209.5	
按生产阶段分					
原材料价格指数	132.1				
以色列					
按供给组成分					
工业产品价格指数	108.3		115	116.3	125.4
日　本①					
按供给组成分					
国内供应价格指数	107.4	113.2	102.3	100	107.2
国内生产价格指数	104	108.7	103	100	105
农业产品价格指数	97.4	98.7	96.1	100	96
工业产品价格指数	103.8	108.4	102.8	100	104.7
进口产品价格指数	122.4	133	99.3	100	116.9
按生产阶段分					
原材料价格指数	132.6	165.2	110.4	100	151.1
中间产品价格指数	109.7	115.7	105.6	100	109.7
按最终用途分					
消费品价格指数	100	100.9	96.8	100	96.6
投资用品价格指数	98.9	98	95.9	100	93.1
韩　国					
按供给组成分					
国内供应价格指数	102.3	111.1	110.9	115.1	
国内生产价格指数		111.1	110.9	115.1	122.1
农业产品价格指数	100.1	101	107.1	118.1	127.6
工业产品价格指数	99.8	113	111.2	115.9	124.8

4–36　续表 1

资料来源:联合国统计月报数据库。
2005 年 =100

国家和地区	2007	2008	2009	2010	2011
按生产阶段分					
原材料价格指数	120.1	179.2	152.9	177.5	221.2
中间产品价格指数	102.1	120.8	118.8	123.7	134
按最终用途分					
消费品价格指数	99.6	105.4	108.3	112.5	118.3
投资用品价格指数	96.6	105.9	115	111.6	113.9
马来西亚					
按供给组成分					
国内供应价格指数	108.8	119.9	111.1	117.3	127.8
国内生产价格指数	111.2	125.8	112.2	120.9	135.4
进口产品价格指数	104	108.2	108.8	110.2	112.8
巴基斯坦					
按供给组成分					
国内供应价格指数	117.4	147.2	100	119.2	
农业产品价格指数	119.7	152.6	100	127.5	
工业产品价格指数	106.9	119.8	124.8	151.3	
按生产阶段分					
原材料价格指数	128.1	148.5	170.9	262.4	
菲 律 宾					
按供给组成分					
国内供应价格指数	108.6	125	119.8	126.9	137.9
工业产品价格指数		113	111.5	105.9	106.9
按生产阶段分					
新 加 坡					
按供给组成分					
国内供应价格指数	105.5	113.1	97.5	102.1	110.7
国内生产价格指数	101.2	104.2	90.7	91.8	96.7
进口产品价格指数	101.3	103.9	95.7	96.4	101
泰　　国					
按供给组成分					
国内供应价格指数	110.5	124.2	119.5	130.7	137.9
国内生产价格指数					
农业产品价格指数	134.2	162	171.3	209.2	204
工业产品价格指数	106.8	118.8	112.1	119.4	128.5
进口产品价格指数					
按生产阶段分					
原材料价格指数	111.9	129.6	120.5	141.7	159.2
中间产品价格指数	108.2	125.2	106.9	119	
按最终用途分					
消费品价格指数	125.7	149.8	165.3	185.8	176
投资用品价格指数	100.5	101.1	101.6	102.2	103.7
越　　南					
按供给组成分					
农业产品价格指数	118.3	165.1			

4-36 续表 2

资料来源:联合国统计月报数据库。

2005 年 =100

国家和地区	2007	2008	2009	2010	2011
工业产品价格指数	111.4	135.7			
进口产品价格指数	109.1	128.9			
埃　及					
按供给组成分					
国内生产价格指数			148.7	156.1	180.9
农业产品价格指数			185.2	202.1	244.6
按生产阶段分					
原材料价格指数			144.5	152.4	202.3
中间产品价格指数			135.7	129.7	141.5
按最终用途分					
消费品价格指数			106.3	110.2	111.2
投资用品价格指数			136.3	140.6	156.6
南　非					
按供给组成分					
国内生产价格指数	119.5	136.6	136.5	144.8	156.9
农业产品价格指数	146.5	156.1	157.6	155.3	165.9
进口产品价格指数	118.1	137.4	120.5	124.2	136.5
加 拿 大					
按供给组成分					
农业产品价格指数	112.2	126.2	117.6	117.3	133.8
工业产品价格指数	103.9	108.4	104.6	105.7	110.5
按生产阶段分					
原材料价格指数	120.2	136	104.9	117.2	135.1
间产品价格指数	106.4	111.7	105.4	107.9	114
按最终用途分					
投资用品价格指数	96.1	97.2	101.4	96.8	95.8
墨 西 哥					
按供给组成分					
国内供应价格指数	111.2	119.8	125.8	130	136.4
国内生产价格指数	110.3	118.1	123.4	128.6	137.4
农业产品价格指数	110.7	120.6	133.2	139.6	147.9
工业产品价格指数	108.3	114.3	123	126.3	132
进口产品价格指数	110.2	119.5	115	119.9	128.9
按生产阶段分					
中间产品价格指数	112.3	123	126.6	133.4	145.2
按最终用途分					
消费品价格指数	109.5	116.5	124.4	129.1	134.7
投资用品价格指数	113.8	125.2	128.1	131.6	139.1
美　国					
按供给组成分					
国内供应价格指数	109.7	120.5	109.9	117.4	
国内生产价格指数		120.5	109.9	117.4	127.7
农业产品价格指数	121.1	136.2	113.6	127.5	157.6
工业产品价格指数	109.3	120	109.1	116.7	126.1

4-36　续表 3

资料来源:联合国统计月报数据库。

2005 年 =100

国家和地区	2007	2008	2009	2010	2011
按生产阶段分					
原材料价格指数	113.7	138.2	96.2	116.5	136.9
中间产品价格指数	110.9	122.3	112	119.1	129.8
按最终用途分					
消费品价格指数	108.2	116.2	111.7	117.9	126.8
投资用品价格指数	103.4	106.4	108.4	108.8	110.5
阿 根 廷					
按供给组成分					
国内供应价格指数	123.1	140.6	149.8	172.2	195.3
国内生产价格指数	123.5	140.9	150.6	173.9	197.6
农业产品价格指数	162.3	156.7	160.3	208.3	238.1
工业产品价格指数	121.1	140.2	150.2	170.3	191.4
进口产品价格指数	118.6	138.1	139.1	151.6	167.1
委内瑞拉					
按供给组成分					
国内供应价格指数	131.5	162.4	212.6	270.3	330.3
国内生产价格指数	135.4	169.3	222.7	283.9	350.7
农业产品价格指数	163.8	234.7	376.1	538.2	715.1
工业产品价格指数	129.8	164.3	199.2	250	301.9
进口产品价格指数	119.4	140.7	181	227.3	266.1
白俄罗斯					
按供给组成分					
国内生产价格指数	131.6	151.6	172.3	195.7	
工业产品价格指数	125.9	144.4	165.4	187.9	335.6
按生产阶段分					
中间产品价格指数	132.9	153.9	179.2	210.7	413
按最终用途分					
消费品价格指数	115.4	131.9	150.1	164.1	264.1
投资用品价格指数	116.2	126.6	136.1	147.7	242
捷　　克					
按供给组成分					
农业产品价格指数	118.1	128.9	96.6	101.7	121.4
工业产品价格指数	105.8	110.5	107	108.3	114.3
进口产品价格指数	99.2	96	92.6	94.5	98.5
按生产阶段分					
中间产品价格指数	105.7	108.6	100.8	102.8	109.7
按最终用途分					
消费品价格指数	101.8	105.6	104.1	102.1	106.8
投资用品价格指数	101.9	102.2	103.1	100.7	100.6
法　　国					
按供给组成分					
国内供应价格指数	117.4	124	108.1	116.2	
农业产品价格指数	117.4	124	108.1	116.2	128.9
工业产品价格指数	105.3	110.3	104.1	107.3	113
按生产阶段分					
中间产品价格指数	107.9	111.7	105.5	108.4	114.9
按最终用途分					

4-36 续表4

资料来源:联合国统计月报数据库。

2005年=100

国家和地区	2007	2008	2009	2010	2011
消费品价格指数	101.7	105	100.3	100.1	102.2
投资用品价格指数	101.9	104	104	104.3	105.6
德　国					
按供给组成分					
国内供应价格指数	106	111			
国内生产价格指数	106.8	112.6	108	109.7	
农业产品价格指数	119.9	124.3	100.7	114.9	130.7
工业产品价格指数	107.8	112.7	108	109.7	115.9
进口产品价格指数	105.1	109.4	100.1	107.4	115.9
按生产阶段分					
中间产品价格指数	107.4	110.8	105	109.1	114.9
按最终用途分					
消费品价格指数	104	106.9	105.6	106.2	109.9
投资用品价格指数	101.6	101.6	102.4	102.5	103.7
意大利					
按供给组成分					
工业产品价格指数	108.7	115.1	108.9	112.2	117.8
按生产阶段分					
中间产品价格指数	110.5	113	106.6	110.6	117.1
按最终用途分					
消费品价格指数	104.3	107.9	106.9	107.5	111
投资用品价格指数	103.9	109	109	109	110.6
荷　兰					
按供给组成分					
工业产品价格指数	109.6	124.4	112.2	116.6	126.9
按生产阶段分					
中间产品价格指数	113	121	108.4	115.4	127.5
按最终用途分					
消费品价格指数	106.6	112.1	109.6	113.8	121.6
投资用品价格指数	106.1	110.3	110	110.8	112.8
波　兰					
按供给组成分					
国内生产价格指数	107.6	113.4	116.1	120.4	129.7
工业产品价格指数	103.9	109.2	106.4	109.5	118.8
按生产阶段分					
原材料价格指数	110.7	125.9	134.2	149.4	169.8
中间产品价格指数	112.1	115.7	112.8	116.2	126.3
按最终用途分					
消费品价格指数	100.5	101.3	103.1	101.4	103.9
投资用品价格指数	98.9	97.5	97.3	92.5	92.4
俄罗斯联邦					
按供给组成分					
农业产品价格指数	121.1	151.2	147	156.3	181.6
工业产品价格指数	128.2	155.7	144.5	162.2	190.9
西班牙					

4-36　续表 5

资料来源:联合国统计月报数据库。

2005 年 =100

国家和地区	2007	2008	2009	2010	2011
按供给组成分					
工业产品价格指数	109.2	116.3	112.4	115.9	124
按生产阶段分					
中间产品价格指数	112.5	118.7	112.3	115.5	122.5
按最终用途分					
消费品价格指数	105.7	110.3	109.6	109.8	112.5
投资用品价格指数	106.5	109.2	110	109.5	111.6
土 耳 其					
按供给组成分					
国内供应价格指数	116.2	131	132.6	143.9	
国内生产价格指数		131	132.6	143.9	159.9
农业产品价格指数	114.9	128.8	131.8	158.1	166.6
工业产品价格指数	116.7	131.5	132.8	141	158.3
乌 克 兰					
按供给组成分					
农业产品价格指数	141.3	151.9	168.8	229.6	270.8
工业产品价格指数	131	177.5	189	228.5	271.9
英　　国					
按供给组成分					
国内生产价格指数	104.4	111.4	113.2	117.9	
农业产品价格指数	116.6	142.4	136.8	142.4	156.7
工业产品价格指数	102.9	111.4	113.2	117.9	124.5
进口产品价格指数	104.2	117.8	122.5	130.5	143.4
按生产阶段分					
原材料价格指数	113	138.1	132.9	146.1	168.6
中间产品价格指数	114	118.7	118	122.4	130.6
按最终用途分					
消费品价格指数	95.6	111.2	115.2	117.4	123.5
投资用品价格指数	122.5	106.5	109.8	112.2	114.6
澳大利亚					
按供给组成分					
国内供应价格指数	106.6	112.4	113.7	115.3	118.8
国内生产价格指数	108.5	114.8	115.3	118.6	123.2
农业产品价格指数	111	123.6	113.4	117.6	129.7
工业产品价格指数	110.5	119.6	113.1	115.3	119.2
进口产品价格指数	95.8	98	104.3	96.5	93
按生产阶段分					
原材料价格指数	111.9	123.3	119	120.4	127.5
中间产品价格指数	111	120	117.3	118.5	124.3
按最终用途分					
消费品价格指数	106.5	112.6	114.9	118	124
投资用品价格指数	106.8	112.3	112.8	113.4	114.8
新 西 兰					
按供给组成分					
农业产品价格指数	106.9	120.8	122.5	132.3	146
工业产品价格指数	110.8	127.3	121.2	126.4	133.7
按生产阶段分					
中间产品价格指数	108.7	120.4	118.6	121.8	127.5

注:①2010 年 =100。

4-37 牲畜饲养量(2010年)

资料来源:联合国FAO数据库。
单位:万头(只)

国家和地区	牛	马	山羊	绵羊	猪
世　界	142863.6	5845.9	92143.2	107894.8	96585.5
中　国	8379.8	678.7	15070.7	13402.1	47623.7
孟加拉国	2305.1		6500	182	
文　莱	0.1		0.3	0.4	0.1
柬埔寨	348.4	2.8			205.7
印　度	21020	52.4	15400	7399.1	963
印度尼西亚	1363.3	40.9	1682.1	1093.2	721.2
伊　朗	850	14	2570	5400	
以色列	43	0.4	10	44.5	22.4
日　本	437.6	1.8	1.5	1.2	980
哈萨克斯坦	609.5	143.9	270.9	1466.1	132.6
朝　鲜	57.7	4.8	355.6	16.6	224.8
韩　国	335.1	2.8	26	0.3	988.1
老　挝	140	3.1	28.9		340
马来西亚	91	0.8	53.8	12.8	171.1
蒙　古	217.6	192	1388.3	1448	2.5
缅　甸	1300	14	275	53.5	790
巴基斯坦	3430	40	5990	2780	
菲律宾	257.1	24	417.8	3	1339.8
斯里兰卡	117	0.2	37.3	0.8	8.4
泰　国	649.8	0.6	38	4.3	762.4
越　南	591.6	9.3	128.8		2737.3
埃　及	452.5	6.5	420	559.2	3.8
尼日利亚	1657.8	20.8	5652.4	3552	747.2
南　非	1373.1	30	627.5	2450.1	159.4
加拿大	1301.3	38.5	3	80.3	1183.5
墨西哥	3264.2	635	899.3	810.6	1543.5
美　国	9388.1	950	303.8	562	6488.7
阿根廷	4895	368	425	1580	227
巴　西	20954.1	551.4	931.3	1738.1	3895.7
委内瑞拉	1690	51	140	55	330
白俄罗斯	415.1	12.6	7.5	5.2	378.2
捷　克	132.9	3.1	2.2	20.6	190.8
法　国	1962.1	45.3	134.9	797.7	1453.2
德　国	1281	46.2	15	208.9	2650.9
意大利	610.3	30	96.1	801.3	915.7
荷　兰	397.2	13.4	41.6	112.8	1225.2
波　兰	572.4	29.1	12.2	25.8	1486.5
俄罗斯联邦	2067.1	137.5	213.8	1985.1	1723.1
西班牙	607.5	25	293.4	1855.2	2534.3
土耳其	1072.4	16.7	512.8	2179.5	0.2
乌克兰	482.7	44.3	63.6	119.7	757.7
英　国	990.1	38.4	8.5	3100	442.3
澳大利亚	2673.3	25.6	450	6808.6	228.9
新西兰	986.4	6.4	9.5	3256.3	33.5

4-38　失业率

资料来源:联合国 ILO 数据库。

单位:%

国家和地区	2000	2005	2008	2009	2010	2011
中　　国①	3.1	4.2	4.2	4.3	4.1	4.1
中国香港	4.9	5.6	3.6	5.2	4.3	3.4
中国澳门	6.7	4.2	3	3.5	2.8	2.6
中国台湾	3	4.1	4.1	5.9	5.2	4.4
阿尔巴尼亚	16.8	14.3	13	13.8		
阿尔及利亚	29.8	15.3	11.3	10.2	10	
阿 根 廷	15	10.6	7.8	8.6	7.7	7.2
亚美尼亚			28.6			
澳大利亚	6.3	5	4.2	5.6	5.2	5.1
奥 地 利	3.5	5.2	3.8	4.8	4.4	4.1
阿塞拜疆		8.1	6.1	5.7	5.6	5.4
巴 哈 马		10.2	8.7	14.2		13.7
孟加拉国	3.3	4.3		5		
巴巴多斯	9.3	9.1	8.1	10	10.8	11.2
比 利 时	6.6	8.4	7	7.9	8.3	7.1
伯 利 兹		11	8.2			
不　　丹		3.1		4	3.3	3.1
玻利维亚	4.8	5.4	2.9	3.4		
波　　黑			23.9	24.1	27.2	27.6
巴　　西		9.3	7.1	8.3	6.7	6
保加利亚	16.2	10.1	5.6	6.8	10.2	11.2
柬 埔 寨	2.5		1.7	0.1	0.4	0.2
加 拿 大	6.8	6.7	6.1	8.3	8	7.4
智　　利	9.2	8	7.8	9.7	8.1	7.1
哥伦比亚	16.2	11.3	13.2	12	11.6	
哥斯达黎加	5.2	6.6	4.9	7.8	7.3	7.7
克罗地亚	16.1	12.6	8.4	9.1	11.8	13.4
古　　巴	5.4	1.9	1.6	1.7	2.5	
塞浦路斯	5	5.3	3.6	5.3	6.2	7.7
捷　　克	8.8	7.9	4.4	6.7	7.3	6.7
丹　　麦	4.5	4.8	3.4	6	7.5	7.6
多米尼加	14.2	18	14.2	14.9	12.4	
厄瓜多尔	9	7.7	7.3	6.5	5	4.2
埃　　及	9	11.2	8.7	9.4	9	
萨尔瓦多	7	7.2	5.9	7.3	7	
爱沙尼亚	13.1	7.9	5.5	13.8	16.9	12.5
芬　　兰	9.7	8.4	6.3	8.2	8.4	7.7
法　　国	10.2	8.9	7.4	9.1	9.4	9.3

4-38 续表1

资料来源:联合国ILO数据库。

单位:%

国家和地区	2000	2005	2008	2009	2010	2011
格鲁吉亚	10.8	13.8	16.5	16.9	16.3	15.1
德　国	7.7	11.1	7.5	7.7	7.1	5.9
希　腊	11.1	9.8	7.7	9.5	12.5	17.7
瓜德罗普	25.7	25.9	21.9	23.4	23.8	22.6
危地马拉	1.4				3.5	4.1
圭亚那		24.8	21.4	20.2	21	21
洪都拉斯		4.2	3.1	3.3	4.8	
匈牙利	6.4	7.2	7.8	10	11.2	10.9
冰　岛	2.3	2.6	3	7.2	7.6	7.1
印　度	4.3	4.4			3.5	
印度尼西亚	6.1	11.2	8.4	7.9	7.1	6.6
爱尔兰	4.3	4.3	6	11.8	13.6	14.4
以色列	8.8	9	6.1	7.5	6.6	5.6
意大利	10.8	7.7	6.7	7.8	8.4	8.4
牙买加	15.5	10.9	10.6	11.4	12.4	12.7
日　本	4.8	4.4	4	5	5	4.5
约　旦			12.7	12.9	12.5	12.9
哈萨克斯坦	12.8	8.1	6.6	6.6	5.8	5.4
韩　国	4.4	3.7	3.2	3.6	3.7	3.4
科威特	0.8	2				
吉尔吉斯斯坦	7.5	8.1	8.2			
拉脱维亚	14.2	8.9	7.4	17.1	18.7	15.4
立陶宛	15.9	8.3	5.8	13.7	17.8	15.4
卢森堡	2.3	4.5	5.1	5.1	4.4	4.9
马达加斯加	5.8	2.6				
马来西亚	3	3.5	3.3	3.7	3.4	3.1
马耳他	6.3	7.3	6	6.9	6.9	6.4
马提尼克	26.3	18.7	22.3	21.8	21	20.8
毛里塔尼亚	20.6		31.2			
毛里求斯	8.8	9.6	7.2	7.3	7.7	7.9
墨西哥	2.6	3.5	3.5	5.2	5.2	5.3
摩尔多瓦	8.5	7.3	4	6.4	7.4	6.7
黑　山		30.3	16.8	19.1	19.7	19.7
摩洛哥	13.6	11	9.6	9.1	9.1	8.9
荷　兰	2.7	4.7	2.8	3.4	4.5	4.4
荷属安的列斯	14	18.2	10.3			
新西兰	6.2	3.8	4.2	6.1	6.5	6.5
尼加拉瓜	9.8	5.6	6.2		8	

4-38　续表 2

资料来源:联合国 ILO 数据库。
单位:%

国家和地区	2000	2005	2008	2009	2010	2011
挪　　威	3.4	4.6	2.6	3.2	3.6	3.3
巴基斯坦	7.2		5			
巴 拿 马	13.5	9.8	5.6	6.6	6.5	4.5
巴 拉 圭	7.6	5.8	5.6	6.5	5.7	5.6
秘　　鲁	7.8	11.4	6.4	6.3	7.9	7.8
菲 律 宾	11.2	7.7	7.3	7.5	7.3	7
波　　兰	16.1	17.7	7.1	8.2	9.6	9.6
葡 萄 牙	3.9	7.6	7.6	9.5	10.8	12.7
波多黎各	10.1	11.3	11.6	15	16.1	15.7
留 尼 汪	36.5	30.1	24.4	27.1	28.9	29.6
罗马尼亚	7	7.2	5.8	6.9	7.3	7.4
俄罗斯联邦	10.6	7.2	6.3	8.4	7.5	6.6
沙特阿拉伯	4.6		5	5.4		
塞尔维亚		20.8	13.6	16.6	19.2	
新 加 坡	3.7	4.1	3.2	4.3	3.1	2.9
斯洛伐克	18.8	16.2	9.6	12.1	14.4	13.5
斯洛文尼亚	6.9	6.5	4.4	5.9	7.2	8.2
南　　非	26.7	23.8	22.7	23.7	24.7	24.7
西 班 牙	13.9	9.2	11.3	18	20.1	21.6
斯里兰卡	7.7	7.7	5.2	5.9	4.9	
瑞　　典	5.8	7.7	6.1	8.3	8.4	7.5
瑞　　士	2.7	4.4	3.4	4.1	4.5	4.1
叙 利 亚	2.3		10.9	8.1	8.4	
泰　　国	2.4	1.3	1.2	1.5	1	0.7
特立尼达和多巴哥	12.1	8	4.6			
突 尼 斯	15.7	12.9	12.4	13.3	13	
土 耳 其	6.5	10.6	11	14	11.9	9.8
乌 克 兰	11.6	7.2	6.4	8.8	8.1	7.9
阿 联 酋	2.3	3.1	4			
英　　国	5.5	4.7	5.3	7.7	7.8	7.8
美　　国	4	5.1	5.8	9.3	9.6	8.9
乌 拉 圭	13.6	12.2	7.6		6.8	6
委内瑞拉	13.2	11.4	6.9	7.8	8.6	8.3
越　　南	2.3		2.4			2
也　　门		16.1	15	14.6		
赞 比 亚	12.9	15.9				

注:①城镇登记失业率。

4-39 失业人员教育程度构成

资料来源:世界银行 WDI 数据库。

单位:%

国家和地区	初等教育		中等教育		高等教育	
	2000	2009	2000	2009	2000	2009
中国香港	47.9	38.0①	41.9	43.8①	8.4	17.1①
中国澳门	65.5	54.5①	11.3	21.8①	6.3	15.8①
孟加拉国	54.3		22.7		8.4	
印　度	29.5		40.4		30.1	
印度尼西亚	44.5	43.4①	43.8	40.6①	7.9	10.2①
伊　朗	36.3	40.4①	40.7	31.0①	17.2	25.5①
以色列	26.9	22.1①	46.9	48.0①	24.3	28.1①
日　本	23.8	66.8①	52		24.2	33.2①
哈萨克斯坦		45.1①		39.7①		15.2①
韩　国	24.9	15.3①	62.5	63.7①	12.6	21.1①
马来西亚	15.3	10.4①	66	60.9①	15.2	24.9①
蒙　古	30.6	28.2①	48.4	49.0①	18.1	22.1①
巴基斯坦	15.1	14.7①	13	10.1①	20.6	28.0①
菲律宾	21.8	13.8	42.3	45.2	32.9	41.1
新加坡		27.2①		22.7①		50.1①
斯里兰卡	49.7	45.4①		22.8①	49.9	31.8①
泰　国	70.6	41.5①	7.2	49.3①	19.2	0.2①
南　非	53.8	15.4①	35.3	80.7①	5.6	0.8①
加拿大	33	26.3①	42.3	41.0①	24.6	32.7①
墨西哥	55.2	51.5①	22.5	25.2①	18.3	21.0①
美　国	21.8	17.9①	36.3	35.5①	41.9	46.5①
阿根廷	51.5	48.1①	32.4	36.7①	14.8	15.3①
巴　西		49.3②		35.7②		4.1②
捷　克	25.5	29.6①	69.9	64.8①	3.5	5.7①
法　国		39.5①		41.7①		18.3①
德　国	28.6	32.3①	58.6	56.5①	12.9	11.0①
意大利	51.7	47.2①	39.7	40.3①	6.8	11.2①
荷　兰	47.2	42.0①	33.7	36.6①	16.7	18.7①
波　兰	20.4	15.9①	73.2	71.8①	6.4	12.1①
俄罗斯联邦	16.6	13.1①	43.7	52.8①	39.6	34.1①
西班牙	57.7	58.4①	19.3	22.6①	21.9	17.7①
土耳其	54.7	52.5①	28.4	26.0①	9.6	13.9①
乌克兰	8.6	7.4①	58	52.9①	33.3	39.7①
英　国	43	37.1①	43.6	46.5①	11.2	14.3①
澳大利亚	44.4	47.4①	40.8	33.6①	14.9	19.0①
新西兰	0.9	30.6①	49.3	39.2①	11.9	25.7①

注:①2008 年数据。②2007 年数据。

4-40 世界主要城市空气污染状况

资料来源：世界银行《世界发展指标》2012 年。

国家和地区	城市	城市人口（万人）		总悬浮颗粒物（微克/立方米）		
		2009	2010	1990	2008	2009
中　国	上　海	1634	1658	115	65	60
	北　京	1221	1239	141	80	73
	天　津	776	788	198	112	103
印　度	孟　买	1970	2004	95	51	50
	德　里	2172	2216	227	122	118
	加尔各答	1529	1555	193	104	104
印度尼西亚	雅加达	912	921	137	74	70
伊　朗	德黑兰	719	724	92	55	55
日　本	东　京	3651	3667	54	35	32
	大　阪	1133	1134	48	31	28
	横　滨	365	365	42	27	25
韩　国	汉　城	978	977	55	33	35
	大　丘	246	246	59	36	38
	釜　山	344	343	52	31	33
马来西亚	吉隆坡	149	152	36	20	19
菲律宾	马尼拉	1145	1163	78	26	24
新加坡	新加坡	474	484	108	31	23
泰　国	曼　谷	690	698	88	63	60
土耳其	伊斯坦布尔	1038	1053	88	42	42
	安卡拉	385	391	75	36	35
埃　及	开　罗	1090	1100	274	124	112
南　非	开普敦	335	341	24	13	16
	德　班	284	288	47	27	32
	约翰内斯堡	361	367	49	28	33
加拿大	多伦多	538	545	29	17	18
	蒙特利尔	375	378	24	15	15
	温哥华	220	222	17	10	11
墨西哥	墨西哥城	1932	1946	88	43	43
美　国	纽　约	1930	1943	28	18	17
	洛杉矶	1268	1276	46	29	28

4-40 续表1

资料来源:世界银行《世界发展指标》2012年。

国家和地区	城 市	城市人口（万人）		总悬浮颗粒物（微克/立方米）		
		2009	2010	1990	2008	2009
	芝加哥	913	920	33	21	20
阿根廷	科尔多瓦	148	149	78	51	45
巴 西	圣保罗	1996	2026	57	30	28
	里约热内卢	1184	1195	50	26	25
委内瑞拉	加拉加斯	305	309	31	14	13
保加利亚	索非亚	119	120	118	55	49
捷 克	布拉格	116	116	42	19	17
法 国	巴 黎	1040	1049	14	10	10
德 国	法兰克福	68	68	27	16	16
	柏 林	344	345	30	18	18
	慕尼黑	133	135	27	16	16
意大利	米 兰	296	297	46	26	24
	都 灵	166	167	66	38	35
	罗 马	336	336	44	25	23
荷 兰	阿姆斯特丹	104	105	45	31	30
波 兰	华 沙	171	171	65	39	38
	罗 兹	74	74	60	36	34
罗马尼亚	布加勒斯特	193	193	47	14	16
俄罗斯联邦	莫斯科	1052	1055	42	16	16
	鄂木斯克	113	112	44	17	17
西班牙	马德里	576	585	37	25	23
	巴塞罗那	503	508	43	29	27
乌克兰	基 辅	278	281	91	22	21
英 国	伦 敦	861	863	27	17	17
	伯明翰	230	230	33	11	20
	曼彻斯特	245	225	24	12	12
澳大利亚	悉 尼	440	443	27	18	17
	墨尔本	381	385	17	11	11
	帕 斯	158	160	16	11	11
新西兰	奥克兰	136	140	13	11	11

4-41 土地利用(2010年)

资料来源:世界银行 WDI 数据库。
单位:万公顷

国家和地区	陆地面积	耕地面积①	多年生作物面积①	森林面积
世 界	**1297103**	**138120**	**15280**	**402042**
中 国	93275	11000	1432	20686
孟加拉国	1302	757	98	144
文 莱	53	…	1	38
柬埔寨	1765	390	15	1009
印 度	29732	15792	1170	6843
印度尼西亚	18116	2360	1900	9443
伊 朗	16286	1721	179	1108
以色列	216	30	8	15
日 本	3645	429	31	2498
哈萨克斯坦	26997	2340	8	331
韩 国	971	160	20	622
老 挝	2308	136	11	1575
马来西亚	3286	180	579	2046
蒙 古	15536	96	…	1090
缅 甸	6535	1104	110	3177
巴基斯坦	7709	2043	85	169
菲律宾	2982	540	505	767
新加坡	7	…	…	…
斯里兰卡	627	120	97	186
泰 国	5109	1530	369	1897
越 南	3101	628	335	1380
埃 及	9955	288	81	7
尼日利亚	9108	3400	300	904
南 非	12145	1435	95	567
加拿大	90935	4510	705	31013
墨西哥	19440	2513	270	6480
美 国	91474	16275	270	30402
阿根廷	27367	3100	100	2940
巴 西	84594	6120	730	51952
委内瑞拉	8821	275	65	4628
捷 克	773	318	8	266
法 国	5477	1835	105	1595
德 国	3486	1195	20	1108
意大利	2941	688	260	915
荷 兰	337	105	4	37
波 兰	3042	1254	40	934
俄罗斯联邦	163769	12175	179	80909
西班牙	4988	1250	472	1817
土耳其	7696	2135	294	1133
乌克兰	5793	3248	90	971
英 国	2419	605	4	288
澳大利亚	76823	4716	35	14930
新西兰	2633	47	7	827

注:①2009年数据。

4-42 万美元国内生产总值能耗

资料来源:世界银行 WDI 数据库。
单位:吨标准油 / 万美元

国家和地区	2000	2005	2007	2008	2009	2010
世 界	3.01	3	2.92	2.93	2.97	
高收入国家	2.04	1.93	1.84	1.82	1.81	1.81
中等收入国家	7.34	7.07	6.59	6.53	6.48	
低收入国家	11.83	10.88	10.42	10.18	9.93	
中 国	9.14	8.89	7.99	7.86	7.68	
中国香港	0.79	0.61	0.61	0.59	0.64	
孟加拉国	3.95	3.89	3.8	3.78	3.78	
文 莱	4.09	3.82	4.78	5.32	4.66	
柬 埔 寨	10.89	8.33	7.32	6.98	6.96	
印 度	9.63	8.17	7.55	7.54	7.61	
印度尼西亚	9.43	8.72	8.07	7.76	7.81	
伊 朗	12.76	13.24	12.88	13.33	13.65	
以 色 列	1.46	1.46	1.39	1.39	1.33	1.29
日 本	1.1	1.04	0.99	0.96	0.97	0.97
哈萨克斯坦	19.45	16.94	18.3	18.56	17.44	
韩 国	3.53	3.16	3.02	3.02	3.04	3.08
马来西亚	5.04	5.29	5.22	5.23	4.86	
蒙 古	20.79	16.45	16.34	15.26	16.17	
巴基斯坦	8.59	8.07	7.95	7.7	7.67	
菲 律 宾	4.99	3.86	3.35	3.34	3.24	
新 加 坡	2.01	1.54	1.09	1.15	1.28	
斯里兰卡	5.1	4.54	4.06	3.71	3.71	
泰 国	5.9	6.1	5.88	5.97	5.94	
越 南	11.84	11.38	10.66	10.59	10.88	
埃 及	4.52	5.12	4.95	4.86	4.72	
尼日利亚	19.53	16.83	15.13	14.95	13.64	
南 非	8.61	8.13	7.77	8.1	7.9	
加 拿 大	3.47	3.31	3.15	3.06	3.01	2.93
墨 西 哥	2.5	2.67	2.54	2.59	2.66	2.45
美 国	2.3	2.08	2	1.96	1.93	1.94
阿 根 廷	2.14	2.14	1.99	1.94	1.87	
巴 西	2.93	2.91	2.89	2.9	2.81	
委内瑞拉	4.82	5.01	4.04	3.94	4.13	
捷 克	6.97	6.25	5.63	5.32	5.26	5.16
法 国	1.9	1.88	1.76	1.78	1.76	1.78
德 国	1.79	1.74	1.59	1.59	1.6	1.6
意 大 利	1.55	1.59	1.49	1.48	1.46	1.49
荷 兰	1.9	1.92	1.8	1.77	1.8	1.89
波 兰	5.2	4.63	4.28	4.12	3.89	4.05
俄罗斯联邦	23.84	18.64	16.38	15.94	16.25	
西 班 牙	2.1	2.08	1.96	1.87	1.78	1.8
土 耳 其	2.86	2.53	2.68	2.63	2.74	2.69
乌 克 兰	42.8	31.59	26.23	25.4	25.3	
英 国	1.51	1.31	1.16	1.16	1.15	1.17
澳大利亚	2.59	2.44	2.39	2.38	2.38	2.23
新 西 兰	3.26	2.64	2.6	2.69	2.73	2.82

4-42　续表1

资料来源:世界银行WDI数据库。

单位:吨标准油/万美元(购买力平价法,2005年不变价)

国家和地区	2000	2005	2008	2009	2010	2011
世　　界	2.03	1.95	1.82	1.83	1.81	
高收入国家	1.71	1.61	1.5	1.5	1.5	1.42
中等收入国家	2.64	2.48	2.25	2.24	2.19	
中　　国	3.51	3.26	2.76	2.72	2.65	
中国香港	0.66	0.51	0.49	0.53	0.46	
孟加拉国	1.48	1.46	1.41	1.41	1.4	
文　　莱	1.55	1.31	2.01	1.77	1.83	
柬埔寨	2.65	1.71	1.34	1.87	1.81	
印　　度	2.52	2.14	1.99	1.99	1.86	
印度尼西亚	2.77	2.56	2.23	2.26	2.23	
伊　　朗	2.51	2.67	2.71	2.78		
以色列	1.25	1.14	1.22	1.14	1.16	1.17
日　　本	1.42	1.34	1.24	1.25	1.26	1.17
哈萨克斯坦	4.43	3.86	4.28	3.81	4.21	
韩　　国	2.14	1.92	1.83	1.84	1.89	1.88
马来西亚	1.89	2.03	1.98	1.92	1.87	
蒙　　古	4.5	3.6	3.32	3.47	3.28	
巴基斯坦	2.38	2.22	2.1	2.09	2.03	
菲律宾	1.91	1.48	1.31	1.24	1.22	
新加坡	1.22	1.16	1.02	1.19	1.24	
斯里兰卡	1.45	1.29	1.05	1.03	1.04	
泰　　国	2.08	2.23	2.14	2.18	2.21	
越　　南	2.32	2.33	2.2	2.28	2.37	
埃　　及	1.45	1.88	1.76	1.67	1.63	
尼日利亚	4.99	4.35	3.79	3.48	3.34	
南　　非	3.25	3.16	3.15	3.13	2.88	
加拿大	2.52	2.4	2.21	2.15	2.1	2.08
墨西哥	1.22	1.31	1.27	1.3	1.26	1.27
美　　国	2.04	1.85	1.74	1.71	1.7	1.66
阿根廷	1.61	1.6	1.45	1.4	1.29	
巴　　西	1.36	1.36	1.35	1.31	1.35	
委内瑞拉	2.44	2.54	2.11	2.18	2.43	
捷　　克	2.3	2.06	1.77	1.74	1.77	1.69
法　　国	1.47	1.45	1.36	1.34	1.37	1.29
德　　国	1.35	1.32	1.2	1.2	1.19	1.09
意大利	1.09	1.11	1.03	1.02	1.04	1
荷　　兰	1.36	1.38	1.27	1.29	1.36	1.25
波　　兰	1.97	1.76	1.56	1.47	1.53	1.48
俄罗斯联邦	4.91	3.84	3.28	3.35	3.48	
西班牙	1.2	1.19	1.08	1.03	1.03	1.01
土耳其	1.22	1.08	1.12	1.17	1.15	1.15
乌克兰	7.36	5.43	4.37	4.23	4.72	
英　　国	1.3	1.12	1	0.98	0.99	0.92
澳大利亚	1.91	1.72	1.69	1.69	1.63	1.54
新西兰	1.98	1.61	1.63	1.64	1.71	1.67

4-43 消费者价格指数

资料来源:联合国统计月报数据库。

2005 年 =100

国家和地区	消费者价格指数			食品消费价格指数		
	2009	2010	2011	2009	2010	2011
中　　国①	119.6	123.5	130.2	153.9	165.2	184.7
中国香港	109.2	111.7	117.6	118.4	121.2	129.7
中国澳门②	116	119.3	126.2	133.8	140.2	151.6
孟加拉国①	168.8	182.5	202	177.2	195.1	220.1
柬 埔 寨③	99.3	103.3	109	99.7	104	110.7
印　　度①	163.1	182.7	198.9	173.1	193.8	208.1
印度尼西亚④	115.1	120.3	127.4	124.6	136	148.6
伊　　朗⑤	203	228.2	277.2	218.6	254.1	320
以 色 列	110.9	113.9	117.8	123	126.1	130.5
日　　本⑥	100.7	100	99.7	100.3	100	99.6
韩　　国⑥	97.1	100	104	94	100	108.1
老　　挝	120.2	127.4	137	134.5	144.9	159.1
马来西亚⑥	98.3	100	103.2	97.6	100	104.8
蒙　　古②	150.9	166.2	181.3	160.9	180.7	194.5
缅　　甸②	144.6	155.7	163.5	143.3	154.2	159.7
巴基斯坦①	205.5	234	249.8	229.6	268	306.7
菲 律 宾②	116	120.4	126.2	124.5	129.5	136.5
新 加 坡	110.6	113.7	119.6	115.2	116.8	120.3
斯里兰卡	103.5	109.9	117.3	103.1	110.3	120
泰　　国④	104.5	108	112.1	116.5	122.8	132.6
越　　南	152.9	166.9	195.1	179.4	198.6	247.6
埃　　及	155.8	173.1	190.5	179	214.5	247.8
尼日利亚①	296.6	337.9	374.5	309.6	355.8	392.4
南　　非③	107.1	111.7	117.3	109.4	111	118.9
加 拿 大	106.9	108.9	112	114.1	115.7	120.1
墨 西 哥	119.3	124.2	128.5	129.4	134.5	141.4
美　　国	109.8	111.7	115.2	113.3	113.7	119.2
阿 根 廷	139.4	152.9	168.9	136.9	155.6	170.2
巴　　西	119.7	125.7	134.1	127.7	135.5	147.5
委内瑞拉③	127.1	162.9	205.4	128	170.1	221.1
捷　　克	113.3	114.9	117.1	109.7	111.3	116.4
法　　国	106.2	107.8	110.1	108.5	109.3	111.5
德　　国	107	108.2	110.7	110.8	112.5	115.7
意 大 利⑥	98.5	100	102.8	99.8	100	102.4
荷　　兰	105.4	106.7	109.2	107.9	107.8	110.2
波　　兰	111.6	114.5	119.4	116.5	119.6	125.5
俄罗斯联邦	152.3	162.8	176.5	160.6	171.2	189.8
西 班 牙	110.4	112.4	116	113.1	112.2	114.5
土 耳 其	139.9	151.9	161.7	150.2	166.1	176.5
乌 克 兰	178.6	195.3	210.9	175.3	194.5	206.9
英　　国	111.3	116.4	122.5	122.9	126.8	134.3
澳大利亚	112.6	115.8	119.7	119.7	121.6	127.5
新 西 兰	112.3	114.9	119.5	122.9	124	130.7

注:①2000 年 =100。②2006 年 =100。③2008 年 =100。④2007 年 =100。⑤2004 年 =100。⑥2010 年 =100。

4-44　畜产品产量(2010年)

资料来源:联合国FAO数据库。
单位:万吨

国家和地区	肉类总产量				
		牛肉	羊肉	猪肉	禽肉
世　界	29546.2	6760.3	1371.4	10916.7	9851.7
中　国	8074.8	655.4	394.3	5168.1	1698
孟加拉国	60.9	19.5	19.5		20.3
文　莱	2	0.1	…	…	1.9
柬埔寨	20.1	7.3		10	2.8
印　度	619	257.6	87.6	33.3	223.1
印度尼西亚	299.3	53.3	13.1	64.9	167.8
伊　朗	258.5	41.1	49.8	…	166.2
以色列	68.3	10.8	1	1.9	54.6
日　本	321.5	51.3	…	129.1	140.1
哈萨克斯坦	93.4	40.7	14.3	20.6	10.3
朝　鲜	32.4	2.2	1.6	11	4.3
韩　国	201.8	24.7	0.2	111	65.3
老　挝	13	4.5	0.1	5.9	2.4
马来西亚	167.7	2.9	0.2	23.4	141.2
蒙　古	20.6	4.8	12.6	…	…
缅　甸	158.4	18.3	3	45.9	91.2
巴基斯坦	265.5	149	43.3		71
菲律宾	275.2	29.4	5.5	161.3	77.3
新加坡	11.3	…	…	1.9	9.4
斯里兰卡	13	2.8	0.1	0.2	9.9
泰　国	238.8	22.3	0.2	86.2	130.1
越　南	396.7	36.3	0.9	303.6	53.1
埃　及	184.2	80.5	12.2	0.1	79.8
尼日利亚	140.1	30.2	44.2	23.4	26.8
南　非	285.9	84.8	17.6	31.2	147.8
加拿大	445	127.2	1.6	192.6	121.6
墨西哥	582.8	174.5	9.9	117.5	272.2
美　国	4216.8	1204.6	7.6	1018.6	1958.3
阿根廷	469.7	263	5.5	28.1	164.3
巴　西	2346.8	911.5	11.1	307.8	1114
委内瑞拉	174.7	46.6	0.9	16.9	84.8
白俄罗斯	97.1	30.8	0.1	39.8	26
捷　克	60.3	7.4	0.2	29.1	19.5
法　国	583.9	155	13.4	226	179.1
德　国	822.4	120.8	3.9	548.8	138
意大利	428.5	107.5	5.4	167.3	118.1
荷　兰	254.9	38.9	1.5	128.8	85.6
波　兰	358.4	40.1	0.1	189.5	125.9
俄罗斯联邦	721.4	172.7	18.5	233.1	261
西班牙	533.8	60.7	14	336.9	114.1
土耳其	207.8	32.3	29.6	…	145.7
乌克兰	205.9	42.8	2.1	63.1	95.3
英　国	352.2	90.8	27.7	75.8	157
澳大利亚	397.3	210.8	58.1	33.6	92.3
新西兰	132.6	63.5	47.2	4.7	14.5

4-44 续表1

资料来源:联合国FAO数据库。
单位:万吨

国家和地区	蛋类	鸡蛋	奶类总产量	牛奶	羊毛	蜂蜜
世界	6889.3	6357.2	72087	59943.8	204.3	154.2
中国	2800.1	2382.7	4115	3603.6	38.7	39.8
孟加拉国	25.6	18.8	339.8	83	0.2	
文莱	0.7	0.7	…	…		
柬埔寨	2.2	1.8	2.7	2.7		
印度	341.4	341.4	11700	5030	4.3	4
印度尼西亚	137.9	111.8	131.6	91.3	2.4	
伊朗	74.1	74.1	760.3	639.1	6	4.7
以色列	10.2	10.2	133.2	129.2	0.1	0.3
日本	251.5	251.5	772	772		0.2
哈萨克斯坦	20.8	20.7	538.6	534.8	3.8	0.1
朝鲜	16	16	9.5	9.5		
韩国	60.2	57	210.7	210.3		2.9
老挝	1.6	1.6	0.7	0.7		
马来西亚	55.4	54	5.3	4.2	…	
蒙古	…	…	30.6	24.3	2.2	…
缅甸	30.2	28	140.2	113.9	…	0.1
巴基斯坦	56.6	55.6	3549.1	1243.7	4.2	0.5
菲律宾	46.5	38.7	1	1		
新加坡	2.2	2				
斯里兰卡	6.5	6.5	21.5	16.2		
泰国	98.1	58.6	85.1	85.1		0.8
越南	32.6	32.6	34.1	30.7		1.2
埃及	33.6	33.6	574.2	290.2	1.2	0.7
尼日利亚	62.3	62.3	49.6	49.6		
南非	45.3	45.3	323.3	323.3	4.1	0.1
加拿大	42.9	42.9	824.3	824.3	0.1	3.4
墨西哥	238.1	238.1	1083.8	1067.7	0.5	5.6
美国	541.2	541.2	8746.1	8746.1	1.4	8
阿根廷	50.5	50.5	1050.2	1050.2	5.4	5.9
巴西	208.7	194.8	3181.6	3166.8	1	4.5
委内瑞拉	16	16	229.4	229.4		…
白俄罗斯	19.8	19.6	662.8	659.8	…	0.3
捷克	12.2	12.2	269.4	268.3	…	0.7
法国	94.7	94.7	2420.6	2330.1	0.5	1.6
德国	66.4	66.4	2966.5	2962.9	1.3	2.3
意大利	73.7	73.7	1134.5	1050	0.9	0.9
荷兰	63.1	63.1	1164.9	1163.1	0.3	
波兰	61.8	61.8	1229.8	1227.9	0.1	1.2
俄罗斯联邦	227.4	226.1	3213.6	3189.5	5.3	5.4
西班牙	84.2	84	754.4	635.7	2.8	3.4
土耳其	74	74	1360.6	1248	3	8.1
乌克兰	101.8	97.4	1124.9	1097.7	0.4	7.1
英国	63.2	61.9	1396	1396	6.7	0.6
澳大利亚	17.4	17.4	902.3	902.3	38.2	1.6
新西兰	6.4	6	1701.1	1701.1	16.6	1.3

4-45　每月实际平均工资

资料来源:联合国 ILO 数据库。

单位:本币

国家和地区	2000	2005	2006	2007	2008	2009
中　　国	832	1517	1713	1938	2164	2440
中国香港		10532	10739	10923	10479	10179
中国澳门	4076	4335	4345	4399	4362	4439
印　　度		6402	6426	6387	6918	
印度尼西亚	606802	914114	858706	849674	829508	
伊　　朗		1351832	1459676	1459927		
以 色 列	7235	7054	7034	7467	7383	
日　　本	322895	330800	329909	329610	323302	317147
哈萨克斯坦	20338	34060	37528	43581	43107	44478
韩　　国				2442521	2405520	2325341
马来西亚	1586	1858	1858	1917	1826	1851
蒙　　古	85218	101200	122314	153072	191327	197311
缅　　甸	9983	5744	13931	14139	15718	
巴基斯坦	3981		4627	4959	5076	
菲 律 宾		6380	6409	6347	6074	6132
新 加 坡	3164	3444	3520	3660	3622	3519
斯里兰卡	6562	6156	6224	5929	5658	
泰　　国	7757	7389	7503	7557	7899	7771
越　　南			951999		995220	
埃　　及	894	897	952	945		
南　　非			7312	7387	7388	7645
加 拿 大	3186	3195	3209	3278	3292	3336
墨 西 哥		4621	4762	4822	4694	4460
美　　国				2960	2927	2970
巴　　西		969	1007	1040	1075	1109
委内瑞拉	514343	560039	663980	706007	719405	
捷　　克		21674	22340	23326	23492	23540
法　　国	2410	2520	2532	2569	2637	
德　　国	2269	2210	2191	2177	2168	2160
意 大 利	1891	1921	1929	1931	1918	
荷　　兰	2088	2091				
波　　兰	2169	2361	2452	2581	2726	2779
俄罗斯联邦	4440	8555	9696	11369	12674	12236
西 班 牙	1562	1572	1590	1608	1623	1680
土 耳 其		1311	1345	1359	1362	1386
乌 克 兰	338	806	955	1098	1172	1067
英　　国	1650	1832	1864	1876	1890	1880
澳大利亚	3316	3497	3607	3788	3753	3830
新 西 兰	2854	3103	3094	3247	3250	3252

4-46 中国主要指标占世界的比重

资料来源:联合国 FAO 数据库、联合国统计司数据库、世界银行 WDI 数据库、国际货币基金组织数据库。
单位:%

指　标	1978	1980	1990	2000	2005	2010	2011
国土面积	7.2	7.2	7.2	7.2	7.2	7.2	7.2
人　口	22.3	22.1	21.4	20.6	20.1	19.4	19.3
国内生产总值	1.8	1.7	1.6	3.7	4.9	9.4	10.5
进出口贸易总额	0.8	0.9	1.7	3.6	6.7	9.7	9.9
出口额	0.8	0.9	1.8	3.9	7.3	10.3	10.4
进口额	0.8	1	1.5	3.4	6.1	9	9.5
外商直接投资		0.1	1.7	2.9	7.4	8.8	8.1
外汇储备				8.6	19	30.7	31.2
稻谷产量	36.4	36	37	31.7	28.7	28.3	28
小麦产量	12.1	12.5	16.6	17	15.5	17.6	16.7
玉米产量	14.2	15.8	20.1	17.9	19.6	21.1	21.8
大豆产量	10.1	9.8	10.2	9.6	7.6	5.7	5.6

4-47 中国主要指标居世界的位次

资料来源:联合国 FAO 数据库、联合国贸发会议数据库、世界贸易组织数据库、世界银行 WDI 数据库、国际货币基金组织数据库。

指　标	1978	1980	1990	2000	2005	2010	2011
国土面积	4	4	4	4	4	4	4
人　口	1	1	1	1	1	1	1
国内生产总值	10	11	11	6	5	2	2
人均国民总收入①	175(188)	177(188)	178(200)	141(207)	128(208)	120(215)	114(214)
进出口贸易总额	29	26	15	8	3	2	2
出口额	30	28	14	7	3	1	1
进口额	27	22	17	9	3	2	2
外商直接投资		60	12	9	4	2	2
外汇储备	38	37	7	2	2	1	1

注:①括号中所列为参加排序的国家和地区数。

4-48　中国工业主要产品产量居世界的位次

资料来源:联合国统计月报数据库、联合国 FAO 数据库。

项　目	1978	1980	1990	2000	2005	2009	2010	2011
粗　钢	5	5	4	2	1	1	1	1
煤	3	3	1	1	1	1	1	1
原　油	8	6	5	5	5	4	4	4
发电量	7	6	4	2	2	2	1	1
水　泥	4	4	1	1	1	1	1	1
化　肥	3	3	3	1	1	1	1	
棉　布	1	1	1	2	2	1	1	1

4-49　中国农业主要产品产量居世界的位次

资料来源: 联合国 FAO 数据库。

项　目	1978	1980	1990	2000	2005	2009	2010	2011
谷　物	2	1	1	1	1	1	1	1
肉　类①	3	3	1	1	1	1	1	1
籽　棉	3	2	1	1	1	1	1	1
大　豆	3	3	3	4	4	4	4	4
花　生	2	2	2	1	1	1	1	1
油菜籽	2	2	1	1	1	1	1	2
甘　蔗	7	9	4	3	3	3	3	3
茶　叶	2	2	2	2	1	1	1	1
水　果②	9	10	4	1	1	1	1	1

注:①1990 年以前为猪、牛、羊肉产量的位次。②不包括瓜类。

4-50 中央政府财政收入占国内生产总值比重

资料来源:世界银行 WDI 数据库。

单位:%

国家和地区	2000	2005	2007	2008	2009	2010
世　界		23	23.9	23.3	22.2	22.9
高收入国家		23.7	24.2	23.8	22.7	23
中等收入国家	14.5	18.5	22	20.3	18.9	
中　国	7.1	9.5	16.8	11.1	11.9	
中国香港		20	22.8	19.7	20.7	22.7
中国澳门	19.9	25.2	29.6	33.7	33.3	36.5
孟加拉国		10.3	10.3	11	11.1	
柬埔寨		9.7	11.2	12.5	11.1	12.2
印　度	11.6	12.1	14.2	12.5	11.4	11.7
印度尼西亚		17.5	17.6	19.5	15.4	15.1
伊　朗	23.4	36.5	34.8	32.2	31.9	
以色列	40.7	38.8	39.5	36.9	34.2	35.3
日　本		11.8	12.1	12.9	11.4	11.2
哈萨克斯坦	11.3	21.3	14	13.4	9.2	9.9
韩　国	22.3	21.8	24.2	24	23.1	22.7
老　挝			13.2	13.5	14.2	14.4
马来西亚	17.5	20.4	21.8	21.5	23.3	20.8
蒙　古	24.4		37.6	30.8	26.8	33.7
巴基斯坦	13.9	13	14.5	13.4	14	13.8
菲律宾	14.2	14.4	15.2	15.2	14	13.4
新加坡	26.2	18.5	19.6	22.3	19.4	17.7
斯里兰卡	16.8	15.5	15.8	14.9		
泰　国		21.1	19.5	20.1	18.6	20.3
埃　及		24.3	27.1	27.6	26.9	24.8
尼日利亚		9.4	8.1	9.7		
南　非	26.4	30.1	31.7	31	28.7	28.6
加拿大	20.9	19.1	19.1	18.1	17.9	17.2
美　国		18.6	19.3	17.9	16.4	17.1
巴　西	19.9	22.7	25.7	26.5	23.9	26.2
委内瑞拉	21.2	28.3				
捷　克	29.4	30.3	30.2	30.1	28.2	28.7
法　国	43.2	43.3	42.4	42.3	41.2	42.9
德　国	30.3	28.7	28.1	28.2	29.3	28.6
意大利	36.9	35.1	37.3	37.5	38.4	37.8
荷　兰	40.7	39.3	40.6	41.9	41	41.3
波　兰		31.9	32.7	31.9	30	30
俄罗斯联邦	24.6	30.3	31.3	33.7	25.5	26.7
西班牙	31.1	26.5	27.7	24.4	22.5	25.2
土耳其			25.8	22.6	21.8	24.5
乌克兰	26.8	35.1	34.3	35.8	34.6	34.3
英　国	37.1	36.9	37.2	38.8	35.7	36.2
澳大利亚	25.8	27	26.3	26.4	24.6	23.6
新西兰		36.7	36.1	37.1	36.4	33.1

4-51 主要农产品产量

资料来源:联合国 FAO 数据库。

单位:万吨

国家和地区	谷物		国家和地区	稻谷	
	2000	2010		2000	2010
世界	206019.7	245766.2	世界	59935.6	69632.4
中国	40733.7	49773.5	中国	18981.4	19721.2
美国	34262.8	40167	印度	12746.5	14396.3
印度	23493.1	26016.3	印度尼西亚	5189.8	6646.9
印度尼西亚	6157.5	8479.7	孟加拉国	3762.8	5006.1
巴西	4589.3	7519.2	越南	3253	3998.9
法国	6569.9	6828.5	缅甸	2132.4	3320.5
俄罗斯联邦	6432.6	5962.4	泰国	2584.4	3159.7
孟加拉国	3950.3	5187.5	菲律宾	1238.9	1577.2
阿根廷	3875.6	4620.4	巴西	1109	1123.6
加拿大	5109	4541	美国	865.8	1102.7
越南	3453.7	4459.8	日本	1186.3	1060
德国	4527.1	4431.4	柬埔寨	402.6	824.5
乌克兰	2380.7	3867.9	巴基斯坦	720.4	723.5
泰国	3052.9	3636.9	韩国	719.7	613.6
缅甸	2196.1	3504.8	马达加斯加	248.1	473.8
墨西哥	2799.1	3492.3	埃及	600.1	433
巴基斯坦	3046.1	3481.1	斯里兰卡	286	430.1
澳大利亚	3444.7	3350.6	尼泊尔	421.7	402.4
土耳其	3224.9	3274.1	尼日利亚	329.8	321.9
波兰	2234.1	2712	老挝	220.2	307.1
伊朗	1287.4	2227.2	秘鲁	189.2	283.1
菲律宾	1690.1	2214.9	马来西亚	214.1	254.8
英国	2398.9	2094.6	朝鲜	169	242.6
埃及	2010.6	1954.1	哥伦比亚	269.4	241.2
尼日利亚	2137	1952.9	马里	74.3	230.8
西班牙	2455.6	1933.5	伊朗	197.2	228.8
意大利	2066.1	1882.5	厄瓜多尔	124.7	170.6
罗马尼亚	1049.9	1671.3	意大利	123	151.6
埃塞俄比亚	802	1548.4	几内亚	114.1	149.9
南非	1452.7	1469.9	委内瑞拉	67.7	125
匈牙利	1003.6	1230.4	阿根廷	90.4	124.1
哈萨克斯坦	1154	1211.6	乌拉圭	120.9	114.9
日本	1279.6	1136.3	坦桑尼亚	78.2	110.5
塞尔维亚		929.1	俄罗斯联邦	58.6	106.1
柬埔寨	418.3	901.9	塞拉利昂	19.9	102.7
丹麦	941.3	877.2	西班牙	82.7	92.6
摩洛哥	199.6	783.4	土耳其	35	86
尼泊尔	711.6	776.3	科特迪瓦	62.2	72.3
乌兹别克斯坦	391.4	741.6	阿富汗	26	67.2
保加利亚	438.7	702.7	塞内加尔	20.2	60.4
坦桑尼亚	362.3	698.6	多米尼加	58.1	56.7
捷克	646	688.4	圭亚那	44.9	55.6
白俄罗斯	456.5	672.6	加纳	24.9	49.2
马里	231	641.8	古巴	55.3	45.4
韩国	750.1	634.5	尼加拉瓜	29	45.4

4-51 续表 1

资料来源:联合国 FAO 数据库。
单位:万吨

国家和地区	小麦		国家和地区	玉米	
	2000	2010		2000	2010
世　　界	58569	65365.5	世　　界	59247.9	84030.8
中　　国	9963.6	11518.1	美　　国	25185.2	31616.5
印　　度	7636.9	8080	中　　国	10617.8	17754.1
美　　国	6063.9	6006.2	巴　　西	3187.9	5539.5
俄罗斯联邦	3445.6	4150.8	墨西哥	1755.7	2330.2
法　　国	3735.3	4078.7	阿根廷	1678.1	2267.7
德　　国	2162.2	2410.7	印度尼西亚	967.7	1832.8
巴基斯坦	2107.9	2331.1	印　　度	1204.3	1406
加拿大	2653.6	2316.7	法　　国	1601.8	1397.5
澳大利亚	2210.8	2213.8	南　　非	1143.1	1281.5
土耳其	2100.9	1966	乌克兰	384.8	1195.3
乌克兰	1019.7	1685.1	加拿大	695.4	1171.5
伊　　朗	808.8	1502.9	罗马尼亚	489.8	904.2
阿根廷	1614.7	1491.5	意大利	1013.8	882.8
英　　国	1670.4	1487.8	尼日利亚	410.7	730.6
哈萨克斯坦	907.4	963.8	塞尔维亚		720.7
波　　兰	850.3	948.8	埃　　及	647.5	718.3
埃　　及	656.4	716.9	匈牙利	498.4	696.7
意大利	746.4	685	菲律宾	451.1	637.7
乌兹别克斯坦	353.2	673	坦桑尼亚	196.5	473.6
巴　　西	166.2	617.1	越　　南	200.6	460.7
罗马尼亚	445.6	581.2	泰　　国	447.3	445.5
西班牙	729.4	561.1	土耳其	230	431
丹　　麦	469.3	506	德　　国	332.4	407.3
摩洛哥	138.1	487.6	埃塞俄比亚	268.3	389.7
阿富汗	146.9	453.2	巴基斯坦	164.3	370.7
捷　　克	408.4	416.2	马拉维	250.1	341.9
保加利亚	278.1	399.5	肯尼亚	216	322.2
匈牙利	369.3	376.4	西班牙	399.2	317.9
墨西哥	349.3	367.7	巴拉圭	64.7	310.9
阿尔及利亚	76	310	俄罗斯联邦	153	308.4
叙利亚	310.6	308.3	赞比亚	104	279.6
埃塞俄比亚	123.5	307.6	奥地利	185.2	216.9
土库曼斯坦	169	300	委内瑞拉	169	214.5
伊拉克	38.4	274.9	克罗地亚	152.6	206.8
瑞　　典	237.2	218.4	保加利亚	80.4	204.4
比利时	168.8	185	莫桑比克	118	187.8
白俄罗斯	96.6	173.9	加　　纳	101.3	187.2
立陶宛	123.8	170.8	尼泊尔	141.5	185.5
塞尔维亚		163	伊　　朗	112	173.6
希　　腊	232.6	160	希　　腊	209.4	172
尼泊尔	118.4	155.7	波　　兰	92.3	171.6
智　　利	149.3	152.4	朝　　鲜	104.1	168.3
奥地利	131.3	151.8	喀麦隆	74.1	167.4

4-51　续表 2

资料来源：联合国 FAO 数据库。
单位：万吨

国家和地区	大豆		国家和地区	根茎类作物	
	2000	2010		2000	2010
世　界	**16129.1**	**26499.2**	世　界	**69937.6**	**72998.4**
美　国	7505.4	9060.6	中　国	18987.8	16244.6
巴　西	3273.5	6875.6	尼日利亚	6516.4	7285
阿根廷	2013.6	5267.6	印　度	3212.5	4573.2
中　国	1541.2	1508.3	巴　西	2663.2	2879.9
印　度	527.6	1273.6	印度尼西亚	1926.9	2751
巴拉圭	298	746	泰　国	1937	2245.5
加拿大	270.3	434.5	俄罗斯联邦	3398	2114.1
玻利维亚	119.7	191.7	加　纳	1318.7	2094
乌拉圭	0.7	181.7	美　国	2392.2	1942.1
乌克兰	6.4	168	乌克兰	1983.8	1870.5
俄罗斯联邦	34.2	122.2	刚果(金)	1652.8	1636.8
印度尼西亚	101.8	90.7	安哥拉	468.4	1568.7
南　非	15.4	56.6	越　南	391.4	1028.5
意大利	90.4	55.3	德　国	1369.4	1020.2
塞尔维亚		54.1	乌干达	784.2	881.5
尼日利亚	42.9	39.4	波　兰	2423.2	876.6
朝　鲜	35	35	孟加拉国	331.1	823.7
越　南	14.9	29.7	白俄罗斯	871.8	783.1
日　本	23.5	22.3	科特迪瓦	667.9	782.9
缅　甸	9.7	20	马拉维	483.2	767.5
泰　国	31.2	17.7	法　国	643.4	721.6
乌干达	12	17.5	埃塞俄比亚	471.3	715.8
墨西哥	10.2	16.8	荷　兰	822.7	684.4
伊　朗	14.2	16.3	莫桑比克	587.8	673.9
柬埔寨	2.8	15.7	坦桑尼亚	590.9	655.4
克罗地亚	6.5	15.4	贝　宁	416.1	606.5
罗马尼亚	7	15	英　国	663.6	605.6
法　国	20.1	14	秘　鲁	470.3	563.4
哈萨克斯坦	0.4	11.4	喀麦隆	354.6	533.6
摩尔多瓦	1.2	11.1	卢旺达	290.8	521.3
韩　国	11.3	10.5	哥伦比亚	351.5	498.1
奥地利	3.3	9.5	土耳其	537	454.9
土耳其	4.5	8.7	马达加斯加	345.3	442.3
匈牙利	3.1	8.5	加拿大	456.7	442.2
马拉维		7.3	柬埔寨	20.2	437
厄瓜多尔	9.4	7	埃　及	206.6	413.8
孟加拉国		7	伊　朗	365.8	405.5
澳大利亚	10.5	6	日　本	447.9	370
津巴布韦	14.4	5.7	巴基斯坦	230.1	357
卢旺达	1.4	5.7	比利时	292.2	345.6
哥伦比亚	3.9	5.4	阿尔及利亚	120.8	329
埃　及	1.1	4.3	罗马尼亚	347	328.4
委内瑞拉	0.5	4	菲律宾	252.1	293.4

4-51 续表3

资料来源:联合国FAO数据库。
单位:万吨

国家和地区	花生		国家和地区	油菜籽	
	2000	2010		2000	2010
世　　界	**3472.8**	**3795.4**	世　　界	**3951.8**	**5907.1**
中　　国	1451.6	1570.9	中　　国	1138.1	1308.2
印　　度	648	564	加 拿 大	720.5	1186.6
尼日利亚	290.1	263.6	印　　度	578.8	641
美　　国	148.1	188.6	德　　国	358.6	569.8
缅　　甸	63.4	134.1	法　　国	347.7	481.6
塞内加尔	106.2	128.7	英　　国	115.7	223
印度尼西亚	129.2	77.9	澳大利亚	177.5	218.1
苏　　丹	94.7	76.3	波　　兰	95.8	207.8
阿 根 廷	42	61.1	乌 克 兰	13.2	147
加　　纳	20.9	53.1	美　　国	90.9	111.4
越　　南	35.5	48.6	捷　　克	84.4	104.2
喀 麦 隆	19.7	46	罗马尼亚	7.6	94.3
尼 日 尔	11.3	40.6	俄罗斯联邦	14.8	67
乍　　得	35.9	39.4	丹　　麦	29.4	58
刚果(金)	38.2	37.1	保加利亚	2	54.5
布基纳法索	16.9	34	匈 牙 利	17.9	53.1
马　　里	19.3	31.5	立 陶 宛	8.1	41.5
坦桑尼亚	5.2	30	伊　　朗	…	38
马 拉 维	12.2	29.8	白俄罗斯	7.3	37.5
几 内 亚	20	29.2	斯洛伐克	13.4	32.3
巴　　西	18.5	26.2	瑞　　典	12.2	27.9
埃　　及	18.7	20.3	拉脱维亚	1	22.6
尼加拉瓜	9.7	18	孟加拉国	24.9	22.2
乌 干 达	13.9	17.2	芬　　兰	7.1	17.9
赞 比 亚	5.2	16.4	奥 地 利	12.5	17.1
中　　非	10.5	14	巴基斯坦	29.7	16.2
冈 比 亚	13.8	13.8	爱沙尼亚	3.9	13.1
贝　　宁	12.1	11.7	哈萨克斯坦	0.3	10.9
安 哥 拉	1.3	11.5	土 耳 其	…	10.7
津巴布韦	19.1	10.6	巴 拉 圭	…	8.8
肯 尼 亚	3	9.9	瑞　　士	3.9	6.8
土 耳 其	7.8	9.7	意 大 利	4.1	5
塞拉利昂	1.5	9.4	智　　利	4.8	4.4
科特迪瓦	7.2	9	阿尔及利亚	2.9	4.3
南　　非	13.6	8.8	巴　　西	4.1	4.2
墨 西 哥	14.2	8.2	比 利 时	1.4	4.2
莫桑比克	12.4	7	埃塞俄比亚	1.4	4
几内亚比绍	2	7	摩尔多瓦	0.1	3.7
巴基斯坦	9.1	6.8	西 班 牙	5	3.6
孟加拉国	3.2	5.4	乌 拉 圭	…	3.4
老　　挝	1.3	5.1	克罗地亚	2.9	3.3
摩 洛 哥	3.9	5	南　　非	…	3.3
多　　哥	2.6	4.7	塞尔维亚		2.4

4-51　续表 4

资料来源：联合国 FAO 数据库。
单位：万吨

国家和地区	芝麻		国家和地区	籽棉	
	2000	2010		2000	2010
世　　界	278.8	383.6	世　　界	5310.4	6829.9
缅　　甸	29.6	72.3	中　　国	1325.1	1791
印　　度	51.8	62.3	印　　度	512.8	1779.7
中　　国	81.2	58.8	美　　国	958.1	947.4
埃塞俄比亚	1.6	31.4	巴基斯坦	547.6	570
苏　　丹	28.2	24.8	乌兹别克斯坦	300.2	344.3
乌 干 达	9.7	17	巴　　西	201	293.1
尼日利亚	7.2	11.6	土 耳 其	226.1	127.3
布基纳法索	0.7	9.1	土库曼斯坦	103	100
尼 日 尔	1.4	8.6	澳大利亚	178.7	93.9
索 马 里	2.3	7.1	阿 根 廷	41.8	75.4
中　　非	3.7	5	希　　腊	129.7	70
坦桑尼亚	3.9	4.8	叙 利 亚	108.2	62.8
泰　　国	3.9	4.8	布基纳法索	21.3	53
埃　　及	3.7	4.6	尼日利亚	39.9	48.6
莫桑比克	0.5	4.6	墨 西 哥	22.4	44.1
孟加拉国	2.2	4.5	埃　　及	55.4	37.8
巴 拉 圭	0.8	4	坦桑尼亚	12.3	31.5
墨 西 哥	4.1	3.8	塔吉克斯坦	33.5	31.1
乍　　得	3.3	3.5	马　　里	24.3	26.1
阿 富 汗	2.3	3.2	哈萨克斯坦	28.7	24
巴基斯坦	5.1	3.1	伊　　朗	49.7	23.2
柬 埔 寨	1	3	贝　　宁	34	22.5
伊　　朗	2.7	2.8	缅　　甸	17.6	20
危地马拉	1.9	2.8	喀 麦 隆	20.4	19
也　　门	1.8	2.6	科特迪瓦	40.2	18.8
越　　南	1.7	2.5	莫桑比克	3.5	17.5
委内瑞拉	3.3	2.4	苏　　丹	14.7	13.6
土 耳 其	2.4	2.4	津巴布韦	32.7	11.5
斯里兰卡	0.5	1.7	玻利维亚	4.5	10.7
巴　　西	1.5	1.6	赞 比 亚	6.2	10.7
乌兹别克斯坦	2	1.6	乌 干 达	7.6	8.2
肯 尼 亚	1	1.4	西 班 牙	29.5	8.1
马　　里	0.4	1.3	乍　　得	18	7.6
韩　　国	3.2	1.3	吉尔吉斯斯坦	8.8	7.4
贝　　宁	1	1	埃塞俄比亚	4.6	7
老　　挝	0.5	0.9	秘　　鲁	15.4	6.4
伊 拉 克	1.4	0.6	阿 富 汗	5.7	5.4
塞内加尔	0.1	0.5	孟加拉国	4.1	4.7
刚果(金)	0.5	0.5	伊 拉 克	3.3	4.5
叙 利 亚	0.4	0.5	几 内 亚	6.6	4
塞拉利昂	0.1	0.4	阿塞拜疆	9.2	3.8
沙特阿拉伯	0.3	0.4	哥伦比亚	11.1	3.6
尼加拉瓜	0.4	0.4	印度尼西亚	2.8	3.4

4-51 续表5

资料来源:联合国FAO数据库。
单位:万吨

国家和地区	甘蔗		国家和地区	甜菜	
	2000	2010		2000	2010
世　　界	125749.9	168544.5	世　　界	25010.2	22845.2
巴　　西	32770.5	71915.7	法　　国	3112.1	3191
印　　度	29932.4	27775	美　　国	3254.1	2894
中　　国	6929.9	11145.4	德　　国	2787	2385.8
泰　　国	5405.2	6880.8	俄罗斯联邦	1405.4	2225.6
墨西哥	4410	5042.2	土耳其	1882.1	1794.2
巴基斯坦	4633.3	4937.3	乌克兰	1319.9	1374.9
菲律宾	2449.1	3400	波　　兰	1313.4	982.3
澳大利亚	3816.5	3145.7	中　　国	807.4	929.6
阿根廷	1840	2900	埃　　及	289	784
印度尼西亚	2390	2650	英　　国	907.9	648.4
美　　国	3611.4	2482.1	荷　　兰	679.8	528
哥伦比亚	3500	2027.3	比利时	615.2	446.5
危地马拉	1655.2	1839.2	伊　　朗	433.2	389.7
南　　非	2387.6	1601.6	白俄罗斯	147.4	377
越　　南	1504.4	1594.7	意大利	1237	355
埃　　及	1570.6	1570.9	西班牙	793	339.9
古　　巴	3640	1130	塞尔维亚		332.5
缅　　甸	580.1	971.5	奥地利	256	313.2
秘　　鲁	753.5	966.1	日　　本	367.3	309
委内瑞拉	883.2	950	捷　　克	280.9	306.5
厄瓜多尔	540.2	834.7	摩洛哥	288.3	243.6
洪都拉斯	397.4	781.9	丹　　麦	334.5	235.6
苏　　丹	498.2	752.7	瑞　　典	260.2	197.4
玻利维亚	360.2	743.8	叙利亚	117.5	149.3
肯尼亚	394.2	571	智　　利	309.3	142
伊　　朗	236.7	568.5	瑞　　士	140.9	130.2
孟加拉国	691	530.4	克罗地亚	48.2	124.9
巴拉圭	224.5	513.1	斯洛伐克	96.2	97.8
萨尔瓦多	514	512.7	罗马尼亚	66.7	83.8
斯威士兰	388.5	500	摩尔多瓦	94.4	83.8
尼加拉瓜	352.4	489.4	匈牙利	197.6	81.9
多米尼加	451.1	478.1	希　　腊	303.3	76.2
毛里求斯	511	436.6	立陶宛	88.2	72.3
赞比亚	160	405	芬　　兰	104.6	54.2
哥斯达黎加	380	373.5	加拿大	82.1	50.8
津巴布韦	422.8	310	阿塞拜疆	4.7	25.2
马达加斯加	218.9	300	土库曼斯坦	23	23.4
莫桑比克	39.7	280	哈萨克斯坦	27.3	15.2
圭亚那	271	276.6	吉尔吉斯斯坦	45	13.9
坦桑尼亚	135.5	275	葡萄牙	46.2	13.7
尼泊尔	210.3	259.3	巴基斯坦	15.9	5.3
马拉维	210	250	阿尔巴尼亚	4.2	4
乌干达	147.6	240	黎巴嫩	34.2	3.7
埃塞俄比亚	217.7	240	委内瑞拉	1.7	2.1
牙买加	202.5	196.8	哥伦比亚	1.2	1.9
留尼汪	184.5	193	伊拉克	0.8	1.8

4–51 续表6

资料来源:联合国FAO数据库。

单位:万吨

国家和地区	茶叶		国家和地区	水果(不包括瓜类)	
	2000	2010		2000	2010
世　界	**298.7**	**451.8**	世　界	**47434.6**	**60921.4**
中　国	70.4	146.8	中　国	6450.3	12218.5
印　度	82.6	99.1	印　度	4300.1	8479.1
肯尼亚	23.6	39.9	巴　西	3698.7	3928.7
斯里兰卡	30.6	28.2	美　国	3280.5	2538.4
土耳其	13.9	23.5	意大利	1799	1690.8
越　南	7	19.9	菲律宾	1075.1	1618.2
伊　朗	5	16.6	墨西哥	1330.7	1525.6
印度尼西亚	16.3	15	西班牙	1611.6	1518.4
阿根廷	7.4	8.9	印度尼西亚	841.3	1486.8
日　本	8.5	8.5	土耳其	1086.1	1394.6
泰　国	3.2	6.7	伊　朗	1228.8	1212.6
马拉维	4.2	6.7	乌干达	1009.1	1020.4
孟加拉国	4.6	6	尼日利亚	928.3	998
乌干达	2.9	4.1	埃　及	696.6	958.1
坦桑尼亚	2.4	3.6	厄瓜多尔	767.1	929.2
缅　甸	1.9	3.2	法　国	1126.5	869.2
卢旺达	1.5	2.5	泰　国	869.7	855.9
津巴布韦	2.2	2.1	哥伦比亚	685.1	799
巴　西	0.8	1.8	阿根廷	717.4	744.6
尼泊尔	0.5	1.7	巴基斯坦	518.6	650.7
莫桑比克	1.1	1.6	越　南	436.3	601.4
马来西亚	0.6	0.9	南　非	511.1	591.4
布隆迪	0.7	0.8	智　利	389	567.4
巴布亚新几内亚	0.6	0.7	秘　鲁	318.7	481.6
埃塞俄比亚	0.4	0.5	哥斯达黎加	381.1	462
喀麦隆	0.4	0.4	加　纳	239.1	436.4
格鲁吉亚	2.4	0.4	坦桑尼亚	185.4	431
秘　鲁	0.6	0.3	孟加拉国	136.1	395.5
刚果(金)	0.2	0.3	危地马拉	197.3	395.2
厄瓜多尔	0.1	0.3	喀麦隆	199.4	387.9
毛里求斯	0.1	0.2	阿尔及利亚	142.8	353.6
南　非	1.3	0.1	澳大利亚	308.4	331.3
韩　国	0.1	0.1	摩洛哥	268.1	329.2
玻利维亚	0.1	0.1	希　腊	415.2	323
赞比亚	0.1	0.1	卢旺达	230.4	294.1
留尼汪	0.1	0.1	肯尼亚	214.8	293.3
马达加斯加	0.1	0.1	日　本	382.1	289.9
危地马拉	0.1	0.1	波　兰	224.7	277.4
老　挝	…	0.1	韩　国	262.6	273.4
阿塞拜疆	0.1	0.1	乌兹别克斯坦	141.5	269.8
俄罗斯联邦	0.2	…	刚果(金)	242.7	254.1
巴拿马	…	…	俄罗斯联邦	340.2	246.2
哥伦比亚	…	…	巴布亚新几内亚	166.6	242.2
马　里	…	…	委内瑞拉	319	230.2
葡萄牙	…	…	德　国	529.1	220.1
塞舌尔	…	…	多米尼加	103.2	219.6

4-52 主要农作物收获面积(2010年)

资料来源:联合国FAO数据库。
单位:千公顷

国家和地区	谷物				大豆	根茎类作物
		稻谷	小麦	玉米		
世　界	688147.7	159416.5	217219.4	161765.4	102556.3	52526.6
中　国	90132.1	30117.3	24256.1	32517.9	8516.1	9135
孟加拉国	12249.1	11700	376.3	152	40.7	466.1
文　莱	1.8	1.8				0.7
柬埔寨	3106.8	2776.5		330.3	101.8	217
印　度	97760	42560	28460	7180	9550	2186.1
印度尼西亚	17385.2	13253.5		4131.7	660.8	1512.1
伊　朗	9440.3	563.5	7035	240.2	76.1	146.3
以色列	79.1		64.2	3		22.8
日　本	1941.8	1628	206.9	0.1	137.7	147.3
哈萨克斯坦	15068.4	94	13138	95.6	61.6	178.7
朝　鲜	1268.2	570	73	503	300	164
韩　国	970.4	892.1	12.5	15.5	71.4	44.1
老　挝	1067.9	855.1		212.7	7.2	48.6
马来西亚	680.1	673.7		6.4		54.2
蒙　古	259.1		250.2			13.8
缅　甸	8957.4	8051.7	95.4	343.5	165	73
巴基斯坦	13331.7	2365	9131.6	974	0.1	165.1
菲律宾	6853.3	4354.2		2499	0.6	365.7
斯里兰卡	1124.7	1060.4		57.6	4.5	33.2
泰　国	12317.4	10990.1	1.1	1121.8	106.3	1201.1
越　南	8641.7	7513.7		1126.4	197.8	684.3
埃　及	2967.1	459.5	1287.6	968.5	15.2	157.7
尼日利亚	13808.9	1788.2	37.2	3335.9	281.3	7556.5
南　非	3546.3	1.1	558.1	2742	311.5	81.5
加拿大	13011.8		8268.7	1202.9	1476.8	139.9
墨西哥	9980	47.7	678.6	7148.1	153.5	66.1
美　国	57483.1	1463	19270.9	32960.4	31003.3	455.4
阿根廷	9358.1	215.1	4373.4	2902.8	18130.8	111.7
巴　西	18605	2722.5	2181.6	12683.4	23327.3	1991.6
委内瑞拉	1147	250	0.8	650	25	78.8
白俄罗斯	2390.3		602.8	111.7		366.8
捷　克	1467.3		833.6	105.3	9.5	27.1
法　国	9769.1	23.8	5931	1571	51	167.6
德　国	6595.9		3297.7	463.6	1	255.2
意大利	3459.8	247.7	1830.5	926	159.5	62.9
荷　兰	210.4		153.7	16.7		157
波　兰	8423.6		2406.1	298.7	0.2	490.9
俄罗斯联邦	32331	200.9	21639.8	1025.2	1036.3	2109.1
西班牙	5984.2	122.5	1907.3	320.3	0.7	79
土耳其	12005.1	99	8053.7	593.6	23.5	141.2
乌克兰	14184.5	29.3	6284.1	2647.6	1036.7	1411.9
英　国	3012.5		1939			138
澳大利亚	19476.3	18.9	13507	59	31.3	38.3
新西兰	135.5		54.8	17.5		13.9

4–52　续表 1

资料来源:联合国 FAO 数据库。
单位:千公顷

国家和地区	花生	油菜籽	籽棉	黄麻及黄麻类纤维	甘蔗	甜菜	茶叶	水果（不包括瓜类）
世　界	24011.5	31640.8	32009	1483.6	23877.4	4698.3	3130.6	55210.4
中　国	4547.9	7370	4849	19	1695.2	219	1419.5	11318.7
孟加拉国	33.6	242.1	14	470.3	121		59.5	516.5
文　莱								1.3
柬埔寨	20		0.2	0.6	17.1			49.4
印　度	4930	5530	11000	880	4170		583	6408.2
印度尼西亚	620.6		14	2.6	336		124.6	651
伊　朗	1.4	160	91	…	68.4	99.5	19.5	1083
以色列	2.8		3.9			…		59.2
日　本	7.7	0.8		…	23.2	62.6	46.8	191.1
哈萨克斯坦	0.1	304.6	134			8.8		56.8
朝　鲜			19					215.6
韩　国	5.4	1.5	…				1.2	170
老　挝	23.6		2.2		15.4		2.4	26.6
马来西亚	0.2				13		1.9	92.7
蒙　古								1.1
缅　甸	866.5		300	17	157		76.8	392.6
巴基斯坦	82.9	190.4	2689	1.7	942.9	1.3		718.3
菲律宾	27.1		0.1		362.8			1155.9
斯里兰卡	9.5		…		14.9		218.3	111.8
泰　国	28.4		7.2	3.1	978		19.5	858.6
越　南	231.3		9.1	3.8	266.3		113.2	487.2
埃　及	66.8		155	1.5	134.5	134.5		477.1
尼日利亚	2636.2		373.8	1	73.1			1720.1
南　非	57.5	34.8	6	1.1	267		1	278.3
加拿大		6514.4				11.3		77
墨西哥	52.6	3	112.9		703.9	…		1212.5
美　国	507.9	579.9	4329.7		355.1	467.9		1144.8
阿根廷	218.8	11.5	440.9		350		37.2	491.5
巴　西	94.3	31	829.8	11.2	9076.7		2.4	2379.5
委内瑞拉	0.4		14		118	1.1		170
白俄罗斯		307				95.5		90.9
捷　克		368.8				56.4		38.6
法　国		1465.2				383.5		902.8
德　国		1461.2				367		175.6
意大利		20.4				62.7		1277.3
荷　兰		2.6				70.6		21.5
波　兰		769.3				199.9		411.7
俄罗斯联邦		607.4		11.8		923.8	1.4	464.3
西班牙	…	19.6	62.9	…	…	44.3		1562.2
土耳其	27.4	31.2	480.4			328.7	75.9	1092.6
乌克兰		862.5				492		279.9
英　国		642				118		29.6
澳大利亚	10.1	1729.1	208.3		405			290
新西兰		2.5						67.1

4-53 资本形成率

资料来源:世界银行 WDI 数据库。
单位:%

国家和地区	1990	2000	2005	2009	2010	2011
世　界	23.4	22.3	21.8	19.1	19.9	
高收入国家	22.9	22	20.8	17.3	18.1	
经合组织高收入国家	22.9	22	20.8	17.2	17.9	
非经合组织高收入国家	23.1	23.9	20.8	21.1	22.2	
中等收入国家	26.2	23.9	27	28.4	29.4	29.7
中等偏下收入国家	24.7	22.2	27.7	28.8	28.5	28.7
中等偏上收入国家	26.6	24.4	26.8	28.3	29.7	29.9
中低收入国家	25.9	23.8	26.8	28.2	29.3	29.5
东亚和太平洋	34.6	31.4	37.4	40.9	41.9	43.1
欧洲和中亚	28.1	19.7	21.7	19.6	22.8	23.9
拉丁美洲和加勒比	19.4	19.9	20.2	20.5	22.1	21.9
中东和北非国家	28.6	24.4	24.8			
南　亚	24.3	23.6	31.9	33.1	31.8	32.2
撒哈拉以南非洲	17.9	17.1	19.1	20.8	20.5	21.1
低收入国家	17.6	19	21.7	23.4	23.2	24.1
最不发达地区	16.3	19.4	23.1	24.1	23.5	24.9
重债穷国	15.5	18.4	21.9	22.5	22.5	23.1
中　国	36.1	35.1	42.1	48.2	48.2	48.5
中国香港	27	27.5	20.6	21.3	23.7	
中国澳门	25	11.6	26.5	18.9	13.3	13.2
孟加拉国	17.1	23	24.5	24.4	24.4	24.7
文　莱	18.7	13.1	11.4	17.6	15.9	
柬埔寨		17.5	18.5	21.4	17.4	
印　度	26	24.4	34.7	36.6	35.1	35.5
伊　朗	37.2	33	32.7			
以色列	25.1	20.5	18.9	16.7	16	14.6
日　本	32.5	25.1	22.5	19.7	19.8	
哈萨克斯坦		18.5	30.1	29.4	25.1	23.9
韩　国	37.5	30.6	29.7	26.3	29.1	
老　挝		13.9	23.1	30.3	24.3	27.4

4-53　续表 1

资料来源:世界银行 WDI 数据库。
单位:%

国家和地区	1990	2000	2005	2009	2010	2011
马来西亚	32.4	26.9	20	14.5	21.4	
蒙　古	29.1	29	37.5	34.4	40.8	58.5
巴基斯坦	18.9	17.2	19.1	18.2	15.4	13.4
菲律宾	24.2	18.4	21.6	16.6	20.5	15.9
新加坡	35.1	33.2	20	23.3	22.1	22.4
斯里兰卡	22.2	28	26.8	24.4	27.8	36.5
泰　国	41.4	22.8	31.4	21.2	25.9	26
越　南	12.6	29.6	35.6	38.1	38.9	35
埃　及	28.8	19.6	18	19.2	18.9	19.7
南　非	17.7	15.9	18	19.5	19.3	19.7
加拿大	20.9	20.2	22.1	20.9	22.2	
墨西哥	23.1	23.9	23.7	23.4	25	25.1
美　国	17.7	20.6	19.9	14.1	15.2	
阿根廷	14	16.2	21.5	20.9	22	22.6
巴　西	20.2	18.3	16.2	17.8	20.2	19.7
委内瑞拉	10.2	24.2	23	24.5	20.7	17
捷　克	23.8	29.9	26.5	24	25.1	24.5
法　国	21.7	19.9	20	19	19.3	20.6
德　国	23.2	22.3	17.3	16.5	17.3	18.2
意大利	22.6	20.8	20.9	18.9	20.3	19.6
荷　兰	23.5	22	19	18.7	18.7	18.9
波　兰	24.3	24.9	19.3	20.4	20.9	
俄罗斯联邦	30.1	18.7	20.1	18.9	22.7	24.6
西班牙	26.1	26.3	29.5	24.4	23.3	22.1
土耳其	24.6	20.8	20	14.9	20	21
乌克兰	27.5	19.6	22.6	17.1	19.6	18.8
英　国	20.2	17.7	17	14.2	15.4	14.9
澳大利亚	28.5	26.1	27.2	28.3	28	27.5
新西兰	19.8	21.3	24.7	18.9	19.6	

4-54 资本形成总额、消费支出及净出口对国内生产总值增长的贡献率

资料来源:世界银行数据库。
单位:%

国家和地区	资本形成总额		消费支出		净出口	
	2000	2011	2000	2011	2000	2011
中　　国	22.4	48.8	65.1	55.5	12.5	-4.3
中国香港		35.6①		59.4①		5.0①
中国澳门	-172.1	9.7	-73.7	14.8	345.9	75.5
文　　莱	-122.5	25.6①	-0.5	-63.0①	223	137.4①
印度尼西亚	46.9	32.9	20.3	40.8	32.7	26.3
伊　　朗	37.5		74.7		-12.2	
以 色 列		86.6		56.6		-43.2
日　　本		62.7②		5.0②		32.4②
哈萨克斯坦	33.7	29.2	47.3	96.3	19	-25.5
韩　　国	51.8③	51.6①	35.8③	46.0①	12.4③	2.4①
马来西亚	195.8	99.1①	158.6	49.5①	-254.5	-48.6①
巴基斯坦		35.4④		127.1④		-62.5④
菲 律 宾		70.3①		37.1①		-7.4①
新 加 坡	81.9	43.1	82.1	32.9	-64	24
泰　　国	52.5	10.6	72.1	64.2	-24.6	25.3
埃　　及		30		47.4		22.5
南　　非	10.2		66.7		23.1	
加 拿 大	28.4	48.7④	53.1	439.4④	18.5	-388.1④
墨 西 哥	16.1③		88.3③		-4.4③	
阿 根 廷		46.8①		75.4①		-22.2①
巴　　西		64.0④		94.4④		-58.4④
委内瑞拉	49.8		84.1		-33.9	
捷　　克		-17.2		-22.4		139.6
法　　国	46.6		64.4		-11	
德　　国	50.7⑤	45	88.5⑤	32.9	-39.2⑤	22.1
意 大 利	33.2	64.5②	52.6	13.7②	14.2	21.9②
荷　　兰	7.2	92.5	58.7	-35.7	34.2	43.2
俄罗斯联邦	85.8	-911.1①	36.2	-366.1①	-22	1377.2①
西 班 牙	55.2⑤		72.6⑤		-27.8⑤	
土 耳 其	68.5⑤	93.3①	-13.9⑤	55.2①	45.4⑤	-48.5①
英　　国	50.4③		85.2③		-35.6③	
澳大利亚	22	94	68.6	160.9	9.4	-154.9
新 西 兰	-6.1	95.6①	21.9	103.5①	84.1	-99.1①

注:①2010 年数据。②2009 年数据。③1998 年数据。④2008 年数据。⑤1999 年数据。

第五部分

主要指标解释

主要指标解释

地区生产总值(原国内生产总值)　是指一个地区所有常住单位在一定时期内生产活动的最终成果。地区生产总值有三种表现形态,即价值形态、收入形态和产品形态。从价值形态看,它是所有常住单位在一定时期内所生产的全部货物和服务价值超过同期投入的全部非固定资产货物和服务价值的差额,即所有常住单位的增加值之和;从收入形态看,它是所有常住单位在一定时期内所创造并分配给常住单位和非常住单位的初次分配收入之和;从产品形态看,它是最终使用的货物和服务减去进口货物和服务。在核算中,地区生产总值的三种表现形态表现为三种计算方法,即生产法、收入法和支出法。三种方法分别从不同的方面反映地区生产总值及其构成。根据国家统计局有关我国 GDP 核算和数据发布制度的规定,广西国内生产总值自 2004 年起更名为"广西生产总值",简称"广西 GDP"。

三次产业　是根据社会生产活动历史发展的顺序对产业结构的划分,产品直接取自然界的部门称为第一产业,对初级产品进行再加工的部门称为第二产业,为生产和消费提供各种服务的部门称为第三产业。

我国的三次产业划分是:

第一产业:农业(包括种植业、林业、牧业和渔业)。

第二产业:工业(包括采掘业,制造业,电力、煤气及水的生产和供应业)和建筑业。

第三产业:除第一、第二产业以外的其他各业。由于第三产业包括的行业多,范围广,根据我国的实际情况,第三产业又分为两大部分:一是流通部门,二是服务部门。

财政收入　是指国家财政参与社会产品分配所取得的收入,是实现国家职能的财力保证。财政收入所包括的内容几经变化,目前主要包括:(1)各项税收,包括增值税、营业税、消费税、土地增值税、城市维护建设税、资源税、城市土地使用税、印花税、房产税、车船使用税、屠宰税、个人所得税、企业所得税、关税、契税、农牧业税和耕地占用税等。(2)专项收入:包括征收排污费收入、城市水资源费收入、教育费附加收入、矿产资源补偿费收入。(3)其他收入,包括国有资产经营收益、国有企业计划亏损补贴、基本建设贷款归还收入、基本建设收入、罚没收入、行政性收费收入、其他收入等。

财政支出　是指国家为行使其职能,对筹集的财政资金进行有计划的分配使用的总称。国家财政支出,体现政府的活动范围和方向,反映财政资金的分配关系。财政支出主要包括:(1) 基本建设支出;(2)企业挖潜改造资金;(3)地质勘探费;(4)科技三项费用;(5)流动资金;(6)支援农村生产支出;(7)农林水利气象等部门的事业费;(8)工业交通等部门事业费;(9)商业部门事业费;(10)城市维护费;(11)文教卫生事业费;(12)科学事业费;(13)其他部门事业费;(14)抚恤和社会福利救济费;(15)国防支出类;(16)行政管理费;(17)公检法支出;(18)价格补贴支出;(19)支援不发达地区支出;(20)专项支出;(21)农业综合开发支出;(22) 行政事业单位离退休经费(23)其他支出等。

存款　指企业、机关、团体或居民根据资金必须收回的原则,把货币资金存入银行或其他信用机构保管并取得一定利息的一种信用活动形式。根据存款对象的不同可划分为企业存款、财政存款、机关团体存款、基本建设存款、城镇储蓄存款、农村存款等科目。它是银行信贷资金的主要来源。

贷款　指银行或其他信用机构根据资金必须归还的原则,按一定利率,为企业、个人等提供资金的一种信用活动形式。我国银行贷款分为流动资金贷款、固定资产贷款、城乡个体工商户贷款以及农业贷款等科目。

户数 包括家庭户(含单身独居)和集体户。

人口数 指一定时点、一定地区范围内有生命的个人的总和。

市镇人口 指市人口和县辖镇人口。

乡村人口 指县辖乡的全部人口。

可支配收入 指调查户可用于最终消费支出和储蓄的总和,即调查户可以用来自由支配的收入。可支配收入既包括现金,也包括实物收入。按照收入的来源,可支配收入包含五项,分别为:工资性收入、经营净收入、财产净收入、转移净收入和自有住房折算净租金。计算公式为:

可支配收入 = 工资性收入 + 经营净收入 + 财产净收入 + 转移净收入 + 自有住房折算净租金

其中:经营净收入 = 经营收入 - 经营费用 - 生产性固定资产折旧 - 生产税净额(生产税 - 生产补贴)

财产净收入 = 财产性收入 - 财产性支出

转移净收入 = 转移性收入 - 转移性支出

现金可支配收入 指调查户可以用来自由支配、以现金形式表现的收入。按照收入的来源,现金可支配收入包含四项,分别为:现金工资性收入、现金经营净收入、现金财产净收入和现金转移净收入。计算公式为:

现金可支配收入 = 现金工资性收入 + 现金经营净收入 + 现金财产净收入 + 现金转移净收入

工资性收入 指就业人员通过各种途径得到的全部劳动报酬和各种福利,包括受雇于单位或个人、从事各种自由职业、兼职和零星劳动得到的全部劳动报酬和福利。

工资 指就业人员通过劳动从单位或雇主获取的各种现金报酬,包括按周、按月或按其他间隔定期发放的计时计件劳动报酬;按月、按季度或按年度发放的奖金;按月或其他间隔发放的住房补贴、交通补贴、车改补贴、通讯补贴、冬季取暖费和防暑降温费等;定期或不定期发放的过节费、相当于现金的通用购物卡等;因加班、夜班、在周末或其他私人时间工作而获得的加班工资或专门津贴;因到外地工作、或在不满意的或危险的环境下工作而获得的津贴;在国外工作的出国津贴等;根据国家法律、法规和政策规定,因病、工伤、产假、计划生育假、婚丧假、事假、探亲假、定期休假、停工学习、执行国家或社会义务等原因按计时或计件工资标准的一定比例支付的工资;根据激励制度,与企业整体业绩挂钩而给付的专项奖金或现金奖励;在工作岗位上获得的佣金、赏金或小费。

工资应包括各种扣款,如工作单位代扣的应由个人承担的养老保险、医疗保险、失业保险和住房公积金;以及单位在工资中代扣的房租、水费、电费、托儿费、医疗费、借款等,同时把所扣除的各项费用分别计入相应的消费支出或转移性支出中。工资按照收付实现制计算,只要是在调查期内实际得到的工资,无论该工资是补发还是预发,都应归为本期得到的工资收入。本调查期内应得但因拖欠等原因未得到的工资不应计入。

工资不包括因员工或员工家属大病、意外伤害、意外死亡等原因支付给员工或其遗属的抚恤金和困难补助金,应该将其列入转移性收入中的社会救济和补助收入。

实物福利 指单位或雇主免费或低价提供给员工的各种实物产品和服务折价。实物福利既包括单位或雇主免费或低价提供的各种实物产品,如米面、植物油、牛奶、水果、糕点、床上用品、日用杂品、手机、自行车、家用电器及配件等;也包括单位或雇主免费或低价提供的各种服务,如免费或低价提供的工作餐(不包括公务招待或出差中的餐饮消费)、住宿、上下班交通工具、停车场、幼儿园、娱乐、健身、旅游和医疗保健服务,以及单位缴纳的水电费、取暖费、物业费、职工子女入学的教育赞助费等。由个人先行付款消费,后由单位或雇主给予报销的款额也视为实物福利。实物福利还包括单位或雇主自身生产过程所生产的货物与服务,如铁路或航空公司提供给员工的免费旅程,采矿企业提供给员工的免费煤炭等。

实物福利的估价遵循以下原则：如果产品或服务是单位或雇主购买的，则采用购买者价格对其进行估价；如果产品或服务是单位或雇主自己生产的，则采用生产者价格对其进行估价。如果产品或服务是免费提供给职工的，则实物福利的价值就是所提供产品或服务的全部价值；如果产品或服务是以低于市场价格的价格提供给职工的，则实物福利的价值就是所提供的产品或服务的市场价值与实际支付额之间的差值。

实物福利不包括单位或雇主为雇员能够完成工作所给予的实物产品或服务。如雇员为接手新的工作岗位或应雇主的要求，把家搬到本国其他地区或国外所支付的旅费、搬迁费或其他相关费用的报销；如发给雇员的用于工作的服装、工具、设备或其他产品。

其他 指就业人员获取的、除工资以外的其他现金劳动报酬以及单位缴纳的各种社会保障费。包括因裁员得到的一次性辞退金；股份制企业派发或奖励给员工的股票和期权；调动工作的安家费；根据国务院发布的有关规定颁发的创造发明奖、自然科学奖和科学技术进步奖以及支付给运动员、教练员的奖金；个人从事自由职业如写作、翻译、设计等(含兼职或零星劳动)得到的稿费、翻译费、设计费、讲课费、咨询费等劳动报酬。还包括单位出资缴纳的各种社会保障费，包括养老保险、医疗保险、工伤保险、失业保险、生育保险和住房公积金，这部分数据在数据收集过程中可以不直接由住户进行填报，而是根据单位缴费与个人缴费的比例进行自动插补。行政事业单位人员未缴纳任何社会保险费而获得的离退休金和报销医疗费也包括在内。

经营净收入 指住户或住户成员从事生产经营活动所获得的净收入，是全部经营收入中扣除经营费用、生产性固定资产折旧和生产税净额(生产税减去生产补贴)之后得到的净收入。计算公式具体为：

经营净收入 = 经营收入 – 经营费用 – 生产性固定资产折旧 – 生产税净额(生产税 – 生产补贴)

第一产业净收入 指住户或住户成员从事第一产业生产经营活动所获得的净收入，是全部经营收入中扣除经营费用、生产性固定资产折旧和生产税净额(生产税减去生产补贴)之后得到的净收入。

第一产业是指农业、林业、牧业、渔业和农林牧渔服务业。目前，在第一产业生产经营活动中没有生产税，同时有一定的生产补贴。政府为扶持农业、林业、牧业、渔业和农林牧渔服务业进行的相关补贴，如粮食直补、购置和更新大型农机具补贴、良种补贴、购买生产资料综合补贴、退耕还林还草补贴、畜牧业补贴等惠农补贴应视为第一产业经营活动中的生产补贴，即一种负的生产税。

因此，第一产业经营净收入的计算公式为：

经营净收入 = 经营收入 – 经营费用 – 生产性固定资产折旧 + 惠农补贴

第二产业净收入 指住户或住户成员从事第二产业的生产经营活动所获得的净收入，是全部经营收入中扣除经营费用、生产性固定资产折旧和生产税净额(生产税减去生产补贴)之后得到的净收入。

第二产业是指采矿业，制造业，电力、燃气及水的生产和供应业，建筑业。

第三产业净收入 指住户或住户成员从事第三产业生产经营活动所获得的净收入，是全部经营收入中扣除经营费用、生产性固定资产折旧和生产税净额(生产税减去生产补贴)之后得到的净收入。

第三产业是指除第一、二产业以外的其他行业，包括：交通运输、仓储和邮政业，信息传输、计算机服务和软件业，批发和零售业，住宿和餐饮业，金融业，房地产业，租赁和商务服务业，科学研究、技术服务和地质勘查业，水利、环境和公共设施管理业，居民服务和其他服务业，教育，卫生、社会保障和社会福利业，文化、体育和娱乐业，公共管理和社会组织等。

需要注意：房地产业包括居民住户以营利为目的出租自有房产(住房、生产经营用房和办公用房)等活动。租赁和商务服务业包括居民住户以营利为目的出租机械设备、汽车、各类文娱用品、专利、商标、版权、著作权等活动。

财产净收入 指住户或住户成员将其所拥有的金融资产和自然资源交由其他机构单位、住户或个人支配而获得的回报并扣除相关的费用之后得到的净收入。财产净收入包括利息净收入、红利收入、储蓄性保险净收益和转让承包土地经营权租金净收入等。

财产净收入不包括将非金融资产(如住房、生产经营用房、机械设备、专利、专有技术、商标商誉等）交由其他机构单位、住户或个人支配而获得的回报，这应该计入“经营净收入”。财产净收入也不包括转让资产所有权的溢价所得，这应该计入“非收入所得”。

利息净收入 指利息收入扣除该住户或个人付给债权方的生活性借贷款利息支出后得到的净值。

利息收入是指按照双方事先约定的金融契约条件，借出金融资产（存款、债券、贷款和其他应收账款）的住户或个人从债务方得到的本金之外的附加额。利息收入是应得收入，包括各类定期和活期存款利息、债券利息、个人借款利息等，银行代扣的利息所得税也包括在内。利息与红利的差异：利息一般是预先约定的，与企业的经营状况无关，而红利的多少与企业的经营效益直接有关，一般不预先约定。

红利收入 指住户或个人作为股东将其资金交由公司支配或处置而有权获得的收益。包括股票发行公司按入股数量定期分配的股息、年终分红以及从集体财产入股或其他投资分配得到的股息和红利。股票买卖结算后获得的收益（含亏损）不包含在内，应计入“非收入所得”。

储蓄性保险净收益 指住户或个人参加储蓄性保险，扣除缴纳的保险本金及相关费用后，所获得的保险净收益。不包括保险责任人对保险人给予的保险理赔收入。

转让承包土地经营权租金净收入 指住户将拥有经营权或使用权的土地转让给其他机构单位或个人获得的补偿性收入扣除相关成本支出后得到的净收入。也包括从其他机构单位或个人获得的实物形式的收入。

其他财产净收入 指住户所得的除上述以外的其他财产性收入扣除相关的维护成本之后得到的净收入。如通过在国外购买的土地、矿产等自然资源获得的财产净收入等。

转移净收入 计算公式为：转移净收入 = 转移性收入 – 转移性支出

转移性收入 指国家、单位、社会团体对住户的各种经常性转移支付和住户之间的经常性收入转移。包括政府、非行政事业单位、社会团体对居民转移的养老金或退休金、社会救济和补助、政策性生活补贴、救灾款、经常性捐赠和赔偿以及报销医疗费等；住户之间的赡养收入、经常性捐赠和赔偿以及农村地区（村委会）在外（含国外）工作的本住户非常住成员寄回带回的收入等。

转移性收入不包括行政事业单位人员未缴纳任何社会保险费而获得的离退休金和报销医疗费。转移性收入不包括国家为扶持农业进行的相关生产补贴，如粮食直补、购置和更新大型农机具补贴、良种补贴、购买生产资料综合补贴、退耕还林还草补贴、畜牧业补贴等，这应视为第一产业经营活动中的生产补贴，即一种负的生产税。转移性收入不包括住户之间的实物馈赠。

养老金或离退休金 指根据国家有关文件规定或合同约定，在劳动者年老或丧失劳动能力后，根据他们对社会、单位所作的贡献和所具备的享受养老保险资格或退休条件，按月以货币形式或实物产品及服务给予的待遇，主要用于保障因年老或疾病丧失劳动能力的劳动者的基本生活需要。包括离退休人员的养老金或离退休金、生活补贴，农民享有的新型农村养老保险金，城镇居民享有的社会养老保险金，国家或地方政府给予城镇无保障老人的养老金，因工致伤离退休人员的护理费，退休人员异地安家补助费、取暖补贴、医疗费、旅游补贴、书报费、困难补助以及在原工作单位所得的各种其他收入，相当于现金的购物卡券也包含在内。也包括发给的实物和购买指定物品的票证、购物卡券，应同时计入相应的实物产品和服务项目中。不包括行政事业单位人员未缴纳任何社会保险费而获得的离退休金。

社会救济和补助 指国家、机关企事业单位、社会团体和个人对各类特殊家庭、人员提供的特别津贴。包括国家对享受城镇居民最低生活保障待遇的家庭发放的最低生活保障金、对农村五保户发放的五保救助金、国家和社会及机构单位对特殊困难家庭给予的困难补助、扶贫款、救灾款、国家或机构单位向由于失去工作能力或意外死亡等原因而失去工作的职工或其遗属定期发放的抚恤金等。也包括发给的实物和购买指定物品的票证、购物卡券，应同时计入相应的实物产品和服务项目中。

政策性生活补贴 指根据国家的有关规定，中央财政、各级地方财政给予家庭的相关政策性生活补贴。包括家电下乡和以旧换新等家电补贴、能源补贴、给农村寄宿制中小学生的生活补贴等；也包括其他低价或免费提供的实物产品和服务，如廉租房等。

报销医疗费 指参加新型农村合作医疗、城镇职工基本医疗保险、（城镇）居民基本医疗保险的居民在购买药品、进行门诊治疗或住院治疗之后，从社保基金或单位报销的医疗费。报销医疗费包括使用社保卡进行医疗服务付费时直接扣减的、由社保基金支付的部分。从商业医疗保险获得报销的医疗费不包括在内。行政事业单位人员未缴纳任何社会保险费而获得的报销医疗费也不包括在内，计入工资性收入中。

报销医疗费属于一种实物收入，不包括在现金可支配收入的计算中。

农村外出从业人员寄回带回收入 指农村地区（村委会）在外（含国外）工作的本住户非常住成员寄回、带回的收入。无论是以现金、汇款、转账、银行卡共享等任何形式寄回、带回的收入，都应计入。

赡养收入 指亲友因赡养和抚养义务经常性给予住户及其成员的现金和实物收入。

其他经常转移收入 指住户从除上述各项转移性收入以外得到的其他经常性转移收入。如经常性捐赠收入、经常性赔偿收入、失业保险金、亲友搭伙费等。

经常性捐赠收入指住户从他人、组织、社会团体处得到的经常性捐献或赠送收入。这种捐赠收入带有义务性和经常性，不包括遗产及一次性馈赠收入、婚丧嫁娶礼金所得、压岁钱等。捐赠收入与赡养收入的区别：赠送是对本住户的成员无赡养义务的其他住户或个人给本住户及其成员的现金。本住户成员内部间的捐赠收入和捐赠支出均不必记账。

经常性赔偿收入指住户及其成员因受到财产损失、人身伤害、精神损失得到的国家、单位、个人定期支付的经常性赔偿，不包括一次性赔偿所得。

转移性支出 指调查户对国家、单位、住户或个人的经常性或义务性转移支付。包括缴纳的税款、各项社会保障支出、赡养支出、经常性捐赠和赔偿支出以及其他经常转移支出等。

个人所得税 指调查对象被扣缴的工资薪金所得、对企事业单位的承包经营承租经营所得、个体工商户的生产经营所得、劳务报酬所得、稿酬所得、特许权使用费所得、利息股息红利所得、财产租赁所得、财产转让所得、偶然所得、经国务院财政部门确定征税的其他所得等个人所得的税款。生产税、消费税不在其内。

社会保障支出 指调查户家庭成员参加国家法律、法规规定的社会保障项目中由单位和个人共同缴纳的保障支出。包括养老保险、医疗保险、失业保险、工伤保险、生育保险以及其他社会保障支出。

农村外来从业人员寄给家人的支出 指外地农业户籍的从业人员寄回带回其户口登记地家庭的支出。

赡养支出 指调查户因赡养和抚养义务而付给亲友的经常性现金和定期的实物支出。现金赡养支出应按实际发生的金额计算，不论是从报告期收入中开支的，还是从银行存款、手存现金以及其他所得中开支的，均应包含在内。

其他经常转移支出 指除缴纳的税款、社会保障支出、赡养支出以外的其他经常性转移支出。如经常性捐赠支出；经常性赔偿支出；各种罚款，如交通罚款；政府部门向居民提供服务收取的服务费，如迁户口的办理费、办理身份证费；缴纳工会费、党费、团费以及学会团体组织费等。

经常性捐赠支出指调查户赠予他人的经常性和带有义务性的现金支出，包括向寺庙的经常性捐款、定期资助贫困学生或贫困地区的款项、个人对公共设施建设的各类捐款，如解困基金、水利基金、防洪基金等。但不包括以商品或服务方式给予他人的价值额。婚丧嫁娶礼金支出及一次性馈赠支出如压岁钱、探望病人给予的礼金等不含在内。经常性捐赠支出应按实际发生的金额计算，不论是从报告期收入中开支的，还是从银行存款、手存现金以及其他所得中开支的，均应包括在内。

经常性赔偿支出指调查户向因受到财产损失、人身伤害、精神损失的国家、单位、个人定期支付的赔偿支出，不包括一次性赔偿支出。

自有住房折算净租金 指现住房产权为自有住房(含自建住房、自购商品房、自购房改住房、自购保障性住房、拆迁安置房、继承或获赠住房)的住户为自身消费提供住房服务的折算价值扣除缴纳的各项税费后得到的净租金。自有住房折算净租金的计算方法为：自有住房年度折算净租金＝自有住房年度折算租金－购建房年度分摊成本。购建房年度分摊成本按照购建房价格以及城乡相应的年折旧率计算。

自有住房折算净租金为一种实物收入，不包括在现金可支配收入的计算中。

中位数 指将所有调查户按人均收入水平从低到高顺序排列，处于最中间位置的调查户的人均收入。

基尼系数 指在全部居民收入中，用于进行不平均分配的那部分收入占总收入的比例。基尼系数最大为“1”，最小为“0”。前者表示居民之间的收入分配绝对不平均，即100%的收入被一个单位的人全部占有；而后者则表示居民之间的收入分配绝对平均，即人与人之间收入完全平等，没有任何差异。通常这两种情况在实际生活中不会出现。因此，基尼系数的实际数值只能介于0～1之间。本方案中，基尼系数使用住户收支与生活状况调查的全部样本可支配收入的分户数据计算。

消费支出 指住户用于满足家庭日常生活消费需要的全部支出，包括用于消费品的支出和用于服务性消费的支出。根据用途不同，消费支出可划分为食品烟酒、衣着、居住、生活用品及服务、交通通信、教育文化娱乐、医疗保健、其他用品及服务八大类。根据来源不同，消费支出可划分为现金消费支出、实物消费支出(含自产自用、来自单位、来自政府和其他社会组织)。

生产经营收入 指住户在调查期内从事农业、林业、牧业、渔业和农林牧渔服务业获得的、现金或实物形态的全部经营收入(未扣除生产经营的成本)。

生产经营现金收入 指住户在调查期内从事农业、林业、牧业、渔业和农林牧渔服务业获得的、现金形态的经营收入(未扣除生产经营的成本)。

生产经营费用 指住户在调查期内从事农业、林业、牧业、渔业和农林牧渔服务业等经营活动中所投入的费用成本，包括生产经营活动中购买的商品和服务、雇工支出、消耗的自产自用产品等。

生产经营现金费用 指住户在调查期内从事农业、林业、牧业、渔业和农林牧渔服务业等经营活动中所投入的、以现金形式表现的成本，包括生产经营活动中购买的商品和服务、雇工支出等。

惠农补贴 指政府为扶持农业、林业、牧业、渔业和农林牧渔服务业，以现金或实物形式发放的各种生产补贴。现金形式发放的补贴包括粮食直补、购置和更新大型农机具补贴、良种补贴、购买生产资料综合补贴、退耕还林还草补贴、畜牧业补贴等生产性补贴。实物形式发放的补贴指政府低价或免费提供的相关产品和服务，如免费或低价提供的种子、农机具服务等。

生产性固定资产折旧 在农业生产经营中，所有使用年限在两年及以上、单位价值在1000元以上的房屋建筑物、机器设备、器具工具、役畜、产品畜等资产应作为固定资产统计。农业生产性固定资产原价是指固定资产当初的购进价、新建价或开始转为固定资产的价值。自繁自养的幼畜成龄转作役畜、产品畜、种畜，按市场同类牲畜的平均价格计价。国家奖励和外单位赠送的固定资产按购置同类固定资产的价格参照其新旧程度酌情计价。农业生产性固定资产折旧按照15年的使用期限来处理。

居民消费价格指数 是反映一定时期内城乡居民所购买的生活消费品价格和服务项目价格变动趋势和程度的相对数，是对城市居民消费价格指数和农村居民消费价格指数进行综合汇总计算的结果。

该指数可以观察和分析消费品的零售价格和服务价格变动对城乡居民实际生活费支出的影响程度。

商品零售价格指数 是反映一定时期内城乡商品零售价格变动趋势的一种经济指数。零售物价的调整变动直接影响城乡居民的生活支出和国家财政的收入,影响居民购买力和市场供需平衡,影响消费与积累的比例。因此,该指数可以从一个侧面对上述经济活动进行观察和分析。

城市居民消费价格指数 是反映一定时期内城市居民家庭所购买的生活消费品价格和服务项目价格变动趋势和程度的相对数。该指数可以观察和分析消费品的零售价格和服务项目价格变动对城镇职工货币工资的影响，作为研究职工生活和确定工资政策的依据。

农村居民消费价格指数 是反映一定时期内农村居民家庭所购买的生活消费品价格和服务项目价格变动趋势和程度的相对数。该指数可以观察农村消费品的零售价格和服务项目价格变动对农村居民生活消费支出的影响，直接反映农民生活水平的实际变化情况，为分析和研究农村居民生活问题提供依据。

商品零售价格指数 是反映一定时期内城乡商品零售价格变动趋势和程度的相对数。商品零售价格的变动直接影响到城乡居民的生活支出和国家的财政收入,影响居民购买力和市场供需的平衡,影响到消费与积累的比例关系。因此,该指数可以从一个侧面对上述经济活动进行观察和分析。

农业生产资料价格指数 指反映一定时期内农业生产资料价格变动趋势和程度的相对数。农业生产资料价格指数分为小农具、饲料、产品畜、役畜、半机械化农具、机械化农具、化学肥料、农药及农药械、农机用油、其他农业生产资料十大类。其编制目的是了解农业生产中物质资料投入价格的变动状况,服务于国民经济核算。1994 年以前,农业生产资料价格指数仅仅是商品零售价格指数的一个类别,此后,从商品零售价格指数中分离出来,单独编制。

农产品生产价格指数 是反映一定时期内,农产品生产者出售农产品价格水平变动趋势及幅度的相对数。该指数可以客观反映全国农产品生产价格水平和结构变动情况，满足农业与国民经济核算需要。其中某代表品生产价格指数是通过对全部有出售该产品行为的调查单位的个体指数进行几何平均求得的，类价格指数是通过对其所属的类（或代表品)的价格指数进行加权平均求得的。季度累计价格指数的计算方法与分季指数的计算方法相同。

工业品出厂价格指数 是反映一定时期内全部工业产品出厂价格总水平的变动趋势和程度的相对数,包括工业企业售给本企业以外所有单位的各种产品和直接售给居民用于生活消费的产品。该指数可以观察出厂价格变动对工业总产值及增加值的影响。

原材料、燃料和动力购进价格指数 是反映工业企业作为生产投入,而从物资交易市场和能源、原材料生产企业购买原材料、燃料和动力产品时,所支付的价格水平变动趋势和程度的统计指标，是扣除工业企业物质消耗成本中的价格变动影响的重要依据。

目前,我国编制的原材料、燃料和动力购进价格指数所调查的产品包括燃料动力、黑色金属、有色金属、化工、建材等九大类的近 1800 种产品。

固定资产投资价格指数 是反映一定时期内固定资产投资品及项目的价格变动趋势和程度的相对数。固定资产投资额是由建筑安装工程投资完成额、设备工器具购置投资完成额和其他费用投资完成额三部分组成的。编制固定资产投资价格指数应首先分别编制上述三部分投资的价格指数，然后采用加权算术平均法求出固定资产投资价格总指数。

该指数可以准确地反映固定资产投资中涉及的各类投资品和取费项目价格变动趋势和变动幅度，消除按现价计算的固定资产投资指标中的价格变动因素,真实地反映固定资产投资的规模、速度、结构和效益,为国家科学地制定、检查固定资产投资计划并提高宏观调控水平，为完善国民经济核算体系提供科学的、可靠的依据。

房地产价格指数 是反映一定时期内房地产价格变动趋势和程度的相对数，包括房屋销售价格指数、房屋租赁价格指数、土地交易价格指数和物业管理价格指数。这四套指数的计算方法相似，均采用由下到上逐级汇总的方法。

粮食产量 指全社会的产量。包括国有经济经营的、集体统一经营的和农民家庭经营的粮食产量，还包括工矿企业办的农场和其他生产单位的产量。粮食除包括稻谷、小麦、玉米、高粱、谷子及其他杂粮外，还包括薯类和豆类。其产量计算方法，豆类按去豆荚后的干豆计算；薯类（包括甘薯和马铃薯，不包括芋头和木薯）1963年以前按每4公斤鲜薯折1公斤粮食计算，从1964年开始改为按5公斤鲜薯折1公斤粮食计算。城市郊区作为蔬菜的薯类（如马铃薯等）按鲜品计算，并且不作粮食统计。其他粮食一律按脱粒后的原粮计算。1989年以前全国粮食产量数据主要靠全面报表取得，1989年开始使用抽样调查数据。

猪、牛、羊肉产量 指当年出栏并已屠宰、除去头蹄下水后带骨肉（即胴体重）的重量。包括全社会范围内的产量。1996年前为各级逐级上报数据。1996年第一次农业普查以后，由于畜牧业产品年报数据与普查数据之间存在一定的差距，国家统计局农调总队对畜牧业年报数据与普查数据进行衔接。1999年以后，国家统计局开展了猪、牛、羊、禽等主要畜禽品种的抽样调查，并用抽样数据作为国家定案数据使用。未开展抽样调查的品种，仍使用各级统计部门逐级上报数据。

期初（末）畜禽存栏头（只）数 指报告期初（末）农村各种合作经济组织和国营农场、农民个人、机关、团体、学校、工矿企业、部队等单位以及城镇居民饲养的大牲畜、猪、羊、家禽等畜禽的存栏数。数据上报方式及数据调整情况同猪、牛、羊肉产量。

当年出栏头数 指农林牧渔企业生产单位饲养的，供屠宰并已出栏的全部牲畜头数。包括交售给国家，集市上出售的部分。

常用耕地 是指耕地总资源中专门种植农作物并经常进行耕种、能够正常收获的土地。包括当年实际耕种的熟地；弃耕、休闲不满三年，随时可以复耕的地；开荒利用三年以上的土地。在统计口径上包括南方小于1米、北方小于2米宽的沟、渠、路和田埂。不包括临时种植农作物的坡度在25度以上的陡坡地；在河套、湖畔、库区临时开发的成片或零星土地；也不包括已列为国家和省（区、市）退耕计划但临时耕种的土地。常用耕地是国家需要重点保护的耕地，是反映我国农业综合生产能力的一个重要指标。

农作物播种面积 指实际播种或移植有农作物的面积。凡是实际种植有农作物的面积，不论种植在耕地上还是种植在非耕地上，均包括在农作物播种面积中。在播种季节基本结束后，因遭灾而重新改种和补种的农作物面积，也包括在内。它是反映我国耕地面积利用情况的一个重要指标。目前，农作物播种面积主要包括粮食、棉花、油料、糖料、麻类、烟叶、蔬菜和瓜类、药材和其他农作物九大类。

农林牧渔业中间消耗 指农业生产过程中所投入和消耗的各种物质产品和劳务价值总和。分为中间物质消耗和中间劳务消耗。

人口密度 指由年中人口除以国土面积得来。国土面积是指一个国家包括内陆水域和沿海水域在内的总面积。

陆地面积 是指土地的总面积，不包括内陆水域的面积。“内陆水域”的定义一般包括主要的河流与湖泊。

耕地面积 是指种植短期作物的土地面积（种植两季作物的土地面积只计算一次），供割草或放牧的短期性草场，供应市场的菜园和自用菜园，以及暂时休闲的土地（少于5年）。而转换耕作方式而休闲的土地不包括在此类。

永久性作物面积 是指有长期生长的作物而在每次收获后不需要再种植的土地面积，如可可、咖啡和橡胶；它包括生长灌木、果树、坚果树和藤本植物的土地，但不包括用材林所占的土地。

永久性牧场面积 是指有长期生长的作物而在每次收获后不需要再种植的牧场面积。

探明储量 指已探明可开采的原煤、原油、天然气的储量。

已探明可开采的储量 是将来在现有和可承受的经济条件下,已探明的可开采的吨数。

二氧化碳排放量 是指矿物燃料燃烧以及水泥制造等过程中排放的二氧化碳,包括使用固体、液体、气体燃料以及煤气时产生的二氧化碳。

国内生产总值 指生产活动总成果,等于所有常住单位创造的增加值的总和(包括产出价值中未包括的产品税,不包括各项产品补贴)。等于按购买者价格计算的货物和服务最终使用价值(不包括中间消费)减去进口的货物和服务价值,或等于常住生产单位初次收入分配的总和。

国民总收入 指国内生产总值减去生产税和进口税净额,减去支付给国外的雇员报酬和财产收入,加来自国外的雇员报酬和财产收入(即国内生产总值减去支付给非常住单位的初次收入,加上收到的非常住单位的初次收入)。按市场价格计算国民总收入的另一种方法是各部门所有初次收入的总和(注意,国民总收入即国民生产总值,后者是以往国民核算中使用的概念)。

就业人员 为一定年龄以上,在特定短期(一周或一天)内,属于下列类型的所有人:

(1)有酬从业人员,包括两类:①正在工作的人,指在参考期内做某些工作以得到现金或实物形式工资或薪金的人员;②有工作岗位但目前不工作的人,指现在有工作,却在短期内暂时不上班,但同时与工作单位有正式联系的人。这种正式联系,可以按照如下的一项或多项标准,根据各国的不同情况,予以判断:1)持续领到工资或薪金;2)保证在暂时的不上班状态终止后返回该岗位,或对返回的时间有协议;3)在不工作的这段时间里,该从业者能得到补偿而无须接受其他工作。

(2)自营就业者,包括两类:①正在工作,指在短期时间内以利润或家庭收入为目的,从事某些工作得到现金或实物的人;②拥有企业而不工作的人,指自己拥有企业(如商业企业,农场,服务性企业),在一定时期内因特殊原因暂不工作的人。

失业人员 在调查期内,适龄劳动人口中的失业者分为:

(1)没有工作,即没有得到有报酬的工作,又没有自营就业的人;

(2)目前有工作能力,即在调查期内可从事有酬工作和自营就业的人;

(3)正在寻找工作,在最近特定时期已采取具体步骤寻求有酬工作或自营就业的人。这些具体步骤包括:在公共或私人职业介绍所登记;向雇主提出就业申请;在工地、农场、工厂大门外、市场或其他聚集地寻找工作;通过报纸刊登广告或应聘;寻求亲友帮助就业;自己开业寻找土地、厂房、机器或设备;筹集资金;许可证和执照等。

失业率 反映了失业的严重程度。失业率是参考期内(一般是特定的一天或一周)特定分组的失业人数和同一时间该组就业、失业人数之和相比得出的。

货币供应量 货币(Money)指流通中现金和除中央政府以外的常住机构活期存款构成;准货币(Quasi-Money)指除中央政府以外的外汇现汇与期汇存款和外汇现汇储蓄与期汇存款之和,即由常住居民的现汇、储蓄、与外汇存款构成。货币(Money)通称为M1,而货币和准货币之和通称为广义货币,相当于M2。

一次能源生产量 固体能源指硬煤、褐煤、泥炭和油岩;液体能源指原油和液化天然气;气体能源指天然气;电能指水电、核电、地热发电、潮汐发电和太阳能发电。

库存变化、进口和出口 包括所有的一次能源和商业能源。

国际运输燃料 指供给国际运输的飞机或轮船的燃料,空运燃料包括航空汽油和喷气发动机燃料,海运燃料,包括硬煤、柴油等。

能源消费量 固体能源消费量指一次形式的固

体燃料消费、二次形式的燃料的净进口和库存变化；液体能源消费量指各种形式的液体能源的消费；气体能源消费量指天然气的消费、煤气的净进口和库存变化。电能消费指一次形式的电能的消费和电能的净进口。

消费量 = 产量 + 进口 - 出口 - 国际运输燃料 - 库存变化

平衡差额 在“能源平衡表”中的“平衡差额”一项是为了使能源的生产和消费总量平衡，它一般是由于排除非能源用石油和无法取得的库存数据引起的。

货物出口额 是指按美元计价的本国向世界其他国家和地区提供的以离岸价格(F.O.B)计算的货物价值总和。

货物进口额 是指按美元计价的世界其他国家和地区向本国提供的以到岸价格(C.I.F)计算的货物价值总和。